Gemeindewachstum verstehen

Eine grundlegende Einführung in die Theologie des Gemeindeaufbaus.

Donald A. McGavran

Wolfgang Simson Verlag
Lörrach

Originaltitel: Understanding Church Growth

Revised edition copyright 1990 by Wm. B. Eerdmans Publishing Co.

Umschlaggestaltung: MediaCreativ, Grönenbach

Druck: Heinzelmann Papier- und Druck-Service GmbH, Metzingen

ISBN 3-927534-03-X

Inhalt

Einführung zur vorliegenden Ausgabe von 1990

von C. Peter Wagner

Wohl das größte Vorrecht meines Lebens war die enge Zusammenarbeit mit Donald A. McGavran. Nach 16jähriger Tätigkeit als Missionar in Bolivien folgte ich 1971 seinen Ruf an die *School of World Mission*, der missionswissenschaftlichen Fakultät des *Fuller Theological Seminary* in Pasadena, Kalifornien. Bis zu seiner Pensionierung im Jahre 1981 arbeiteten wir 10 Jahre lang Seite an Seite. Gemeindewachstum hatte sich schnell zur akademischen Disziplin entwickelt, und so unterrichteten wir gemeinsam dieses breitgefächerte Gebiet, überwachten Diplom- und Doktorarbeiten, bildeten Missionare und Pastoren aus und waren als Berater für Gemeinden und Missionsgesellschaften tätig. 1984 wurde mir die Ehre zuteil, zum ersten Inhaber des 'Donald A. McGavran-Lehrstuhl für Gemeindewachstum' ernannt zu werden.

Das hier vorgelegte Werk ***Gemeindewachstum verstehen*** ist eines jener klassischen Werke, das zur unersetzlichen Grundlage für einen gesamten akademischen Bereich geworden ist. Niemand darf den Anspruch erheben, die Gemeindewachstumsbewegung und die Theologie des Gemeindeaufbaus ernsthaft studiert zu haben, der dieses Buch nicht gelesen und seinen Inhalt verarbeitet hat. Ich saß selbst unter den ersten Studenten, denen dieses Buch Ende der 60er Jahre im Hörsaal bereits vorgestellt wurde, während noch immer an seiner Fertigstellung gearbeitet wurde. Die erste Auflage erschien *1970*, eine erweiterte und auf den neuesten Stand gebrachte Auflage folgte im Jahre *1980*. In dieser nun vorliegenden aktuellen Fassung von *1990* wurde vor allem die Sprache stilistisch überarbeitet, der Gedankenfluß etwas gestrafft und der Umfang durch Weglassen von Redundanz verkürzt. Weiter wurden die Illustrationen und Statistiken auf den neuesten Stand gebracht und ein zusätzliches Kapitel über Krankenheilung und Gemeindewachstum hinzugefügt. Doch trotz dieser Veränderungen ist es noch immer Donald McGavran, der zu uns spricht. Diese Ausgabe ist also nicht etwa eine "Peter Wagner-Version" von McGavran. Ich habe genügend Gelegenheit gehabt, meine eigenen Beiträge zur Gemeindeaufbau-Forschung in über 30 Büchern zu veröffentlichen.

Vor einigen Jahren gab ich zusammen mit Win Arn und Elmer Towns das Buch *Church Growth: State of the Art* (Tyndale House Publishers, Wheaton, Illinois 1986), heraus. Das erste Kapitel ist nichts anderes als ein Dank an Donald A. McGavran, den Vater der Gemeindewachstumsbewegung. Mit Erlaubnis des Verlegers möchte ich diese Einleitung hier wiederholen. Ich empfehle jedem Leser, der das Werk von Donald McGavran, "Gemeindewachstum verstehen" zum ersten Mal zur Hand nimmt, sich die Zeit zu nehmen, zuerst diesen außergewöhnlichen Autor etwas näher kennenzulernen.

"Wir stehen am Anfang einer neuen missionarischen Ära." Damit wäre das Lebensthema von Donald McGavran mit einer prägnanten Aussage, die er

häufig gemacht hat, bereits umrissen. Viele sehen in ihm den führenden Missionswissenschaftler des 20. Jahrhunderts. Bis zu seinem Tod am 10. Juli 1990 im Alter von 92 Jahren stand er fest zu dieser Aussage, immer mit demselben verschmitzten Augenzwinkern und derselben Entschlossenheit, die so charakteristisch für seine aufgeschlossene und energische Persönlichkeit war.

Donald McGavran wurde am 15. Dezember 1987 als Sohn amerikanischer Missionare in Indien geboren. Bereits seine Großeltern waren Missionare in Indien gewesen. Auf ihrem Weg nach Indien waren sie damals noch um das Kap der Guten Hoffnung gesegelt. Donald McGavran studierte an den Universitäten Yale und Columbia, USA. Neben vielen anderen Erfahrungen nahm er an Trecking-Expeditionen im Himalaya teil, betätigte sich als Filmproduzent, war Leiter einer Missionsgesellschaft, führte ein Lepra-Spital und koordinierte die Arbeit einer ganzen Reihe von Schulen. Einmal stand er gar allein einem verwundeten Tiger gegenüber und musste mit einem wilden Eber kämpfen. Er durfte es auch erleben, wie er eine sich ausbreitenden Cholera-Epidemie zum Stillstand bringen konnte. Er sprach fließend Hindi und Chattisqarhee, einen indischen Dialekt. McGavran war Gründer eines angesehenen missionswissenschaftlichen Instituts und hat 23 Bücher zu den Themen Gemeindewachstum und Mission verfaßt. Seine vielen Reisen haben ihn buchstäblich in jedes Land der Erde geführt.

Wenn in ein oder zwei Generationen die Religionsgeschichte des 20. Jahrhunderts skizziert wird, so wird Donald McGavran sehr wahrscheinlich in erster Linie als Vater der Gemeindewachstumsbewegung in die Geschichte eingehen. Erste Ansätze der späteren Bewegung begannen bereits in den 30er Jahren zu keimen, als er Sekretär und Schatzmeister der *United Christian Missionary Society* in Indien war. Damals war er verantwortlich für die Betreuung von 80 Missionaren, und leitete die Arbeit von 5 Krankenhäusern, zahlreichen Schulen, einem Lepra-Heim sowie den evangelistischen Arbeitszweig der Missionsgesellschaft. Damit war er Leiter einer ansehnlichen Missionsarbeit. Als Ergebnis dieser harten und jahrzehntelangen Arbeit erwuchsen jedoch nur 20 oder 30 kleine Gemeinden, die überdies kein Wachstum zu verzeichnen hatten.

Noch eine ganze Reihe anderer missionarischer Gruppen, die in Indien arbeiteten, erlebten dasselbe, und für einige Missionsgesellschaften hat sich daran auch bis heute nichts geändert. Aber McGavran konnte sich damit nicht abfinden. Man sprach in Missionarskreisen damals davon, Indien sei "harter Boden", und man könne deshalb nicht viele Bekehrungen erwarten. McGavran war da jedoch anderer Meinung. Seiner Ansicht nach hing es mit einer bestimmten Form von missionarischer Arbeit zusammen, die zwangsläufig dazu führen mußte, daß nur wenige oder gar keine Gemeinden entstanden. Aber es mußte doch Möglichkeiten und Wege geben, die Gott dadurch segnen würde, daß eine Vielzahl von Gemeinden ins Leben gerufen werden konnten. Damals wußte McGavran noch nicht, worin sich diese beiden Arbeitsweisen methodisch unterschieden, aber er war entschlossen, dies herauszufinden. Im Vorwort eines Buches, an dem er im Jahre 1930 mitarbeitete, verpflichtete er sich, *"Gemeindeaufbaukonzepte, die untauglich waren, zu brandmarken und effektive Handlungsmuster und Konzepte in Erfahrung zu bringen und in die Praxis umzusetzen, die tatsächlich dem Ziel dienen, Menschen in die Jüngerschaft zu rufen und das Volk Gottes zu mehren."*

Die ersten Ansätze der Theorien des Gemeindewachstums setzen voraus, daß McGavran genügend praktische Erfahrung in seine Forschungsarbeit einbringen konnte. Aus diesem Grunde verließ McGavran seinen Verwalterposten und investierte 17 Jahre seines Lebens darin, neue Gemeinden zu gründen. Diese Arbeit zeigte ihre Früchte: Über 1.000 indische Christen verdanken - menschlich gesehen - ihre Bekehrung dem Dienst McGavrans. Was jedoch noch entscheidender als diese unmittelbare Frucht seiner Arbeit sein sollte, war, daß sich ganz bestimmte Erkenntnisse über das Wachstum von Gemeinden (und aus welchen Gründen Wachstum ausbleiben kann) im Denken von McGavran zu festigen begannen. Diese Erkenntnisse veranlaßten ihn, im Jahre 1955 das Buch *The Bridges of God* (revidierte Ausgabe 1981 bei Friendship Press, New York) zu veröffentlichen. Das war der erste literarische Meilenstein, der die Gemeindewachstumsbewegung in Gang setzte. Dieses Buch wurde von Missionaren und Missionssekretären auf allen sechs Kontinenten gelesen und diskutiert. Die hier vorgestellten Gedanken waren neu und forderten heraus. Die Argumentation bewegte sich auf vier Ebenen: auf der theologischen, der pragmatisch-ethischen, der missionswissenschaftlichen und der methodischen Ebene.

Der **theologische Ansatzpunkt** stellt den umfassenden Charakter der Mission heraus: Es entspricht dem Willen Gottes, daß verlorene Männer und Frauen gefunden, mit ihm versöhnt und zu verantwortlichen Mitgliedern christlicher Gemeinden werden. Evangelisation bedeutete damit nicht nur Verkündigung des Evangeliums, unabhängig von den Resultaten der Verkündigung, sondern als Mittel, Menschen zu Jüngern Jesu zu machen.

Der **pragmatisch-ethische Ansatzpunkt** besteht darin, auch in der Mission konsequent über den Fortgang der Arbeit zu reflektieren und die Frage nach den Resultaten zu stellen. McGavran wurde von der Tatsache hochgeschreckt, daß (zu) viele der Ressourcen, auf die Gott für die Sache der Mission seine Hand gelegt hatte - Mitarbeiter und Finanzen - unbedacht eingesetzt wurden, ohne die Frage zu stellen, ob das Reich Gottes durch die damit unterstützten Missionsprogramme wirklich gefördert wurde. McGavran forderte dazu auf, mit den Mitteln für die Mission verantwortlicher umzugehen. Er plädierte dafür, daß die missionarischen Bemühungen in direkte Relation zu den Ergebnissen, den Früchten dieser Arbeit, gestellt werden. Bei diesen Worten spürt man seinen engen Kontakt mit Bischof Waskom Pickett, der McGavran in seinen ersten Jahren in Indien zur Seite gestanden war. In Picketts eigenen Worten: *"Es ist befremdend, eine ganze Reihe von Büchern über moderne Mission lesen zu können, ohne den geringsten Hinweis darauf zu finden, was eigentlich dem Wachstum von Gemeinden förderlich oder abträglich ist. Beim Lesen mancher Bücher gewinnt man den Eindruck, der Autor möchte gerne beweisen, daß die Missionare alles ganz exakt und* *korrekt nach Gottes Führung getan haben. Wenn durch ihre Arbeit keine Gemeinde entstanden ist, dann bedeutete das selbstverständlich, daß die Zeit, die Gott dafür bestimmt hat, daß Seelen gerettet werden, noch nicht gekommen ist. Aufgabe des Jüngers sei es, 'den Samen des Evangeliums zu säen und es Gott zu überlassen, wann er Frucht schenken will'. Aber wie sehr unterscheidet sich doch diese Auffassung vom Gebot Jesu: 'Machet zu Jüngern alle Völker!"* (Pickett, 1933).

Der **missionswissenschaftliche Ansatz** besteht in der Entfaltung der Theorie der Volksbewegung. Lange bevor man damit begann, die Erkenntnisse der kulturellen Anthropologie bewußt mit evangelistischer Strategie in Verbindung zu bringen, hatte McGavran intuitiv erkannt, daß die Art, wie in den einzelnen Kulturkreisen Entscheidungen für Jesus getroffen werden, sich erheblich voneinander unterscheiden. Die meisten westlichen Missionare predigten ein individualistisch verstandenes Evangelium und erwarteten demzufolge, daß sich Menschen *einzeln* zu Christus bekehren würden, und zwar *gegen* die Auffassung der Mehrheit der breiten Bevölkerung. Ihre Erwartung bestand also darin, daß Menschen in aller Regel "gegen den Strom" der breiten Bevölkerung zu schwimmen hatten, wenn sie sich zu Christus wandten. Ermutigt durch Waskom Pickett kam McGavran zu dem Schluß, daß dies nicht der Weg sein konnte, die breiten Massen für das Evangelium zu gewinnen. In den Augen vieler Menschen werden wichtige Entscheidungen nur von der Gruppe getroffen. Das entsprach ihrer ganzen kulturellen und weltanschaulichen Prägung. Wenn das Evangelium Eingang in Volksgruppen der nichtwestlichen Welt finden sollte, mußte ein Prozeß angestrebt werden, innerhalb dessen sich ganze Familien, Großfamilien, Sippen, Dörfer und Stämme gleichzeitig und gemeinsam dem christlichen Glauben zuwenden konnten. Bekehrungen, in denen dieses gemeinsame Element vorherrschend war, werden als multi-individuelle Bekehrungen oder Gruppenbekehrung bezeichnet. Weil das damit beschriebene Phänomen in erster Linie innerhalb bestimmter Volksgruppen zu beobachten war und ist, hat sich jedoch der Ausdruck *Volksbewegung* durchgesetzt.

Eine Folge-These der Theorie der Volksbewegung ist das Prinzip der homogenen Einheit. Die bereits klassisch gewordene These von McGavran lautet: ***"Menschen werden gerne Christen, wenn sie dabei nicht Rassen-, Klassen- oder Sprachbarrieren überschreiten müssen".*** Die gesellschaftliche Entwurzelung bei der Bekehrung sollte seiner Ansicht nach auf ein Minimum beschränkt bleiben. Das Prinzip der homogenen Einheit wurde zum meistdiskutierten und am heftigsten umstrittenen Punkt der Gemeindewachstumstheorie. Kritiker sahen darin einen rassistischen Grundgedanken formuliert, der das Klassendenken fördere. Damit interpretierten sie jedoch das Gegenteil in das hinein, was McGavran sagen will. Als Christ mit weltweitem Horizont und internationaler Erfahrung liegt es McGavran mehr als fern, rassistisch zu denken. Das Prinzip der homogenen Einheit stellt den Versuch dar, ein Prinzip der Bekehrung zu beschreiben, in dem der Mensch (zusätzlich zum Ärgernis des Kreuzes) keine weiteren kulturellen oder sprachlichen Entfremdungen auf sich nehmen muß. McGavran geht es darum, daß die gesellschaftliche Würde des einzelnen Menschen respektiert bleibt. Eine Entscheidung für Christus sollte nicht durch kulturelle oder soziale Anreize oder Hindernisse zusätzlich befrachtet sein. Dieses Prinzip wird im vorliegenden Hauptwerk von McGavran eingehend erläutert.

Im **methodischen Ansatz** macht McGavran einen deutlichen Unterschied zwischen dem Ruf in die Jüngerschaft *(discipling)* und dem Ruf zu christlicher Vollkommenheit *(perfecting)*. Beide sind voneinander inhaltlich klar zu trennen und werden von McGavran als zwei Stadien christlicher Sozialisation verstanden. Der Ruf in die Jüngerschaft ruft Ungläubige oder ganze Gruppen von Nichtchristen dazu auf, sich Christus hinzugeben und seinem Leib, der Gemeinde zu verpflichten. Der Ruf zu christlicher Vollkommenheit meint dagegen den lebenslange Prozeß der geistlichen und ethischen Reifung im Leben eines Christen. McGavran warnt davor, daß zu viel *missionarische* Aktivitäten ausschließlich im rein innerchristlichen Bereich ("Ruf zur Vollkommenheit") geschehen. Damit rücke man jedoch vom eigentlichen Ansatzpunkt und von der ursprünglichen missionarischen Verpflichtung, Menschen in die Jüngerschaft zu rufen, ab. Unermüdlich weist er darauf hin, daß über 70 Prozent der Weltbevölkerung noch nicht von dem Ruf in die Jüngerschaft erreicht worden sind. Er fordert die christlichen Gemeinden weltweit dringend dazu auf, mehr Arbeiter in dieses Erntefeld auszusenden.

Nachdem McGavran in den 50er Jahren die theoretischen Grundlagen der Gemeindewachstumsbewegung gelegt hatte, krönte er sein Lebenswerk mit der Gründung des Instituts, das zum Ausgangspunkt seiner weiteren akademischen Arbeit werden sollte: Im Jahre 1961 gründete er das *Institute of Church Growth* am *Northwest Christian College* in Eugene, Oregon. 1965 verlegte er dieses Institut nach Kalifornien an das Fuller Theological Seminary in Pasadena und rief dort die *Fuller School of World Mission* und das *Institute of Church Growth* ins Leben, deren erster Direktor er wurde. Obwohl er im Alter von 83 Jahren seine Lehrtätigkeit offiziell beendete, war er noch immer äußerst aktiv: Er arbeitete weiter an der Erforschung des Gemeindewachstums, schrieb rege, war viel auf Reisen unterwegs und unterhielt eine reiche Vortragstätigkeit. Wenn er in Pasadena war, kam er täglich in sein Büro auf dem Universitätsgelände, um dort zu arbeiten. Das von ihm gegründete Institut ist heute eines der weltweit führenden Ausbildungszentren für Missionswissenschaft. Dort unterrichten 12 haupt- und 30 nebenamtlich tätige Lehrer die über 700 Studenten.

Noch über 3 Milliarden Menschen müssen mit dem Ruf zum Glauben an Jesus Christus erreicht werden. Aus diesem Grunde sieht Donald McGavran die goldenen Jahre der Weltmission noch vor sich. Noch nie waren die Möglichkeiten so groß, die weltmissionarische Aufgabe zu erfüllen. Niemals zuvor hatten die Erkenntnisse der missionswissenschaftlichen Forschung einen derart hohen Stand erreicht. Niemals zuvor war die Menschheit empfänglicher für das Evangelium als heute. Gott hat noch immer die Zügel in der Hand. Jesus sagte: "*Ich will meine Gemeinde bauen*". Das hat er getan, und er wird es auch weiter tun. Da verwundert es nicht, wenn Donald

McGavran, mit verschmitztem Augenzwinkern und fester Entschlossenheit uns nachdrücklich zuruft:

"Wir stehen am Anfang einer neuen missionarischen Ära."

Vorwort zur 1980 revidierten Ausgabe

Von Donald A. McGavran

In den letzten zwei Jahrzehnten wurde die weltweite christliche Gemeinde erneut von Gott darauf hingewiesen, alle Völker jedes Kontinents zum Glaubensgehorsam zu rufen. Die Christen beginnen mehr und mehr damit, die vielen ihnen zur Verfügung stehenden Mittel für die Evangelisation und das Wachstum von Gemeinden einzusetzen. Kleine und große Denominationen, Protestanten und Katholiken konzentrieren sich zunehmend auf Re-Evangelisation und Weltmission. Eines ist unübersehbar geworden: Wir werden niemals wirklichen Frieden, Recht und Gerechtigkeit auf dieser Erde verwirklichen und erleben können, wenn es nicht dazu kommt, daß in jedem Bevölkerungssegment der Weltbevölkerung die Zahl der praktizierenden Christen und lebendigen Gemeinden um ein Vielfaches ansteigt.

Das Ziel der Evangelisation ist es, daß Menschen erlöst werden können und die Zahl der christlichen Gemeinden sich vervielfältigt. Evangelisation und das Wachstum der Gemeinden sind durch nichts zu ersetzen. Sie sind zentraler Bestandteil des christlichen Glaubens. Die Gemeinde ist nichts anderes als der Leib Jesu, des auferstandenen Christus, der Personen und ganze Nationen durch effektive Evangelisation dazu aufruft, sich im Glauben und Gehorsam Christus zuzuwenden, wobei Christen aus jeder Bevölkerungsgruppe in lebensfähige Gemeinden integriert werden. Wenn wir das glauben, so haben wir alle Hände voll zu tun.

Doch so einfach scheint es nicht zu sein. Viele Christen haben alle Hände voll zu tun, gute Taten zu vollbringen, und gehen scheinbar davon aus, das Wachstum der Gemeinden ergebe sich von selbst. Wer betet denn heute wirklich ernsthaft für das Wachstum von Gemeinden? Und wo wird systematischer Gemeindeaufbau betrieben, das nur ein Ziel kennt: Gemeinde soll wachsen? Man geht heute anscheinend davon aus, als wachsen die Gemeinden ganz von selbst, sozusagen automatisch, wenn Christen ihre Bibel lesen, anderen Menschen Gutes tun und Gott anbeten. Das Ergebnis: Inmitten einer Menschheit, in der eine große Zahl von Männern und Frauen für das Evangelium aufgeschlossen sind, sind viele Gemeinden eingeschlafen, stagniert und zu festgefahrenen Ghettos für bequem gewordene Wohlstandschristen verkommen. Man kümmert sich zwar um die Hungrigen, besucht die Kranken und kleidet die Nackten, baut wunderschöne Kirchen, bildet Pfarrer aus und versucht, die Gesellschaft positiv zu beeinflussen, nur nach einem muß man vergeblich Ausschau halten: nach dem Wachstum der Gemeinden. Die Dynamik der Urgemeinde scheint diesem Teil der Christenheit verloren gegangen zu sein. Demgegenüber steht die massive Zahl der

Menschen in der westlichen Welt und die noch größere Zahl der Bevölkerung der Zweidrittelwelt, die noch immer auf den Ruf in die Jüngerschaft zu warten haben. Sie kennen keinen Sohn Gottes. Und so kennen sie auch kein ewiges Leben. Man hat immer gemeint, die christlichen Gemeinden würden wie von selbst wachsen. Aber stimmt das wirklich? Ich wage das zu bezweifeln. Um die Mitte dieses Jahrhunderts war man auch in der christlichen Mission dieser Meinung. Man ging einfach davon aus, die Gemeinden würden wie von selbst - als natürliches Produkt gewissenhafter Arbeit - wachsen. Man investierte enorme Summen in die Mission, erlebte jedoch nur dürftiges Gemeindewachstum. Bei allem Verständnis für besondere Situationen, in denen das Wachstum von Gemeinden wirklich unmöglich war, geschah jedoch oft dort viel zu wenig, wo weitaus größeres Gemeindewachstum möglich gewesen wäre. Viele Christen, Pastoren und Missionare kamen sozusagen mit leeren Händen aus reifen Erntefeldern zurück. In den letzten Jahrzehnten haben auch die meisten der größeren Denominationen in den Vereinigten Staaten kein oder nur geringes Gemeindewachstum erlebt. Man konnte zwar geringfügiges biologisches Wachstum und Transferwachstum durch die Mobilität der Christen beobachten, aber man mußte schon weit fahren, um echtes Bekehrungswachstum zu beobachten. So selten kam es vor. Und selbst dann war es nur sehr dürftiges Wachstum. Ganze Denominationen sind statisch geworden oder sind sogar in einem Schrumpfungsprozeß begriffen. Es kam oft vor, daß amerikanische Pastoren - genau wie ihre Kollegen weltweit - Gemeinden leiteten, deren Mitgliederzahl sich über die Jahre hinweg kaum veränderten, oder die sogar Mitglieder verlor, ob nur sporadisch oder gleich scharenweise.

Der feste Entschluß, die Dynamiken des Gemeindewachstums zu verstehen, das Auftreten und Ausbleiben von Gemeindewachstum zu untersuchen und die Gründe für das Wachsen oder Schrumpfen der Gemeinden zu erforschen, entstand auf den Missionsfeldern der Zweidrittelwelt. Gott hat es mir geschenkt, einen einzigartigen Einblick in das Leben der christlichen Gemeinden in vielen dieser Ländern zu gewinnen. Das war auch der Grund, weshalb die Gemeindewachstumsbewegung in den Zeit zwischen 1955 und 1970 sich hauptsächlich mit dem Wachstum der Missionskirchen der Zweidrittelwelt beschäftigte. Man begann Fragen zu stellen wie diese: Wie können christliche Gemeinden ihre Verpflichtung gegenüber Gott verantwortlicher wahrnehmen? Bringen die Missionsgesellschaften tatsächlich die Ernte in dem Ausmaß ein, wie es möglich wäre? Findet in den Gemeinden der Zweidrittelwelt der Vervielfältigungsprozeß statt, den Gott sich wünscht? Wie können die Missionare effektiver evangelisieren? Welche Faktoren begünstigen - und welche verhindern - das Gemeindewachstum in neuentstandenen Denominationen? Im Fachmagazin *Church Growth Bulletin* sind Hunderte von Artikeln zu diesen Themen veröffentlicht worden, die von christlichen Leitern aus aller Welt verfaßt worden sind. Erfahrene Missionare schrieben sich in Gemeindewachstumsseminaren ein und besuchten einschlägige Kurse am *Institute of Church Growth* in Eugene, Oregon und später an der *School of World Mission* am *Fuller Theological Seminary*. Es wurden Vorlesungen über Gemeindewachstum gehalten, die auf die besonderen

Fragen zugeschnitten waren, die durch die Forschungstätigkeit der aktiven Missionare vor Ort aufgeworfen wurden. Im Jahre 1967 entstand das erste Manuskript von **Gemeindewachstum verstehen.** In den ersten drei Jahren mußten erste Kopien des Buchmanuskriptes als Arbeitsgrundlage genügen; das Buch selbst erschien dann im Jahre 1970.

Im Jahre 1971 begann die Gemeindewachstumsliteratur in den Vereinigten Staaten große Kreise zu ziehen. Die erste Ausgabe von **Gemeindewachstum verstehen** wurde von vielen Pastoren gelesen, und langsam begann sich die Überzeugung zu festigen, daß das Wachstum von Gemeinden die amerikanischen Gemeinde mindestens ebensoviel anging wie die Missionsgesellschaften und die Gemeinden der Dritten Welt. C. Peter Wagner, Ralph D. Winter, Win Arn und George G. Hunter, III, spielten bei dieser Aufklärungsarbeit eine wichtige Rolle. Die *Southern Baptists* und die Nazarenerkirche wie auch einige andere Denominationen verpflichteten sich, etwas zu unternehmen und einen beträchtlichen Teil ihres Budgets und ihres Personales in das Anliegen für das Wachstum der Gemeinden zu investieren. Die Folge davon war, daß das Interesse an Gemeindewachstum in den Vereinigten Staaten der 70er Jahre explosionsartig anstieg. Man begann sich bereits in Skandinavien und England für das Thema zu interessieren. Überall wurden plötzlich Bücher und Artikel publiziert. Hunderte von Pfarrern trafen sich zu Gemeindewachstumsseminaren. Gemeindewachstum wurde zur akademischen Disziplin, und es wurden erste Dissertationen an theologischen Seminaren eingereicht. Von den Leitungsetagen der Gemeindeverbände werden jährlich beträchtliche Mittel zur Verfügung gestellt, um Maßnahmen zu treffen, die die Austrittswelle zu stoppen vermögen und geeignet wären, Interesse am Wachstum der Gemeinden zu wecken.

Als **Gemeindewachstum verstehen** in der Ausgabe von 1970 in Amerika gelesen (und als grundlegende Einführung in das Gedankengut der Gemeindewachstumsbewegung betrachtet) wurde, bemängelte man, daß die meisten der darin aufgeführten Beispiele aus Übersee stammten. Einige Amerikaner dachten deshalb, daß die Gemeindewachstumsprinzipien möglicherweise überall Gültigkeit hätten, nur in Amerika nicht. Doch so dachten glücklicherweise nicht alle. Viele erkannten, daß sie sehr wohl auch für die amerikanische Situation relevant waren und baten mich, die Ausgabe von 1970 so zu überarbeiten, daß dies deutlicher zum Vorschein käme.

Die 70er Jahre waren reich gesegnet mit Einblicken und Erfahrungen aus der Evangelisationsforschung, und man begann neue Erkenntnisse darüber zu gewinnen, wie das Evangelium im äußerst vielfältigen Bevölkerungsmosaik der Menschheit kommuniziert wurde. Darüberhinaus leisteten führende Vertreter der Bewegung einen enormen Beitrag zur Förderung der akademischen Disziplin des Gemeindewachstums. Ich spürte, daß diese Beiträge in einem einzigen Band zusammengefaßt werden sollten. Das Problem war nur, zwischen den eigentlichen wissenschaftlichen Beiträgen, und zwischen notwendigen breitenwirksamen Veröffentlichungen und konkreten Anwendungshilfen zu unterscheiden. In dem Jahrzehnt zwischen 1970 und 1980 wurde eine große Zahl von Büchern über beinahe jeden Aspekt des

Gemeindewachstums veröffentlicht. Hunderte von Beiträgen waren erschienen, die viel zu zahlreich waren, um sie in einem Buch zusammenzufassen. In dieser Überarbeitung habe ich mich deshalb entschlossen, mich fest daran zu halten, nur die *wesentlichen und grundlegenden Gedankengänge* darzulegen.

Hinter dem Begriff *Gemeindewachstum* verbirgt sich viel mehr als der naive Wunsch, neue Namen in die Mitgliederlisten der Gemeinden eintragen zu wollen. Die umrissene Thematik ist viel weiter und tiefer zu fassen. Das Anliegen der Gemeindewachstumsbewegung besteht darin, zu untersuchen wie Einzelpersonen und ganze Völker zu echten Christen werden können und die Kulturkreise, in die Gott sie gestellt hat, zu segnen und zu revolutionieren. Der Kerngedanke der Gemeindewachstumsbewegung hat seinen Ursprung in der theologischen Reflexion und in der Verpflichtung zum Wort Gottes. Die Erkenntnisse der Sozialwissenschaften werden dankbar und intensiv genutzt, weil Gemeindewachstum ein soziologisch faßbares Phänomen ist. Es besteht ein dauerndes Interesse daran, an Fallbeispielen wachsender Gemeinden zu erkennen, auf welche Weise Gott Wachstum geschenkt hat und nach den wirklichen Faktoren zu fragen, die hinter diesem Wachstum stehen. Das Vorwort zur Ausgabe von 1970 (das hier direkt angefügt ist), unterstreicht die grundsätzlichen und weitreichenden Linien der Theorie des Gemeindeaufbaus. Es sollte zu Ihrem eigenen Vorteil vor der eigentlichen Lektüre des Buches gelesen werden.

Die Herausgabe dieses Buches wird von dem Gebet begleitet, Gott möge es zur dringenden Belebung seiner Gemeinde gebrauchen, damit eine genügende Zahl von Männern und Frauen Zugang zu den christlichen Gemeinden finden und es so in allen Ländern der Erde auch zu echtem sozialen Fortschritt kommt. Das Fernziel der Gemeindewachstumsbewegung ist ausdrücklich, "alle Völker" - *panta ta ethne* - in die Nachfolge zu rufen, oder anders gesagt: daß die Ströme des ewigen und überfließenden Lebens ungehindert und zügig zu jeder Sprachgruppe, jedem Volksstamm und jeder Volksgruppe der Erde vordringen können.

Vorwort zur ersten Ausgabe von 1970

Von Donald A. McGavran

Die Weltmission steht an einem geschichtlichen Wendepunkt. Die Aufgabe ist klar vorgegeben: Machet zu Jüngern alle Völker, versöhnt die Menschen aller Rassen mit Gott, der sich in Christus offenbart hat, ruft alle Völker zum Glaubensgehorsam und predigt das Evangelium jeder Kreatur.

Überall versucht man nun, das Wesen der Mission in unserer sich schnell wandelnden Welt neu zu deuten und den Auftrag der Mission in unzähligen Vorträgen und Artikeln zu reinterpretieren. Viele Zeitgenossen sehen jedoch nur einen kleinen Ausschnitt des ganzen Bildes, definieren jedoch trotzdem mit Feuereifer, was Mission in dem Bevölkerungssegment, der ihnen besonders am Herzen liegt, zu sein hat. Viele typisch europäische und amerikanische Probleme drängen sich auf dieser schriftstellerischen Bühne zu stark in den Vordergrund. Das liegt einfach daran, daß die meisten christlichen Autoren in Europa und Amerika beheimatet sind. Und so wird "Mission" zu dem, was diese westlichen Schriftsteller gerade für nötig halten. Mission hat überwiegend westliche Platzanweiser bekommen. Darüberhinaus ist eine hitzige Debatte darüber im Gange, was eigentlich die wahren Ziele des Christentums sind. Was will Gott heute? Werden wir das, was er fordert, aufgrund unseres Verstandes oder aufgrund von Offenbarung erfassen können? Es steht nicht weniger auf dem Spiel als die Theorie und die Theologie der Mission. Gottes Mission in dieser Welt ist noch nicht zu Ende. Die Kirche versucht zwar beständig, "der Sache Gottes" gerecht zu werden. Aber was heißt das eigentlich? Was sollte denn eigentlich getan werden? Welche Prioritäten sollten an erste Stelle gesetzt werden? Welche der vielen guten Dinge, die man tut, sind von erstrangiger Bedeutung? Welche sollte man zuerst tun, und was - wenn überhaupt - kann beruhigt anderen überlassen werden? Woran kann man erkennen - vielleicht sogar messen -, ob tatsächlich der Wille Gottes getan wird? Was ist eigentlich geschehen, als das Christentum sich neue Arbeitsfelder erschlossen hat? Ratschläge aus der Anthropologie, der Soziologie und der Theologie bieten sich an, während die Organisationsformen des heutigen Christentums immer undurchschaubarer werden. Niemals war es daher nötiger als heute, eine klare Missionstheologie zu haben - eine Missionstheologie, die fest in der biblischen Wahrheit wurzelte.

Mitten aus dieser Zeit, in der sich die Meinungen regelrecht überschlagen, ist **Gemeindewachstum verstehen** erwachsen. Es versteht sich als Stellungnahme zu dieser kritischen Zeit der Missionsgeschichte. Es ist trotz und gegen alle gegenwärtigen Verwirrungen geschrieben worden, von der die heutige Mission so stark geprägt ist, und in der sogar die Mittel der Mission mit ihrem Endzweck verwechselt werden. Es ist gleichzeitig ein *missionstheologisches*, ein *missionstheoretisches* und ein *missionspraktisches* Buch. Man kann diese drei Bereiche nicht voneinander trennen. Sie bilden eine Einheit: Die Theologie beeinflußt die Theorie und die Praxis, die Praxis befruchtet die Theologie und die Theorie, und die Theorie leitet sowohl die Praxis wie auch das theologische Denken an.

Doch ist mit dieser Veröffentlichung beileibe noch nicht das letzte Wort über unser Thema gesagt. Es stellt einen Versuch dar, das Anliegen der Versöhnung von Männern und Frauen durch die Vermittlung der Gemeinde Jesu Christi ernst zu nehmen, und zwar unter Berücksichtigung der heutigen Gemeindesituationen. Ich bin davon überzeugt, daß es Gott wohlgefällt, wenn christliche Gemeinden (Versammlungen von getauften Gläubigen) ins Leben gerufen werden. Das Ja zur Neugründung von Gemeinden ist eines der theologischen Eckdaten der Argumentation. Ein weiterer Kerngedanke ist anthropologischer Natur: Die Größe, die Anzahl sowie der ethnische und kulturelle Hintergrund der christlichen Gemeinden und ihre Beziehung zu den Menschen um sie her, die sich nicht zu den

Nachfolgern von Christus zählen, ist eine quantifizierbare Größe. Wenn wir als Christen gute Haushalter der Gnade Gottes sein wollen, so müssen wir diese Fakten unbedingt in den Blick bekommen. Ich hoffe, daß noch viele andere Bücher über den Gemeindeaufbau geschrieben werden, ist doch die christliche Gemeinde der Ort, an dem die Gerechtigkeit, der Frieden und die Vergebung Gottes sichtbar wird.

Ich rufe dazu auf, daß ähnliche Bücher für die jeweilige Situation der christlichen Gemeinden Asiens, Afrikas und Lateinamerikas in den Sprachen dieser Länder geschrieben werden. Die englische Ausgabe von **Gemeindewachstum verstehen** wird nur von den hochqualifizierten einheimischen Leitern und Missionaren Europas und Amerikas gelesen werden. Das ist gut, aber noch nicht genug. Die neuentstandenen christlichen Gemeinden stehen in der großen Gefahr, aufgrund der Fülle der Möglichkeiten, dem stark europäischen oder amerikanischen Problembewußtsein der bestehenden Kirchen und der allgemeinen Verwirrung über Theorie, Theologie und Praxis der Mission, die Orientierung zu verlieren. Die Beobachtung, daß etwa 80 Prozent oder mehr der heutigen missionarischen Aktivitäten nichts weiter sind als organisierte gute Werke oder soziales Engagement, vernebelt den Blick der jungen Kirchen für die Verkündigung des Evangeliums. Sie müssen dringend wieder ihre Aufmerksamkeit auf die schlichte Tatsache des Evangeliums richten, daß Jesus Christus für alle gestorben ist und daß das "Evangelium ... nach Befehl des ewigen Gottes, [offenbart ist], unter allen Heiden den Gehorsam des Glaubens aufzurichten" (Röm 16, 25.26). Solange es noch einen Menschen auf der Welt gibt, der noch keine Chance hatte, auf diese gute Botschaft zu reagieren, hat die Arbeit der Mission weiterzugehen. Wir brauchen dringend weiterhin die evangelistische Großveranstaltung. Sie ist einer der gültigen Wege, wie das Evangelium sich neuen Raum schafft. Ich werde aber im Verlauf der Argumentation dieses Buches zur Genüge darlegen, daß diese Veranstaltungen so durchgeführt werden müssen, daß es dadurch tatsächlich zur Gründung einer großen Zahl von neuen Gemeinden zu kommen hat und eine Vielzahl von Neubekehrten nachweisbar verantwortliche Glieder am Leib Christi werden. Darüberhinaus muß das Evangelium aber auch weiterhin auf viele andere Arten verkündigt werden. Und doch ist eine Reflexion - ein Feedback - dringend nötig. Alle missionarischen Aktivitäten der christlichen Kirchen - die Evangelisation mit eingeschlossen - müssen daher im Licht der gegenwärtigen missionarischen Erfahrungen gesehen und bewertet werden. Ihr Wert bestimmt sich dadurch, in welchem Maße diese christlichen Aktivitäten dazu dienen, Menschen und ganze Volksgruppen zum Glaubensgehorsam zu rufen und Gemeinden zu bauen, die sich selbst weiter vervielfältigen.

TEIL I - BIBLISCH - THEOLOGISCHE BETRACHTUNGEN

1

Gemeindewachstum als umfassendes Mandat

Die Welt erlebt derzeit ein gewaltiges Wachstum der christlichen Gemeinden. Wir leben im Zeitalter der schnellsten Ausbreitung des Christentums, das die Geschichte jemals erlebt hat. In vielen Teilen der Welt gewinnt die Gemeinde in zahlreichen Kulturen und Subkulturen, Sprachen und Dialekten, Stämmen, Gesellschaftsklassen, Volksgruppen und Sippschaften an Boden. Eine Studie ergab, daß die Weltchristenheit täglich um 78.000 neue Glieder anwächst und jede Woche in Asien, Afrika und Lateinamerika ungefähr 1.000 neue Gemeinden gegründet werden, wobei jedoch zu beachten ist, daß solche Zahlenangaben immer nur als grobe Schätzungen betrachten werden können (Crest of the Wave, 20).

Seit Veröffentlichung dieser Zahlen wurde bekannt, daß sich in den 80er Jahren allein in China ca. 20.000 Menschen pro Tag bekehrten. Im Verlauf der Jahre stieg der Anteil der Christen im Verhältnis zu der nichtchristlichen Weltbevölkerung allmählich an, vor allem in der Dritten Welt. Der Prozentsatz ist noch höher, wenn man lediglich das Wachstum der Evangelikalen (im Unterschied zu der sehr breit und undifferenziert gefaßten Bezeichnung "christliche Bevölkerung") betrachtet. In diesem Fall ist es sogar angebracht, von einer dramatischen Entwicklung der evangelikalen Christenheit sprechen. War um das Jahr 1800 das Christentum größtenteils eine europäische und amerikanische Erscheinung, so hat es während der letzten Jahre dieses Jahrhunderts in beinahe jedem Land der Erde Fuß gefaßt.

Wie geschieht Wachstum?

Es kommt häufig vor, daß sich eine Gemeinde teilt und beide Teile weiter wachsen. Die Spaltungen der Presbyterianischen Kirche in Korea während der 50er Jahre wurden von Pessimisten weithin als Beweis für kommende dunkle Zeiten und für ein Zeichen des eschatologischen Abfalls gewertet. Doch das Gegenteil geschah: Die Presbyterianische Kirche in Korea (alle Zweigrichtungen eingerechnet) verdoppelte während der 50er Jahre die Zahl ihrer Mitglieder und mußte Hunderte von neuen Kirchengebäuden errichten. Die Denomination hatte 1989 bei weitem mehr gesellschaftlichen Einfluß als im Jahre 1950. Ähnliche Entwicklungen haben stark zum Wachstum unabhängiger Gemeinden in Afrika, pfingstlicher Gemeinden in Lateinamerika und baptistischer Gemeinden in den Vereinigten Staaten beigetragen.

Einige katholische Kirchenführer in Chile mögen die Tatsache bedauern, daß ein Zehntel ihrer Kirchenglieder Mitglieder von Pfingstkirchen geworden sind; aber weitsichtigere Beobachter werden zweifellos Gott dafür danken können, wie lebendig die Pfingstkirchen sind und mit welchem Wachstum sie gesegnet sind. Je stolzer wir auf unsere eigene Denomination sind, desto mehr verlieren wir den Blick für die Tatsache, daß wir dadurch, daß wir Mitglieder an etwas lebendigere Gemeinden "verlieren", zu größeren Anstrengungen herausgefordert werden. Denn dadurch erfährt letztlich die gesamte Gemeinde Jesu Christi - die den Rahmen unserer Denomination übersteigt - neuen Auftrieb. Als sich unter George Fox zur Zeit Cromwells die Zahl der Versammlungen der *Quäker ("friends")* in ganz England und der übrigen Welt verbreiteten, konnte wohl kaum jemand daran zweifeln, daß dies dem gesamten Leib Christi zugute kam.

Als einige Reformer die schläfrig gewordene *Syrisch Orthodoxen Kirche* in Kerala, Indien, um das Jahr 1890 verließen und die *Mar Thoma Syrian Church* gründeten, die bis zum Jahr 1977 von wenigen Gemeinden auf eine ansehnliche Denomination mit einer Mitgliedschaft von 400.000 Menschen anwuchs, bedeutete dies nicht nur, daß der weltweite Leib Christi spürbares Wachstum erlebte, sondern es stimulierte sogar die Syrisch Orthodoxe Kirche zu missionarischem Engagement.

Aber ganz ohne Spannungen geht es nicht. Es wird immer einen mehr oder weniger großen Teil der Christenheit geben, der sich Schwierigkeiten oder unvorhergesehenen Problemen ausgesetzt sieht und durch widrige Zeiten zu gehen hat. Umstände wie Krieg, Hungersnot, Seuchen, die Verbreitung einer unguten Theologie, Anpassung an völlig neue Umstände, Auswanderung in ein anderes Land oder eine andere Stadt, Unterdrückung durch totalitäre Systeme können Faktoren sein, die das Wachstum der Gemeinde nicht nur hemmen, sondern die das Volk Gottes auch eine bestimmte Zeit lang empfindlich zu belasten vermögen. Die Hand der Midianiter lastet manchmal schwer auf Israel - solange bis Gott einen Gideon zum Leben erweckt.

Diese offensichtlichen Schwierigkeiten dürfen jedoch niemals den Blick auf das weltweite Wachstum der Gemeinde verdecken. Genau wie viele Bereiche der nichtchristlichen Weltbevölkerung erstaunliches Wachstum verzeichnen, läßt auch der Geburtenüberschuß innerhalb der Weltchristenheit - verglichen mit der biologischen Entwicklung der marxistischen, hinduistischen, buddhistischen, säkularen oder andersglaubenden Teile der Weltbevölkerung die Zahl der Christen zahlenmäßig stark in die Höhe schnellen. Von diesem rein biologischen Zuwachs wenden sich jährlich Hunderttausende durch ein persönliches Bekenntnis zu einem überzeugten Glauben an Christus hin.

Zu diesem Wachstum von innen kommt noch das Wachstum von außerhalb der Gemeinden hinzu: Ungläubige Noch-nicht-Christen, die im näheren Umfeld der christlichen Gemeinden leben und sich selbst mehr oder weniger schon für "Christen" halten, bekehren sich in einem stillen Prozeß etwa dadurch, daß sie ein christliches Gemeindeglied heiraten. Solche stillen Bekehrungen geschehen hunderttausendfach pro Jahr, werden jedoch fast kaum bemerkt. Zu diesen Christen kommen jedoch noch die Bekehrungen von völlig unerreichten Nichtchristen hinzu. In einigen Fällen ist die Zahl solcher Bekehrungen geradezu dramatisch. Zwischen den Jahren 1936 und 1966 fanden in den Gemeinden, welche die *Sudan Inland Mission* gegründet hatte, 120.000 Äthiopier zum Glauben und wurden getauft. Von 1946 bis 1966 schlossen sich 80.000 Menschen aus dem hügeligen Inland von Taiwan den presbyterianischen Gemeinden an. Nach der Unabhängigkeit Indiens im Jahre 1947 wuchs die Methodistenkirche im Gebiet um Raichur Vikarabad von 100.000 auf 200.000 Mitglieder an. Zwischen 1906 und 1980 verzeichnete die *Kirche der Nazarener* in den Vereinigten Staaten ein enormes Wachstum. In der zweiten Hälfte des 20.Jahrhunderts kam es zu einer regelrechten Explosion der pfingstlichen und charismatischen Gemeinden: Sie erlebten gemäß den Angaben von David Barrett ein Wachstum von 96 Millionen Mitgliedern im Jahr 1975 auf 247 Millionen im Jahr 1985 (Dictionary). Allein die pfingstkirchliche Denomination der Assemblies of God wuchs zwischen 1975 und 1985 von 4,6 auf 13,2 Millionen Mitglieder an, was einer Wachstumsrate von 187 Prozent pro Jahrzehnt (ZWR) (= zehnjährliche Wachstums-Rate) entspricht. Im Jahre 1987 waren die Assemblies of God in nicht weniger als 30 Nationen zur größten oder zumindest zweitgrößten Denomination geworden.

In den 80er Jahren konnte man ein neues Phänomen beobachten: Die Entstehung von Meta-Kirchen. Gemeint sind Gemeinden mit mehreren zehntausend Mitgliedern. Die erste Meta-Kirche der Welt war die von Paul Yonggi Cho geleitete *Yoido Full Gospel Church* in Korea, die bereits im Jahre 1979 die Grenze von 100.000 Mitgliedern überschritten hatte. Bis zum Jahr 1990 rechnet man mit über 600.000 Mitgliedern. Die *Jotabeche Methodist Pentecostal Church* in Santiago, Chile, geleitet von Javier Vasquez, hatte im Jahr 1988 über 300.000 Mitglieder. Die *Vision de la Futura*-Gemeinde unter der Leitung des Argentiniers Omar Cabrera zählte 1987 über 145.000 Glieder, und in Lagos, Nigeria, wuchs die *Deeper Life Bible Church* unter der Führung von Pastor W.F. Kumuyi auf über 40.000 Glieder im Jahre 1986 an. Aber auch in den USA werden derzeit mehrere moderne Kirchengebäude errichtet (oder bestehen bereits), die über 10.000 Menschen Platz bieten. Die

Willow Creek Community Church im Chicagoer Vorort South Barrington, die unter der Leitung von Pastor Bill Hybels steht, wurde 1979 gegründet und wuchs bis 1987 auf 9.000 Gottesdienstbesucher an. Im darauffolgenden Jahr stieg die Zahl der Mitglieder gar auf über 12.000 Menschen an.

Diese Entwicklung wird jedoch von vielen Christen gar nicht wahrgenommen. Besonders Christen, die nur einen Blick für die eigene Denomination haben, entwickeln einen denominationellen Tunnelblick und scheinen dieses Phänomen gewaltigen Gemeindewachstums auf allen sechs Kontinenten, das Gott derzeit schenkt, anscheinend völlig zu übersehen. Mancher, der erstaunt zum ersten Mal von solchen Zahlen hört, wird vielleicht sogar bezweifeln, ob sie der Wahrheit entsprechen. Aber dieses Wachstum ist genau so real wie der Mount Everest real ist, und es geschieht fortwährend, vor unseren Augen. Wir müssen unbedingt verstehen lernen, warum dies so ist.

Gemeindewachstum als Mandat Gottes an uns

Jeder, der nach dem Geheimnis des Gemeindewachstums fragt, wird schnell feststellen, daß der Kern dort liegt, wo Menschen sich Gott bedingungslos verpflichten. Es entspricht dem Willen Gottes, daß Gemeinden wachsen. Christen sind beauftragt, die Verlorenen zu suchen und zu erretten. Darin sollen sie es ihrem Meister gleichtun. Doch das Suchen der Verlorenen bringt nicht unbedingt persönlichen Vorteil, sondern bedeutet, "Knecht um Christi willen" (2. Kor 4,5) zu werden. Wenn wir Gemeindewachstum wollen, wird es ohne Schweiß und Tränen nicht abgehen können: Wir sind gerufen, die Lasten der Schwachen zu tragen und den Hungrigen das Brot zu reichen, das sie zum Leben brauchen. Doch ein gehorsamer Diener Christi hat nicht nur humanitäre Interessen. Er ist am Gemeindewachstum interessiert, weil Gott Freude daran hat, wenn sich das Reich Gottes ausbreitet und die Gemeinde Zuwachs erfährt. Gottes Anliegen ist auch sein Anliegen - einem gehorsamen Diener Christi ist das Anliegen seines Herrn Verpflichtung.

Nur dort, wo Christen, von der Liebe Christi getrieben, gehorsam die gute Nachricht von der Errettung weitererzählen, wird sich die Gemeinde ausbreiten und zunehmen. Wo sich Christen nicht der Verkündigung des Evangeliums verpflichten, wird auch kein Wachstum geschehen. Doch die Annahme des Evangeliums hängt auch davon ab, ob Menschen dem gehörten Wort Gehorsam leisten. Wo es unter den vielen Zuhörern der Botschaft vom Evangelium nicht etliche gibt, die bereit sind, dem Wort Gottes zu gehorchen, werden wir es nicht erleben, daß sich die christlichen Gemeinden eines Landes oder einer Stadt multiplizieren.

Zum Geheimnis des Wachstums von Gemeinden gehört es, daß Menschen bereit sind, Christus mehr zu lieben als ihren Vater und ihre Mutter und ihr Kreuz täglich auf sich nehmen und Christus nachfolgen (Mt 10,37; Lk 9,23).

Wir werden dort Gemeindewachstum beobachten können, wo Christen treu ihrer Aufgabe nachgehen, die Verlorenen zu finden. Es genügt beileibe nicht, nur nach verlorenen Schafen zu suchen; der Hirte aller Hirten ist nicht damit zufrieden, wenn Menschen nur suchen und suchen und suchen. Er will, daß seine Schafe gefunden werden. Sein Hauptinteresse liegt auf dem Finden, nicht auf dem Suchen selbst. Die Aufgabe, vor die Gott uns stellt, ist nicht damit getan, dem verlorenen Sohn Milchpulver oder nette Briefe zukommen lassen. Erst dann, wenn er das Haus des Vaters betritt, haben wir getan, was wir zu tun schuldig sind. Aber Menschen müssen auch bereit sein, sich finden zu lassen. Auch dazu gehört Gehorsam. Wir werden niemals blühende Gemeinden dort entstehen sehen, wo Menschen dem Evangelium gleichgültig gegenüberstehen oder es gar mit Füßen treten. Erst wenn Menschen bereit sind, den Schritt aus der Gleichgültigkeit heraus zu tun und ihre Rebellion gegen Gott aufzugeben, kommt es zum Wachstum der Gemeinden.

Gemeindewachstum ist darüberhinaus insbesondere dort zu finden, wo die Verlorenen nicht nur eingesammelt, sondern aktiv in ein normales Gemeindeleben integriert werden. Für viele Neubekehrte ist ein lebendiges Gemeindeleben etwas völlig Neues. Unsere Verpflichtung gegenüber Gott muß zweierlei beinhalten: daß wir Menschen der Gemeinde zuführen und daß wir sie dort mit dem versorgen, was sie zum persönlichen Wachstum brauchen. Es ist sehr schade, daß die Eingliederung von Christen ins Gemeindeleben mit dem trockenen und oberflächlichen Begriff "Nacharbeit" bezeichnet worden ist. Ohne daß Menschen aktiv in ein lebendiges Gemeindeleben integriert werden, kann es nicht zu dauerhaftem Gemeindewachstum kommen. Wo Christen dem Gebot ihres Herrn treu und leidenschaftlich damit beschäftigt sind, streunenden Schafen eine Heimat zu vermitteln und der Herde das zu geben, was sie zum Leben braucht, werden sich überall Gemeinden entwickeln können. Aber wenn sie dies sträflich vernachlässigen und es zulassen, daß Männer und Frauen, die unbezahlbare Entscheidungen für Christus getroffen haben, in die Welt zurückgleiten, dann werden Gemeinden wohl kaum wachsen können. Es genügt also nicht allein, sich dazu zu verpflichten, das Evangelium treu zu verkündigen und Menschen finden zu wollen, sondern auch verantwortlich Menschen nachzugehen und sie in den ersten Schritten ihres Christseins zu begleiten. Aber diejenigen, die Christen geworden sind, müssen ihrerseits lernen, aus dem Wort Gottes zu leben. Hier berühren sich Qualität und Quantität - das eine hängt untrennbar mit dem anderen zusammen.

Wenn wir die Pläne Gottes ausführen möchten, so ist es dazu unabdingbar - eine *conditio sine qua non* - daß sich die Zahl der christlichen Gemeinden vervielfacht, und zwar solche Gemeinden, die aus dem Wort Gottes leben und dem Heiligen Geist Raum geben. Dazu gehört auch, potentielle Nachfolger von Christus in die Gemeinden zu integrieren. Es ist ein Unding - bildlich gesprochen -, wenn sie allein in der Wüste umherspazieren. Es gibt Christen, die der sichtbaren Gemeinde weit weniger Wert und Autorität beimessen, als Jesus Christus, der Herrn der Gemeinde, dies selbst tut. Wo der Wert der Ortsgemeinde derart unterbewertet wird, kommt es zu Fehlentwicklungen. Einige Christen tun daher fälschlicherweise so, als ob sich die Welt wie von selbst auf ein nicht näher definiertes Reich Gottes zubewegt und das aktive Gründen und Multiplizieren christlicher Gemeinden in jeder Volksgruppe der

Welt ein nutzloses Unterfangen sei. Wir werden es nicht erleben, daß der letzte und völlige Triumph der Herrschaft Gottes vor der gewaltigen Wiederkunft Christi stattfinden wird. Das Reich Gottes ist noch immer im Kommen begriffen, es ist noch nicht völlig da. Doch eines können wir mit Bestimmtheit sagen: Wenn wir erleben möchten, daß die Güte und Wahrheit Gottes unsere Gesellschaft vermehrt prägt, so hängt es eng mit der Anzahl derer zusammen, die Christus lieben und ihr Leben "in ihm" - als Glied an seinem Leib - führen. Wir werden mit Sicherheit an den Orten Gerechtigkeit und Frieden finden können, wo lebendige Gemeinden unter den mehr als 3 Milliarden Menschen entstehen, die noch keine persönliche Verbindung zu Jesus Christus kennen.

Soziologie und Spiritualität

Gemeindewachstum ist nicht einfach ein Phänomen, das soziologisch zu erklären wäre. Wir wissen alle, daß ein säkularer Humanist das Wachstum von christlichen Gemeinden einfach als das Ergebnis eines Zusammenwirkens von anthropologischen, geschichtlichen, wirtschaftlichen und politischen Faktoren sehen würde. Humanisten glauben nicht an eine transzendente Quelle der Wahrheit, und versuchen deshalb, die Wahrheit aufgrund empirischer Forschung zu erfassen. Nun bin ich aber kein säkularer Humanist, sondern ein überzeugter Christ. Ich glaube an den allmächtigen Gott, den Vater, den Schöpfer Himmels und der Erden, und an Jesus Christus, seinen Sohn. Die Wahrheit, der ich verpflichtet bin, ist der Stoff, aus dem die Welt gemacht ist: Das Wort, das am Anfang bei Gott war und durch das alle Dinge geschaffen sind und ohne das nichts ist was ist (vgl. Joh 1). Es ist die Wahrheit in Person. Ihm allein bin ich verantwortlich für alles, was ich denke, sage und tue.

Es ist mir nicht einfach völlig überlassen, meinen eigenen Vorurteilen freien Lauf zu lassen und mich über einen mißliebigen Tatbestand einfach hinwegzusetzen. Ich muß das ernst nehmen, was ich mit meinem kleinen Verstand erfassen kann und was mir auf andere Weise oder durch Offenbarung Gottes klar wird. Doch ich muß alle Erkenntnisse sorgfältig auf der Waage der Wahrheit prüfen. Deshalb ist es mir nicht möglich, das Wachstum der Gemeinden ausschließlich als soziologisches Phänomen zu beschreiben. Es ist ein soziologisch faßbares Phänomen, aber es ist viel mehr als nur das. Ich möchte meine These erneut wiederholen: Gemeindewachstum geschieht zunächst dort, wo Menschen sich Gott, dem Vater unseres Herrn Jesus Christus, verpflichten.

In den 60er und 70er Jahren wurden in der Gemeindewachstumsforschung besonders die äußeren Faktoren untersucht, die zum Wachstum von Gemeinden führten. Man griff hier vor allem auf die Erkenntnisse der Sozialwissenschaften zurück, allen voran der Kulturanthropologie. Als Ergebnis wurden viele hilfreiche Erkenntnisse entdeckt, gelehrt und veröffentlicht, etwa was man tun kann, um den Vorgang der Stagnation oder des Niedergangs einer Gemeinde umzukehren, Wachstumshindernisse zu erkennen und zu vermeiden oder neue Gemeinden zu gründen. Es entwickelte sich ein neues Arbeitsfeld: die Gemeindediagnose und die Gemeindetherapie, die Kunst, Wachstumsprobleme christlicher Gemeinden zu erkennen und zu heilen. Man konzentrierte sich ganz auf das Erforschen der äußeren Faktoren des Gemeindeaufbaus, hatte doch Jesus gesagt: "Ich will meine Gemeinde bauen" (Mt 16,18). Man übersah jedoch, daß dabei der Rolle des Heiligen Geistes im Gemeindeaufbau nur flüchtige Beachtung geschenkt worden ist. In den vergangenen zehn Jahren begannen jedoch viele Leiter der Gemeindewachstumsbewegung immer mehr, die biblisch-theologischen Prinzipien des Gemeindewachstums ins Zentrum der Aufmerksamkeit zu rücken. Zwei Bereiche, die hier besonders in den Vordergrund traten, waren die Bedeutung übernatürlicher Zeichen und Wunder im Hinblick auf das Wachstum der Gemeinden und die Stellung des Gebetes bei der Ausbreitung des Reiches Gottes.

Die Theologie des Gemeindewachstums

Der Ansatz, gültig über Gemeindewachstum nachzudenken, ist theologischer Natur. Gott wünscht es, daß Gemeinden wachsen. Hier bleibt uns einzig und allein die Orientierung am Wort Gottes, wenn wir erfahren möchten, was Gott will. Die Theologie des Gemeindewachstums ist davon überzeugt, daß der Glaube an Jesus Christus - biblisch verstanden - zum Heil notwendig ist. Die Wurzeln der Theologie des Gemeindewachstums bestehen in unerschütterlichen theologischen Grundüberzeugungen.

Gemeindewachstum als Teilgebiet der Praktischen Theologie wurde jedoch aus einer Forschungsarbeit heraus geboren, die die Grenzen der einzelnen Denominationen überschritt. Missionare und Pastoren vieler verschiedener theologischer Richtungen studierten die Prinzipien des Gemeindewachstums. Daher bestand die Gefahr, daß durch das Ausdiskutieren denominationell unterschiedlicher Lehrauffassungen der Blick für das Anliegen Gottes verloren gehen konnte. Gott möchte, daß seine verlorenen Kinder gefunden werden und seine Gemeinden ein Vielfaches an Wachstum erfahren sollen. Aus diesem Grunde haben es die Vertreter der Theologie des Gemeindewachstums unterlassen, ihre eigenen theologischen Überzeugungen zu stark ins Rampenlicht zu stellen. Es war bislang noch nicht erkennbar, daß von diesen jeweiligen theologischen Standpunkten der Vertreter der Gemeindewachstumstheologie das Wohl oder Wehe des Gemeindeaufbaus abhing.

Das ist auch der Grund, weshalb die Gemeindewachstumstheologie für die Theologen einiger Denominationen nicht ausreichend genug theologisch untermauert zu sein scheint. Sie wird von ihnen als Methodenlehre, aber nicht als Theologie begriffen. Anhänger der Lehre der Taufwiedergeburt kritisieren zum Beispiel, daß die Sakramente nur unzureichend betont würden. Einige Calvinisten beklagen, daß die Souveränität Gottes zu kurz komme. Dort, wo besonders für das Anliegen der sozialen Gerechtigkeit gekämpft wird, hört man oft den Vorwurf, die Gemeindewachstumstheologie lehre eine zu "billige Gnade", und mehr liturgisch orientierte Christen finden zu wenig ihren besonderen Schwerpunkt betont. Von Anfang an war die Gemeindewachstumsbewegung in einer biblischen, evangelikalen Bekehrungstheologie verwurzelt. Sie hat sich aber bezüglich verschiedener Fragen energisch geweigert, eine dogmatische Stellung einzunehmen: Sollen nur Erwachsene, oder auch Kinder getauft werden? Soll eine Gemeinde episkopal oder eher synodal geleitet werden? Ist das Sprachenreden der Erweis der Geistestaufe? Dürfen Christen Alkohol trinken? Sollen Frauen ordiniert werden? Ist Christus beim Abendmahl wirklich oder nur symbolisch gegenwärtig? Aus solchen Fragen - und einer beliebig fortsetzbaren Reihe weiterer theologischer Streitfragen - hat sich die Gemeindewachstumsbewegung bewußt herausgehalten.

Selbstverständlich haben alle Vertreter der Gemeindewachstumsbewegung ihre persönlichen theologischen Überzeugungen, denen sie verpflichtet sind und denen gemäß sie auch leben. Aber sie versuchen auf keinen Fall, diese der weltweiten Christenheit überzustülpen. Nur in einer dogmatischen Grundsatzentscheidung besteht völlige Übereinstimmung: Männer und Frauen, die keine persönliche Beziehung zu Jesus Christus haben, gehen einer christuslosen Ewigkeit entgegen. Es liegt an jedem einzelnen Menschen, sich zu Lebzeiten für oder gegen Christus zu entscheiden. Wenn wir also unsere Verpflichtung gegenüber Gott ernst nehmen wollen, so bedeutet das, daß wir - in der Kraft des Heiligen Geistes - unseren Teil dazu beitragen, alle Menschen in die Nachfolge von Jesus Christus und zu einem verantwortlichen Leben als Glieder seiner Gemeinde zu rufen.

Ein vielseitiges Mandat

Gemeinde wächst nicht überall gleich. Es gibt weltweit die unterschiedlichsten Formen, in denen Gemeindewachstum zu beobachten ist. Diese Formen sind bedingt durch den Ort (die Volksgruppe, in der die Gemeinde Wachstum erfährt), den besonderen Zeitpunkt und die unterschiedlichen Prägungen der jeweiligen Denominationen. Es ist nicht möglich, das Wesen des Gemeindewachstums zu verstehen, wenn wir keine klare Vorstellung der verschiedenen Entwicklungsformen (und deren unterschiedliche Stadien) haben, in denen das Phänomen des Gemeindewachstums zu beobachten ist.

Die folgenden fünf Illustrationen sollen etwas Licht auf den vielschichtigen Prozeß werfen, durch welchen sich Gemeinde in den verschiedensten Sprach- und Kulturgruppen fortpflanzt. Damit wird sich auch unser Verständnis dafür erweitern, wie Gott heute sein Reich baut.

Auf den Philippinen

Als die Japaner im Jahre 1942 die Philippinen besetzten, zogen sich Pfarrer Leonardo G. Dia und seine Frau, die sich weigerten, mit den Besatzern zu kollaborieren, von der Stadt Cebu in die inneren Bergregionen der Insel zurück. Dort stießen sie auf drei vernachlässigte presbyterianische Gemeinden, die noch niemals einen Pfarrer, geschweige denn einen so fähigen Mann wie Dia gehabt hatten. Während der ersten drei Monate besuchte das Ehepaar die weit verstreut liegenden Häuser der Christen, in diesem Bergland eine beschwerliche Aufgabe. Sie stellten fest, daß die Christen der zweiten Generation, die sie dort vorfanden, sehr freundliche Leute waren, die jedoch nur sehr wenig über die Bibel oder über die eigentlichen Grundlagen ihres Glaubens wußten. Auf Drängen von Dia hin bauten sie an versteckt liegenden Orten drei kleine Kapellen aus Bambus und Stroh. Dort begann man mit regelmäßigen Gottesdiensten und biblischer Unterweisung. Pfarrer Dia ging nach dem Buch von R.H. Brown über den Gebrauch der Bibel bei persönlicher Evangelisation auf den Philippinen vor. Das Buch war Jahre zuvor von einem presbyterianischen Missionar erarbeitet worden, der die wichtigsten christlichen Wahrheiten anhand etwa hundert Schriftstellen aus dem Neuen Testament aufzeigte. Der Unterricht bestand einfach darin, den Christen zu helfen, diese Schriftstellen in der Bibel zu finden, ihnen deren Bedeutung zu erklären und sie auswendig lernen zu lassen. Sobald jemand alle Stellen auswendig gelernt hatte und erklären konnte, was sie bedeuteten, wurde sein Name an die Wand seiner Kapelle geschrieben. Dieser Wettbewerb schürte die Motivation von allen, eifrig zu lernen. Wer etwas auf sich hielt, wollte von sich sagen können, daß auch sein Name an der Wand stand.

Im Verlauf dieses biblischen Unterrichts begannen die Christen plötzlich zu staunen und meinten zueinander: "Unsere Religion ist wahr!" Und schon waren sie unterwegs, ihre Angehörigen und Freunde zu überzeugen, Christen zu werden. Während der ersten sechs Monate verdoppelte sich die Gemeinden, im darauffolgenden Jahr geschah dasselbe. Resultat: Es konnten neue Gemeinden ins Leben gerufen werden.

Das Wachstum dieser Gemeinden hing mit sieben Faktoren zusammen, die sich glücklich ergänzten: (1) Vernachlässigte Christen erlebten kompetente Anleitung und Seelsorge eines Pastors. (2) Ihr Pfarrer stand politisch auf ihrer Seite: er weigerte sich unter Einsatz seines Lebens, mit der Besatzungsmacht zu kollaborieren. (3) Der Pfarrer predigte nicht nur gut, machte Hausbesuche und lehrte die Bibel, sondern vermittelte ein klar strukturiertes christliches Glaubenssystem, das diese vernachlässigten Christen meisterhaft zu beherrschen begannen und im Sinne eines mitteilbaren Konzepts auch an andere weitergeben konnten. (4) Diese evangelikalen Christen der zweiten Generation lebten in engem Kontakt mit ihren nominell katholischen Freunden und Angehörigen. So konnten sie das Evangelium schnell und direkt weitervermitteln, sobald sie es selbst verstanden hatten. (5) Dank der amerikanischen Hilfe gab es in den Philippinen ein gutes Schulwesen, und so waren nur wenige der evangelikalen Christen Analphabeten. (6) Die katholischen Priester stellten sich nicht sofort gegen diejenigen, die die protestantischen Gottesdienste besuchten oder Evangelikale wurden, was wohl teilweise auch mit den Wirren des Krieges zusammenhing. (7) Dia hatte sich ganz der Verkündigung des Evangeliums, dem Finden der Verlorenen und ihrer Betreuung und Integration in die wachsenden Gemeinden verpflichtet und tat treu seinen Dienst.

Wir können nicht erwarten, daß diese besondere Form des Gemeindewachstums die überall auf der Welt gültige Norm darstellt. Dem ist nicht so. An anderen Orten und zu anderen Zeiten wächst die Gemeinde auf andere Weise, wie wir weiter sehen werden.

Ongole, Südindien

Im Jahre 1840 begannen amerikanische Baptisten in Nellore, an der Ostküste Indiens, eine Missionsstation aufzubauen. 25 Jahre lang arbeiteten sie dort unter Angehörigen der oberen Kasten, konnten jedoch keine 100 Menschen für das Christentum gewinnen.

Im Jahre 1865 kamen John Clough und seine Frau als neue Missionare auf das Missionsfeld. Während ihres Sprachstudiums fragten sie sich, was denn ihre Lebensaufgabe sei, vor die sie Gott stellte. Beide kamen unabhängig voneinander zu dem Schluß, daß die Strategie, die die älteren Missionare uneingeschränkt verfolgten, Gott wohl nicht sehr gut gefallen konnte; man hatte nämlich bislang ausschließlich versucht, die oberen Kasten zu gewinnen. Für sie wurde hier die Textstelle aus 1.Kor 1,26-28 wichtig: "... nicht viele Weise nach dem Fleisch, nicht viele Mächtige, nicht viele Edle, sondern das Törichte der Welt hat Gott auserwählt." Das stellte jedoch in ihren Augen die bisherigen Missionsbemühungen stark in Frage (Social Christianity, 133). Es war zwar allgemein bekannt, daß die Madigas (die Unberührbaren) für das christliche Evangelium sehr aufgeschlossen waren. Man hatte sie bislang jedoch bewußt übergangen, damit man es für die Hindus der oberen Kasten nicht noch schwerer machen würde, Christen zu werden. Würden zu viele Madigas getauft werden, so bekäme damit das Christentum, so befürchtete man, den Ruf, nur etwas für die Unberührbaren zu sein, nicht jedoch für die höheren Kasten Indiens. Die Cloughs zogen von Nellore weg und eröffneten eine Station in Ongole, wo sie damit begannen, einige erstaunlich ernsthafte und geistlich aufgeschlossene Führer der Madigas zu taufen. Bis zum Jahr 1869 wurden infolgedessen Hunderte von Menschen Christen.

1877 kam es in diesen Teil Indiens zu einer schweren Dürreperiode. Viele der 3.000 getauften Gläubigen starben den Hungertod. Um soviele als möglich vor demselben Schicksal zu retten, beschloß John Clough, mit der Regierung einen Vertrag über den Bau eines dreieinhalb Meilen langen Abschnittes eines Wasserkanals abzuschließen, den die Regierung im Rahmen eines Hilfsprogrammes errichtete. Er trug damit die Verantwortung für den Bau eines Kanalabschnittes. Die Arbeiten an allen anderen Kanalabschnitten wurden von Hindus der oberen Kasten geleitet. Damit wurde Clough zum Arbeitgeber und konnte 1.500 gläubigen Männern und Frauen Arbeit und Brot verschaffen, denen es zuvor unmöglich gewesen war, an anderen Bauabschnitten, die von Hindus geleitet wurden, Arbeit zu finden. Auf das Drängen der nichtchristlichen Angehörigen der Gläubigen nahm er später weitere 1.500 heidnische Madigas unter Vertrag. In den Lagern entlang des Kanals kamen die Christen abends zu Gottesdiensten und biblischer Unterweisung zusammen. Aber auch die heidnischen Madigas saßen unter den Zuhörern und staunten über diese freudige Botschaft des Evangeliums. Sie wurden jedoch zu diesem Zeitpunkt nicht getauft: Clough hatte anfangs des Jahres 1877 aufgehört zu taufen, damit Menschen nicht aus niederen Motiven - wegen Brot und Fischen - "Christen" wurden.

Nach Beendigung der Arbeiten am Kanal wurde die Dürre noch schlimmer. Sowohl die Regierung als auch die Missionsstationen begannen weitere Arbeitsprojekte und verteilten sogar kostenlos Lebensmittel. Große Geldmittel gingen durch die Hände von Clough und es konnten Tausende von Menschenleben gerettet werden.

Nachdem die Krise vorbei war, wurde er mit Bitten um biblischen Unterricht und um das Erteilen der Taufe regelrecht bestürmt. Clough und seine Mitarbeiter besuchten eine ganze Reihe von Dörfern. Dort predigten sie, gaben Unterricht, nahmen Prüfungen in Bibelkunde ab und halfen beim Aufbau lebensfähiger Gemeinden. Dann kam der große Tag: vom 2.-4. Juli 1878 konnten insgesamt 3.536 Gläubige getauft werden. Allein an einem einzigen Tag wurden 2.222 Menschen getauft. Innerhalb weniger Monate folgten diesen weitere 6.000, wodurch die Zahl der neu gewonnenen Christen im Jahre 1978 auf 9.601 kletterte. Insgesamt hatten die Gemeinden damit eine Mitgliedschaft von 12.806 Personen. Dabei waren der große Kreis der Sympathisanten und übrigen Anhänger jedoch noch gar nicht berücksichtigt (Social Christianity, 284).

Diese Art des Gemeindewachstums unterscheidet sich gewaltig von dem, das wir zuvor auf den Philippinen beschrieben haben. Die äußeren Faktoren - Unterdrückung, Unberührbarkeit, die brennende Überzeugung, daß den Unterdrückten das Heil nicht verweigert werden dürfe, eine schreckliche Dürre und ein Kanal, der in der Region gebaut werden sollte - wurden von einem Missionar beherzt aufgegriffen und zum Guten gebraucht. Dazu war Clough mutig genug, sich als Ingenieur zu betätigen und einen Teilbereich des Kanalbaus unter Vertrag zu nehmen. Gleichzeitig predigte er mit Hingabe den 'unberührbaren' Arbeitern das Evangelium und war dabei klug genug, mit deren Taufe solange zu warten, bis sie in ihre Dörfer zurückgekehrt waren. Schließlich hatte er noch den Mut, in einem einzigen Jahr 9.601 neue Gläubige zu taufen. Diese besonderen Faktoren werden andernorts wohl nie wieder gegeben sein. Zu anderen Zeiten und an anderen Orten kann es durchaus geschehen, daß viele Faktoren ähnlich zusammenwirken können, aber "das Beispiel Clough" wird sich wohl nie wiederholen lassen. Auch wenn Gemeindewachstum dieser Art möglich ist, sollten wir davon ausgehen, daß dies wohl nicht sehr häufig der Fall sein wird. Dementsprechend sollten auch unsere Erwartungen sein.

Rhodesien und Sambia

In den afrikanischen Staaten Rhodesien (jetzt Zimbabwe) und Sambia kam es zu einer besonderen Form des Gemeindewachstums. In diesem Teil Afrikas haben im letzten Drittel des 19. Jahrhunderts viele Missionsgesellschaften gearbeitet. Die *London Missionary Society* hatte dort 1859 mit ihrer Arbeit begonnen, die *South African Dutch Reformed Church* 1872, die anglikanische Kirche 1888. Die englischen Methodisten folgten 1891, die amerikanischen 1898. Neben diesen waren noch zahlreiche weitere Missionsgesellschaften in diesen Ländern aktiv.

Im Jahre 1950 zählte man insgesamt 125.266 aktive Gläubige, die sich an 3.883 Orten zum Gottesdienst versammelten.

Auf den ersten Blick scheint diese Wachstumsrate durchaus zufrieden zu stellen. Berücksichtigt man aber die Tatsache, daß erstens ein Großteil dieser 125.266 Gemeindeglieder aus Europäern bestand (von 213.000 dort lebenden Europäern nahmen etwa 35.000 am kirchlichen Leben teil) und daß zweitens im Jahre 1950 die gesamtafrikanische Bevölkerung dieser Staaten etwa 3,5 Millionen Menschen betrug, dann ist leicht zu erkennen, daß der Anteil der Afrikaner am kirchlichen Leben mit ca. 90.000 nur 2,6% der afrikanischen Bevölkerung ausmachte, also sehr gering war.

Gehen wir weiter davon aus, daß an 300 Orten englischsprachige Gottesdienste durchgeführt wurden, so verteilten sich die 90.000 einheimischen Christen auf ungefähr 3.500 Versammlungsorte. Von diesen dürften sich schätzungsweise 30.000 Christen auf kaum mehr als 200 größere afrikanische Gemeinden in Städten, Missionsstationen oder Schulungszentren konzentriert haben. Daß bedeutete jedoch, daß sich die übrigen 60.000 afrikanischen Christen auf 3.300 Versammlungsorte verteilten, was einen Durchschnitt von 18 Personen pro Gemeinde ergibt.

Welche Art von Gemeindewachstum finden wir also hier im Lande David Livingstones als Ergebnis der ersten 100 Jahre missionarischer Arbeit?

Es handelt sich um Gemeindewachstum besonderer Art. Dreh- und Angelpunkt der evangelistischen Arbeit der Missionswerke war nämlich das Errichten und Betreiben einer ganzen Reihe von christlichen Schulen. Damals war es für die Regierung das einfachste, die schulische Ausbildung ganz den Missionsschulen zu überlassen. Sie gestattete sogar nur solchen Missionswerken den Zutritt in das Land, die versprachen, Schulen und medizinische Einrichtungen zu unterhalten. Die Regierung teilte den einzelnen Missionsgesellschaften sogar bestimmte Gebiete zu, auf die sie sich in ihrer Arbeit zu beschränken hatten. Vor 1950 bestand also für afrikanische Kinder die einzige Ausbildungsmöglichkeit darin, eine Missionsschule zu besuchen. Dort erhielten sie regelmäßig biblischen Unterricht. Nicht selten wurden sie dadurch Christen.

Die Realität sah daher etwa so aus: Es existierte eine große Zahl winziger Gemeinden, die sich in Schulen versammelten und von den Lehrern geleitet wurden. Die heidnisch geprägten Machtstrukturen des Stammes jedoch, die von den Entscheidungsträgern gebildet und getragen wurden, blieben dabei vom Evangelium unberührt. Nur in größeren Städten und in der Umgebung der Missionsstationen war genügend Infrastruktur und Arbeitsmöglichkeiten zu finden, so daß einige größere Gemeinden dort existieren konnten, die dann von Pastoren geleitet wurden und sich in größeren Kirchengebäuden versammelten.

Der besondere Ansatz der evangelistischen Arbeit - die christlichen Schulen - führten in Zimbabwe und Sambia zu dieser besonderen Form von Gemeindewachstum. Diese Form läßt sich auch in anderen afrikanischen Ländern südlich der Sahara recht häufig beobachten. Dies ist jedoch nur dadurch möglich, daß die Kinder heidnischer Eltern in eigener Entscheidung Christen werden können, ohne dabei die Familienbeziehungen ernsthaft zu gefährden. Dies führt jedoch trotzdem zu einem denkbar heiklen und spannungsgeladenen Balanceakt innerhalb des Sozialgefüges eines Stammes. In Indien, dem Mittleren Osten und vielen anderen Ländern wäre diese Form des Gemeindewachstum nicht ohne weiteres möglich. Dort können Minderjährige nicht Christen werden, ohne daß sich zunächst ihre Eltern haben taufen lassen.

Was die genauen Gründe dafür sind, daß sich Missionswerke auf dieses Vorgehen festgeschrieben haben, läßt sich nicht ohne weiteres sagen. Hierzu müsste eine ganze Menge Material - Briefe, Grundsatzpapiere der Missionswerke und Regierungsdokumente - gesichtet und aufgearbeitet werden. Bis dies getan ist, bleiben uns nur Vermutungen. Folgende Überlegungen könnten dabei jedoch eine Rolle gespielt haben:

1) Das Stammesleben ist so heidnisch, ungebildet und von Grund auf böse, daß das Evangelium von der Erlösung hier "Perlen vor die Säue" werfen würde (Mt 7,6). 2) Die Kooperation von Missionswerken mit der Regierung hatte das Ziel, die feste Struktur der Stammesverbände aufzubrechen und die Bekehrten in ein modernes, christlich-soziales Gesellschaftssystem zu integrieren. 3) Polygamie ist im Stammesleben so sehr verwurzelt, daß es den meisten Erwachsenen des Stammes unmöglich ist, Christen zu werden. 4) Der richtige Ansatz in der Evangelisation besteht daher darin, sehr viel Wert auf die christliche Schulbildung zu legen. Der Gedankengang war einfach: Viele Mädchen und Jungen würden vor ihrer Heirat Christen werden und dies auch blieben, auch gegen den Druck ihres Stammes. Die ältere Generation würde langsam aussterben. Christen mit ausgezeichneter Schulbildung würden daher ihren gesellschaftlichen Einfluß immer stärker ausüben. 5) Das britische Kolonialregime wird in den betreffenden Ländern auf unbestimmte Zeit unangefochten intakt bleiben, zum Wohl der Afrikaner. Aus diesem Grunde werden im Lauf der Jahrhunderte die alten, heidnischen Ordnungen und Werte verblassen und eine christliche afrikanische Bevölkerung an deren Stelle treten. 6) Folglich besteht für die Missionswerke der einzig gangbare Weg, ja die missionarische Hauptaufgabe darin, Missionsstationen, medizinische Einrichtungen, Schulen und - im Zusammenhang damit und als Folge davon - auch Gemeinden zu gründen.

Solange das britische Kolonialsystem bestand, hatte dieser Gedankengang durchaus einiges für sich. Er gründete sich zwar nicht auf neutestamentliche Vorbilder, aber die Umstände in Afrika zwischen 1880 und 1950 unterschieden sich auch stark von der Welt des Neuen Testaments. Das britische Kolonialreich gehört jedoch inzwischen der Vergangenheit an. Die Lage hat sich entscheidend verändert. Das Schulsystem wurde rasch von den afrikanischen Staaten selbst übernommen, und der Säkularismus, der Materialismus und der Marxismus üben vermehrt ihren Einfluß auf die Intellektuellen des Landes aus. Niemand kann heute mehr darauf bauen, daß sich in irgendeinem afrikanischen Staat die gesellschaftliche Entwicklung ruhig und ungestört jahrzehntelang fortsetzt. Unabhängig vom jeweiligen Gesellschaftssystem ändern sich die politischen Situationen viel rascher als in der Vergangenheit. In Zimbabwe und Sambia muß daher schnell etwas geschehen. Die Art, wie bislang Gemeinden gewachsen sind, stammte aus den Jahren 1880 bis 1950 und hat sich historisch überlebt. Damals entsprach sie der aktuellen politischen Situation, aber die damals benutzten Methoden können heute auf keinen Fall mehr tonangebend sein. Der Ansatz, auf das Wachstum der Gemeinden hinzuarbeiten, muß schleunigst den veränderten gesellschaftlichen und sozialen Umständen der Neuzeit angepaßt werden, um nicht völlig anachronistisch zu sein.

Doch nun - im neuen Afrika - muß zum Beispiel den Volksstämmen eine viel bedeutsamere politische und gesellschaftliche Rolle zugebilligt werden. Selbst wenn es in hundert Jahren keine Stämme mehr geben sollte (was höchst unwahrscheinlich ist), so spielen sie gegenwärtig doch eine wichtige Rolle. Es muß eine evangelistische Konzeption gefunden werden, mit der rasch ganze Volksgruppen erreicht werden können. Es muß darauf hingearbeitet werden, daß es die Christen sind, die sich in den gesellschaftlichen Schlüsselpositionen in Dörfern und Siedlungen befinden. Es muß dazu kommen, daß die afrikanischen Stämme - genau wie einst die schottischen Sippen - ein durch und durch christliches Selbstverständnis entwickeln. Dazu kann es jedoch niemals kommen, wenn nicht auf eine Form des Gemeindewachstums hingearbeitet wird, die sich grundlegend von dem historisch überholten Schulansatz unterscheidet.

Island um das Jahr 1000 nach Christus

Die Sage von Burnt Nyal (The Story) überliefert die Geschichte blutiger Familienfehden in einem bestimmten Teil Islands. Diese Sage wäre eigentlich nur für den Historiker von Interesse, wenn sie nicht auch einige Kapitel darüber enthalten würde, wie sich die Ureinwohner Islands vom Heidentum ab- und dem Christentum zuwandten. Diese Entwicklung dauerte einige Jahrzehnte. Zuerst wurde eine Gruppe von Familien Christen, später folgten dann andere. Erik der Rote, der Grönland um das Jahr 1000 besiedelte, starb noch als Heide, während seine Frau Thjodhild und sein Sohn Leif, der Amerika entdeckte, Christen wurden. Man ist sich zwar bei Sagen nicht sicher, ob die Berichte historisch zuverlässig sind, aber sie könnten es durchaus sein, oder zumindest einen historischen Kern aufweisen, der die wahren Begebenheiten zumindest umschreibt.

Von den Seefahrernationen, die entlang der Küsten von Dänemark, Norwegen, den Orkney- und Shetland-Inseln und von Island wohnten, waren die Isländer am nördlichsten angesiedelt. Sie waren sozusagen ein nördlicher Außenposten der damaligen Zivilisation. Sie lebten vom Fischfang, der Tierzucht (wir finden häufige Hinweise auf ihre Ponys) und von gelegentlichen Raubüberfällen auf Dörfer, die in landschaftlich freundlicheren Regionen lagen. Die Isländer waren ein wilder, rauher und skrupelloser Menschenschlag. Sie hielten sich Sklaven und dachten sich auch nicht viel dabei, diese zu töten. Den ständig andauernden Familienfehden fielen zumeist die Schwachen zum Opfer. Es kam durchaus vor, daß die weiblichen Babys getötet wurden, wahrscheinlich um die Gemeinschaft nicht mit einem Überschuß an Frauen zu belasten.

Die Sage berichtet beiläufig von Kolskegg, der nach Dänemark ging und dort dem dänischen König Forkbeard diente. Er wurde dort getauft und reiste später nach Micklegarth (Konstantinopel), wo er in die Dienste des Kaisers trat und eine Christin zur Frau nahm (The Story, 142).

Damals sprach es sich bei den Isländern herum, "daß es in Norwegen einen Herrscherwechsel... gegeben hatte. Man hatte damit zugleich auch die Religion gewechselt. Die Norweger hatten unter ihrem König Olaf ihre alte Religion über Bord geworfen. Olaf hatte angeordnet, daß sich alle Bewohner der westlichen Landesteile, der Orkney- und der Faröer-Inseln taufen lassen sollten... Viele meinten, es sei sonderbar und schlecht, den alten Glauben zu verwerfen, aber Nyal sagte: 'Es scheint mir dieser neue Glaube viel besser als der alte zu sein. Glücklich der Mensch, der den neuen Glauben annimmt. Wenn diese Menschen hierher kommen, um auch hier zu predigen, werde ich sie unterstützen.' In jenem Herbst kam ein Schiff in die isländischen Fjorde bei Gautawick; Kapitän Thangbrand war von König Olaf gesandt worden, den neuen Glauben zu predigen. Mit ihm kam auch dieser Mann aus Island, dessen Name Gudlief war, ein großer Krieger und einer der stärksten Männer" (The Story, 176).

Diese fuhren von Fjord zu Fjord, wobei einige das Christentum annahmen, andere lehnten es ab. Thorkell, ein Isländer, sprach sehr abfällig vom Christentum und forderte Thangbrand zu einem Zweikampf heraus. Ergebnis: Thangbrand erschlug Thorkell. Die Sage fährt daraufhin mit dem typischen Satz fort: "Danach öffneten sich der alte Hildir und sein ganzes Haus dem neuen Glauben". Nachdem inzwischen etliche Familien Christen geworden waren, wurde eine landesweite Volksversammlung, ein *Thing* auf dem Berg der Gesetze einberufen. Auf einem *Thing* wurde üblicherweise Gericht gesprochen und Familienfehden beigelegt. In jenem Jahr ritten die Männer in voller Rüstung zum *Thing;* man erwartete, daß dort die Heiden die Christen herausfordern und in einen Kampf verwickeln würden, um zu entscheiden, welchen Glauben Island in Zukunft haben sollte. Beide Parteien - die Heiden und die Christen - begaben sich zum Berg der Gesetze und erklärten, daß sie von nun ab der Gesetzgebung der anderen nicht länger unterständen. Es kam zu einem großen Tumult. Im entscheidenden Augenblick wandte sich ein Anführer der Christen an den heidnischen Zauberbeschwörer Thorgeir, den Priester von Lightwater, und "gab ihm drei Silberstücke, um zu entscheiden, was gelten sollte".

"Thorgeir legte sich den ganzen Tag auf dem Boden, den Kopf mit einem Mantel bedeckt, damit niemand ihn ansprechen sollte; ... Am nächsten Tag versammelten sich die Männer auf dem Berg und Thorgeir sagte: 'Es scheint mir, als ob die Dinge in einen Weg ohne Ausweg geraten sind, denn, sollte es zwei Gesetze im Lande geben, so werden wir nicht mehr hier leben können. So frage ich nun die christlichen und die heidnischen Männer, ob sie sich an diese Gesetze halten werden, die ich jetzt verkünde. Alle verpflichteten sich, das zu tun.... Das ist der Anfang unserer Gesetze, sagte er, daß alle Menschen Christen seien und an einen Gott glauben ... aber allen Götzendienst aufgeben, neugeborene Kinder nicht mehr töten und kein Pferdefleisch essen. Es wird geächtet werden, wenn solche Dinge, öffentlich getan, gegen irgendeinen Menschen bewiesen werden können. Wenn diese Dinge aber heimlich getan werden, soll es recht sein.

Innerhalb weniger Jahre wurde allem Heidentum abgesagt, so daß diese Dinge weder öffentlich noch im Verborgenen getan werden durften." (The Story, 184).

Diese recht einzigartige Form des Gemeindewachstums erscheint uns heute ziemlich merkwürdig, und doch waren solche Vorkommnisse im nördlichen Europa vor ungefähr tausend Jahren durchaus nicht ungewöhnlich. Wir werden Ähnliches vielleicht nie wieder erleben. Die besonderen Bedingungen, die ihm zugrunde lagen, gehören der Geschichte an. Die Barbarei, das Analphabetentum und die Isolation von der restlichen Welt brachten es mit sich, daß die Menschen in diesen dunklen Zeiten Europas so spärlich um die Bibel und um den Erlöser wußten, daß es um das Niveau des Christentums recht bescheiden bestellt war. Dies ist natürlich bedauerlich; aber dennoch können wir uns über die Tatsache freuen, daß sich diese rauhen Völker entschieden, dem neuen Glauben zu folgen. Der erste wichtige historische Schritt auf das Christentum zu, den diese Völker gewagt hatten, war die Grundlage, auf der später Männer wie Wycliff, Knox, Fox, Wesley, Carey und andere aufbauen konnten.

Auch das Gemeindewachstum in Island vor eintausend Jahren war Teil des großen Planes, den Gott hatte. Wenn es nicht Menschen gegeben hätte, die es wagten, treu zu Gott zu stehen, wäre es dazu nie gekommen. Und genau darum geht es mir: Was beim Wachstum von christlicher Gemeinde zählt, ist umfassende Loyalität gegenüber Gott. Das ist sein Mandat an uns. Daran hat Gott Gefallen.

Aracaju, Brasilien

Im Jahre 1964 planten die Leiter verschiedener evangelikaler Gemeinden im brasilianischen Aracaju zusammen mit den dort tätigen Missionaren eine einjährige evangelistische Initiative auf stadtweiter Ebene. Sie unterteilten dazu die Stadt in verschiedene Sektoren, die jeweils einer Gemeinde zugeteilt wurden. In jedem Sektor wurden Zellgruppen organisiert, die um Erweckung und Bekehrungen beteten. Die Pastoren predigten über das Verlorengehen der Ungläubigen und über den Segen der Buße, der Umkehr von der Sünde und der Hinwendung zu Jesus Christus als Herrn und Heiland. Die Gemeinden taten alles, was sie konnten: Man veranstaltete gemeinsame Gottesdienste im Freien und hatte besonders begabte Evangelisten aus anderen Städten eingeladen. Die Aktivitäten erstreckten sich von Aktionen, die von einzelnen Gemeinden getragen wurden bis hin zu Veranstaltungen, an denen alle Evangelikale eines Stadtteils zusammenarbeiteten. Man verteilte Hunderttausende von Traktaten und Bibelteilen und demonstrierte die Präsenz evangelikaler Christen durch Bekenntnismärsche in den Straßen der Stadt. Christen suchten jeweils zu zweit alle Haushalte im Stadtgebiet auf, luden die Menschen zu Veranstaltungen ein und boten ihnen an, ihnen in Bibelgesprächskreisen mehr über die biblische Botschaft zu erklären.

Bei dieser Kampagne arbeiteten alle evangelikalen Gemeinden zusammen. Die Bandbreite reichte von den *Assemblies of God* bis hin zu den *United Presbyterian*. Überall in den Gemeinden entstand eine große Erwartungshaltung. Jede Woche konnten Männer und Frauen, Jungen und Mädchen für den christlichen Glauben gewonnen werden, die wiederum ihre Nachbarn und Freunde mitbrachten. Die Menschen bekannten ihre Sünden, Vergehen wurden wiedergutgemacht und zerbrochene Familien fanden wieder zueinander. Jede Gemeinde bot Bibelkurse und Taufunterricht für Interessierte an. Als die stadtweite Aktion beendet war und alle neu gewonnenen Menschen unterwiesen und getauft worden waren, stellte man fest, daß sich die Gesamtmitgliederzahl der evangelikalen Gemeinden verdoppelt hatte: Die Zahl der getauften Christen war von 1.200 auf 2.400 gestiegen, und das in nur einem Jahr.

Dieses Gemeindewachstum in Aracuja weist mehr Verwandtschaft mit westlichen evangelistischen Modellen auf als andere, die bislang beschrieben wurden. Manche sind daher sogar der Meinung, die Vorgänge in Aracuja seien realer oder gar "geistlicher" als das, was in Ongole oder Zimbabwe geschehen war. Man kann zwar behaupten, daß es sich hier um eine völlig andere Art von Gemeindewachstum handelt, aber es ist sehr fraglich, ob das eine "geistlicher" oder "biblischer" ist als das andere. Wir müssen verstehen, daß Gemeindewachstum dieser Art von bestimmten äußeren Faktoren abhängig ist. Die breite Öffentlichkeit muß zum Beispiel ein mehr oder weniger ausgeprägtes christliches Selbstverständnis besitzen und die Bibel gewissermaßen als "ihr Buch" betrachten. Wenn sie Traktate oder Bibelteile in die Hand bekommen oder Predigten und Lebenszeugnisse hören, so muß diese Form der Kommunikation des Evangeliums ein inneres Echo, ein traditionelles "Ja" bei ihnen finden. Des weiteren sollten führende Politiker sich kaum - wenn möglich gar nicht - gegen diese evangelistische Initiative aussprechen. Die Opposition gesellschaftlich bedeutender Persönlichkeiten sollte also so gering wie möglich sein. Ein weiterer Faktor besteht darin, daß die evangelikalen Christen nicht in soziologischer Isolation, sondern in engem, persönlichem Kontakt mit ihren nichtchristlichen Nachbarn oder Verwandten leben. Die christlichen Gemeinden oder Denominationen müssen die Kultur des Landes in dem Maße widerspiegeln, daß sie einheimischen Charakter haben - dürfen also nicht kulturell von ausländischen Missionaren überfrachtet sein. Andererseits müssen genügend finanzielle Mittel zur Verfügung stehen (die in den Gemeinden der nicht-westlichen Welt ja oft aus dem Westen kommen), um eine solche stadtweite Aktion mitfinanzieren zu können. Und schließlich: An der Spitze der Gemeinden müssen Missionare und einheimische Leiter stehen, die von der unabdingbaren Notwendigkeit der Bekehrung überzeugt sind. Sie müssen glauben, daß das Wichtigste, was ein Mensch tun kann, darin besteht, sein Leben an Jesus Christus zu übergeben.

Zusammenfassung

Diese fünf Fallbeispiele von Gemeindewachstum zeigen deutlich, wie vielschichtig der Wachstumsprozeß christlicher Gemeinden ist, auch wenn es sich hier nur um kurze Skizzierungen handelt. Offenbar gefällt es Gott, seine Gemeinde auf sehr unterschiedliche Weise mit Wachstum zu beschenken. Wenn die christlichen Gemeinden sich in dem vielschichtigen Mosaik der Kulturen Nordamerikas oder anderer Nationen vervielfältigen, so entstehen dadurch immer mehr Orte, an denen glaubwürdig und kulturell verständlich auf Christus hingewiesen wird. Wie es dazu kommt, daß Gemeinde wächst, wird je nach Zeit und Ort unterschiedlich sein. Nur eines ist sicher: Es muß geschehen. Nur durch das Wachstum von Gemeinden kann es dazu kommen, daß "Zehntausend mal Zehntausend und Tausend mal Tausend" zum rettenden Glauben an Jesus Christus finden. Christus hat Menschen aus "jedem Stamm und jeder Sprache und jedem Volk und jeder Nation" erkauft (Dan 7,10; Offb 7,9).

Die Dynamiken des Gemeindewachstums sind sehr vielschichtig. Um nicht die Übersicht zu verlieren, ist es hilfreich, verschiedene Kategorien des Gemeindewachstum gesondert zu betrachten. Dabei ist es praktikabel, jede Gemeindesituation auf einer der folgenden fünf Werteskalen angemessen zu gewichten und jede Gemeinde ihrem entsprechenden Platz auf dieser Achse zuzuordnen:

A. ABHÄNGIGKEIT - UNABHÄNGIGKEIT
B. EINZELBEKEHRUNG - BEKEHRUNG IN DER GRUPPE
C. ANTEIL AN DER GESAMTBEVÖLKERUNG
D. WACHSTUMSRATE
E. KULTURELLE IDENTITÄT

Auf Achse A werden die "völlig" von missionarischer Hilfe abhängigen Gemeinden ganz links (Wert 1) eingeordnet, die "völlig" unabhängigen Gemeinden ganz rechts (Wert 6). Alle anderen Gemeindesituationen werden im Hinblick auf das Maß der erlangten Unabhängigkeit von äußerer missionarischer Hilfe mit dem entsprechenden Wert beziffert.

<u>A. ABHÄNGIGKEIT - UNABHÄNGIGKEIT</u>
1 2 3 4 5 6

Eine in geistlicher und materieller Hinsicht von der Gründungsmission völlig abhängige Gemeinde bekäme also den Wert 1. Eine Gemeinde, die keinerlei Hilfe aus dem Ausland bezieht, ihre Arbeit im Inland effektiv verrichtet und innerhalb und außerhalb des eigenen Sprachraumes evangelistisch und missionarisch arbeitet, würde auf dieser Skala den Wert 6 erhalten.

In den restlichen vier untersuchten Kategorien kann auf dieselbe Weise gewichtet werden. Die jeweiligen Eckpositionen, die eine Gemeindesituation beschreiben, sind vorgegeben. Somit können Gemeinden charakterisiert und gemäß ihrer Eigenschaften auf den folgenden Werteskalen plaziert werden.

B. EINZELBEKEHRUNG - BEKEHRUNG IN DER GRUPPE

1---6

Gemeinde entstand rein aus Einzelbekehrungen	Gemeinde entstand rein aus Bekehrungen in der Gruppe

C. ANTEIL AN DER GESAMTBEVÖLKERUNG

1---6

Gemeinde besteht aus 1% oder weniger der betreffenden Volksgruppe (Klasse, Stamm o.ä.)	Gemeinde besteht aus mehr als 90% der betreffenden Volksgruppe

D. WACHSTUMSRATE

1---6

Gemeinde wuchs um weniger als 10% in 10 Jahren	Gemeinde wuchs um mehr als 200% in 10 Jahren 10

E. KULTURELLE IDENTITÄT

1---6

Gemeinde wurde völlig durch den ausländischen Gründer geprägt	Gemeinde hat eine völlig einheimische kulturelle Identität

Würden wir die genannten - mit ihrem jeweiligen Anfangsbuchstaben gekennzeichneten - Beispiele aus den (P) Philippinen (1942), (O) Ongole (1900), (Z) Zimbabwe und Sambia (1952), (I) Island (1000) und (A) Aracuja (1964) auf diesen Achsen eintragen, so entstände etwa folgendes Bild:

Achse A. ABHÄNGIGKEIT - UNABHÄNGIGKEIT

O Z A P I

Achse B. EINZELBEKEHRUNG - BEKEHRUNG IN DER GRUPPE

Z A P O I

Achse C. ANTEIL AN DER GESAMTBEVÖLKERUNG

A P Z O I

Achse D. WACHSTUMSRATE

Z A O P I

Achse E. KULTURELLE IDENTITÄT

Z O A P I

In dem vor uns liegenden Jahrtausend wird sich das Christentum in den zahlreichen Kulturen dieser Erde verbreiten. Die Art, wie es zu diesem

Wachstum der christlichen Gemeinden kommen wird, wird von Ort zu Ort und von Zeit zu Zeit verschieden sein. Viele unterschiedliche Faktoren werden dabei jeweils zusammenspielen. Auch wenn dadurch jede Situation in gewisser Hinsicht einzigartig sein wird, so ist es doch durch die Werteskalen möglich, die verschiedenen Charakteristiken zu erfassen und sie angemessen zu gewichten.

Die drei Faktoren des Gemeindewachstums

In jedem Fall von Gemeindewachstum oder dem Stagnations- oder Schrumpfungsprozeß einer Lokalgemeinde oder einer ganzen Denomination werden wir feststellen, daß die jeweilige Situation stets von drei entscheidenden Gruppen von Faktoren bestimmt wird. Wir können die Gemeindesituation nur dann wirklich verstehen, wenn wir alle drei Kategorien in unseren Überlegungen ausreichend berücksichtigen.

Die erste Kategorie besteht aus den *äußeren Faktoren*, die den äußeren, gesellschaftlichen Kontext der Gemeinde beschreiben. Darunter verstehen wir politische, gesellschaftliche und kulturelle Faktoren, auf die die Gemeinde oder das Missionswerk keinen Einfluß hat. Dazu zählen regionale Charakteristika, die nur von örtlicher Bedeutung sind, sowie Faktoren, die das Leben einer ganzen Region oder eines ganzen Landes bestimmen. So ist beispielsweise in einem Land wie Albanien das Wachstum der Gemeinden wegen eines nationalen äußeren Faktors sehr verzögert. Das Gesetz gewährt nämlich keine Religionsfreiheit, und Übertretungen werden streng geahndet.

Die zweite Gruppe besteht aus den *institutionellen Faktoren*. Damit sind die gemeindeinternen Faktoren gemeint, die das innere Leben und die Arbeitsweise der christlichen Gemeinden bestimmen. Diese Faktoren sind also von der Gemeinde oder der Mission kontrollierbar. Die Mehrzahl der großen Denominationen der Vereinigten Staaten mußten zum Beispiel zwischen 1965 und 1990 schwere Mitgliederverluste hinnehmen. Dies ist - zwar nicht ausschließlich, aber in beträchtlichem Maße - auf einen institutionellen Faktor zurückzuführen: Mitte der 60er Jahre beschlossen die Vorstände dieser Denominationen, dem sozialen Engagement den Vorrang vor der Evangelisation und der Neugründung von Gemeinden zu geben.

Die dritte Gruppe bilden die *geistlichen Faktoren*. Der Heilige Geist ist souverän. Er ist weder den äußeren noch den internen/institutionellen Faktoren unterworfen. Er wirkt immer wieder auf überraschende Art und Weise, und setzt sich dabei über alle Traditionen hinweg. Die Aufgabe jedes christlichen Leiters, dem das Wachstum von Gemeinden am Herzen liegt, muß darin liegen, zu hören, "was der Geist den Gemeinden sagt " (vgl. Offb 2).

2

Gemeindewachstum als Wille Gottes

Christliche Mission geschieht heute in einer vielgestaltigen Welt, unabhängig davon, wo wir uns befinden. Die Welt von heute zerfällt in viele verschiedene Teile. Haß und Krieg sind nicht wegzudenken. Einige der politischen Führer kämpfen für eine friedvolle Zukunft, andere wiederum setzen den Weltfrieden aufs Spiel. Die konservative Welt, die sich bereits an lange Traditionen und gesellschaftliche Verhältnisse gewöhnt hat, sieht sich ständig herausgefordert: Neue wissenschaftliche Erkenntnisse, das Zusammenrücken der Welt durch die Technik, die Träume von einem Leben im Überfluß, neue demokratische Prinzipien, die Parolen des Kommunismus, und auch die revolutionäre Offenbarung Gottes in Christus fordern Gehör und fordern Umstellungen. Die Menschen sind aus ihrer Anpassung an überkommene soziale, politische, ökonomische und religiöse Verhältnisse aufgeschreckt worden und sind nun ständig auf der Suche nach einem besseren, wahrhaftigeren und befriedigenderen Leben. Die Bevölkerungsexplosion hat dazu geführt, daß immer mehr Menschen, sowohl in neu entstehenden Städten als auch auf dem Lande leben, die sich in weit größerem Maß ständigen Veränderungen ausgesetzt sehen als die Generation ihrer Eltern.

In dieser Welt findet Mission statt. Diese Mission muß dem entsprechen, was Gott will. Mission ist keine menschliche Aktivität, sondern *missio Dei*, die Mission Gottes, der selbst die volle Verantwortung trägt. Aus diesem Grunde sollte Mission stets im Zusammenhang mit dem betrachtet werden, was uns über seinen ausdrücklichen Willen offenbart ist. Es ist der Gott, der sich in Christus offenbart hat. Können wir daraus schließen, an welcher Art von Mission er interessiert ist? Wenn wir erfaßt haben, was Gott selbst will und wo sein Interesse liegt, so rühren wir an das theologische Herz der Mission, an ihr eigentliches Zentrum.

Wenn wir Mission definieren als "Gottes Handeln am Menschen", so beinhaltet das natürlich viele verschiedene Aspekte. Jeder Teil davon kann Mission genannt werden. Hat Gott unter dieser Vielfalt eindeutige Prioritäten gesetzt? Was hat bei ihm höchste Dringlichkeit? Um ein Beispiel zu nennen: Was ist Gott wichtiger: allen Bürgern der Vereinigten Staaten gleiche Ausbildungschancen zu vermitteln oder die Autobahnen zu verschönern? Wir sind fest davon überzeugt, daß Gott Prioritäten gesetzt hat. Wir können diese Prioritäten seiner Offenbarung entnehmen, und jeder Christ ist verpflichtet, dies zur Kenntnis zu nehmen.

Was ist der Wille Gottes?

Es ist nicht nötig, die tausenderlei Aspekte der Mission Gottes einen nach dem anderen zu betrachten. Man kann die verschiedenen Möglichkeiten, sich im Sinne Gottes zu engagieren, in gut überschaubaren Kategorien zusammenfassen. Wir wollen uns aber dennoch an dem uns geoffenbarten Willen Gottes ausrichten wie an einem Kompaß, wenn wir unseren Weg durch die verblüffend guten und vielen Möglichkeiten suchen, die es für die Gemeinden gibt, sich zu engagieren. Wir wollen zunächst einen kurzen Blick auf zwei Möglichkeiten werfen und sie miteinander vergleichen: Die Gruppe der guten Werke und die Gruppe der Taten, die direkt und unmittelbar dazu führen, daß Menschen durch Christus mit Gott versöhnt werden.

Wenn wir mit den Augen von Christus diese Welt betrachten, so werden wir verstehen, daß die christliche Mission vor einer vielfältigen Aufgabe steht: Die Welt ist geprägt von einer Wissensexplosion, der Bevölkerungsexplosion, Revolutionen, physischer Not, verzweifeltem geistlichem Hunger und Nacktheit, sowie Versklavung an falsche Götter und dämonische Ideologien. Eine riesige Fülle exzellenter Betätigungsfelder liegt vor uns. Die Notrufe und die Hilfsmöglichkeiten sind so zahlreich und dringend, daß man als Christ sehr schnell den sicheren Weg aus den Augen verlieren kann und in der Versuchung steht, alles, was man tun könnte, gleichermaßen als Mission zu bezeichnen. Aber man kann genau dann, wenn man Gutes tut, versäumen, das Beste zu tun. Man kann den ersten Akt gewinnen und dabei das ganze Schauspiel verlieren. Es kann geschehen, daß wir einen ärgerlichen Juckreiz behandeln, und uns der Patient inzwischen an Cholera stirbt. Wir kommen daher nicht umhin, uns der Frage der Prioritäten zu stellen. In unserer schnellebigen, grausamen und revolutionären Zeit, wo man so vieles tun könnte, sind wir gefragt, die Gewichte richtig zu verteilen und angemessene Schwerpunkte festzulegen, damit wir die Richtung und das Ziel nicht aus den Augen verlieren. Was "richtig" ist und was es bedeutet, ausgewogen und wahrhaftig zu leben, müssen wir in der klaren Unterordnung unter die biblischen Prinzipien entscheiden, in denen uns Gott seinen Willen geoffenbart hat.

Neben dem vielen, was Gott möchte, steht ein Anliegen Gottes außer Frage: Er will, daß verlorene Personen gefunden und mit ihm selbst versöhnt werden. Wir geben gerne zu, daß Gott noch andere Ziele verfolgt, aber wir sollten niemals aus den Augen verlieren, daß wir einem Gott dienen, der *Menschen sucht und sie finden möchte.* Sein tiefstes Verlangen besteht darin, daß Männer und Frauen erlöst werden. Das biblische Zeugnis ist eindeutig, daß Menschen "verloren" sind, unabhängig davon, was wir darunter verstehen. Gott möchte, daß sie *gefunden werden,* in eine erlösende Beziehung mit Jesus Christus gebracht werden, auf seinen Namen getauft und Teil seiner großen Familie werden. Gott gibt sich nicht damit zufrieden, wenn viele Schafe, die gefunden werden könnten, noch immer in den Bergen verstreut sind und im kalten Wind zittern. Je mehr von ihnen gefunden werden, desto mehr freut sich Gott.

Mission hat viele Kennzeichen. Ihr Hauptmerkmal, das durch nichts anderes ersetzt werden kann, ist jedoch dieses: Mission ist der umfassende und beständige Vorgang, durch den Gott Menschen findet. Das Hauptziel der Mission, das durch nichts anderes verdrängt werden darf, ist das Wachstum der Gemeinden. Natürlich gefällt es Gott, wenn er unser soziales Engagement sieht. Aber dies kann niemals ein Ersatz dafür sein, die Verlorenen zu finden. Unser Herr gab sich nicht damit zufrieden, die Hungrigen zu speisen und die Kranken zu heilen. Er ging seinen Weg bis zum Schluß, um sein Leben als Bezahlung für viele zu geben und seine Jünger auszusenden, alle Völker in die Nachfolge zu rufen. Es darf auf keinen Fall so sein, daß (sozialer und diakonischer) Dienst so sehr auf Kosten der Evangelisation überbetont wird, daß wir dabei Gefahr laufen, ständig Gelegenheiten zu versäumen, Menschen mit Gott zu versöhnen. Wir müssen bei unserem Wunsch, soziales Engagement und Gemeindegründung ausgewogen zu betrachten, immer das Maß im Auge behalten, mit dem die Gemeinden durch unser Engagement wachsen. Das Volk Gottes tut seinen Dienst in einer schnellebigen Welt und muß beständig daran arbeiten, eine gesunde Balance von sozialer Aktion und Evangelisation zu behalten. Dieses Maß ändert sich auch ständig, wenn die Gemeinden etwa von einigen verstreuten Zellgruppen zu großen Gemeinden heranwachsen, die ihren Rückhalt in großen Teilen der Bevölkerung finden. Dieses Maß muß deshalb ständig an einem Kriterium ausgerichtet sein: *Es müssen soviele Menschen wie möglich gefunden werden.*

Christianisierung der Gesellschaft

Wir wollen nun folgende zwei Aufgabengebiete miteinander vergleichen: Die Christianisierung der Gesellschaft und das Gründen lebendiger christlicher Zellen in jeder Volksgruppe, bei allen Gruppen der "Heiden, Völker und Sprachen".

Die Sündhaftigkeit der gesellschaftlichen Ordnungen mißfällt jedem nachdenkenden Christen, besonders dort, wo gesellschaftliches Unrecht häufig und sogar in erheblichem Ausmaß das Bild prägt. Die höchst ungerechte Verteilung des Reichtums zwischen Wohlhabenden und Armen und die Art, wie unterdrückte Minderheiten oft auf abscheuliche Weise behandelt werden, verstoßen eindeutig gegen den erklärten Willen Gottes, des Vaters unseres Herrn Jesus Christus. Unabhängig von dem jeweiligen theologischen Hintergrund sind sich Christen in diesem Punkt einig und bemühen sich mehr oder weniger, diesen Zustand dort zu beheben, wo sie Einfluß ausüben können. Hier führen Christen einen Vielfrontenkrieg gegen diese genannten unchristlichen Praktiken.

Die Christen unterscheiden sich jedoch dramatisch darin, welche relative Bedeutung sie der Evangelisation und christlich motivierter sozialer Aktion beimessen. Manche Christen legen ihre Schwerpunkte durch eigenes Ermessen fest, je nach der Dringlichkeit, die eine bestimmte Situation hat. Das, was im Moment besonders wichtig zu sein scheint, erhält jeweils höchste Priorität. Eine andere Gruppe von Christen, zu der ich mich selbst zähle, legt das Schwergewicht ihres Engagements im Hinblick auf die biblisch offenbarten Prinzipien fest, wobei das Leben, Sterben und die Auferstehung von Jesus Christus zentraler Angelpunkt der Überlegungen ist. Diese Christen halten die Christianisierung der gesellschaftlichen Ordnung für eine Frucht des neuen Lebens in Christus, eine Auswirkung davon, daß neue Gemeinden gegründet werden. Aus diesem Grund erhält hier das Engagement für eine christlichere Gesellschaft notwendigerweise geringere Priorität.

Dennoch möchte ich eingestehen, daß es Ausnahmen gibt. Es mag richtig sein, unter gewissen Umständen und für eine gewisse Zeitspanne dem Engagement für eine christlichere Gesellschaft einen Vorzug vor der Evangelisation zu geben. Es war zum Beispiel sicher richtig, daß in den 60er Jahren einige christliche Leiter Amerikas sich für den Kampf um die Bürgerrechte eingesetzt und dafür eine Zeitlang auf unmittelbare Evangelisation verzichtet haben. Die Regel ist jedoch, daß das Gründen einer Vielzahl von lebendigen Zellen aus wiedergeborenen Christen höhere Priorität hat. Wären nicht Millionen von praktizierenden Christen aller Rassen Amerikas zusammen aufgestanden, hätte es niemals einen Kampf um die Bürgerrechte gegeben.

George G. Hunter III bemerkt hierzu sehr treffend: "Ich möchte mich einmal an diejenigen Christen wenden, deren heilige Kuh die soziale Aktion ist und die ständig von Frieden, Nahrung für alle, Versöhnung der Rassen und Gerechtigkeit reden... Sie können sehen, wohin Sie wollen: überall dort, wo sich die christliche Bewegung in den letzten 19 Jahrhunderten darum bemüht hat, Menschen in die Nachfolge von Christus zu rufen, sind zwei Dinge geschehen... Es sind einige Menschen zu Nachfolgern Christi geworden, wodurch auch einige Gemeinden entstanden sind. Die Christen haben dann einen sozialen Einfluß ausüben können, der bei weitem den Einfluß übertraf, den sie ihrer Zahl nach eigentlich gehabt hätten. Und doch müssen wir erkennen, daß gerade dort, wo die christliche Mission nicht länger Menschen in die Nachfolge von Christus gerufen hat, sich aber stattdessen auf andere Aspekte christlicher Arbeit konzentrierte, zwei Fakten nicht leugnen lassen: Durch diese Arbeiten sind nicht nur sehr wenige Menschen zu Nachfolgern von Christus geworden, es ging auch nur ein sehr geringfügiger gesellschaftlicher oder sozialer Einfluß von diesen Christen aus! *Das soziale Anliegen der Christen wird niemals greifen können, wo es nicht eine genügend große Zahl von hingegebenen Christen gibt, die es überhaupt vertreten können.*"

Es ist beruhigend zu wissen, daß die breite Mehrheit evangelikaler christlicher Leiter sich heute für die Priorität der Evangelisation vor der sozialen Aktion ausspricht. Die Lausanner Erklärung von 1974 bezeugt kompromißlos: "Bei der Sendung der Gemeinde zum hingebungsvollen Dienst steht Evangelisation an erster Stelle." (Paragraph 6). Auf die Abfassung der Lausanner Erklärung folgten jahrelange Debatten. Diese biblische Position wurde jedoch sowohl bei der Weltevangelisations-Konsultation in Pattaya, Thailand (1980) als auch bei der Konsultation über das Verhältnis zwischen Evangelisation und sozialer Verantwortung in Grand Rapids, Michigan (1982) erneut unterstrichen. Im Bericht von Grand Rapids wird betont, daß viele menschliche Hilfsprojekte zwar soziale Nöte der Menschen beheben können, nur Christen jedoch die Botschaft vermitteln können, die Seelen erretten kann. Damit wird letzten Endes festgestellt, daß die ewige Errettung wichtiger ist als das zeitliche Wohl.

Säen oder ernten?

Für viele besteht die allgemeinste Definition von Mission darin, sie als "Gottes Handeln am Menschen" zu sehen. Wir haben bereits gesehen, wieviele verschiedene Deutungen diese Definition zuläßt. Wir möchten daher eine etwas sinnvollere Definition von Mission vornehmen. Gemäß der Offenbarung Gottes in der Bibel hat höchste Priorität, Männer und Frauen in eine lebendige Beziehung mit Jesus Christus zu bringen. Aus diesem Grunde können wir Mission im engeren Sinne definieren als eine *Unternehmung, die sich ganz dem Ziel widmet, das Evangelium von Jesus Christus zu verkündigen und Männer und Frauen zu bewegen, seine Nachfolger und verbindliche Mitglieder seiner Gemeinde zu werden.* Selbst wenn wir die Prioritätenfrage zwischen Dienst, sozialer Aktion und Evangelisation geklärt haben, steht die Gemeinde noch immer vor einer verblüffenden Vielzahl von Möglichkeiten, sich zu engagieren. Deshalb ist diese Definition notwendig, um zwischen allen vorhandenen guten Möglichkeiten den Weg Gottes zu finden, und zwar des Gottes, der will, daß Menschen gefunden werden. Dieser Gott, der die Inkarnation auf sich nahm, um Mensch zu werden, ist in erster Linie daran interessiert, daß Menschen gerettet werden. Daher zielt auch seine Mission genau darauf ab, das zu erreichen. Die heutige Welt ist empfänglich für das Evangelium. Daher ist es dringend nötig, daß christliche Evangelisation einen theologischen Rahmen findet, der die Wichtigkeit des Findens unterstreicht. Für diese theologische Grundsatzentscheidung finden wir im Neuen Testament eine Fülle von eindeutigen Hinweisen. Und doch ist es so, daß sich viele Christen gerade in dieser so kritischen Zeit völlig einer Theologie verpflichtet sehen, die allein am Säen des Samens interessiert ist. Ich nenne diese Auffassung die 'Theologie des Suchens'. Diese Theorie entstand zu einer Zeit, in der die Mission nicht besonders ermutigende Fortschritte machte. Diese 'Theologie des Suchens' besagt, daß bei der Evangelisation das Entscheidende nicht das Finden ist, sondern die Tatsache, daß wir überall hingehen und das Evangelium predigen - wofür es ja einige überaus deutliche biblische Belege gibt.

Die Wurzeln der 'Theologie des Suchens'

Vier verschiedene Einflüsse haben dabei zusammengewirkt, daß es zur Entstehung einer 'Theologie des Suchens' kommen konnte. Wollen wir diese Position verstehen, so müssen wir auch ihre Wurzeln kennen.

Wir müssen zunächst verstehen, daß die 'Theologie des Suchens' geschichtlich auf dem Hintergrund großer Gleichgültigkeit dem Evangelium gegenüber entstand, oder gar zu einer Zeit und an Orten, wo man dem Evangelium gegenüber feindlich gesinnt war. Zu dieser Zeit war es ganz und gar nicht selbstverständlich, daß sich die westlichen Gemeinden in ihren Heimatländern evangelistisch engagierten. Viele hatten zudem den Eindruck, Nichtchristen in anderen Ländern bekehren zu wollen wäre eine finanziell aufwendige Angelegenheit. Darüberhinaus wäre es politisch unklug, aufdringlich und gefährlich und würde somit bestimmt nicht mit dem Willen Gottes in Einklang stehen. Eine Denomination nach der anderen mußte zu dieser Zeit erst von ihren eigenen Propheten wachgerüttelt werden, bevor sie irgend etwas im Hinblick auf die Weltmission unternahm. Es mußten damals zuerst Missionsgesellschaften ins Leben gerufen und organisiert werden, was oft nur am Rande der Gemeinden möglich war. Im Ausland hatte die christliche Mission gleich mehrere Gegner: Die westlichen Handelsunternehmer fürchteten, daß die Missionare ihre Geschäfte stören konnten, und die Anwälte der einheimischen Kulturen hielten das Christentum im wesentlichen für einen imperialistischen Brückenkopf. Dazu kam, daß die christliche Mission, die lange Jahre hindurch im In- und Ausland schwach, gesellschaftlich unbedeutend und ohne viel Resultate blieb, eine Theologie brauchte, die ihre Vergangenheit rechtfertigte. Hier hatte natürlich eine Theologie, die den Akzent auf das Suchen selbst legt und dabei auch innerlich stehenbleibt, einen großen Markt. Die 'Theologie des Suchens' leistete diesen Dienst. Sie hat hartnäckig geleugnet, daß Evangelisation irgendetwas mit Erfolg zu tun hat. Das Suchen, das sei der Wille Gottes, nichts anderes.

Eine zweite Linie in dieser Entwicklung ist der ungezügelte Relativismus, der sich im Westen entwickelt hat. Dieser Relativismus, dessen Entstehung mit dem Studium der nicht-christlichen Religionen zusammenhängt, hat auf ganz interessante Weise der Entwicklung dieser theologischen Position Vorschub geleistet. Dieser Relativismus hat in aggressiver Weise die Lehre angegriffen, in Christus sei die einzige, volle und endgültige Offenbarung Gottes zu sehen, und kritisierte infolgedessen natürlich auch die Forderung, jeder Christ sollte Christus verkündigen und Männer und Frauen überzeugen, seine Nachfolger und verbindliche Mitglieder seiner Gemeinde zu werden. Dieser Relativismus hat umso stärker gewirkt, als er ja das Produkt eines im Grunde positiven Anliegens war. In den letzten fünfzig Jahren sind wir die Augenzeugen und Erben einer Welt geworden, die durch die Kommunikation, die neuen Verkehrsmöglichkeiten und den kulturellen Austausch verändert worden ist. Innerhalb dieses globalen Zusammenrückens der Völker kam es zu einer Anhäufung von Wissen, womit auch früher völlig unbekannte Völker, Länder, geschichtliche Entwicklungen, Literatur und Volkskunst völlig neue Aufmerksamkeit erhielten und Gültigkeit erlangten.

Die Gleichwertigkeit und gleiche Gültigkeit verschiedener Kulturen und Auffassungen nebeneinander in einer pluralistischen Gesellschaft hat zu einer fast zarten, schonend diplomatischen Umgangsform geführt, in der man anderen auf keinen Fall zu nahe treten möchte oder sie gar durch deutliche Worte verletzt. Aus der manchmal unschönen Vergangenheit und geschichtlichen Belastung der westlichen Kulturen möchte man verständlicherweise auch wieder einiges gut machen, und so kommt es dann auch dazu, daß Menschen in großer Ehrfurcht vor dem kulturellen Reichtum der nicht-christlichen Religionen stehen. In dieser Haltung wird dann jedoch der falsche Schluß gezogen, daß es viele Wege zu Gott gebe, und daß Menschen durch die Ernsthaftigkeit gerettet werden, in der sie dem Maß der Erkenntnis folgen, das ihnen gegeben ist.

Ich möchte jedoch betonen, daß die meisten Gott hingegebenen und differenziert denkenden Christen keineswegs einen solchen Universalismus übernommen haben. Und doch hat das ganze intellektuelle Klima seine Auswirkung gehabt und unser aller Denken stark beeinflußt, wenn es darum ging zu entscheiden, welches Handeln höchste Dringlichkeit besitzt. Diejenigen, die sich der Allversöhnung geöffnet haben, stimmen auch den Prinzipien der 'Theologie des Suchens' zu. Sie stimmen zu, daß es richtig sei, nach bedürftigen Menschen Ausschau zu halten und ihnen Christus durch Wort und Tat (besonders durch die freundliche Tat) zu verkündigen. Es sei jedoch verfehlt, tatsächliche Bekehrungen bewirken zu wollen. Das Ziel der Mission sei es, freundliche Beziehungen und Zusammenarbeit zwischen den Religionen zu bewirken, um die Entstehung einer neuen Menschheit, einer gerechten Gesellschaft herbeizuführen, in der alle gleichberechtigt sind.

Ein dritter wesentlicher Grund, der zur Entstehung der 'Theologie des Suchens' beigetragen hat, war der unerhörte Unterschied zwischen dem Lebensstandard der westlichen Länder und der breiten Bevölkerung der Zweidrittelwelt. Verglichen mit der westlichen Welt des 20. Jahrhunderts, dem dortigen Standard der Gesundheitsversorgung, Ausbildung, Ernährung, Bequemlichkeit, Produktion, Sauberkeit, Aufklärung und allgemeiner Lebensqualität bleibt im Rest der Welt wirklich viel zu wünschen übrig. Die Missionare wurden mit Bitten um den Bau von Schulen, Krankenhäusern und landwirtschaftlichen Ausbildungszentren bestürmt. Für ihre christliche Botschaft hatte man nur einen kritischen Seitenblick übrig. Die Errungenschaften ihrer westlichen Kultur erfreuten sich jedoch hoher Nachfrage. Sie konnten zwar nicht viele Menschen bekehren; was sie aber tun konnten, war, viele Menschen medizinisch zu behandeln und viele Schulabschlußurkunden auszustellen. Gegen ihren Willen und im Gegensatz zu ihren ernsthaften Beteuerungen, die eigentliche Aufgabe bestehe darin, Menschen in die Nachfolge von Christus zu rufen, sahen sie sich in eine Situation hineingedrängt, in der von ihnen rein humanitäres Engagement aller Art gefragt war. Man verteidigte dies zwar: Es handle sich um "eine Vorbereitung zur Evangelisation", "eine wirkungsvollere Weise, das Evangelium zu verkündigen". Manchmal bekam man sogar zu hören, daß dies "mindestens genauso gut sei wie das Evangelium selbst". Nur: Eines stand nicht mehr oben an: Eine Ernte an Seelen einzubringen, Menschen für Christus zu gewinnen.

Der vierte Grund für das Entstehen der 'Theologie des Suchens' ist die Tatsache, daß die Gemeinden an vielen Orten äußerst geringen Mitgliederzuwachs erlebten. Was nötig war, war ein äußerer Bezugsrahmen, der diesen Gemeinden dennoch eine Existenzberechtigung gab, eine Berechtigung, so weiterzumachen wie bisher. Unter diesen Umständen wurde natürlich eine missionarische Gesinnung hochwillkommen geheißen, die verkündete, Gott habe nicht mehr befohlen als daß wir "ausschließlich suchen." Erfolge und Resultate sollten auf gar keinen Fall benutzt werden, um über Erfolg und Versagen Aussagen zu machen.

Gestützt auf diese vier Säulen hat sich die 'Theologie des Suchens' schärfstens gegen eine Position gewandt, die in irgend einer Weise von Resultaten sprach, und tat dies sofort als Erfolgssucht ab. Autoren, die über Mission schrieben, wetteiferten miteinander, wenn es darum ging, sich über die Bedeutung "nackter Zahlen" abschätzig zu äußern. Die Hirten, die auf die Suche nach verlorenen Schafen gingen, trafen sich am Eingang zum Schafstall und verkündigten dort, daß sie nicht vorhätten, darauf zu achten, wieviele Schafe sie eigentlich gefunden haben.

Ist Gott zufrieden mit einer 'Theologie des Suchens'?

Wird eine 'Theologie des Suchens' dem Gott gerecht, der sich in Jesus Christus offenbart hat? Sehen wir uns doch einmal *vor Gott* und stellen uns folgenden drei Fragen. Sie mögen durch ihre Direktheit einige verletzen. Aber ich weiß keinen besseren Weg, um die Angelegenheit wirklich beim Namen zu nennen. Die Schlüsselfrage lautet: Ist *Gott* daran interessiert, daß viele zählbare Menschen für Christus gewonnen werden?

1. Theologisch ausgedrückt: Sollte die Anzahl der Menschen, die gewonnen werden, in irgendeiner Art und Weise die Richtung und Intensität unserer evangelistischen Bemühungen, unserer "Suche", beeinflussen?

2. Der folgenden Frage sollten wir uns nur in äußerstem Ernst vor Gott stellen: Sind wir der Auffassung, daß die Anzahl der Sünder, die den Ruf zur Buße und in die Nachfolge hören, ihm *folgen* und *gehorchen*, einen Einfluß darauf hat, wo und wie dieser Ruf in die Nachfolge ergeht?

3. Gefällt es Gott besser, wenn Christus dort verkündigt wird, wo Menschen bereit sind, sich mit Gott versöhnen zu lassen, als an Orten, wo sie dazu nicht bereit sind?

Das laute und vehemente "Nein" der Befürworter einer 'Theologie des Suchens' auf alle drei Fragen haben wir gehört. Sie stehen auf dem Standpunkt, die Aufgabe der Evangelisation sei es, Christus in Wort und Tat zu proklamieren, ob Menschen nun dem Ruf gehorchen oder nicht. Hat denn nicht auch Gott dem Propheten Hesekiel befohlen: "Geh zu deinem Volk und sprich zu ihnen: So spricht der Herr!, sie hören es oder lassen es"? (Hes 3,27). Viele meinen, die heutige Mission der Gemeinde sei mit dem Auftrag Hesekiels zu vergleichen. Heute sei eben Christus zu verkündigen, nicht Gericht. Und schnell ist man gegenüber den Resultaten der Verkündigung neutral, ja, die Gemeinden sollen sich möglichst durch die Reaktionen der Zuhörer nicht beeinflussen lassen. Die Aufgabe der Gemeinde ist dann getan, wenn sie Christus verkündigt hat. Alles andere, so sagt man, ziemt sich nicht und würde auf andere Menschen nur unnötigen Druck ausüben.

Manche Christen haben Angst vor Zahlen, weil sie einer einzigen Seele einen unermeßlichen Wert beilegen. Starb denn Christus nicht für jeden einzelnen Menschen? Schon eine einzige gewonnene Seele würde deshalb die christliche Mission seit Pfingsten rechtfertigen. Es wird behauptet, daß eine Gemeinde oder eine Missionsgesellschaft, die innerhalb von 50 Jahren 50 Menschen zu Christus führt, Gott genauso gefällt wie eine Arbeit, in der innerhalb derselben Zeit 50.000 Menschen gewonnen werden und die bewirkt, daß das Christentum fester Bestandteil eines ganzen Gebietes geworden ist. Für Personen, die unter gleichgültigen oder verschlossenen Bevölkerungen evangelisieren, ist dies in aller Regel ein Grund, sich selbst ebenfalls auf den Standpunkt der 'Theologie des Suchens' zu stellen.

Christen, die diesen eben beschriebenen Standpunkt vertreten und denen die Frage gestellt würde: "Sollte die Zahl der Menschen, die tatsächlich für Christus zu gewinnen sind, also *"gefunden werden können"*, irgend etwas mit der Richtung und der Intensität der Suche zu tun haben?" würden antworten: "Nein! Das Evangelium muß überall verkündigt werden. Wir können es ruhig Gott überlassen, wen er zu seiner Gemeinde hinzufügen möchte."

Das Grundproblem liegt darin, daß bloßes Suchen, reines christliches Zeugnis ohne den tiefen Wunsch, Menschen zur Bekehrung zu führen und von ganzem Herzen überzeugen zu wollen, biblisch nicht gerechtfertigt ist. Dasselbe gilt für eine Haltung, die man im wesentlichen als Furcht vor numerischem Wachstum bezeichnen muß. Gott will letztlich nicht nur bloßes Suchen. *Gott will, daß seine verlorenen Kinder gefunden werden.* Wir wollen uns nun mit der Begründung dieser Aussage befassen.

Gottes Leidenschaft zu finden

Es gibt vier biblische Aussagen dafür, die die Aussage unterstreichen, daß Gottes Leidenschaft darin besteht, Verlorene zu finden.

1. Die ausdrücklichen Stellungnahmen von unserem Herrn und seinen Aposteln machen eine Position, die sich nur auf das Suchen fixiert, unhaltbar. Matthäus berichtet davon, wie unser Herr seine Jünger dazu angehalten hat zu beten, daß Gott Arbeiter in seine Ernte schicken möge (siehe Mt 9,37). Christus sah, daß dort, wo eine Bevölkerung für das Evangelium aufgeschlossen war, Erntearbeiter benötigt wurden. Die weißen Erntefelder sind die Erntefelder Gottes. Hier nur durch das Erntefeld zu marschieren und die Herrschaft von Christus zu proklamieren wäre nicht genug. Gott möchte, daß wir unsere Sicheln zücken, das Korn schneiden und in Garben bündeln und in seine Scheunen tragen.

In Mt 10,14 sagt Jesus: "Und wenn euch jemand nicht aufnehmen will noch eure Rede hören, so geht heraus von dem Haus oder jener Stadt und schüttelt den Staub von euren Füßen." Christus hat seinen Jüngern sorgfältig eingeschärft, sich nicht allzulange mit denjenigen aufzuhalten, die das Evangelium nicht annehmen wollen, sondern sich den Staub aus den Kleidern zu schütteln und sich schnellstmöglich zu denjenigen aufzumachen, die es willkommen heißen. Eine Textstelle in Apg 13,51 deutet darauf hin, daß Barnabas und Saulus von dieser Anweisung wußten und sie auch befolgten. Wir dürfen durchaus annehmen, daß dies zur allgemeinen Praxis der neutestamentlichen Gemeinde gehörte. Die Evangelisten quälten keineswegs Menschen, die das Evangelium nicht annehmen wollten und bedrängten sie immer wieder, sondern sie machten sich schnell auf den Weg zu denjenigen, die bereit waren, Christus anzunehmen.

Diese Anweisung von Jesus und die damit beschriebene Praxis der Urgemeinde kann nicht direkt und unbesehen zu jeder Zeit auf jede Bevölkerungsgruppe angewendet werden. Es gibt viele Fälle, wo Menschen jahrzehntelang unter verschlossenen Menschen gearbeitet haben, bis die Gemeinde dann endlich schnell zu wachsen begann. Und doch sollte dieses neutestamentliche Prinzip die Regel sein und immer dann zur Anwendung kommen, wenn eine Gemeinde oder Missionsgesellschaft sich in einer solchen im Neuen Testament beschriebenen Situation vorfindet, etwa dort, wo ein Teil der Zuhörer dem Evangelium gegenüber offen sind, ein anderer Teil sich jedoch völlig dagegen wehrt. In einer solchen Lage müssen Christen diejenigen gewinnen, die sich gewinnen lassen, und zwar solange sie sich gewinnen lassen.

2. Die Gleichnisse unseres Herrn haben oft ihren Schwerpunkt darin, daß etwas gefunden wird. Die Frau im Gleichnis von der verlorenen Münze sucht eben nicht nur, sondern *sucht solange, bis sie findet*. Der Hirte, der das verlorene Schaf sucht, macht sich eben nicht auf und geht spazieren, um dann mit leeren Händen wieder nach Hause zurückzukehren, sondern geht dem einen verlorenen Schaf *solange nach, bis er es gefunden hat*.

Beim Gleichnis vom großen Hochzeitsmahl wurde der Knecht nicht dafür gelobt, daß er mit der Nachricht zurückkam, die geladenen Gäste könnten nicht kommen. Der Meister sagte nicht: "Versorge diese gleichgültigen Menschen weiterhin mit Einladungen, solange bis sie annehmen." Er sagte zu seinem Knecht: "Gehe schnell hinaus auf die Straßen und bringe die Armen und Krüppel und Lahmen und Blinden herein." Und als immer noch Platz war, sagte er erneut: "Gehe hinaus auf die Landstraßen und an die Zäune und nötige sie hereinzukommen" (Lk 14,21 - 24).

Es ging letztlich nicht darum, eine Einladung auszusprechen, sondern darum, daß Menschen beim Fest Gottes dabei sind. Wenn eine Gruppe der Aufforderung nicht folgen wollte, dann sollte der Knecht eben andere Gruppen finden, die nicht zögerten, sich einladen zu lassen.

Das Recht, andere Menschen zu Christus zu führen, kann niemals von Menschen in Eigenregie gegeben oder verboten werden. Wenn man Menschen in angemessener Weise dazu motiviert, Christen zu werden, und sie dann auch freiwillig dazu einwilligen, so hat damit jede Evangelisation ihre volle

Berechtigung. Nehmen wir zum Beispiel folgenden Fall: Das Haus, in dem eine Frau schläft, beginnt zu brennen. Ist es richtig, sie wachzurütteln und zu überzeugen, daß es besser ist, das Haus zu verlassen? Natürlich! Sogar dann, wenn derjenige, der ihren Schlaf stört, dabei nur sein eigenes Leben riskiert, weil andere ihn dafür bewundern werden oder weil er eben dafür bezahlt wird. Die Motive für eine solche Rettungsaktion sind nicht entscheidend.

3. Hinter den bereits erwähnten biblischen Texten und Gleichnissen findet sich jedoch noch ein gewichtigerer Grund. Die Offenbarung Gottes, die in Christus ihren Höhepunkt erreicht, zeigt uns, daß Gott seinem Wesen nach ein Gott ist, der sich auf der Suche befindet, um zu erlösen. Er fand Israel in Ägypten und schloß mit diesem Volk den Sinaibund. Er blieb diesem Bundesschluß treu, auch wenn ihm Israel immer wieder die Treue versagte. Gott möchte, daß viele Menschen und viele Völker mit ihm versöhnt werden. In Christus versöhnte er *die Welt* mit sich selbst (2. Kor 4,7).

Jesus Christus, unser Herr, kam "zu suchen und zu erretten, was verloren ist" (Lk 19,10). Mit den "Verlorenen" sind immer Menschen gemeint. Diese Verlorenen kann man zählen, Kopf um Kopf. Das Neue Testament sagt (2. Kor 4,7): "Wir haben diesen Schatz in irdenen Gefäßen." Diese Gefäße - damit sind unsere menschlichen Körper gemeint - können ohne weiteres gezählt werden. Dieser Schatz hat Sinn und Zweck: "Damit das Leben von Christus an unserem sterblichen Leib offenbar werde." Christus möchte ausdrücklich in den vielen "sterblichen Leibern" dieser Welt offenbar werden, im Leben von Menschen, die so zahlreich sind wie der Sand am Meer. Unser Herr würde den Gedanken weit von sich gewiesen haben, daß die Anzahl derer, die gefunden werden können, mit der Richtung der Suchaktion nichts zu tun hat. Ganz im Gegenteil, die bloße Tatsache, daß er davon spricht, wieviel Freude im Himmel über eine einzige errettete Seele herrscht, zeigt nur erneut, wie dringend es ist, daß "viele" errettet werden (Lk 15,7 - 10).

Gott selbst ist nicht nur ausschließlich an der Verkündigung interessiert. Gemäß der Offenbarung Gottes ist der Schwerpunkt unseres Dienstes daher eben nicht die Verkündigung des Evangeliums allein. Die Verkündigung des Evangeliums ist ein Mittel, daß viele Menschen durch Christus mit Gott versöhnt werden können. *Verkündigung ist nicht Endzweck.* Wir dürfen das auf keinen Fall verwechseln.

4. Wir können feststellen, daß die neutestamentliche Gemeinde dorthin ging, wo die Menschen auf das Evangelium reagierten. Sie glaubten offenbar, das sei der Wille Gottes.

Man nimmt an, daß das evangelistische Zeugnis über einen Zeitraum von fünfzehn Jahren hinweg fast ausschließlich auf die Juden selbst beschränkt war. "Sie redeten das Wort zu niemanden als nur zu den Juden" (Apg 11,19). Während den Jahren, in denen die Juden sich dem Evangelium öffneten und Nachfolger von Christus wurden, wuchs die Gemeinde innerhalb der Volksgruppe der Juden. Dies wird oft als schmerzlicher Fehler betrachtet, den die Urgemeinde begangen hatte. Den Umständen entsprechend, die damals herrschten, war dies jedoch im Gegenteil eine ihrer größten Tugenden. Die Gemeinde hat es verstanden, diejenigen zu gewinnen, die sich gewinnen ließen, solange sie sich gewinnen ließen. Hätte Petrus an Pfingsten versucht, sowohl Juden als auch Heiden für Christus zu gewinnen, und dann von allen verlangt, gemeinsam zu essen, sich zu gemeinsamen Gottesdiensten zu versammeln, gemeinsam zu evangelisieren und über die kulturellen Grenzen hinweg auch Hochzeiten zuzulassen, und hätten die Apostel den Heiden, die in Jerusalem und Judäa lebten, gleich viel Aufmerksamkeit geschenkt wie den Juden, so wären wohl nur sehr wenige Juden Christen geworden.

Das mag auch der Grund dafür sein, weshalb unser Herr geboten hat, das Evangelium allen Völkern zu predigen, "angefangen in Jerusalem" (Lk 24,47). Dort würden nämlich viele Menschen positiv auf das Evangelium reagieren, sich taufen lassen und sich zu Gemeinden zusammenfinden.

Nach dem Jahre 48 n.Chr. übersprang das Christentum die Grenze der Juden und verbreitete sich mit großer Schnelligkeit über die Synagogenversammlungen, an denen auch eine große Zahl von heidnischen Gottesfürchtigen teilnahmen. Die Synagogen der römischen Welt waren die Brückenköpfe, über die hinweg sich das Christentum ausgebreitet hat. Wenn das nicht geschehen wäre, so wäre es undenkbar, daß die heidnische Bevölkerung gerade im Umfeld dieser Synagogen überhaupt Christen geworden wären.

Ernten ist mehr als suchen

In Anbetracht dieser Tatsachen, denen noch viele weitere Gründe hinzugefügt werden könnten, können wir folgendes feststellen: *Mission ist ihrer Zielsetzung nach eine breit angelegte, zielorientierte Aktion, um Menschen zu finden.* Ist es mit biblischen Begründungen tatsächlich weiterhin aufrechtzuerhalten, daß das einzige, was zählt, das Suchen ist? Daß es nur die Motive sind, die alles entscheiden? Daß es reichlich oberflächlich und mechanisch ist, an der Bekehrung einer großen Zahl von Menschen interessiert zu sein, eine Haltung, die nur von Erfolgsbesessenheit zeugt? Halten wir es tatsächlich weiterhin für theologisch haltbar, sich nicht an der Anzahl der Erlösten interessiert zu zeigen?

Weist nicht der ganze biblische Tenor darauf hin, daß für einen Gott, der Menschen finden möchte, die Anzahl der Erlösten sehr wichtig ist? Gott selbst möchte, daß viele Menschen mit ihm durch die Gemeinde von Christus versöhnt werden. Ja, Gott befiehlt sogar, daß wir mit glühendem Eifer nach den Verlorenen suchen sollen, *um sie zu finden.*

In einer Welt, die von vielen revolutionären Umwälzungen geprägt ist, ist es offensichtlich, daß es dem Willen Gottes entspricht, wenn die christlichen Gemeinden geradezu phantastisch wachsen. Er selbst ist es, der an den Fundamenten dieser Welt rüttelt. Er ist der allmächtige Vater, nicht irgend eine blinde Kraft oder kosmische Energie. In allem, was er tut, hat er ein positives Ziel. Und was stimmte mehr mit seinem ausdrücklichen Willen überein, als Männer und Frauen zu erlösen und als seine Gemeinden strategisch anzuleiten, sie zur Ordnung zu rufen, sie zu stärken und zu vervielfältigen, bis alle Völker der Erde die Chance erhalten haben, das Evangelium aus dem Mund eigener Leute zu vernehmen? In vielen Gebieten der Erde sind es die Missionare, die diesen Prozeß auslösen müssen. Aber es ist klar, daß das Evangelium nur dann wirklich jedem Menschen verkündigt werden kann und die Nachfolge von Christus für jeden Menschen eine echte Alternative darstellt, wenn es in allen Volksgruppen der Welt christliche Gemeinden gibt, ob in der Stadt oder auf dem Land, unter Angehörigen hoher oder niedriger Kasten, unter den Gebildeten oder Ungebildeten. Das sind Worte, die nur die sprechen können, deren Theologie am Finden von Menschen orientiert ist.

Ist es denn nun falsch, sich in seiner Theologie am Suchen zu orientieren? Keineswegs. Aber eine Haltung, die sich nur aufs Suchen beschränkt, enthält nur die halbe Wahrheit. Unter Umständen mag es richtig sein, nur die Suche zu betonen. Wenn wir jedoch behaupten, eine 'Theologie des Suchens' sei die einzige Theologie der Evangelisation, die zudem überall Gültigkeit hat, dann wird unsere Aussage falsch.

Auch wenn wir unter einer Bevölkerung arbeiten, die sich gleichgültig oder feindselig dem Evangelium gegenüber verhält, müssen wir im Auge behalten, daß Gott sich danach sehnt, daß alle seine Kinder erlöst werden. Er sucht selbst dort, wo nichts zu finden ist. Unser Herr steht vor der Tür und klopft an. Er tritt jedoch nur dort ein, wo ihm die Tür geöffnet wird (Offb 3,20). Nochmals: Gott will Menschen finden, und er hat uns befohlen, daß auch wir Menschen finden.

Wenn wir die vielen Menschen betrachten, die gefunden worden sind, wollen wir daran denken, daß Gott es war, der diese Menschen gefunden hat. Es sollte uns, die wir ebenfalls gefunden worden sind, nicht schwer fallen, uns daran zu erinnern, daß Gott uns nicht nur gesucht, sondern auch gefunden hat. Gott sucht solange, bis er findet. Und er sucht, wo etwas zu finden ist. Er versöhnt Menschen mit sich selbst. Er hat uns zu seinen Hirten ernannt - und: Er hat uns befohlen, die Verlorenen zu finden, damit sie erlöst werden können.

3

Das Gebot der Stunde

In Anbetracht der Vielzahl der Aufgaben, die vor der christlichen Gemeinde heute stehen und zu denen Gott ruft, ist es schwierig, sich nur einer einzigen Aufgabe zu widmen. Es gibt eben so vieles, was getan werden muß. Schon innerhalb der christlichen Gemeinden gibt es genug zu tun: Man muß sich um den Finanzhaushalt kümmern, Christen in der Jüngerschaft anleiten, Jugendarbeit tun, sich um Bauvorhaben kümmern, Laien schulen, Bibelunterricht geben und vieles andere mehr. Aber auch außerhalb der christlichen Gemeinde wartet eine Vielzahl von Aufgaben auf uns: In der Auseinandersetzung mit den Rassenproblemen unserer Zeit sind wir gefordert, Frieden und Gemeinschaft zu stiften, den Jugendlichen Chancen zu vermitteln, uns für Frieden und Gerechtigkeit einzusetzen, unerreichte Menschen mit dem Evangelium zu erreichen und an geeigneten Orten neue Gemeinden zu gründen. Es könnte noch viel mehr aufgezählt werden. Niemals zuvor sind so viele Menschen und Gruppen aus dem Ausland mit Bitten an uns herangetreten, ihnen zu helfen. Noch immer sterben viele Menschen jedes Jahr an Hunger und Unterernährung. Der Flüchtlingsstrom scheint nicht abzureißen, und so sind wir gefragt, ihnen Unterkünfte zu bieten. Der Analphabetismus erfordert, daß wir Menschen lesen und schreiben beibringen, die Kranken rufen nach Behandlung. Und vor diesem Hintergrund dringt die Stimme *von drei Milliarden Menschen an unser Ohr, die noch nie den Namen des Messias gehört haben.* Ihnen sind wir ebenfalls etwas entscheidendes schuldig: das Wissen um den Erlöser.

Wenn uns die Zukunft der Welt und das Wohl der Menschen wirklich am Herzen liegen, so muß aus der Fülle der Dinge, die getan werden müssen, eine Aufgabe deutlich hervortreten. Es ist dieselbe Aufgabe, die auch in der Bibel den höchsten Stellenwert hat. Die Aufgabe, die heute höchste Dringlichkeit hat, heißt: Wir müssen in allen Bevölkerungsgruppen der Welt, die für das Evangelium empfänglich sind, soviele Gemeinden wie möglich gründen.

Prioritäten setzen

Es gibt so viele gute und dringende Dinge, die wir tun könnten. Die Tatsache, daß es eine solche Vielzahl von lobenswerten Dingen gibt, für die wir uns engagieren können und sollen, widerspricht dieser Behauptung nicht, sondern unterstreicht sie sogar noch. Es gibt gar keinen Zweifel daran, daß wir die Aufgaben, die vor unseren Füßen liegen, wahrnehmen sollen. Es ist keine Sünde, wenn wir uns bemühen, gute Predigten zu halten, den Menschen Lesen und Schreiben beizubringen, uns für Familienplanung oder die gerechte Nahrungsmittelverteilung in der Welt einzusetzen, in verantwortlicher Weise unsere Gemeinden zu verwalten, alle Bereiche des menschlichen Lebens mit Christus in Verbindung zu bringen, von Massenmedien Gebrauch zu machen und anderes mehr. Es ist lobenswert, wenn wir uns hierfür engagieren. Manche dieser genannten Aufgaben sind sogar sehr dringend.

Aber haben alle diese Aufgaben tatsächlich denselben Stellenwert? Selbst wenn wir ein sehr weites Verständnis von Mission haben, und meinen, mit Mission sei alles gemeint, was die christliche Gemeinde im Auftrag Gottes tut, würde das dann automatisch bedeuten, daß alle diese zuvor genannten Aktivitäten einander ebenbürtig sind und gleichen Stellenwert haben? Besteht Mission darin, viele parallel zueinander verlaufende Aufgabenstränge anzugehen (wobei es darum geht, daß man als Christ auf keinen Fall den einen bevorzugen und den anderen vernachlässigen darf?) Spielt es wirklich keine Rolle, welche Aufgabe man zuerst angeht und welche man wegläßt?

Christen, die sich in vollem Umfang der Autorität der Bibel unterstellen, und daran glauben, daß die Offenbarung in Christus in der Bibel für alle Menschen verbindlich ist, werden deutlich und mit allem Nachdruck darauf hingewiesen, welche Lebensführung Gott honoriert und welchen Aufgaben Gott Prioritäten zugedacht hat. Christen sind in diesen Fragen nicht auf menschliche Weisheit angewiesen, auch wenn andere meinen, der Mensch sei für seine Entscheidungen ausschließlich selbst verantwortlich und müsse sogar vermeiden, sich in seiner Entscheidungsfindung von anderen beeinflussen zu lassen. Für Menschen, die sich an der Bibel als ihrem Maßstab orientieren, ist die Frage längst geklärt, ob das höchste Lebensziel des Menschen darin besteht, hohen moralischen Anforderungen zu genügen oder in Christus zu sein. Sie können sich in ihrer Lebensführung an der Offenbarung Gottes orientieren. Sie sollten sich darüber im klaren sein, woher sie ihre ethischen Maßstäbe beziehen. Einen Menschen, der sich fest der biblischen Offenbarung verpflichtet hat, wird man an den Früchten seines Lebens erkennen können. Das gilt auch für die Art unseres missionarischen und evangelistischen Engagements.

Wir dürfen aber die Situation nicht einfacher darstellen als sie es ist, und so tun, als ob sich Christen nur einer einzigen Aufgabe zu widmen hätten und alles andere ungeschehen liegen lassen sollten. Christen können und sollen sich in ganz verschiedenen Bereichen des Lebens engagieren. Als Nehemia die Mauer Jerusalems wieder aufbauen ließ, trugen einige die Steine, einige brachten Wasser herbei, einige mischten den Mörtel an und andere bauten die Steine dann schließlich in die Mauer ein. Aber alle hatten ein gemeinsames Ziel: Sie wollten die Mauer wieder erbauen. An diesem einen gemeinsamen Ziel war die gesamte Unternehmung ausgerichtet. Es waren immer genau soviel Steine und Mörtel an der Mauer verfügbar, daß sichergestellt war, daß die Mauer so schnell wie möglich wachsen und fertiggestellt werden konnte.

In der heutigen Missionssituation ist es wichtig, daß wir uns verschiedenen Aufgabengebieten gleichzeitig widmen. Die vielen Möglichkeiten, sich zu engagieren, sollten jedoch einem einzigen Ziel verpflichtet sein: Daß *soviel Menschen wie möglich durch Jesus Christus mit Gott versöhnt und Teil seiner Gemeinde werden.* Die Vielfalt der Aufgaben darf diese Angelegenheit von höchster Priorität auf keinen Fall an den Rand drängen. *Gott möchte, daß Menschen gerettet werden.* Aus diesem Grunde befiehlt er seinen Nachfolgern: "Geht hin und macht zu Jüngern alle Völker" (Mt 28,19). Es sollte das höchste Ziel der Mission sein, diesem Befehl Genüge zu tun. Von diesem göttlichen Befehl her müssen wir unsere Prioritäten ableiten und unser ganzes Denken und Tun bestimmen lassen. Alle anderen Aufgabengebiete müssen an diesem einen Ziel gemessen, bewertet und eingeordnet werden.

Wir brauchen Klarheit

In vielen christlichen Kreisen herrscht heute gerade an diesem Punkt große Verwirrung. Viele sind von der sozialen Not so tief betroffen, daß sie meinen, darin bestünde die größte Herausforderung und Aufgabe, die Gott an seine heutige Gemeinde stellt. Wir wollen auf gar keinen Fall bestreiten, daß wir als Christen dringend eine Antwort auf die sozialen Nöte dieser Welt finden müssen. Aber wir dürfen über den vielen dringlichen Dingen das Wichtigste nicht vergessen.

In meinem 1977 veröffentlichten Buch *Conciliar Evangelical Debate: The Crucial Documents 1964-76* habe ich jeweils 15 repräsentative Artikel aus ökumenisch-konziliarer und evangelikaler Sicht veröffentlicht. In diesem Band wird deutlich, wie scharf die Meinungen über Ziel und Mittel der Mission aufeinanderprallen. Die Autoren nehmen hier klare Stellung zu den Grundfragen der Evangelisation und Mission. Sie tun das vor einem Hintergrund, der von der Hitze theologischer Gefechte geprägt ist. In diesem Band werden die Standpunkte vieler christlicher Exponenten dargestellt und mit den Mitteln der allgemeinen Vernunft und in der Gegenüberstellung mit dem biblischen Zeugnis einer Prüfung unterzogen. Sehr engagiert werden hier deutliche Positionen bezogen, und anderslautende Standpunkte jeweils radikal verworfen.

Im Jahre 1979 veröffentlichte Harvey Hoekstra, damals der Präsident der Reformierten Kirche Amerikas, sein gut dokumentiertes Buch *The World Council of Churches and the Demise of Evangelism.* Er weist darin auf einen interessanten Tatbestand hin: Dort, wo die Leiter von ökumenischen Kirchen und Missionsgesellschaften versuchten, den Theorien und Theologien der "neuen Mission" zu folgen, indem sie begannen, sich der sozialen Nöte anzunehmen, und sich für die Grundrechte einer weltweiten sozialen Gemeinschaft einsetzen, ist das Anliegen der Evangelisation vollständig in den Hintergrund getreten.

Ich kann dieses Problem sehr gut verstehen. Ich war lange Jahre Leiter eines Lepraheimes und habe mich während dieser Zeit für Menschen eingesetzt, die in verzweifelter körperlicher Not waren. Und doch kann ich mich auf keinen Fall denjenigen anschließen, die das Schwergewicht der Mission auf die soziale Aktion legen möchten. Ich bin im Gegenteil sogar davon überzeugt, daß die Errettung, die denen zuteil wird, die an Jesus Christus glauben, an die tiefste aller menschlichen Nöte rührt. Erst aus der Versöhnung mit Gott ergibt sich das uneigennützige, selbstlose soziale Engagement für die Wohlfahrt der Gesellschaft.

Qualität und Quantität

Einige ernsthafte Christen verwerfen die Vorstellung davon, die Vervielfältigung von Gemeinden sei das Hauptziel der heutigen Mission, weil sie ihre Hoffnung im Hinblick auf die Zukunft der Welt eher auf die Qualität, nicht die Quantität der Christen setzen. Wozu ist es gut, fragen sie, wenn wir mehr Christen haben, wenn es aber nicht bessere Christen sind? Überall auf der Welt finden wir Menschen, die betonen, daß die Vervollkommnung der Christen wichtiger sei als die Evangelisation. In Amerika sind Stimmen zu hören, die behaupten, daß die Einheit der Gemeinden wichtiger sei als das Entstehen neuer Gemeinden.

Diese attraktive Forderung nach Qualität wollen wir uns einmal näher ansehen. In dem Moment, wo wir den Ruf nach Qualität von der tiefen Leidenschaft unseres Herrn - zu suchen und selig zu machen, was verloren ist - abkoppeln, kann die Qualität, die wir fordern, nicht mehr länger christlich genannt werden. An dieser schlichten Tatsache läßt sich nichts ändern und beschönigen, unabhängig davon, wie beeindruckend unsere Argumentation auch immer klingen mag. Es ist richtig, sich für mehr Mitmenschlichkeit einzusetzen. Wenn wir aber behaupten, daß harmonisches Miteinander wichtiger sei als die Errettung von Menschen von ihrer Sünde, dann befinden wir uns im Irrtum. Wir können zuhause oder auf dem Missionsfeld noch so glänzende Christen heranbilden, die fehlerfreies Englisch beherrschen und über eine gute Schulbildung verfügen. Wenn sie sich aber überhaupt nicht darum kümmern, wie ihre unbekehrten Verwandten mit Gott versöhnt werden können, dann ist ihre vermeintlich christliche Qualität nicht mehr wert als Asche, die im Wind davonfliegt. Wenn wir uns dafür einsetzen, daß alle Christen in allen Ländern ohne Rassenvorteile miteinander zusammenleben können, diese Christen jedoch nicht mit dem brennenden Wunsch erfüllt sind, anderen vom ewigen Leben in Christus zu sagen, dann sprechen wir von einer sehr zweifelhaften Art von "Qualität".

Jeder, der sich ernsthaft für die oben beschriebene mitmenschliche Qualität des christlichen Lebens einsetzt, befindet sich in der Gefahr, Werkgerechtigkeit zu lehren und das Evangelium durch die Forderung nach ethisch einwandfreiem Verhalten, also bestenfalls nach der Frucht des Geistes, zu ersetzen. Christen, die sich der Bibel und Christus, ihrem Herrn, verpflichtet haben, werden eine solche Form der Gesetzlichkeit nur verwerfen können. Sie werden darauf bestehen, daß ein ethisch einwandfreies Verhalten *das Resultat eines in Christus verwurzelten Lebens ist*, keinesfalls jedoch zu einer Vorbedingung dafür gemacht werden darf, die Menschen zu erfüllen hätten, bevor sie sich als Christen bezeichnen dürften.

Im praktischen Gemeindealltag stehen christliche Leiter oft in der Situation, zwischen verschiedenen dringenden und wichtigen Aufgaben, die anstehen, eine Wahl zu treffen. Alle diese Aufgaben erscheinen auf den ersten Blick betrachtet gut. Hören wir, was Ralph D. Winter dazu schreibt:

"Ich hatte mich früher richtig darauf spezialisiert, die Besonderheiten und spezielle Arbeitsbereiche und Arbeitsweisen jeder Missionsgesellschaft in und auswendig zu kennen. Immer mehr wurde mir jedoch bewußt, daß die wichtigste Tätigkeit eines Missionsgesellschaft darin besteht, neue Gemeinden zu gründen. Die zentrale Aufgabe der Mission muß darin bestehen, Gemeinden zu gründen, sie zu begleiten, und sie zur Vervielfältigung ihrer selbst anzuleiten. Im Vergleich zu dieser Aufgabe wird jede sonstige Tätigkeit, jeder sonstige Arbeitszweig einer Missionsgesellschaft zur Nebensächlichkeit." (Gimmickitis, 128).

Die vergessene Hauptsache

Viele christlichen Gemeinden wachsen nur äußerst langsam. An dieser Tatsache dürfen wir bei allem missionarischen Engagement nicht vorübergehen. Um es mit einem Bild zu sagen: Wir haben zwar Wasserträger in Hülle und Fülle, aber uns fehlen die Maurer. Wir haben tonnenweise Mörtel, aber kaum Steine. So können wir kein Haus bauen. Eine ganze Reihe von Denominationen verzeichnen nur ein äußerst geringes Wachstum, unabhängig davon, ob sie theologisch liberal oder konservativ sind. Das Schlimmste dabei ist, daß dieser Mangel an Wachstum als normal und unvermeidbar betrachtet wird.

Die *Congregational Church* - heute heißt sie *United Church of Christ* - ist seit über einem halben Jahrhundert im Staat Sinaloa im Westen Mexikos aktiv. Während dieser Jahre haben die Missionare mit großer Hingabe gearbeitet. Doch waren bis zum Jahre 1962 nur neun kleine statische Gemeinden mit etwa 300 Mitgliedern entstanden (Church Growth in Mexico, 45).

Eine enorme Zahl von großen und kleinen Denominationen in Nordamerika haben Nullwachstum oder sogar Mitgliederschwund zu verzeichnen. Zwischen den Jahren 1965 und 1975 haben beispielsweise drei große Denominationen, die *United Presbyterian* (nun die *Presbyterian Church* [U.S.A.]), die *United Church of Christ* und die *United Methodists*, zwischen 10 und 12 Prozent ihrer Mitglieder verloren. Diese Entwicklung setzte sich auch in den 80er Jahren fort. Die *Oregon Yearly Meeting of Friends* ist eine typische kleine Denomination. Im Jahre 1961 betrug die durchschnittliche Anzahl der Mitglieder, der Besucher der Sonntagsschule und der Gottesdienstbesucher in den 61 angeschlossenen Gemeinden 5.300. Im Jahre 1968 lag diese Zahl bei 5.400 (Friends, 27). Die *Presbyterian Church* in Taiwan hat großes Wachstum zu verzeichnen. Die Zahl der Mitglieder hat sich in nur 12 Jahren von 57.407 im Jahre 1952 auf 176.255 im Jahre 1964 verdreifacht (*Taiwan Presbyterians*, Synodical Office 1966:, S. 76.80). Im Jahre 1948 begannen die amerikanischen Baptisten mit ihrer Missionsarbeit in Taiwan. Die Anzahl der Gemeindemitglieder betrug Ende dieses ersten Jahres nur einige Hundert.

Bis zum Jahre 1967 war die Gemeindemitgliedschaft auf 21.783 angestiegen (World CVhristian Handbook, 181), die Zahl der Methodisten betrug im Jahre 1967 nur 4.553, und das trotz der Tatsache, daß der Methodist Chiang Kai-shek und Madame Chiang brennende Christen waren. Am Beispiel der Methodistenkirche in Taiwan sehen wir, daß es durchaus möglich ist, Möglichkeiten für Wachstum zu verpassen, und das selbst in einer Situation, in der die Bevölkerung erwiesenermaßen dem Evangelium gegenüber aufgeschlossen war. Es ist möglich, daß eine ganze Denomination an der Möglichkeit zu wachsen schlicht vorbeilebt. In Chile sind die Pfingstkirchen in den letzten 40 Jahren von Null auf einen Anteil von über 20 Prozent der Wohnbevölkerung gewachsen. Eine nordamerikanische Missionsgesellschaft arbeitet mit 30 Missionaren seit ca. 30 Jahren in diesem Land. In den dadurch entstandenen Gemeinden besuchen etwas weniger als 300 chilenische Christen die Gottesdienste. Die Missionsgesellschaft vertritt die Auffassung, daß die Bevölkerung Chiles dem Evangelium gegenüber völlig verhärtet ist, fast vergleichbar mit der Situation in der Welt des Islam.

Der Sekretär einer großen, konservativen Missionsgesellschaft hat kürzlich gesagt: "In den letzten Jahren haben wir 3 Millionen Dollar für die Missionsarbeit in Japan ausgegeben. Doch zu unseren Gemeinden zählen sich weniger als 500 Menschen."

Mein Interesse am Wachstum von Gemeinden erwachte, als ich eine Studie vor mir liegen hatte, die Wascom Pickett in Indien erstellt hatte. In dieser Studie zeigte er auf, daß 134 Missionsstationen in Mittelindien (wo ich zur damaligen Zeit selbst als Missionar tätig war) ein durchschnittliches Gemeindewachstum von nur 12 Prozent in zehn Jahren erlebten, das entspricht etwa 1 Prozent pro Jahr (Group Conversion, ix). Die 10 Missionsstationen meiner eigenen Missionsgesellschaft, der India Mission of the *Disciples of Christ*, unterschieden sich nicht sonderlich von den anderen 124 Missionsstationen. In diesen Stationen wurden zwar über 75 Missionare beschäftigt, die "alle Hände voll zu tun hatten", doch es konnte überhaupt nicht davon die Rede sein, daß durch ihre Arbeit Gemeinden entstanden sind. In Harda, wo meine Frau und ich zusammen mit sechs anderen Missionaren zwischen den Jahren 1924 und 1930 gearbeitet haben, konnte nicht eine einzige Person von außerhalb der Gemeinde in den 36 Jahren zwischen 1918 und 1954 getauft werden.

Alle diese Beispiele von nur sehr langsam wachsenden Gemeinden stammen aus Ländern, wo es erwiesen ist, daß Gemeinden durchaus wachsen *können*, was sehr klar aus der Tatsache hervorgeht, daß einige Gemeinden tatsächlich Wachstum zu verzeichnen haben. Diese Beispiele sind sehr aufschlußreich. Daran wird nämlich deutlich, daß in einer Bevölkerung, in der Gemeinden durchaus wachsen können, manche Missionsgesellschaften, Gemeinden und Pastoren, die ein treues Zeugnis für Christus sind, und "viele gute Dinge" tun, sich tatsächlich damit zufrieden geben, wenn die Gemeinden nur wenig oder sogar überhaupt nicht wachsen.

Es scheint so zu sein, daß sie bei der Aufgabe, die Bevölkerung eines ganzen Landes zu evangelisieren, in der einige Bevölkerungsgruppen dem Evangelium sehr aufgeschlossen gegenüberstehen, ausgerechnet versuchen, das

Evangelium denjenigen Menschen zu verkündigen, die es zurückweisen, oder mit Methoden arbeiten, die Gott offenbar nicht in dem Sinne segnet, daß dadurch missionarische Gemeinden entstehen.

Es geht auch anders

Man könnte eine beliebige lange Reihe von Beispielen dafür anführen, wie Gemeinden kaum wachsen, selbst wenn die Bevölkerung eigentlich dem Evangelium gegenüber empfänglich ist. Würden die meisten Missionsgesellschaften genaue Untersuchungen über die von ihnen begleiteten Gemeinden anstellen, so würden sie herausfinden, daß viele dieser Gemeinen kaum Wachstum zu verzeichnen haben. Dabei spielt es in der Regel keine Rolle, ob die Missionsgesellschaft evangelikal oder liberal geprägt ist. Ein Leitungsgremium der *Church of the Foursquare Gospel*, einer lebendigen, pfingstkirchlichen Denomination, hatte sich vor kurzem näher mit der Entwicklung von 10 Gemeindeverbänden befaßt, die erst vor kurzer Zeit gegründet worden waren. Einer dieser Verbände war außerordentlich rasch auf eine Mitgliederzahl von 25.000 angewachsen, drei der Verbände hatten mittelmäßiges Wachstum zu verzeichnen und waren bei einer Mitgliederzahl von etwa 10.000 angelangt, während das Wachstum in den sechs restlichen Verbänden zum Stillstand gekommen und die Mitgliedszahl unter 2.000 geblieben war.

In einigen wenigen "unheilbaren" Fällen scheint es nichts zu geben, wodurch Nullwachstum oder auch nur mäßiges Wachstum behoben werden kann. Dies kann dann der Fall sein, wenn die Bevölkerung dem Evangelium gegenüber tatsächlich verschlossen ist und es zu echtem Widerstand gegen das Evangelium kommt, oder in Situationen, in denen die äußeren Hindernisse für die Evangelisation unüberwindbar scheinen. In manchen Fällen ist der Widerstand einfach zu stark und die Bevölkerung so feindselig, daß die Menschen es kaum wagen, unter solchen widrigen Umständen dem Evangelium gehorsam zu werden, oder das Evangelium überhaupt anzuhören. In fast jedem Land gibt es Gebiete und Städte, in denen Christen jahrzehntelang predigen, lehren und heilen, ohne daß jemand durch dieses Engagement zum Glauben kommt. Es gibt tatsächlich Situationen, in denen die Bevölkerung dem Evangelium gegenüber verschlossen ist. Wir werden später noch darauf zurückkommen, was in einem solchen Fall getan werden kann. Wir wollen aber im Auge behalten, daß unser Herr uns befohlen hat, daß das Evangelium der ganzen Welt gepredigt werden muß, deshalb sollten wir auch solche verschlossenen Bevölkerungsgruppen nicht leichtfertig übergehen.

In den meisten Fällen kann jedoch gegen mangelndes Wachstum etwas unternommen werden. Es kann durchaus an der falschen Methodik liegen, wenn das Wachstum von Gemeinden zum Erliegen kommt. In manchen Fällen kann es auch die Struktur der Gemeinde sein, die geändert werden kann, sodaß das Wachstum der Gemeinde dadurch gefördert und nicht verhindert wird. Wenn der Hirte in manchen Fällen mit leeren Händen von seiner Suche nach dem verlorenen Schaf wieder nach Hause zurückkehrt, so kann das daran liegen, daß das Schaf verängstigt reagiert hat und durch die unbeholfene Annäherung des Hirten verstört zurückschreckte. Manche Schafhirten haben sich vielleicht sogar daran gewöhnt, mit leeren Händen von ihrer Suche wieder zurück zu kommen, und merken nicht, daß sie versucht haben, an Orten Schafe zu finden, an denen es gar keine gibt. Wer steif und fest in verlassenen Schluchten nach vermeintlichen Schafen sucht, vernachlässigt dabei jedoch in sträflicher Weise diejenigen Tiere, die sich danach sehnen, daß sie von einem Hirten gefunden werden. In manchen Fällen ist mangelhaftes Gemeindewachstum auch darauf zurückzuführen, daß Christen jahrzehntelang mit Methoden arbeiten, die erwiesenermaßen zu keinem Ergebnis führen. Diese Aufzählung mag genügen, um anzudeuten, daß es gar nicht so unausweichlich ist, daß sich viele Gemeinden oder Missionsgesellschaften an mangelndes Wachstum gewöhnen müssen. Dort, wo kein Gemeindewachstum stattfindet, kann und sollte Abhilfe geschaffen werden.

Die Chancen nutzen: Offene Bevölkerungsgruppen

Noch nie waren die Menschen so offen für das Evangelium wie heute. Diese Tatsache verleiht dem Ruf nach einem Wachstum der Gemeinden erhebliche Dringlichkeit. Neben Gemeinden, die keinerlei Wachstum verzeichnen, sind auch solche zu finden, die mäßig oder sogar überaus schnell wachsen. Man kann beides nebeneinander finden: Eine ganze Reihe von Gemeinden, die eingeschlafen und zum Stillstand gekommen sind, und Gemeinden, die in erstaunlicher, ja manchmal geradezu spektakulärer Weise Wachstum zu verzeichnen haben. Wenn wir erfaßt haben, daß viel Leerlauf in den Gemeinden eigentlich unnötig ist und durchaus durch ein stetiges, gesundes Wachstum, durch einen Zustrom von neuen Menschen ersetzt werden kann, die Christen werden, dann wird uns erst richtig bewußt, wie groß die Möglichkeiten eigentlich sind, vor denen wir heute stehen.

Manche halten Nordamerika für ein schwieriges Missionsfeld. Die Bevölkerung ist von einem säkularen Pluralismus geprägt, und steht dem Evangelium von Jesus Christus gleichgültig gegenüber. Es sind, so wird gesagt, die widrigen äußeren Umstände, die dafür verantwortlich sind, daß die Kirchenbänke leer bleiben. Die Denominationen verzeichnen einen Mitgliederschwund. Es sei äußerst unwahrscheinlich, daß Gemeinden wachsen. Warum sollte man sich also überhaupt soviel Mühe machen? Die meisten Leiter statischer Gemeinden werden diese Auffassung teilen können. Trotz dieser "widrigen Umstände" ist die Denomination der *General Conference Baptists* von einer Mitgliedszahl von 40.000 im Jahre 1940 auf 125.000 im Jahre 1978 angewachsen. Die *Assemblies of God* wuchsen von einer Mitgliederzahl von 627.00 im Jahre 1970 auf 2.037.000 im Jahre 1986. Dies entspricht einer ZWR (zehnjährige Wachstumsrate) von 108 Prozent. Das Wachstum der unabhängigen charismatischen Gemeinden in den Jahren 1979 - 1984 erreichte eine Wachstumsrate von 557 Prozent ZWR. Es ist Erntezeit in Nordamerika. Was wir brauchen, sind Erntearbeiter mit scharfen Sensen. Wir brauchen Erntearbeiter, die überzeugt sind, daß der

Herr der Ernte selbst sie zu dieser Arbeit ausgeschickt hat, wenn wir es erleben wollen, daß die Felder abgeerntet werden.

Wenn wir einen Vergleich mit der Lage in der Zweidrittelwelt vor 100 Jahren ziehen, wird uns noch mehr bewußt, wie die heutige Offenheit der Menschen für das Evangelium eine enorme Chance darstellt. Damals war es das Hauptziel der meisten Missionsgesellschaften, in verschlossene Länder hineinzugelangen und sich dort zu etablieren. Viele Missionare aus dem Westen wurden von fürchterlichen Krankheiten hinweggerafft. Nichtchristliche Herrscher und Regierungen konnten jederzeit über Leben und Tod bestimmen. Viele Regierungen betrachteten die Missionare als die Speerspitze des westlichen Imperialismus und versuchten, eine Einreise so lange wie möglich hinauszuzögern. Wenn die Missionare dann endlich ins Land einreisen konnten, sahen sie sich unglaublichen Schwierigkeiten gegenüber. Heute hat sich die Situation überall auf der ganzen Welt verändert. Die Gesundheit der Missionare steht längst nicht mehr so dramatisch auf dem Spiel, wie das früher der Fall war. Es ist für die Missionare leichter geworden, in die verschiedensten Länder ein- und auszureisen. Das einzig unangenehme in ihrem Dienst besteht darin, daß sie Verspätungen in Kauf nehmen müssen und einem kleinen Papierkrieg zu bewältigen haben. Es stimmt zwar, daß einige Länder auch heute noch versuchen, Mission zu verhindern (etwa Länder wie China, Indien oder die Sowjetunion), doch im Vergleich zu der Vergangenheit haben sich überall auf der ganzen Welt Gelegenheiten ergeben, aufnahmebereiten Menschen das Evangelium zu bringen, ohne dabei Leib und Leben zu riskieren. Es kommt selten vor, daß Missionare sechs Monate lange Fußmärsche unternehmen müssen. Die modernen Missionare steigen aus dem Jet und werden von großen, blühenden Gemeinden willkommen geheißen. Wenn sie bereit sind, mit offenen Augen auf die Menschen zu achten, die Gott auf das Evangelium bereits vorbereitet hat, dann werden sie in aller Regel Hunderte oder sogar Tausende von Menschen finden, die das Evangelium gerne annehmen und ihm gehorchen wollen, ganz ähnlich wie dies auch zur Zeit von Jesus in der damaligen Bevölkerung Palästinas der Fall war.

Das heißt jedoch noch lange nicht, daß die ganze Welt inzwischen dem Evangelium gegenüber aufgeschlossen ist. Wir müssen realistisch bleiben. Mehr als die Hälfte der Weltbevölkerung steht dem Evangelium immer noch gleichgültig oder sogar feindselig gegenüber. Viele Millionen von Menschen scheinen sich dem Evangelium gegenüber völlig verhärtet zu haben. Wir wissen, daß christliche Missionare aus vielen Ländern wie beispielsweise Rußland, China, Kuba und anderen kommunistischen Ländern ausgewiesen worden sind. Noch immer gibt es in Ländern wie Saudi Arabien und Afghanistan Millionen von Menschen, die für Evangelisation völlig unzugänglich sind. Wir dürfen diese Tatsachen auf gar keinen Fall übersehen. Das tut der Sache jedoch keinen Abbruch, daß heute in der Tat viele Länder und Volksgruppen dem Evangelium gegenüber ausgesprochen aufgeschlossen sind. Im Vergleich zu einer Zeit, in der ein Großteil der Weltbevölkerung dem Evangelium gegenüber feindlich gegenüber stand, hat sich die heutige

Situation sehr zum Positiven verändert, sodaß man davon sprechen kann, daß nur noch ein relativ geringer Teil sich ausgesprochen evangeliumsfeindlich verhält.

Mit Ausnahme der Länder des Mittleren Ostens wird man kaum ein Land finden, wo nicht wenigstens ein Teil der Bevölkerung für das Evangelium offen ist. Es mag zwar stimmen, daß die soziale Elite und die Mittelklasse in Chile noch immer genauso verächtlich über das evangelikale Christentum denkt wie schon im Jahre 1900, aber die breite Bevölkerung Chiles ist in überwältigendem Maße offen, das Evangelium zu hören und ihm Gehorsam zu leisten, wie das Anwachsen der großen pfingstkirchlichen Denominationen beweist. Für die meisten indischen Kasten scheint die Zeit, sich dem Evangelium zu öffnen, noch nicht gekommen zu sein, doch sind seit dem Jahre 1947 zwei methodistische Gemeindeverbände in Indien bis zum Jahre 1968 von einer Mitgliedschaft von 100.000 auf 200.000 angewachsen (Growth of the Methodist Church, 121). Als die Engländer das Land verließen, waren viele Denominationen Indiens - einschließlich der großen Kirchenverbände der *Church of North India* und der *Church of South India* - entschlossen, sich ruhig zu verhalten, und auf keinen Fall dadurch eine Christenverfolgung heraufzubeschwören, daß sie aktive Evangelisation betrieben. Diese zwei bereits genannten methodistischen Gemeindeverbände nahmen dieses Risiko jedoch gerne auf sich und erlebten es, wie sich die Mitgliedschaft in den Gemeinden verdoppelte, weil sie völlig unbeirrt unter den untersten Kasten evangelisierten. Kurz und bündig gesagt: Die Methodisten haben nicht auf den Rat der Verzagten gehört, die meinten, die Zeit wachsender Gemeinden in Indien sei vorüber, sondern gründeten allen Unkenrufen zum Trotz eine Vielzahl von Gemeinden in denjenigen Bevölkerungsschichten, die sich für das Evangelium aufgeschlossen zeigten.

Die Missionsgesellschaften, die in Äthiopien noch vor der kommunistischen Machtübernahme unter empfänglichen Bevölkerungsgruppen evangelisiert hatten, erlebten ein ganz erstaunliches Gemeindewachstum. Die *Sudan Interior Mission* kam im Jahre 1967 einem Gemeindeverband von 100.000 getauften Gläubigen zu Hilfe (World Christian Handbook, 67), obwohl die meisten ihrer Missionare noch immer in eher verschlossenen Gebieten des Landes arbeiteten. Hätte die Missionsgesellschaft ihre Bemühungen vorwiegend darauf konzentriert, nur mit denjenigen Gruppen und Stämmen zu arbeiten, die dem Evangelium gegenüber aufgeschlossen waren, wäre es durchaus möglich gewesen, daß sie noch weitaus größeres Wachstum erlebt hätten. Es stellte sich heraus, daß die *Mekane Yesu Kirche* in Äthiopien trotz marxistischer Verfolgung zum weltweit schnellstwachsenden lutherischen Kirchenverband geworden war. Ihre Mitgliederzahl wuchs von 140.000 im Jahre 1870 auf 750.000 im Jahre 1986, das entspricht einer ZWR von 186 Prozent.

In den ersten Jahrzehnten des zwanzigsten Jahrhunderts kamen Hunderttausende von italienischen Einwanderern nach Südbrasilien. Die meisten von ihnen hatte ein eher distanziertes Verhältnis zur römisch-katholischen Kirche. Die meisten Einwanderer stammten aus der italienischen Arbeiterklasse, die sich später dann dem Kommunismus öffnete. Die ersten beiden Generationen sprachen noch Italienisch. Die Menschen waren außerordentlich empfänglich für die Predigten, die sie in evangelikalen Gottesdiensten hörten. Die Methodisten, Presbyterianer, Lutheraner und Baptisten jedoch arbeiteten hauptsächlich unter der Portugiesisch sprechenden Bevölkerung Brasiliens. Die Pfarrer dieser Gemeindeverbände sprachen ausschließlich Portugiesisch, und haben die enormen evangelistischen Möglichkeiten noch nicht einmal am Rande wahrgenommen, die sich ihnen durch die vielen zugewanderten Italiener boten.

Doch dann entschloß sich ein Italiener, der sich in Chicago für Christus entschieden hatte, völlig mittellos von Nordamerika nach Brasilien zu ziehen, um dort Christus zu predigen. In der Gemeinde, die er gegründet hatte, wurden bis zum Jahre 1936 die Gottesdienste noch in Italienisch abgehalten. Bis zum Jahre 1965 war daraus ein Gemeindeverband von 400.000 getauften Gläubigen entstanden. Das Gebäude der Muttergemeinde in Sao Paulo ist ein wunderschöner Komplex mit 4.000 Sitzplätzen. Wir können durchaus sagen, daß in vielen Ländern solche offenen Bevölkerungsgruppen existieren. Es ist jedoch leider nicht immer der Fall, daß Missionare oder einheimische Gemeindeleiter dies erkennen. Diese Gruppen bleiben dann weiterhin unentdeckt (New Patterns, 20 - 44).

Es leben auf der Welt heute mehr Menschen als je zuvor, die sich für Christus gewinnen lassen. Im Bundesstaat Illinois oder British Columbia gibt es heute weitaus mehr Menschen, die wir für Christus gewinnen können, als vor hundert Jahren. In vielen Bundesstaaten und Regionen der Welt ist die Bevölkerung im wesentlichen viel aufgeschlossener gegenüber dem Christentum und dem Ruf zur Bekehrung, als das früher der Fall war. Wir können im heutigen Indien viel mehr Menschen ansprechen als in den Tagen der Indienmissionare Carey oder Clough. In Afrika warten buchstäblich Tausende von Menschen darauf, für das Evangelium gewonnen zu werden, und die Chancen in Lateinamerika sind so groß wie nie zuvor. Noch nie gab es eine Zeit, in der wir soviel Gelegenheiten hatten, das Evangelium zu verkündigen.

Es ist keineswegs Zufall, daß diese Bevölkerungsgruppen sich für das Evangelium geöffnet haben. Diejenigen, die Augen haben zu sehen, können an dieser Offenheit erkennen, daß Gott unter ihnen am Werk ist. Der Gott, der die Sonne scheinen läßt und über den Regen bestimmt, der Menschen mit allem versorgt, was sie brauchen, und durch seinen Geist an ihnen wirkt, ist es selbst, der eine Bevölkerungsgruppe nach der anderen für das Evangelium geöffnet hat. Es ist heute nicht ohne Grund soviel die Rede von dem Gott der Geschichte, dessen Hand in der Geschichte der Menschheit nicht zu übersehen ist.

Trotz allem ist es jedoch möglich, daß wir der Aufgabe, die Völker der Welt in die Nachfolge von Christus zu rufen, im Wege stehen. Stellen wir uns vor, daß am Tag der Ernte - wenn die Ernte so reif ist wie noch nie zuvor - die Schnitter kläglich versagen. Dann würde das Korn, so reif es ist, niemals geerntet werden können. Wenn unsere Länder weiterhin von geringem Gemeindewachstum dominiert werden, dann werden wir auf keinen Fall diejenigen gewinnen, die sich gewinnen lassen würden. Wenn sich Missionsgesellschaften und Gemeinden weiterhin mit geringem Wachstum zufrieden geben, dann kann es sein, daß Gott ganz umsonst alle Vorbereitungen für das große Hochzeitsmahl getroffen hat.

Das Gebot der Stunde

Die Aufgaben, die sich uns heute stellen, und die großen Chancen für die Verkündigung des Evangeliums, unterstreichen die Dringlichkeit des biblischen Missionsbefehls. Noch nie standen die Christen vor so vielen Möglichkeiten und offenen Türen, das Evangelium zu verkündigen und Menschen mit Gott zu versöhnen. Wir dürfen es nicht zulassen, daß uns der begrenzte Horizont unserer Vorfahren und ihre geringen Erwartungen den Blick für die Möglichkeiten Gottes rauben. Wir dürfen auch nicht den Fehler begehen, aus den Niederlagen von gestern auf die Möglichkeiten von morgen zu schließen. Missionsmethoden, die dann angebracht waren, wenn sich die Bevölkerung für das Evangelium verschlossen zeigte, sollten auf keinen Fall weiter benutzt werden, wenn sich die Bevölkerung für das Evangelium zu öffnen beginnt. Vorstellungen davon, welche Erwartungen Gott an unsere Gemeinden stellt, die während den mageren Jahrzehnten entstanden sind, in denen unsere christlichen Vorfahren nur mit Mühe den Status Quo aufrecht erhalten konnten, dürfen uns niemals davon abhalten, die Verdoppelung unserer Gemeinden anzustreben, wenn sich einige Teile der Bevölkerung weitaus leichter für das Evangelium ansprechen lassen.

Römer 1, 5 läßt an Deutlichkeit nichts zu wünschen übrig. Man könnte diese Stelle auch den paulinischen Missionsbefehl nennen. In Übereinstimmung mit den letzten Versen des Matthäusevangeliums und im Licht des Erlösungshandeln Gottes, wie es uns in der ganzen Bibel entgegentritt, ist in diesem Vers die gesamte Christenheit angesprochen. Wir finden diesen Missionsbefehl an drei Stellen im Römerbrief. Ich zitiere ihn aus Kap. 16,25f.: "Gemäß dem Evangelium von Jesus Christus, durch welches das Geheimnis offenbart ist, [soll] nach dem Befehl des ewigen Gottes der Gehorsam des Glaubens ausgerichtet werden unter allen Heiden..." Die exakte Übersetzung des griechischen Wortes *panta ta ethne*, "alle Nationen", lautet "alle Volksgruppen, alle Ethnien". Der Apostel dachte hier nicht an moderne Staaten wie Indien oder Mexiko. Er spricht hier von einzelnen Kultur- und Sprachgruppen, von Kasten und Familien. Das ist die eigentliche Bedeutung von *ta ethne*, sowohl an dieser Stelle als auch in Mt 28,19.

Dieses Verständnis von *ta ethne* ist besonders dann entscheidend, wenn zwar nicht viele Nationen als Ganzes sich dem Evangelium öffnen, aber viele einzelne Bevölkerungssegmente innerhalb dieser Nationen. Es ist immer wieder zu beobachten, daß sich plötzlich ganze gesellschaftliche Gruppen dem Evangelium öffnen, wie z.B. Bauern, die in die Städte ziehen, oder andere Minderheiten, Stämme, Kasten, Sprach- und Berufsgruppen. Wenn eine Vielzahl solcher ethnischer Gruppen sich als Ganzes für das Evangelium öffnen, so erhält dadurch der biblische Auftrag, die *ethne* zum Gehorsam des Glaubens zu bringen, besondere Dringlichkeit. Gott hat uns nicht nur diesen Befehl gegeben, sondern er hat uns gleichzeitig auch viele Gelegenheiten gegeben, diesen Befehl ernstzunehmen und auszuführen, selbst innerhalb der einzelnen modernen Staaten, und zwar auf der kleineren Ebene der Volksgruppen.

In Zeiten, wo die meisten Menschen dem Evangelium gegenüber verschlossen und feindselig waren, könnte man noch Milde walten lassen mit Christen, die den klaren göttlichen Auftrag vernachlässigt haben. Heute finden überall auf der Welt gewaltige Veränderungen und soziale Umschichtungen statt. Aufgrund dieser Veränderungen sind die Menschen auch weitaus offener, das Evangelium zu hören und sich für Christus gewinnen zu lassen. Wie wollen wir vor Gott bestehen können, wenn wir es aus großer Nachlässigkeit versäumen, Menschen mit ihm zu versöhnen? Und wie wollen wir uns vor unseren Mitmenschen rechtfertigen können, wenn wir ihnen zwar die Brosamen vom Hochzeitsmahl des Lammes zuwerfen, ihnen aber das Brot und das Fleisch vorenthalten, von dem wir genau wissen, daß nur darin ewiges Leben zu finden ist?

Die vordringlichste Aufgabe, vor der wir heute stehen, ist die Gründung neuer Gemeinden. Die offenen Türen der heutigen Zeit gebieten uns, in der wachsenden Anzahl der für das Evangelium empfänglichen Volksgruppen auf allen sechs Kontinenten soviel Gemeinden zu gründen wie nur möglich.

Teil II - DAS UMFELD DER GEMEINDE KENNENLERNEN

4

Das Bevölkerungsmosaik

Wenn wir darüber nachdenken, daß Gott will, daß alle Völker (Plural!) der Erde eine echte realistische Chance bekommen, das Evangelium zu hören, stehen wir vor einer schockierenden Tatsache. Von den über 5 Milliarden Menschen, die auf dieser Welt leben (im Jahre 1988 überschritt die Weltbevölkerung die 5 Milliarden-Marke), gilt es, *noch über drei Milliarden Menschen* mit dem Evangelium zu erreichen. Wir stehen vor der Aufgabe, diesen drei Milliarden Menschen das Evangelium in einer Art und Weise zu sagen, daß sie eine realistische Chance haben, Nachfolger von Christus und verantwortliche Glieder seiner Gemeinde zu werden. In den 90er Jahren wird die Zahl der vom Evangelium noch unberührten Menschen die Viermilliardenmarke überspringen, und im Jahre 2.000 sogar nahezu 5 Milliarden betragen.

Diese erschütternde Tatsache ist uns durch die Ereignisse in den Jahren zwischen 1920 und 1980 fast völlig entgangen. Man war so fasziniert und begeistert von der Tatsache, daß die missionarische Kompetenz und Initiative von den bestehenden Missionsgesellschaften nun auf die dadurch entstandenen neugegründeten Gemeinden der nichtwestlichen Welt übertragen werden konnte, daß die harte Realität der unerreichten Menschen in der verständlichen Euphorie über diese Delegation der missionarischen Aufgabe fast völlig untergegangen ist.

Euphorische Zeiten

Die Missionsgesellschaften hatten in dieser Zeit frohe Kunde zu verbreiten. Es hörte sich etwa folgendermaßen an:

Der heldenhafte Einsatz unserer Missionare hat gute und reichliche Früchte getragen. Gott hat sie gesegnet, und es sind überall viele starke Gemeinden entstanden. Diese Menschen sind wunderbare Christen. Wir danken Gott für ihre Hingabe und für ihre Fähigkeiten. Ihre Nationen werden nun von selbständigen Regierungen geführt. Auch die einheimischen Christen, und nicht unsere Missionare, sollten von nun an die Verantwortung tragen. Gute Missionare machen sich selbst langsam entbehrlich. Sie suchen sich einen Nachfolger und kommen nach Hause zurück. Freuen wir uns darüber, daß unsere Aufgabe erfolgreich zu Ende geführt werden konnte. Mission bedeutet von jetzt an nicht mehr, daß wir verpflichtet sind, in aller Welt das Evangelium zu verkündigen, sondern daß wir unseren Schwestergemeinden mit brüderlichem Rat zur Seite stehen, und uns ansonsten um die Aufgaben in unserer eigenen Gesellschaft kümmern, und uns um eine gerechtere und friedlichere Welt zu bemühen.

Die einheimischen Leiter der Gemeindeverbände und Kirchen freuten sich sehr über die neue Verantwortung, die ihnen zugekommen war, und nahmen die Worte der Missionsgesellschaft sehr ernst. Kaum einer von ihnen dachte jedoch daran, die Weltchristenheit oder die Missionare, die früher im eigenen Lande gearbeitet hatten, um Hilfe zu bitten, die noch völlig *unerfüllte*, riesige missionarische Aufgabe angehen zu können, der sie sich nun im eigenen Lande gegenüber sahen.

Manche dieser nationalen Leiter suchten in erster Linie mehr Eigenverantwortlichkeit, mehr Spielraum und mehr finanzielle Mittel, forderten gar Missionare auf, nach Hause zu gehen, und verlangten nach einem Missionsmoratorium, einen völligen Stop aller Mission aus dem Ausland. Sie vergaßen aber, darauf hinzuweisen, daß es für sie allein völlig unmöglich war, auch nur ein Zehntel (oder selbst ein Zwanzigstel) der riesigen Massen der nicht-christlichen Bevölkerung ihrer Länder wirklich mit dem Evangelium zu erreichen und unter ihnen Gemeinden zu gründen. Denken wir nur einmal an die 100 Millionen Nichtchristen in Bangladesh, die 900 Millionen in der islamischen Welt, die 700 Millionen in Indien und die 950 Millionen in China. Die nationalen Gemeindeleiter kamen sehr selten auf die sendenden Gemeindeverbände und Missionsgesellschaften zu und baten: "Schickt uns doch soviel Missionare wie möglich, damit sie unter den noch unerreichten Menschen unseres Landes arbeiten."

Gerechterweise müssen wir auch sagen, daß die meisten westlichen Missionsgesellschaften und Missionare sich ebenfalls kaum dieser noch unerfüllten Aufgabe widmeten. In der allgemeinen Euphorie über das "Delegieren der Führung an unsere Schwesterkirchen" begannen die meisten Missionstheologen zu glauben, daß die Mission der Zukunft darin bestehen würde, daß die blühenden jungen Gemeinden die restlichen unerreichten Menschen um sie herum sehr schnell durch Evangelisation erreichen würden. Viele Stimmen im Westen warnten: "Wir dürfen ihnen auf keinen Fall zuviel Geld in die Hände geben oder sie etwa herumkommandieren. Sie - und nicht wir - haben jetzt die Verantwortung für die Mission in der Dritten Welt".

Das bequeme Dogma

Die Kommission für Weltmission und Evangelisation des Weltrates der Kirchen hat bei ihrem Treffen in Mexiko (1963) erklärt, daß Mission ab jetzt darin bestände, daß jede Gemeinde vor Ort das Evangelium verkündigt und eigenständig Mission betreibt.

Dieses bequeme Dogma überging allerdings in seinem übergroßen und jubelnden Optimismus die Tatsache, daß die Christenheit in der Dritten Welt oft nur einen winzigen Teil der Bevölkerung ausmachte und nur in einem oder zwei Segmenten der Gesellschaft Fuß gefaßt hatte. Die meisten Christen des Westens fühlten sich jedoch geschmeichelt und meinten tatsächlich, der wichtigste Teil der Aufgabe der Weltmission sei nun *abgeschlossen*. "Die großartige Tatsache" der Neuzeit bestand darin, daß das Christentum nun in jedem Land der Erde Fuß gefaßt hatte. Jetzt würden die Gemeinden auf ganz natürliche Weise dadurch wachsen, daß die einheimischen Christen in großer Hingabe ihre Nachbarn mit dem Evangelium erreichen. Sie würden dies viel effektiver tun können als die Missionare aus dem Ausland. Das war die allgemeine Stimmung der Zeit.

Die Bombe

Mitten in diese entspannte Atmosphäre hinein platzte 1974 eine Bombe. Ralph D. Winter hatte sie geworfen. Um die Auswirkungen dieser Explosion zu verstehen, wollen wir einen Blick hinter die Kulissen werfen. Ralph Winter hatte als presbyterianischer Missionar in Guatemala gearbeitet. Im Jahre 1965 bat ich ihn, einen Artikel für das *Church Growth Bulletin* zu schreiben. Ich war damals auf der Suche nach geeigneten Mitarbeitern für die *School of World Mission* am *Fuller Theological Seminary*. Wir veröffentlichten seinen Artikel mit dem Titel "Gimmickitis" (zu deutsch etwa "Im Rausch der Nebensächlichkeiten") in der Januarausgabe des Jahres 1966. Er ist es noch immer wert, gelesen zu werden. Er betont darin, daß die Hauptaufgabe der Mission immer darin bestehen muß, Gemeinden zu gründen, die sich selbst vervielfältigen.

In der Schule für Weltmission war unser Interesse in erster Linie darauf gerichtet, die tatsächliche Lage der Weltmission im Licht des Missionsbefehls, *panta ta ethne* zu Jüngern zu machen - alle Klassen, Stämme, Kasten, ethnische und wirtschaftliche Gruppen und Gesellschaften - zu untersuchen, und sodann Strategien zu entwickeln, so schnell wie möglich unter den verbleibenden Volksgruppen Gemeinden zu gründen. Ich erkannte sofort, daß Winter Mitarbeiter der *School of World Mission* werden sollte, und so lud ich ihn ein, sich unserem Mitarbeiterstab anzuschließen.

Seine Aufgabe als Professor am *Fuller Seminary* bestand darin, die sachliche Richtigkeit der Fakten zu überprüfen und zu verantworten, die über das Wachstum von Gemeinden in allen Seminararbeiten und Dissertationen namentlich genannt wurden. Winter hatte Ingenieurbau, Theologie und Anthropologie studiert. Er begann in die Situation der Gemeinden in

Hunderten von Gebieten einen tiefen Einblick zu gewinnen, aus denen Missionare und Gemeindeleiter kamen, um bei uns zu studieren. Er hatte bald herausgefunden, daß das bequeme Dogma von der angeblichen Vollendung der missionarischen Aufgabe eine gewaltige Täuschung war.

In den Darstellungen der Missionsgesellschaften, die von den meisten Missionaren und Leitern der Dritten Welt unkritisch übernommen wurden, war allerdings ein zu einfaches Bild der Situation gezeichnet worden. Es klang gerade so, als ob die Bevölkerung eines beliebigen Landes völlig homogen war, also aus ein und derselben Volksgruppe besteht, die eine Sprache sprachen, eine einzige gemeinsame Kultur hatten und ohne Schwierigkeiten mit allen anderen Bürgern des Landes in Verbindung treten konnten. In Nigeria lebten Nigerianer, in China die Chinesen, und in Indonesien eben Indonesier.

In den Missionsberichten der damaligen Zeit ging man darüberhinaus davon aus, daß ja alle Bürger der Länder jeweils zu einem einzigen Volk gehörten. Die Gemeinden hatten, so meinte man, deshalb auch ohne Schwierigkeiten unter der Bevölkerung ihren natürlichen Platz gefunden, und befanden sich in einer idealen Ausgangsposition, allen Menschen des Landes das Evangelium zu vermitteln. Aber das war eine Illusion. Die Realität zeigte ein völlig anderes Bild.

In Wirklichkeit ist nämlich die Bevölkerung eines Landes einem Mosaik zu vergleichen. C. Peter Wagner hat beispielsweise in seinem wichtigen Buch *Our Kind of People*, das 1979 erschienen ist, darauf hingewiesen, daß die 90 Millionen Amerikaner, die nicht zur breiten, weißen Bevölkerung gehörten, aus acht verschiedenen großen Gruppen (und Hunderten von kleineren Bevölkerungsgruppen) bestehen. Und doch waren sie alle ein Teil des bunten Mosaiks der Bevölkerung der Vereinigten Staaten. Wenn wir zu den rassischen Unterschieden noch die verschiedenen Ausbildungskategorien und wirtschaftliche Kriterien hinzufügen, so stellen wir fest, daß es selbst in Amerika (wo ja alle Amerikaner sind und alle Englisch sprechen) Hunderte von Bevölkerungssegmenten (Wagner nennt sie *ethclasses*) gibt, aus denen die Bevölkerung wie ein großes Mosaik zusammengesetzt ist. Wenn eine christliche Gemeinde in einem Segment der Bevölkerung stark vertreten ist, so bedeutet das noch nicht, daß der christliche Funke deshalb leicht auf ein anderes Segment überspringen muß. Im Gegenteil. Eine Gemeinde, die beispielsweise aus weißen Amerikanern besteht, würde es sehr schwierig finden, eine Gruppe von Kubanern oder Zigeunern in einem völlig anderen Teil der Vereinigten Staaten zu evangelisieren, die erst vor kurzem in Amerika angekommen sind. In Mexiko haben insgesamt 80 indianische Sprachen die 400 Jahre lange spanische Vorherrschaft überstanden. Diese Sprachen werden von einer jeweils ansehnlich großen Gruppe von Menschen gesprochen. Die Bevölkerung Indiens besteht aus über 3.000 Kasten und Stämmen. Die Angehörigen der Gruppen verhalten sich endogam und verachten jeden, der sich nach außerhalb verheiratet. In Indien gibt es dreizehn Hauptsprachen und Hunderte von Dialekten. Die Lutherische Kirche im Bundesstaat Andhra setzt sich hauptsächlich aus Bekehrten der unterdrückten niederen

Klassen zusammen. 98 Prozent der dortigen Lutheraner stammen von den Volksgruppen der Malas oder Madigas. Es klingt beinahe humoristisch, wenn wir allen Ernstes annehmen, daß dieser Gemeindeverband, trotz der inneren Freiheit, die die Angehörigen dieser niederen Kasten durch das Christentum erfahren haben, die mittleren und höheren Kasten wirkungsvoll mit dem Evangelium erreichen könnte. Man könnte es sich genausowenig vorstellen, daß in England eine Erneuerungsbewegung aufkommen würde, weil Christen aus Jamaika, die im Ostteil von London wohnen, die reiche, vornehmlich anglikanische Bevölkerung des Westteiles der Stadt dazu bringen konnten, in den jamaikanischen Gemeinden Mitglieder zu werden!

Am Internationalen Kongress für Weltmission in Lausanne (1974) habe ich es folgendermaßen ausgedrückt:

"Der christliche Glaube, erst einmal eingedrungen un im Überfluß gespendet, nimmt in jedem Einzelstückchen des Mosaiks ungehindert seinen Lauf; aber er neigt dazu, vor Sprach- und Völkergrenzen Halt zu machen. Die meisten Gemeinden, die es gibt, bleiben für eine Gruppe geschlossen - für eine Sprache, eine Volksgruppe und sehr häufig für eine gesellschaftliche oder ökonomische Klasse" (Lausanne Dokumente 1, 120). Weiter hinten im Kapitel 13 dieses Buches wollen wir tiefer darüber nachdenken, was es heißt: "*Menschen werden gerne Christen, wenn sie dazu nicht Rassen-, Klassen- oder Sprachbarrieren überwinden müssen.*"

Es ist leider eine Tatsache, daß eine sehr große Zahl von Menschen Angehörige von Volksgruppen - von Teilen des großen Menschheitsmosaiks - sind, aus denen nur sehr wenige bereits Christen geworden sind. Diese Menschen werden nicht von ihren Nachbarn evangelisiert werden können. Sie können auf keine andere Weise erreicht werden als durch Missionare, die vorsätzlich kulturelle Grenzen überschreiten, unabhängig davon, ob diese Missionare aus den Gemeinden des Westens oder der Dritten Welt stammen. Ein fiktives Beispiel: Der durchschnittliche Amerikaner John Doe, englischsprachig, verdient 40.000 $ im Jahr, wohnt in einem durchschnittlichen Haus und zählt sich zu einer typischen Gemeinde mit etwa 300 Mitgliedern. Er wird es wohl kaum schaffen, eine große Zahl von Libanesen, Portugiesen, Polen, Franzosen, Kanadier, Chinesen oder Inder, die nach Amerika eingewandert sind, für Christus zu gewinnen und sie in seine eigene Gemeinde bringen. Selbst wenn einige zum Glauben an Jesus Christus kommen würden und in der Gemeinde herzliche Aufnahme fänden, so würden sich die Bekehrten aus diesen Volksgruppen wohl kaum in dieser Gemeinde wirklich zuhause fühlen. Diejenigen, die einmal an einem Sonntag zum Gottesdienst gekommen sind, werden in der Regel am nächsten Sonntag nicht wiederkommen. Und falls sie sich doch der Gemeinde anschließen sollten, so ist die Rückfallrate nach einigen Monaten in der Regel außergewöhnlich hoch.

Die Bombe, über die ich bereits gesprochen hatte, platzte im schweizerischen Lausanne im Jahre 1974, als Ralph D. Winter vor dem Plenum des Kongresses sprach. Er hatte den Titel seines Vortrages sorgfältig gewählt:

"Evangelisation in anderen Kulturen: Ein Gebot von größter Dringlichkeit." (Sein Vortrag ist dokumentiert in: *"Alle Welt soll sein Wort hören"*, Lausanne-Dokumente Bd.1, S. 291-338.) Erinnern wir uns daran, daß man damals allgemein der Meinung war, das Zeitalter der Auslandsmission gehöre der Vergangenheit an, weil es inzwischen in buchstäblich jedem Land der Welt einheimische christliche Gemeinden gab. Aber Winter wischte diesen missiologischen Unsinn fast mit der linken Hand beiseite. Er legte eine sorgfältige Analyse der weltweiten Situation vor: Von den etwa 2,7 Milliarden Menschen der Weltbevölkerung, die im Jahre 1974 keine Christen waren, würden ganze 87 Prozent (oder 2,4 Milliarden Menschen) nicht anders mit dem Evangelium erreicht werden können als dadurch, daß Missionare die Grenzen der Kulturen überschreiten würden. Die kulturüberschreitenden Missionare würden selbstverständlich nicht unbedingt aus den westlichen Gemeinden stammen müssen. Die Gemeinden Südindiens könnten ihre Missionare zum Beispiel nach Nordindien schicken. Die Gemeinden Kenias könnten ihre Missionare über die Stammesgrenzen innerhalb ihres eigenen Landes schicken. Brasilianische Gemeinden könnten dabei helfen, Portugal mit dem Evangelium zu erreichen. Auf diesem hochkarätigen internationalen Forum konnte Winter durch diese Argumentation sehr klar die Tatsache unterstreichen, daß die höchste missionarische Dringlichkeit darin bestand, daß Menschen von einer Kultur in eine andere zu gehen hatten, eine neue Sprache zu lernen hatten, sich an unbekanntes Essen zu gewöhnen hatten und Menschen liebzugewinnen suchten, denen sie zuvor nicht viel Liebenswertes abzugewinnen vermochten.

Die Forschungsergebnisse von Ralph Winter

Mit großer gedanklicher Klarheit präsentierte Winter nicht nur eine neue Terminologie, sondern veranschaulichte auch seine Darstellung der weltweiten Situation durch eine ausgezeichnete Graphik.

Kommen wir zuerst zur Terminologie. Die evangelistischen Kategorien, die zwischen *E-0, E-1, E-2* und *E-3* Evangelisation zu unterscheiden begannen, sind weitgehend in den missionswissenschaftlichen Sprachgebrauch und in das Vokabular der Gemeindewachstumsbewegung aufgenommen worden. Winter hatte das Mosaik der Menschheit sehr ernst genommen. Indem er diese Verständniskategorien einführte, lieferte er einen seiner glänzenden Beiträge zur missionswissenschaftlichen Forschung. *E-0* Evangelisation hat zum Ziel, Namenschristen, die bereits Mitglieder von Gemeinden sind, zu einer persönlichen Hingabe des Lebens an Jesus Christus zu bewegen. *E-1* Evangelisation meint die Evangelisation unter Nichtchristen gleicher Sprache und Kultur wie diejenige des Christen selbst. *E-2* steht für Evangelisation, die über einen relativ kleinen sprachlichen, kulturellen oder rassischen Graben hinweg stattfindet, und *E-3* steht für eine Evangelisation, die einen breiten sprachlichen, kulturellen oder rassischen Abgrund zu überwinden hat. Es ist wichtig zu bemerken, daß das entscheidende Kriterium, worin sich *E-1, E-2* und *E-3* unterscheiden, die Kultur ist, nicht die räumliche Distanz. Wir können also sogar in unserer eigenen Nachbarschaft und Umgebung vor der

Herausforderung stehen, Evangelisation der Kategorien *E-2/E-3* zu leisten.

Bekennende Christen (200 Millionen)	
Namenchristen (979 Millionen) **Brauchen E - 0 Evangelisation und Erneuerung**	**Christen** **30%**
Nichtchristen im Umfeld von Christen (336 Millionen) **Brauchen E - 1 Evangelisation**	
Unerreichte Nichtchristen (3,4 Milliarden) **Brauchen E - 2 / E - 3 Evangelisation**	**Nichtchristen** **70%**

Nun zum Diagramm. Das Schaubild ist eine etwas vereinfachte Form des Schaubildes, das Winter in Lausanne vorgelegt hatte (a.a.O., S. 316. 318). Denken Sie daran, daß die Zahlen jeweils den Stand von 1974 beschreiben. Ein Schaubild, das von der heutigen Situation gemacht werden würde, würde sich in einigen Punkten unterscheiden. Die Weltbevölkerung hat beispielsweise erheblich zugenommen. Der Prozentsatz der nicht-christlichen Weltbevölkerung, der nur durch kulturübergreifende Evangelisation erreicht werden könnte, würde von 87 Prozent im Jahre 1974 auf 72 Prozent im Jahre 1990 gesunken sein. Das liegt vor allem an dem unvorhergesehen starken Wachstum der Gemeinden in China, das etwa um 1976 begann. Ich stelle dieses Diagramm hier deshalb dar, weil es zeigt, durch welchen Anstoß das missiologische Denken der damaligen Zeit in eine völlig neue Richtung gelenkt wurde. Ganz besonders die evangelikalen Christen begannen damals, das weltweite Bevölkerungsmosaik in seiner vollen Bedeutung zu erfassen.

Das Diagramm zeigt, daß im Jahre 1974 etwa 30 Prozent der Weltbevölkerung mit dem Attribut "christlich" bezeichnet werden konnten. Wenn also in einer weltweiten Volkszählung die Frage nach der Religionszugehörigkeit gestellt worden wäre, so hätten damals etwa 30 Prozent das Feld "Christ" angekreuzt. Die meisten dieser "Christen" sind jedoch nur äußerlich, dem Namen nach Christen. Wir nennen sie "Namenchristen". Etwa 200 Millionen hätten damals als Gott hingegebene und ihm gehorsame Christen bezeichnet werden können. Nur solche Menschen kann Gott für die Evangelisation gebrauchen. Ihr Dienst an dem großen Block von Namenschristen ist *E-0* Evangelisation; eine andere Bezeichnung dafür ist "Erneuerung", je nach Situation.

Die 70 Prozent der Weltbevölkerung, die in keiner Weise als christlich bezeichnet werden kann (das waren im Jahre 1974 2,7 Milliarden Menschen) können zum besseren Verständnis in zwei Gruppen eingeteilt werden. Das oberste Segment bezeichnet die 336 Millionen Nicht-Christen, die zu Sprach-, Bevölkerungs- und Kulturgruppen zählen, in denen die Gott hingegebenen Christen ebenfalls zu Hause sind. Diese 336 Millionen können also von den Christen durch *E-1* Evangelisation erreicht werden. Das untere Segment bezeichnet die 2,4 Milliarden Menschen, die zu Sprach-, Kultur- und Volksgruppen gehören, die sich von der ersten Gruppe stark unterscheiden. Diese riesige Gruppe von Menschen kann nur durch *E-2* und *E-3* Evangelisation erreicht werden. Dabei müssen sprachliche, wirtschaftliche und kulturelle Barrieren genauso überwunden werden wie die des unterschiedlichen Bildungsstandards. Diese Art der Evangelisation kann natürlich nur von Missionaren getan werden. Auf der ganzen Welt sollten solche kulturüberschreitenden Evangelisten (Missionare) von allen Teilen der Christenheit ausgebildet und ausgesandt werden.

Die Zahlenangaben im abgebildeten Diagramm sind sorgfältige Schätzungen. Die Leser sollten sich nicht damit aufhalten, ob die Zahlen nun hundertprozentig der Wirklichkeit entsprechen oder nicht. Wie auch immer die exakten Angaben lauten mögen, eines ist sicher: Die Wirklichkeit ist mit dieser Darstellung in etwa getroffen.

In späteren Aufsätzen hat Winter darauf hingewiesen, wie stark die traditionellen Missionsgesellschaften diese 2,4 Milliarden Menschen (auch als "unerreichte Volksgruppen" bezeichnet) vernachlässigt haben (Who are the Three Billion, 125 sowie Teil II des Artikels). Winter weist darauf hin, daß die dringendste Aufgabe der Weltmission darin bestand, die 2,4 Milliarden durch *E2/3* Evangelisation zu erreichen, die missionarischen Bemühungen der evangelistisch aktiven Christen sich jedoch fast ausschließlich auf *E-0* Evangelisation, auf das Gewinnen von Namenschristen ausgerichtet war.

In einem Beispiel zeigt Winter auf, daß sich in Indien etwa 98 Prozent der evangelistischen Bemühungen damals darauf beschränkten, daß evangelistisch aktive Christen unter Namenschristen arbeiteten, um sie für ein lebendiges Christsein zu gewinnen Winter 1977a: 125). Ohne Frage ist das nicht gerade der strategisch klügste Weg, den von Gott erteilten Missionsbefehl zu erfüllen.

E-1 oder E-2?

Innerhalb des weltweiten Bevölkerungsmosaiks befinden sich die einzelnen Teile des Mosaiks in einer unterschiedlich großen "kulturellen Distanz" voneinander. In meiner unmittelbaren Nachbarschaft leben einige meiner Verwandten, einige Arbeitskollegen von mir (schwarzer und weißer Hautfarbe), einige Universitätsprofessoren, einige Lehrer, die an den staatlichen Schulen unterrichten, christliche und jüdische Unternehmer als auch solche, die säkulare Materialisten sind, einige Amerikaner mit spanischem Hintergrund, einige wohlhabende schwarze Amerikaner, einige Armenier und andere. Sie alle sprechen ein ausgezeichnetes Englisch und wohnen nicht viel mehr als 1 oder 2 km von meinem Haus entfernt. Die kulturelle Distanz zwischen mir und jeder dieser verschiedenen Bevölkerungsgruppen ist jedoch vollkommen unterschiedlich. Daher müssen diese unterschiedlichen Bevölkerungsgruppen auch durch eine jeweils angemessene Art der Evangelisation erreicht werden. Eine einzelne evangelistische Form allein wird diesen Dienst nicht leisten können. Ich könnte einige meiner Nachbarn durch *E-1* Evangelisation erreichen und sie dazu bewegen, sich ebenfalls meiner Gemeinde, der *Lake Avenue Congregational Church*, anzuschließen. Andere müßten jedoch durch *E-2/3* - Evangelisation erreicht werden und würden es wahrscheinlich vorziehen, sich anderen Gemeinden anzuschließen.

Meine Situation läßt sich in etwa mit der der ersten Christen in Palästina vergleichen. In den ersten 15 Jahren befand sich die Glieder der gerade erst entstandenen christlichen Gemeinde in folgender Umgebung: Einige ihrer Nachbarn zählten zur breiten jüdischen Bevölkerung, einige waren Sadduzäer und höhergestellte Juden, einige gehörten zur römischen Besatzungsmacht, einige waren heidnische Händler aus Arabien, einige waren Griechen und einige waren aus Kreta. Die Gemeinde hatte außerordentlichen Erfolg darin gehabt, Menschen aus der breiten jüdischen Bevölkerung zu gewinnen, hatte jedoch nicht sehr viele Sadduzäer, Pharisäer und römischen Soldaten erreicht. Durch E-1 Evangelisation war die jüdische Bevölkerung gewonnen worden, um jedoch andere Bevölkerungsgruppen wie etwa die Samariter und nichtjüdischen Heiden zu gewinnen, war E2/3 Evangelisation vonnöten.

Noch ein weiteres Beispiel. In der Mai-Ausgabe 1974 des *Church Growth Bulletin* wurde berichtet, daß es mehr als 100.000 Zigeuner in Frankreich gibt. Sie lebten geographisch gesehen mitten unter Millionen von Christen, sowohl Protestanten als auch Katholiken. Diese Zigeuner sprachen alle Französisch. Das war jedoch nicht ihre Umgangssprache, in der sie sich zuhause unterhielten. Dort wurde Romanisch gesprochen. Obwohl die Zigeuner schon seit Jahrhunderten in Frankreich lebten, waren sie dennoch in einem völlig unterschiedlichen Kulturkreis zuhause, befanden sich also in großer kultureller Distanz zu den dort lebenden französischen Christen. Erst als Clement de Cossec, ein Missionar der *Assemblies of God*, im Jahre 1958 damit begann, überall Zigeunergemeinden zu gründen, in denen die Bibel auf Romanisch gelesen wurde, und auch in Romanisch gebetet und Gottesdienste abgehalten wurden, begann eine Erweckungsbewegung unter den

Zigeunern. Im Jahre 1961, also schon drei Jahre später, setzte er Zigeuner als Pastoren und Kollegen ein. Im Jahre 1974 waren bereits ein Drittel aller Anführer der Zigeuner in Frankreich evangelikale Christen. Zur Volksgruppe der Zigeuner zählten sich etwa 30.000 bis 40.000 Menschen. Der Funke, den diese Bewegung unter den Zigeunern Frankreichs ausgelöst hatte, sprang auf viele andere Länder über. Im Sommer 1979 besuchte ich eine Zigeunergemeinde von 300 Mitgliedern, die sich zum Gottesdienst nur etwa 16 km von meinem Wohnort in Pasadena traf. Bis Missionare die kulturelle Distanz zu den Zigeunern überbrückten, waren die Zigeuner nie auf den Gedanken gekommen, in den Kirchen in Frankreich, den USA und vielen anderen Ländern, an denen sie täglich vorbeikamen, Christen zu werden. Es liegt auf der Hand, daß die Zigeuner niemals durch *E-1* Evangelisation erreicht worden wären. Jemand musste kommen, um die kulturelle Barriere zu ihnen durch Evangelisation der Kategorie *E-2* zu überwinden.

Ein ähnliches Beispiel sind Gemeinden von Spanisch sprechenden Mestizen in Peru oder Ecuador, die kaum in der Lage sind, die Quechua sprechenden Indianer für Christus zu gewinnen. Missionsgesellschaften, die in Bangladesh unter der unterdrückten Kaste der Namashudras Gemeinden gründen, halten es nicht für ihre Pflicht, die 100 Millionen Moslems in diesem fruchtbaren Land zu erreichen. In gewisser Hinsicht nehmen solche Missionsgesellschaften die Moslems gar nicht wahr, sie übersehen sie. In Kenia gibt es Hunderte von Gemeinden unter den Kambas, die aber anscheinend kaum ein Anliegen für die 300.000 Turkanas haben, die etwas mehr wie 300 km nördlich von ihnen leben. Sie sind keine Kambas, also gehören sie nicht zu uns. Es ist leicht, sie daher zu übersehen.

Die übersehenen Teile des Mosaiks

Die Myriaden von Volksgruppen der Welt als ein buntes Mosaik zu sehen, in dem die meisten Teile sowohl von den Missionsgesellschaften als auch von den Gemeinden übersehen wurden, hat sehr dazu beigetragen, die noch ausstehende missionarische Aufgabe zu erfassen. Diese neue Betrachtungsweise wird auf unterschiedliche Weise zugänglich gemacht. Ralph Winter, der Gründer des *U.S. Zentrums für Weltmission* ruft die Christen dazu auf, sich auf die "hidden people", die verborgenen Volksgruppen zu konzentrieren. Andere wie C. Peter Wagner und Edward R. Dayton bezeichnen diese Zielgruppe als *unerreichte Völker*. Hinter diesen Bezeichnungen verbirgt sich eine Vielzahl von homogenen Gruppen - ethnisch, geographisch, kulturell und wirtschaftlich von anderen Gruppen unterschiedenen Segmenten der Weltbevölkerung. Je nach dem wie die einzelnen Gruppengrößen definiert werden, gibt es Tausende oder Zehntausende solcher Segmente, solcher verborgenen Volksgruppen.

Die wichtigsten und zahlenmäßig stärksten unerreichten Volksgruppen können in 2 Gruppen unterteilt werden. Da sind zunächst die Hunderte von Millionen von Menschen in China und in der Welt des Islams. Hier haben sowohl die marxistischen als auch die moslemischen Regierungen den christlichen Missionaren den Zugang verwehrt. In einem zweiten großen

Komplex sind die Volksgruppen zusammengefaßt, die in Großstädten oder auch über weite Landstriche verstreut leben und dort geographisch mit Christen zusammenleben, die allerdings anderen sprachlichen, ethnischen oder kulturellen Gruppen angehören. Eine ganze Reihe von brahmanischen Kasten in Indien sind sich sehr wohl der Präsenz von Christen bewußt. Ihnen sind Kirchengebäude nicht unbekannt, und manchmal gehen sie sogar täglich daran vorbei. Zwischen Brahmanen und Christen klafft jedoch ein enormer sozialer und ethnischer Graben. Folglich sind - aus der Sicht der Christen betrachtet - die über 50 Brahmanenkasten tatsächlich unerreichte oder übersehene Volksgruppen. In Peru gibt es Tausende von Chinesen. Die protestantischen Gemeinden und Missionsgesellschaften bestehen fast ausschließlich unter den Spanisch sprechenden Mestizen und Aymaras oder den Quechua sprechenden Indianern. Für die meisten Protestanten sind daher die Tausende von Chinesen, die unter ihnen lebend, unsichtbar, sie liegen nicht in ihrem Blickfeld, und sind damit eine verborgene Volksgruppe.

Wann sind sie erreicht?

Wagner und Dayton haben viel Vorarbeit geleistet, indem sie in den Jahren zwischen 1979 und 1986 jährlich in der Reihe der *Unreached Peoples Annuals* einen Band herausgaben, in dem über 5.000 unerreichte Volksgruppen aufgeführt und beschrieben wurden. Hoffentlich werden im Laufe der Jahre einige der Volksgruppen von dieser Auflistung gestrichen werden können und vom Evangelium erreicht worden sein. Aber hier stellt sich eine wichtige Frage. Was bedeutet es, eine Volksgruppe, ein Segment der Bevölkerung zu erreichen? Ist die Gruppe dann erreicht, wenn die ersten Missionare angekommen sind? Oder sollen wir die Gruppe erst dann als erreicht bezeichnen, wenn eine gewichtige Minderheit der Bevölkerung in diesem Segment christlich geworden ist und diese Neubekehrten nun in lebensfähigen Gemeinden eine Heimat gefunden haben?

Meinem Urteil nach ist eine Volksgruppe erst dann als erreicht zu bezeichnen, wenn viele der Angehörigen dieser Bevölkerungsgruppe Nachfolger von Christus und verantwortliche Glieder seiner Gemeinde geworden sind. Solange die christliche Gemeinde noch keine starken Wurzeln in der jeweiligen Gesellschaft geschlagen hat, kann diese Gruppe noch nicht als erreicht bezeichnet werden. Dieser Definition zufolge ist ersichtlich, wie groß die verbliebene missionarische Aufgabe noch ist. Christus hat seinen Nachfolgern aufgetragen, alle ethnischen Gruppen der Welt in die Nachfolge zu rufen. Nach beinahe 200 Jahren Tätigkeit moderner Missionsgesellschaften konnte nur eine kleine Zahl der riesigen Menge an Volksgruppen für Christus gewonnen und in die Nachfolge gerufen werden.

Im September 1979 hat Lal Rema, der Feldleiter der *General Conference Baptists* in Indien mir mitgeteilt, daß von den 600.000 Boro Kacharis in Assam etwa 20.000 Christen geworden sind. Wir freuen uns an dieser im Entstehen begriffenen Volksbewegung, stellen jedoch fest, daß man wohl kaum behaupten kann, die Boro Kacharis seien erreicht. Obschon es unter ihnen mehr wie 300 Gemeinden gibt und drei indische Gemeinden, die zudem noch von Missionsgesellschaften unterstützt werden, unter ihnen arbeiten, sind noch annähernd 97 Prozent von ihnen nicht vom Evangelium erreicht.

Im Falle der Volksstämme der Mizos und der Nagas ist die Situation gerade umgekehrt. In beiden Volksgruppen liegt der Anteil der Christen inzwischen über 75 Prozent. Sie können nicht länger als unerreicht bezeichnet werden. Wertvolle Zeit würde dabei verloren gehen, wenn wir uns lange damit aufhalten würden, darüber zu diskutieren, welcher prozentuale Anteil der Gesamtbevölkerung in lebendigen Gemeinden beheimatet sein muß, bevor eine Gruppe als erreicht bezeichnet werden kann. Es ist durchaus möglich, bei solchen Diskussionen am entscheidenden Punkt vorbeizureden. Unabhängig davon, welches Verhältnis angelegt wird, sollte uns klar vor Augen stehen, daß Tausende und Abertausende ganzer Volksgruppen, ganzer Segmente der Bevölkerung, ganzer Klassen und Wohngebiete noch immer darauf warten, effektiv evangelisiert zu werden, mit anderen Worten, erreicht zu werden.

Zusammenfassung

Wenn der Heilsplan Gottes für diese Welt ausgeführt werden soll, dann muß es in den meisten Teilen des Bevölkerungsmosaiks der Erde zu einer gewaltigen Vervielfältigung der Gemeinden in den meisten Ländern kommen. Das ist der Weg, den wir beschreiten müssen, wenn eine große Zahl von Männern und Frauen Frieden, Freude und Bevollmächtigung durch die Vergebung ihrer Sünde und die Gewißheit der Errettung finden sollen. Dadurch, daß dann eine große Zahl von Bürgern ihr Leben als hingegebene Nachfolger von Jesus, dem Herrn, führen werden, anderen dabei dienen oder in hohen gesellschaftlichen Positionen sind, und zudem politisch stimmberechtigt sind, wird es möglich sein, wie nie zuvor ein Leben in persönlicher und gesellschaftlicher Gerechtigkeit zu führen. Es sind gerade die christlichen Gemeinden, die erwiesenermaßen am ehesten fähig sind, sozialen Fortschritt zu bewirken. *In jedem Teilstück des wunderschönen Bevölkerungsmosaiks der Erde muß es dazu kommen, daß christliche Gemeinden vervielfältigt werden. Genau darin besteht die Herausforderung, vor die uns das Anliegen für das Wachstum der Gemeinden stellt.*

5

Arbeiten im Nebel

Die Landkarte der Vereinigten Staaten ist von mehr als 350.000 christlichen Gemeinden übersät. Buchstäblich Millionen von Männern und Frauen sind Mitglieder dieser Gemeinden geworden. Ein enormes Gemeindewachstum hat in der Vergangenheit stattgefunden. Doch bis vor relativ kurzer Zeit war darüber kaum etwas bekannt, und es war auch zu diesem Thema wenig geschrieben worden. Es blieb weithin ein Geheimnis, wie es dazu kommt, daß Gemeinden wachsen oder sterben. Halfen große evangelistische Veranstaltungen wirklich dabei, daß die Gemeinde Wachstum verzeichnen konnte? Was war der Beitrag der Sonntagsschulen zum Gemeindewachstum? War es möglich, daß Innenstadtgemeinden überleben konnten? Wie stark ist diese Gemeinde im letzten Jahrzehnt gewachsen, und welche Segmente haben dabei das größte Wachstum zu verzeichnen? Auf diese Fragen wurden nur sehr selten zufriedenstellende Antworten gegeben. Die Gemeinden arbeiteten weithin im Nebel.

Im Jahre 1985 zählte man insgesamt 67.000 amerikanische protestantische Missionare. Noch nie waren weltweit soviel Missionare aktiv. In Asien, Afrika und Lateinamerika finden wir Gemeinden und Gemeindeverbände mit vielen Millionen Mitgliedern. Viele Bevölkerungssegmente in diesen Ländern haben sich in der letzten Zeit dem Evangelium gegenüber geöffnet. Hunderte von Missionsgesellschaften schreiben in ihrem Glaubensbekenntnis, daß die Erfüllung des Missionsbefehls ihr oberstes Ziel ist. Wenn das so ist, warum weiß man dann nur so wenig über das Wachstum von Gemeinden?

Warum wird so selten überhaupt darauf geachtet? Warum hat man nicht schon vor langer Zeit alles über das Wachstum von Gemeinden in Erfahrung gebracht? *Wir wissen gut Bescheid über das Wachstum von Pflanzen, Tieren und Menschen - warum wissen wir jedoch so wenig darüber, wie christliche Gemeinden wachsen?* Wir investieren Unsummen in die Bodenforschung und in agronomische Ausbildung - warum finden wir es aber kaum der Mühe wert, uns über das Wachsen von christlichen Gemeinden - das Gründen und Entwickeln von missionarischen Gemeinden - zu informieren?

Auf diese Fragen wurden schon viele Antworten gegeben. Nur können sie oft nur teilweise zufriedenstellen. Ein Mangel an persönlicher Heiligung steht der Ausbreitung des Glaubens im Weg. Weltlichkeit und fleischliches Christsein in jeder Form verhindert nachhaltig, daß Menschen ein ansteckendes Christsein leben. Und doch treffen diese Aussagen am ehesten auf Christen zu, die der Evangelisation sowieso reserviert gegenüberstehen, und nicht so sehr auf Missionare und Pfarrer, die evangelistisch aktiv sind. Und meine Fragen beziehen sich nicht auf die erste, sondern auf die zweite Gruppe von Christen. Warum ist so wenig über das Wachstum von Gemeinden in Asien, Afrika und Lateinamerika bekannt, und warum wird so wenig unternommen, damit Gemeinden Wachstum erleben können? Dasselbe kann auch von Europa und Nordamerika gesagt werden.

Wer hat überhaupt Augen für Gemeindewachstum?

Ein Grund sticht einem sofort ins Auge: Kaum jemand hat einen Blick für das Wachstum von Gemeinden. Es interessiert keinen. Wie der Korken im Flaschenhals muß auch dieses Hindernis zunächst beseitigt werden. In unseren Gemeinden und Missionsgesellschaften haben wir Komitees für alles mögliche: Ausbildung, medizinische Hilfe, Finanzen und dergleichen mehr. Finden Sie aber einmal ein Komitee, das sich ausschließlich damit beschäftigt, daß neue Gemeinden entstehen. Es ist durchaus möglich, daß christliche Leiter beabsichtigen, durch alle diese aufgezählten Aktivitäten Männer und Frauen für Christus zu gewinnen und auf diese Weise das Evangelium zu verkündigen. Aber wenn dem so ist, so muß man sich doch wundern, daß sie ihre guten Absichten nicht hier und da einmal einer Prüfung unterziehen und feststellen, ob sie ihr Ziel eigentlich erreichen. Die Realität scheint darauf hinzudeuten, daß stattdessen diese Aktivitäten eine Eigendynamik entwickeln und zum Selbstzweck werden. Dabei geht jedoch der Blick für die missionarische Ausbreitung des Christentums verloren. Es gibt nur sehr wenig Leiter in Gemeinden und Missionsgesellschaften, die sich der Dynamiken des Gemeindewachstums wohl bewußt sind.

In Missionsausbildungsstätten werden viele gute und notwendige Fächer unterrichtet: Bibelwissen, Kulturelle Anthropologie, Nicht-christliche Religionen, Sprachen usw. Aber es wird sehr wenig darüber gelehrt, in welcher Vielfalt und auf welche Weise die Gemeinden in den Ländern entstanden und gewachsen sind, in die die Missionare ausgesandt werden sollen. Die Missionskandidaten werden nicht gelehrt, die Faktoren zu erkennen, die unter den bestimmten Umständen des Landes, in das sie ausreisen wollen, zum Wachstum oder zur Verhinderung des Wachstums von Gemeinden geführt haben. Es werden alle nur denkbaren Arten von Konferenzen durchgeführt. Aber bis vor kurzem waren nur sehr wenige dem Thema gewidmet, wie Gemeinden vervielfältigt werden können.

Sollte hier jemand einwenden, daß doch die Evangelisation selbst unmittelbar am Wachstum von Gemeinden interessiert ist und zum wesentlichen Bestandteil vieler christlicher Aktivitäten geworden ist, so muß dem entgegengehalten werden, daß viele evangelistische Aktivitäten kaum dazu führen, daß Gemeinden wachsen. Es wird auch gar nicht erwartet. Wenn wir auf Evangelisation zu sprechen kommen, so ist damit oft genug die alleinige Verkündigung, eine Ermutigung der Christen oder ein evangelistischer Versuch gemeint, in dem es darum geht, den Samen des Evangeliums auszustreuen. Man wird es tunlichst vermeiden, zu direkt oder gar hartnäckig die peinliche Frage zu stellen, wie dadurch Gemeinden entstehen oder um wieviele Menschen die bestehenden Gemeinden gewachsen sind. In der gängigen Literatur über die Theologie der Evangelisation wird das quantitative Wachstum der Christen oder der Anzahl der Gemeinden kaum erwähnt. Man kann buchstäblich bändeweise Literatur finden, ohne auch nur ansatzweise darauf hingewiesen zu werden, daß Gott daran Gefallen hat, wenn Gemeinden sich vervielfältigen. Wenn Theologen davon ausgehen, daß Evangelisation zum Wachstum von Gemeinden führen wird, so tun sie das nur aufgrund von sehr wackligen Begründungen. Mitten in dieser großen Vielfalt an christlichen Aktivitäten, die nach außen gerichtet sind, bleibt das Geheimnis des Wachstums von Gemeinden weitgehend verborgen. Kaum einer hat einen Blick dafür, und kaum jemand orientiert sich daran.

Eine Vielzahl von Gründen

Es ist schon eine merkwürdige Kombination von Gründen, die uns davon abhält, ein Gespür für das Wachstum von Gemeinden zu bekommen, und die Gemeindeleiter erfolgreich davon abhält, sich einmal zu verdeutlichen, was in ihrer Gemeinde eigentlich genau geschehen ist und was sie für die Zukunft als Glaubensziel anvisieren könnten. Ein ganzer Komplex von Fakten macht das Phänomen des Gemeindewachstums genauso unsichtbar als wenn es hinter echten, dicken Nebelschwaden verborgen wäre. Pastoren und Missionare, eingehüllt in einen christlichen Begriffsnebel, führen ihre Programme aus, predigen, tun ihre Arbeit, bemühen sich um die Finanzierung ihrer Arbeit, leiten Kommissionen und Arbeitsgruppen, taufen Neubekehrte, unterrichten Schulkinder und führen neue Mitarbeiter ein. Nur dann und wann - wenn sich der Nebel ein wenig lichtet - werfen sie einen kurzen Blick auf den Zustand und das Wachstum der Gemeinde. Jedermann geht wie selbstverständlich davon aus, daß diese Dinge allgemein bekannt sind und natürlich jeder weiß, wie wichtig es ist, den Status Quo zu kennen.

Die Tatsache, daß Gemeinden und Missionsgesellschaften diese obskure Verschwommenheit dulden, fällt um so mehr ins Gewicht, als es für alle Pastoren, Missionare, Missionssekretäre und Gemeindeleiter von entscheidender Dringlichkeit ist, die Prinzipien des Gemeindewachstums zu beobachten, zu studieren und zu verstehen. Solange die Prinzipien des Gemeindewachstums nicht zum Allgemeinwissen aller derer gehören, die irgend etwas mit christlicher Gemeindearbeit zu tun haben, wird der Dienst, Menschen mit Gott-in-Christus zu versöhnen, weit hinter dem hinterherhinken, was er eigentlich sein könnte. Die Zeit ist gekommen, die Ursprünge dieses Nebels zu beseitigen und unsere Aufmerksamkeit direkt unserem Thema, dem Wachstum von Gemeinden, zuzuwenden.

Bis zum Jahre 1970 sind erstaunlich wenig Bücher zum Thema Gemeindewachstum erschienen. Wenn wir im Katalog der Bibliothek einer beliebigen theologische Ausbildungsstätte blättern, so würden wir herzlich wenig zum Thema Gemeindewachstum finden - obschon doch das Ziel, Gemeindewachstum zu erleben, zumindest einen wichtigen und durch nichts zu ersetzenden Bestandteil der Arbeit jeder Denomination und jedes christlichen Missionswerkes ausmacht. Auch noch im Jahre 1990 sind die Bücher über den Zustand der Gemeinden in den einzelnen Ländern der Erde - ihre Struktur, Mitgliedszahlen, Wachstumsraten, Zukunftserwartungen, geographische Gegebenheiten, Wachstumshilfen, Wachstumshindernisse und Gründe für Gemeindewachstum - äußerst rar.

Die *Southern Baptists* wuchsen in den Vereinigten Staaten von 2 Millionen Mitgliedern auf etwa 13 Millionen im Jahre 1980. Und doch ist mir bislang kein Buch bekannt, das diesen gesunden Wachstumsprozeß einmal unter die Lupe genommen hätte und uns sagen könnte, welche theologischen Überzeugungen diesem Wachstum Vorschub geleistet hatten, welche organisatorischen Strukturen dieses Wachstum auffangen konnten, in welchen Bundesstaaten die Denomination Aufschwung erlebte und in welchen sie einen Niedergang erlitt und welches Vorgehen Gott am auffälligsten gesegnet hatte.

Im 1957 von Iglehart verfaßten Buch *Cross and Crisis in Japan* ist das erste Kapitel mit dem Titel "Einige Japanische Gemeinden" überschrieben. Man könnte sich durchaus vorstellen, hier wenigstens etwas über das Ergehen der *United Church of Christ* in diesem Land zu erfahren, doch man hofft umsonst. Das Kapitel war nach dem 2. Weltkrieg verfaßt worden, um dem amerikanischen Unterstützerkreis zu sagen, daß die japanischen Gemeinden genauso sind wie die amerikanischen. In Japan sind weniger als 1 Prozent der Bevölkerung Christen, und der durchschnittliche sonntägliche Gottesdienstbesuch einer Gemeinde liegt bei weniger als 40 Personen. Man kann sich zwar über den freundlichen Ton freuen, in dem dieses Kapitel geschrieben wurde, aber man muß doch feststellen, daß es niemandem wirklich weiterhilft, die japanische Gemeindesituation zu verstehen, wenn er gesagt bekommt, daß die "japanischen Gemeinden genauso sind wie die amerikanischen".

Wenn man die Beharrlichkeit betrachtet, mit der in der Missions- und Gemeindeliteratur vermieden wird, irgendein aussagekräftiges Bild des Wachstums der Gemeinde zu zeichnen, dann sollte man sich nicht der Vorstellung hingeben, hier handle es sich um eine Verschwörung der Verschwiegenheit. Nebel, schlichter Nebel über allen Aktionen wäre eine viel nettere und korrektere Erklärung dafür. Man hat die lebenswichtigen Informationen interessanterweise (und verheerenderweise) einfach weggelassen. Völlig unabsichtlich.

Seit dem Jahre 1965 hat die Gemeindewachstumsbewegung einige Bücher hervorgebracht, die das tatsächliche Wachstum einiger Gemeinden und Denominationen in den Vereinigten Staaten und darüber hinaus exakt dargestellt haben. Aber in Tausenden von Gebieten in der Dritten Welt und in über 300.000 Gemeinden in den Vereinigten Staaten herrscht - innerhalb dieses Begriffsnebels - noch immer erstaunlich wenig Klarheit. Alles was man sagen kann ist dies: Der Schleier beginnt sich langsam zu heben.

Der Nebel, der über einem ganzen Thema wie diesem liegt, kann nur dadurch aufgelöst werden, indem die Ursachen angegangen werden. Es ist daher sehr wichtig, die Faktoren herauszufinden, die diesen Nebel verursacht haben. Jeder einzelne Faktor steht der missionarischen Bemühung, die Völker in die Nachfolge von Jesus zu rufen, direkt im Wege. Alle Faktoren zusammengenommen könnten sich tödlich auf alle missionarische Bemühungen auswirken. Diese unglaubliche Unklarheit auf einem so entscheidend wichtigen Gebiet erfordert auf der Stelle die Aufmerksamkeit der Kirchen und Gemeinden und deren missionarischen Unternehmungen.

Mangelnde Statistik

Ein echtes Verstehen der Wachstumsdynamiken der Gemeinden wird schon allein dadurch eingeschränkt, daß mit den Mitgliederzahlen ungenau und in manchen Fällen wohl eher nach dem Zufallsprinzip umgegangen wird. Wo Mitgliederzahlen nur geschätzt werden, wird das Bild verwischt, wo sie gar nachlässig behandelt werden, verzerrt es sich, und wo unklare Definitionen vorliegen, wird der Unvoreingenommene über den wahren Sachverhalt hinweggetäuscht. Ich will ein Beispiel für den letzteren Falle nennen: Eine bestimmte Denomination definierte Mitglieder als solche, "die sich am Gemeindeleben beteiligen". In diesem Falle betrug die Mitgliedschaft 4.800 Personen. Wenn sie aber unter Mitglieder alle diejenigen verstand, die "getaufte erwachsene Gläubige" sind, schnellte die Mitgliederzahl auf 6.000, ohne daß ein einziger Mensch zur Gemeinde hinzugekommen war.

Exakte Mitgliedschaftskontrolle ist innerhalb einer einzigen Denomination sehr einfach, wird aber zum Problem, wenn man sich innerhalb der ganzen Bandbreite des protestantischen Spektrums verständigen möchte. Baptisten verstehen unter Mitgliedern "getaufte erwachsene Gläubige", in den Episkopalkirchen jedoch meint man damit "alle Getauften, Kinder und Erwachsene". Der Begriff der Gemeindezugehörigkeit wird von den verschiedenen Gemeinden so unterschiedlich interpretiert, daß Zahlenangaben bedeutungslos werden. Einige berichten, daß die Gemeindezugehörigkeit exakt dem Gottesdienstbesuch entspricht, bei anderen ist die Gemeindezugehörigkeit 10 mal so groß.

Im in Amerika erscheinenden renommierten *Yearbook of American and Canadian Churches* werden die offiziellen Mitgliederzahlen der Denominationen veröffentlicht. Einige verstehen unter Mitglieder ausschließlich getaufte Gläubige, andere wiederum verstehen darunter alle, die sich zur Gemeinde zählen, einschließlich der getauften Kinder. So kommt es, daß die Episkopalkirche mit 3 Millionen Mitgliedern größer zu sein scheint wie die *Churches of Christ* mit etwas weniger wie 3 Millionen getauften Gläubigen, obwohl die Episkopalkirche in Wirklichkeit beträchtlich kleiner ist.

In Übersee bestehen viele Denominationen aus einzelnen Gemeinden, die über weite Landstriche verteilt sind. Viele dieser Dorfgemeinden versammeln sich unter einem Strohdach oder hinter "Kirchenmauern" aus Binsenmatten. Die offiziellen Kirchenbücher werden oft von Termiten verspeist. Das Mitgliederverzeichnis (ein billiges Notizheft) muß in dringenden Fällen auch dafür herhalten, als Schreibpapier gebraucht zu werden, und mit den herausgerissenen Seiten verschwinden durchaus auch einmal einige offizielle Eintragungen. Die Pastoren dieser Dorfgemeinden haben oft nur eine dürftige Ausbildung genossen und haben kein Verständnis dafür, weshalb es wichtig sein sollte, über alles genau Buch zu führen. Oft führen sie auf ihren Mitgliederlisten auch noch die Namen ehemaliger Gemeindeglieder, die aber inzwischen in die Stadt gezogen sind, von denen sie aber erwarten, daß sie bald zurückkommen und ihre Heimatgemeinde weiterhin finanziell unterstützen.

Pastoren von Stadtgemeinden und Missionare, die ihre Berichte an die Missionszentrale weiterleiten, suchen die einzelnen Dörfer nur selten auf und besuchen so gut wie nie die Wohnungen einzelner Christen. Sie übernehmen die Zahlen, die ihnen vom Dorfpastor gesagt werden. Diese Ungenauigkeit schon bei der Erhebung von Fakten schlägt natürlich bis in den Abschlußbericht einer Denomination durch. Die Angaben über die Schüler der Tagesschulen stimmen jedoch in der Regel, denn ein Regierungsinspektor sucht die einzelnen Schulen auf und kontrolliert die Berichte. Niemand macht sich aber die Mühe, die Aufzeichnungen der Gemeinden nachzuprüfen.

Hier entstehen die ersten dicken Nebelschwaden, wenn es um das Erfassen der realistischen Werte geht. Gemeindeverwalter legen häufig keinen großen Wert auf kirchliche Statistiken, oft schon deshalb, weil sie ihre Zuverlässigkeit bezweifeln.

Die Eigendynamik der Verwaltung

Dem Vorgehen von Missions- und Denominationsverwaltungen auf örtlicher, nationaler und internationaler Ebene nach zu schließen scheint Gemeindewachstum uninteressant zu sein. Da werden Budgets gleichmäßig an alle verteilt, ob die Gemeinden sich nun vervielfältigen oder nicht. Da wird ein erhöhtes Spendenvolumen von 10.000 US-$ durch die Missionsverwaltung an alle Stationen gleichmäßig verteilt. Wenn gelegentlich einmal nicht so viel Geld zur Verfügung steht, so wird der nun gleichmäßig reduzierte Betrag ebenfalls an alle zu gleichen Teilen weitergeleitet. Dadurch, daß die Verwaltungen finanzielle Mittel gleichmäßig verteilen, geben sie unbeabsichtigt, aber dafür umso wirkungsvoller einem Denken Vorschub, das etwa so lautet: Was zählt, ist treue Arbeit. Die Resultate der Verkündigung des Evangeliums zählen nicht so sehr.

Es ist zwar einfach, dieses weltweite Phänomen in den Gemeinde. und Missionsverwaltungen zu beschreiben, aber es ist gar nicht so leicht, es zu vermeiden. Es ist eine Sache, sich Prioritäten zu setzen. Sie in die Praxis umzusetzen, steht auf einem anderen Blatt.

Das Evangelium muß der ganzen Menschheit verkündigt werden. "Können wir denn diese Hunderttausende von Hindus, für die 3 Generationen von Missionaren ihr Leben eingesetzt haben, ohne das Zeugnis vom lebendigen Christus allein lassen, nur weil sie nicht hören wollen?", rief ein Missionar.

Es ist gar nicht einfach, in der Spannung zwischen dem Predigtauftrag Christi, "predigt das Evangelium aller Kreatur" und seinem Auftrag, "machet zu Jüngern alle Völker" einen angemessenen Weg zu finden.

Aber selbst da, wo einige Verwalter zu dem Schluß gekommen sind, daß es - in der Verantwortung vor dem Herrn - größere Dringlichkeit besitzt, unter denen zu arbeiten, die das Evangelium annehmen, als unter Menschen zu arbeiten, die das Evangelium zurückweisen, sind schwerwiegende Entscheidungen zu treffen. Davon befreit auch nicht der lobenswerte Entschluß, daß sich die Gemeinde, Missionsgesellschaft oder das Missionskomitee darauf konzentrieren will, missionarische Gemeinden zu gründen. Jede neugegründete Gemeinde braucht Zeit, bis der Samen keimt und zu wachsen beginnt, bevor man eine Ernte erwarten kann. Es ist schwer zu sagen, wann ein Samen keimt und wann er verdorben ist. Und es ist sogar noch schwerer, einer schwachen, statischen Gemeinde die Unterstützung zu entziehen, denn es handelt sich ja um "unsere Gemeinde", die einzige, die wir in diesem Distrikt, diesem Gebiet oder diesem Vorort haben.

Wir wollen diese Schwierigkeiten nicht übersehen. Und doch dürfen Missionsverwalter es auf keinen Fall wagen so zu tun, als ob das Wachstum der Gemeinden eine unwichtige Sache sei. Das wäre ein Verrat am Evangelium! Es ist einfach keine Lösung des Problems, wenn wir einfach weitermachen und unkritisch Missionsunterstützung zu gleichen Teilen an alle Beteiligten weiterleiten. Und doch ist genau das das Markenzeichen vieler christlichen Werke. Ein solches Verhalten ist durch den Nebel um die ganze Thematik des Gemeindewachstums entstanden, und wurde damit selbst zum Nebelwerfer, der die wahre Sachlage verdunkelt. Die Folge davon ist, daß viele Missionsgesellschaften und Denominationen dadurch letztlich genau das tun, was sie allen Ernstes vermeiden wollten.

Kulturelle Vorbelastung

Ein weiterer Schleier, der die Dynamiken des Gemeindewachstums wirkungsvoll verbirgt, ist der Ethnozentrismus der Missionare, oder anders gesagt, ihre kulturelle Vorbelastung. Jeder Mensch hat den natürlichen Hang, alles, was er sieht, auf die ihm gewohnte Denkweise, seine kulturell bedingte Weltanschauung zu beziehen.

Da wissen einige Missionsleiter etwas darüber, wie die Gemeinden in ihrem Heimatland Wachstum erleben. Und sie denken, dieses Wissen sei ausreichend. "Christen haben das Evangelium zu predigen, Zeugnis für Christus abzulegen, um Gottes Segen zu beten und hart zu arbeiten. Gott schenkt das Wachstum. Unsere Denomination ist in diesem Bundesstaat von 79 auf 134 Gemeinden innerhalb von 25 Jahren gewachsen. So wächst Gemeinde."

Die aufgeführten Aktivitäten und der souveräne Wille Gottes haben tatsächlich einen immensen Stellenwert, wenn es um das Wachstum der Gemeinden geht. Aber eines können wir mit Sicherheit sagen: Die Gemeinden in den verschiedenen Kulturkreisen der Welt wachsen *nicht* auf dieselbe Art und

Weise wie in der reichen, gebildeten und protestantisch geprägten nordamerikanischen Kultur. Es gibt nur ein Evangelium, und auch nur eine weltweite Gemeinde. Aber die sichtbaren Gemeinden, die Gott in jedem Teil der Welt ins Leben ruft, unterscheiden sich drastisch voneinander. Einige sprechen Tagalog, andere Mandarin. Einige müssen als kleine Minderheiten leben, die von den Machthabern unterdrückt werden, in anderen Teilen der Welt sind die Gemeinden selbst Teil der Machtstruktur des Landes. Die Christen einiger Gemeinden können lesen und schreiben, sind gesund und sogar fett. Wieder andere sind Analphabeten, krank und hungrig. Einige Gemeinden werden von hochspezialisierten professionellen Pfarrern geleitet, andere von unausgebildeten und unbezahlten Laien. Die Dynamiken des Gemeindewachstums in solch unterschiedlichen Situationen sind kaum miteinander zu vergleichen.

Für einige war es eine Überraschung festzustellen, daß Gott starken Denominationalismus - das feste Überzeugtsein von den Vorzügen der eigenen Denomination - gebraucht hat, um großartiges und gutes Wachstum von Gemeinden anzufachen. Diese Haltung hat jedoch oft westliche Missionare die Augen dafür verschlossen, das Gemeindewachstum in der Dritten Welt in seinem ganzen Ausmaß zu verstehen. Wenn sie von den neuentstandenen jungen Kirchen sprechen, so denken sie, es handle sich eben um Ableger von Denominationen wie der Episkopalkirche, der Freien Methodistenkirche, der *Disciples of Christ* oder der Quäkergemeinden. Sie vergessen dabei, daß Gemeinden, die auf ähnliche Weise unter ähnlichen Umständen entstanden und gewachsen sind, miteinander weitaus mehr Ähnlichkeit besitzen als mit den Gründerdenominationen des Landes, aus dem die Missionare kommen. Eine Lutherische Kirche in Indien, die durch das Sammeln von verhungernden Waisenkindern und gelegentlichen Bekehrten entstanden ist, wird einer Baptistengemeinde, die auf dieselbe Weise entstanden ist, viel ähnlicher sein als ihrer Heimatkirche in Deutschland oder dem US-Bundesstaat Minnesota.

Unklare Begriffe

In diesem Themenbereich beherrschen viele unklare Begriffe die Szenerie, was nur zur weiteren Vernebelung beiträgt. Ein Beispiel hierfür ist das Wort *Gemeinde*. Wir lesen beispielsweise davon, daß eine Missionsgesellschaft in einem bestimmten Land "mit Hundert Gemeinden zusammenarbeitet". Bedeutet das, daß wir uns Hundert Gemeinden vorzustellen haben, die jeweils durchschnittlich 200 Mitglieder haben, dauerhafte Gottesdiensträumlichkeiten und ausgebildete Pastoren, die vollständig von der Gemeinde finanziert werden? Oder müssen wir an Hundert kleine Gruppen von jeweils 10 bis 30 Personen denken, die weder lesen noch schreiben können und sich in Häusern und Dorfplätzen zum Gottesdienst treffen?

Eine Missionsgesellschaft berichtet, daß sie der *Evangelisation* in allem den Vorrang gibt. Das könnte heißen, daß sie alle Kraft darauf verwendet, in Tausenden von Dörfern an eine desinteressierte Bevölkerung das ganze Jahr hindurch Traktate zu verteilen, jährlich 1.000 Dörfer zu besuchen, das

Evangelium zu predigen, ohne jedoch Bekehrungen zu erwarten, oder 12 neue Gemeinden im Jahr zu gründen. Das unklar gefüllte Wort Evangelisation versichert uns, daß schon etwas Gutes getan wird, aber was da genau geschieht, wird damit nicht gesagt. Es sind eben auch die Verallgemeinerungen und Ungenauigkeiten, die zu den vielen Nebelschwaden beitragen, die uns umgeben.

Vor einigen Jahren ist es modern geworden, das obskure Wort *Arbeit* zu benutzen. Dieser kleinste gemeinsame Nenner, auf den alle christlichen Aktivitäten gebracht werden können, kann alles mögliche bezeichnen. Predigen, lehren, heilen, Unterricht an theologischen Ausbildungsstätten erteilen, Rundfunksendungen machen, bauen und Hühnerzüchten - alles ist "Arbeit". Glühende Gemeindegründer wie die *Southern Baptists* sind diesem Ausdruck regelrecht verfallen. Selbst wenn sie in einer Stadt in Mexiko eine Gemeinde gründen, dann sagen sie: "Wir haben begonnen, dort zu arbeiten." Wo immer solche Verallgemeinerungen gebraucht werden, wird das, was eigentlich geschieht, verdeckt. Im Klartext heißt das: "Mission ist, wenn man viele gute Taten tut. Was genau geschieht, kann niemand so richtig sagen." Wo diese Auffassung von Mission vertreten wird, verbirgt sich das Geheimnis des Wachstums von Gemeinden - wenn es überhaupt dazu kommt - erneut hinter dichtem Nebel.

Das Wort *Zeugnis* gehört in dieselbe Kategorie. "Wir haben unser Zeugnis in diesem Jahr auf sieben neue Barrios (= Wohnsiedlung) ausgedehnt," schreibt ein Missionar. Meint er, "Wir haben sieben neue Gemeinden gegründet"? Oder, "Als wir dieses Jahr unterwegs waren, sind wir auf sieben *Barrios* gestoßen. Weil wir den Eindruck hatten, wir würden nie mehr hier her kommen, haben wir das Evangelium an den Wegkreuzungen gepredigt"? Der Unterstützerkreis, der einen solchen Brief zu lesen bekommt, hat im Normalfall nicht den geringsten Anhaltspunkt, was eigentlich gemeint wird. Ein Missionar der *United Church* schrieb einmal nach Hause: "Wir haben in dieser Provinz ein Zeugnis errichtet". Was er meinte war, daß der Wunsch dort geäußert - bezeugt - wurde, es sollte zwischen den Gemeinden mehr Einheit geben. Aber kaum ein Leser konnte das ahnen.

Ganz ähnlich ist es mit Begriffen wie *freundliches Interesse, Reaktion, Einsatz, Begegnung* und anderen Worthülsen. Diese Begriffe sind so unscharf definiert und lassen sich auf so unterschiedliche Aktivitäten anwenden, daß damit nur sehr wenig über das tatsächliche Wachstum von Gemeinden ausgesagt wird. Je mehr solche Begriffe verwendet werden, desto weniger wird es möglich sein, exakte Resultate im Hinblick auf das physische Wachstum von biblisch gesunden Gemeinden abschätzen zu können. Indem wir diese Ausdrücke benutzen, tragen wir nur noch weiter zur Ausweitung des Begriffsnebels bei. Diese sprachlichen Unschärfen und unklaren Terminologien sind leider überall auf der Welt zu finden. Sie stehen echtem Verstehen hartnäckig im Wege und tragen nur zur allgemeinen Verschleierung der Tatsachen bei.

Psychologische Gründe

Eine weitere Ursache für den Nebel um die Dynamiken des Gemeindewachstums sind psychologische Gründe. Einer der wesentlichsten ist die Rationalisierung. Einige Gemeindeleiter, die wenig Wachstum der eigenen Gemeinde erleben, erklären wie zu ihrer Verteidigung, daß sie nicht am Wachstum interessiert sind und es gar nicht wünschen. Wir sind nicht infiziert von "Numeritis", wissen sie schlagfertig zu antworten. Wir wären niemals so irdisch gesinnt oder gar darauf versessen, schnelle und oberflächliche Resultate zu erzielen und Bekehrungszahlen anzustreben oder gar Köpfe zu zählen! Wir haben ein viel höheres und nobleres Ziel - wie zum Beispiel die Vertiefung im Glauben. In einigen Kreisen hat man sich fast darauf spezialisiert, eine Phrasenfabrik für beeindruckende Slogans zu sein, die allerdings nicht im geringsten das Wachstum der Gemeinden im Sinn hat. Einer der besten dieser Slogans erreichte uns vor einigen Jahren aus China. Er lautete: "Wir arbeiten daran, daß Christus in den Fundamenten Chinas verwurzelt wird." Im Rahmen einer so vollmundig vertretenen, beeindruckenden und weitreichenden Arbeitsbeschreibung konnte ein Missionar - beinahe unabhängig davon, was er eigentlich genau tat - jederzeit genügend finanzielle Mittel für seine Arbeit bekommen.

Eine weitere Ursache für die Vernebelung sind die westlichen Maßstäbe, die an das Wachstum von Gemeinden angelegt werden. In Nationen, die über ein großes Netz von christlichen Gemeinden verfügen, würde es für eine Gemeinde von etwa 400 Mitgliedern durchaus normal sein, auf dieser Mitgliederzahl Jahr für Jahr zu verbleiben. Sollte sich die Zahl im Verlauf eines Jahrzehnts auf 500 erhöhen, so hielte man das schon für außergewöhnlich. In vielen Kreisen hält man allen Ernstes das Wachstum einer Gemeinde nicht für deren Hauptaufgabe. Man meint tatsächlich, Wachstum in christlicher Hingabe, im sozialen Engagement, in der Zahl der ausgesendeten Missionare oder in der Teilnahme an denominationellen Veranstaltungen seien wichtiger. Unglücklicherweise werden diese traurigen Erwartungen an das Wachstum der Gemeinde und das Hängen an nur bedingt gültigen christlichen Werten, die sich aus dem Kontext einer bereits herangewachsenen Gemeinde ergeben, oft ins Ausland exportiert, ohne groß darüber nachzudenken. In Ländern, in denen weniger als 1 Prozent der Bevölkerung Christen sind, besteht aber die Hauptaufgabe einer christlichen Gemeinde zunächst darin, zu wachsen. Solche Maßstäbe verführen dazu, geringfügiges Wachstum als ganz hervorragend zu werten, obwohl das eigentlich noch lange nicht alles wäre und es zu einem enormen echten Gemeindewachstum kommen könnte. Die wahren Verhältnisse über die Situation, wie die von den christlichen Gemeinden noch Unerreichten in die Gemeinden eingegliedert werden können, werden dadurch wieder einmal mehr ins Dunkle gerückt.

Überall auf der Welt bekommt man die Ausrede zu hören: "Ich bin an Qualität interessiert, nicht an Quantität." Das ist im Wesentlichen nichts anderes als ein Verteidigungsmechanismus, den diejenigen zu ihrem verbalen Arsenal zählen, die kein Wachstum erleben. In dem Band *Crucial Issues in*

Missions Tomorrow geht Ralph D. Winter dieser oft gehörten Ausrede ein ganzes Kapitel lang nach. Er schreibt:

"Jede Aufgabe kennt 2 Dimensionen, die qualitative und die quantitative Dimension... Alle quantitativen Messungen messen jedoch gewisse qualitativen Dinge ... Äußerst wichtige Qualitäten sind quantifizierbar, sind eine zahlenmäßig erfaßbare Größe. Die richtige Betrachtungsweise von quantitativ erfassten Fakten besteht darin, sie als zuverlässige Indizien für das Vorhandensein bestimmter Qualitäten zu werten" (Crucial Issues, 178).

Jeder, der mit dieser psychologischen Ursache für den Nebel, über den wir gerade sprechen, zu kämpfen hat, sollte das ganze Kapitel von Winter lesen. Er findet hier eine schlagende und überzeugende Begründung für den Gebrauch von Statistiken und Graphiken im Gemeindeaufbau.

Öffentlichkeitsarbeit

Nichts hat bislang jedoch mehr zur allgemeinen Verwirrung beigetragen als die Öffentlichkeitsarbeit, die nötig ist, um die missionarische Aufgabe weiterzuführen. Die 1,4 Milliarden Dollars, die jedes Jahr von den Missionsgesellschaften Nordamerikas ausgegeben werden, rollen ja nicht ganz von allein zur Vordertür der Missionszentrale herein. Um diese Finanzen muß gekämpft werden. Weltweit sind etwa 67.000 protestantische nordamerikanische Missionare aktiv. Diese Zahl muß jedoch ständig durch neue, junge Kräfte erneuert werden. Die jungen Menschen, die sich für die Mission interessieren, hören darüber hauptsächlich auf Missionsveranstaltungen. Missionare, die auf Heimaturlaub sind, berichten dort von ihrer Arbeit. Öffentlichkeitsarbeit ist eine absolute Notwendigkeit für die Mission. Zu einem großen und gewichtigen Teil besteht die Arbeit der meisten Missionare und Missionssekretäre darin, ihre Arbeit bekannt zu machen.

Jedoch können Artikel und Vorträge, deren Ziel es ja auch ist, die Spender der Vergangenheit, der Gegenwart und der Zukunft zufriedenzustellen und die Arbeit der Mission in ein günstiges Licht zu stellen, keinesfalls die Resultate der missionarischen Arbeit exakt und detailliert - wieviel Gemeinden sind gegründet worden und wieviele Menschen sind durch die Gemeinde Jesu Christi mit Gott versöhnt worden - wiedergeben. Das ist zwar der Punkt, auf dem das Hauptaugenmerk der Missionsgesellschaft ruhen müßte, doch diesen Dienst kann sie im Rahmen ihrer Öffentlichkeitsarbeit nicht leisten. Es liegt schon allein in der Natur der Öffentlichkeitsarbeit, ein optimistisches Bild der missionarischen Arbeit wiederzugeben, die das Interesse der Menschen weckt. Dadurch ist es unvermeidbar, daß ein unscharfes Bild der wahren Situation gezeichnet wird. Die Folge davon ist, daß es nur sehr schwer möglich ist, sich eine klare Vorstellung vom missionarischen Tatbestand - wieviele Gemeinden gibt es, multiplizieren sie sich, in welchem Maße etc. - zu machen, und manchmal wird ein echter Einblick auf dieses Herzstück der missionarischen Initiative sogar ganz verunmöglicht.

Selbst wenn uns aber dennoch Berichte von Bekehrungen und Gemeindewachstum erreichen, so vermittelt das (oft wiederholt zitierte) Beispiel einer dramatischen Bekehrung oder dem erfolgreichen Gründen einer Gemeinde den Eindruck, so etwas komme alle Tage vor, selbst dann, wenn der Redner seine Zuhörer ausdrücklich darauf hinweist, daß so etwas eher die Ausnahme ist. Der Missionar John Clough hatte beispielsweise in Ongole einmal 2.222 Menschen an einem Tag getauft. In seinen Ansprachen kam er wieder und wieder darauf zu sprechen, und dieses Beispiel ist inzwischen von Tausenden von Rednern aufgegriffen und wiederholt worden. Auf diese Weise wird der wahre Sachverhalt verzerrt dargestellt, weil nur die einzelne beeindruckende Erfolgsmeldung in der Erinnerung zurückbleibt.

Manchmal kommt es vor, daß Hoffnungen und Absichten so dargestellt werden, als seien sie schon Realität geworden. In einem Bericht über Japan heißt es: "Und so erleben wir es, wie Japan nun durch die Arbeit christlicher Buchhandlungen und Literaturverteilung Christus zu Füßen gelegt wird." Das ist Hoffnung, nicht die Realität. Doch durch die Hoffnung wird die Realität verdeckt.

Missionare und die Sekretäre von Gemeindeverbänden stehen in einer doppelten Verantwortung: Sie sind einerseits verantwortlich für die Öffentlichkeitsarbeit, andererseits sind sie Inspektoren, die den Fortgang der Mission zu diagnostizieren haben. Sie sitzen sozusagen auf zwei Stühlen. Wenn sie auf dem einen sitzen, so werben sie um Unterstützung für eine wunderbare Arbeit, die ihnen der Herr aufs Herz gelegt hat, durch die ein Strahl der Hoffnung auf die tiefsten Bedürfnisse der Menschheit fällt. Da sie aber nur 30 Minuten haben, um zu ihrem Unterstützerkreis zu sprechen, müssen sie das, was sie zu sagen haben, in dramatischen Bildern zeichnen. Sie müssen die Zuhörer wirklich für das begeistern können, was sie selbst als Resultat ihrer missionarischen Arbeit erwarten. Wenn sie auf dem anderen Stuhl sitzen, so finden sie sich in der Rolle des Haushalters, die einen exakten Rechenschaftsbericht abzugeben haben und mit genauem Zahlenmaterial zur aktuellen Gemeindesituation aufwarten sollten. Sie sollten dabei sorgfältig zwischen Zielen, Hoffnungen und Resultaten unterscheiden. Sie sollten beschreiben, was momentan einem normalen Wachstum im Wege steht und was getan werden sollte, um dieses Hindernis zu beseitigen. Sie sollten auch gleichzeitig ein durchdachtes Langzeitziel davon vermitteln können, welches Wachstum in der Zukunft erwartet werden kann.

Würden die Missionare und Missionssekretäre gleichviel Zeit auf jedem der beiden Stühle verbringen und sich immer im klaren darüber sein, auf welchem sie gerade sitzen, wenn sie sprechen, so würde sich viel Nebel im Handumdrehen in Nichts auflösen.

Theologische Gründe

Dic ungeheueren theologischen Umwälzungen unserer Tage haben eine gewisse Unsicherheit über den Sinn und Zweck der Mission ausgelöst. In der Folge kam es zu verschwommenen Vorstellungen darüber, was das Resultat und das Ziel der Mission zu sein hat. Man könnte einen ganzen Band darüber verfassen, wie eine regelrechte Uminterpretation der Mission im Gange ist und durch einige bestimmte Richtungen sogar der Versuch unternommen wird, die bestehenden gutsituierten Missionsunternehmen theologisch zu erobern. Wir können hier nur kurz auf zwei neuere Strömungen hinweisen.

Man meint aus dem Munde vieler Protestanten herauszuhören, daß die Gemeinde nur Mittel zum Zweck ist, das heißt, daß sie keinen Wert in sich selbst besitzt und nur ein Mittel darstellt, eine bessere Welt herbeizuführen. Nach dieser Ansicht liebt Gott die Welt (Joh 3, 16), nicht die Gemeinde. Sein erstes Anliegen besteht nicht darin, daß die Gemeinde sich ausbreitet. Er möchte, daß sich sein Reich durch die Manifestation von Recht, Frieden und Gerechtigkeit unter allen Menschen ausbreitet, ob sie sich Christen nennen oder nicht. Man kann es gerade noch gutheißen, wenn Gemeinden gegründet werden, die Feuer und Flamme für soziales Engagement sind und zu einer Veränderung in Richtung einer menschlicheren Gesellschaft beitragen. Das hält man in diesem Lager durchaus noch im Einklang mit dem Willen Gottes. Aber es wäre selbstsüchtig, Gemeinden zu gründen, in denen die Menschen nichts anderes tun als nur an Jesus Christus zu glauben und die Bibel als Maßstab für Leben und Lehre zu betrachten.

Wenn eine solche Theologie, eine solche Philosophie im Vordergrund steht, tritt das Anliegen für das Wachstum von Gemeinden in den Hintergrund. Die Hauptaufgabe der Gemeinde liegt an einem anderen Punkt. Veröffentlichungen und Verlautbarungen, die von dieser Denkweise bestimmt sind, tragen nur noch mehr zur Verwirrung bei.

Eine zweite theologische Strömung dreht sich um den Fragenkomplex, welche Haltung Christen im Gegenüber zu nicht-christlichen Religionen einnehmen sollten. Einige, die stark durch das pluralistische Denken belastet sind und sich von der Autorität der Bibel losgekoppelt haben, machen sich für die Ansicht stark, daß Gott sich auch in anderen Religionen offenbart. Die beste Haltung, die man als Christ daher einzunehmen habe, sei die, von anderen Religionen zu lernen. Sie verkündigen, daß das gemeinsame Suchen mit Anhängern anderer Religionen im Rahmen eines Dialogs die neuzeitliche Form von "Mission" sei. Es scheint solche Wortführer nicht zu bekümmern, daß die Bibel als Ganzes dieser Ansicht diametral entgegensteht. Die damit beschriebene theologische Strömung hält das Gründen neuer Gemeinden für altmodisch. Durch solche Worte, die Mission in völlig anderen Begrifflichkeiten zu fassen suchen, und durch entsprechende Aktionen legen sich dicke, ätzende Giftschwaden auf die missionarische Arbeit, die heute getan wird.

Der Nebel und die Folgen

Gemeinden und Missionswerke, deren Arbeit in der Regel innerhalb dieses Nebels um die Dynamiken des Gemeindewachstums stattfindet und die nichts unternehmen, um diesen Nebel zu lichten, unterliegen einem Zwang: Sie werden unweigerlich zu der Auffassung gezwungen, das Gewinnen von Seelen habe weniger Bedeutung als das Verkündigen des Evangeliums. Dieser feine

Unterschied, der jedoch sehr weitreichende Folgen hat, kommt in Wirklichkeit einer theologischen Grundsatzentscheidung gleich. Diese Frage sollte eigentlich nur unter biblischen Gesichtspunkten erwogen werden. Wenn aber einmal der hier beschriebene Nebel aufgekommen ist und man den Blick für das Wachstum der Gemeinden verloren hat, dann verbleibt nur noch eines: Man verkündigt das Evangelium, unabhängig davon, ob Nichtchristen es hören wollen oder nicht, und auch unabhängig davon, ob sie es annehmen oder nicht.

Eine zweite Folge davon ist, daß man zu der Annahme geführt wird, die richtige Strategie in der Mission sei der Parallelismus. Unter Parallelismus versteht man die Auffassung, daß alle missionarischen Aktivitäten einander ebenbürtig sind und parallel nebeneinander mit jeweils gleicher Gewichtung verfolgt werden sollten. Man versteht die ganze missionarische Initiative dann als Engagement auf allen Ebenen. Keine Aktivität hat vor den anderen grundsätzliche Priorität. Vor kurzem tauchte diese Auffassung im Gewand eines neuen, attraktiven Begriffs auf: Ganzheitlichkeit. "Es wäre einseitig und verblendet, "meinten einige einflußreiche Persönlichkeiten, "wenn man der Evangelisation höchste Priorität einräumen würde. Die Christen sollten vielmehr lernen, daß alle Aktivitäten der Gemeinde gleichwertig sind. Wir nennen das holistisches, ganzheitliches Denken." Ich halte das für falsch. Es stimmt natürlich, daß viele Dinge getan werden sollten. Die missionarische Aufgabe ist tatsächlich äußerst umfangreich und komplex. Aber wir dürfen uns dadurch niemals dazu verleiten lassen zu glauben, zielloser Parallelismus sei die Antwort. Weltmission ist und bleibt die Hauptaufgabe der Gemeinden, die durch nichts zu ersetzen ist.

Dieser Nebel beläßt ausgerechnet diejenigen Gemeinden im Nebel, die missionarisch aktiv sind. Man "unterstützt" zwar die Mission, hat aber keinerlei Vorstellung davon, wie sich diese Unterstützung auf das Wachstum der Gemeinde auswirkt. Es gibt Missionsgesellschaften, die diesen Nebel noch verdichten: Man wirbt zum Beispiel mit der Tatsache, daß man in einigen wenigen Arbeitsgebieten großes Gemeindewachstum erlebt, verschweigt aber, daß es in anderen Gebieten weniger positiv aussieht. Damit erscheinen aber auch die stagnierenden Arbeiten als unterstützungswürdig. Man hat Angst, dem Unterstützerkreis zu sagen, wo die Gemeinden kein Wachstum erleben, denn es könnte ja passieren, daß dieser dann den Geldhahn für die weniger fruchtbaren Arbeitsgebiete zudreht. Könnte es sein, daß die Missionsgesellschaften Angst davor haben, die klaren Fakten über das Wachstum der von ihnen unterstützten Gemeinden ihrem Unterstützerkreis zugänglich zu machen, weil es dann geschehen könnte, daß Geld nur noch dort gegeben wird, wo sich die Gemeinden lebendig vervielfältigen?

Der Nebel hindert uns auch daran, reflektiert und informiert darauf hinzuarbeiten, ganze Nationen gezielt in die Jüngerschaft zu rufen. Wenn die Gemeinden und Missionswerke es unterlassen, sich über die gegenwärtige Lage genaue, aktuelle und sinnvolle Rechenschaft abzulegen - in welchem Maß wachsen und multiplizieren (oder stagnieren und schrumpfen) die Gemeinden? -, wie können sie dann etwas an ihrem Vorgehen ändern? Damit wird jede Therapie verunmöglicht. Jeder Besitzer einer Supermarktkette oder irgend eines anderen Unternehmens würde es für völlig unsinnig halten, nicht ständig darüber auf dem Laufenden zu sein, welche Verkaufsstellen in den roten Zahlen stehen und welche Profit abwerfen. Wie könnten sie denn sonst ihre Geschäftspolitik flexibel gestalten?

Die *Church of Christ* - Gemeinden in der thailändischen Provinz Chingrai hatten ein großes Wachstum zu verzeichnen. Die Zahl der Gottesdienstbesucher hatte sich im vergangenen Jahrzehnt verdoppelt, und ich wollte den Grund für dieses Wachstum herausfinden. Ein Missionsleiter war der Ansicht, daß das große Wachstum (damals das bedeutendste Gemeindewachstum in ganz Thailand) darauf zurückzuführen sei, daß man in dieser Provinz ein landwirtschaftliches Zentrum aufgebaut hatte, dem Traktoren im Wert von 50.000 US-$ zur Verfügung gestellt worden waren. Das Zentrum hatte sogar um weitere 50.000 US-$ gebeten, um den Betrieb von Traktoren auf Kettenfahrzeuge umzustellen. Der thailändische Gemeindevorsitzende der Provinz hatte eine andere Theorie. Er erzählte mir in vielen Beispielen, daß der Grund für das Wachstum der Gemeinden wohl in erster Linie darin zu suchen war, daß die Christen der dortigen Dorfgemeinden von Gott gebraucht wurden, um in der Kraft des Heiligen Geistes dämonische Bindungen, die teilweise bis zu den Vorfahren zurückgingen, zu brechen. Er meinte, daß dieser eine Faktor der Grund sei, weshalb eine Person nach der anderen und eine Familie nach der anderen den Weg vom animistischen Buddhismus zum Christentum fand.

Ich kann nicht beurteilen, ob der thailändische Gemeindevorsitzende oder der Missionar Recht hatte. Aber hätte es sich in einem solchen Fall für die Missionsgesellschaft nicht gelohnt, den wahren Grund herauszufinden? Eine gründliche Untersuchung hätte die Möglichkeit geschaffen, sich in der jeweils effektivsten Form missionarisch zu engagieren. Und es hätte der Missionsgesellschaft unter Umständen 50.000 US-$ erspart.

Zusammenfassung

Es gibt einiges zu tun für diejenigen, die der Auffassung sind, daß die Hauptaufgabe christlicher Mission ohne Abstriche darin besteht, Christus zu verkündigen und Männer und Frauen dazu zu bringen, seine Jünger und verantwortliche Glieder seiner Gemeinde zu werden: Sie sollten systematisch daran arbeiten, den Nebel zu lichten, der über den Dynamiken des Gemeindewachstums liegt. Es könnte sie 2 Prozent des jährlichen Budgets kosten, aber sie hätten damit erreicht, sich ein klareres Bild zu verschaffen. Es sollte jeder Gemeinde leicht fallen, sich über das aktuelle Maß des Gemeindewachstums monatlich Rechenschaft abzulegen und diese Fakten an die jeweilige Missionszentrale weiterzuleiten. Es kann uns unendlich viel weiterhelfen, wenn wir eine Menge darüber wissen, in welcher Weise Gott seiner Gemeinde Wachstum schenkt und sie dadurch segnet. Das Gemeindewachstum, das Gott schenkt, kann nicht an naiven Formeln festgemacht werden, sondern ist eine vielschichtige Dynamik. Aber wenn wir mehr darüber wissen möchten, so müssen wir als Christen den Nebel ernst nehmen, der unsere Köpfe einhüllt. Und wir müssen etwas unternehmen, diesen Nebel zu vertreiben.

6

Die relevanten Fakten

Wir dürfen den quantitativen Aspekt auf keinen Fall außer Acht lassen, wenn wir Gemeindewachstum verstehen wollen. Auch die christlichen Gemeinden bestehen aus zählbaren Menschen. Es ist nicht besonders geistlich, sie nicht zu zählen.

In allen wichtigen Gebieten greift der Mensch auf Zahlen zurück. Es ist gar nicht möglich, in Industrie, Handel, Bankgeschäft, Forschung, Politik und vielen anderen Gebieten ohne Zahlen sinnvoll zu arbeiten. Überall wird es als Vorteil angesehen, zahlenmäßige Entwicklungen - den quantitativen Aspekt - vor Augen zu haben. Ohne genaues Zahlenmaterial würde man sich völlig hilflos und blind vorkommen. In den breit angelegten Bildungsprogrammen, denen jede Nation viel zu verdanken hat, wird überall mit Zahlen gearbeitet. Sie begegnen einem auf Schritt und Tritt: Die Zahl der Schüler wird nach Geschlecht und Klassenzugehörigkeit festgehalten, und man führt Schülerlisten mit Angaben zum Wohnort, zum Intelligenzquotienten, zur Lernfähigkeit und den Examensnoten. Da stellt keiner die Frage, ob es sinnvoll ist, überhaupt mit Zahlen zu arbeiten. Ohne Zahlen wäre es schlechtweg unmöglich, eine Organisation betriebswirtschaftlich einwandfrei zu führen oder realistische Zukunftsprognosen zu erstellen.

Trotzdem scheint es weitverbreitet zu sein, kirchliche Statistiken zu beargwöhnen. Das hängt unmittelbar mit dem Nebel zusammen, der die ganze Thematik des Gemeindewachstums umgibt. Einige Vertreter dieser Auffassung stürzen sich auf der Suche nach biblischen Belegen für ihre Zahlenaversion manchmal auf den alttestamentlichen Beleg, wie Gott über König David unwillig wurde, als dieser eine Volkszählung veranlaßt hatte (2. Sam 24, 1-10). Dabei übersehen sie geflissentlich ganze Kapitel des Buches Numeri, wo Gott selbst befiehlt, das ganze Volk Israel zahlenmäßig genauestens zu erfassen und dabei keinen Teil eines Stammes auszulassen. "Nehmt die Kopfzahl der ganzen Gemeinde Israel auf nach ihren Geschlechtern und nach ihren Familien, mit Aufzählung der einzelnen Namen, alle männlichen Personen Kopf für Kopf; von zwanzig Jahren an und darüber, alles, was in Israel zum Heerdienst tauglich ist, die sollt ihr mustern, Schar für Schar, du und Aaron" (Num 1, 2f.). Genauso häufig wird die große Betonung übersehen, die Lukas in seinem Bericht der Apostelgeschichte auf die Zahlenangaben legte: Er hat dort sorgfältig das quantitative Wachstum der Gemeinde festgehalten. Alan R. Tippet weist zu Recht darauf hin, daß es unter anderem die Motive einer Zählung sind, die für Gott entscheidend sind

(Numbering, 28). Es ist mit Sicherheit in Übereinstimmung mit den Wünschen Gottes, wenn wir in demütiger Haltung mit Zahlen umgehen und den quantitativen Aspekt des Wachstums von Gemeinde ernst nehmen. Es ist biblisch. Gott selbst nimmt ihn ernst. Und aus der Praxis können wir hinzufügen: Eine klare Vorstellung von der Anzahl der Christen ist genauso notwendig wie eine ehrliche Finanzbuchhaltung der Gemeinden und Denominationen.

Doch wir wollen realistisch sein: Noch nie kam jemand dadurch zum Glauben, daß statistische Forschung betrieben wurde. Aber es wurde auch noch kein Patient allein dadurch geheilt, daß er ein Fieberthermometer benutzte, auch wenn der Arzt noch so großen Wert auf die Messung der Körpertemperatur legte. Noch nie wurde ein Knochenbruch dadurch geheilt, daß eine Röntgenaufnahme angefertigt wurde. Und doch sind Röntgenaufnahmen für den Arzt sehr wertvoll, denn sie deuten ihm an, wie er den gebrochenen Knochen wieder zusammenfügen kann. Genauso haben wir die Zahlenangaben über das quantitative Gemeindewachstum zu sehen. Die Fakten allein haben noch niemals jemanden zum Christen gemacht. Aber diese Fakten können für eine Gemeinde von erheblichem Wert sein, vorausgesetzt die Gemeinde hat ein lebendiges Interesse an effektiver Evangelisation und am gesunden Gemeindeaufbau. Eine solche Gemeinde wird stets die Methodenfrage nach dem "Wo, Wann und Wie" ihre Engagements stellen, um so effizient wie möglich christliche Gemeinden aufzubauen.

Welche Angaben benötigen wir?

Zunächst benötigt man die jährlichen Statistiken über die Zahl der Christen innerhalb einer bestimmten Region. Wir nennen dies die regionale Gemeindemitgliedschaft. Wir sollten also die Zahl der Christen aller Gemeinden unserer Denomination innerhalb eines bestimmten Gebietes kennen. Das Gebiet kann eine ganze Nation sein, oder auch nur ein Bundesstaat, eine Provinz, ein Landkreis oder nur ein Teil davon. Fast immer haben die Denominationen oder Missionswerke Angaben über die Zahl der offiziellen Mitglieder ihrer Gemeinden in ihrem Arbeitsfeld. Diese jährlichen Angaben sind leicht vom Verwaltungssitz des jeweiligen Gemeindeverbandes erhältlich. Wenn wir diese jährlichen Angaben vom Beginn des Gemeindeaufbaus bis heute verfolgen, werden wir erste Hinweise darauf erhalten, wie die untersuchte Gemeinde gewachsen ist. Wir werden deutlich die Zeiten feststellen können, in denen sie großes Wachstum, geringfügiges Wachstum, Nullwachstum und Niedergang zu verzeichnen hatte. Schon ein flüchtiges Überfliegen dieser Zahlen wird dem Gemeindeleiter mindestens so viel über den Zustand der Gemeinde sagen können wie ein Elektrokardiogramm dem Arzt über den Zustand des Patienten.

Das Zahlenmaterial sollte aber aufgearbeitet werden. Im Verlauf der Jahre kann es zum Beispiel geschehen, daß sich der kirchliche Verwaltungsbezirk geographisch erweitert oder verkleinert. Eine Gemeinde in Lexington im US-Bundesstaat Kentucky etwa gründet mehrere Tochtergemeinden. Zuerst werden die Mitglieder dieser neuentstandenen Gemeinden zu den Mitgliedern der Muttergemeinde dazugezählt, wodurch diese Zahl stark ansteigt. Wenn sich die Tochtergemeinden jedoch loslösen, erfährt die Zahl der Mitglieder der Muttergemeinde einen plötzlichen Rückgang - ein Blick auf die Anzahl der Gemeindemitglieder im Bezirk Lexington sollte jedoch ein stetiges Anwachsen zeigen.

Die Zahl der Gemeindemitglieder der *Disciples of Christ* im Bezirk Bolenge in Zaire war jedes Jahr angewachsen, bis sie schließlich 12.000 zählte. In einem darauffolgenden Bericht war jedoch nur von 9.000 Gemeindemitgliedern zu lesen. Es sah so aus, als hätte der Gemeindeverband 3.000 Mitglieder verloren. Ein Blick hinter die Kulissen zeigte jedoch ein anderes Bild. Ein kleiner Teil der Gemeinden im Bezirk Bosobele, der etwa 80 km jenseits eines großen Flusses lag, war bislang zum Gesamtbezirk Bolenge dazugezählt worden. Bosobele war jedoch in diesem Jahr zum selbständigen Kirchenbezirk erhoben worden, und somit wurden die Angaben aus Bosobele separat ausgewiesen. Aus diesem Grunde sollten sich die Angaben auf das ganze geographische Gebiet erstrecken, das untersucht wird, um Verwirrung durch solche scheinbar starken Schwankungen auszuschließen.

In einem Bericht von Grimley und Robinson (Nigeria, 135) ist ein Diagramm abgebildet, das einen Mitgliederschwund der lutherischen Kirche im nigerianischen Stamm der Languda von 800 auf 200 zeigt. Doch in Wirklichkeit handelte es sich keineswegs um Mitgliederschwund! Im Jahre 1953 hatte die dortige Kirche entschieden, daß nur diejenigen einen Mitgliedsausweis erhalten würden, die eine Mitgliedsgebühr entrichteten. Nur diejenigen, die einen solchen Ausweis besaßen, sollten als offizielle Mitglieder gelten. Im ersten Jahr bezahlten nur 200 der insgesamt 800 getauften Christen ihre Gebühr, auch wenn sie sonst laut Grimley und Robinson "überzeugte Christen waren und ein Leben führten, das in Übereinstimmung mit den kirchlichen Verordnungen stand. Jedenfalls waren es im Jahre 1961 inzwischen 603, die Mitgliedsausweise besaßen. Mindestens 1.000 weitere getaufte Christen hielten sich jedoch zur Gemeinde, und die Sonntagsgottesdienste wurden von 8.108 Personen besucht..." Es wäre besser gewesen, wenn Grimley und Robinson zunächst das ihnen vorliegende Zahlenmaterial aufgearbeitet hätten, bevor sie das Diagramm zeichneten. Ihr Diagramm greift auf die nackten Zahlen der Kirchenstatistik zurück und zeigt einen starken Mitgliederschwund, wobei das Gegenteil zutraf: die Anzahl der getauften Christen hatte sich ständig erhöht. Wir sollten es auf keinen Fall zulassen, daß sich die Definition von Gemeindemitgliedschaft während unserem Untersuchungszeitraum verändert. Das würde das Bild völlig verzerren. Um die Situation richtig zu erfassen ist es also unabdingbar, daß wir die Zahlenangaben genügend aufgearbeitet haben.

Die Anzahl der Gemeindemitglieder eines ganzen Gebietes sagt jedoch noch nicht allzu viel aus. Manchmal verbergen diese Angaben sogar mehr als sie enthüllen. Wenn ein Beobachter nur die nackten Zahlenangaben vor sich hat, kann er leicht in die Irre geführt werden. Dieses Zahlenmaterial muß überlegt verwendet werden. Wir sollten um die Fehler wissen, die der Unbekümmerte hier machen kann. Wenn wir Gemeindewachstumsforschung betreiben wollen, so ist es durchaus ein guter Anfang, wenn uns die Angaben über die Gemeindemitgliedschaft nach Regionen aufgeteilt vorliegen. Aber wir brauchen ergänzende Angaben, bevor zuverlässige Aussagen gemacht werden können.

Die Gesamtzahl der Christen innerhalb einer homogenen Einheit

Wir benötigen noch eine zweite Angabe: die Gesamtzahl der Christen aus einer homogenen Einheit. Eine *homogene Einheit* ist einfach ein Segment der Bevölkerung, das gewisse Gemeinsamkeiten besitzt. Alle Menschen, die zu dieser Gruppe von Menschen gehören, haben gewisse Eigenschaften gemeinsam. Sie haben sozusagen einen kleinsten gemeinsamen, gesellschaftlichen Nenner. Eine homogene Einheit kann z.B. ein Bevölkerungssegment sein, deren gemeinsames Kennzeichen die Zugehörigkeit zu einer bestimmten Sprachgruppe ist, etwa alle Puertoricaner in New York oder alle Chinesen, die in Thailand wohnen. Auf der Insel Taiwan finden sich vier verschiedene homogene Bevölkerungsgruppen: Die taiwanesische Sprachgruppe (11 Millionen Menschen), die Mandarin-Sprachgruppe (4 Millionen Menschen, die vom chinesischen Festland zugezogen sind), die Hakka-Sprachgruppe (2 Millionen Menschen) und die 300.000 Angehörigen der einheimischen Stammesbevölkerung, den Bewohnern des hügeligen Inlands der Insel.

Eine homogene Einheit kann eine Volksgruppe oder eine Kaste bezeichnen, wie etwa die Juden in den Vereinigten Staaten, die Brahmanen in Indien oder die Uhunduni in den Bergen Irian Jayas. Die oben erwähnte einheimische Stammesbevölkerung Taiwans setzt sich aus sechs verschiedenen wichtigen Stämmen zusammen, die - landesweit gesehen - zusammen als eine homogene Einheit gewertet werden können. Würden wir nur die Situation der einheimischen Stammesbevölkerung untersuchen, so würden wir jeden einzelnen Stamm als eine homogene Einheit betrachten müssen. Wenn wir herausfinden möchten, wieviele Christen es in jedem der Stämme gibt, so müßte die Antwort alle sechs Angaben zur Gesamtzahl der Christen aus allen sechs Stämmen ausweisen.

Doch damit nicht genug. In jedem Stammesgefüge gibt es Untergruppen, wie etwa Familienklans, Großfamilien, Sprach- oder Dialektgruppen, politische Gruppen oder geographisch isolierte Teile der Bevölkerung. Im Alten Testament lesen wir: "Wie der Herr Mose geboten hatte, zählten sie sie in der Wüste Sinai, Die Kinder Ruben, . . . nach ihrer Geburt und Geschlecht, ihren Vaterhäusern und Namen . . . " (4. Mose 1, 19f.). Mose erfaßte die Zahl jeder Gruppe von Familien. Damit lag ihm die Gesamtzahl der Angehörigen einer homogenen Gruppe vor. Doch auch in einer heutigen modernen Stadt gibt es eine Reihe von gesellschaftlichen Subgruppen. Diese Gruppen setzen sich in der Regel aus Angehörigen derselben Kasten, derselben Volksstämme und derselben Berufs- oder Sprachgruppen zusammen.

In Kinshasa, der Hauptstadt Zaires, finden wir Menschen aus den verschiedensten Volksstämmen. Alle sprechen eine andere Sprache. Es wäre sehr von

Vorteil, wenn die protestantischen Gemeinden über die Zahl der Christen aus jedem dieser Volksstämme informiert wären. Diese Zahl - die Gesamtzahl der Christen einer homogenen Gruppe - würde den Gemeinden sofort zeigen, wie groß ihre pastorale Aufgabe an den protestantischen Christen ist, die nach Kinshasa zugezogen sind. Als ich zusammen mit Norman Riddle die Zahl dieser nach Kinshasa zugezogenen Protestanten untersuchte, fanden wir heraus, daß 600.000 der Zugezogenen Protestanten waren, jedoch weniger als 100.000 auf den Mitgliedslisten aller protestantischen Gemeinden zusammengenommen auftauchten (Zaire, 145).

Durch die angeführten Beispiele ist deutlich geworden, daß die Gesamtzahl der Christen einer homogenen Gruppe davon abhängt, in welcher Größenordnung wir das gesellschaftliche Gefüge betrachten. Die Bedeutung dieser Zahl hängt also vom Kontext ab. Für das Verständnis der Dynamiken des Gemeindewachstums ist diese Zahl jedoch eine große Hilfe. In den Angaben über alle Christen einer bestimmten Region - unsere erste Zahl, nach der wir gefragt haben - fließen die Zahlen aus Gebieten zusammen, in denen die Gemeinden wachsen und in denen sie Mitgliederschwund zu verzeichnen haben. Die Siege und Niederlagen im Gemeindeaufbau verdecken sich hier gegenseitig, da beide Angaben in der Aussage über den Anteil der Christen eines bestimmten Gebietes zusammenfließen. Wenn wir diese Angabe jedoch nach der Anzahl der Christen jeder homogenen Gruppe aufschlüsseln, werden wir genau erkennen können, wo die Gemeinden wachsen und wo nicht. Dazu ein Beispiel. In Lateinamerika verdoppelte sich die Anzahl der Protestanten zwischen den Jahren 1916 und 1926. Das hört sich zunächst sehr positiv an. Wenn man die Situation jedoch näher betrachtet, so stellt man fest, daß es irreführend ist zu behaupten, in "ganz Lateinamerika" wären die protestantischen Gemeinden gewachsen. Dieses Gemeindewachstum fand nämlich hauptsächlich in einem kleinen Teil Brasiliens statt, und auch dort nur in den Baptisten-, Methodisten- und Presbyterianischen Gemeinden. Die meisten Missionswerke, die in Lateinamerika arbeiteten, erlebten in dieser Periode nur langsames Wachstum der von ihnen betreuten Gemeinden, und einige Gemeinden wuchsen überhaupt nicht. Die allgemeine Lage war alles andere wie ermutigend.

Ich möchte noch ein zweites Beispiel aus Brasilien anfügen. Seit dem Jahre 1946 ist die Zahl der evangelikalen Christen in Brasilien stark angestiegen. Das meiste Wachstum hatten die Pfingstgemeinden zu verzeichnen, aber auch einige der Baptisten- und Presbyterianischen Gemeinden wuchsen. Doch die theologisch konservativen Missionsgesellschaften, die in Brasilien nach Beendigung des Zweiten Weltkrieges begonnen hatten zu arbeiten, erlebten so gut wie kein Gemeindewachstum. Jedes exakte und wirklichkeitsgetreue Verständnis für die Situation würde aber von dem Blick auf die Gesamtzahl aller evangelikalen Christen Brasiliens verzerrt werden. Die wahre Lage erschließt sich uns nur dadurch, daß wir die Gesamtzahl aller Christen der verschiedenen homogenen Gruppen erfassen, und dabei speziell die Entwicklung der verschiedenen Denominationen berücksichtigen. Durch das bemerkenswerte Buch von William Read, *New Patterns of Growth in*

Brazil wurde es zum ersten Mal möglich, die Situation der größeren evangelikalen Gemeinden dieses riesigen Landes überblicken zu können. Aus seinen Unterlagen geht deutlich hervor, aus welchen homogenen Gruppen die protestantischen Gemeinden Brasiliens bestehen (New Patterns).

Durch Beobachtung wird deutlich, daß es einzelne Gemeinden und Gruppen von Gemeinden gibt, die sich nur innerhalb einer bestimmten homogenen Gruppe verbreiten. Das Wirkungsgebiet dieses Gemeindeverbandes ist also auf eine spezifische homogene Einheit beschränkt. Eine solche Gemeinde nennen wir im amerikanischen Sprachgebrauch *'homogeneous unit church'*. Dazu ein Beispiel. Die Generalkonferenz der Mennoniten unterstützt im indischen Bundesstaat Madya Pradesh drei Gemeinden, die sich nur aus Angehörigen spezieller homogener Gruppen zusammensetzen. Die größte Gemeinde besteht aus Angehörigen der Gara-Kaste im südlichen Drittel ihres Arbeitsgebietes. Dort besteht die homogene Einheit aus einer Kaste. Die zweitgrößte Gemeinde befindet sich im nördlichsten Teil des Bundesstaates. Ihre Mitglieder setzen sich aus einzelnen Bekehrten, Waisen, die in einer Zeit der Hungersnot aufgenommen worden waren, und deren Nachkommen zusammen. In diesem Fall wird die homogene Einheit durch ein geographisches Gebiet umrissen. Die kleinste Gemeinde - eine Gruppe von kleineren Versammlungen - ist erst vor kurzer Zeit unter den Angehörigen der Uraon-Kaste im Nordosten des Arbeitsgebietes entstanden (Waltner).

Die drei Arten des Gemeindewachstums

Wir sollten zwischen drei Arten von Gemeindewachstum unterscheiden: dem biologischen Wachstum, dem Transferwachstum und dem Bekehrungswachstum. *Biologisches Wachstum* geschieht, wenn christliche Familien Nachwuchs bekommen. Überall auf der Welt sind kleine statische Gemeinden zu finden, die hauptsächlich - wenn nicht sogar ausschließlich - auf diese Weise wachsen. In der Vergangenheit hatten sich einige Menschen bekehrt, und durch Menschen in Hungersnot, denen man geholfen hatte, und Flüchtlinge, die man aufgenommen hatte, war eine kleine christliche Gemeinde entstanden. Wenn die Flamme des evangelistischen Anliegens jedoch heruntergebrannt ist, wird eine solche Gemeinde nur durch Geburtenüberschuß wachsen - wenn sie überhaupt wächst. Biologisches Wachstum ist äußerst langsam. Oft erreicht die Zuwachsrate nicht einmal das sonstige Bevölkerungswachstum eines Landes: einige der Kinder werden zwar zu glühenden Nachfolgern von Christus, andere jedoch verlieren sich in der Welt oder heiraten einen nichtchristlichen Ehepartner, wodurch sie der christlichen Gemeinde entfremdet werden.

Biologisches Wachstum ist gesundes Wachstum. Gott gebot uns: "Seid fruchtbar und mehret euch und füllt die Erde." Es ist die Pflicht aller Christen, ihre Kinder in der Furcht des Herrn zu erziehen. Doch wir werden es wohl kaum erleben, daß sich durch diese Art des Gemeindewachstums die Völker der Welt zum Glaubensgehorsam rufen lassen werden. Wir können so bestenfalls den Status Quo aufrechterhalten.

Wir können Gott wirklich dankbar sein, daß sich die 120 Christen kurz vor Pfingsten nicht auf biologisches Gemeindewachstum verlassen hatten! Es ist durchaus vorstellbar, daß sie so gedacht hatten. Sie konnten ja nicht ahnen, auf welche Weise der Heilige Geist über Bitten und Verstehen eingreifen würde.

Eine zweite Art des Gemeindewachstums ist das *Transferwachstum*. Beim Transferwachstum wachsen einige Gemeinden auf Kosten anderer. Es geschieht dann, wenn zum Beispiel Nazarener oder Anglikaner vom Land in die Stadt oder von übervölkerten Gebieten in neubesiedelte Regionen umziehen. Als Folge entstehen zwar überall neue Landgemeinden, oder die Stadtgemeinden wachsen stark an, aber die Gemeinden, von denen sie gekommen waren, schrumpfen. Dennoch sollten wir das Transferwachstum nicht unterschätzen: es ist wichtiger Bestandteil des Wachstums aller Gemeinden. Jeder Gemeindeverband sollte seinen Mitgliedern intensiv nachgehen und versuchen, so viele Mitglieder wie möglich in den eigenen Reihen zu halten, auch wenn es unvermeidlich scheint, daß viele Menschen durch geographischen Umzug den Anschluß an eine christliche Gemeinde verlieren. Daher wird auch das Transferwachstum nicht dazu führen, daß die Welt für Christus gewonnen wird.

Die dritte Art des Wachstums ist das *Bekehrungswachstum*, wodurch den Gemeinden außenstehende Menschen zugeführt werden, die zum Glauben an Jesus Christus kommen, sich taufen lassen und verbindliche Mitglieder einer Gemeinde werden. Nur durch Bekehrungswachstum wird es möglich sein, daß das Evangelium von der Erlösung alle Bevölkerungssegmente und Volksgruppen der Erde erreichen kann. Das Ziel der Mission besteht darin, in allen Segmenten der Bevölkerung eines jeden Landes kulturtypische christliche Gemeinden ins Leben zu rufen. Nur wenn das geschehen ist, können wir davon ausgehen, daß das Evangelium aller Kreatur gepredigt worden ist, vorher nicht. Es liegt auf der Hand, daß dieses Ziel nur durch enormes Bekehrungswachstum erreicht werden kann.

Vier Formen des Gemeindewachstum

Eine weiteres Konzept, das uns dabei helfen kann, die verschiedenen Dynamiken des Gemeindewachstums zu erfassen, unterscheidet vier Formen des Gemeindewachstums. (1) Das *interne Wachstum:* Damit ist das innere Wachstum einer Gemeinde gemeint, wobei Menschen in lebendigen Zellen von christlichen Gemeinden in der Jüngerschaft angeleitet werden und zu reifen Christen werden, die ihre Bibel kennen und ein Leben unter der Herrschaft von Christus führen. Hierin eingeschlossen ist auch die *E-0* Evangelisation, in der Namenschristen für ein Leben in der aktiven Hingabe an Christus gewonnen werden. Manche bezeichnen diese Form des internen Wachstums auch als "qualitatives Wachstum". (2) *Quantitatives Wachstum:* Nichtchristen bekehren sich und schließen sich christlichen Gemeinden an. Dadurch erhalten die Gemeinden zahlenmäßigen Zuwachs. Dazu zählt auch das Transferwachstum. (3) *Wachstum durch Neugründung:* Jede Gemeinde gründet Tochtergemeinden in ihrer unmittelbaren kulturellen oder geographischen Umgebung. (4) *Wachstum durch Mission:* Die Gemeinden und Denominationen wachsen durch kulturübergreifende Gemeindeneugründung. Die kulturellen Gräben zu anderen Segmenten der Bevölkerung werden bewußt überschritten und neue Bezugsfelder in fremden Kulturgruppen erschlossen. Die dort neugegründeten Gemeinden dienen als Brückenköpfe für weiteres Gemeindewachstum.

Ralph D. Winter und C. Peter Wagner teilen sich das Verdienst, diese hilfreichen Kategorien unterschieden und ins Gespräch gebracht zu haben. Die gesamte Christenheit hat sehr davon profitiert. Diese unterschiedlichen Formen von Wachstum sollten allgemein bekannt sein und als Hilfe zur Selbsteinschätzung bei lebendigen Gemeinden der ganzen Welt Anwendung finden.

Selbst in Ländern, in denen sich buchstäblich die ganze Bevölkerung offiziell dem Christentum zugewandt hat und fast jeder Name auf der Mitgliedsliste einer christlichen Gemeinde auftaucht, ist die Zahl der Namenschristen, der Abgefallenen, der ungläubigen Thomasse und der bekennenden Heiden, die dennoch ihre Kinder in der Kirche taufen lassen, sehr groß. In Schweden fallen möglicherweise 90 Prozent der Bevölkerung in diese Kategorie. Dies ist nicht nur ein europäisches Phänomen. Im afrikanischen Zaire haben sich in der Äquatorprovinz ganze Völker der Mongo-Stämme dem Christentum zugewandt. Die meisten Kinder besuchten jahrelang christliche Schulen, genossen katechetischen Unterricht und wurden nur getauft, wenn sie ihren Glauben an Christus vor der versammelten Gemeinde bezeugten. Dennoch gehen weniger als die Hälfte aller Getauften regelmäßig zum Gottesdienst. In dieser Gegend erlebte der Zaubereiglaube in den späten 70er Jahren großen Aufschwung. Sowohl in Schweden wie auch in Zaire sollten die Großkirchen sich darauf konzentrieren, das interne Wachstum der Lokalgemeinden nach Kräften zu fördern.

In Gebieten der Erde, in denen die Christen noch immer eine kleine Minderheit der Bevölkerung sind, muß das Hauptaugenmerk der Gemeinden auf dem quantitativen Wachstum und der Neugründung von Gemeinden liegen. Man kann beobachten, daß dort, wo die Christen in der Minderheit sind, das interne Wachstum nur selten zu kurz kommt.

Unabhängig von ihrem Alter und Status sollten alle Gemeinden sich in kulturübergreifender Evangelisation (Wachstum durch Mission) engagieren. Gemeinden, die sich darauf fixiert haben, nur im Wirkungsbereich der homogenen Einheit zu evangelisieren, zu der sie selbst gehören, sind in den Augen Gottes noch entwicklungsbedürftig. Wir müssen uns vor Augen halten, daß Gott wünscht, daß Menschen aus *panta ta ethne*, allen Volksgruppen der Erde, in die Jüngerschaft gerufen werden.

Zahl der Getauften

Die Herkunft der Menschen, die sich taufen lassen, ist verschieden. Entweder ist es die christliche Gemeinde selbst (Kinder christlicher Eltern oder gläubiggewordene Namenschristen) oder die Welt außerhalb der christlichen Gemeinden, aus der sich Menschen bekehren. Daher gibt es auch verschiedene Kategorien von Taufen. Wenn die Gesamtzahl aller Taufen einfach zusammengenommen wird und als eine einzige Zahl ausgewiesen wird, ist niemandem wirklich geholfen. Doch es kann sich sehr lohnen, die Zahl der Taufen einmal näher zu betrachten. Es müssen zwei Dinge voneinander unterschieden werden: Die Zahl der Taufen innerhalb der christlichen Gemeinde und die Taufen von Neubekehrten von außerhalb der Gemeinden, sowie die Kindertaufe und die Gläubigentaufe. Diese Unterscheidung kann uns ganz neue Einblicke in das Wachstum von Gemeinden vermitteln.

Eine größere asiatische Denomination verzeichnet beispielsweise etwa 4.000 Taufen pro Jahr. Das klingt zunächst beeindruckend. Es klingt jedoch schon viel nüchterner, wenn wir erfahren, daß diese Denomination 200.000 Mitglieder hat. Wenn sich nur die Kinder der Gemeindeglieder in dem Alter, in dem sie selbst über ihren Glauben entscheiden können, taufen lassen würden, sollten es bereits mehr als 4.000 Taufen pro Jahr geben. Wir schließen daraus, daß diese Denomination aufgehört hat zu wachsen. Sie ist statisch geworden. Man tauft zumeist die eigenen Kinder und höchst selten einige Neubekehrte.

Wenn die Zahl der neugewonnenen Christen, die getauft worden sind, jährlich festgehalten und auf ein Schaubild übertragen wird, werden wir erkennen, daß Wachstum nur dort auftritt, wo eine beträchtliche Zahl der Getauften von außerhalb der christlichen Gemeinden stammen. Nur wenn sich Menschen von außerhalb der Gemeinden taufen lassen, kann es zu wirklichem Gemeindewachstum kommen. Keine Taufen, kein Wachstum! Natürlich ist die seelsorgerische Betreuung von Menschen entscheidend wichtig. Aber das ändert nichts an der Tatsache: Keine Taufen - kein Wachstum. Erst müssen die Gemeinden Menschen von außerhalb gewinnen, die sich taufen lassen, bevor sie sie seelsorgerisch begleiten können.

Analyse des Familienstandes

Für das Verständnis von Gemeinde ist es weiterhin hilfreich, wenn wir die Zahl der Männer und Frauen gesondert betrachten. Die Analyse einer kleinen Gemeinde von 49 Mitgliedern in Thailand hat zum Beispiel gezeigt, daß 44 davon Frauen waren. Die meisten von ihnen waren mit buddhistischen Männern verheiratet. Die Untersuchung einer weiteren Gemeinde von chinesischen Christen in Thailand hat eine interessante Beobachtung ergeben: Wenn nur die Mutter einer Familie Christ war, waren in aller Regel die Kinder ebenfalls Christen. Dies war aber nicht der Fall, wenn nur der Vater Christ war. Fast nie kam es vor, daß dann die Kinder ebenfalls Christen waren.

Wenn wir den Familienstand in der Gemeinde untersuchen, können wir die Zahl der vollen Familien (Mann und Frau sind Christen), halbe Familien (nur ein Ehepartner ist Christ) und Ledigen getrennt betrachten. Es liegt auf der Hand, daß sich eine Gemeinde mit 34 Mitgliedern, die aus 4 Vollfamilien, 17 halben Familien und 9 Ledigen besteht, stark von einer Gemeinde mit ebenfalls 34 Mitgliedern unterscheidet, zu der 12 Vollfamilien sowie 10 ihrer Kinder gehören, die Christen geworden sind. Die erste Gemeinde hat theoretisch eine weitaus größere Kontaktfläche mit der Außenwelt, was aber auch bedeuten kann daß sie anfälliger ist für Reibungsverluste. Es ist auch wichtig zu wissen, auf welche Weise nur jeweils ein Ehepartner, also Halbfamilien, zur Gemeinde finden. Manchmal bekehrt sich in einer nichtchristlichen Ehe der eine Ehepartner, der andere nicht. Manchmal heiratet ein Christ einen nichtchristlichen Ehepartner. In manchen Fällen verlieren die Gemeinden Mitglieder dadurch, daß einzelne Christen von ihrem nichtchristlichen Ehepartner weggezogen werden, in anderen Fällen kann der ungläubige Ehepartner dazugewonnen werden und die ganze Gemeinde profitiert. Neben vielen anderen Faktoren kommt es dabei sehr darauf an, wie leidenschaftlich die Christen der betreffenden Gemeinden sind.

In Jamaika wurde im Jahre 1958 eine Analyse des Familienstandes der Christen durchgeführt. Sie ergab, daß die meisten Mitglieder der Kirchen, in denen die breite Bevölkerung zum Gottesdienst ging, sich aus älteren Ehepaaren (über 40 Jahre alt) oder aus älteren alleinstehenden Damen zusammensetzte. Viele Jugendliche und junge Erwachsene betrachteten sich ebenfalls mehr oder weniger als Christen und brachten ihre Kinder zur Kirche, damit sie getauft oder eingesegnet werden konnten. Sie selbst konnten jedoch keine Gemeindemitglieder werden, weil sie zumeist im Konkubinat und in ständig wechselnden Partnerschaften lebten. In den Gemeinden der höheren Gesellschaftsschichten konnte man jedoch eine normale Verteilung von Jugendlichen, jungen Erwachsenen und älteren Menschen antreffen.

Eine Analyse der familiären Verhältnisse wirft Licht auf die verwickelten Verwandtschaftsbeziehungen der Gesellschaft, durch die die Menschen untereinander verbunden sind. Auch das innere Leben der christlichen Gemeinden wird in hohem Maße von den Verwandtschaftsbeziehungen der Christen untereinander bestimmt. Diese Beziehungsnetze deuten auch an, wie die Gemeinde in der Zukunft möglicherweise Wachstum erleben könnte. Wenn wir die Wachstumschancen einer Gemeinde realistisch abschätzen wollen, ist es wichtig, eine klares Bild von den familiären Verhältnissen zu haben.

Aktive Gemeindegliedschaft oder offizielles Mitglied?

Nichts hat beim Gespräch über Gemeindewachstum mehr zur Begriffsverwirrung beigetragen wie die völlig unterschiedliche Definition von Gemeindemitgliedschaft. In vielen Fällen existiert keine klar umrissene Definition davon, was eigentlich ein Gemeindemitglied ist. Im Jahre 1966 wies beispielsweise der Jahresbericht der Episkopalkirche der Vereinigten Staaten 3.410.657 Mitglieder aus, die Zahl der Mitglieder der *Churches of Christ* betrug 2.350.000 (Yearbook of American Churches, 196.201.209). Trotzdem lassen sich diese beiden Angaben nicht miteinander vergleichen. Die Episkopalkirche zählte alle Getauften (einschließlich der getauften Säuglinge und

Kinder) dazu, die *Churches of Christ* jedoch nur Christen, die sich nach einem persönlichen Glaubensschritt haben taufen lassen.

Wenn die Episkopalkirche nur alle aktiven Gemeindeglieder zählen würden, dann würde die ursprüngliche Zahl von mehr als 3 Millionen unter die Zahl der *Churches of Christ* sinken. Transparente und verantwortliche Berichterstattung sollte niemals die Zahlen der offiziellen Kirchenmitgliedschaft und die Anzahl der aktiven Gemeindeglieder durcheinanderwerfen und unter der Rubrik "Mitglied" ausweisen. Zum Glück gibt es Gemeindeforscher und Kirchenstatistiker wie David Barrett, der durch seine wertvolle weltweite Forschungstätigkeit viel dazu beigetragen hat, diesen Begriffsnebel zu lichten.

Im Jahre 1954 besuchte Queen Elizabeth den afrikanischen Staat Uganda, um dort den Jinja-Staudamm einzuweihen. Der anglikanische Bischof des Nachbarlandes Ruanda war ebenfalls angereist, um der Zeremonie beizuwohnen und die englische Königsfamilie zu besuchen. Er sagte bei der Gelegenheit, daß die anglikanische Kirche in Ruanda "hunderttausend Seelen" zählen würde. Damals hatte die anglikanische Kirche etwa 16.000 aktive Gemeindemitglieder. Mit "Seelen" meinte der Bischof alle Getauften (einschließlich der Kinder) sowie alle Taufanwärter und deren Kinder.

Einige konservative Missionsgesellschaften Lateinamerikas führen in ihren Jahresberichten drei Kategorien von Gläubigen auf: Getaufte Gläubige, ungetaufte Gläubige und nicht taufbare Gläubige. Die letzte Kategorie von Christen ist in Lateinamerika ziemlich häufig zu finden. Dazu zählen hauptsächlich ernsthafte Christen, Männer und Frauen, die als junge Leute in der römisch-katholischen Kirche geheiratet hatten, deren Ehe jedoch zerbrochen war. Dann kamen sie zum lebendigen Glauben, hatten aber inzwischen wieder geheiratet und lebten mit einem anderen Partner zusammen. Die Scheidung in einem solchen Fall ist schwierig. Die geschiedenen Ehepartner der ersten Ehe haben ebenfalls wieder geheiratet und Kinder gezeugt oder zur Welt gebracht. Es ist nicht daran zu denken, das ursprüngliche Ehepaar wieder zusammenzuführen. Wenn jedoch die Eheverhältnisse nicht "geregelt" werden, weigern sich einige Missionswerke, diese Christen zu taufen. Sie werden zwar dazu angehalten zum Gottesdienst zu kommen, sich finanziell am Gemeindeleben zu beteiligen, zu beten, die Bibel zu lesen, ein christliches Leben zu führen und andere Menschen zu Christus zu führen, doch die Taufe wird ihnen verweigert, sie sind untaufbar und damit Christen zweiter Klasse. Wir wissen von unabhängigen evangelikalen Gemeinden, die eine große Zahl von "untaufbaren" Gläubigen aufgenommen haben und ihnen den Status eines vollwertigen Gemeindegliedes zuerkannt haben. Diese Gemeinden hatten dadurch enormes Wachstum zu verzeichnen.

Es gibt noch weitere Kategorien, die die Beziehung von Menschen zu christlichen Gemeinden beschreiben und die allgemein gebräuchlich sind: "Anhänger" und interessierte "Sympathisanten". Der Missionar Horace Underwood schrieb im Jahre 1888 aus Chung Do in Korea einen Bericht.

Damals gab es dort noch keine Christen. Er schreibt, daß einige um die Taufe baten und siebzig bereits Anhänger waren. Damit meinte er, daß siebzig Personen stark am Christentum interessiert waren. In anderen Fällen wird das Wort "Anhänger" für wiedergeborene, aber noch nicht getaufte Christen verwendet. Dieses Verständnis findet man besonders häufig in Bevölkerungsgruppen, die stark christlich geprägt sind und in der viele Menschen getaufte Christen sind. Der Begriff "Sympathisant" ist ein sehr gängiger Ausdruck im (katholischen) Lateinamerika. Damit wird eine bestimmte Personengruppe bezeichnet: (1) Menschen, die zwar evangelikale Gottesdienste und biblischen Unterricht besuchen, sich dennoch aber der Gemeinde nicht anschließen, (2) Menschen mit stark antikirchlicher Einstellung, die den Protestanten wohlgesinnt sind, und (3) Menschen, die mit evangelikalen Christen verwandt sind (oder sonstige gute Beziehungen zu ihnen pflegen) und ihnen zur Hilfe kommen, wenn sie verfolgt werden.

Solange wir das Begriffswirrwarr von offiziellen Kirchenmitgliedern, aktiven Gemeindegliedern, Vollmitgliedern, Mitgliedern, Gläubigen, getauften Gläubigen, Anhängern und Sympathisanten nicht geklärt haben, wird es unmöglich, das Wachstum der Gemeinden exakt zu erfassen. In dieser Vielzahl der damit angesprochenen soziologischen Gruppen müssen wir danach suchen, einen Begriff zu finden, der in allen Denominationen und Ländern überall dasselbe bezeichnet. Zum Glück gibt es diesen Begriff, der eine bestimmte unverwechselbare Personengruppe bezeichnet: Es sind Menschen, die *getaufte verbindliche Gemeindeglieder* sind. Dieser harte Kern der christlichen Gemeinden erhält zwar unterschiedliche Bezeichnungen - "Mitglieder", "aktive Gemeindeglieder", "Vollmitglieder" oder "getaufte Mitglieder" - doch damit sind jeweils dieselbe Gruppe von Menschen gemeint.

Aber selbst in dieser Kategorie gibt es noch Gemeinden, die Unterschiede machen. In einigen Denominationen werden nicht alle Mitglieder zum Abendmahl zugelassen. Dazu reicht es nicht aus, "Vollmitglied" zu sein. Das Abendmahl bleibt hier einem inneren Elitekreis von Menschen vorbehalten, die sich auf ein persönliches Bekehrungserlebnis berufen können, das von der Gemeinde als solches anerkannt wird. Einige Denominationen differenzieren noch zwischen "Mitgliedern" und "aktiven Mitgliedern" (im Sinne von Mitarbeitern der Gemeinde) und in den Gemeinden der Quäker und der Heilsarmee werden die Christen nicht in Wasser getauft. Aber im Wesentlichen ist mit der Kategorie der "getauften verbindlichen Gemeindemitglieder" eine Menschengruppe scharf umrissen, die sich trotz unterschiedlicher Benennung überall vergleichen läßt und die auch im allgemeinen das Recht hat, während dem Gottesdienstbesuch am Abendmahl teilzunehmen.

Gemeindemitgliedschaft in Lokalgemeinden

Um die Wachstumsstruktur einer Denomination zu erforschen, ist es sehr hilfreich, die Entwicklung der Mitgliedschaft der angeschlossenen einzelnen Gemeinden über einen Zeitraum von mehreren Jahren hinweg zu beobachten. Eine Denomination kann nur dadurch wachsen, daß die einzelnen Gemeinden vor Ort wachsen. Solange nichts darüber bekannt ist, wie die

Lokalgemeinden wachsen - oder nicht wachsen -, können kaum realistische Aussagen über die Situation einer Denomination gemacht werden. Im Auftrag der *United Christian Missionary Society* mit Sitz in Indianapolis war ich im Jahre 1955 zu Forschungszwecken in Puerto Rico. Die von diesem Missionswerk getragene Denomination hatte in den letzten zwanzig Jahren lebendiges Wachstum erlebt, und man hatte mich damit beauftragt, die Hintergründe für dieses Wachstum in Erfahrung zu bringen und darüber zu berichten. Ich tappte längere Zeit im Dunkeln, bis ich fast per Zufall die Jahresberichte der einzelnen Lokalgemeinden in die Hände bekam, in denen die Angaben über das jeweilige Wachstum zu finden waren. Ich erkannte, daß es innerhalb dieser Denomination vier verschiedene Gemeindetypen gab: große Stadtgemeinden, kleine Stadtgemeinden, Kleinstadtgemeinden und kleine Landgemeinden. Während den Jahren 1948 bis 1955 waren ausschließlich die sechs großen Stadtgemeinden gewachsen. Die Inselnation erlebte einen rapiden Industrialisierungsprozeß. Die Christen aus den ländlichen Provinzen zogen wegen den guten Verdienstmöglichkeiten in die großen Städte. Die sechs großen Stadtgemeinden, die von fähigen Pastoren geleitet wurden, erlebten schnelles Wachstum: Menschen bekehrten sich, aber vor allem schnellte die Zahl ihrer Mitglieder durch das Transferwachstum in die Höhe. An einigen der kleineren neugegründeten Gemeinden in denselben Städten schien diese Entwicklung jedoch vorbeizugehen: Sie waren nur sehr verhalten gewachsen. Die Kleinstadtgemeinden mit einer durchschnittlichen Mitgliederzahl von etwa 40 Personen waren (bis auf eine Ausnahme) alle zum Stillstand gekommen, und die 18 übrigen kleinen Landgemeinden waren alle statisch oder lagen sogar im Sterben (Puerto Rico, 16 - 20).

Die Person des einzelnen Mitarbeiters

Am meisten Farbe bekommt das Bild, das wir uns über das Wachstum von Gemeinden zu machen versuchen, dadurch, daß die einzelnen Mitarbeiter und Missionare ihre persönlichen Erfahrungen weitergeben. Doch diese Informationen sind nicht immer leicht zu bekommen. Dennoch sollten wir nicht übersehen, daß bei allen äußeren Faktoren der wichtigste Faktor in der Ausbreitung des Reiches Gottes oft der einzelne Mensch, der einzelne Mitarbeiter ist. Personen sind der Schlüssel. In einem Missionsgebiet waren zwei Missionare tätig. Zwanzig Jahre lang arbeiteten sie miteinander, wechselten sich ab und übernahmen öfter nacheinander dieselben Aufgaben. Wenn der eine Missionar eine Arbeit beendete, wurde der andere sein persönlicher Nachfolger, und auch das Umgekehrte geschah. Das Besondere daran: Wann immer der eine zu arbeiten begann, erlebten die Gemeinden Wachstum, wenn der andere kam, hörte das Wachstum auf. Der eine Missionar trieb die Arbeit voran, und der andere brachte sie wieder zum Stillstand. Es gehört eine gute Portion Mut und Glauben dazu, Menschen zu taufen. Ängstliche Personen werden wohl kaum freimütig neue Gemeinden gründen. Wenn wir hören, wie die Apostel an einem einzigen Tag dreitausend Gläubige tauften, so können wir nur ihren Mut bewundern! Neue Gemeindeglieder verursachen neue Probleme, die einen Tag und Nacht nicht in Ruhe lassen. Es gibt jedoch eine einfache Lösung, diesen Problemen zu entgehen: taufen Sie einfach niemanden!

Das Schlüsselmoment in vielen missionarischen Arbeiten sind oft die Missionare selbst. Ein gutes Beispiel dafür ist John Clough. Als er im Jahre 1865 nach Ongole kam und damit begann, die Unberührbaren zu taufen - wozu er sich von Gott geführt sah -, war eine neue missionarische Ära für die Baptistenmission in Südindien angebrochen. Ich wunderte mich einmal über das sprunghafte Ansteigen der Mitgliederzahl einer mexikanischen Gemeinde. Ich fand schließlich heraus, daß es auf einen Missionar zurückzuführen war, den das Missionswerk einige Jahre in seinen Diensten hatte. Er war eine Perle von Mensch. Gott benutzte diesen Mann dazu, daß in vielen *ranchos* neue Gemeinden ins Leben gerufen wurden. 25 Jahre nachdem er die Mission verlassen hatte, wußte niemand etwas darüber, weshalb und wohin er gegangen war. Von dem Zeitpunkt seines Weggangs an war die Gemeinde nicht mehr weiter gewachsen. Die Mitgliederzahl blieb einfach bei 800 Personen stehen.

Am Wachstum der Gemeinde orientiert bleiben

Es kann gar nicht genug betont werden, daß eine Art von Information hier keinen Platz hat: Informationen, die nur die Aktivitäten der Gemeinden und Kirchen beschreiben. Einige Versuche, das Gemeindeleben zu erforschen, versagen allerdings genau an diesem Punkt. Sie beschreiben nämlich nur, wie aktiv die Gemeinden sind und wieviele Programme durchgeführt werden. Man bekommt allerlei interessante Dinge über die verschiedensten Seiten des Gemeindelebens mitgeteilt. Man zählt die Kinderstunden, die Frauentreffen und Jugendclubs und hält peinlich genau die Angaben über die Zahl, die Ausbildung und das Gehalt der Pastoren, der Evangelisten, der Katecheten und Mitarbeiter fest. Man weiß, wieviele Männer und wieviele Frauen im Missionsdienst stehen und welches Verhältnis sie zur nationalen Leiterschaft der Gemeinde haben. Man stößt auf Listen, in denen die Werte der kirchlichen Immobilien - Kirchengebäude, Friedhöfe, Pfarrhäuser und andere Gebäude - angegeben werden. Man versucht gar, das ganze Spektrum der Aktivitäten auf Film zu bannen und einen Bildbericht darüber zu erstellen, ohne auch nur entfernt danach zu fragen, was das eigentlich mit dem Wachstum der Gemeinden zu tun hat.

Zwischen dieser Art von kirchlicher Presse und echtem Suchen nach Verständnis für die Gemeindesituation besteht ein himmelweiter Unterschied. Wer tatsächlich am Wachstum von Gemeinden interessiert ist, ist in seiner Auswahl an Informationen sehr viel wählerischer. Ihn wird nur das interessieren, was unmittelbar mit dem Wachstum oder dem Niedergang von Gemeinden zu tun hat. Ihnen geht es nicht darum, eine Fülle von Informationen zu sammeln, die womöglich kaum etwas mit dem Wachstum von Gemeinden zu tun haben. Sie sind nur an den Fakten interessiert, die für das Gemeindewachstum von Bedeutung sind. Natürlich ist das Leben einer Gemeinde so komplex, daß jeder Aspekt und jede einzelne Aktivität mehr oder weniger direkt etwas mit der Fähigkeit der Gemeinde zu tun hat, sich selbst zu vervielfältigen. Aber gerade deshalb, weil viele Aspekte des kirchlichen Lebens nur sehr vage etwas mit der Fortpflanzung von Gemeinde zu tun haben, werden sich diejenigen, die speziell am Wachstum von Gemeinden interessiert sind, auf die Dinge konzentrieren, die so direkt wie möglich mit dem Ausbreiten des Christentum zusammenhängen. Sie haben nur einen Blick für die Dinge, die dazu dienen können, die Nationen zum Glaubensgehorsam zu rufen. Alles andere ist für sie zweitrangig. Nur wer sich auf die relevanten Daten konzentriert und weniger wichtige Informationen herauszufiltern versteht, wird einen Blick dafür bekommen, wie Gemeinden wachsen.

Aus diesem Grunde sind auch einzelne Jahresberichte untauglich. Mit Aussagen über den Status Quo eines einzelnen Jahres ist nichts gewonnen. Sie zeigen nichts von dem wirklichen Bewegungsablauf des Gemeindelebens, sondern sie sind wie eine Momentaufnahme, wie das Standbild in einem Film, das nichts darüber aussagt, was eigentlich vor sich geht. Es ist entscheidend wichtig, eine ganze Reihe von kontinuierlich über die Jahre hinweg gesammelten Informationen zu haben. Für jemanden, der das Wachstum von Gemeinden verstehen möchte, sind längerfristige Erforschungen der (quantitativen) Entwicklung der Gemeinde über die Jahre hinweg - ihrer Wachstumsgeschichte - unverzichtbar; sie sind das A und O der Gemeindewachstumsforschung.

Gemeindewachstumsforschung

Nehmen wir einmal an, daß ein Pastor oder ein Missionar sich entschlossen hat, die notwendigen Daten für eine Analyse zusammenzutragen. Wahrscheinlich wird er zu dem Schluß kommen, daß eine Erhebung über das Wachstum der Gemeinde, des Gemeindeverbands oder der Diözese erstellt werden sollte. Da er so etwas aber noch nie gemacht hat, hält er sie Ausschau nach früheren Modellen, nach Fragebogen oder Formularen, die er dazu verwenden könnte. In den fünfzehn Jahren zwischen 1964 und 1979 verging kaum ein Monat, in dem ich nicht von einem Gemeindeleiter gebeten wurde: "Sagen Sie mir bitte, wie man eine Gemeindewachstums-Erhebung macht, und schicken Sie mir die Fragebogen, die ich benutzen sollte."

Unglücklicherweise sind die Kirchen und Gemeinden zu verschieden dafür, als daß ihre Situation mit einem einzigen Fragebogen angemessen erfaßt werden könnte. Die Zahl der zu erfassenden getauften Gemeindeglieder und auch die Gründe für das Wachstum oder das Stagnieren der Gemeinde sind je nach Situation sehr unterschiedlich. Jeder, der Gemeindewachstumsforschung betreiben möchte, muß sich seine Forschungsunterlagen selbst zusammenstellen. Sie müssen auf die besonderen Umstände zugeschnitten sein und die Schwerpunkte und Begrifflichkeiten der betreffenden Denomination berücksichtigen. Werden auch Kinder als Mitglieder gezählt, oder nur getaufte, erwachsene Gläubige? Wird Wert darauf gelegt, den Zehnten zu geben, oder nicht? Wird es den einzelnen Gemeinden überlassen, eine kirchliche Statistik zu führen, oder ist es vom Bischof verordnet?

In der Gemeindewachstumsbewegung hat man nun versucht, diese Schwierigkeiten im Auge zu behalten, die Art der Berichterstattung jedoch trotzdem so weit wie irgend möglich zu standardisieren. Man war also auf der Suche nach einem wissenschaftlichen Standard, einer Forschungsmethode, die überdenominationell verwendet werden konnte. Nur so war es möglich, vergleichende Gemeindewachstumsforschung zu treiben. Als erster Beitrag wurde eine kleine von mir verfaßte Broschüre von der *Fuller School of World Mission* herausgegeben mit dem Titel *How to Do a Survey of Church Growth.* Sie fand zu Tausenden überall in der Welt Verbreitung. Einige Jahre später schrieb Ebbie Smith, ein Missionar der *Southern Baptists*, mit *A Manual for Church Growth Surveys* eine Anleitung, die viele wertvolle Erfahrungen zur Gemeindewachstumsforschung beisteuerte und von jedem beachtet werden sollte, er sich ernsthaft mit dem Thema befaßt.

Zum gegenwärtigen Zeitpunkt ist das von Bob Waymire und C. Peter Wagner verfaßte *Handbuch für Gemeindeanalyse* zum Standardhilfsmittel der Gemeindeforschung geworden. Es ist ein Handbuch, das Schritt für Schritt die einzelnen Gedankengänge vorzeichnet und gleich die benötigten Schaubilder und hilfreichen Diagramme mitliefert, die nur noch ausgefüllt zu werden brauchen. Die Autoren haben auf ein Honorar und auf die Beibehaltung der alleinigen Rechte zur Vervielfältigung des ganzen Handbuches oder Teilen davon verzichtet, um es so breit wie möglich zu verbreiten. In der Forschungsbibliothek der *Fuller School of World Mission* stehen über 1600 Fallstudien von Gemeinden und Denominationen, die alle unter Zuhilfenahme dieses Standardhilfsmittels erarbeitet worden sind.

Da die Liniendiagramme und Säulengraphiken überall für dieselben Daten (Gemeindemitgliedschaft oder Gottesdienstbesuch im Untersuchungszeitraum bzw. jährliche Wachstumsraten) benutzt werden, kann man der Studie selbst beim Vergleichen der einzelnen Analysen auf einen Blick die wichtigsten Informationen entnehmen.

Es ist sehr wichtig, sich stets vor Augen zu halten, daß eine fertige Studie (selbst mit geringem Aufwand) immer noch besser ist als gar keine, oder als ein Forschungsprojekt, daß deshalb vertagt wird, weil man plant, es in der Zukunft mit viel wissenschaftlicheren Methoden bewerkstelligen zu können. Wir müssen es lernen, dankbar jede verfügbare Information zu benutzen. Ergänzungen und Korrekturen können später immer noch vorgenommen werden.

Wie man eine Wachstumsanalyse macht

Immer mehr christliche Leiter stellen fest, daß dem Wachstum von Gemeinden - Gemeinden älterer Denominationen und neugegründeten Gemeinden - erhöhte Aufmerksamkeit geschenkt werden muß. Es ist einfach nicht genug, eine ausgezeichnete Gemeinde- oder Missionsarbeit nur in der Hoffnung zu leisten, daß dies - irgendwie - dazu führen wird, daß sich Gemeinden vervielfachen. Es gehört mit zu den zentralsten und ständigen Aufgaben von lebendigen Gemeinden, rein zahlenmäßig zu wachsen. Immer mehr Menschen beginnen dies zu entdecken. Wir müssen diese Haltung nach Kräften unterstützen, Menschen dazu ermutigen und sie fördern und sie dazu anhalten, das Dickicht der Organisationsstrukturen der Gemeinden und Missionswerke energisch zu durchzuforsten, bis sich ihr Blick klärt für den neuralgischen Punkt der ganzen Arbeit: die tatsächliche Gründung neuer Gemeinden. Das ist mit sorgfältigen Nachforschungen verbunden. Wie wir diese Forschungsarbeit tun können, beschreiben die nächsten vier Arbeitsschritte:

Schritt eins: Definieren Sie Ziel und Absicht

a. Einige Beispiele, wie Ihr Ziel heißen kann:

* Es gilt, die Gründe für das Wachstum oder das Nichtwachstum der Gemeinde A herauszufinden.
* Es gilt herauszufinden, weshalb in einem bestimmten Gebiet die Gemeinden der Denomination B schneller wachsen wie die Gemeinden der Denomination C.
* Es soll in Erfahrung gebracht werden, in welchem Zusammenhang die Berufung und Ausbildung von Pastoren und das Wachstum eines bestimmten Gemeindeverbandes stehen.
* Es gilt, die wesentlichen Faktoren für das Wachstum von Gemeinden in einer gegebenen geographischen Region oder einer bestimmten homogenen Einheit zu einem bestimmten Zeitpunkt herauszufinden.

b. Benennen Sie die Gemeindeverbände, die untersucht werden sollen. Es wirft mehr Licht auf die Situation, wenn Sie sich bei Ihrer Untersuchung nicht nur auf Ihren eigenen Gemeindeverband beschränken, sondern auch die Gemeinden anderer Denominationen untersuchen, die unter derselben Bevölkerungsschicht arbeiten. Sie können zwar innerhalb Ihrer eigenen Denomination gründlicher vorgehen als bei anderen Gemeinden, aber dennoch ist es sehr wertvoll, vergleichende Beobachtungen anzustellen.

c. Definieren Sie die Bevölkerungsgruppe (oder die Volksgruppen), auf die sich die Untersuchung bezieht.

Sie könnten z.B. das Wachstum von Gemeinden in folgenden Segmenten der Bevölkerung untersuchen wollen:

in Kleinstadt- oder Großstadtgemeinden
unter Indianern oder Mestizen
unter Bauern oder Büroangestellten in der Stadt
unter Intellektuellen oder Analphabeten
in einer oder mehreren Kasten
unter Bewohnern des Flachlandes oder Bergbewohnern

d. Wenn Sie sich über die zu untersuchende Bevölkerungsgruppe im klaren sind, dann tragen Sie alle wichtigen statistischen Daten über sie zusammen, um Informationen über die genaue Bevölkerungszahl, ihre wirtschaftliche

Lage, über den gesellschaftlichen Wandel, den sie durchleben und ihre Aufgeschlossenheit für das Evangelium in Erfahrung zu bringen. Ein hilfreiches Modell dafür, wie hier vorgegangen werden kann, ist das Jahrbuch über unerreichte Völker (*Unreached Peoples*), das von 1979 bis 1984 von C. Peter Wagner, Edward R. Dayton und Samuel Wilson herausgegeben wurde.

Schritt zwei: Stellen Sie die Fakten über die Gemeindemitgliederschaft fest

a. Stellen Sie die Gesamtzahl der Gemeindeglieder eines bestimmten Arbeitsgebietes einer Denomination fest. Tragen Sie diese Angaben in 3- oder 5-Jahresschritten vom Zeitpunkt der Entstehung der Kirche oder Gemeinde bis zum heutigen Tage ein. Das wird nicht einfach sein. Es kann durchaus sein, daß Sie einige persönliche Briefe schreiben müssen und in Kirchengeschichtsbüchern und alten kirchlichen Jahrbüchern nachsuchen müssen, um fündig zu werden. Tragen Sie soviel an Informationen zusammen wie sie können, auch wenn die jährlichen Angaben manchmal Lücken aufweisen. Es wird Ihnen leichter möglich sein, sich ein vollständiges Bild Ihrer eigenen Gemeinde oder Ihres Missionswerkes zu machen, während das bei anderen Gruppen schon schwieriger ist. Dort müssen Sie auch mit weniger Informationen zufrieden sein. Stellen Sie den Ursprung der Bewegung und ihren aktuellen Status Quo fest, und versuchen Sie, soviel Anhaltspunkte wie möglich über die dazwischen liegende Zeit zu erhalten.

b. Stellen Sie die Anzahl der Christen eines Gemeindeverbandes innerhalb einer bestimmten homogenen Einheit fest. Eine homogene Einheit ist eine Bevölkerungsgruppe, in der alle Angehörigen dieser Gruppe verschiedene Eigenschaften gemeinsam haben. Wenn Sie davon hören, daß es im amerikanischen Boston 20.000 Baptisten gibt, so stellen Sie z.B. fest, wieviele davon aus Neuengland stammen und wieviele aus dem Süden der Vereinigten Staaten zugezogen sind. Wenn Sie feststellen, daß die Zahl der Kongregationalisten in Polynesien 67.000 beträgt, so finden Sie heraus, wieviele davon auf den Gesellschaftsinseln, den Cook Inseln und den Australinseln leben. Wenn Sie hören, daß es 5.000 Lutheraner in Taiwan gibt, so stellen Sie fest, wieviele davon Mandarain und wieviele Minnan sprechen.

c. Stellen Sie die Mitgliederzahl einzelner Gemeinden über den größtmöglichen Zeitraum hinweg fest. Das einzige, was wächst, sind lokale Gemeinden. Welche Gemeinden wachsen, welche verzeichnen Stillstand und welche nehmen ab? Diese Zahlen werden Ihnen sehr viel weiterhelfen, aber sie sind manchmal schwierig zu erhalten.

Schritt drei: Stellen Sie das Gemeindewachstum graphisch dar

Wenn Sie die graphische Darstellung von Wachstumsraten vor Augen haben, werden Sie völlig neue Aspekte über die Hintergründe von Wachstum oder Nichtwachstum der untersuchten Gemeinde(n) entdecken. Erstellen Sie nun die Liniendiagramme aus den Angaben über die Gesamtgemeindemitgliederschaft für die ganze Lebensdauer der untersuchten Gemeinde. Zeichnen Sie für jede homogene Einheit ein separates Diagramm. Wenn Sie das getan haben, beginnen Sie damit, die Entwicklung in den letzten Jahren näher zu studieren. Üblicherweise nimmt man eine Zeitspanne von 10 Jahren als geeigneten Untersuchungszeitraum. Die Erfahrung hat gezeigt, daß bei sorgfältiger Analyse der Entwicklung der letzten zehn Jahre durchaus kompetente und realistische Entscheidungen hinsichtlich der zukünftigen Entwicklung der Gemeinde getroffen werden können.

In der Gemeindewachstumsforschung ist man dazu übergegangen, die Angaben über die jährliche Mitgliederchaftsentwicklung, den Gottesdienstbesuch, die Zahl der Lokalgemeinden oder andere Informationen ausschließlich in der Form von Liniendiagrammen festzuhalten. Das hat sich inzwischen durchgesetzt. Ein solches Liniendiagramm finden Sie im Handbuch für Gemeindeanalyse, in das Sie die entsprechenden Daten nur noch eintragen müssen:

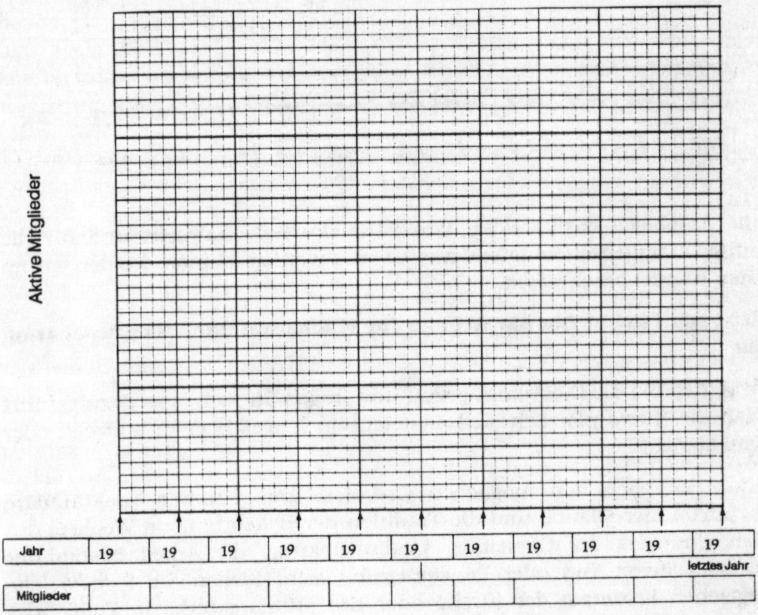

Neben den Liniendiagrammen, womit man die gesamte Wachstumsentwicklung anschaulich darstellen kann, können Säulengraphiken verwendet werden, um die jährlichen Wachstumsraten der Gemeinde oder einer Gruppe von Gemeinden darzustellen. In der Mitte des Diagramms erscheint eine waagerechte Null-Linie. Positive jährliche Wachstumsraten erscheinen als Säulen über dieser Mittellinie, negative Wachstumsraten sind nach unten abgetragen. Das folgende Beispiel ist ebenfalls dem Handbuch für Gemeindeanalyse entnommen:

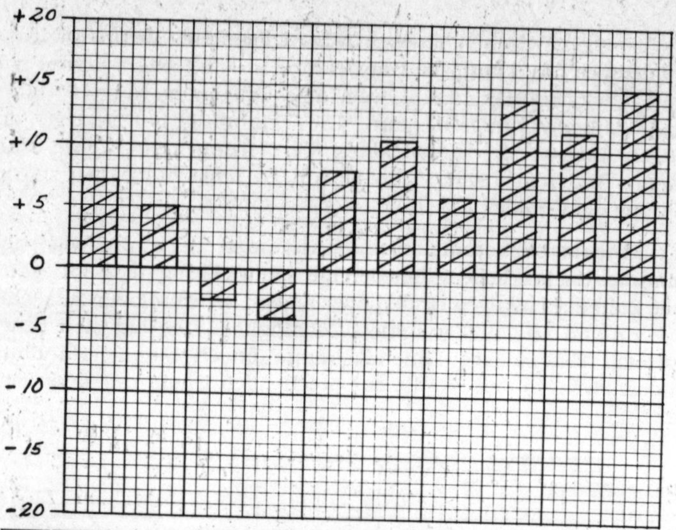

Jahr	1970	1971	1972	1973	1974	1975	1976	1977	1978	1979
JWR	+7	+5	-2.5	-4	+8	+10.5	+6	+14	+11.5	+15

Wie die graphisch dargestellten Wachstumskurven analysiert und für die zukünftige Evangelisationspraxis ausgewertet werden können, werden wir im nächsten Kapitel beschreiben.

Schritt vier: Finden Sie die Gründe für Wachstum oder Nichtwachstum heraus

a. Betrachten Sie die Diagramm genau und fragen Sie sich, was dazu geführt hat, daß die Kurve plötzlich steil ansteigt, ein langes Plateau aufweist oder langsam absteigt.

Forschen Sie nach den möglichen Gründen. Das könnten spektakuläre Bekehrungen, der Glaube und die Tradition der Bekehrten, ein Wechsel des sozialen Umfeldes der Gemeinde, Unterdrückung, die Arbeit bestimmter Leiter, oder deren Tod oder Pensionierung sein. Stellen Sie fest, welche theologischen Leitlinien der Kirche oder des Missionswerks in Zeiten des Gemeindewachstums oder des Mitgliederschwundes vorgeherrscht haben. Hatten die neuen Programme, denen man sich voller Hoffnung zugewandt hat, tatsächlich zum Wachstum der Gemeinden geführt? Wieviel Gewicht lag auf der Evangelisation?

Bevor Sie Ihr Wachstumsdiagramm fertiggestellt haben, können Sie nicht mit Sicherheit sagen, welche Auswirkung eine bestimmte Aktion auf die Wachstumsentwicklung der Gemeinde gehabt hat. Sie können eine noch so enthusiastische Darstellung eines evangelistischen Projektes lesen, die das betreffende Programm bis in den Himmel rühmt, aber Sie werden trotzdem noch lange nicht wissen, ob diese Aktion dazu beigetragen hat, daß die Gemeinde wuchs oder Mitglieder verloren hat.

Lernen Sie, rücksichtslos mit bloßen Annahmen und Vermutungen umzugehen. Sie suchen nach der Wahrheit, nicht nach Vermutungen. Vieles von dem, was über Gemeinden geschrieben und gedacht wird, ist in Wirklichkeit nicht mehr als ein bloßes Verteidigen des Status Quo. Wer so denkt, scheut sich im Grunde nur davor, Versagen und Niederlagen wirklich zuzugeben, und tut so, als sei das minimale Wachstum, das erlebt wird, das Beste, was einem nur geschehen konnte. Meiden Sie solches Denken wie die Pest!

b. Für Ihre Nachforschungen stehen Ihnen drei wichtige Informationsquellen zur Verfügung. Gehen Sie allen diesen Möglichkeiten nach, aber bedenken Sie, daß die meisten Antworten, die Sie erhalten werden, ungenau sein werden oder nur Teilaspekte beleuchten werden. Manches von dem, was Sie hören werden, beruht auf Fehlinformationen oder Vorurteilen, gewachsen auf dem Schutt von Versagen und Resignation. Doch einiges wird zu einem echten Verstehen beitragen. Manche Aussagen werden Sie auf die richtige Fährte bringen, obwohl sie auf falschen Voraussetzungen beruhen. Es kann gut sein, daß Sie die erste Person sind, die eine solche Studie der betreffenden Gemeinde anfertigt und dabei ganz besonders die Wachstumsentwicklung im Auge hat. In einem solchen Fall liegt aufregende Erforschung von absolutem Neuland vor Ihnen.

1. *Die verantwortlichen Leiter selbst.* Finden Sie heraus, wer im untersuchten Zeitraum die Verantwortung für die Gemeindearbeit getragen hat. Legen Sie den verantwortlichen Leitern der Gemeinden oder der Missionswerke Ihre Schaubilder vor und stellen Sie Ihre Fragen. Sie könnten ihnen zu einem Schaubild wie dem nachfolgenden Beispiel etwa folgende Fragen stellen:

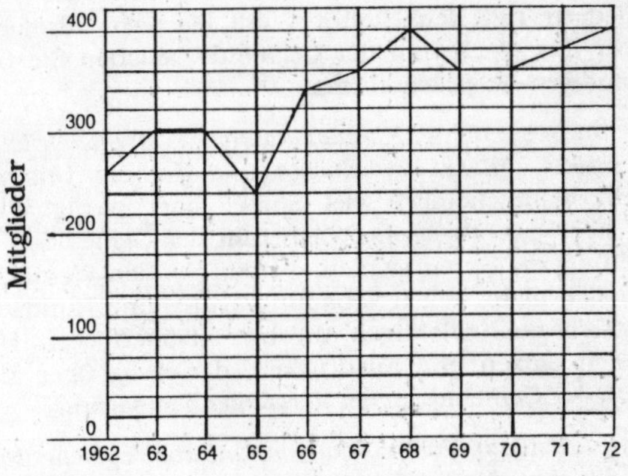

- Was war der Grund für das schnelle Wachstum im Jahre 1965 nach einem Jahr mit starkem Mitgliederschwund?

- Was brachte das Wachstum im Jahre 1968 nach den drei verheißungsvollen Jahren zum Stillstand?

- Was wurde eigentlich innerhalb dieser langen Zeitspanne getan, als die Nachbargemeinde in derselben Zeit dreimal so schnell gewachsen ist?

Stellen Sie sich darauf ein, in den Gesprächen nachzuhaken. Nicht immer werden Sie die erhofften Informationen bekommen können. Gemeindeleiter und Missionare zum Beispiel, die während ihrer aktiven Zeit nicht am Wachstum der Gemeinden interessiert waren, werden sich nach ihrer Pensionierung kaum an die Entwicklung der Gemeinden erinnern können.

Hüten Sie sich vor kurzschlüssigen Erklärungen wie diesen: "Das Arbeitsfeld ist sehr schwierig. Es ist einfach nicht möglich, daß hier Gemeinden wachsen." Nur wenn wirklich keine Denomination im ganzen Lande Wachstum zu verzeichnen hat, dürfte eine solche Erklärung der Wahrheit entsprechen. Aber sehr häufig wird eine solche Aussage schon durch einen kurzen Seitenblick etwa auf die wachsenden Gemeinden der Presbyterianer, der Adventisten oder der Katholiken einfach hinfällig. Oder jemand sagt: "Nach jeder Zeit des Wachstums muß eine Zeit der inneren Festigung folgen. Das entspricht dem natürlichen Rhythmus des Evangeliums." Tatsächlich? Oder ist das Wort "innere Festigung" nur eine weitere Ausrede für ausbleibendes Wachstum?

Noch jemand wird einwerfen: "Mein lieber Freund, Sie haben ja keine Ahnung, wie ablehnend und kalt die Menschen hier dem Evangelium gegenüber sind." Liegt es tatsächlich an einem Mangel an Leidenschaft und an einer warmen christliche Atmosphäre - oder ist der Pastor einfach übergebildet (und überbezahlt), sodaß neue Gemeinden gar nicht entstehen können?

Fragen Sie die Menschen an der Basis. Reden Sie mit langjährigen Gemeindegliedern, mit Neubekehrten, mit Pfarrern, Missionaren und Pensionären über das Wachstum der Gemeinde. Machen Sie Gemeindewachstum zum ständigen Gesprächsthema.

2. *Kirchliche Jahresberichte, Kirchenstatistiken, Mitgliederlisten, Taufbücher, Zeitschriftenartikel, Missionsgeschichte und frühere Untersuchungen.* Sie werden darin wahrscheinlich viel Spreu, aber wenig Weizen - wenige Information über das physische Wachstum der Gemeinden - finden. Wenn Sie aber geduldig die Spreu sichten, werden Sie den Weizen finden können. Scheuen Sie sich nicht, selbst Erbauungsartikel und Rundschreiben an den Unterstützerkreis nach wichtigen Angaben zu überfliegen. Halten Sie dabei Ausschau nach Sätzen und Ausdrücken, die etwas über die Größe, Form oder Situation der Gemeinde in der Vergangenheit sagen.

3. *Regierungsstatistiken, Volkszählungen, anthropologische Studien, soziologische Abhandlungen, Handbücher für Sozialarbeiter und kirchliche Untersuchungen.* Auch hier müssen Sie sich darauf einstellen, wie ein Goldgräber etliche Tonnen Kies zu waschen, bevor Sie fündig werden. Werden Sie nicht

müde zu suchen. Selbst ein Buch über theologische Ausbildung kann interessant sein. Das Buch wurde möglicherweise nur deshalb geschrieben, um den theologischen Standard anzuheben und Menschen theologischen Tiefgang zu vermitteln. Auch wenn dabei auf die evangelistische Aufgabe - eine Nation zu Christus zu rufen - gar nicht eingegangen wird, so wird selbst darin etwas Positives oder Negatives über das Wachstum der Gemeinden zu finden sein.

Sie sollten ebenfalls sorgfältig anthropologische Abhandlungen studieren. Tun Sie es nicht aus intellektuellem Interesse, sondern um zu erfahren, wie die christlichen Gemeinden gewachsen - oder nicht gewachsen - sind. Fragen Sie sich dann, auf welche Weise - in welcher kulturellen Form - Gemeinden in einer bestimmten Bevölkerungsgruppe in Übereinstimmung mit dem Willen Gottes wachsen können.

c. Lesen Sie alles, was Sie über das Wachstum von Gemeinden finden können. Mehr als drei Milliarden Menschen müssen noch mit dem Evangelium erreicht werden, wozu es nötig sein wird, Millionen von weiteren Gemeinden neu zu gründen. Tausende von Büchern werden noch darüber geschrieben werden, wie einzelne Teilstücke des großen Bevölkerungsmosaiks der Erde zu Christus gerufen wurden oder gerufen werden. Sie werden unmöglich alle diese Bücher lesen können. Gehen Sie also planmäßig vor. Verschaffen Sie sich zunächst einen Überblick. Lesen Sie dazu die wichtigsten Bücher, in denen die Grundlagen des Gemeindewachstums von Autoren beschrieben werden, die das ganze Spektrum überblicken. Achten Sie besonders darauf, ob der Verfasser ein wirkliches Anliegen für die Ausführung des Missionsbefehls erkennen läßt. Lesen Sie sodann Bücher über die missionarische Gemeindearbeit in Kulturen und Bevölkerungsgruppen, zu denen Sie selbst gesandt sind. Wenn Gott Sie damit beauftragt hat, unter den Hunderttausenden von orthodoxen Namenschristen Gemeinden zu gründen, die im heutigen Amerika bereits zu Hedonisten und Materialisten geworden sind, dann wird es Ihnen nicht sehr viel nützen, etwas über Gemeindewachstum unter den animistischen Volksstämmen Irian Jayas zu lesen. Wenn Gott Sie gerufen hat, die höheren Kastenangehörigen Indiens zu Christus zu rufen, werden Sie wenig davon profitieren, wenn Sie sich damit beschäftigen, wie Gemeinden unter der nominellen schwarzen protestantischen Bevölkerung Jamaikas wachsen. Konzentrieren Sie sich in einem solchen Fall auf Berichte darüber, wie ganze Stämme und Kasten Indiens sich dem Christentum zugewandt haben. Dort werden Sie für Ihren Dienst eine wahre Goldgrube an Informationen finden.

Untersuchen Sie wachsende Gemeinden

Wenn unsere Gemeindeforschung dazu beitragen soll, daß Christen effektiver evangelisieren, Gemeinden sich vervielfältigen und Missionswerke mehr Loyalität gegenüber dem Missionsbefehl zeigen, so sollten wir uns besonders auf die Untersuchung von *wachsenden* Gemeinden konzentrieren.

Es gibt viele Gemeinden, die gesundes Wachstum zu verzeichnen haben. Eine ganze Reihe von Denominationen erleben in einem Zeitraum von 10 Jahren ein

Wachstum um 50 oder 100 Prozent. Manche verdoppeln ihren Mitgliederbestand alle acht Jahre. Die Denomination der *General Conference Baptists* der Vereinigten Staaten wuchs in den Jahren von 1940 bis 1978 von 40.000 auf 124.000 Mitglieder. Die *Southern Baptists* wuchsen von etwa 2 Millionen um das Jahr 1900 auf über 13 Millionen im Jahre 1978. Selbst innerhalb Denominationen, die einen allgemeinen Mitgliederschwund zu verzeichnen haben, sind einige lebendig wachsende Gemeinden zu finden.

Dasselbe geschieht im Bereich der Inland- und Auslandsmission. Einige Missionswerke mühen sich jahrzehntelang und erleben es, daß nur ein Dutzend Gemeinden durch ihre Arbeit entstehen, viele andere wiederum erleben im selben Zeitraum einen gewaltigen Durchbruch, und viele Menschen bekehren sich durch ihren Dienst. Ich möchte dazu ein Beispiel aus den Philippinen anführen. In den 60er und 70er Jahren hatte die größte und angesehenste protestantische Denomination, *The United Church of Christ*, nur sehr geringes Wachstum zu verzeichnen, während einige andere Denominationen sich mutige Wachstumsziele gesteckt hatten und sie tatsächlich auch erreichen konnten. Die Denomination der *Christian and Missionary Alliance* konnte z.B. in dieser Zeit die Zahl ihrer Gemeinden von 400 auf über 1.000 vergrößern.

Gemeindewachstumsforschung dient dem Ziel, herauszufinden, welche evangelistischen Wege Gott momentan segnet, die Gefangenen zu befreien, die Blinden sehend zu machen und den Armen das Evangelium so zu verkündigen, daß sie es annehmen. Deshalb sollten sich die Untersuchung *auf wachsende Gemeinden, Kirchen und Denominationen konzentrieren, um die Gründe für das Wachstum herauszufinden.*

Das ist eine sehr entscheidende Perspektive unserer Forschung. In vielen Untersuchungen werden einfach in mühsamer Arbeit alle Fakten über eine bestimmte Gemeinde oder Denomination zusammengetragen. Dabei wird viel Zeit vergeudet. Die Fakten können zwar sehr exakt sein, aber die meisten haben wenig mit dem Wachstum der Gemeinden zu tun. Der geübte Gemeindewachstumsforscher wird sich daher nicht damit abgeben wollen, Informationen zusammenzutragen, die für das Wachstum uninteressant sind. Ein fähiger Gemeindeleiter hatte sich in einem der Kurse eingeschrieben, die ich unterrichte. Er hatte fünf Kartons voll mit Informationen und Daten mitgebracht, die er über seine große Denomination zusammengetragen hatte. Nachdem er sechs Monate lang Gemeindewachstum studiert hatte, kam er eines Tages mit seinen Kartons zu mir und sagte mit einem bitteren Lächeln auf dem Gesicht: "Dieser ganze Berg wirft nur sehr wenig Licht auf die Gründe, weshalb meine Denomination soviel Mitglieder verliert. Ich habe ein ganzes Jahr Arbeit vergeudet. Was soll ich mit dem ganzen Material tun?" "Werfen Sie es weg", sagte ich, "und nehmen Sie sich fest vor, keine unwichtigen Informationen mehr zu sammeln." Ich habe gesehen, wie moderne Computer lange Listen ausdrucken. Ich bezweifle nicht, daß diese Informationen sehr genau sind. Aber ob diese Fülle nützlich ist, um die Fakten über das Wachstum von Gemeinden herauszufinden, muß zumindest stark bezweifelt werden.

Konzentrieren Sie sich also auf wachsende Gemeinden. Irgendetwas, das diese Gemeinden tun, hat mit ihrem Wachstum zu tun. Das Ziel jeder Untersuchung ist es, unter den Hunderten von Aktivitäten, den theologischen Überzeugungen, den Einstellungen der Menschen und den vollzeitlichen Mitarbeitern der Gemeinden und Werke die Faktoren herauszufiltern, auf die das Wachstum der Gemeinde tatsächlich zurückzuführen sind. Wo diese Faktoren beim Namen genannt werden und ihre Auswirkungen analysiert werden, kann jeder, der einen solchen Bericht liest, leicht feststellen, welche Aussagen auch auf seine eigene Situation zutreffen.

Es kann sich jedoch auch manchmal lohnen, stagnierende Gemeinden und Denominationen zu untersuchen. Gerade weil sie *kein* Wachstum zu verzeichnen hatten, können die Lektionen, die man daraus zieht, durchaus entmutigend sein. Es ist jedoch besser, voller Freude auf die Gründe von tatsächlichem Wachstum hinzuweisen als mit Bestürzung seinen Finger auf die wunden Stellen zu legen, die der Grund dafür sind, weshalb kein Wachstum stattgefunden hat.

Viele Pastoren stagnierender Gemeinden spüren ein vages Gefühl, versagt zu haben. Hier nutzen harte Urteile wenig. Viele Christen werden sich viel eher zu effektiver Evangelisation ermutigen lassen, wenn ihnen gezeigt wird, daß echtes Wachstum möglich ist, und sie verstehen, wie der Heilige Geist dieses Wachstum bewirkt hat. Nichts kann verunsicherte Pastoren oder Missionare eher für die Sache des Gemeindewachstums gewinnen, als daß ihnen Modelle und Beispiele von echtem Wachstum aus den Reihen ihrer eigenen Denomination - unter Voraussetzungen, unter denen sie selbst tätig sind - gezeigt werden.

Teil III - DIE GRÜNDE FÜR GEMEINDEWACHSTUM

7

Warum wachsen Gemeinden?

Wer Gemeindewachstumsforschung betreiben möchte, wird sich früher oder später mit dem Vorgehen, wie es im vorangegangenen Kapitel beschrieben wurde, vertraut machen wollen. Es können sowohl einzelne Gemeinden als auch ganze Gemeindeverbände Gegenstand einer solchen Untersuchung sein. Bei der Untersuchung eines Gemeindeverbandes werden Informationen über die homogenen Gruppen, unter denen gearbeitet wird, die einzelnen Lokalgemeinden, die genaue Größe der Gemeinden und die Wachstumsgeschichte von den Anfängen der Gemeinden bis zur Gegenwart zusammengetragen. Unter Berücksichtigung der soziologischen Kriterien wie der geographischen Herkunft der Gemeindeglieder, der soziologischen Schichten, die sich im Leben der Gemeinden widerspiegeln, und der Beziehungen der Gemeindeglieder untereinander läßt sich bereits einiges über die Struktur der untersuchten Gemeinde sagen.

Im Gemeindeaufbau und der missionarischen Arbeit nimmt die Öffentlichkeitsarbeit völlig zu Recht einen breiten Raum ein. Doch in der Fülle der Vorträge und Artikel, die im Rahmen der christlichen Öffentlichkeitsarbeit gehalten und geschrieben werden, liegt auch eine Gefahr, die im Auge behalten werden muß, wenn wir verstehen wollen, wie Gemeinden wachsen. Es besteht zum Beispiel ein großer Unterschied zwischen den Dingen, die sich Pastoren erhofften, und dem, was nur ein oder zweimal geschah, was eigentlich hätte geschehen sollen und was nun wirklich geschah.

Jedes Wissen braucht eine solide Grundlage. Durch das sorgfältige und geduldige Zusammentragen der relevanten statistischen Daten über einen Gemeindeverband entsteht ein klar umrissenes Bild der tatsächlichen

Situation. Damit ist die Grundlage für alles weitere Verständnis des Wachstums von Gemeinden bereits gelegt.

Die zentrale Frage nach dem Warum

Statistisches Wissen allein reicht jedoch nicht aus. Es ist interessant, einen Blick auf das innere Gerüst von Gemeinden zu werfen. Dieses Wissen ist jedoch nur dann von Bedeutung, wenn wir dadurch Aufschluß erhalten, weshalb und unter welchen Bevölkerungsgruppen Gemeinden wachsen, stagnieren oder abnehmen. Das Ziel der Gemeindewachstumsforschung besteht keineswegs nur darin, korrekte Fakten über das numerische Wachstum von Gemeinden zusammenzutragen. Es reicht nicht aus, nur die Strukturen einer Gemeinde durchleuchtet zu haben. Dieses Wissen ist zwar dringend notwendig, aber es ist erst der Anfang. Das Ziel der Forschungsarbeit besteht darin, die vorhandenen Fakten auszuwerten und dadurch die Dynamiken des Gemeindewachstums verstehen zu lernen. Nur wenn wir eine solide Grundlage an gesicherten Fakten über das äußere Leben der Gemeinde erarbeitet haben, können wir beginnen, nach den Hintergründen des Wachstums zu fragen, das Gott geschenkt hat. Dieselben Fakten werden uns auch darüber Auskunft geben können, woran es liegt, daß eine christliche Gemeinde statisch geworden ist.

Es ist sehr wichtig, die äußeren Rahmenbedingungen des Gemeindewachstums zu verstehen, also Zeit und Umstände, in denen eine Gemeinde Wachstum erlebt hat. Jedesmal, wenn sich einer der vielen Volksstämme, eine der vielen Bevölkerungs- und Sprachgruppen, Sippen und Nationen dem Evangelium "zur gelegenen Zeit" *(kairos)* öffnete, schlug die Stunde Gottes für einen Teil der Weltbevölkerung. Dadurch bekamen unzählige Menschen das ewige Leben, das jeder von Gott zugesprochen erhält, der das Evangelium hört, glaubt, Buße tut, sich im Glauben an Jesus Christus wendet und seiner Gemeinde anschließt.

Die Antwort auf die Frage nach den Gründen für das Wachstum von Gemeinden ist vielschichtig. In manchen Fällen, in denen das Gemeindewachstum ausbleibt, obwohl die Bevölkerung eigentlich dem Evangelium gegenüber sehr offen ist, kann es sogar an den Gemeindeleitern selbst liegen. Viele Pfarrer verkennen die Schwierigkeiten der Evangelisation in einer komplexen Gesellschaft und machen es sich zu einfach. Mit einem verengten Verständnis von Evangelisation laufen sie Gefahr, an der Gesellschaft vorbeizusprechen. Ich möchte diesen wichtigen Aspekt durch zwei Beispiele illustrieren.

Es gibt viele evangelistische Radiosendungen in Nordamerika. Das Hörerpotential dieser Sendungen liegt bei mindestens 150 Millionen Menschen, die alle mehr oder minder christlich geprägt sind. Entweder sind die Zuhörer bekennende Christen, oder sie haben wenigstens einen christlichen Hintergrund. Für diese Hörer sind evangelistische Radiosendungen durchaus nichts fremdartiges. Sie gehören irgendwie zu ihrer eigenen Kultur. Unter dieser großen Hörerzahl sind buchstäblich Millionen von Menschen, die nur dem Namen nach Christen sind, und die entweder vom Christentum abgekommen sind oder sich niemals wirklich bekehrten. Wenn diese Menschen im Radio das Evangelium hören, öffnen sich viele dieser gewaltigen Botschaft des Evangeliums, kommen zum Glauben und beginnen, Christus als ihrem Herrn nachzufolgen. Sie schließen sich dann in der Regel einer christlichen Gemeinde in ihrer Nachbarschaft an oder, wenn sie bereits Mitglied einer Gemeinde sind, fangen sie ganz neu an, als lebendiges und nunmehr erneuertes Glied am Gemeindeleben teilzunehmen.

Christliche Radiosendungen gibt es aber auch in der Dritten Welt. Die Zuhörer sind hier jedoch keine Amerikaner, sondern Marxisten, Hindus, Buddhisten und Moslems. Mindestens die Hälfte der Zuhörer können weder lesen noch schreiben. Für sie ist die Botschaft des Evangeliums etwas völlig Neues, meist sogar etwas vollkommen Fremdartiges. Die äußeren Bedingungen für evangelistische Radiosendungen sind also völlig unterschiedlich, weil die Zuhörerschaft vollkommen anders ist. Auch wenn das Evangelium selbst unveränderbar ist, so kommt es stark auf die kulturelle Form der Verkündigung an, um die Zuhörerschaft wirklich anzusprechen. Wenn das Evangelium in der Dritten Welt jedoch in typisch nordamerikanischer Manier über den Äther gesendet wird, so ist es fast naiv zu glauben, dadurch könnten nichtchristliche Zuhörer aus so unterschiedlichen Kulturkreisen für Christus gewonnen werden. Oft gibt es in diesen Kulturkreisen kaum Gemeinden, denen sich die Zuhörer - selbst wenn sie wollten - anschließen könnten. Wir müssen die vielen unterschiedlichen Wege zu respektieren lernen, wie christliche Gemeinden in den verschiedenen Kulturkreisen entstehen und wachsen. Durch die Art der evangelistischen Rundfunksendungen sollte es dem Zuhörer möglich werden, in einem Leben als Christ eine echte Alternative zu seinem bisherigen Leben zu erkennen. Das hat man glücklicherweise in vielen christlichen Rundfunkanstalten inzwischen erkannt, und es werden entsprechende Schritte unternommen.

Das zweite Beispiel betrifft christliche Literatur. Jeder, der christliche Literatur herstellt und verbreitet, sollte wissen, durch welche Anstöße Menschen Jesus Christus als ihren Erlöser kennengelernt haben und aktive Mitglieder einer christlichen Gemeinde geworden sind. Diese Faktoren sind in jeder Zielgruppe verschieden, und sollten besonders beim Verteilen von evangelistischer Literatur berücksichtigt werden. Japan z.B. hat ein ausgezeichnetes Schulsystem. Die meisten Menschen können lesen. Die dortigen Gemeinden können also durchaus effektive Literaturevangelisation betreiben. Wenn die evangelistischen Schriften auf die japanische Bevölkerung zugeschnitten sind, wäre es möglich, daß die Gemeinden durch diese Schriften Zulauf erhalten. Der Inhalt der Traktate muß jedoch biblisch sein, und Jesus Christus als den einzigen Erlöser und Herrn darstellen, durch den Menschen in Verbindung mit dem Vater kommen können. Aber selbst wenn die Literatur biblisch ist und Jesus Christus als einzigen Erlöser verkündigt, sind noch lange nicht alle Bedingungen erfüllt, die an ein Traktat zu stellen sind. Wenn das Traktat in amerikanischem Stil geschrieben wurde, dann wird es nämlich - wenn überhaupt - kaum gelesen werden. Den Menschen, die es trotzdem lesen, wird der Inhalt unklar bleiben. Je mehr die Verfasser evangelistischer Literatur mit der japanischen Kultur, den Überlieferungen, Weltanschauungen und Träumen der Bevölkerung vertraut sind, desto eher werden sie Leser finden. Wenn in solcher Literatur beschrieben wird, wie typische Japaner damit begonnen haben, Christus nachzufolgen, wird dies wirkungsvoller sein als amerikanische Bekehrungszeugnisse. Die Verfasser evangelistischer Literatur sollten völlig mit der Situation japanischer Gemeinden vertraut sein. Sie sollten wissen, wie sich das Christentum in den verschiedenen sozialen Schichten und Generationen in der Vergangenheit ausgebreitet hat, und welche Faktoren in der Überflußgesellschaft des modernen säkularen Japan die Ausbreitung christlicher Gemeinden begünstigen. Wer evangelistische Literatur verfaßt, sollte sich genauso gründlich in den Prinzipien des Gemeindewachstums auskennen wie der Chirurg in der menschlichen Anatomie. Hier hilft es nicht, ein oder zwei Bücher zu lesen, sondern dazu gehören jahrelange Erfahrungen und eigene Forschung.

Der Beitrag der Anthropologie

Ein Teilgebiet der Sozialwissenschaften ist die Kulturanthropologie. Dieser Wissenschaftszweig beschreibt das Verhalten von Völkern, etwa wie sie sich neuen Wegen oder Werten öffnen, wie sie sich selbst organisieren und verwalten und welche gesellschaftlichen Leitlinien sie sich selbst auferlegen. Die amerikanische Gesellschaft ist stark von den Erkenntnissen aus der Kulturellanthropologie beeinflußt worden, was viele Pastoren gar nicht wahrgenommen haben.

Viele säkulare Anthropologen vertreten vehement die Überzeugung, daß Anthropologie wertfrei sein muß und nicht zu beurteilen hat, welche Handlungen oder Sitten gut oder schlecht sind. Manche vertreten im Namen der Objektivität die Ansicht, alle Kulturen seien gleichermaßen gut. Eine Religion ist damit nichts weiter als einer der vielen Wege, die Wirklichkeit zu erklären, auf den sich eine bestimmt Bevölkerungsgruppe geeinigt hat. Aus diesem Grunde widersetzen sich diese Anthropologen jedem Versuch, eine Gesellschaft in irgend einer Hinsicht zu verändern, ganz besonders dann, wenn diese Gesellschaft für das Christentum gewonnen werden soll. Doch nicht alle denken so. Andere Anthropologen greifen ohne zu zögern auf die Erkenntnisse ihres Fachgebietes zurück, um gesellschaftliche Veränderungen auszulösen, die sie selbst, ihre Regierung oder ihr Arbeitgeber wünschen.

Missionarische Christen glauben, daß Gott in Jesus Christus den allein gültigen Weg zum Leben offenbart hat. Ihnen geht es jedoch um eine bestimmte Beeinflussung der Gesellschaft. Deshalb zögern sie nicht, in ihrer missionarischen Arbeit Erkenntnisse aus der Anthropologie zu berücksichtigen. Sie sind sich auch dessen bewußt, daß einzelne Kulturgruppen auf keinen Fall auf ihrer bisherigen Entwicklungsstufe stehenbleiben können. Zusammen mit anderen Befürwortern angewandter Anthropologie sind sie der Meinung, daß die längerfristige, positive Entwicklung eines Volkes auf keinen Fall dem Wunsch geopfert werden darf, ein Museumsstück aus ihrer Kultur zu machen, das nicht angetastet werden darf. Es gefällt ihnen ganz und gar nicht, die direkte Beeinflussung einer Kultur wirtschaftlichen Ausbeutern, Materialisten, Kommunisten, dem blindem Zufall oder den Dynamiken des eigensüchtigen Rassismus zu überlassen. Sie sind davon überzeugt, daß sie als Christen von Gott dazu aufgerufen sind, ihren Teil beim Herbeiführen einer sozialen Gesellschaftsordnung zu übernehmen, die mehr in Übereinstimmung mit seinem Willen steht, und in der mehr Frieden, Brüderlichkeit und Gerechtigkeit herrscht als zuvor.

Das ist auch der Grund, weshalb Christen mit gutem Gewissen Erkenntnisse aus der Anthropologie berücksichtigen sollten. Dadurch können sie die kulturellen Hintergründe dafür erkennen, weshalb einzelne Gemeinden wachsen, und andere nicht. Viele Gesellschaften unterliegen einem radikalen sozialen Wandel. Gemeinden, die diesen Wandel nicht erfassen, können sich auf die veränderten gesellschaftlichen Umstände nicht einstellen und nicht angemessen darauf reagieren. Die dadurch entstehenden Kommunikationsschwierigkeiten können nur durch gezielte Initiativen überwunden werden. Ohne dabei die biblischen Leitlinien zu verletzen, muß z.B. an den äußeren Formen des Christentums gearbeitet werden, müssen neue Arbeitszweige geschaffen und andere Vorkehrungen getroffen werden, damit sich die jeweilige veränderte Gesellschaft weiterhin ansprechen läßt.

In seinem Buch *Solomon Island Christianity* zeigt Alan R. Tippett, wie die Erkenntnisse aus der Kulturanthropologie sinnvoll in den Dienst des Evangeliums gestellt werden können. Es ist eine wahre Fundgrube dafür, wie die Anthropologie dazu dienen kann, die Hintergründe für quantitatives und auch qualitatives Gemeindewachstum der verschiedenen Gemeinden in diesem Kulturkreis zu erhellen. Tippett beschreibt die ganze Lebenssituation der Gemeinden auf den Solomon Inseln, das Wachstum und den Wachstumsstopp der verschiedenen christlichen Denominationen, ihr Aufblühen und ihren Niedergang, wie sie sich zu lebendigen oder nominellen Gemeinden entwickelt haben, und wie die Christen das Evangelium an andere weitervermittelt haben oder dabei versagt haben, es selbst den eigenen Verwandten zu bezeugen. Tippett beschreibt eine dramatische Szene, in der ein heiliger Feigenbaum von einigen neubekehrten Christen gefällt wurde. Die ganze Bevölkerung hatte sich daraufhin dem Christentum zugewandt und um biblische Unterweisung gebeten. Um dieses Ereignis angemessen zu verstehen und mittels anthropologischen Kenntnissen einordnen zu können, widmet Tippett zwei Seiten seines Buches der Beschreibung dieses Vorgangs aus anthropologischer Sicht. Er schließt mit der Bemerkung: "[Der westliche Missionar] arbeitet in einer melanesischen Welt, die von der melanesischen Weltanschauung geprägt ist. Er ist ständig mit melanesischer Denkweise konfrontiert, in die er sich hineindenken muß. Er muß daher den Kampf für das Christentum mit melanesischen Mitteln führen. [Das Fällen des heiligen Baumes] war eine Form echter Auseinandersetzung und ein echter Sieg des Evangeliums, für den es eine ganze Reihe von biblischen Vorläufern gibt. Es steht westlichem Missionaren gut an, sich an die statistisch erwiesene Tatsache zu gewöhnen, daß Animisten auch heute durch eine biblische Botschaft gewonnen werden, die ein religiöses Kräftemessen kennt, und kaum für eine Bibel begeistert werden können, die von allen solchen Vorkommnissen entmythologisiert worden ist" (Solomon Islands, 101)

Der Anthropologe Charles H. Kraft weist darauf hin, daß das Christentum bei der Überschreitung von kulturellen Grenzen auch seine kulturelle Form verändert. Man kann nicht erwarten, daß die im zweiten Kulturkreis (dem Missionsfeld) gegründeten Gemeinden den Heimatgemeinden des Missionars exakt gleichen. Ein Missionar, der diesen Zusammenhang nicht versteht und daher meint, seine Art der Gemeindeverwaltung, seine Bedingungen für Ordination, sein Gefühl für Pünktlichkeit, sein liturgischer Geschmack, sein musikalischer Stil, seine ethischen Vorstellungen und Tabus und andere Dinge müssen in den neugegründeten Gemeinden des anderen Kulturkreises kopiert werden, errichtet künstliche Barrieren für das Wachstum von Gemeinden.

Kraft sagt in seinem wichtigen Buch *Christianity and Culture*: "Es ist von entscheidender Bedeutung, daß jede neue Generation und jede Kultur zu ihren eigenen kulturellen Formen von Gemeinde findet, um dem Ausdruck zu geben, was Gott den Menschen zu sagen hat." Kraft hat den Ausdruck "dynamisches Äquivalent" geprägt, und so nennt er Gemeinden, die diesen Prozeß der kulturellen Angleichung der Gemeindeform durchlebt haben *dynamic-equivalence churches*, inkulturierte Gemeinden (Seite 315).

Wachstumskurven sind unentbehrlich

In den nackten Zahlenkolonnen kirchlicher Statistiken über Gemeindemitgliedschaft und die Anzahl der Christen einer bestimmten Bevölkerungsgruppe liegen viele Erkenntnisse verborgen. Das liegt einfach an der Darstellungsweise. Es ist zwar möglich, diesen Zahlen durch sorgfältiges Analysieren ihre Geheimnisse abzugewinnen, doch das ist ein langwieriger Prozeß. Wenn die Zahlenangaben jedoch in eine graphische Darstellung umgesetzt und somit veranschaulicht werden, wird dies dem Betrachter helfen, hinter die bloßen Zahlen zu schauen. Wer die Dynamiken des Gemeindewachstums verstehen möchte, sollte damit beginnen, Liniendiagramme zu zeichnen. Sie helfen zum Verständnis dessen, was geschehen ist. Dann kann auch die Frage gestellt werden, warum es zu der entsprechenden Entwicklung gekommen ist.

Im letzten Kapitel haben wir besprochen, wie eine graphische Darstellung angefertigt werden kann. Wir wollen uns nun damit beschäftigen, wie man ein Wachstumsdiagramm analysiert. Die Abbildung zeigt eine hypothetische Wachstumskurve. Man kann darin erkennen, daß nach zwanzig Jahren, in der die Gemeinden fast gar nicht gewachsen waren, sie sieben Jahre lang starkes Wachstum erlebten. Dann stagnierten die Gemeinden für eine Zeitdauer von 18 Jahren, begannen Ende der 40er Jahre wieder zu wachsen, hatten einen kurzen Rückschlag erlitten und erreichten um das Jahr 1970 einen neuen Mitgliederhöchststand.

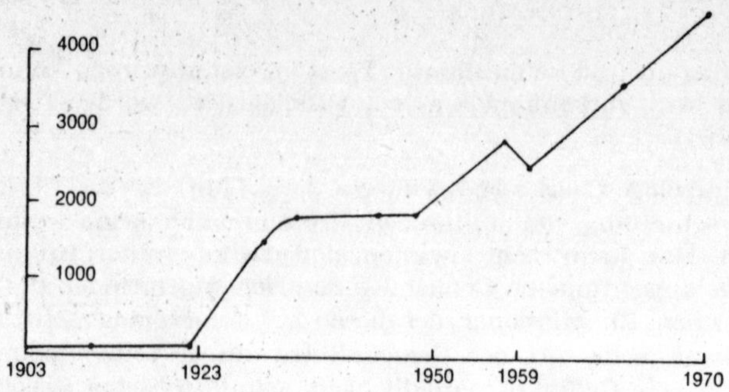

Das gegenwärtige Informationsdefizit über das Wachstum der Gemeinden kann schon an der Tatsache abgelesen werden, daß die meisten Gemeindeleiter niemals eine Wachstumskurve über die Entwicklung ihrer Denomination oder ihrer eigenen Gemeinde gesehen haben, für die sie sich ihr Leben lang einsetzen. Die meisten haben ohne Zweifel eine vage Vorstellung davon, ob ihre eigene Gemeinde wächst oder gleichbleibende Tendenz zu verzeichnen hat, aber sie verfügen damit nicht über exaktes Wissen über ihre eigene Gemeinde. Sie arbeiten sozusagen in ungewissem Nebel.

Das oben abgebildete Schaubild sollte jeden Betrachter verblüffen. Was geschah ab dem Jahre 1930? Sahen sich die Gemeinden unüberwindbaren Hindernissen gegenüber? Hatten falsche Leitlinien, abgeirrte theologische Vorstellungen oder eine negative Person die Arbeit zum Stillstand gebracht? Warum erlebten die Gemeinden im Jahre 1923 ein sprunghaftes Wachstum? Wodurch hatte sich die Entwicklung in den Jahren 1948 und 1960 wieder gefangen? Hätten die 20 Anfangsjahre, in denen die Gemeinden kaum gewachsen waren, abgekürzt werden können? Die meisten Gemeindeleiter wissen weder die Antworten auf diese Fragen noch sind sie in aller Regel in der Lage, diese präzisen Fragen überhaupt zu stellen. Die meisten sind zu wenig mit der historischen Entwicklung ihrer eigenen Denomination vertraut, um die richtigen Fragen zu stellen oder sich darüber im klaren zu sein, wo die Entwicklung sich wesentlich verändert hat.

In Amerika wurde schon viel darüber geschrieben, weshalb - in den Augen der Verfasser - die christlichen Gemeinden gewachsen waren. Man hat uns erzählt, daß dies auf die ungewöhnlichen Umstände, hervorragende Leiterpersönlichkeiten, Erweckungen, Kirchenfunktionäre, den Segen Gottes, die Arbeit "unserer großartigen Inlandmission" und so weiter und so fort zurückzuführen sei. Natürlich sind damit einige Teilwahrheiten genannt worden. Aber wenn wir nicht die Details des Gemeindewachstums nacheinander unter die Lupe nehmen und beurteilen können, in welchem Zusammenhang dieser oder jener Faktor mit dem tatsächlichen Wachstum - ersichtlich an den unbestechlichen Wachstumskurven - der Gemeinde steht, dann besteht die große Gefahr, daß wir es uns viel zu einfach machen. Die meisten Gründe für das Wachstum von Gemeinden sind nicht ohne weiteres ersichtlich, während einigen Gründen zuviel Gewicht verliehen wird.

Über Mission ist schon viel geschrieben worden. Viele der Verfasser von Missionsbüchern haben in ihren Büchern eine ganze Reihe von Gründen für das Wachstum von Gemeinden aufgeführt. Wer die vielen Bände über Missionsgeschichte, die Biographien von Missionaren und die Tätigkeitsberichte von Gemeinden und Missionsgesellschaften liest, wird immer wieder auf Aussagen darüber stoßen, wie und auf welche Weise Gemeinden gewachsen sind. Wenn solche Aussagen über das Wachstum der Gemeinden in einer homogenen Einheit während einer bestimmten Zeitspanne gemacht werden, so sind sie in der Regel verläßlich. Ihnen liegen tatsächliche Aufzeichnungen zugrunde. Wenn aber vom Wachstum der Gemeinden in größeren Gebieten oder ganzen Regionen gesprochen wird, etwa von "unseren Gemeinden im Lande X", haben die vielschichtigen Gründe für das Wachstum von Gemeinden in der Regel nicht genügend Beachtung gefunden. Solche Aussagen sind daher sehr wahrscheinlich nicht zuverlässig. Ganz besonders für Kirchenhistoriker ist es wichtig, die Wachstumsgeschichte der Gemeinden innerhalb von ganzen homogenen Einheiten zu verstehen, bevor sie Aussagen und Hypothesen über das Gemeindewachstum machen. Sonst laufen sie Gefahr, von Gründen für das Wachstum von Gemeinden sprechen, das so niemals stattgefunden hat, oder die Entwicklung in einer Sondersituation, die nur einen Teil des ganzen Bildes ausmachte, zu Unrecht auf die Gesamtheit zu übertragen.

Die graphische Darstellung von Abnahme, Nullwachstum und Wachstum

Auf einem Wachstumsdiagramm lassen sich die Entwicklungen in bestimmten Zeiträumen leicht ablesen. Wenn wir die Gründe für das Wachstum von Gemeinden verstehen wollen, so müssen wir diese Entwicklungen klar vor Augen haben. Betrachten Sie einmal das aufschlußreiche Liniendiagramm

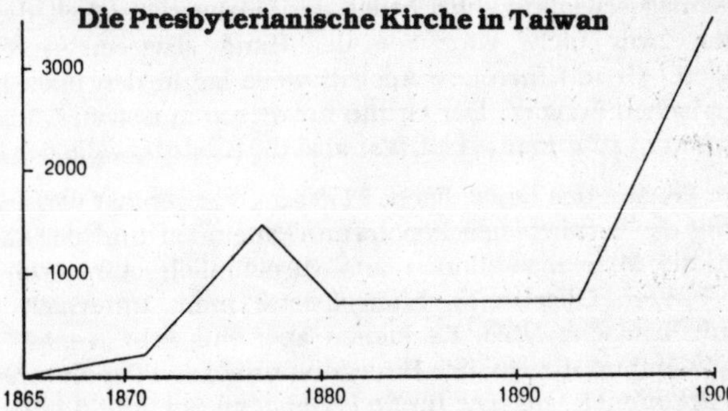

einer Gemeinde, die durch englische Presbyterianer in Taiwan (dem einstigen Formosa) im Jahre 1865 gegründet wurde. Gesetzt den Fall, wir hätten eine solche Graphik nicht zur Verfügung. Wenn dann die Frage gestellt würde,

"Wie kam es, daß die Presbyterianische Kirche Taiwans bis zum Jahre 1900 auf 3.000 aktive Mitglieder innerhalb von 35 Jahren angewachsen ist?", so würde die Antwort möglicherweise lauten: "Die Missionare verkündigten das Evangelium, Männer und Frauen wurden geheilt und gelehrt, und Gott schenkte das Wachstum." In dieser ungenauen Antwort sind sicherlich einige Elemente der Wahrheit enthalten. Die Wahrheit sieht jedoch ganz anders aus. In Wirklichkeit waren im Verlauf dieser Jahre fünf verschiedene Wachstumsphasen aufgetreten. Mit einer derart verschwommenen Antwort werden die Hintergründe für dieses vielschichtige Wachstumsphänomen jedoch eher verdeckt.

Man sieht auf dem Schaubild auf den ersten Blick, daß es fünf verschiedene Phasen in der Entwicklung der Gemeinden gegeben hatte. Die erste dauerte etwa acht Jahre. Es war die Pionierphase. Die Missionare lernten Chinesisch, erkundigten die Umgebung, freundeten sich mit den Menschen an, kauften einiges an Material und gewannen die ersten Bekehrten aus der chinesischen Bevölkerung. In der zweiten Wachstumsphase kam es zu einer kleinen Volksbewegung: 1.500 Pepohwaner traten dem Gemeindeverband bei. Daher der steile Anstieg der Kurve. Die Pepohwaner gehörten zu den Ureinwohnern Formosas, die von den chinesischen Siedlern, die im 17. Jahrhundert vom chinesischen Festland auf die Insel kamen, ins Inland zurückgedrängt worden waren. Die bekehrten Pepohwaner wurden unterwiesen und seelsorgerisch begleitet, allerdings nicht in ihrer Muttersprache, sondern in Chinesisch. Die meisten von ihnen fielen daher bei der Schlußprüfung des Taufunterrichts durch, und wurden deshalb auch nicht getauft. Verglichen mit den chinesischen Gemeindegliedern machten die bäuerlichen Pepohwaner nicht gerade einen verheißungsvollen Eindruck. Sie waren sorglos, hatten oft Schulden und betranken sich häufig. Die Landgemeinden waren ziemlich weit von den Missionsstationen entfernt und konnten schlecht betreut werden. Unter den Missionaren mehrten sich die Stimmen, daß die Arbeit unter den Pepohwanern die Arbeit unter den Chinesen störe. Ein großer Teil der Pepohwaner kehrte daraufhin den Gemeinden den Rücken. Die Missionsgesellschaft schrieb das der Unzuverlässigkeit dieser Leute zu. Das kann zwar nicht ganz von der Hand gewiesen werden, aber ein gewichtigerer Grund für diese Austrittswelle lag in den oben beschriebenen seelsorgerischen Fehlern. Der Grund für diesen massiven Rückgang, der auf dem Diagramm zu erkennen ist, war also die Austrittswelle der Pepohwaner.

Die vierte Phase - das lange, flache Plateau - war geprägt von seelsorgerischer Begleitung der verbliebenen Pepohwan-Gemeinden und der Gemeinden, die sich um die Missionsstationen aus vornehmlich chinesischen Bekehrten gebildet hatten. Gleichzeitig evangelisierte man, unterhielt Schulen und erteilte medizinische Hilfe. Es kamen aber nur sehr wenig Chinesen zum Glauben, während die einstige Bewegung unter den Pepohwanern völlig zum Erliegen gekommen war. Die fünfte Periode, im Schaubild erkennbar an dem scharfen Anstieg der Wachstumskurve, folgte direkt nach der japanischen Eroberung Taiwans im Jahre 1895. Die chinesische Kultur verlor ihre Vormachtstellung und chinesische Beamte wurden durch Japaner ersetzt.

Eine Auswirkung dieser Niederlage der Chinesen bestand darin, daß sich viele von ihnen für das Evangelium öffneten. Gerade in dieser Zeit war ein bemerkenswerter Missionar, Campbell Moody, im Westen Taiwans unterwegs. Durch seine feurigen Predigten konnten viele aus der chinesischen Bevölkerung gewonnen werden. Hunderte bekehrten sich zu Christus, einzeln oder zu zweit, als ganze Familien oder Familienverbände. Jedesmal, wenn eine Person oder eine ganze Familie sich taufen ließ, ergaben sich Möglichkeiten, auch anderen aus dem Kreis der Angehörigen der Täuflinge das Evangelium zu vermitteln. Aus dieser Arbeit erwuchs eine Vielzahl von kleinen Gemeinden. Im Jahre 1894 hatten noch die Pepohwaner die Mehrheit der Christen ausgemacht. Im Jahre 1899 war jedoch die große Mehrheit chinesischen Ursprungs.

Die Details, die uns ein Verständnis davon ermöglichen, was in den ersten 35 Jahren presbyterianischer Mission in Taiwan geschehen war, können nicht am Diagramm selbst abgelesen werden. Das Schaubild allein enthüllt nichts über die Gründe für das Wachstum oder den Mitgliederverlust. Nach diesen Hintergründen muß in geschichtlichen Abrissen, in Biographien, Berichten und Artikeln geforscht werden. Was wir jedoch daran ablesen können ist, welche Veränderungen der Wachstumsentwicklung zu welchem Zeitpunkt stattgefunden haben und wie lange die verschiedenen Phasen andauerten. Ein bloßer Gesamtüberblick über die Entwicklung sagt nicht sehr viel aus. Werden die verschiedenen Phasen der Entwicklung jedoch gesondert betrachtet, so ergeben sich ganz neue Perspektiven: der Gemeindewachstumsforscher erhält dadurch die Möglichkeit, nach den spezifischen Gründen zu fragen, die zu den jeweiligen Wachstumsperioden geführt haben. Erst dann bekommt das Bild Farbe.

Aber das ist noch nicht alles. Ein Schaubild trägt damit deutlich zur Erhellung der Situation bei und vermag Licht auf die wirklichen Vorgänge zu werfen. Wir wissen eben nicht nur, daß "sich in den Anfangsjahren einige Pepohwaner und Chinesen bekehrt haben", sondern wir wissen mehr: es waren etwa 1.500 Pepohwaner. Wir haben auch nicht nur die verschwommene Information, daß "viele Pepohwaner den Gemeinden den Rücken gekehrt haben", sondern wir wissen nun, daß es gar nicht so viele waren, und daß nach der Austrittswelle noch immer etwa 1.000 Pepohwaner Mitglieder der presbyterianischen Gemeinde geblieben waren. Wir müssen uns nicht nur mit der mageren Auskunft zufrieden geben, "die Gemeinden seien in den 90er Jahren um einiges gewachsen", sondern wir wissen, daß sich die Zahl der Christen in nur fünf Jahren mehr als verdreifacht hat. Kurz: Wir haben nun ein klar umrissenes Bild der wirklichen Vorgänge vor uns.

Das Verlangsamen einer Wachstumskurve

Folgendes Phänomen ist oft zu beobachten: Nach einer Periode von starkem Wachstum beginnt das Wachstum einer Gemeinde langsam einzuschlafen. Das geschieht auch bei Gemeinden, die unter einer für das Evangelium empfänglichen Bevölkerungsschicht entstanden sind. Oft hängt es damit zusammen, daß die Gemeinde ihre Aufmerksamkeit nach innen richtet und introvertiert wird oder sich ausschließlich am kulturellen Fortschritt zu interessieren beginnt. Besonders häufig kommt dies in den Vereinigten Staaten vor. Damit beginnt für die Gemeinde ein statischer Abschnitt, in dem sie zahlenmäßig weder zunimmt noch abnimmt. In einigen Fällen kommt das Wachstum deshalb zu erliegen, weil die Bevölkerungsgruppe, aus der die ersten Bekehrten gekommen sind, aus verschiedenen Gründen inzwischen nicht mehr existiert. Um mit einem Bild zu sprechen: Die erste Quelle ist versiegt, und die Gemeinde hat sich nicht die Mühe gemacht, eine zweite Quelle zu erschließen. Manchmal bestehen die Möglichkeiten für eine Gemeinde jedoch durchaus weiter, unter einer offenen Bevölkerung evangelistisch zu arbeiten, doch inzwischen hat sich das Ziel der Gemeinde geändert. Neue Pastoren oder Missionare haben ihre Stellen angetreten und sind nun vollständig damit beschäftigt, die Gemeindeglieder im Wachstum zu christlicher Reife anzuleiten. Keiner bemerkt, wie das Wachstum, das inzwischen zum Stillstand gekommen ist, Jahr für Jahr ausbleibt, sodaß auch nach Jahrzehnten noch immer der gleiche Mitgliederstand zu verzeichnen ist. Gute Gemeinde- und Missionsarbeit läßt sich aber nicht aufhalten, sondern verfolgt den eingeschlagenen Kurs weiter.

Ein Wachstumsstopp wird in einem Liniendiagramm als Plateau abgebildet. Es stellt sich somit die Frage: Wäre es möglich gewesen, diese Entwicklung aufzuhalten? Der Rückblick aus einer solchen Phase mit gleichbleibender Tendenz auf frühere Wachstumsphasen macht den Gemeindeleitern Mut zu glauben, daß Wachstum möglich ist, und drängt auch die Frage auf, weshalb es zu einem Abflachen der Wachstumskurve kommen konnte und weshalb die Gemeinde sich nicht wieder von diesem Trend lösen konnte.

Hierzu ein Beispiel aus der methodistischen Kirche in Ghana, der früheren afrikanischen Goldküste. Zwischen den Jahren 1907 und 1925 war die Zahl der aktiven Gemeindeglieder von 6.217 auf 38.941 gestiegen. Es war die Zeit

Gemeindeglieder in der Methodistenkirche der Goldküste

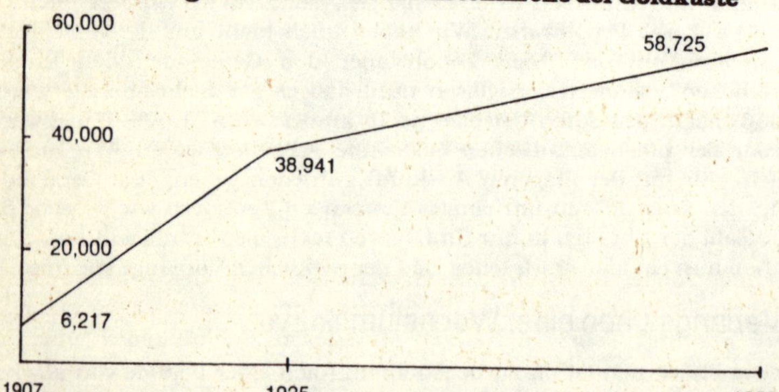

des Kakaobooms, und auch die Zeit, als es unter den Propheten Harris in Apolonien und Opon in Ashanti zu großen Volksbewegungen kam. In diesen

18 Jahren wuchs die methodistische Kirche um insgesamt 526 Prozent, oder mit einer Wachstumsrate von 177 Prozent ZWR. In den darauffolgenden 30 Jahren kam das Wachstum nahezu zum Stillstand: Die Kirche wuchs von 38.941 auf 58.725 aktive Gemeindeglieder, das entspricht einer zehnjährlichen Wachstumsrate von nur 15 Prozent ZWR. Das Schaubild zeigt, wie lange die stark verlangsamte Entwicklung angehalten hat. Im Hinblick auf den starken Wachstumsschub während den vorausgegangenen 18 Jahren drängt sich die Frage auf, was dieses Wachstum zum Stillstand gebracht hatte und ob dieser Grund wirklich zwingend war oder nicht.

Wir fragen also nach einem hinreichenden Grund für das ins Stocken gekommene Wachstum, der etwa um das Jahr 1925 seine Auswirkungen zu zeigen begann und die darauffolgenden dreißig Jahre hindurch weiterhin wirksam geblieben war. In den frühen 20er Jahren hatte man begonnen, sehr starkes Gewicht auf den Betrieb christlicher Schulen zu legen. Diese Gewichtung hatte man die folgenden 30 Jahre hindurch beibehalten. Die methodistische Kirche wurde damals von den Engländern mit der Verantwortung für einen Großteil der Schulen im methodistischen Teil Ghanas beauftragt. Sie erhielten dafür ansehnliche staatliche Zuschüsse und konzentrierten sich immer mehr darauf, Schulkinder im Rahmen christlicher Erziehung zu Christus zu führen, während man sich immer weniger damit abgab, die Erwachsenen der heidnischen Bevölkerung durch Predigt des Evangeliums für Christus zu gewinnen. Es gab noch andere Gründe für den Wachstumsstillstand, doch die starke Ausrichtung des Engagements auf christliche Schulen war ohne Zweifel der Hauptgrund.

Die Gemeindeverbände besaßen damals nahezu ein Ausbildungsmonopol in den Staaten Westafrikas, wie wir auch schon in dem Beispiel aus Zimbabwe und Sambia gesehen haben. Das machte diese Art der Arbeit für die Missionswerke auch so attraktiv. Man wundert sich nur, ob es den damaligen Leitern eigentlich gar nicht auffiel, daß die Arbeit in den vielen christlichen Schulen so gut wie kein Gemeindewachstum zur Folge hatten. Es trug zwar dazu bei, daß die gesellschaftliche Führung des Landes christlich geprägt wurde, aber dadurch wurden auch gleichzeitig die breite Bevölkerung dem Heidentum überlassen. Man glaubte damals der Theorie, daß die Menschen sich dann Christus zuwenden würden, wenn ihre politischen Führer Christen geworden sind. Doch diese Theorie funktionierte nicht, wie das Schaubild der methodistischen Kirche in Ghana deutlich zeigt.

Englische Methodisten hatten sowohl in Ghana wie auch in Nigeria damit begonnen, Gemeinden zu gründen. Doch der Trend, dem man ab 1925 im einen Lande folgte, unterschied sich nicht sehr von der Arbeitsweise in Nigeria. Deaville Walker beschrieb die Situation in seinem 1942 erschienenen Buch *A Hundred Years in Nigeria*. In seinem Schlußkapitel über die Arbeitsweise der methodistischen Mission und über die Kirchenpolitik in Westafrika finden wir folgende Aussage, die im Zusammenhang mit unserer Frage nach dem Wachstumsstopp in Ghana sehr aufschlußreich ist: "Unsere größte Aufgabe besteht zum jetzigen Zeitpunkt in gründlicher Ausbildung: Wir brauchen größere und wirkungsvollere Mittel, um Lehrer, Pastoren,

Evangelisten und Geistliche ausbilden zu können, um die Schulbildung von Jungen und Mädchen in unseren Schulen gewährleisten zu können und um die Christen in unseren Gemeinden sorgfältig zu unterweisen. In nicht allzu ferner Zukunft wird die ganze methodistische Kirche in Westnigeria - innerlich erstarkt und ihrem Herrn und Erlöser hingegeben - für die oberste aller Aufgaben mobilisiert werden - die Evangelisation der noch unerreichten Menschenmassen innerhalb der eigenen Grenzen" (Walker, 138). Grimley und Robinson zitieren Walkers Schlußsatz in ihrem Buch *Church Growth in Central and Southern Nigeria* und fügen hinzu: "Zwanzig Jahre danach (im Jahre 1962) steht der große Ausbruch der methodistischen Kirche aus ihrer Trutzburg an Ausbildung, in die sie sich verschanzt hat, um in einer evangelistischen Großinitiative die 'noch unerreichten Menschenmassen' zu erreichen, noch immer bevor" (Seite 337). Als Gründe für das Wachstumsstopp bezeichnen sie "hauptsächlich eine Überbetonung des humanitären Dienstes und der Hebung des Standards an Allgemeinbildung auf Kosten der Evangelisation. Die Schulen wurden zum Eingangsportal für die Gemeinden. Dadurch wurde das evangelistische Potential eingeschränkt und der Wachstumsprozeß verlangsamt" (ebd., S. 337)

Diese Schlußfolgerungen können selbstverständlich nicht aus dem Liniendiagramm selbst gezogen werden, aber es zeigt unübersehbar deutlich das lange Plateau auf. Im Zusammenhang mit zusätzlichen Informationen über die Arbeitsweise, Handlungsschwerpunkte, Personen und äußeren Umstände der im Diagramme angezeigten Periode wird es jedoch möglich, exakte Aussagen über das Wachstum des Gemeindeverbandes zu machen.

Gemeindewachstum in homogenen Einheiten

Eine graphische Darstellung des Gemeindewachstums innerhalb bestimmter homogener Einheiten trägt erheblich zum Verständnis der Hintergründe dieses Wachstums bei. Die am leichtesten zugängliche Zahl ist die Gesamtzahl der Christen eines bestimmten Gebietes. Sie kann einfach den veröffentlichten Jahresberichten der Gemeindeverbände entnommen werden. Wir werden daher auch häufig Schaubilder finden, in denen die Entwicklung einer ganzen Denomination innerhalb eines Landes graphisch dargestellt ist. Ein Gemeindeverband besteht jedoch sehr oft aus verschiedenen Gruppen von Gemeinden, die jeweils in ganz unterschiedlichen Bevölkerungssegmenten zu finden sind. Die äußeren Umstände sind daher nicht für die ganze Denomination gleich, sondern variieren von Ort zu Ort. Deshalb kann es auch irreführend sein, nur die Wachstumskurve aller Gemeinden zusammengenommen vor Augen zu haben. Die wirklichen Gründe für das Gemeindewachstum können dadurch verdeckt werden. Deshalb sind Wachstumskurven von Gemeinden, die innerhalb bestimmter homogener Einheiten existieren, von so entscheidender Bedeutung.

Ein klassisches Beispiel dafür finden wir in Roy Shearers Buch *Wildfire: The Growth of the Church in Korea.* Shearer hatte alle Mitgliedslisten der Presbyterianischen Kirche in allen Kirchenbezirken Koreas photographiert, sorgfältig die Statistiken überprüft und neun Wachstumskurven gezeichnet, für jeden Kirchenbezirk eine. Diese Schaubilder, die unten abgebildet sind, zeigen deutlich, daß das starke Wachstum der Presbyterianischen Kirche in Korea hauptsächlich in den beiden nordwestlichen Provinzen - Nord und Süd Pyongan - stattgefunden hat.

In seinem vierten Kapitel, "Vergleich des Wachstums der Presbyterianischen Kirche nach geographischen Regionen" geht Shearer den allgemeinen Auffassungen über das Gemeindewachstum in Korea einmal nach. Diese gehen von der generellen Tatsache aus, daß die Zahl der Christen dieses Landes stark gewachsen sind. Shearer überprüfte diese Ansichten über das koreanische Gemeindewachstum aufgrund der Wachstumskurven in den einzelnen presbyterianischen Kirchenbezirken und fand heraus, das die meisten dieser Aussagen nicht stimmten. Seine Arbeit ist Pflichtlektüre für jeden, der sich ernsthaft mit Gemeindewachstum beschäftigt. Jede Schlußfolgerung, die nur aufgrund der Gesamtzahl der Christen eines ganzen Gebietes gezogen wird, ist seit der Veröffentlichung von Shearers Analyse endgültig verdächtig. Wir können aus Platzgründen seiner hervorragenden und vielschichtigen Argumentation leider nicht nachgehen, aber wir werden zwei wichtige Beispiele herausgreifen.

A. W. Wasson leistete bemerkenswerte Pionierarbeit auf diesem Gebiet durch seine Studie *Church Growth in Korea*. Seine Arbeit trug wesentlich zur Erhellung der Situation bei, hatte jedoch den Nachteil, daß er sich nur auf die Untersuchung der Gesamtzahl der Christen des Landes beschränkt hatte. Die Entwicklung zeigte, daß sich in den Jahren zwischen 1911 und 1919 das Wachstum auffallend verlangsamt hatte. Wasson führte das auf den Verlust der Sicherheit für Leib und Leben sowie auf die Enteignung während der japanischen Oberherrschaft zurück, sowie auf die Christenverfolgung, die ausgebrochen war, als 150 Personen, zumeist christliche Lehrer und Studenten, in Sunchan in der Provinz Nord-Pyongan angeklagt worden waren, eine Verschwörung angezettelt zu haben, den japanischen Generalgouverneur bei seiner Durchreise umzubringen. Shearer wies nach, daß diese Gründe tatsächlich die Entwicklung der Kirchen in den nördlichen Provinzen beeinflußt hatten, fügt aber hinzu: "Wäre die Verschwörung wirklich ein so entscheidender Faktor in der Entwicklung der Kirchen gewesen, so müßte man erwarten, daß das Gebiet, in dem die Verfolgung am hartnäckigsten war, am wenigsten Wachstum zu verzeichnen hatte. Doch sehen Sie sich einmal Abbildung 11 an [eine vergrößerte Darstellung der Wachstumskurve aus der Nord-Pyongan Provinz]. Die Missionsstation, von der aus in dieser Provinz gearbeitet wurde, ist Sunchun. Man sucht vergeblich nach einer Verlangsamung der zahlenmäßigen Entwicklung der aktiven Gemeindemitgliedschaft. . ." (Wildfire, 140).

Ein weiterer Grund, auf den man allgemein das Wachstum der Gemeinden in Korea zurückführte, war die Erweckung im Jahre 1907 und ihre Folgen. Shearer geht der allgemeinen Ansicht einmal nach, daß *die Erweckung* der wichtigste Grund für das starke Wachstum der Gemeinden Koreas war. Er sagt: "Es stimmt zwar, daß in den Gebieten Koreas, wo die Gemeinden nur sehr langsam gewachsen waren, direkt nach der Erweckung ein leichter Anstieg der Entwicklung zu beobachten ist. . . Doch im Nordwesten des Landes sollte die Erweckung - wäre sie ein so entscheidener Grund für das Gemeindewachstum, wie man immer annimmt - sich noch weitaus stärker auf das Wachstum der Gemeinden ausgewirkt haben, weil der Nordwesten eines der Zentren der Erweckung war. Das ist jedoch nicht der Fall. [In den Schaubildern ist zu erkennen, daß] die Kirchen bereits *vor* der Erweckung deutliches Wachstum zu verzeichnen hatten und daß sich die Wachstumsrate unmittelbar nach der Erweckung nur *sehr* geringfügig verändert hatte. Wir müssen daher zu der Schlußfolgerung kommen, daß die Erweckung im Nordwesten des Landes keineswegs der Hauptgrund für das Wachstum der Presbyterianischen Kirche war, ja vielleicht kaum von Bedeutung für das dortige Gemeindewachstum war" (Wildfire, 136).

Gemeindemitglieder der Presbyterianischen Kirche In Korea, aufgeteilt nach Privinzen, 1885 - 1930

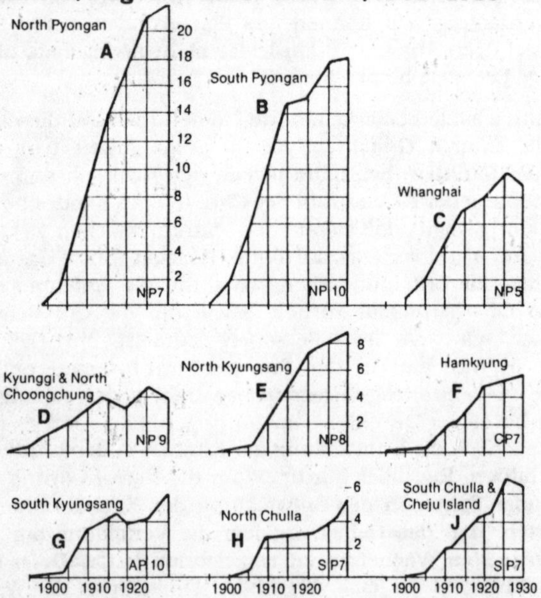

AP Australische Presbyterianische Mission
CP United Church of Canada
SP Southern Presbyterian Mission
NP United Presbyterian Church, USA

Die Zahl hinter dem Kürzel rechts unten ist die Anzahl der Missionare pro Gebiet (1911)

Die entscheidende Bedeutung von Wachstumskurven einzelner homogener Einheiten würde noch deutlicher werden, wenn wir die Wachstumskurve der Presbyterianischen Kirche in Taiwan während ihren ersten 35 Jahren nehmen würden, die Angaben der Pepohwanchristen und der chinesischen Christen getrennt aufführen und sodann zwei Schaubilder erstellen würden. Das erste Schaubild würde die Entwicklung und den Rückgang der Volksbewegung der Pepohwanchristen zeigen, und das zweite die Entwicklung der Gemeindemitgliedschaft der chinesischen Christen. Leider werden die Angaben über Gemeindemitgliedschaft nur selten nach ethnischen oder anderen Gruppen getrennt aufgeführt, es sei denn diese Bevölkerungssegmente sind deckungsgleich mit der Einteilung in geographische Gebiete, wie es in Korea der Fall ist. Die Folge davon ist, daß es oft nicht möglich ist, etwas Genaues über die Wachstumsentwicklung von Gemeinden innerhalb bestimmter homogener Einheiten auszusagen. Wo immer es möglich ist, sollten diese Angaben in vollem Umfang berücksichtigt werden. Es ist zu hoffen, daß die Entwicklung der Gemeinden in homogenen Einheiten in Zukunft separat aufgeführt werden wird, je mehr das Interesse an einer ernsthaften Beschäftigung mit den Prinzipien des Gemeindewachstums steigt. Dieser kleine Zusatzaufwand in der Routineerfassung der Mitgliederzahlen würde sich lohnen: Die Leiter der Gemeindeverbände würden sehen können, welche Gemeindegruppen wachsen, und welche nicht. Es wäre damit um vieles leichter, die Hintergründe für das Wachstum von Gemeinden zu erkennen.

Zusatzinformationen, graphisch dargestellt

Einige Zusatzinformationen können ebenfalls nützlich sein, die Hintergründe für das Wachstum von Gemeinden zu erhellen, besonders dann, wenn sie graphisch dargestellt werden. Dazu zählen die Zahl der Anhänger christlicher Gemeinden, die sich bereits als Christen bezeichnen, jedoch noch nicht getauft sind, die detaillierten Angaben über biologisches, Transfer- und Bekehrungswachstum, Mitgliederverluste durch Tod, Wegzug, Abfall und Gemeindezucht, sowie Daten aus der soziologischen Analyse des Familienstandes und aus den Schülerlisten. Solche Zahlenangaben können dabei helfen, die Aussagen über Wachstum und Nichtwachstum von Gemeinden beträchtlich zu vertiefen.

Gesamtbevölkerung	10,000
Gemeinteglieder insgesamt	8,000
Anzahl der Getauften	1,122

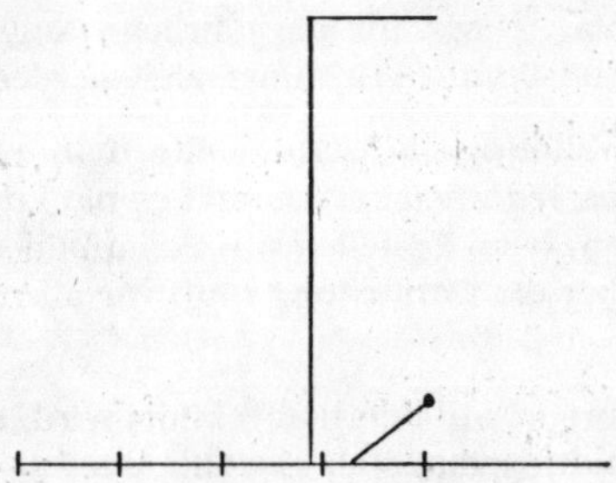

In Irian Jaya, dem früheren West-Neuguinea, hatten sich am 14. und 15. Februar 1960 8.000 Angehörige des Stammes der Danis entschlossen, Christen zu werden. Sie machten aus ihren Fetischen einen langen Scheiterhaufen und verbrannten sie. Missionare der *Christian and Missionary Alliance* gaben den 8.000 Anhängern biblischen Unterricht, bildeten einheimische Leiter für sie aus, und tauften sie, als die Männer und Frauen genug über Jesus Christus gehört hatten, und nun wußten, was sie taten, als sie sich ihm im Glauben anvertrauten. Im Jahre 1961 hatten sich bereits 1.222 taufen lassen. Bis zum Jahre 1967 war diese Zahl auf etwa 6.000 angewachsen. Das oben abgebildete Schaubild läßt die Situation um das Jahr 1961 deutlich erkennen. Die vertikale Linie zeigt die Zahl der 8.000 Anhänger seit dem Jahre 1960. Die kleine ansteigende Linie bezeichnet das ständige Zuwachs an getauften Christen, die damit aktive Gemeindeglieder geworden waren (West New Guinea, 28). Der Hintergrund für die zahlenmäßige Zunahme der getauften Christen waren die 8.000 Danis, die sich entschlossen hatten, Christen zu werden.

Ein Wort über das Erstellen von Schaubildern

In vielen Ländern der Welt ist es einfach, für einzelne Gemeinden oder Gruppen von Gemeinden aussagekräftige Wachstumskurven zu erstellen. Es wird Ihnen helfen, wenn Sie sich an die folgenden fünf Grundsätze halten, die für die verschiedensten Situationen Gültigkeit besitzen. Wie ich schon zuvor gesagt habe, wird hierbei das *Handbuch für Gemeindeanalyse* von Waymire und Wagner eine gute Hilfe sein.

1. Die graphische Darstellung der Wirklichkeit ist praktisch und dramatisch. Aber sie ist nicht genau genug. Die Linie selbst, mit der der Kurvenverlauf gezeichnet ist, macht die Darstellung unscharf, denn sie ist dick genug, um einiges zu verdecken. Deshalb sollte man bei einer gewissenhaften Untersuchung die statistischen Zahlenangaben sorgfältig aufbewahren, auf denen die graphischen Darstellungen beruhen, und entsprechenden Berichten beifügen.

2. Die Proportionen der Abbildungsmaßstäbe eines Schaubildes können den Eindruck, den eine Graphik auf den Betrachter macht, stark beeinflussen. Durch das richtige Wählen der Maßstäbe - das Verhältnis der vertikalen und der horizontalen Skala -, etwa für die jährliche Angabe über die Zahl der Mitglieder, kann eine bestimmte Wirkung erzielt werden.

Bei der Wahl der Abbildungsmaßstäbe sollte man zwei Prioritäten setzen: *Das Schaubild muß die Wahrheit zeigen, und es muß dies auf sinnvolle Weise tun.* Es ist zwar legitim, beim Erstellen von Schaubildern den richtigen Effekt erzielen zu wollen, aber die Darstellung muß vor allem *wahrheitsgetreu und exakt* sein.

3. Wenn eine Reihe von Schaubildern abgebildet wird, sollte nach Möglichkeit immer derselbe Abbildungsmaßstab gewählt werden und die Proportionen gleich bleiben. Wenn die Diagramme zwar wahrheitsgetreu gezeichnet

wurden, der Maßstab jedoch bei jeder Graphik geändert wurde, besteht die Gefahr, daß der Betrachter irregeführt wird, weil er automatisch annimmt, den Schaubildern liege derselbe Maßstab zugrunde. Selbst bei späterer sorgfältiger Betrachtung der Maßstäbe bleibt dennoch der erste Eindruck hängen. In manchen Fällen werden sich sogar die Leser darüber ärgern, weil sie fast den Eindruck haben, hinters Licht geführt worden zu sein.

4. Wenn auf einem Blatt das Wachstum von größeren Gemeinden (über 5.000 Mitglieder) und die Entwicklung von Gemeinden mit einigen Hundert oder wenigen Tausend Mitgliedern abgebildet ist, so wird sich wegen des großen Abbildungsmaßstabes die Kurve der kleineren Gemeinden kaum von der Horizontale lösen. Es wird dann nur sehr schwer möglich sein, ihre Entwicklung genau zu analysieren, und sie werden stets im Schatten der großen Gemeinde stehen, was durch den Vergleich aufgedrängt wird. Es ist deshalb vorteilhaft, zwei Maßstäbe zu gebrauchen: a) für Gemeinden mit einer Mitgliederzahl von (angenommen) über 5.000, und b) für Gemeinden mit geringerer Mitgliedschaft. Auf einem Blatt sollte nur jeweils ein Maßstab benutzt werden, also nur eine Kategorie von Gemeinden analysiert werden. Noch deutlicher wird es, wenn die verschiedenen Maßstäbe farblich voneinander abgehoben werden und der größere Maßstab etwa immer in Grün, der kleinere in Rot dargestellt wird.

Ingenieure werden wissen, daß solche Schaubilder auch gut auf semilogarithmischem Millimeterpapier gezeichnet werden können. Wir haben mehrere Jahre damit experimentiert. Es hat sich gezeigt, daß durchschnittlich begabte Gemeindewachstumsforscher in der Regel zu wenig mit den logarithmischen Prinzipien vertraut sind, als daß dieser Abbildungsmaßstab überall Anwendung finden könnte.

5. In einer Pilotstudie werden manchmal aus Zeitgründen die Angaben der Gemeindemitgliedschaft nur alle fünf oder zehn Jahre berücksichtigt. Um der Genauigkeit willen sollten uns jedoch die jährlichen Angaben vorliegen. Von besonderem Interesse ist dabei der Zeitraum der letzten zehn Jahre; die Vorgänge in dieser Periode sind häufig für eine gründliche und aktuelle Analyse entscheidend.

8

Die wahren Gründe feststellen

Angenommen, in einem Stadtteil, einem Bezirk, einem Stamm oder einem anderen Bevölkerungssegment sind eine Vielzahl von lebendiger christlicher Zellen oder Gemeinden entstanden. Wohin sollten die Gemeindeleiter eigentlich schauen, wenn sie nach Gründen für dieses Wachstum Ausschau halten?

Manche meinen, dies sei wohl eher eine rhetorische Frage, und die Antwort liege doch auf der Hand. Es waren die evangelistischen Großeinsätze, so meint man, durch die Menschen zu Christus fanden und die zum Entstehen neuer Gemeinden geführt haben. Die Gemeindeleiter brauchten nichts weiter zu tun als herauszufinden, auf welche Weise evangelisiert worden war. Damit seien sie fündig geworden. Doch wer so denkt, berücksichtigt leider nicht die Tatsache, daß evangelistische Einsätze zu völlig unterschiedlichen Resultaten führen. An manchen Orten werden Tausende von Menschen gewonnen, an anderen Orten nur einige wenige Dutzend. Durch viele Großevangelisationen soll zwar die ganze Stadt erreicht werden, doch es kommt oft vor, daß sich daraufhin nur wenige Menschen als verbindliche Glieder einer bereits bestehenden Gemeinde anschließen, und keine einzige neue Gemeinde durch diesen Einsatz entsteht.

Als Christen, die ernsthaft am Wirken des Heiligen Geistes interessiert sind, der viele Tausende von neuen Gemeinden erlöster Christen überall auf der Welt ins Leben ruft, müssen wir uns fragen, weshalb Evangelisation nicht in allen Kulturen zu Bekehrungen führt. In einigen Bevölkerungsgruppen kommt es zu regelrechten Kettenreaktionen, wodurch eine große Anzahl neuer Gemeinden entsteht, und in anderen Bevölkerungsgruppen bekehren sich kaum eine Handvoll Menschen, die die bestehenden Gemeinden nur unmerklich stärken. Warum ist das so? Warum erlebt eine Gemeinde einmal eine Periode lebendigen Wachstums und stagniert dann für eine gewisse Zeit? Welche äußeren Faktoren bedingen das Wachstum von Gemeinden? Was kann ein Missionswerk dazu beitragen?

Wohin sollen wir uns wenden, um auf diese Fragen Antworten zu erhalten? Die Fragen sind keineswegs nur rhetorischer Natur, und die Antworten liegen auch nicht einfach auf der Hand. Nach diesen Antworten muß gewissenhaft an den richtigen Stellen geforscht werden.

Die verantwortlichen Pastoren und Missionare

Es besteht gar kein Zweifel daran, daß die beste Informationsquelle dafür, das Wachstum von Gemeinden zu verstehen, die Menschen sind, die es persönlich miterlebt haben. Sie wissen genau, was geschehen ist. Sie kannten jeden, der am Christentum Interesse zeigte, und haben jeden Bekehrten selbst getauft. Sie sind es, die auf Widerstand stießen, die die Siege gefeiert haben und die über den Niederlagen trauerten. Aus diesem Grunde sind die Pastoren und Missionare, die das Wachstum, den Stillstand oder den Mitgliederschwund persönlich miterlebt hatten, die erste Anlaufstelle, wenn wir wissen wollen, was geschehen ist.

Sie wissen mehr als irgend eine andere Person. Sie haben eine gute Ausbildung genossen, sind daran gewöhnt, kritisch zu denken und verfügen über eine reiche Erfahrung. Sie wissen, wie man sich mit den Gemeindegliedern unterhält und haben keinerlei Verständigungsschwierigkeiten. Pastoren und Missionare pflegen den engsten nur möglichen Kontakt mit neugegründeten Gemeinden. Sie haben viel darüber nachgedacht, wie die Gemeinde wachsen kann. Sie wünschten, sie arbeiteten und sie beteten für das Wachstum der Gemeinde und haben sich mit ihrem ganzen Leben dafür eingesetzt.

Doch das hat auch einen Nachteil: Sie sind oft zu sehr mit der Geschichte der eigenen Gemeinde verwachsen und stehen in der Gefahr, betriebsblind zu sein. Sie neigen dazu, die eigene Leistung im Hinblick auf das Wachstum der Gemeinde zu überschätzen, und unterschätzen dabei häufig, wie wichtig die sozialen Strukturen im Hinblick auf das Wachstum oder das Stagnieren einer Gemeinde sind. Ihr Gesichtsfeld ist ebenso stark durch Nebel getrübt wie das von kirchlichen Verwaltern. Aber trotz diesen Einschränkungen sind die Pastoren und Missionare, die während des zu untersuchenden Zeitraumes selbst vor Ort aktiv waren, die besten Quellen für Auskünfte. Gemeindewachstumsforscher sollten ihnen durchaus einige Schwächen zugestehen können und ihnen sogar helfen, damit besser umzugehen.

Wenn man nach Informationen über das Wachstum der Gemeinde fragt, so sollte man gezielt danach fragen, was in einigen Fällen geschehen ist, und sich somit einen Einblick darüber verschaffen, wie groß das Ausmaß des Wachstums in einem bestimmten Fall war. Es ist sehr hilfreich, eine Wachstumskurve der betreffenden Gemeinde bei sich zu haben. Dadurch kann viel Zeit gespart werden, in der über Unwichtiges gesprochen wird, und es hilft dabei, die entscheidenden Informationen herauszufinden. Ich würde etwa fragen: "Sehen Sie den plötzlichen Knick nach oben in der Wachstumskurve? Im Jahre 1961 ist irgend etwas geschehen, das dazu führte, daß sich Ihre Denomination in sechs Jahren verdoppelte. Ich bin daran interessiert, die Gründe für dieses plötzliche Wachstum herauszufinden, das dann langsamer wurde und im Jahre 1976 ganz aufhörte. Sie haben die ganze Zeit selbst miterlebt. Bitte sagen Sie mir, was wirklich geschehen ist."

Auch Pensionäre sind manchmal gute Informanten. Wenn sie allerdings in ihrer Amtszeit kaum Interesse am Wachstum von Gemeinden hatten, so werden sie wenig Interessantes beizusteuern haben.

Auf der Suche nach den Gründen für das plötzliche Wachstum der *Christian Church (Disciples of Christ)* in China hatte ich zwei pensionierte Missionare interviewt. Während den Jahren 1880 bis 1940 hatte das Engagement einer großen Zahl von Missionaren dazu geführt, daß ein kleiner Gemeindeverband mit nur 1.198 Mitglieder entstanden war. Die Gemeinden waren während den sechs Jahrzehnten höchstens im Schneckentempo gewachsen. Warum kam es dann im Jahre 1942 zu einem Aufbruch, in dem sich innerhalb von nur sechs Jahren 1.867 *neue* Mitglieder den Gemeinden anschlossen? Beide Missionare waren in den entscheidenden sechs Jahren selbst auf dem Missionsfeld gewesen.

Der eine von ihnen, O. J. Goulter, führte es auf zwei Gründe zurück. Der erste: Nachdem die japanischen Truppen mit Hilfe von amerikanischen Waffen zurückgeschlagen worden waren, hatte sich das Image der amerikanischen Missionare in den Augen der Chinesen beträchtlich aufgebessert. Nach sechzig Jahren war es wohl das erste Mal, daß die chinesische Bevölkerung sie als "unser Freund und Helfer" willkommen hieß. Wo sie früher nur auf Feindschaft, Gleichgültigkeit oder Verdächtigungen gestoßen waren, wurde ihnen nun Freundlichkeit entgegengebracht. Damit waren der Bevölkerung die Ohren für das Evangelium geöffnet, und sie betrachteten es nicht länger als die Speerspitze einer fremden Invasion. Der zweite Grund, den er anführte, war, daß die Bibelschule eine neue Ausbildungsform für Evangelisten eingeführt hatte. Man brachte den Missionaren eine Kombination von Evangelisation und Landwirtschaft bei. Sie konnten auf dem Einsatzfeld den Bauern nicht nur den Weg zur Erlösung predigen, sondern ihnen auch zeigen, wie sie ihre Ernteerträge und ihre Schweineproduktion erhöhen konnten. Überall, wohin diese Evangelisten gingen, entstanden kleine Landgemeinden.

Der zweite Missionar, James McCallum, war der Feldleiter dieser Missionsgesellschaft gewesen. Er schaute sich die Zahlen mit einem Blick an und meinte: "In diesen Jahren haben sich einige unabhängige Gemeinden in Nanking entschlossen, sich unserem Gemeindeverband anzuschliessen."

Dieses Beispiel zeigt gut, mit welchen Besonderheiten die Informationen behaftet sind, die wir von Pastoren und Missionaren erwarten können. In aller Regel werden wir nur Teilinformationen erhalten. Der Feldleiter kannte einen Teil der Hintergründe aus persönlicher Erfahrung. Er hatte in Nanking gewohnt und selbst dazu beigetragen, den unabhängigen Gemeinden zu einer Mitgliedschaft in seinem Gemeindeverband zu verhelfen. Deshalb konnte er sich auch daran erinnern. Der Leiter der Bibelschule wohnte am Rande des Missionsgebietes und wußte nur von dem Gemeindewachstum zu berichten, das er selbst miterlebt hatte. Die Informationen, die wir von Gemeindeleitern erhalten, werden für gewöhnlich die Interessen und Aufgabenschwerpunkte der Informanten widerspiegeln.

Missionssekretäre sind nur in seltenen Fällen ergiebige Informanten, wenn wir nach Gründen für das Wachstum von Gemeinden suchen. Sie betreuen normalerweise mehrere Missionsfelder und haben zu wenig Kontakt mit den Menschen in den einzelnen Arbeitsgebieten. Sie können sich normalerweise mit den Missionaren und Gemeindeleitern nur in Englisch unterhalten. Da sie eine ganze Reihe von Aufgaben zu verantworten haben, haben sie von vornherein die Tendenz, sich nicht zu tief auf ein einzelnes Arbeitsgebiet einzulassen, da ja alle anderen Gebiete dadurch leiden würden. Ihre Hauptaufgabe besteht darin, neue Missionare zu rekrutieren und für die nötige finanzielle Deckung aus dem Heimatland zu sorgen. Deshalb liegt ihr Hauptaugenmerk auch weniger auf diagnostischem Material, sondern auf Dingen, die für die Öffentlichkeitsarbeit verwendet werden können.

Einige Missionssekretäre beginnen jedoch bereits, sich näher mit den Prinzipien des Gemeindewachstums zu beschäftigen und sie zu studieren. Ihre Zahl wird in der Zukunft noch größer werden. Exaktes und breites Wissen über die Prinzipien des Gemeindewachstums ist für jeden hilfreich, der in der Verwaltung von Missionswerken oder Gemeinden tätig ist, die ein Interesse daran haben, den Missionsbefehl auszuführen. Der Tag wird kommen, an dem akademische Kenntnisse über Gemeindewachstum zu den Voraussetzungen gehören werden, die jemand mitbringen muß, wenn er als Verwalter eines Missionswerkes oder eines Gemeindeverbandes tätig sein will. Je eher dies geschieht, desto früher werden Missionssekretäre zu ausgezeichneten Informationsquellen dafür werden, weshalb Gemeinden wachsen. Nur wenige Menschen haben soviel Gelegenheit, aus erster Hand Einblick in Fälle zu haben, in denen Gemeinen wachsen, stillstehen oder abnehmen.

Laien

Es kann sich sehr lohnen, sich auf der Suche nach entsprechenden Informationen an Laien zu wenden. Wenn Gemeinden wachsen, so liegt das daran, daß sich viele Christen haben taufen lassen. In diesem Sinne ist also Gemeindewachstum nichts weiter als die Summe von getauften Christen. Niemand weiß besser, wodurch die Gemeinden gewachsen sind, als die Menschen, die sich der entsprechenden Gemeinde selbst angeschlossen haben. Es ist eine wahre Goldgrube, die Gemeindeglieder selbst zu befragen. Doch es ist nicht sehr einfach, aus dieser Mine tatsächlich Gold zu schürfen. Man muß darin geübt sein, Menschen zu interviewen. Das ist ohne eine besondere Ausbildung nicht ohne Weiteres möglich. Wer solche Interviews führen will, darf zum Beispiel keine Suggestivfragen stellen und muß die Sprache des Gesprächspartners gut beherrschen. Wenn er einen Übersetzer herbeiziehen muß, so wird dadurch das ganze Gespräch nicht nur in die Länge gezogen, sondern es besteht auch die Tendenz, daß der Übersetzer die Antworten durch seine eigene Meinung färbt. Man sollte außerdem die Gesprächspartner so sorgfältig aussuchen, daß ein repräsentatives Spektrum von Meinungen und Erfahrungen erfaßt wird. Dieser letzte Faktor wird häufig übersehen, was zur Folge hat, daß oft nur entweder die frömmsten, die gebildetsten oder die am einfachsten zu erreichenden Personen befragt werden. Damit wird das Ergebnis der Studie jedoch einseitig. Mit Bewohnern ländlicher Gebiete und mit Menschen, die weder lesen noch schreiben können, muß besonders geduldig umgegangen werden. Solche Menschen brauchen oft lange, um über eine einfach Frage nachzudenken. Wenn man eine echte Antwort haben möchte, darf man sie nicht unter Druck setzen. Oft wird der Befragte genau die Antwort geben, die - seiner Meinung nach - der Interviewer gerne hören möchte. Das geschieht aus purer Höflichkeit, um den hohen Gast dadurch zu ehren.

Trotz diesen Nachteilen ist es sehr wertvoll, im Verlauf der Gemeindewachstumsforschung Laien zu befragen. Laien sind realistisch. Sie können sich noch gut daran erinnern, welche Gründe es waren, die sie (und ihre Verwandten und Freunde) bewegt haben, Christen zu werden. Ihre Antworten sind weder theologisch vorbelastet noch (bei Befragen von Menschen aus der Zweidrittelwelt) durch die Wertmaßstäbe der westlichen Kultur verzerrt. Wenn der Gemeindewachstumsforscher an der ganzen Wahrheit interessiert ist, dann sollte er mit Hunderten von Laien sprechen, die persönlich das Gemeindewachstum miterlebt haben, das untersucht werden soll. Es ist zwar durchaus wertvoll, wenn ein Forscher an seinem Schreibtisch historische Abhandlungen und statistische Jahresberichte aufarbeitet, *aber es geht nichts über das direkte Interview mit Beteiligten vor Ort.* Der vielschichtige Prozeß des Gemeindewachstums wird sehr schnell transparent, wenn man mit den langjährigen Gemeindegliedern der betreffenden Gemeinde - mit dem Volk von der Straße - spricht und herausfindet, weshalb diese Menschen Christen geworden sind.

Ein Gemeindewachstumsforscher war damit beschäftigt, eine 50 Jahre dauernde Wachstumsphase einer Denomination zu untersuchen, durch die dieser Gemeindeverband auf 147 Einzelgemeinden mit insgesamt 7.000 Mitgliedern angewachsen war. Diese Christen trafen sich regelmäßig zu Gottesdiensten. Viele von ihnen hatten eine hohe Schulbildung. Als der Forscher mit den älteren Männern der Gemeinde plauderte, von denen keiner lesen und schreiben konnte, fragte er sie im Verlauf des Gesprächs auch nach der Zeit, in der sie alle Christen geworden waren. Immer wieder hörte er sie davon sprechen, wie sie damals von der Polizei verfolgt worden waren.

"Wir waren ein rauhes Volk, bevor wir Christen geworden sind," sagte ein ergrauter alter Mann. "Weil wir einen so schlechten Ruf hatten, war die Polizei uns ständig auf den Fersen, mehr als wir es eigentlich verdient hatten. Sie sperrten unsere Jugendlichen ein, belästigten unsere Frauen, zwangen uns dazu, ihnen Reis und Gemüse zu geben oder ihr Gepäck bis zum nächsten Dorf zu tragen, ohne etwas dafür zu bezahlen. Wir wußten nicht, wie wir uns wehren sollten. Als wir Christen geworden sind, begannen uns unsere Pastoren zu helfen, wenn wir uns aus Unkenntnis nicht selbst zu wehren vermochten. Manchmal hat sich sogar unser Missionar für uns eingesetzt. Langsam besserten wir uns aber auch und bekamen einen guten Ruf. Jetzt läßt uns die Polizei in Ruhe" (West Utkul).

Es gibt viele Möglichkeiten, zu den gesuchten Informationen zu kommen. Jeder Gemeindewachstumsforscher hat bereits eine bestimmte Ahnung davon, wie es dazu kam, daß die untersuchten Gemeinden gewachsen sind. Diese Arbeitshypothese bildet auch den Hintergrund seiner Fragen. Er wird zunächst darauf abzielen, diese Hypothese entweder bestätigt oder widerlegt zu bekommen. Manche Fragen werden nicht sehr viel weiterhelfen, und manche Aspekte des Gemeindewachstums, die man zunächst gar nicht im Blickfeld hatte, werden erst im Verlauf der Befragung deutlich werden. Man sollte diesen Befragungsprozeß daher flexibel gestalten, um nicht durch eigene Voreingenommenheit das Resultat der Befragung zu beeinflussen und um auf die spezifische Situation angemessen eingehen zu können.

Ich hatte einmal eine Untersuchung der United Church of Christ in the Philippines durchzuführen. Im Verlauf der Studie hatte ich in über hundert Gemeinden Laien befragt. Es war mir bald aufgefallen, daß einige Gemeinden zum großen Teil aus sogenannten halben Familien bestand, verheirateten Christen also, deren Ehepartner kein Christ war. Diesen Gemeinden mangelte es, verglichen mit Gemeinden, in denen viele ganze Familien Mitglieder waren - Familien, in denen beide Partner Christen waren -, sehr an Lebendigkeit. Sobald ich das herausgefunden hatte, begann ich, in meinen weiteren Befragungen gezielt nach dem Familienstand der Mitglieder zu fragen. Dieser neue Aspekt trug viel dazu bei, die Dynamiken des Wachstums der untersuchten Gemeinden zu verstehen.

Neubekehrte

Neubekehrte Menschen, die sich erst vor kurzer Zeit der untersuchten Gemeinde angeschlossen haben, sind ebenfalls eine gute Informationsquelle. Sie hatten erst vor kurzem der Welt den Rücken gekehrt und sich dem Erlöser zugewandt. Sie können sich noch lebendig daran erinnern, warum sie das getan haben. Wo immer das möglich ist, bitte ich den Missionar oder Pastor, mir ein Gespräch mit neubekehrten Christen seiner Gemeinde zu arrangieren. Das Beste ist, sie jeweils einzeln zu befragen, damit nicht das, was der Erste gesagt hat, die Antwort des Nachfolgenden beeinflussen kann. "Sagen Sie mir bitte, weshalb Sie Christ geworden sind. Ich möchte die ganze Geschichte hören. Lassen Sie sich Zeit." Oder ich frage: "Weshalb hat sich Ihre Familie (Gruppe, Volksstamm etc.) für das Christentum entschieden? Was waren die Hauptgründe dafür?" Im Verlauf des Berichts sollte der Gemeindewachstumsforscher ruhig öfter Stichproben machen und Ansätze, die sich daraus ergeben, weiter verfolgen. "Haben Sie viele nicht-christliche Verwandte? Was denken die eigentlich darüber, daß Sie Christ geworden sind? Spielen Ihre Verwandten vielleicht sogar selbst mit dem Gedanken, Christen zu werden?"

Als ich mit einigen Neubekehrten im indischen Bundesstaat Orissa sprach, fragte ich eine junge verheiratete Frau, was ihre Eltern eigentlich davon hielten, daß sie sich hatte taufen lassen.

"Letzte Woche sind mein Ehemann und ich vor dem Taufgottesdienst zu meinen Eltern gegangen. Sie wohnen 15 Meilen ostwärts von hier. Wir wollten ihnen sagen, daß wir Christen werden wollten und sie um ihre Zustimmung bitten. Sie stimmten gerne zu und sagten: 'Wenn ihr getauft seid, dann kommt bitte und erzählt uns von Christus. Wir denken daran, euch in dem Weg, den ihr eingeschlagen habt, zu folgen'".

Diese eine Bemerkung sprach Bände über die generelle Einstellung vieler Glieder dieser indischen Kaste gegenüber dem Christentum. Gott hatte ihnen einen echten Weg in das verheißene Land geöffnet.

Wenn man die Lebendigkeit einer christlichen Gemeinde beurteilen möchte, so gibt es dafür einen ausgezeichneten Weg: Fragen Sie einfach die Gemeindeglieder, wieviele nichtchristliche Verwandte sie haben und was diese Verwandten vom Christentum hielten. Wir besuchten einmal einige Gemeinden, die seit acht Jahren nur noch biologischen Zuwachs zu verzeichnen hatten. Wir hatten den Eindruck, diese Christen seien innerlich erkaltet, und die Gemeinden würden auf der Stelle treten. Eines Tages fragten wir eine Gruppe von Männern, ob sie Verwandte hätten, die keine Christen wären.

"Viele", gaben sie zur Antwort.

"Und was halten diese Verwandten davon, Christen zu werden?", fragten wir sie weiter.

Zuerst waren sie etwas überrascht. Doch dann begannen sie von Vettern, Onkeln und anderen Verwandten zu erzählen, die sich in letzter Zeit ziemlich stark für die christliche Taufe interessiert hatten. Schließlich sprang einer der Männer auf. "In einem Dorf, nur drei Meilen von hier," sagte er, "wohnen einige meiner Verwandten. Sie hatten begonnen, mir Fragen über das Christentum zu stellen. Würden Sie mich begleiten und zu ihnen sprechen?"

Als wir in dem Dorf ankamen, wurden wir gleich von einer ganzen Gruppe von etwa 75 Menschen umringt, die aufmerksam zuhörten, als wir ihnen das Evangelium predigten. Zum Schluß legten wir eine Liste für weitere Interessenten aus. Alle trugen sich ein. *Wenn die Verwandten von Christen untereinander über das Christwerden zu sprechen beginnen, ist das ein deutliches Zeichen dafür, daß die Ernte reif ist, unabhängig von der früheren Entwicklung der Gemeinde.*

Informationen über das Wachstum von Gemeinden findet man überall. Man braucht nur die Menschen zu fragen, mit denen man in den verschiedensten Ländern in Berührung kommt. Jeder Pastor und jeder Missionar, der nach den Gründen für das Wachstum von Gemeinden sucht, wird fündig werden.

Analysieren Sie Bücher und Artikel

Eine zweite Quelle für Informationen über Gemeindewachstum sind Bücher. Es ist zwar immer besser, Menschen direkt zu befragen, aber es lohnt sich durchaus, einige Bücher zum Thema zu studieren. Wie ergiebig ein Buch für das untersuchte Thema ist, hängt natürlich auch davon ab, welches Buch man liest und welchen Gesichtspunkt es besonders beleuchtet.

In Büchern über Geschichte und Ethnographie wird der gesellschaftliche Nährboden beschrieben, auf dem Gemeinden wachsen. Sie beschreiben den äußeren Rahmen, das kulturelle, sittliche, ethnische und politische Umfeld, in denen die Menschen sich befinden, denen das Evangelium gesagt wird. Wer sich als Christ mit solchen Büchern beschäftigt, wird ohne Zweifel sein Hintergrundwissen vergrößern und für andere zum kompetenteren Gesprächspartner werden. Auch wenn diese Art von Büchern faszinierend geschrieben sind, haben sie dennoch einen gravierenden Nachteil: In ihnen wird wenig oder gar nichts über das Wachstum von Gemeinden gesagt.

Kirchengeschichten, Missionsgeschichten und Missionsbiographien haben einen etwas anderen Schwerpunkt. Sie berichten über das Leben und Werk herausragender Persönlichkeiten und Missionare. Viele Missionsgeschichten und Biographien dienen jedoch auch der Öffentlichkeitsarbeit, und da viele Missionswerke wenig Gemeindewachstum erlebt haben und damit beschäftigt waren, ganz andere Dinge zu tun als Gemeinden zu gründen, sind solche Schriften oft weniger informativ als man erwarten könnte.

Uns interessiert hauptsächlich, weshalb christliche Gemeinden wachsen. Deshalb sollten wir soviel Hintergrundinformation wie möglich lesen. Dabei wäre es ideal, *die Wachstumskurven der untersuchten Gemeinden stets vor Augen* zu haben. Nur wenn wir das exakte Ausmaß des Wachstums plastisch vor uns sehen - wann es auftrat und wann sich die Wachstumskurven verändert haben - wissen wir, wonach wir zu suchen haben und welcher Zeitraum für uns interessant ist.

Wenn wir zum Beispiel nicht wissen, daß die sehr einflußreiche Anglikanische Kirche in den Vereinigten Staaten zwischen den Jahren 1776 und etwa 1796 starken Rückgang erlebte, weil sie ja in enger Verbindung mit England stand, können wir schlecht abschätzen, weshalb die Baptistengemeinden in diesen Jahren starken Zulauf erhielten. Aber für diese Rückentwicklung der Anglikaner mußte es noch andere Faktoren gegeben haben. Die politische Situation konnte es allein nicht gewesen sein. Die Methodistenkirche hatte nämlich ausgerechnet in diesen 20 Jahren ein enormes Wachstum zu verzeichnen, und das trotz der Tatsache, daß Asbury und Coke britische Missionare waren.

Hintergrundwissen kann entscheidend sein. Wenn wir zum Beispiel das phänomenale Wachstum der Gemeinden an der afrikanischen Goldküste zwischen den Jahren 1907 und 1912 betrachten und nicht wissen, daß gerade zu dieser Zeit durch den Kakaoboom das Hinterland erschlossen wurde, würden wir wohl kaum annehmen, daß der Kakaoboom etwas zum Wachstum der Gemeinden beigetragen hat. Man konnte sich fragen, was dazu geführt hat, daß die Wachstumskurven der Pfingstgemeinden in den Städten Südbrasiliens so stark in die Höhe geschossen sind. Es gäbe Tausende von Faktoren, die dafür verantwortlich sein könnten. Nur wenn man weiß, daß damals die Menschen in Strömen in diese Städte einwanderten, wird man die Bedeutung dieser enormen Zuwanderungsrate für das Wachstum der Pfingstgemeinden richtig verstehen können. Nach dem Jahre

1916 kam das Gemeindewachstum in den meisten der von den traditionellen evangelikalen Missionsgesellschaften betreuten Gemeindeverbänden in Lateinamerika fast zum Stillstand. Man fragte sich, woran das lag. Gerade damals begannen die meisten Missionsgesellschaften, sich stark auf das Führen von christlichen Schulen zu spezialisieren. Diese historische Tatsache erhält im Licht der Fakten über das stark verlangsamte Gemeindewachstum ab genau diesem Zeitpunkt unerhörte Bedeutung.

Wir sollten das, was wir bereits über Gemeindewachstum wissen, aktiv beim Lesen anwenden. Unser Verständnis der Dynamiken des Gemeindewachstums wird uns die Erkenntnis von Zusammenhängen ermöglichen, die uns sonst verborgen geblieben wären. Je mehr wir jedoch lesen, desto mehr wird unser Wissen korrigiert und erweitert werden. Um das Jahr 1920 kam es unter der Leitung des Aymara-Indianers Camacho in der Nähe des Titicaca-Sees in Peru zu einer Volksbewegung der Aymaras, die sich den Gemeinden der Siebenten-Tags-Adventisten anschlossen. Wenn wir den Bericht über diese Volksbewegung lesen, werden wir erkennen können, wie wichtig es war, daß sich die Aymara-Indianer, angeführt von Leitern aus den eigenen Reihen, in einzelnen sozialen Gruppen oder Einheiten zu Christus wenden konnten. Dadurch wird neu deutlich werden, wie wichtig es ist, den sozialen Hintergrund angemessen zu berücksichtigen, denn es besteht offensichtlich ein starker Zusammenhang zwischen sozialen Verhältnissen und dem Wachstum von Gemeinden. Wenn wir hören, daß christliche Gemeinden in Afrika dadurch zunächst beträchtliches Wachstum erlebten, daß die Missionswerke christliche Schulen aufbauten, wird unsere bisherige Meinung korrigiert werden. Aus der Erfahrung Indiens haben wir zunächst geschlossen, daß Missionsschulen selten dazu beitragen, daß die Schüler Christen werden. Wir werden verstehen, daß es unter gewissen Umständen für die Evangelisation von afrikanischen Stämmen ein guter Anfang sein kann, christliche Schulen zu eröffnen.

Ein weiterer Ort, nach Gründen für das Wachstum von Gemeinden zu suchen, sind Artikel in kirchlichen Magazinen. Diese Artikel zielen jedoch in der Regel stark darauf ab, die Arbeit der Missionare und Pastoren für die Öffentlichkeit transparent zu machen. Gemeindewachstums ist hier allerdings kaum ein Thema; es sei denn, daß wirklich einmal eine aktuelle Reportage über starkes Wachstum veröffentlicht wird. Dennoch sollten wir auch solche Artikel überfliegen. Hin und wieder wird man auch hier ein Körnchen Gold finden können.

Eine hervorragende Quelle für Informationen aus erster Hand sind Briefe. Briefe werden aus der persönlichen Erfahrung geschrieben und weisen eine große Nähe zu dem auf, was tatsächlich geschehen ist. Sie haben einen großen historischen Wert. Einige Missionswerke haben alle Korrespondenz mit ihren Missionaren auf Mikrofilm archiviert und werden verantwortlichen Gemeindewachstumsforschern den Zugang ermöglichen. In vielen Briefen wird deutlich, wie stark die Missionare und Feldleiter von zweitrangigen Dingen wie persönlichen Spannungen, Meinungsverschiedenheiten von Mitarbeitern, Finanzen, neuen Gebäuden, Reparaturen und ähnlichen Dingen in

Anspruch genommen sind. Und doch sind Briefe manchmal eine echte Fundgrube für wichtige Informationen über das Gemeindewachstum, das erforscht werden soll. Wenn es darum geht, Meinungsverschiedenheiten zu wichtigen Vorgehensweisen zu erforschen, so werden wir die wichtigsten Dinge hierzu aus Briefen erfahren können. Im Nordwesten Koreas hatten die Gemeinden im ersten Jahrzehnt des zwanzigsten Jahrhunderts ein gutes Wachstum zu verzeichnen. Dennoch hatten sich die Missionare entschlossen, sich vermehrt auf das Wachstum der Gemeinden zu konzentrieren. Aus ihren Briefen geht hervor, daß sie sich sogar dagegen zur Wehr setzten, große Geldbeträge für das Errichten eines großen Krankenhauses in Empfang zu nehmen. Sie hatten den Eindruck, das würde ihren Arbeitsschwerpunkt verschieben. Sie könnten nicht mehr weiterhin Koreaner in die Nachfolge von Christus rufen, sondern müßten sich mit anderem beschäftigen.

Rundbriefe und Berichte von Gemeindeverbänden und Missionswerken sind nicht nur leicht erhältlich, sondern enthalten auch wichtige Informationen über das prinzipielle methodische Vorgehen des betreffenden Verbandes und über einzelne Personen, die zum Wachstum der Gemeinden beigetragen haben. Wenn Missionswerke oder Gemeinden in Gebieten evangelistisch aktiv werden, in denen schon einige Hundert Menschen Christen geworden sind, kommt es häufig zu einem starken Wachstum der christlichen Gemeinden. Im krassen Widerspruch dazu hat es häufig zu einer Störung oder sogar einem Stillstand des begonnenen Wachstums geführt, wenn Pastoren oder Missionare, die Hunderte von Menschen zu Christus geführt hatten, auf einen "wichtigeren Posten" in der Verwaltung oder an einer theologischen Ausbildungsstätte versetzt worden sind.

Es lohnt sich, die prozentuale Verteilung des Finanzhaushaltes von Gemeinden, Denominationen und Missionswerken zu studieren. Darin wird klar angezeigt, wo die wirklichen, langfristigen Ziele liegen und worauf in der Arbeit der Gemeinde oder des Missionswerkes der aktuelle Schwerpunkt liegt. Der Gemeindewachstumsforscher kann hier auf einen Blick erkennen, wo das Hauptarbeitsgebiet der untersuchten Organisation liegt und wie ihre Zielsetzungen lauten. Es ist auch aufschlußreich, die einzelnen Überschriften im Finanzbericht näher zu betrachten. Die Überschrift "Studentenarbeit" wird zum Beispiel oft unter der Rubrik "Evangelisation" auftauchen. Manchmal geschieht das zu Recht; in anderen Fällen besteht die Studentenarbeit aber ausschließlich darin, christliche Studenten seelsorgerisch zu betreuen, wodurch aber niemand zum Glauben kommt.

Umgang mit irrtümlichen Annahmen

Viele Aussagen, die über Gemeindewachstum gemacht werden, beruhen auf unbewußten Annahmen. Es ist durchaus üblich, sich im alltäglichen Leben auf den gesunden Menschenverstand zu verlassen, aber die Hintergründe für das Wachstum von Gemeinden sollten sehr sorgfältig untersucht und gewichtet werden. Hier sind Fakten, nicht Annahmen gefragt.

Die japanische Regierung hatte im Jahre 1889 eine neue Verfassung erlassen. Die erneute Hinwendung zur konfuzianischen Ethik führte auch zu einer

Rückbesinnung auf die japanische Kultur und Religion. Das bedeutete aber auch gleichzeitig eine Kehrtwendung gegenüber dem Westen: die bisher eher offene Haltung mußte einer harten Linie gegenüber dem Westen weichen. Das brachte auch das bislang gesunde Wachstum der Gemeinden der Presbyterianischen Kirche und der Kongregationalistischen Kirche zum Stillstand. Die meisten Missionare verteidigten jedoch die Situation. Sie sahen "ermutigende Aspekte in der neuen Ausgangslage". Hören wir sie selbst: "Man hatte ja nicht alles verloren. Die Mitgliederlisten werden nun von halbherzigen Christen gesäubert. Es hat sich ein höheres Verständnis von Christentum entwickelt. Man war nun sehr vorsichtig geworden, neue Anwärter in die Gemeinden aufzunehmen. Die Missionswerke hatten eine realistischere Sicht der Aufgabe entwickelt und hatten erkannt, daß die Gemeinde in ein reiferes Stadium ihrer Entwicklung eingetreten war!" (Protestant Beginnings, 209). Dies sind jedoch alles nur Annahmen. Die Tatsache ist: Das Christentum hatte einen schweren Rückschlag erlitten, und die christlichen Leiter griffen in dieser Situation nach jedem Strohhalm, der Trost versprach.

Gemeindewachstum hat auch mit der richtigen Methodik zu tun. Wir sollten jedoch hellhörig werden, wenn die Methodik zu stark in den Vordergrund gestellt wird. In seiner 1934 erschienenen Studie *Church Growth in Korea* führte A. W. Wasson im letzten Kapitel seiner sonst ausgezeichneten Arbeit das Gemeindewachstum der frühen 30er Jahre darauf zurück, daß die Methodistischen Missionswerke die landwirtschaftliche Hilfe stark betonten. Im Vergleich zu dem Wachstum der Presbyterianischen Gemeinden im Gebiet Pyongan - in denen man überhaupt keinen Schwerpunkt auf landwirtschaftliche Hilfe gelegt hatte - nimmt sich das Wachstum der methodistischen Gemeinden allerdings recht gering aus. Damals war eine Verknüpfung von missionarischer und landwirtschaftlicher Arbeit gerade eben in Mode gekommen. Es ist daher anzunehmen, daß landwirtschaftliche Hilfe bestenfalls einen geringfügigen Beitrag zum methodistischen Gemeindewachstum geleistet hat.

Wir sollten auch zögern, eine Situation ausschließlich mit dem Hinweis auf theologische Hintergründe zu beschreiben. Ein Missionar schrieb beispielsweise: "Die Gemeinden in diesem Bezirk sind niemals wirklich aufgeblüht. Man meinte zwar, daß die ersten tausend Bekehrten an Christus glauben und auch bereit waren, sich für seinen Namen verfolgen zu lassen, aber damit konnte es wohl nicht weit her gewesen sein, denn viele von ihnen sind zu ihrer früheren Religion zurückgekehrt." Damit wird jedoch nahegelegt, daß ein theologischer Grund für den Abfall vieler Christen verantwortlich ist: Ihr Glaube war einfach nicht tief und ernsthaft genug. Das kann zwar durchaus richtig sein. Aber die Erfahrung zeigt, daß noch viele andere Faktoren beim Rückkonvertieren von Christen zu ihrer ursprünglichen Religion mitspielen, wie die Trennung von der Sippe oder Rasse, mangelhafte seelsorgerische Begleitung und Sachzwänge. In manchen Fällen sind die neubekehrten Christen einfach völlig vergessen worden. Man sollte sehr zögern, alles nur auf die theologische Ursache zurückzuführen.

Ein Pastor aus Texas schrieb einmal: "Die Gründe, weshalb in den Pfingstgemeinden Tausende von Menschen zu einer lebendigen Beziehung mit Christus gefunden haben, ist die freudige Ausgelassenheit in den Gottesdiensten und die eindeutige Loyalität zur Bibel, die diese Gemeinden prägt." Wir sollten uns in der Tat freuen, wenn diese christlichen Tugenden in beträchtlichem Ausmaß im Leben pfingstlich geprägter Christen zu beobachten sind. Aber uns sollte klar sein, daß zum Wachstum der Pfingstgemeinden noch viele weitere äußere Faktoren beigetragen haben.

Wenn wir die Hintergründe für das Wachstum von Gemeinden verstehen wollen, sollten wir immer davon ausgehen, daß jede Wachstumsperiode oder jede Zeit des Mitgliederschwundes auf eine Vielzahl von Gründen zurückgeführt werden kann. Wenn wir einen Grund gefunden haben, sollten wir nach weiteren Gründen Ausschau halten. Deshalb haben wir in diesem Kapitel auch auf die verschiedenen Gründe und Informationsquellen hingewiesen, die uns helfen können, wenn wir uns ein klares Bild von der untersuchten Situation machen wollen. Keith Hamilton (High Andes, 138) weist darauf hin, daß die Gründe für das Wachstum von Gemeinden nicht nur von Fall zu Fall verschieden sind, sondern daß es immer eine jeweils unterschiedliche Kombination von Gründen ist - in der die einzelnen Faktoren verschieden stark ins Gewicht fallen -, die zum Wachstum von Gemeinden führt. Er vergleicht die Situation mit der Zubereitung von Speisen: Die Faktoren wirken - wie die Gewürze beim Kochen - in immer unterschiedlichen Proportionen zusammen. Dieses Bild macht ein Prinzip deutlich, das auch auf die Beschreibung der Situation verschiedener Gemeindeverbände und Missionswerke zutrifft. Selbst innerhalb der Arbeit desselben Missionswerkes oder desselben Gemeindeverbandes sind die Schwerpunkte, Gewichtungen und Faktoren wiederum je nach Arbeitsgebiet und Entwicklungsphase verschieden.

Dieses flexible Prinzip, daß verschiedene Faktoren in unterschiedlicher Gewichtung zusammenwirken, kann schon eindeutig im Leben der neutestamentlichen Gemeinden beobachtet werden. Während der ersten Phase des Christentums - von Pfingsten bis etwa zum Jahre 48 n.Chr. - breiteten sich die christlichen Gemeinden hauptsächlich unter den Juden Palästinas aus. Es gab jedoch einige menschliche Faktoren, die der Heilige Geist nutzte, um eine Vielzahl von christlichen Gemeinden ins Leben zu rufen, die weiterhin fest das jüdische Gesetz hielten. Zu diesen Faktoren gehörte das starke Volksbewußtsein der Juden, ihre Überzeugung, Gottes auserwähltes Volk zu sein, der feste Glaube an die alttestamentlichen Schriften, die persönlichen Begegnungen mit Jesus von Nazareth, die gemeinsame aramäische Sprache und der Wunsch, die Herrschaft der Römer von sich abzuschütteln.

Während der zweiten Ausdehnungsphase - von etwa 48 n.Chr. bis zum Tod des Apostel Paulus - fanden christliche Gemeinden in den Synagogengemeinden der jüdischen Diaspora einen ausgezeichneten Nährboden und hatten ein lebendiges Wachstum zu verzeichnen. Unter dieser Bevölkerung waren zwar immer noch einige der bereits genannten Faktoren wichtig, aber in etwas schwächerem Maße. Es kamen jedoch einige weitere Faktoren hinzu, die eine wichtige Rolle spielten. So schloß sich zum Beispiel eine große Zahl von Gottesfürchtigen den christlichen Gemeinden an. Diese Heiden, die sich zu den Synagogenversammlungen hielten, waren von dem hohen moralischen Standard und dem Monotheismus des Judentums stark angezogen worden, wurden aber von dem Beschneidungszwang, Speiseverboten und anderen jüdischen Gesetzen abgestoßen (weshalb sie z. B. auch keine Proselyten wurden). Als sie hörten, daß sie durch den Glauben an Jesus Christus gerettet werden konnten, ohne die Bürden des jüdischen Gesetzes auf sich nehmen zu müssen, und sahen, daß Menschen in Christus zu neuen Kreaturen wurden, in deren Leben die Frucht des Geistes zu sehen war, wurden sie begeisterte Mitglieder der christlichen Gemeinden und verkündigten voller Freude ihren nichtchristlichen und nichtjüdischen Verwandten und Freunden das Evangelium. In beiden Phasen können wir ein lebendiges Wachstum der christlichen Gemeinden beobachten. Die Wachstumsfaktoren der zweiten Phase unterschieden sich jedoch von den Faktoren, die in der ersten Ausbreitungsphase wirksam waren, und es lag auch eine jeweils unterschiedliche Kombination der äußeren Faktoren vor. Die Quelle für diese Art, Gemeindewachstum zu verstehen, ist das Neue Testament selbst.

9

Hilfen und Hindernisse, Gemeindewachstum zu verstehen

Ich möchte den nordamerikanischen und europäischen Lesern dieses Kapitel besonders ans Herz legen. Für sie lohnt sich ein gründliches Studium dieses Kapitels besonders. Sie werden auf viele Verständnishilfen stoßen und durch die Analyse von Hindernissen die Denkblockaden erkennen können, die den westlichen Menschen auf Schritt und Tritt begleiten und seine Wahrnehmungsfähigkeit einschränken. Man sollte jedoch beim Lesen immer daran denken, die hier vorgetragenen Prinzipien aus der Welt der Mission in die eigene Situation hinein zu interpretieren und sie somit in die Verständniskategorien der westlichen Welt zu übertragen. Alle Beispiele in diesem Kapitel sind aus der Dritten Welt. Es sollte deshalb aber noch lange niemand sagen: "Dann hat es auch nichts mit mir zu tun. Ich arbeite ja in Chicago oder Berlin."

Die Prinzipien des Gemeindewachstums haben weltweite Gültigkeit. Sie können auf jedem Kontinent und in fast jedem Kulturkreis zur Anwendung kommen. Ich möchte dazu ein Beispiel anführen. Das folgende Prinzip soll darin veranschaulicht werden: Starkes Gemeindewachstum wird sehr häufig von Menschen abschätzig beurteilt, deren eigene Gemeinden kein Wachstum verzeichnen. Ich möchte hierzu die Bemerkung eines Missionars in China zitieren. Er meinte sinngemäß, das Ergebnis einer Wachstumsrate von 100 Prozent in 10 Jahren könnte keinesfalls eine Gemeinde, sondern höchstens ein Irrenhaus sein. Solche defensiv gehaltenen Aussagen wollen jedoch nicht Fakten beschreiben, sondern nur den eigenen Standpunkt verteidigen. Der Leser wird sofort feststellen, daß solche Bemerkungen recht häufig aus dem Munde angesehener Leiter kommen, die damit die Situation in den von ihnen geleiteten statischen oder schrumpfenden Gemeindeverbänden zu rechtfertigen versuchen. Dieses leider weltweit zu beobachtende Phänomen steht einem wirklichen Verständnis des Gemeindewachstums ernsthaft im Wege.

Es ist nicht nötig, hier noch weitere Beispiele für diese Tendenz anzufügen. Einige Illustrationen aus der (fernen) Welt der Mission werden in dem westlichen Leser vermutlich weit mehr Assoziationen an ähnliche Fälle in seinem Umfeld wachrufen, als hier abgedruckt werden könnten.

Denkblockaden

Das Haupthindernis für die Evangelisation der vielen Nationen der Welt sitzt in den Köpfen der Christen. Viele missionarische Konzepte, die zur Zeit aktuell sind, stehen dem Bemühen, Völker in die Nachfolge von Christus zu rufen, direkt im Wege. Sie klingen zwar plausibel, aber tatsächlich verhindern und schaden sie dem Wachstum, das die Gemeinden erleben oder zu dem sie fähig wären. Sie vernebeln den Kern der Sache, dämpfen den missionarischen Eifer und zwingen der Evangelisation und der Mission Methoden und Theologien auf, die im Kontext von statischen Gemeindesituationen erdacht worden sind. Wenn einheimische Christen und Missionare diese Konzepte vorgesetzt bekommen, geschieht es schnell, daß der Eifer für Christus als den Retter der Welt, der sie einst erfüllte und zu leidenschaftlicher Evangelisation getrieben hatte, in ihnen erkaltet. Wo man früher entschlossen gehandelt hatte, wird heute nur noch diskutiert. Früher war man entschlossen zu heilen, heute beschäftigt man sich nur noch damit, die chirurgischen Instrumente zu polieren. Dieser ätzenden Giftwolke sind liberale und evangelikale Christen gleichermaßen ausgesetzt. Beide Gruppen werden durch diese lähmenden Einflüsse in ihrer Fähigkeit geschwächt, Menschen zum Glaubensgehorsam zu rufen. Es ist unbedingt nötig, diese Halbwahrheiten und lähmenden Vorstellungen bloßzustellen und zu verstehen, wie sie an Einfluß gewonnen haben, wenn wir diese ideologische Umklammerung des missionarischen Dienstes brechen wollen.

Langsam, aber gründlich

Es gibt verschiedene Gründe dafür, daß Theorien aufkommen konnten, die dem Wachstum von Gemeinden im Wege stehen. Wir wollen uns einige davon näher ansehen und untersuchen, wie sie entstehen konnten. Das Christentum ist inzwischen überall auf der Welt verbreitet. In vielen unerreichten Gebieten war die Evangelisation jedoch mühsam. Man kam nur schrittweise voran, sodaß die Gemeinden nur sehr langsam wuchsen. Im Umfeld dieser Entwicklung sind evangelistische Methoden entstanden, die sich diesem langsamen Wachstum anpaßten. Die Erfahrung hatte sich damit in einer evangelistischen Theorie niedergeschlagen, die der Erfahrung entsprach. Man formulierte theologische Konzepte, die scheinbar biblisch waren und die im wesentlichen forderten, daß Mission sich von dem Gedanken leiten lassen müsse, daß Gemeinden nur sehr verhalten wachsen. Ihr eigentlicher Nährboden war jedoch der Trümmerhaufen zerschlagener Hoffnungen, der das Ergebnis jahrzehntelanger Frustration im Dienst war. Wo man sich daran gewöhnt hat, daß Gemeinden nur sehr langsam wachsen, gehört es zum guten Ton, schnellem Wachstum gegenüber mißtrauisch zu sein. Diese Meinung gilt geradezu als orthodox, während man sich beinahe schämen muß, wenn Gemeinden starkes Wachstum zu verzeichnen haben, das dann in der Regel einfach beargwöhnt wird.

Ein bedeutender christlicher Leiter hatte in einer Gemeindearbeit in China gestanden, die mit einer ZWR (zehnjährlichen Wachstumsrate) von 13 Prozent wuchs. Ich zitierte ihn bereits. Er sagte wörtlich: "Wir erleben ein gesundes Wachstum. Wenn es aber schon jetzt so fürchterlich schwer ist, unter diesem Volk eine Gemeinde aufzubauen, dann würde uns eine galoppierende Wachstumsrate von 100 Prozent in zehn Jahren nicht eine Gemeinde bescheren, sondern ein Irrenhaus." Man kann beobachten, daß in Gebieten, in denen die christlichen Gemeinden nur langsam gewachsen sind - wegen der Verschlossenheit der Bevölkerung oder wegen den Fehlern der Gemeinden -, oft folgende Meinungen vertreten werden:

1. Wir tun unsere Arbeit gründlich. An billigen Abkürzungen sind wir nicht interessiert.
2. Eine Eiche braucht Jahrzehnte, bis sie zu voller Höhe gewachsen ist. Kürbispflanzen brauchen dazu nur einen einzigen Sommer.
3. Es liegt in der Hand Gottes, eine gesunde Gemeinde entstehen zu lassen. Er läßt sich nicht vorschreiben, wie lange das zu dauern hat.
4. Es zeigt sich oft, daß das Erntefeld, das mit großem Aufwand an Schweiß und Tränen jahrelang bearbeitet wurde, letztlich eine große Ernte einbringt.

Oder einfach:

5. Wir wollen gesundes, nicht schnelles Wachstum.

Diese Meinungen gehen von der *Annahme* aus, daß gesundes Gemeindewachstum auch gleichzeitig langsames Wachstum ist und daß der Aufwand an investierter Zeit direkt proportional mit der Güte des Produkts ist und diese sogar garantiert. Wir werden aber in der Bibel oder in der Entwicklungsgeschichte der neutestamentlichen Gemeinden nichts finden, was diese Auffassung zu stützen vermag. Ein Mensch, der in der heutigen Wirtschaftswelt oder in der Ausbildung tätig ist, würde über solche Äußerungen nur ein Lachen übrig haben. Und doch sind solche Meinungen in vielen christlichen Kreisen beinahe heiliggesprochen worden; solche und ähnliche Auffassungen scheinen unantastbar zu sein, fast als ob sie in der Bibel stehen würden. Diese Einstellungen haben jedoch nicht deshalb eine solche Bedeutung erlangt, weil sie wahr sind, sondern weil sie auf dem Boden der gemeinsam geteilten Erfahrung langjährigen fruchtlosen Dienstes gediehen sind. Es gehört wirklich Mut dazu, trotz äußerer Ablehnung des Evangeliums weiterhin einen überzeugten Dienst zu tun. Wer diesen Mut aufbringt, versucht sich natürlich instinktiv nach allen Seiten hin abzustimmen, um sicherzugehen, daß diese Haltung auch weiterhin gerechtfertigt ist.

Ansichten wie die unter 4. genannte werden oft von Christen geäußert, die nur wenige Menschen im Verlauf ihres Dienstes zu Christus führen konnten.

Wir haben bereits die Geschichte der baptistischen Missionare in Südindien berichtet, die nach 25 Jahren harter Arbeit, in denen nur wenige Menschen zum Glauben kamen, an einem einzigen Tag 2.222 Bekehrte taufen konnten. Die Gemeinden wuchsen in wenigen Monaten um 10.000 Mitglieder!

Baptistische Missionswissenschaftler wissen das natürlich. Dieses bemerkenswerte Ereignis unterstreicht aber keinesfalls die Theorie, "Ein Erntefeld, das mit großem Aufwand an Schweiß und Tränen jahrelang bearbeitet wurde, bringt letztlich eine große Ernte ein." Im Gegenteil: Die baptistischen Missionare hatten 25 Jahre lang trotz minimalem Gemeindewachstum unter den Angehörigen höherer Kasten in und um die Stadt Nellore gearbeitet. Die Erntezeit begann aber erst, als der junge John Clough aufs Missionsfeld kam, die Arbeit im bisherigen Gebiet in den Händen der erfahrenen Missionare ließ und nach Ongole weiterzog. Dort fing er eine völlig neue Missionsarbeit an und begann damit, die unberührbaren Madigas zu taufen.

Der häufig verbreitete Irrtum, Gemeindewachstum sei im wesentlichen nur eine Frage der Zeit, besteht darin, daß man meint, der Nährboden für Gemeinden sei ein geographisch abgegrenztes Gebiet, ein Feld, das man nur lange genug bearbeiten muß. In Wirklichkeit aber sind es die Menschen selbst, in denen das Reich Gottes Raum gewinnt, und somit ist der Ort, an dem Gemeinden wachsen, in der Regel faktisch eine homogene Einheit, ein Teil des Mosaiks der Gesamtbevölkerung. Gemeindewachstum ist also nicht ein geographisch, sondern ein soziologisch zu fassendes Phänomen. Am Beispiel der homogenen Einheit der Angehörigen der höheren Kasten, unter denen die baptistischen Missionare gearbeitet hatten, können wir sehen, daß es eben nicht eine Frage der Zeit war, bis eine reiche Ernte eingebracht werden konnte. Die Missionare hätten noch weitere hundert Jahre so arbeiten können wie bisher - und würden wohl immer noch auf die große Ernte warten. In der homogenen Einheit der Madigas war keineswegs lange Zeit unter Schweiß und Tränen hart gearbeitet worden; und doch war es genau der Ort, an dem Clough eine reiche Ernte einbringen konnte.

Und doch ist in einigen der oben genannten Meinungen, die im Umfeld von ausbleibendem Gemeindewachstum entstanden sind, ein Körnchen Wahrheit enthalten. Es ist richtig, daß nach dem Säen der Saat eine Zeit für das Keimen und das Heranreifen der Frucht eingeräumt werden muß. In der Landwirtschaft ist es üblich, daß die Ernte etwa vier Monate nach dem Säen erfolgen kann. Im Bereich der Weltmission kann es durchaus sein, daß zwischen dem Säen und dem Ernten einige Jahre verstreichen. Das darf aber nicht zur Rechtfertigung für lange andauerndes geringfügiges Gemeindewachstum in Bevölkerungsgruppen herangezogen werden, in denen andere christliche Gemeinden lebendiges Wachstum zu verzeichnen haben und wo profane Ideologien und heidnische Religionen ebenfalls zahlreiche Anhänger finden. Langsames Wachstum an sich ist kein Zeichen einer besonders biblischen oder geistlichen Gemeinde. *Zeiten ohne starkes Wachstum müssen manchmal durchgehalten werden.* Es besteht deshalb aber noch lange kein Grund, die Forderung nach langsamem Gemeindewachstum in den Rang biblischer Offenbarung zu erheben.

Die 'Theologie der kleinen Herde'

Theorien und Konzepte, die Gemeindewachstum behindern oder erst gar nicht zulassen, sind oft auf dem Hintergrund schwerer Erfahrungen entstanden. Eine weitere Theorie, die wir hier aufgreifen müssen, entsteht dort, wo die christliche Mission nicht nur kaum zu wachsenden Gemeinden geführt hat, sondern sogar über Jahrzehnte hinweg empfindliche Rückschläge erlitten hat. Es ist niemals leicht, Versagen zu ertragen. Wie können die Menschen nur das großartige Erlösungsangebot Gottes ablehnen? Wie können sie den zurückweisen, der für sie gestorben ist? Wenn Missionare und Pastoren, die an die Souveränität Gottes glauben, über Jahrzehnte hinweg diese bittere Erfahrung machen müssen, kommen Zweifel, daran auf, ob Gott denn wirklich will, daß Gemeinden wachsen. Viele finden es schwer, in einem solchen Fall den Fehler bei sich selbst zu suchen. Sehen wir nicht in der Geschichte des Volkes Israel immer wieder, so fragt man sich, wie wichtig die kleine Herde, der Überrest, der harte Kern des Gottesvolkes ist? Bestand die "wahre Gemeinde" nicht aus dem kümmerlichen Überrest von 7.000, die ihre Knie nicht vor dem Baal gebeugt hatten? (1. Kö 19,18) Hat nicht unser Herr gesagt, daß viele berufen sind, aber nur wenige auserwählt? (Mt 20,16) Hat er nicht auch gesagt, er würde sich fragen, ob er bei seiner Wiederkehr noch Glauben finden würde auf Erden? (Lk 18,8)

Die 'Theologie der kleinen Herde', wie diese Haltung oft bezeichnet wird, besitzt eine große Anziehungskraft. In ihr wird das Kleine und Schwache regelrecht glorifiziert, und Heiligkeit ist gleichbedeutend damit, in einer kleinen Schar der Auserwählten zu sein. Man meint, nur langsames Wachstum sei wirklich gesundes Wachstum. In solchen sturmumkämpften und von Feinden umlagerten Außenposten des Christentums ist ein ganz bestimmtes Denken entstanden, das sich in einigen prägnanten Slogans niedergeschlagen hat. Ich möchte einige davon anführen:

1. Die wahre Gemeinde ist die unscheinbare Minderheit, die für ihren Glauben leidet.
2. Das höchste Ziel der Mission besteht darin, daß eine solche kleine Schar entsteht.
3. Die verfolgte Gemeinde, die Gemeinde unter dem Kreuz, ist die wahre Gemeinde.
4. Man darf die Kraft einer kleinen Gruppe von Christen, die mit Gottes Hilfe rechnen, nie unterschätzen.
5. Schöpferische Minderheit zu sein ist das ständige Ideal der christlichen Gemeinde.

Es gibt tatsächlich einige Situationen und äußere Umstände, in denen Auffassungen wie diese einigen Gemeinden wirklich weiterhelfen können und ihre Situation treffend beschreiben. Unser Herr hat wirklich gesagt, daß seine Jünger dem Sauerteig zu vergleichen sind - einer verschwindend kleine Spur von Sauerteig in einer großen Menge Teig (Mt 13,33). Die Aussage dieses Gleichnisses besteht aber genau darin, daß sich dieser Sauerteig überall verbreitet, bis der ganze Teig durchsäuert ist. Die Stärke und Tugend des Sauerteiges liegt nicht in seiner Unscheinbarkeit, sondern in seiner unglaublichen Fähigkeit, sich zu vermehren. Sauerteig vervielfältigt sich und vermag den gesamten Teig zu durchdringen. Eine schöpferische Minderheit soll nicht nur konstruktive Beiträge liefern, sondern die Mehrheit auf ihre Seite ziehen. Mit anderen Worten: Sie muß wachsen.

Aber damit noch nicht genug. Nehmen wir einmal an, wir würden für einen kurzen Moment die biblischen Texte einmal völlig ihrem Kontext entnehmen und sie nicht in den Rahmen der vielen biblischen Aussagen hineinstellen, aus denen hervorgeht, daß Gott will, daß viele Menschen gerettet werden. Wäre es nicht ein fataler Trugschluß zu meinen, die 1.000 Christen in unserem Gemeindeverband wären tatsächlich die *einzigen*, wahren Auserwählten? In dem Land oder Bundesstaat, in dem wir leben, wohnen beispielsweise 7 Millionen Menschen. Könnte es nicht sein, daß vielmehr eine Zahl von etwa 200.000 Christen (damit wäre nur jeweils eine von 35 Personen Christ) der Minderheit entspricht, von der unser Herr sprach? Wenn ja, sollten wir uns dann nicht auf die Suche nach den verbleibenden 199.000 machen, die unser Herr erwählt hat, und sie seiner Gemeinde zuführen? Wie können wir es nur wagen zu meinen, "unsere Tausend" seien alle, die Gott auserwählt hat?

Christen sind sich darin einig, daß es ihr leidenschaftliches Anliegen sein muß, daß die Gemeinde wahre Gemeinde ist und aus Gott hingegebenen Christen besteht. Wenn wir es uns aber zum Ziel machen, nur eine kleine Schar von Gläubigen zu sammeln, werden wir dann wirklich unserem Meister gerecht, der das Evangelium zu großen Scharen von Menschen predigte? Wenn wir uns vornehmen, eine Gemeinschaft der Auserwählten zu bilden, besteht dann nicht die Gefahr, daß wir zu modernen Pharisäern werden, zu Christen erster Klasse? Besteht Christsein etwa darin, einen bestimmten ethischen Standard zu erreichen, oder darin, in eine erlösende Beziehung mit Jesus Christus hineingenommen zu werden? Noch weit über drei Milliarden Menschen kennen Christus nicht. Ist es da wirklich angebracht, daß wir uns in unbiblischer Überbetonung eine Lobeshymne der kleinen Zahlen auf unsere Fahnen schreiben?

Ausnahmen bestätigen auch hier die Regel. Wenn eine Gemeinde um Christi Willen zu leiden hat oder von einer Bevölkerung umgeben ist, die das Evangelium ablehnt, ist es durchaus richtig, sich mit dem Gedanken zu trösten, daß die Hauptaufgabe in einer Verfolgungssituation darin besteht, Gott die Treue zu halten. Diese Treue läßt sich nicht in Zahlen messen. Diese Wahrheit sollte jedoch nicht in falscher Einseitigkeit überbetont werden. Wenn der Herr der Ernte befiehlt, die Garben aus den reifen Erntefeldern einzubringen, dann besteht die Hauptaufgabe der Christen sicherlich nicht darin, im Schatten am Rande des Feldes zu sitzen und still zu beten. Es wäre nicht auszudenken, was geschehen wäre, wenn sich die indonesischen Gemeinden in den Jahren 1966 und 1967 - um ihre Zahl klein zu halten - gesträubt hätten, das Evangelium von der Erlösung mit ihren moslemischen und heidnischen Nachbarn zu teilen. Hätten sich die indonesischen Christen ganz von wachstumsverhindernden Theorien leiten lassen, in denen nur die kleine Herde glorifiziert wird, hätte das leicht geschehen können.

Evangelisation und Jüngerschaft

Ein weiterer Grund für das Entstehen von Theorien und Konzepten, die dem Wachstum von Gemeinden im Wege stehen, besteht darin, daß der evangelistische Ruf zur Jüngerschaft *(discipling)* mit dem Ruf zur Vollkommenheit *(perfecting)*, dem seelsorgerischen Heranführen des Bekehrten zu christlicher Reife, verwechselt wird. Diese Verwechslung hängt damit zusammen, daß plötzlich eine Vielzahl von Deutungen des englischen Wortes *to disciple* (zu Jüngern machen) aufgetaucht sind. In den englischen Lexika wird das Verb *to disciple* nicht gesondert aufgeführt. In meinem 1955 erschienenen Buch *The Bridges of God* habe ich erstmals das Wort in seiner Verbform benutzt. Ich habe es im Sinne der Evangelisation gebraucht: einer Volksgruppe (einem Segment der nichtchristlichen Bevölkerung) dabei zu helfen, den Schritt von einer nicht-christlichen Religion zu Christus hin zu tun. Auf die Evangelisation mußte der Ruf zu christlicher Vollkommenheit folgen. Damit meinte ich den gesamten Prozeß der christlichen Sozialisation, dem Wachstum in der Gnade, des ethischen Fortschritts und der Bekehrung weiterer Menschen der ersten und der nachfolgenden Generation der Christen.

Das neue englische Verb *to disciple* fand schnellen Anklang. Kurz nach dem Jahre 1970 gebrauchte man es bereits, um den Bekehrungsprozeß eines Menschen (aus einer christlichen oder nichtchristlichen Gesellschaft) zu beschreiben. Es wurde aber noch in einem weiteren Sinne verwendet und bezeichnete den wachstümlichen Prozeß, in dem Christen an biblischer Erkenntnis gewannen und zu Gott völlig hingegebenen Nachfolgern von Christus geformt wurden.

Um diese drei Bedeutungsvarianten zu klären, veröffentlichte die Maiausgabe des *Church Growth Bulletin* (1979) einen Leitartikel mit der Überschrift: "*Was ist dran an dem neuen Wort to disciple?*" In diesem Artikel unterschied ich die drei verschiedenen Bedeutungen des Verbes *to disciple* und charakterisierte sie als *D-1*, *D-2* und *D-3*. *D-1* bedeutete, daß sich eine nichtchristliche Bevölkerungsgruppe zum ersten Mal dem Christentum öffnet. *D-2* bedeutete, daß sich eine Person, unabhängig von ihrem bisherigen Glauben, zu Christus bekehrt und Mitglied einer christlichen Gemeinde wird. *D-3* bedeutete, Christen so intensiv wie möglich in den biblischen Wahrheiten zu unterweisen.

Die unterschiedlichen Entwicklungsphasen im Leben einer christlichen Gemeinde können genauso deutlich unterschieden werden wie die Wachstumsphasen eines Kindes. Diese Tatsache wird häufig von Menschen übersehen, die ihre Ausbildung ausschließlich im westlichen Kulturkreis genossen haben. Sie sehen nur den einen Aspekt - den individuellen Ruf zur christlichen Vollkommenheit *(D-3)* - und rufen nach missionarischen Strategien, die diesem einen Auftrag allein Rechnung tragen. Dabei verkennen sie, daß ein solch einseitiges Jüngerschaftsverständnis keinesfalls auf jede Phase der Entwicklung einer Gemeinde und in jeder beliebigen Gesellschaft und Kultur angewendet werden kann. Dieses nur auf das Individuum verengte Jüngerschaftsverständnis birgt Gefahren. Eine Gemeinde, die vor der Tatsache steht, daß Zehntausende von Menschen aus ihrem Kulturkreis sich mit dem Gedanken anzufreunden beginnen, Christen zu werden, hat den Auftrag von Gott, diese Menschen in die Nachfolge von Christus zu rufen. Wenn wir in einer solchen Situation sofort dazu übergehen, nur einzelne Menschen zur persönlichen Heiligung anzuleiten, könnten wir leicht die Chance übersehen, eine ganze Nation oder eine ganze Volksgruppe für Christus zu gewinnen. Wir müssen uns deshalb ganz ernsthaft vor Augen halten, daß Christus gekommen ist, um allen Menschen die Gelegenheit zu geben, das Heil zu ergreifen, nicht nur einigen wenigen. Wenn die Möglichkeit besteht, eine ganze Volksgruppe für Christus zu gewinnen, und wir uns nur darauf konzentrieren, das schulische Niveau zu heben, die Verdienstmöglichkeiten zu verbessern und das Bewußtsein für soziale Gerechtigkeit zu fördern, so treiben wir damit nicht nur Raubbau am evangelistischen Engagement der Christen, sondern wir verraten damit auch das Evangelium selbst. Wir dürfen hohe gesellschaftliche und soziale Errungenschaften nicht mit Hingabe an Christus verwechseln.

Es ist allen Christen aufgetragen, bestehende Gemeinden in ihrem inneren Wachstumsprozeß weiterzuführen *(D-3)*. Das ist Gottes ausdrücklicher Befehl. Ohne ständige Weiterentwicklung wird eine Gemeinde innerlich auf der Stelle treten und ermatten. Es ist unabdingbar, daß Christen durch ständige Schulung auf dem Weg der Nachfolge weitergehen. Wir dürfen das niemals unterschätzen. Wir sollten uns jedoch darüber im klaren sein, daß eine heidnische Bevölkerung erst für Christus gewonnen werden muß, bevor sie in der Jüngerschaft angeleitet werden kann. Mit anderen Worten: Man muß den Fisch zuerst fangen, bevor man ihn putzen kann. Die Gemeinde lebt nicht zum Selbstzweck, sondern für die Welt. Sie hat Erlösung erfahren, um andere zum Erlöser zu führen. Die christliche Gemeinde steht deshalb immer vor zwei Aufgaben: Ungläubige Menschen für Christus zu gewinnen und selbst in der Gnade zu wachsen. Diese zwei Aufgaben überschneiden sich zwar, sind jedoch klar voneinander zu unterscheiden. Beide Gebiete sollten nicht vernachlässigt werden. Es ist gut, wenn heute so viel von der Aufgabe der Christen gesprochen wird, für Gerechtigkeit in der Nachbarschaft und den Nationen zu sorgen und Friedensstifter zu sein. Aber dadurch darf nicht die Sicht für die Evangelisation der Völker verloren gehen. Jeder Christ ist und bleibt berufen, am Missionsauftrag mitzuarbeiten.

An diesem Punkt herrscht viel Verwirrung, die dazu beiträgt, abträgliches oder direkt hinderlichliches für die Mission zu sagen und zu schreiben. Wir wollen einige dieser Irrtümer beim Namen nennen. Ein Missionswissenschaftler schreibt zum Beispiel: "Eine Gemeinde mag zahlenmäßig gewachsen sein. Aber es stellt sich die Frage, ob dadurch die Gemeinde - als *Gemeinde* - wirklich gewachsen ist?" Natürlich ist sie gewachsen. Die Existenzberechtigung einer christlichen Gemeinde hängt von ihrer Beziehung zu Jesus Christus ab. Diese Existenzberechtigung verschwindet nicht einfach deshalb, weil die Gemeinde einige christliche Pflichten vernachlässigt.

Einige Jahrhunderte lang gab es ein durchaus spannungsarmes Nebeneinander von Christentum und Sklaverei. Dieses soziale Übel konnte Gott wohl kaum gefallen. Die Sklaverei hat unsägliches Elend mit sich gebracht und vielen Menschen das Leben gekostet. Und doch geschah das alles vor den Augen der Christen. Die christlichen Gemeinden hatten in der damaligen Zeit überall auf der Welt ein starkes Wachstum zu verzeichnen. Nur wegen ihrem zahlenmäßigen Anwachsen hatten die Christen auch enormes politisches Mitspracherecht erlangt und konnten der Sklaverei zum ersten Mal in der Geschichte ein Ende setzen. Dort, wo Nichtchristen sich im Glauben an Jesus wenden, auf seinen Namen getauft werden, die Bibel als Norm für Leben und Lehre annehmen und wo die Frucht des Geistes in ihrem Leben zu sehen ist, ist ein neuer Zweig der weltweiten Gemeinde Jesu im Entstehen begriffen. Die Gemeindeglieder erhalten Teil an der Kraft des Auferstandenen. Für sie hat ein neues Leben begonnen. Es mag zwar sein, daß sie in ihrer ethischen Lebensführung noch einiges zu wünschen übrig lassen. Durch diesen Mangel wird aber ihr Gemeindesein nicht ungültig; daher hat auch bei rein zahlenmäßigem Zuwachs *die Gemeinde als solches* echtes Wachstum erfahren.

"Das Leben der Mitglieder der Gemeinden der Dritten Welt ist ein Skandal. Es steht ihren nichtchristlichen Nachbarn direkt im Wege, ebenfalls Christ zu werden, und stößt sie ab. Die Gemeinden können nicht weiterhin zahlenmäßig wachsen, wenn sie nicht auch in der Heiligkeit wachsen. Sie können nicht in die Breite wachsen, wenn sie nicht auch in die Tiefe wachsen." Es besteht gar kein Zweifel daran, daß alle Gemeinden es nötig haben, in die Tiefe zu wachsen. Daher klingt diese Aussage auf den ersten Blick auch plausibel. Und doch ist sie schlechtweg falsch. Selbst eine Gemeinde, die noch kaum Wege zur inneren Zurüstung beschritten hat und wenig Tiefgang aufweist, ist immer noch besser als zu Zeiten, in denen sie nicht existiert hatte und in denen die heutigen Mitglieder noch nichtchristliche Heiden waren. Jede Gemeinde befindet sich auf einem Weg der Entwicklung, einem Prozeß der Jüngerschaft, auch wenn sie noch so unvollkommen die Gnade Gottes widerspiegelt. In vielen Fällen sind gerade die Gemeinden, die am meisten Kontakt mit ihren Mitmenschen und Nachbarn haben, auch diejenigen, die am schnellsten wachsen. Sie sind mit der Welt bestens vertraut, auch wenn sie noch nicht so viel Bibelwissen aufzuweisen haben und noch nicht so viel von der Frucht des Geistes erkennen lassen wie etwa christliche Elitegemeinden, die bereits einen langen Prozeß der Heiligung durchlebt haben.

Und was ist mit den Motiven?

Dort, wo das Evangelium verkündigt wird, kommt es auch vor, daß einige Menschen aus unlauteren Motiven Christen werden. Besonders wenn der Evangelist aus dem reichen Westen kommt und seinen Lebensunterhalt anscheinend damit verdient, Menschen zu Christen zu machen, kann man schon verstehen, daß einige sich wegen der Liebe zum Geld zu Christus bekennen und nicht wegen Liebe zu Christus selbst. Solche "Bekehrte", die gar kein geistliches Interesse haben, überhaupt nicht an den Erlöser glauben und auch nicht die Vergebung von Sünden persönlich erfahren haben, werden den Missionar auszunutzen versuchen, wo es nur geht. Wenn sie nichts mehr von ihm bekommen können, so hören sie auch auf, Christen zu sein. Jeder Gemeindeleiter sollte sich vor solchen falschen Christen hüten!

Doch man sollte die Schwelle zur Gemeinde aus übergroßer Vorsicht auch nicht zu hoch ansetzen. Wer das Evangelium verkündigt und Frauen und Männer zur Erlösung in Christus ruft, muß darauf achten, daß seine Zweifel an der Ernsthaftigkeit von Menschen nicht solche abschreckt, die ernsthaft den Weg der Erlösung suchen. Unser Herr hatte zwölf Männer mit sich genommen, wovon einige vielleicht insgeheim drei Jahre lang hofften, er würde die Römer nun endlich aus dem Land vertreiben. Aus solchen Männern hat er Apostel gemacht. Das Evangelium meint den ganzen Menschen. Die physischen Nöte der Armen und Unterdrückten sind schreiend, doch ihr Grundproblem ist die geistliche Not. Wir dürfen es nicht wagen, freigebig Reis an Hungernde zu verteilen und ihnen die reine Milch des Evangeliums vorzuenthalten. Es ist schwierig zu beurteilen, ob es im Sinne des Gemeindewachstums hilfreich ist, die möglichen Motive von Menschen, Christen zu werden, zu untersuchen.

In seinem Buch *Christian Mass Movements in India* widmet Waskom Pickett diesem wichtigen Thema ein ganzes Kapitel. Unter vielen wertvollen Gesichtspunkten, die er anspricht, möchte ich folgende herausgreifen:

"Es ist immer schwierig, die Motive von Menschen zu beurteilen ... Wenn wir darüber nachdenken, werden wir auf viele Vorurteile stoßen und starke Emotionen hervorrufen. Viele Christen halten es für notwendig, mit großer Sorgfalt auf die Motive der Menschen zu achten, die sich einer christlichen Gemeinde anschließen möchten ... Andere haben Angst davor, sich zum Richter über andere zu machen. Sie stellen sich auf den Standpunkt, jeder der will, soll auch kommen dürfen. Sie versuchen zwar, Motive zu fördern, die sie für aufrichtig halten, scheuen sich aber überängstlich davor, Beteuerungen und Bezeugungen von Menschen, die Christen werden wollen, auf den Grund zu gehen und nehmen alles für bare Münze" (Christian Mass Movements, 155). Er geht jedoch auch darauf ein, daß "das Evangelium in Menschen viele verschiedene Dinge wachruft. Das kann der Wunsch nach Verbesserung der Lebenssituation, nach einem erfüllteren und besseren Leben sein, aber auch Höflichkeitsgesten für erwiesene Freundlichkeiten, die Hoffnung, uralten Mißständen endlich zu entfliehen, die man zuvor ohne zu fragen einfach erduldet hat. Es kann aber auch einfach der Ehrgeiz erwachen, den eigenen Kindern eine gute Schulbildung zukommen zu lassen... Einige gehören zu der Kaste der Straßenfeger. Sie möchten gerne wie Menschen behandelt werden und ihren Kindern die Möglichkeit bieten, auch etwas anderes zu tun als ausschließlich öffentliche und private Toiletten zu reinigen. Einige von uns sehen in ihrem Wunsch, in ihrer gesellschaftlich unterdrückten Situation Hilfestellung zu bekommen, durchaus nicht unlautere Motive, sondern legitimen Lebensausdruck von Menschen, die sich nicht mehr in ihr Schicksal ergeben, sondern nun zu Gott gehören und durch ihre geänderte Einstellung dokumentieren, daß Jesus tatsächlich in ihrer Mitte wohnt" (Christian Mass Movements, 157).

Eines der verblüffendsten Ergebnisse der Untersuchungen von Pickett betrifft den Zusammenhang zwischen Bekehrungsmotiven und christlicher Sozialisation, dem Aneignen christlicher Grundwerte und damit dem Erreichen eines bestimmten christlichen Standards. Für das Wachstum von Gemeinden ist diese Studie höchst aufschlußreich. Pickett interviewte 3.947 Personen, befragte sie nach Gründen für ihr Christwerden und stellte fest, welche christlichen Grundwerte sich in ihrem Leben faktisch widerspiegeln. Er unterschied vier verschiedene Motive, die Menschen zur Bekehrung geführt hatten, und teilte die Menschen aufgrund ihrer Angaben in vier Gruppen ein.

Zur Gruppe 1 (geistliche Motive) gehörten alle, die eine der folgenden Antworten angegeben hatten: "Suchte nach Erlösung", "Wurde durch den Prediger überzeugt", "Wollte Gott kennenlernen", "Suchte nach Frieden", "Aus Glauben an Jesus."

Zur Gruppe 2 (profane Motive) zählte er alle, die eine der folgenden Angaben gemacht hatten: "Wollte Hilfe vom Missionar erhalten", "Hoffte auf eine gute Schulbildung für die Kinder", "Wollte meinen sozialen Status verbessern", "Weil die Grundbesitzer uns das Leben schwer machten", "Um ein christliches Mädchen zu heiraten."

Zur Gruppe 3 (soziale Gründe) zählten Antworten wie "Die ganze Familie ließ sich taufen", "Meine Leute hatten mir gesagt, ich sollte Christ werden", "Ich wollte nicht Hindu bleiben, wenn meine Verwandten alle Christen geworden waren."

Zur Gruppe 4 (Geburt) zählten wir Menschen, die angaben: "Bin Kind christlicher Eltern", die also christlich erzogen worden waren ... (Christian Mass Movements, 164).

Die Frage nach christlichen Grundwerten wurde in elf verschiedenen Bereichen gestellt: Bibelwissen (das Vaterunser, das apostolische Glaubensbekenntnis und die zehn Gebote), Sonntagsheiligung, Gemeindemitgliedschaft, Gottesdienstbesuch, Häufigkeit der Teilnahme am Gottesdienst, finanzielle Unterstützung der Gemeinde, Freiheit vom Gebrauch von Amuletten und Zauberei, Nichtteilnahme an nichtchristlichen Festen, Freiheit von der Angst vor bösen Geistern, christliche Ehe und Genuß von alkoholischen Getränken.

In seiner Studie weist Pickett darauf hin, daß - wie man erwarten könnte - diejenigen, die aus geistlichen Motiven Christen geworden waren, tatsächlich ein geringfügiges Plus an christlichen Grundwerten aufwiesen im Vergleich zu Menschen, die sich aus profanen oder sozialen Motiven bekehrt hatten. Verblüffend war jedoch, daß der Unterschied in der bewußt christlichen Lebensführung der Menschen, die sich aus geistlichen, profanen oder sozialen Motiven bekehrt hatten, nur äußerst gering war. Für ihre christliche Lebensführung war die seelsorgerische Betreuung, die sie nach der Taufe erhalten hatten, von größerer Bedeutung als die Motive, aus denen sie Christen geworden sind.

"Vielleicht das wichtigste Ergebnis dieser Studie ... ist der ermutigend hohe christliche Lebensstandard von Bekehrten der Gruppen 2 und 3 (die sich aus profanen oder sozialen Gründen dem Christentum zugewandt hatten).

Die Unterschiede zwischen den Gruppen 1 (geistliche Motive) und 2 (profane Motive) sind so geringfügig, daß wir zu behaupten wagen, daß diejenigen überrascht sein werden, die nicht davon ausgegangen waren, ein rein profanes Motiv wie etwa der Wunsch um Beistand in einer unterdrückten Situation könne zu einer Bekehrung und zu einem gesunden religiösen Erleben führen. Die Untersuchung ergab auch, daß der Unterschied zwischen Menschen aus der Gruppe 3 (soziale Motive) und denen der Gruppe 1 (geistliche Motive) sehr gering ist. Das wird insbesondere Menschen überraschen, die nicht erkannt haben, wie Gott soziale Nöte und Umstände benutzt, um Menschen auf das Evangelium hinzuweisen.

Unsere Untersuchung hat folgendes ergeben: 70 Prozent der Männer, die angaben, nicht aus geistlichen Gründen Christen geworden zu sein, und 75 Prozent derjenigen, die aus familiären Gründen Christen geworden sind (weil andere aus ihrer Familie oder ihrer Kaste diesen Schritt getan hatten), besuchen heute regelmäßig christliche Gottesdienste; 93,2 Prozent der ersten Gruppe (profane Motive) und 94,8 Prozent der letzteren Gruppe (soziale und familiäre Motive) betreiben keinerlei Götzendienst mehr; und 90,5 Prozent der ersten Gruppe sowie 91,2 Prozent der letzteren Gruppe unterstützen ihre Gemeinde finanziell ... (Christian Mass Movements, 168).

Diese Ergebnisse sind äußerst interessant. Besonders in Zeiten der Erweckung und in Phasen des Gemeindewachstums sollten daher die Untersuchungen von Pickett berücksichtigt werden. Jeder Pastor, der sich fragt, "Sollen wir diese Bekehrten in unsere Gemeinde aufnehmen, die so wenig von Christus wissen, aber trotzdem entschlossen sind ihm zu folgen?", kann davon nur profitieren. Es ist erwiesen: Je geistlicher die Motive sind, desto besser. Wenn sich aber eine Gruppe von Menschen Christus zuwendet, so ist es von größerer Bedeutung, welche seelsorgerische Betreuung und Unterweisung sie nach ihrer Taufe erhalten haben, als die Frage, welches ihre Motive waren, die sie dazu gebracht haben, Christus nachzufolgen.

Der richtige Moment für den Bruch mit der Vergangenheit

Ein entscheidender Faktor für das Wachstum von Gemeinden - der eng mit den Bekehrungsmotiven zusammenhängt - ist die Frage, wann man den entscheidenden Moment für gekommen hält, in dem ein Bekehrter deutlich mit seiner früheren Religion bricht und sich in die christliche Gemeinschaft eingliedert. Ein solcher Bruch vollzieht sich häufig in einem symbolischen Akt, etwa dem Verbrennen von Fetischen, dem Abschneiden der Haare oder dem Wegwerfen von Amuletten. Der Zeitpunkt, an dem Christen getauft werden, variiert je nach dem Verständnis der Gemeinde. Manche Gemeinden taufen sofort (und sehen in der Taufe selbst den entscheidenden Bruch mit der Vergangenheit), andere warten sechs Monate oder ein Jahr und prüfen die Taufanwärter zuerst.

Es geht mir nicht darum, wann die Taufe vollzogen wird oder wie lange der Taufunterricht zu dauern hat. Mir geht es um die Frage, wann der Gemeindeleiter den Zeitpunkt für gekommen halten kann, einen (symbolischen) Bruch mit der früheren Religion eines Bekehrten zuzulassen, der damit auch öffentlich sein Christsein bezeugt. Wenn der Evangelist sich an diesem Punkt nicht sicher ist und nicht weiß, was er tun soll, so können dadurch wertvolle Gelegenheiten verstreichen, Männer und Frauen mit Gott zu versöhnen.

Wir haben bereits von dem symbolischen Akt gehört, durch den 8.000 Stammesangehörige der Danis in Irian Jaya sich zu Jesus bekannten: Sie haben ihre Fetische verbrannt. James Sunda hat diese Begebenheit dokumentiert. Er berichtet, daß sich viele Missionare der vier beteiligten Missionsgesellschaften nicht sicher waren, ob sie es zulassen sollten, daß die Fetische verbrannt werden oder nicht. Ein Missionar "hatte sogar versucht, die ganze Menge auseinanderzutreiben und die 'Irrlehrer' zu verjagen." "Einige Missionare sträubten sich, einige stimmten zu, und einige verstanden nicht ganz, was hier eigentlich vor sich ging." Zum Glück wußten die Danis selbst genau, was sie tun wollten! Sie hatten eine klare Vorstellung davon, was für Konsequenzen ihr Handeln hatte: Sie sagten damit deutlich sichtbar ihren alten Göttern ab. "Es ist bemerkenswert, daß einige Missionare noch immer miteinander diskutierten, während große Gruppen von Danis bereits ihre Amulette verbrannten" (West New Guinea, 31).

Ein dramatisches Ereignis ganz anderer Art geschah in Mirzapur, einer alten indischen Stadt in der Nähe von Benares. Bischof Pickett hat mir die Begebenheit beschrieben. Er hatte die Beteiligten persönlich gekannt. Die *London Missionary Society* hatte an diesen Ort seit der ersten Hälfte des 19. Jahrhunderts Missionare ausgesandt und unterhielt eine missionarische Gemeindeaufbauarbeit, die allerdings keinerlei Wachstum zu verzeichnen hatte. Mirzapur bot das Bild einer typischen Missionsstation in einem für das Evangelium verschlossenen Gebiet. Es gab nur wenige Bekehrte, die auch noch weit voneinander entfernt lebten. Die meisten Christen hatten auf der Missionsstation oder im Dienst der Missionare eine Anstellung gefunden.

In den ersten Jahren des 20. Jahrhunderts trafen sich drei bemerkenswerte Missionare in Mirzapur. A. W. McMillan war ein Lehrer, sprach ausgezeichnetes Urdu und ging später auf die Fiji Inseln, um dort die schulische Ausbildung der indischen Wohnbevölkerung zu leiten. Robert Ashland war Arzt. Er baute Kliniken und Apotheken auf und setzte sich stark dafür ein, Krankheiten wie Malaria, Pocken, Typhus und andere Seuchen zu bekämpfen. Der dritte war der Pfarrer John Grant, der sich darauf spezialisiert hatte, genossenschaftliche Kooperativen zur Selbsthilfe aufzubauen.

Viele Tausende von Angehörigen der unterdrückten Kasten hatten sich zu der Zeit bereits für das Evangelium geöffnet. Während der Amtszeit dieser drei Missionare führte diese neue Offenheit auch im Distrikt von Mirzapur zu einer veränderten Situation. Für die dort wohnenden Chamars wurde es zum ersten Mal zu einer echten Alternative, Christen zu werden. Sie hatten schon jahrelang das Evangelium gehört, aber nun hatte Gott in besonderer Weise an ihnen gewirkt und sie begannen darauf zu reagieren. Der Heilige Geist hatte etwas Besonderes mit diesen *biradari*, wie die Sippe der Chamar auch genannt wurde, vor.

Ihre Anführer kamen zu den Missionaren und erklärten: "Wir wollen alle Christen werden, und zwar in ganzen Gruppen, als ganze Kaste, mit unseren Familienverbänden, alle, die in den umgebenden *mohullahs* (Bezirken) wohnen. Wir sind den Hinduismus leid. Wir werden unsere Götzen wegwerfen. Was haben diese Steine schon für eine Kraft? Das Christentum ist die wahre Religion. Wir glauben an Jesus Christus. Wir wissen zwar nicht viel über ihn, aber wir wollen gerne dazulernen. Akzeptiert ihr uns als Christen, und werdet ihr uns lehren, taufen und uns helfen?" Diese Chamars waren bereit, sich auch symbolisch radikal von ihrer Vergangenheit zu trennen und Christus nachzufolgen.

Die drei Missionare verbrachten Stunden damit, sich in Gesprächen mit den Anführern zu vergewissern, daß diese Männer wirklich stellvertretend für eine größere Zahl von Chamars sprachen. Sie waren die Anführer, und das Volk würde ihnen folgen. Sie wußten aber erbärmlich wenig über Christus. Es konnte kein Zweifel daran bestehen, daß sie hauptsächlich dadurch motiviert waren, für ihre Kinder eine gute Schulbildung sicherzustellen und einen Ausweg aus ihrem bedauernswerten sozialen Status zu finden.

McMillan, Ashland und Grant besprachen die Situation miteinander und kamen zu dem Schluß, daß die Chamars nur Christen werden wollten, weil sie arm, krank und ungebildet waren. Sie hatten auch einen großen Berg von Schulden. Ihre Kinder konnten die Schulen in der Stadt nicht besuchen. Sie hatten keinerlei Hoffnung. Das alles, so meinten die Missionare, waren aber keine guten Gründe, Christen zu werden. Sie entschlossen sich daher, ihnen zunächst tatkräftig zu helfen, um ihnen dadurch die Möglichkeit zu geben, sich aus geistlichen Gründen dem Christentum zuzuwenden.

Sie fingen also damit an, Schulen für die Mädchen und Jungen der unberührbaren Kaste zu bauen, Apotheken einzurichten und die Chamars im Missionsspital medizinisch zu behandeln. Sie organisierten genossenschaftliche Kooperativen, wodurch viele Chamars ihre Dauerschulden bei habgierigen Geldverleihern tilgen konnten.

Nach einigen Jahren ging es der breiten Mehrheit der Chamars bedeutend besser. Die Missionare sagten dann zu ihnen: "Jetzt seht ihr, was Christentum ist und was es aus euch machen kann. Eure Motive sind jetzt nicht mehr Hunger, Krankheit und eure Schulden. Jetzt können wir darüber sprechen, wie ihr Christen werden könnt. Der nächste Schritt für euch besteht darin, Nachfolger von Jesus Christus zu werden und die wahre Religion anzunehmen."

"Oh", antworteten die Anführer der Chamars, "wir wußten gar nicht, daß ihr euch mit Religion auskennt. Ihr könnt wunderbar organisieren, Schulen aufbauen, medizinische Betreuung sicherstellen und Genossenschaften aufbauen. Wir sind euch zu tiefem Dank verpflichtet. Ihr seid unsere Retter. Aber wenn es um die Religion geht, so wißt ihr ja, daß wir unsere eigenen religiösen Führer haben, die selbst Unberührbare sind. Die würden sich nicht sehr darüber freuen, wenn wir Christen werden. Wir wollen euch die Wahrheit sagen: Wir haben unsere Meinung darüber geändert, Christen zu werden."

Einige Jahre danach zog sich die *London Missionary Society* von Mirzapur zurück und übergab die Missionsstation der *Bible Churchman's Missionary Society*, die im Jahre 1960 noch immer dort arbeitete. Diese beiden Missionswerke haben in dieser alten Stadt zusammen über hundert Jahre gearbeitet. Am Ende eines ganzen Jahrhunderts war die missionarische Arbeit in Mirzapur noch immer nicht über eine kleine, nach innen gekehrte Kolonie-Gemeinde von etwa 200 Mitgliedern hinausgewachsen, in denen sich einige Christen aus weitem Umfeld gesammelt hatten. Viele von ihnen hatten bei der "Mission", wie man die Gemeinde nannte, eine Anstellung gefunden.

Hätten die Missionare den Chamars nicht nur erlaubt, diesen entscheidenden Schritt zu tun, sondern sie sogar dazu ermutigt, so wäre es mit großer Wahrscheinlichkeit völlig anders gekommen. Mirzapur könnte dann heute, wie Hunderte von indischen Städten, der Hauptsitz eines Gemeindeverbandes mit Tausenden von Mitgliedern sein, die in Hunderten von Städten und Dörfern der näheren Umgebung wohnen würden. Ein solcher Gemeindeverband würde selbst dann noch weiter existieren können, wenn sich die Missionsgesellschaft bereits zurückgezogen hätte. Wenn McMillan, Ashland und Grant es zugelassen hätten, daß sich diese große Gruppe von Menschen dem Christentum öffnet, wäre es durchaus möglich gewesen, daß sich Mirzapur als reiches Erntefeld erwiesen hätte. Es wäre dann möglich gewesen, die Taufanwärter sorgfältig im Wort Gottes zu unterweisen und sie seelsorgerisch zu begleiten. Dadurch hätten sie vielen von ihnen den Weg zu Christus zeigen können. Gemeindewachstum hängt oft davon ab, die Felder dann zu ernten, wenn sie reif sind.

Vergleiche mit anderen Gemeinden

Es ist heute möglich, auch andere Gemeindeverbände zu untersuchen, und seine Forschungen nicht nur auf die eigene Denomination zu beschränken. Solche übergreifenden Studien sind außerordentlich wertvoll. Es kann sich heute niemand wirklich leisten, auf vergleichende Studien wachsender Gemeinden zu verzichten.

Hier eröffnet sich ein breites Spektrum von elementarem Wissen über das Wachstum von Gemeinden. Diese Erkenntnis trägt dazu bei, den Willen

Gottes für seine Gemeinde besser verstehen zu können und auf Methoden aufmerksam zu werden, auf die Gott seinen Segen legt, damit die Gemeinde wächst.

Wenn man einen fremden Gemeindeverband untersuchen möchte, so geht man dabei nach der grundsätzlich gleichen Methodik vor, mit der man eine Studie der eigenen Denomination anfertigen würde. Stellen Sie die genauen jährlichen Angaben über die aktive Gemeindemitgliedschaft sowie andere wichtige Daten fest. Arbeiten Sie diese Daten auf, um statistische Fehler und Unterschiede in der Definition auszugleichen. Versichern Sie sich, daß die Angaben sich alle auf dasselbe geographische Gebiet beziehen. Zeichnen Sie sorgfältig graphische Schaubilder der geschichtlichen Entwicklung des untersuchten Gemeindeverbandes. Forschen Sie in geschichtlichen und biographischen Aufzeichnungen nach Gründen für das Ansteigen oder Abnehmen der Wachstumskurve, und berücksichtigen Sie dabei auch Angaben aus Interviews und Berichten der betreffenden Denomination. Ihre Angaben werden noch aussagekräftiger, wenn Sie die Angaben für die verschiedenen homogenen Einheiten vor sich haben, in denen der untersuchte Gemeindeverband arbeitet. Lassen sie sich alles, was sie über Gemeindewachstum wissen, durch den Kopf gehen, wenn sie die Graphiken vor sich haben.

Vergleichen Sie dann Gemeinden, die unter derselben Bevölkerung arbeiten und Wachstum zu verzeichnen haben. Es ist nicht sehr vorteilhaft, Gemeinden in moslemischen Stämmen Afrikas mit Gemeinden in heidnischen afrikanischen Stämmen vergleichen zu wollen. Verschiedene Gemeinden, die in animistischen Stämmen missionarisch arbeiten, können dagegen durchaus verglichen werden. Wenn sie sogar noch unter Angehörigen desselben Stammesteils evangelisieren, wird ein Vergleich noch mehr aussagen können. Dieses Prinzip sollte immer berücksichtigt werden. Es hat aber auch seine Grenzen, denn es gibt nicht zwei verschiedene Bevölkerungsgruppen, die sich wirklich völlig gleichen.

Loren Noren hat eine Untersuchung über Gemeindeverbände angefertigt, die in den 50er Jahren in Hongkong arbeiteten. In dieser Zeit erlebten die Anglikaner eine Wachstumsrate von 90 Prozent, die Baptisten 120 Prozent und die Lutheraner der Missourisynode 420 Prozent Wachstum (Hongkong, 6). Diese interessanten Informationen sagen jedoch noch nicht allzu viel über die wirklichen Hintergründe des Gemeindewachstums aus. Wir müssen zuerst wissen, unter welcher der vielen verschiedenen Bevölkerungsgruppen Hongkongs die einzelnen Denominationen gearbeitet haben. Haben die Baptisten nur unter einer Volksgruppe, oder unter mehreren gearbeitet? Wurden die anglikanischen Kirchen hauptsächlichen von Menschen aus der bürgerlichen Mittelklasse besucht, während die Gemeinden der Lutheraner durch ihre Arbeit unter Flüchtlingen Wachstum erlebten? Die Arbeit von Noren sagt hierüber nichts. Wenn sein guter Ansatz weitergeführt werden soll, so müßten diese Informationen hinzugefügt werden. Wir können also nur Gemeinden sinnvoll vergleichen, die unter ähnlichen Bevölkerungsschichten arbeiten.

Vergleichende Studien haben zwei große Vorteile. Wir können uns zunächst ein objektives Bild von der Offenheit der Bevölkerung für das Evangelium machen. Für Gemeindeneugründungen ist es von ganz entscheidender Bedeutung, sich über die relative Offenheit der Bevölkerungsgruppe zu informieren, unter der man zu arbeiten gedenkt. Wenn die Situation, in die Gott die Missionare schickt, völlig verhärteter Boden ist, dann sollten sie sich sehr sorgfältig verhalten, sodaß ihr weiterer Aufenthalt sichergestellt ist. Innerhalb dieser eingeengten Bedingungen sollten sie jede Gelegenheit zum Zeugnis nutzen. Wenn die Bevölkerung das Evangelium jedoch mit offenen Armen annimmt, so ist es geradezu eine Sünde, nur den Status Quo sichern zu wollen, denn unsere Aufgabe lautet, Menschen zu Jüngern zu machen.

Wie weiß man, ob eine Bevölkerung dem Evangelium gegenüber offen ist? Die Wissenschaft der Kulturanthropologie hat viel dazu beigetragen, die gesellschaftlichen Prozesse zu erforschen, die in den Menschen den Wunsch nach Veränderung bewirken. Dank der fortgeschrittenen Technologie können aber auch demographische Erhebungen über Innovationsfreudigkeit oder Marktforschungen weitere hilfreiche Anstöße vermitteln. Die Erfahrung der Gemeinden deutet darauf hin, daß besonders ausländische Einwanderer, Menschen, die in die Städte ziehen, Bevölkerungen, die einen Schock oder einen schweren Schaden erlitten haben, weit offener für das Evangelium sind als rundum zufriedene Bürger einer Wohlstandsgesellschaft.

Wenn wir erfahren möchten, ob eine Bevölkerung offen ist, so besteht der sicherste und einfachste Weg darin, festzustellen, ob andere Christen, die unter ihr arbeiten, tatsächlich Gemeindewachstum erleben. Hat Gott das Wirken einer Gruppe von Christen in diesem Gebiet mit Gemeindewachstum gesegnet? Wenn ja, dann ist diese Bevölkerung, unter der die Missionare arbeiten, offen für das Evangelium. Im letzten Jahrhundert beobachtete der indische Bischof Thoburn, daß die Gemeinden der Baptisten, Lutheraner und Anglikaner großen Zulauf aus den Reihen der unberührbaren Kasten hatten. Er wies die methodistischen Gemeinden an, die er auf seiner Dienstreise besuchte, doch besonderes Augenmerk auf diese Opfer der hinduistischen Gesellschaftsordnung zu legen. In der Folge konnte man feststellen, daß die methodistischen Gemeinden in einigen Provinzen zu wachsen begannen. Dies kann direkt auf die richtige Beobachtung von Thoburn zurückgeführt werden, daß die Angehörigen der unberührbaren Kasten für das Evangelium empfänglich waren.

Wenn eine Bevölkerungsschicht groß ist, kann nicht mit letzter Garantie gesagt werden, daß alle Teile dieses Bevölkerungssegments gleichermaßen offen sind. Es gibt verschiedene Stufen von Offenheit für das Evangelium. In Los Angeles gibt es zum Beispiel vier Millionen Menschen, deren Muttersprache Spanisch ist. Diejenigen, die erst vor kurzer Zeit zugewandert sind, sind weitaus offener wie solche, deren Großeltern bereits vor siebzig Jahren nach Los Angeles gezogen sind.

Ein zweiter Vorteil solcher vergleichender Studien besteht darin, daß wir auf Methoden aufmerksam werden, auf die Gott seinen Segen gelegt hat, damit seine Gemeinde wächst. Wir sind dann nicht länger auf Vermutungen angewiesen. Wenn wir eine Denomination oder auch nur einen kleineren Verband von Gemeinden finden, die Wachstum zu verzeichnen haben, sollten wir genau beobachten, was die Leiter dieser Gemeinden tun. Man muß sich dann bei der Diskussion über die Gründe von Gemeindewachstum nicht länger auf graue Theorien verlassen und mutmaßen, welche Methoden wirksam sein könnten. Wir sehen deutlich, was getan worden ist, und wir können ebenso deutlich erkennen, welche Folgen das für das Wachstum von Gemeinden hatte. Wenn uns diese Fakten vorliegen, ist es nicht weiter nötig, sich auf bloße Ahnungen zu verlassen.

J.B.A. Kessler hat eine gute Studie über die protestantischen Gemeinden in Chile und Peru erstellt. Er hat den Eindruck, daß das starke Wachstum der Adventisten in Peru hauptsächlich auf ihr ausgezeichnetes Schulungsprogramm zurückzuführen ist, durch das Taufanwärter und Christen aus der zweiten und dritten Generation zu gehen haben (A Study, 225). Herbert Money, eine anerkannte Autorität zur Missionssituation in Peru, stimmt ihm hierin zu.

Viele Missionare haben ehrliche Reservationen gegenüber der adventistischen Lehre, und würden vielleicht zögern, ein Gemeindewachstum nach "adventistischen Methoden" anzustreben; wenn aber Kessler und Money mit ihrer Einschätzung richtig liegen - die Erfahrung in Peru gibt ihnen nämlich tatsächlich recht -, was hindert es eine beliebige Gruppe von Christen, diesen Teil des Programmes der Adventisten zu kopieren und auf effektive Weise das zu lehren, was *sie selbst* für heilsnotwendig halten? Damit muß auch mit einem weit verbreiteten Vorurteil aufgeräumt werden: Ganz im Gegensatz zu landläufigen Meinungen sind *viele Gründe für das Wachstum von Gemeinden keineswegs theologischer Natur.* Wenn Methoden aber in vielen Fällen nichts mit Theologie zu tun haben, stehen sie auch jedem offen.

Die protestantische Vielfalt an Gemeinden auf allen sechs Kontinenten bietet einen überaus reichen Erfahrungsschatz. Es gibt Hunderte von verschiedenen Missionsgesellschaften und Tausende von Gemeinden in unterschiedlichen homogenen Einheiten. Sie bilden in Wirklichkeit das riesige Arbeitsfeld Gottes, in dem er am Werk ist. Wenn wir einen Blick dafür haben, können wir sehen, daß viele Gemeinden zahlreiche Experimente durchführen, damit Gemeinden wachsen. Manche dieser Aktionen führen nicht dazu, daß Gemeinden wachsen. Andere Vorgehensweisen sind geeignet, unter bestimmten Bedingungen die Verbreitung von lebendigen Zellen zu fördern. Wieder andere tragen sehr lebendig dazu bei, daß das Evangelium Verbreitung findet. Gemeindeleiter sollten sich darin üben, einen Blick für die vielen verschiedenen Möglichkeiten und Wege zu entwickeln, wie Gemeinden wachsen, und welche der vielen möglichen Faktoren im einzelnen Fall eine wichtige Rolle spielen. Sie sollten dann entschlossen zu den Menschen gehen, die Gott vorbereitet hat, und von den evangelistischen Methoden Gebrauch machen, die die Handschrift Gottes erkennen lassen, weil dadurch Menschen zum Glauben gekommen sind.

10

Gemeindewachstum und Erweckung

Es besteht ein enger Zusammenhang zwischen Erweckung und Gemeindewachstum. Es scheint allerdings gar nicht einfach zu sein, diese Beziehung genau zu definieren. Viele Christen tun sich damit schwer. Von besonderer Bedeutung scheint Erweckung in Gebieten zu sein, in denen christliche Gemeinden zum ersten Mal unter einer nichtchristlichen Bevölkerung entstehen. Als erste Beobachtung können wir jedoch mit Bestimmtheit sagen, daß Erweckung unter bestimmten Bedingungen dazu führt, daß Gemeinden wachsen. In anderen Fällen scheint jedoch fast kein Zusammenhang zwischen einer Erweckung und dem Wachstum von Gemeinden zu bestehen. Es gibt offenbar sogar auch folgendes: Erweckungen ohne Wachstum, und Wachstum ohne Erweckung. Wir können also keine schnellen Formeln aufstellen, sondern müssen uns sorgfältig mit diesem Thema befassen, wenn wir verstehen wollen, wie diese beiden Phänomene im Heilsplan Gottes zusammenwirken.

Das Wort Erweckung hat eine große Bedeutungsbreite. Für die soziale Elite bezeichnet dieses Wort eine Geschmacklosigkeit, ein Phänomen, das höchstens in einigen Proletariergemeinden anzutreffen ist. Verstandesmenschen denken an eine emotionale Orgie, die den Menschen die Illusion des Heilseins vermittelt, die aber die Gemeinden genauso läßt wie sie waren. Die Vorkämpfer des sozialen Evangeliums empfinden Erweckung als glatte Antithese zu verantwortlichem christlichen Verhalten. Viele verstehen darunter einfach, daß die christlichen Gemeinden großen Zulauf haben, oder eine Periode neuerwachten Interesses an der Religion. Wo immer sich eine große Zahl von Menschen bekehrt haben, hat ihrer Meinung nach "Erweckung" stattgefunden. Für viele Christen bedeutet Erweckung zunächst eine Reinigung und Erneuerung der bestehenden Gemeinden, und einige kluge Historiker verstehen unter Erweckung eines der Mittel, die Gott gebraucht, um Christen immer wieder neu zu einem Engagement für Gerechtigkeit, Barmherzigkeit und Weltmission zu gewinnen.

Keiner hat sich mehr mit Erweckung befaßt, sie überall auf der Welt vor Ort studiert und mehr über sie geschrieben als der verstorbene J. Edwin Orr. Für ihn sind Erweckungen gleichbedeutend mit erwecklichen Aufbrüchen innerhalb des bekennenden Christentums. Seine Definition von Erweckung lautet:

"Ein erwecklicher Aufbruch ist eine Bewegung des Heiligen Geistes in der Gemeinde von Christus, die zu einer Erneuerung neutestamentlichen Christentums führt. Eine solche Erneuerung bewirkt deutliche Veränderung von Menschen. Sie kann nur auf eine einzelne Person beschränkt sein, sich aber auch auf eine ganze Gruppe von Menschen, eine Gemeinde, die Gemeinden einer ganzen Stadt oder eines Bezirks, oder alle Christen eines Landes oder eines Kontinentes auswirken oder sogar die gesamte weltweite Christenheit betreffen. Ein solcher Aufbruch kann nur von kurzer Dauer sein oder ein ganzes Menschenleben lang anhalten." (The Light, 265).

Die Erweckungsgeschichte hat gezeigt, daß es zwei wesentliche Voraussetzungen für Erweckung gibt: Gebet und das Hören des Wortes Gottes. Wir wollen deides näher untersuchen.

1. Gebet

Ein erwecklicher Aufbruch ist zunächst eine Bewegung in der christlichen Gemeinde, die vom Heiligen Geist ins Leben gerufen wird. Der Handelnde ist Gott. Doch können wir aus der Erfahrung sagen, daß in der Regel diejenigen Erweckung erleben, die ernsthaft darum beten. In Hunderten von Beispielen ist der Zusammenhang zwischen Gebet und Erweckung bezeugt werden, der so charakterisiert werden kann: Auf intensives Gebet (oft ist es lange und ausdauernd) folgt Erweckung. Orr führt diesen Punkt weiter aus:

"In den Anfängen des Jahres 1858 hatte sich eine erweckliche Bewegung, die im Osten der Vereinigten Staaten begonnen hatte, über das Gebirge der Appalachen hinweg ausgebreitet und erreichte nach und nach die einzelnen Siedlungen entlang des Ohio-Tales. Man berief in Louisville, der Großstadt Kentuckys, gemeinsame Gebetsversammlungen ein. Journalisten der Tagespresse bemerkten, daß das Gelände des *YMCA* nicht ausreichte, um für die wachsende Zahl der Besucher genügend Platz zu bieten ... In den ersten Apriltagen wurden vier öffentliche Gebetsversammlungen einberufen, und zwar im *Masonic Temple*, der *Mechanics*-Bibliothek, dem *Key Engine House* und dem *Relief Engine House*. Ein Bericht vom 5. April sprach davon, daß der *Masonic Temple* durch einen "immensen Menschenauflauf" völlig überfüllt war ... Die Erweckung hatte auch bereits in Lexington, Covington, Frankfort und anderen Städten im ganzen Bundesstaat begonnen, Fuß zu fassen begonnen...

In Cincinnati stieg der Besuch der täglichen Gebetsversammlungen so stark an, daß das Versammlungslokal nicht mehr ausreichte, allen Menschen Platz zu bieten... In Cleveland, einer Stadt mit 40.000 Einwohnern, war die Zahl der Besucher der Frühgebetsversammlungen in allen Kirchen der Stadt auf 2.000 gestiegen... und in Indianapolis hatte man damit begonnen, Mittagsgebetsstunden abzuhalten" (The Light, 119ff.).

Das Gebet um Erweckung ist nicht ein rein amerikanisches Phänomen. Dieselbe Erfahrung kann auch von den britischen Inseln berichtet werden, wo viele Fälle bezeugt werden, wie auf Gebet eine Erweckung folgte. Ich möchte dazu ein Beispiel aus Schottland zitieren:

"Mitten im August 1859 geschah es in Glasgow: Mit der Plötzlichkeit eines Sommergewitters kam es zu einer Erweckung...Die Mittagsgebetsstunden lösten in den verschiedenen evangelikalen Gemeinden aus, daß abendliche Gebets- und Predigtversammlungen abgehalten wurden. Bei diesen Versammlungen haben sich eine große Zahl von Menschen bekehrt. Noch nach einem Jahr konnte man in Glasgow 'einen erfrischenden Wind' spüren" (The Light, 134).

Der erste Schritt zur Erweckung ist das Gebet. Die Zeit würde uns nicht ausreichen, um die vielen Beispiele und Zeugnisse aus vielen Ländern der Erde aufzuführen, die das unterstreichen können. Deshalb möchte ich stellvertretend nur einen Fall aus der Zeit der großen koreanischen Erweckung im Jahre 1907 anführen:

"Es hatte sich ausgezahlt, mehrere Monate im Gebet zu verbringen. Denn als Gott der Heilige Geist zu wirken begann, hat er an einem halben Tag mehr bewirkt wie wir Missionare zusammen in einem halben Jahr erreichen konnten. In weniger als zwei Monaten bekehrten sich mehr als zweitausend Heiden. Das geschieht immer dann, wenn man Gott die erste Stelle einräumt. Doch die christliche Gemeinde, die sich als Eigentum von Christus versteht, denkt kaum daran, in ihren vielen geschäftigen Aktivitäten einmal innezuhalten und Gott zum Zuge kommen zu lassen, in dem sie sich im erwartenden Gebet an ihn wendet" (Goforth, the Spirit's fire, 12).

Erweckung ist immer ein Geschenk Gottes. Menschen können Erweckung nicht manipulieren, in dem sie Erweckung befehlen oder Gott dazu drängen. *Gott schenkt in seiner Souveränität Erweckung, wo und wann es ihm gefällt.* Sie "bricht aus", "ist urplötzlich da", "belebt eine Gemeinde", "kommt so plötzlich wie ein Sommergewitters", "tritt auf", "tut ein Gnadenwerk" und "segnet das Volk Gottes". Gott antwortet auf ernsthaftes, anhaltendes Gebet. Er wünscht sich, daß sein Volk betet. "Bittet, und es wird euch gegeben, sucht, so werdet ihr finden, klopft an, und es wird euch aufgetan" (Mt 7,7).

2. Biblische Lehre

Ein zweiter Faktor ist die Kenntnis der Heiligen Schrift. Wenn Menschen ihre Bibel kennen, so heißt das zwar noch nicht, daß dies in jedem Fall zu einer Erweckung führen wird; aber wenn kein gründliches Wissen um biblische Inhalte gegeben ist, kommt es in aller Regel zu keiner Erweckung im klassischen Sinne. Den Erweckungen in Europa und Amerika ging jahrelanges gründliches Bibelstudium in den Häusern und Gemeinden voraus. Eine große Stärke der koreanischen Erweckung lag darin, daß die Presbyterianischen Gemeinden von Anfang an in ihrer 1895 begonnenen Arbeit in Korea sehr große Betonung auf Hausbibelstudien gelegt hatten. Ich werde gleich die Geschichte von Elder Keel berichten. Wenn die dortige Gemeinde nicht mit den biblischen Texten vertraut gewesen wäre, hätte weder Keel wissen können, daß er ein moderner Achan war, noch hätte die Gemeinde mit seinem Bekenntnis etwas anfangen können. Ohne eine gründliche Kenntnis der Heiligen Schrift wüßten wir nichts von einem Gott der

Gerechtigkeit und Liebe, von ethischen Maßstäben für das Leben von erweckten Christen und von einer Bürde, die Erlösung mit denjenigen zu teilen, für die Christus gestorben ist. Wir wüßten auch nichts über die Existenz des Heiligen Geistes und hätten keinerlei Vorstellungen über viele andere Aspekte und Phänomene, die besonders in einer christlichen Erweckung zu beobachten sind.

Die Folgen einer Erweckung

Wenn Gott seinem Volk eine Erweckung schenkt, dann kommt es in der Regel dazu, daß Menschen beginnen, ein Leben in der Heiligung zu führen, die Kraft Gottes in neuer Weise zu erleben und mit einer erfrischenden Freimütigkeit das Evangelium verkündigen.

1. Erweckung und Heiligung

Erweckung wird häufig von Phänomenen wie kräftigen Gefühlsausbrüchen, Zittern, Weinen, leidenschaftlichen Gebeten, großen Freundenstürmen und tiefem Empfinden von Frieden begleitet. Dennoch ist Erweckung keinesfalls ein emotionales Schauspiel. Sie führt dazu, daß neutestamentliches Christentum wieder neu erfahrbar wird. Diese neue Demut, Zerbrochenheit und Hingabe an Gott, den gerechten himmlischen Vater, führt Menschen dazu, daß Sünden bekannt werden und daß Wiedergutmachung an denen geleistet wird, gegen die gesündigt worden ist. Ein erwecklicher Aufbruch hat daher zunächst zur Folge, daß Menschen ein Leben in der Heiligung ernst nehmen. Das folgende Beispiel aus Korea ist ein typisches Beispiel für Vorgänge im Rahmen einer Erweckung.

"Die erste Januarwoche im Jahre 1907 hatte begonnen. Alle hatten große Erwartungen, daß Gott sie in dieser gemeinsamen Zeit des Gebets - einer Gebetswoche über die konfessionellen Grenzen hinweg - spürbar segnen würde. Aber selbst am letzten Tag, dem achten Tag, war noch immer keine besondere Manifestation der Kraft Gottes zu spüren gewesen. An diesem Sonntagabend hatten sich etwa 1.500 Personen in der *Central Presbyterian Church* versammelt. Der Himmel über ihnen schien verschlossen zu sein. War es wirklich möglich, daß Gott ihnen die erbetene Erweckung versagen würde? Alle waren verblüfft, als plötzlich Elder Keel, der Gemeindeleiter selbst, aufstand und bekannte: 'Ich bin Achan. Gott kann uns nicht segnen, und zwar wegen mir. Etwa vor einem Jahr hat mich ein sterbender Freund zu sich nach Hause gerufen und gesagt: Elder, ich werde bald sterben. Ich möchte, daß du meine Angelegenheiten regelst. Meine Frau wird das nicht tun können. Ich sagte zu ihm: Sei ganz beruhigt; ich werde es tun. Ich regelte dann die Angelegenheiten der Witwe, aber ich regelte es so, daß dabei 100 Dollar in meine eigene Tasche kamen. Ich bin Gott im Wege gestanden. Ich werde gleich morgen früh der Witwe das Geld zurückgeben.' Man konnte es sofort merken, daß das Eis gebrochen war; Gott, der Heilige selbst, war gekommen. Überall in der Kirche wurden Menschen von Sünden überführt. Der Gottesdienst hatte um sieben Uhr am Sonntagabend begonnen, und hörte erst am Montagmorgen gegen 2 Uhr auf. Die Menschen standen zu

Dutzenden Schlange, um ihre Sünden zu bekennen. Die Christen begannen sich täglich zu treffen, und man konnte jedesmal spüren, wie Gottes läuternde Kraft in seinem Tempel gegenwärtig war.... [Es war Sünde], die den allmächtigen Gott zurückgehalten hatte, solange sie verheimlicht worden war. Sobald sie aber ans Licht kam, wurde Gott alle Ehre über seiner Vergebung gegeben. Das war überall in Korea der Fall, wo Menschen in diesem Jahr ganz unspektakulär ihre Sünden bekannt haben" (Goforth, the Spirit's fire). Sündenbekenntnis und Wiedergutmachung ist in manchen Fällen der Auslöser einer Erweckung; in manchen Fällen aber eher die Folge davon. Die Initiative dazu scheint bei den Christen selbst zu liegen. Bevor Elder Keel sich dazu entschlossen hatte, seine Sünde öffentlich zu bekennen, war der Himmel wie verschlossen. Wenn die Erweckung aber ihren Lauf nimmt und der Heilige Geist offensichtlich am Wirken ist, werden überall im Gottesdienst Menschen von Sündenerkenntnis erfaßt werden. Sie werden mutig werden wie nie zuvor und das tun, was sie aus eigenem Antrieb wohl niemals getan hätten.

2. Erweckung und Vollmacht

Die überragende Auswirkung eines erwecklichen Aufbruches liegt darin, daß Menschen eine unglaubliche Bevollmächtigung erhalten, das zu tun, was Christus möchte. Selbst Menschen von der Straße fangen an, einen wahrhaft christlichen Lebenswandel zu führen, wenn sie ernsthaft um Erweckung bitten und Gott sich ihnen gnädig erweist. Wenn der Heilige Geist zu wirken beginnt, wird das Unmögliche möglich. Sünden, die bislang verborgen gewesen waren, werden öffentlich bekannt. Christen sagen sich los von sündigen Bindungen. Üble Gewohnheiten und Haltungen wie Habsucht, Haß, Lust, Trunksucht, Götzendienst und Rassismus, unter denen Männer und Frauen jahrelang zu leiden hatten und die sie regelrecht gebunden hielten, verlieren ihre Kraft. Überdies schenkt der Heilige Geist den Erweckten ein neues Verständnis von Gerechtigkeit und Barmherzigkeit, was viele dazu motiviert, sich für soziale Gerechtigkeit einzusetzen.

Es gibt keinen Bereich des Lebens, in den Gott nicht hineingesprochen hat. Christus hat klare Vorstellungen davon, wie jeder einzelne Lebensbereich gestaltet werden soll. Vor ihm gibt es keine verschlossenen Räume, in denen er nichts zu sagen hätte. Christus möchte, daß sein Wille geschieht, und zwar im Leben des Einzelnen sowie im gesellschaftlichen Bereich. Das Evangelium meint den ganzen Menschen und betrifft die ganze Welt. Damit ist gemeint: Körper, Seele und Geist, der Bereich der Politik, der Wirtschaft, des Sozialwesens, die Welt des Verstandes, persönliche, interkulturelle und internationale Beziehungen, sowie schwarze, braune, gelbe und weiße Menschenrassen. Genausowenig gibt es auch eine Trennung zwischen Sonntag und Alltag, zwischen einem religiösen und einem nichtreligiösen Bereich des Christenlebens. Alles, was ein Christ tut, sei es den Gottesdienst besuchen, studieren, arbeiten, spielen, ein heiliges Leben führen oder evangelisieren, hat in irgendeiner Weise mit dem Wachstum der Gemeinde zu tun.

3. Erweckung drängt Christen zur Evangelisation

Erweckungen verändern die Christen. Sie beginnen, die Prioritätenfrage in Sinne von Christus zu lösen, und erleben in ganz besonderer Weise, wie Christus in ihnen lebt und sie zu einem Handeln führt, wie er es selbst getan hätte. In Erweckungen werden oft Lebensziele neu gesteckt. Viele Christen machen es sich zur Aufgabe, das Evangelium der ganzen Welt zu verkündigen, und werden auch darin gute Nachfolger ihres Meisters. Sie werden oft von einer heiligen Sehnsucht erfüllt, daß ihre Nachbarn und ihre Lieben ebenfalls die erlösende Kraft des Evangeliums erfahren können. Wie in den Tagen von Pfingsten gehen sie umher und verkündigen das Wort. Sie versuchen, Männer und Frauen für Christus zu gewinnen. Sie wollen das überfließende Leben, das ihnen geschenkt wurde, nicht für sich behalten, sondern glühen dafür, daß andere dasselbe erfahren können. Ich möchte nochmals einen Abschnitt von Jonathan Gofort zitieren:

"Ein Missionar in der Mandschurei sandte zwei Evangelisten nach Ping Yang, Korea, die alles über die dortige Erweckung in Erfahrung bringen sollten. Als sie zurückkehrten, fragte er sie, ob die Missionare dort viele Straßenkanzeln erbaut hatten. Die Evangelisten antworteten: 'Nicht eine. Sie brauchen keine Straßenkanzeln. Jeder Christ ist eine lebendige Kanzel.' Man weiß von christlichen Arbeitern, die ihren ganzen Sommer in einer Gegend verbracht hatten, von der man wußte, daß es dort keine Christen gab, um dort zu evangelisieren. Die reisenden Händler erzählten überall, wo sie hinkamen, das Evangelium. Ein Huthändler, der sich in einer Erweckungsversammlung an der Ostküste bekehrt hatte, als wir gerade dort waren, hat innerhalb von einem Jahr in etwa einem Dutzend von Ortschaften kleine christliche Gemeinschaften ins Leben gerufen... Ein Student hatte einen Monat seiner Ferien damit verbracht, in ein unevangelisiertes Gebiet zu gehen. Dort hat er 100 Seelen für Gott gewonnen. Ein anderer hat sich entschlossen, jeden Tag zu mindestens sechs Personen über ihr Seelenheil zu sprechen. Nach neun Monaten hatte er bereits mit dreitausend Menschen gesprochen" (Goforth, the Spirit's fire, 24).

Ich möchte das Gesagte kurz zusammenfassen. Wir können festhalten, daß dort, wo sich Christen in der Erkenntnis der eigenen Kraftlosigkeit an Gott wenden und sich ganz dem Gebet widmen, er seinen Heiligen Geist über ihnen ausgießt. Erfüllt vom Heiligen Geist kommt es dabei auch zu Emotionen, und die Menschen spüren große Freude und Begeisterung. Das muß aber nicht immer so sein. Manchmal scheint das Wesentliche im Stillen zu geschehen, im Bewußtsein und in der Grundhaltung der Menschen. Ohne emotionale Ausbrüche entschließen sich in einer Erweckung erneuerte Menschen zu neuer Hingabe an Gott, um als Teil seines Volkes seinen Willen zu tun. Durch die Gabe des Heiligen Geistes bevollmächtigt, haben sie den Mut, ihre Sünden zu bekennen, Fehler wiedergutzumachen, mit schlechten Gewohnheiten zu brechen, ein sieghaftes Christenleben zu führen, anderen von der Kraft Gottes zu erzählen und viele Menschen zu Christus zu führen. Dadurch erfahren die christlichen Gemeinden gewaltiges Wachstum.

Erweckung aus der Sicht des Gemeindeaufbaus

Nicht überall dort, wo Menschen zum Glauben kommen und sich christlichen Gemeinden anschließen, sollte gleich von Erweckung gesprochen werden. Dabei würden die Tatsachen verwischt werden. Um der Klarheit der Begriffe willen müssen wir uns vor Augen halten, daß es verschiedene Formen des Gemeindewachstums gibt.

Das Wort "Erweckung" ist sinnverwandt mit dem Wort "Wiederbelebung". Bei einer Erweckung werden in gewissem Sinne Gemeinden oder einzelne Christen "wiederbelebt". Bevor einige Gläubige wiederbelebt werden können, müssen sie zuerst eingeschlafen oder in gewisser Hinsicht tot sein. Das ist die Vorbedingung. Alle Berichte und Erfahrungen aus Erweckungen bezeugen, daß innerlich kalte und desinteressierte Gemeinden oder Gemeinden, in denen Sünde toleriert wurde, zu einer neuen Hingabe bewegt worden sind. In einigen *christlichen* amerikanischen Colleges kam es in der Vergangenheit zu echten Erweckungen. Und das, obwohl diese Schulen von christlichen Gemeindeverbänden gegründet worden waren, fast alle Angestellten Christen waren, viele Theologen dort Unterricht gaben und die Schulen in beinahe allen Fällen von einem Pfarrer geleitet wurden. Die Schüler setzten sich zum großen Teil aus den Kindern der Gemeindeglieder zusammen, und die engagierten Christen unter ihnen trafen sich sogar in kleinen Schülergebetsgruppen. Die Erweckungen in Irland, Wales, Norwegen und anderen Teilen Europas beeinflussten vor allem Menschen, die bereits getauft waren. Aber auch diejenigen, die nicht getauft waren und mit der Erweckung in Berührung kamen, hatten sich wohl nicht als Heiden, sondern durchaus als Christen verstanden. Ich möchte nochmals Orr zitieren: "Es kann eindeutig in allen Erweckungen nachgewiesen werden, daß sehr viele aktive Gemeindemitglieder sich nach eigenen Aussagen dadurch bekehrt haben" (Awakening in the Mid-Nineteenth Century, 51).

Auf den Fiji Inseln war es in der Vergangenheit zu einigen Volksbewegungen gekommen. Dabei hatte sich praktisch die gesamte einheimische Bevölkerung für das Christentum entschieden. Die ersten Missionare stellten zwei Phasen in der Entwicklung des Christentums auf den Fiji Inseln fest. In der ersten Phase entschieden sich ganze Sippen für Christus, verbrannten ihre Fetische, ließen sich unterweisen und taufen, erbauten Kirchen, besuchten mehrmals in der Woche Bibelstunden, lernten Lieder und Bibeltexte und schickten ihre Kinder in christliche Schulen. Es war eine dramatische Zeit, denn viele der Bekehrten mußten für ihren Glaubensschritt mit ihrem Leben büßen. Nach einigen Jahren wurden die Bewohner der Fiji Inseln noch tiefer von der Botschaft des Evangeliums erfasst. Die zweite Phase konnte beginnen. Es kam zur Erweckung in den Gemeinden. Alte Kannibalen, die schon vor einiger Zeit Christen geworden waren, brachen aus Reue über ihr sündiges, grausames und angstbesessenes Leben zusammen und weinten bitter. Sie hatten jahrelang die Bibel gelesen und gelernt zu beten. Die Erweckung schuf jedoch ganz neue Verhältnisse in den Gemeinden und machte vieles neu und lebendig. Mit diesem Beispiel ist einmal mehr bestätigt, daß Erweckung in der Regel in bereits bestehenden christlichen Gemeinden beginnt. Dort ist ihr Ausgangspunkt.

Wir dürfen auf gar keinen Fall den Fehler begehen, gleich von "Erweckung" zu sprechen, wenn sich einige Menschen bekehrt haben oder die Gemeinde einen Neuzugang zu verzeichnen hat. Die Grundbedeutung des Wortes ist das *Wiederbeleben existierender Gemeinden.* Wenn wir diese Bedeutung nicht verwässern wollen, so sollten wir den Begriff Erweckung nicht für evangelistische Veranstaltungen gebrauchen, in denen Nichtchristen zum Glauben gerufen werden und sich für Christus entscheiden. Dieser evangelistische Ruf in die Nachfolge erfolgt ja sehr selten im Umfeld einer klassischen Erweckung. Kaum ein Nichtchrist wird wohl voller Inbrunst Gott darum bitten, ihn wiederzubeleben. Nichtchristen verfügen in der Regel nicht über das biblische Hintergrundwissen, um die ethischen Konsequenzen einer Hingabe an Gott wirklich zu überblicken. Natürlich ist es der Heilige Geist, der an ihnen wirkt, aber er wird sie zunächst dazu bewegen, diejenigen Schritte zu unternehmen, die für sie zum jetzigen Zeitpunkt entscheidend sind, etwa sich von allen anderen Göttern loszusagen, an Jesus Christus als Erlöser zu glauben und die Bibel als alleinige heilige Schrift zu akzeptieren. Wenn ein neubekehrter Christ diese grundlegenden Schritte getan hat, sich taufen ließ und sich einer christlichen Gemeinde angeschlossen hat, dann werden mit Sicherheit weitere Schritte zu folgen haben.

Im Unterschied zu Gemeindewachstum, das nicht in direktem Umfeld einer klassischen Erweckung geschieht, hat die von mir hier beschriebene Art der Erweckung ein bestimmtes Grundmuster. Die fünf wichtigsten Merkmale möchte ich nochmals aufführen:

1. Intensives und anhaltendes Auseinandersetzen mit der Bibel und Kenntnis der biblischen Lehren.

2. Nachhaltiges Gebet um Erweckung. Bei den Betern handelt es sich entweder um eine Gruppe von Christen oder um eine Gemeinde im Umfeld einer vorwiegend christlichen geprägten Bevölkerung, zu der die betreffenden Christen durch Verwandtschaftsbeziehungen gehören.

3. Der Heilige Geist beginnt in besonderer Weise in der betreffenden Gruppe oder Gemeinde zu wirken. Er "kommt herab".

4. Öffentliches Bekenntnis von Sünden und Wiedergutmachungvon Fehlern. Diese Handlungen sollten für viele Namenschristen, ungläubige Verwandte und Freunde der betreffenden Christen transparent sein.

5. Lebendige und überzeugende Evangelisation, die zur Folge hat, daß eine große Zahl von Menschen aus der homogenen Einheit, zu der die betreffenden Christen gehören, sich bekehren.

Die Verhältnisse sind jedoch radikal verschieden, wenn Menschen in Gebieten zu Christen werden, in denen noch keine christlichen Gemeinden existieren. Ich möchte nur zwei Merkmale nennen:

1. Wenn das Evangelium in einer nichtchristlichen Bevölkerung zum ersten Mal verkündigt wird, so geschieht es häufig, daß nur einzelne Personen - oft gegen den Willen ihrer Familien - Glieder einer bunt gemischten Gemeinde werden, deren Gottesdienste in der Regel in oder in der Nähe einer Missionsstation stattfinden. In einer solchen Gemeinde finden wir Menschen, die direkt von der Straße aufgelesen wurden, Waisenkinder, bekehrte Schulkinder und einzelne Erwachsene, die sich bekehrt haben. Sie sind in einzigartiger Weise von den Pastoren, Missionaren und Lehrern der Missionsstation abhängig, die sie seelsorgerisch begleiten und ihnen Unterricht geben. Manchmal sind diese Christen darüberhinaus noch darauf angewiesen, von ihnen Nahrung, Kleidung und Unterkunft zu erhalten. Solche Gemeinden, die oft in mühseliger Arbeit über Jahrzehnte hinweg aufgebaut werden, bieten ein völlig anderes Bild, als wenn im Rahmen einer Erweckung eine Gruppe von Christen ihre Mitmenschen in großen Zahlen für Christus gewinnt. Dahin ist es oft noch ein weiter Weg. Durch einen solchen missionarischen Ansatz werden in mühsamer Kleinarbeit Menschen für Christus gewonnen, die zu einem späteren Zeitpunkt im klassischen Sinne erweckt werden.

2. Wo sich das Evangelium neue Wege bahnt, geschieht das häufig im Rahmen von christlichen Volksbewegungen, die die breite Masse einer Bevölkerung erfaßt und sie zu Christus führt. In einem späteren Kapitel werden wir uns näher mit den Gründen, dem Wesen und der Begleitung von Volksbewegungen befassen. Volksbewegungen sind ein äußerst wichtiges Mittel, Menschen zu Christus zu rufen. Solche Ereignisse werden oft "Erweckung" genannt. Es reicht jedoch, wenn wir hier festhalten, daß es sich dabei zunächst um die Bekehrung einer großen Zahl von Nichtchristen handelt, also keinesfalls um eine Erweckung im klassischen Sinne.

Wir wollen jedoch darauf hinweisen, daß Volksbewegungen - oberflächlich betrachtet - durchaus einer Erweckung ähneln. In beiden Fällen kommen viele Menschen zum Glauben. Die Bekehrten sind begeisterte Christen, die von der Wahrheit des Christentums fest überzeugt sind und erfaßt haben, welchen Vorteil es hat, Christ zu sein. Solche Christen suchen ihre Verwandten und Freunde (innerhalb ihrer homogenen Einheit) auf, um sie für Christus zu gewinnen. Sie lassen sich in der Bibel unterweisen und lernen, wenn sie nicht lesen und schreiben können, die wichtigsten Bibeltexte über die Erlösung sowie die zehn Gebote oder das Vaterunser einfach auswendig. Häufig müssen sie mit der Taufe solange warten, bis sie in einer Prüfung gezeigt haben, daß sie die wichtigsten christlichen Wahrheiten verstanden haben.

Und doch gibt es gravierende Unterschiede zwischen Volksbewegungen und Erweckungen. Volksbewegungen laufen nach eigenen Gesetzen ab; Faktoren außerhalb des direkten Umfeldes spielen dabei kaum eine Rolle. Einige der europäischen Erweckungen wurden zum Beispiel dadurch ausgelöst, daß man von Erweckungen in anderen Ländern hörte. Berichte von Erweckungen in fernen Ländern spielen bei Volksbewegung nur eine sehr untergeordnete Rolle. Gott benutzt in der Regel andere Mittel, um eine bestimmte

Bevölkerung für das Evangelium hellhörig zu machen. Es sind vor allem die örtlichen Umstände - Unzufriedenheit, Kriege, Unterdrückung, wirtschaftliche Verluste, Schocks, Feindschaft, Aushöhlung des Glaubens an die alten Götter und tausend andere Dinge -, die eine Bevölkerung dafür öffnet, das Evangelium überhaupt anzuhören. Wenn in der Dritten Welt Menschen zu hören bekommen, daß in Baltimore, Edinburgh oder Stockholm weiße Menschen von Gott sehr gesegnet worden sind, so berührt sie das nicht im Geringsten. Sie kümmert ja schon kaum, was eine andere Kaste oder ein anderer Stamm 100 Meilen weit weg tut, warum sollten sie sich durch Dinge aus der Ruhe bringen lassen, die die weiße Bevölkerung auf der anderen Seite des Globus bewegen?

Man könnte dagegen einwenden, daß doch die Erweckung in Wales den erwecklichen Aufbruch in den Khassi Hills im indischen Assam ausgelöst hat, die wiederum dazu geführt habe, daß die große koreanische Erweckung eingeleitet wurde.

Um diesen Zusammenhang zu verstehen, müssen wir berücksichtigen, daß im Jahre 1905 Hunderte von Missionsteams in Tausenden von Bevölkerungsgruppen aktiv waren. Man kann sicherlich davon ausgehen, daß die meisten Missionare von der Erweckung in Wales gehört hatten und viele von ihnen den Herrn bestürmten, ihnen einen ähnlichen Segen zu erweisen und in seiner Kraft in ihre Arbeit einzugreifen. In den Khassi Hills sowie in Korea (sowie in einigen anderen Orten der Welt) war der Zeitpunkt für eine große evangelistische Ernte - die Stunde Gottes - gekommen. An vielen Orten wurde um Erweckung gebetet. Auch an diesen beiden genannten Orten hörten die Missionare und Gemeinden von der Erweckung in Wales, baten ebenfalls um den Segen Gottes und begannen entschlossen zu evangelisieren. Aber nur dort war gewaltiges Gemeindewachstum die Folge. Man hört immer zunächst von den positiven Erfahrungen. Von den vielen Orten, an denen nichts Außergewöhnliches geschah, wird wenig berichtet. Es gab damals in vielen Bevölkerungsgruppen Hunderte von weiteren Missionsstationen, wo die Bevölkerung noch nicht bereit war, sich in großen Scharen dem Christentum zuzuwenden. Daran haben auch die Berichte aus Wales nichts geändert. Erweckungen elektrisieren höchstens die Leiter von Gemeinden. Nichtchristen, die noch nicht einmal christliche Verwandte haben, werden von solchen Berichten weder erreicht noch elektrisiert. Sie gehen an ihnen vorbei.

Sieben Thesen zum Zusammenhang von Erweckung und Gemeindewachstum

Die Dynamiken von Erweckungen sind gewaltig. Es ist fast nicht abzuschätzen, was dadurch an positivem Wachstum von Gemeinden geschehen kann. Jeder, der ein missionarisches Anliegen hat, muß geradezu brennend an Erweckung interessiert sein. Je mehr Pastoren und Missionare über die Prinzipien des Gemeindewachstums wissen, desto bessere Haushalter der Anliegen Gottes werden sie zu Erweckungszeiten sein. Der Gott, der

Erweckungen geschehen läßt, ist auch derselbe, der einer Gemeinde starken Zulauf beschert. *Gott schenkt Erweckungen, und er schenkt auch Gemeindewachstum.* Es muß ihn tief betrüben, wenn eine Erweckung inmitten von offenen Bevölkerungsgruppen nur hinter den Kirchenmauern einiger weniger Gemeinden verschlossen bleibt. Er hat seinem Volk Vollmacht gegeben, aber diese Vollmacht wird in einem solchen Fall nicht dazu gebraucht, die Ernte einzubringen, die er hat reif werden lassen. Nach diesen Vorbemerkungen möchte ich nun versuchen, sieben grundsätzliche Zusammenhänge zwischen Erweckungen und dem Wachstum von Gemeinden aufzuzeigen. Diese Thesen sind nicht vollständig, aber ich hoffe, sie regen zum Nachdenken an.

1. Erweckung in einer Gemeinde kann zu einer Welle von Bekehrungen führen, wenn die Christen enge verwandtschaftliche Beziehungen mit der nichtchristlichen Bevölkerung haben. Eine Voraussetzung dafür ist, daß die geistliche Vollmacht, die Gott schenkt, zu einem verstärkten evangelistischen Zeugnis führt, um andere Menschen für Christus zu gewinnen. Wenn man sich in einem solchen Fall zunächst ausschließlich darauf konzentriert, die Angehörigen der homogenen Einheit zu erreichen, die von der Erweckung berührt worden ist, werden die christlichen Gemeinden stärker wachsen als wenn man sich (kulturübergreifend) anderen Volksgruppen zuwendet.

2. Erweckung trägt dann in besonderem Maße zum Wachstum von Gemeinden bei, wenn ein stetiger Zugang von Neubekehrten in die Gemeinden zu verzeichnen ist. Starkes Wachstum kann mit größerer Wahrscheinlichkeit dort erwartet werden, wo die Gemeinde bereits wächst, als dort, wo sie zum Stillstand gekommen ist.

3. Erweckungen in Stadtgemeinden mit heterogener Zusammensetzung können unter bestimmten Bedingungen weitere Kettenreaktionen an Bekehrungen auslösen (auch außerhalb der betreffenden Gemeinde).

Dazu wäre jedoch Bedingung, daß:

a) der jeweilige Pastor einen Blick für das Wachstum von Gemeinden hat, d.h. er weiß, welche Segmente in der breiten Bevölkerung für das Evangelium offen sind; er ist informiert, welche Gemeinden starkes Wachstum zu verzeichnen haben (und warum); er weiß, daß Gruppenbekehrung eine gültige Form der Bekehrung ist; und er ist sich darüber im klaren, daß die vielen humanitären und diakonischen Dienstleistungen der Kirche, der Gemeinde oder der Missionsgesellschaft kein Ersatz für Christus sind.

b) die einzelnen Pastoren ein gezieltes und langfristiges Programm durchführen, das einzig und allein darauf ausgerichtet ist, daß die Gemeinde wächst.

c) daß Gemeindeverbände und Missionswerke ihre Richtlinien und Vorgehensweisen beständig mit den Methoden und Wegen abstimmen, die der Heilige Geist bereits dazu benutzt hat, um viele neue Gemeinden in der Bevölkerung ins Leben zu rufen, unter der sie arbeiten.

4. Erweckungen innerhalb von Volksbewegungen und durch Beziehungen verknüpften Gruppen können zu starkem Gemeindewachstum führen, wenn folgende Voraussetzungen erfüllt sind:

a) Die Evangelisation konzentriert sich auf die für das Evangelium offenen Segmente der eigenen Bevölkerungsgruppe

b) Neue Leiter aus den Reihen der Neubekehrten werden rekrutiert und ausgebildet.

c) Die Gemeinden (sowie die Schlüsselpersonen) erhalten soviel an biblischer Unterweisung wie möglich.

5. Erweckungen führen zum Wachstum von Gemeinden, wenn die Leiter der Erweckung alles darüber beigebracht bekommen, was wir über große Bekehrungsbewegungen wissen, die Gott geschenkt hat. Dazu zählt Wissen über:

a) Die verschiedenen Formen der Offenheit für das Evangelium, wie sie erkannt werden und wie darauf eingegangen werden kann.

b) Die richtigen Methoden, die den Heiligen Geist nicht behindern und dem Wachstum von Gemeinden eine Grenze setzen.

c) Erweckungen in der Vergangenheit, die zu starkem Gemeindewachstum geführt haben.

d) Die Prioritäten in der missionarischen Gemeindearbeit, die überall auf der Welt dazu beitragen, daß Gemeinden sich vervielfältigen, oder die das Wachstum von Gemeinden unterbinden.

6. Erweckungen führen zum Wachstum der Gemeinden, wenn der Erweckung große Bedeutung beigemessen wird. Wenn Christen die Wahl zwischen Erweckung und intellektueller Erleuchtung hätten, sollten sie die Erweckung wählen.

7. Erweckungen führen zu enormem Gemeindewachstum, wenn sie in klug gelenkten Bahnen verlaufen. Solchen Erweckungen, die durch entsprechende Sachkenntnis flankiert wird, sollte noch viel größere Bedeutung beigemessen werden. Es gehört zur Aufgabe eines jeden Christen, alles darüber zu lernen, was Gott uns über das Wachstum von Gemeinden zu sagen hat, und unaufhörlich für Erweckung zu beten.

Das Phänomen der Erweckung kann bildhaft mit dem Dampf in einer Dampflokomotive verglichen werden. Ohne Dampf steht die Maschine still. Wenn sie aber unter Druck steht, kann die Lokomotive schnell und weit vorankommen - vorausgesetzt, das ganze Umfeld (bestehend aus Schienen, Kolben, Wasser, Öl, Fahrpläne, Ingenieure und andere Faktoren) stimmt zusammen. Als Folge einer Erweckung wird die Gemeinde dort besonders starkes Wachstum erleben, wo alle äußeren Faktoren stimmen. Die Weichen für eine Erweckung sind dann auf Grün gestellt, wenn die Menschen es gar nicht richtig bemerken. Das war auch an Pfingsten so, das beste Beispiel dafür, was Erweckung mit dem Wachstum von Gemeinden zu tun hat.

11

Krankenheilung und Gemeindewachstum

(**Anmerkung des Herausgebers:** *In diesem Kapitel legt Donald McGavran einige seiner Gedanken zu diesem wichtigen Thema vor. Er hat nicht immer so gedacht. Erst in den späten 70er Jahren begann er damit, dieses Thema in seinen Gemeindewachstums-Kursen am Fuller Seminary zu unterrichten. Bis zu seiner Pensionierung im Jahre 1981 war diese Lektion fester Bestandteil seines Unterrichts. Dieses Kapitel ist eine Zusammenfassung seiner Lektion, die bereits in Signs and Wonders Today (hrsg. von C. Peter Wagner, Altamonte Springs, FL, Creation House 1987) veröffentlicht wurde. Der Abdruck erfolgt mit Erlaubnis des Verlages. Der genannte Titel dokumentiert die Geschichte der Einführung des umstrittenen Kurses MC510 über Zeichen und Wunder an der Fuller School of World Mission in den frühen 80er Jahren, der von Peter Wagner und John Wimber unterrichtet wurde. C.P. Wagner*)

Die Rolle des Heiligen Geistes ist im Gemeindeaufbau von höchster Bedeutung. Gott baut Gemeinde, nicht Menschen. Jesus sagte, "Ich will meine Gemeinde bauen" (siehe Mt 16, 18). Paulus pflanzte, Apollos bewässerte, aber Gott schenkte das Gedeihen (1. Kor 3, 16). Wir werden von der souveränen Kraft des Heiligen Geistes oft überrascht werden. Er hält sich nicht immer an die äußeren Umstände oder an die internen Faktoren in den Gemeinden, und behält es sich vor, auf übernatürlich Weise einzugreifen. Dadurch können auch Gemeinden in den ungünstigsten Verhältnissen äußerst lebendiges Wachstum erleben. Im vorangegangenen Kapitel habe ich den Zusammenhang zwischen Gemeindewachstum und Erweckungen beschrieben, die der Heilige Geist häufig wirkt. In diesem Kapitel wollen wir den Zusammenhang zwischen der Heilung der Kranken durch den Geist Gottes und dem Wachstum von Gemeinden untersuchen.

Die Fakten lassen sich nicht leugnen

Nicht selten besteht ein Zusammenhang zwischen dem Phänomen von wachsenden Gemeinden und Fällen von Krankenheilungen. Diese Beobachtung habe ich bei meinen Forschungsarbeiten in der ganzen Welt immer wieder gemacht. Deshalb habe ich dieses kurze Kapitel über den Zusammenhang zwischen Krankenheilungen und dem Wachstum von Gemeinden eingefügt. In manchen Fällen ist eine Gemeinde von nahezu unüberwindlichen Schwierigkeiten umgeben. Es scheint egal zu sein, was man tut, egal wie lange man betet, egal wieviel man organisiert oder gemeindewachstumsorientiert arbeitet, es geschieht einfach nichts. Die Gemeinde wächst kaum oder sogar überhaupt nicht. Oft wächst die Gemeinde nur innerlich, es kommen aber keine außenstehenden Menschen neu hinzu. Unter solchen Umständen müssen wir neu die Rolle von Krankenheilungen im Gemeindeaufbau verstehen lernen. Sie sollten nicht ausgegrenzt werden, sondern eine Stütze im Gemeindeaufbau sein dürfen. Im Neuen Testament wird dieser Zusammenhang wunderbar illustriert. Ich denke hier an die Vorkommnisse in den beiden Dörfer Lydda und Saron. In der Apostelgeschichte wird uns berichtet, daß ganz Lydda und ganz Saron sich zum Herrn bekehrten (Apg 9,32ff.) Zwei ganze Dörfer an einem einzigen Tag! Was war geschehen? Kurz bevor sich die ganze Bevölkerung der beiden Dörfer bekehrt hatte, war Äneas auf das Gebet von Petrus hin geheilt worden. Dem Wachstum der Gemeinde war eine bemerkenswerte Krankenheilung vorausgegangen.

Westliche Missionare, die in einer stark säkularisierten Welt aufgewachsen sind, halten in der Regel nicht sehr viel von Krankenheilungen. Sie denken, es sei reine Scharlatanerie. Ich habe lange Jahre meines Lebens ähnliche gedacht. Doch meine Meinung hat sich inzwischen geändert. Gott kennt viele Wege, um Menschen zu sich zu rufen. Ich bin überzeugt, daß Gott in vielen Bevölkerungsgruppen auch durch Krankenheilungen Menschen auf den Erlöser aufmerksam macht und zum Glauben an ihn führt. Jeder Missionswissenschaftler sollte diesen Zusammenhang gründlich reflektiert haben und ihn nicht billig beiseite schieben. Damit hätte man es sich zu leicht gemacht. Wer Gemeindeaufbau will, sollte erkennen, daß das auch damit zusammenhängt, die äußeren Möglichkeiten dafür zu schaffen, daß Krankenheilungen geschehen können. Werfen Sie einen Blick auf die Fakten, und halten Sie sich mit Ihrem Urteil solange zurück, bis diese Fakten aufgearbeitet worden sind. Es gibt weit mehr Hinweise für den Zusammenhang zwischen Krankenheilungen und Gemeindewachstum, als ich in einem kurzen Kapitel anführen kann.

Ich empfehle Missionaren und Christen in den meisten Bevölkerungsgruppen ausdrücklich, die biblische Anordnung in Jakobus 5, 14f. zu befolgen und für Kranke zu beten. Wenn in Ihrer Denomination einige bemerkenswerte Heilungen geschehen sind oder die Pfingstgemeinden eine große Evangelisation planen, in der auch für die Kranken gebetet wird, dann sagen Sie sich: "Jetzt ist die Zeit zum Handeln. Man soll das Eisen schmieden, solange es heiß ist."

Presbyterianische Gemeinden in Indien

Wir wollen einige der Fälle von Krankenheilungen betrachten, die mir von verschiedenen Seiten her bekannt sind. Der erste Fall stammt aus Indien und berichtet über den Dienst von einigen presbyterianischen Missionaren aus den Vereinigten Staaten. Ich zitiere hierzu einen Bericht über den Einsatz dieser Missionare, die sich nur für kurze Zeit in Indien aufgehalten haben:

"Jeden Abend wurde gepredigt, und jeden Morgen gab es biblischen Unterricht. Sie lebten sehr brüderlich mit uns zusammen. Sie besuchten 24 der 278 Gemeinden, die unserem Gemeindeverband angeschlossen sind, um dort zu predigen. Das Wirken des Heiligen Geistes war überall in den Predigten zu spüren. Dick Little war von Gott jedoch auch mit der Gabe der Krankenheilungen gesegnet worden. Alle, die an die Evangelisationen kamen und den ernsten Wunsch nach Heilung hatten, wurden auf wunderbare Weise geheilt. Jeden Abend betete Little mehr als vier Stunden lang für die Menschen. Einige, die geheilt worden waren, kamen nach vorne, um ihre Heilung zu bezeugen. Hunderte von Menschen waren geheilt worden. Tausende haben Jesus Christus als ihren Herrn annehmen können. Viele wurden an Körper, Seele und Leib von Gott angerührt. Einige unserer Pastoren sind von ernsten Krankheiten geheilt worden, und einige Menschen wurden von chronischen Leiden befreit. Eine Frau, die 21 Jahre lang unter Asthma gelitten hatte, ist ebenfalls gesund geworden. Ein Mann war über 40 Jahre lang blind gewesen. Jetzt ist er geheilt. Viele weitere Blinde konnten wieder sehen. Lahme wurden geheilt, und ebenfalls Menschen mit krankhaften Blutungen. Wilson hat berichtet, daß er bei Besuchen in Gemeinden erlebt hat, wie Menschen - 2 Wochen nachdem Little wieder abgereist war - noch immer Gott dafür lobten, daß er sie gesund gemacht hatte. Er stellte fest, daß eine ganze Reihe von Hindus unter den Tausenden von Menschen waren, die gerettet worden waren und Jesus Christus als ihren Herrn und Erlöser angenommen hatten. Dick Little forderte die Menschen in der Regel dazu auf, ihren Göttern abzusagen, bevor sie den Herrn Jesus baten, die Herrschaft in ihrem Leben zu übernehmen. Offenbar sind einige Menschen auch in dem Moment körperlich geheilt worden, als Jesus Christus in ihr Leben kam."

Anglikaner in Tansania

Ein zweites Beispiel stammt aus dem Rundbrief der berühmten *Church Missionary Society*. Ihr Hauptquartier liegt in London, genau auf der anderen Seite der Themse in der Höhe des Parlamentsgebäudes. In diesem Informationsblatt hieß es:

"Die Veranstaltungen mit Edmond John, dem jüngeren Bruder des Erzbischofes von Tansania, gehören vielleicht zu den beeindruckendsten Beispielen der letzten Jahre, in denen Kranke geheilt worden sind. John hatte in den 3 Jahren von 1972 bis 1975 landesweit in großen Heilungsgottesdiensten gesprochen. Eine große Zahl von Menschen wurde in diesen Veranstaltungen geheilt, von dämonischer Belastung befreit und zu offener Buße geführt. Sehr viele Menschen sind zum Glauben an Christus gekommen oder haben ihm ihr

Leben erneut hingegeben. Dies alles geschah überdies in ruhiger und geordneter Weise, alles unter dem Generalthema: Jesus ist Herr. Die große Zahl der positiven Reaktionen der lau gewordenen Christen und der neu hinzugewonnenen Moslems ist sehr erstaunlich. Edmond John konnte nur kurze Zeit seinem Volk dienen, denn er starb 1975. Sein Dienst war jedoch sehr intensiv und wirkungsvoll: An vielen Orten waren die Gemeinden durch sein Wirken geistlich erfrischt worden und zahlenmäßig gewachsen."

Methodisten in Bolivien

Das dritte Beispiel stammt aus Bolivien. Ein Missionar der *United Methodist Church* hatte an unserer *School of World Mission* studiert und war dann wieder nach Bolivien zurückgekehrt. Er war inzwischen zum überzeugten Vertreter der Theologie des Gemeindewachstums geworden. Er schrieb mir aus Bolivien einen persönlichen Brief. Ich zitiere daraus:

"Es ist sehr erstaunlich, daß der Distrikt, in dem unser Gemeindeverband wirklich echte Fortschritte gemacht hat, ausgerechnet unser eigener ist. In diesem Lake District haben wir bisher 16 Jahre lang gearbeitet. Die Bauern, die hier wohnen, gehören zu den Aymara Indios. Das Gemeindewachstum begann, als wir auf Heimaturlaub waren. Letztes Jahr war der Höhepunkt. Die Entwicklung ist so neu, daß wir noch kein statistisches Zahlenmaterial darüber vorliegen haben, was eigentlich geschehen ist. Die Mutterkirche des Distrikts ist in Ancoraimes, wo auch unsere Missionsstation liegt. Der Gottesdienstbesuch am Sonntagmorgen hat sich um das Sechsfache erhöht. Unter der Woche besuchten bislang etwa 250 Personen weitere Veranstaltungen; dieses Jahr ist diese Zahl auf über 600 angestiegen. Zum ersten Mal in der Geschichte unserer Arbeit erleben wir es, daß sich fast die gesamte Bevölkerung einer Ortschaft bekehrt hat. Fast alle Einwohner des Dorfes sind Christen geworden. Das hat man besonders dramatisch am 31. Mai 1973 erleben können. An diesem Datum wurde bisher immer ein religiöser Feiertag veranstaltet. Diesmal war es ein christliches Fest für ganz Turini, wie die Ortschaft heißt. Von den 170 Familien, die hier wohnen, sind 160 Christen geworden. Die Schlüsselperson in dieser Bewegung war der Laienpastor der Gemeinde in Ancoraimes, Juan Cordero.

Und jetzt halten Sie sich fest: Es gab bei seinen Predigten offenbar auch Krankenheilungen! Und zwar überall. Der Laienpastor wurde manchmal regelrecht von den vielen Menschen bedrängt, aber er konnte sich stets behaupten. Er hat die interessierten Leute regelrecht genötigt, sich erst das Evangelium anzuhören, bevor er für ihre körperliche Gesundheit beten würde."

Indien und Äthiopien

Der vierte Fall von Krankenheilungen, die zum Wachstum von Gemeinden geführt haben, geschah in Indien. Der Mann, den Gott dort zur Heilung von Kranken gebraucht hat, war weder ein Pastor noch ein Missionar, sondern ein neubekehrter Laie. Die Missionsgesellschaft *OMS* aus dem amerikanischen Greenwood, Indiana, hatte im indischen Bundesstaat Tamilnadu die

Evangelical Church of India gegründet. Von den wenigen hundert Mitgliedern im Jahre 1966 war die Mitgliedschaft auf über 15.000 im Jahre 1982 angestiegen. Zum gegenwärtigen Zeitpunkt gründet diese Denomination jede Woche eine neue Gemeinde.

Nach dem Jahre 1970 begann etwas Neues: Es kam zu Heilungen und Dämonenaustreibungen, die das Gemeindewachstum begleiteten. Wo die Menschen mit ihren eigenen Augen sahen, wie Männer und Frauen durch die Kraft Christi geheilt wurden, ließen sie sich oft in ganzen Scharen überzeugen, Christus nachzufolgen. Die bösen Geister wurden in seinem Namen ausgetrieben. Das war das Werk des Heiligen Geistes.

Das fünfte Beispiel stammt aus der *Mekane Yesu Kirche*, einer lutherischen Denomination in Äthiopien. Die *Mekane Yesu Kirche* ist weltweit die schnellstwachsende lutherische Denomination. In einem Bericht lesen wir: "83 Prozent unserer Gemeinden geben an, daß die Gründe für ihr Wachstum Krankenheilungen und Dämonenaustreibungen sind."

Zusammenfassend können wir sagen, daß aus diesen fünf Fallbeispielen hervorgeht, daß der Zusammenhang zwischen Heilungen und dem Wachstum von Gemeinden wohl nicht von der Hand zu weisen ist. Heilungen müssen keineswegs immer zu Gemeindewachstum führen, aber die Erfahrung zeigt, daß Krankenheilungen häufig einer der Gründe für Wachstum sind. Den genannten fünf Beispielen könnten viele weitere Berichte angefügt werden.

Der Missionsarzt

In den letzten 100 Jahren sind die Christen in der westlichen Hemisphäre stark vom Säkularismus geprägt worden. Ihre Welt wurde durch und durch von der wissenschaftlichen Denkweise beeinflußt. Man ist sich nun ganz sicher: Krankheiten werden von Bakterien verursacht. Alle Krankheiten können mit Medikamenten geheilt werden. Gegen Malaria nimmt man Chloraquin, gegen Schmerzen Aspirin und wenn man Arteriosklerose hat, kann man eine Herzoperation vornehmen lassen. Im Zuge der weltweiten Verbreitung des Christentums hat es sich gezeigt, daß der Missionsarzt dem Hokuspokus der Medizinmänner, den Kräuterdoktoren und den Schamanen der animistischen Welt weit überlegen ist. Wenn die Patienten krank waren, so verabreichte der Missionsarzt Penizillin und bot ihnen an, für ihre Genesung zu beten. Nach kurzer Zeit waren die Patienten gesund.

Der christliche Arzt würde nicht sagen, daß es allein das Gebet war, das den Patienten gesund gemacht hat. Seiner Meinung nach war die Heilung auf die Medizin zurückzuführen, die Gott der Menschheit in seiner Gnade anvertraut hat. Diese christliche Interpretation von Heilung gesteht - im Unterschied zu der Ansicht eines Rationalisten - auch dem Gebet und dem Faktor des persönlichen Glaubens einen gewissen Stellenwert im Heilungsprozeß zu. Damit wird jedoch auch folgende schwerwiegende Annahme stillschweigend unterstellt: Gott handelt nicht *unmittelbar*. Er handelt, indem Menschen handeln (oder Substanzen wirken); er handelt nicht ohne die Zuhilfenahme physischer Mittel. Das ist eine theologische Aussage, die aber dem Denkraster entspricht, in dem der westliche Mensch aufgewachsen ist. Ein völlig säkularisierter Mensch glaubt hingegen erst gar nicht, daß es einen Gott gibt. Nur was der Mensch messen (und damit auch beeinflussen) kann, ist für ihn wirklich. Dies gilt auch für Krankheitsursachen. Für ihn können Krankheitsursachen physischer, chemischer oder psychologischer Natur sein.

Das aufgeklärte Denken des 20. Jahrhunderts hat für jedes Phänomen eine wissenschaftliche Erklärung. Für den modernen westlichen Menschen beruhen Glaubensheilungen bestenfalls auf einem Irrtum; schlimmstenfalls hat man es mit schlichter Scharlatanerie zu tun. Geistheiler sind entweder verirrte Enthusiasten oder raffinierte Trickkünstler. Wenn Menschen behaupten, durch einen Geistheiler gesund geworden zu sein, so waren sie entweder nicht wirklich krank oder fühlen sich für eine kurze Zeit tatsächlich subjektiv besser, was auf die dramatische Begegnung mit dem Geistheiler oder auf angewandte Massenpsychologie zurückzuführen ist. Manche der "Geheilten" könnten sogar von Geistheilern bewußt betrogen worden sein, um deren eigenes Ansehen zu bessern. Die Beinflußbarkeit der Massen und die Dynamik von hunderttausenden gleichgeschalteter Menschen ist ein wohlbekanntes psychologisches Phänomen. Politiker, Händler, Priester und Magier aller Zeiten haben davon Gebrauch gemacht. Säkularisierte Menschen aus dem westlichen und auch dem östlichen Kulturkreis sind jedoch äußerst skeptisch gegenüber allen Kräften und Einflüssen, die nicht direkt vom Menschen ausgehen. Die Reaktionen vieler Menschen, die von Glaubensheilungen hören, sind daher bestenfalls gerunzelte Augenbrauen und ein überhebliches Lächeln.

Können Krankheiten durch Geister verursacht werden?

Die meisten Einwohner Asiens, Afrikas und Lateinamerikas glauben etwas völlig anderes. In ihrer Welt ist man davon überzeugt, daß Krankheiten auf böse Geistern zurückzuführen sind. Krankheiten heilt man deshalb auch durch übernatürliche Kräfte, ganz egal, was der Rest der Welt dazu meint.

Die Menschen in der Dritten Welt glauben ohne Weiteres, daß Hexen die Lebensenergie von anderen Menschen anzapfen können. Wenn ein böser Nachbar den "bösen Blick" hat und damit eine Frau ansieht, wird sie von Tag zu Tag schwächer werden. Ein umherziehender böser Geist könnte in ein Baby fahren, das dann sterben wird. Ein Dämon kann Krankheiten verursachen, die durch keine Medizin der Welt geheilt werden kann. Die westliche Medizin mag einigen Menschen helfen können, Afrika jedoch ist voll von mysteriösen Kräften, von denen die Weißen keine Ahnung haben. Nur wer die geheimen Quellen der Magie kennt, kann einem anderen Afrikaner wirklich helfen. Böse Mächte müssen durch ihnen überlegene Mächte besiegt werden. Das ist der einzige Weg.

Im spanischsprachigen Teil Lateinamerikas haben die *curanderos*, die Geistheiler, einen gewaltigen Einfluß. Unglaubliche Heilungen geschehen durch ihre Besprechungen, Arzneien, Opferrituale und Verordnungen. In Afrika, Asien und Lateinamerika glauben vermutlich 98 Prozent der Bevölkerung, daß schwächere Geister durch stärkere Geister ausgetrieben werden können.

Selbst in Europa und Nordamerika vermag das kalte mechanistische Verständnis von Wissenschaft viele Millionen Menschen keineswegs zu befriedigen. Auch hier wenden sich deshalb viele Menschen dem okkulten Bereich zu und suchen Verbindung zu übernatürlichen Kräften und Wesen. Die Zahl der Menschen, die Satan anbeten, nimmt immer stärker zu. Viele Menschen in der westlichen Welt sind geradezu fasziniert von den geheimnisvollen Kräften magischer Worte, Riten und Talare. Eine stets wachsende Zahl von Menschen glaubt an die Sterne und beschäftigt sich mit Yoga und den Lehren von Gurus. Die Christen der westlichen Welt stehen damit vor einem speziellen Problem. In ihrem Denken kämpfen nämlich zwei Welten um die Oberhand: Die Religion und die Wissenschaft. Das Christentum steht in einer ständigen Auseinandersetzung mit den vorherrschenden wissenschaftlichen Lehrmeinungen. Das ist auch der Grund, weshalb viele Christen der westlichen Welt Schwierigkeiten haben, Glaubensheilungen einzuordnen und mit ihnen umgehen zu können.

Krankenheilung im Neuen Testament

Es ist gar keine Frage, daß es in der Zeit des Neuen Testaments echte Glaubensheilungen gegeben hat. Für die neutestamentliche Gemeinde waren Krankenheilungen an der Tagesordnung. Sie befand sich inmitten einer ungeheuer dynamischen Glaubensbewegung, in der es regelmäßig geschah, daß Menschen durch ihren Glauben körperlich geheilt wurden. Eine der vielen entsprechenden Textstellen lautet: "Es geschahen aber viele Zeichen und Wunder im Volk durch die Hand der Apostel..Es wurden aber immer mehr hinzugetan, die an den Herrn glaubten, eine Menge Männer und Frauen. Sie brachten sogar die Kranken auf die Gassen heraus und legten sie auf Betten und Bahren, daß wenigstens der Schatten von Petrus auf einige von ihnen fällt, wenn er vorübergeht. Viele kamen aus den umliegenden Städten nach Jerusalem und brachten die Kranken und die, die von unsauberen Geistern geplagt wurden. Sie wurden alle gesund." (Apg 5, 12-16).

Heilungen durch den Geist Gottes waren ein wichtiger Bestandteil der Evangelisation, als sich die christlichen Gemeinden in ganz Palästina und im Mittelmeerraum ausbreiteten. Was sollen aber wir modernen Christen mit diesen Berichten anfangen? Hat davon auch einiges für uns Bedeutung?

Viele akademisch gebildete Christen sind weit stärker von der Säkularisierung beeinflußt worden als sie es merken. Aus diesem Grund sträuben sie sich auch gegen Krankenheilungen. Sie halten Krankenheilungen für puren Aberglaube und Betrug, wodurch Menschen dazu verleitet werden, sich nicht länger bewährten medizinischen Methoden anzuvertrauen. Viele, so behaupten sie, werden einfach als gesund bezeichnet, obwohl sie eigentlich noch immer krank sind. Die "Heilungen", von denen berichtet wird, halten sie schlechtweg für Massensuggestion. Es ist egoistisch, so hört man, nur an seine eigene Heilung zu denken, Dadurch werde Gott für die eigenen Zwecke mißbraucht.

Einige gebildete Christen vertreten jedoch die Meinung, daß Gott zwar Menschen und physische Methoden gebraucht, manchmal jedoch auch unmittelbar, souverän eingreift. Er behält sich eben das Recht vor, sich nicht an die uns bekannten Naturgesetze zu halten, um nach höheren Prinzipien zu wirken, in die wir keinen Einblick haben. In der Regel hält er sich an die Naturgesetze, aber er ist in seinem Handeln keineswegs darauf beschränkt. Er greift ein, wann immer er will. Einige meinen sogar, daß es wohl das Beste ist, wenn ein liebevoller und gerechter Gott diese Welt in der Regel durch die Gesetze der Natur beherrscht und regiert. Gelegentliche Ausnahmen, in denen Gott nach höheren Gesetzmäßigkeiten handelt, bestätigen diese Regel.

Christen, die so denken, können durchaus Krankenheilungen im Namen von Christus einordnen. Heilungen sind in ihren Augen klare Erweise der Kraft Gottes.

Einige würden hier noch hinzufügen, daß bei Krankenheilungen der Mensch selbst als Faktor genügend berücksichtigt werden muß. Bei Heilungen handelt sowohl Gott als auch der Mensch als Gottes Werkzeug. Diesem Ineinander von göttlichem und menschlichem Handeln sind durch die menschliche Unvollkommenheit natürliche Grenzen gesetzt. Deswegen sollten wir uns durch unvollständige Heilungen und sogar Rückfällen aufgrund von mangelndem Glauben oder mangelnder Ernsthaftigkeit weder beunruhigen noch beirren lassen.

Der Zusammenhang zwischen Sehen und Glauben

Christen können sehr sture Menschen sein. Einige, die Krankenheilungen gegenüber äußerst skeptisch waren, denken inzwischen etwas versöhnlicher über öffentliche Heilungsgottesdienste, nachdem sie die Echtheit vieler Heilungen zur Kenntnis genommen haben. Wer gesehen hat, wie viele Menschen noch heute ihre Krücken wegwerfen und gehen können, wie Taube und Blinde geheilt werden und Menschen von Herzbeschwerden frei werden, wird nachdenklich werden. Sie haben zu viele der neubekehrten Menschen gesehen, die über die Krafterweise von Christus jubeln, ihm Loblieder singen, auf seine Worte hören und zu ihm beten. Diese Fakten bringen auch die nüchternsten Skeptiker auf den Boden der Tatsachen. Sie haben einfach zuviel gesehen, um weiterhin nicht an Heilungen glauben zu können. Glauben hängt damit zusammen, was wir sehen.

Einige Christen sind deshalb zu der Überzeugung gekommen, daß Gott sie dazu berufen hat, im Gemeindeaufbau und bei der Neugründung von Gemeinden aktiv für die Kranken zu beten und Dämonen auszutreiben. Heilungsgottesdienste sind oft sehr lebendig. Die Menschen sehen, wie Christus handelt. Für sie wird der Glaube etwas sehr Lebendiges. Einige Christen, die daran interessiert sind, viele lebendige und gesunde Gemeinden aufzubauen, sehen keinerlei Schwierigkeiten darin, diese lebendigen Äußerungen des Glaubens an Christus für das Gemeindewachstum positiv zu nutzen, und "das Eisen zu schmieden, solange es heiß ist."

Wir sind als Christen alle dazu aufgerufen, dieser Thematik gründlich nachzugehen. Wir sollten erkennen, daß Heilungen einen bedeutenden Einfluß auf das Wachstum von Gemeinden haben. Viele von uns haben diesen Zusammenhang viel zu lange übersehen und im Gemeindeaufbau längst nicht genügend berücksichtigt.

Teil IV - DIE SOZIOLOGISCHEN GRUNDLAGEN

12

Gemeindewachstum und Gesellschaft

Gemeinde wächst nicht im luftleeren Raum. Sie bildet sich inmitten einer menschlichen Gesellschaft. Die Menschheit ist ein Bevölkerungsmosaik, in dem die verschiedensten Formen und Strukturen einer Gesellschaft zu finden sind. Für das Verständnis von Gemeindewachstum ist es von grundlegender Bedeutung, die Funktion und Struktur der betreffenden menschlichen Gesellschaft zu verstehen, in der man sich befindet. Der Mensch ist nicht ein vom Rest der Bevölkerung losgelöstes Individuum, sondern ein durch Beziehungen mit anderen Menschen verknüpfter Bestandteil der Gesellschaft. Er ist *homo sociologicus*. Das Wachstum einer Gemeinde wird sehr stark von gesellschaftlichen Faktoren mitbestimmt. Starker gesellschaftlicher Wandel, Änderungen des Sozialgefüges und die Einbindung in bestimmte Strukturen sind von größter Bedeutung für die zukünftige Entwicklung des Christentums. Die Reaktion auf gesellschaftlichen Wandel entscheidet mit darüber, ob die Kirchen und Gemeinden Zulauf oder Abwanderung erleben werden. Diese Tatsache sollte in allen Teilen der Welt Berücksichtigung finden.

Der Mensch existiert nicht als völlig isoliertes Fragment der Bevölkerung, sondern ist ein Teil der Gesellschaft, in der er aufgewachsen ist und in der er lebt. Die Gesellschaft hat stark zur Formung seiner Identität beigetragen. Man sucht sich z.B. nicht die Muttersprache aus. Darüber entscheidet, in welchem Kulturkreis und in welcher Gesellschaft man geboren wird, und welche Sprache die Mutter oder die Spielkameraden sprechen. Darüberhinaus bestimmt die Gesellschaft in starkem Maße Meinung, Denken und Handeln eines Menschen. Kenntnisse der gesellschaftlichen Zusammenhänge innerhalb eines bestimmten Bevölkerungssegmentes helfen uns daher sehr, wirklich gesellschaftsbezogenen Gemeindeaufbau zu leisten. Die Frage, wie kontextbezogen eine Gemeindearbeit ist, entscheidet mit darüber, ob sie von der Gesellschaft akzeptiert oder als Fremdkörper abgestoßen wird.

Die soziale Struktur der Gesellschaft

Das Gefüge einer Gesellschaft ist sehr komplex aufgebaut. Es setzt sich aus vielen verschiedenen Faktoren zusammen. Weltweit haben noch weit über drei Milliarden Menschen überhaupt keinen Bezug zu Christus oder zum Christentum. Die Aufgabe jeder christlichen Gemeinde besteht darin, daran zu arbeiten, daß diese Menschen mit Gott versöhnt werden können. Jeder einzelne gesellschaftliche Faktor kann mit dafür bestimmend sein, ob die Gemeinde ihre Zeugnisfunktion in der betreffenden Bevölkerung effektiv ausüben kann. Deshalb wollen wir nachfolgend einige typische Grundelemente des sozialen Gefüges einer Gesellschaft betrachten.

Das Selbstverständnis einer Bevölkerungsgruppe

Jede Bevölkerungsgruppe existiert in bestimmten physischen, wirtschaftlichen und politischen Umständen. Aus der Anthropologie wissen wir, daß jede Bevölkerungsgruppe daher eine bestimmte kulturelle Ausprägung und ein besonderes Selbstverständnis entwickelt, worin sie sich von jeder anderen Bevölkerungsgruppe unterscheidet. Die natürliche Umgebung spielt hierin eine große Rolle. Einige Bevölkerungsgruppen bauen z.B. Reis an. Das erfordert Handarbeit, und es gehört auch zu dieser Arbeit, daß die Menschen barfuß in den Reisfeldern waten müssen. Aus diesem natürlichen Kontext sind eine ganze Reihe von Sitten und Gebräuchen erwachsen, worin sich die verschiedenen reisanbauenden Völkern durchaus ähnlich sind. Die Kultur eines Volkes wird von vielen verschiedenen Einflüssen geformt. Dabei spielt die Rasse, die militärische Situation, die Religion oder auch das Klima eine große Rolle. Reisbauern in den küstennahen Tälern des buddhistischen Japan werden z.B. mit Sicherheit ein anderes Selbstverständnis haben als christliche Reisbauern im Gebirge zwischen Indien und Burma.

Zur Entwicklung des starken Individualismus im Amerika des letzten Jahrhunderts hat die damalige Pioniersituation deutlich beigetragen. Die Arbeitsweise einiger Gemeinden, etwa der Baptisten, der Methodisten und der *Christian Churches* paßte durch ihren Arbeitsstil, die besondere Art, wie dort Gemeindeleiter herangebildet wurden, und durch einige andere Elemente sehr gut zu dieser allgemeinen Pioniersituation. In der Folge erlebten diese Gemeindeverbände auch ein stärkeres Wachstum als die Episkopalkirchen und die Presbyterianischen Gemeinden. Der moderne Amerikaner ist in der Regel fähig, viele Reize gleichzeitig aufzunehmen, sie zu verarbeiten und dennoch seine Umwelt nicht als Chaos wahrzunehmen. Diese konzentrierte und strukturierte Denkweise mußte jedoch erst erlernt werden. Sie ist Teil der Prägung, die er durch den jahrelangen Schulunterricht, die komplizierten Verkehrsregeln, das Medienwesen und ähnliche Einflüsse erhalten hat. Daher beschreiten amerikanische Gemeinden viele unterschiedliche Wege, um herauszufinden, mit welchen Mitteln Christus gesellschaftsrelevant kommuniziert werden kann; nur wenn das spezifisch amerikanische Element in der Evangelisation Berücksichtigung findet, wird echter Gemeindeaufbau in Amerika möglich sein. Wer das amerikanische Selbstverständnis jedoch ignoriert, wird an der Gesellschaft vorbeievangelisieren.

Die Großgrundbesitzer Lateinamerikas sind eine gesellschaftliche Klasse für sich. Zwischen ihnen und den Angestellten - oftmals sind es bessere Leibeigene - der großen Haziendas liegen Welten. Die ersteren halten sich für die siegreichen Eroberer, die letzteren wissen, daß sie die Besiegten sind. Die erste Gruppe von Menschen besitzt nicht nur riesige Ländereien, sondern hatte bis vor kurzem sogar noch das Recht, innerhalb ihres Gebietes über Leben und Tod zu entscheiden. Die zweite Gruppe von Menschen kann nur dann ihres Lebens sicher sein, wenn sie dem Hausherrn und seinen Aufsehern gehorchen. Wenn solche Arbeiter fünf Tage lang auf dem riesigen Areal des Großgrundbesitzers gearbeitet haben, dann dürfen sie die restlichen zwei Tage der Woche auch ihr eigenes kleines Stück Land bebauen. Sie dürfen sogar fünf eigene Schafe halten; den Schafmist müssen sie allerdings dem *hacendero* abliefern. Diese beiden Bevölkerungsgruppen unterscheiden sich ihrerseits wieder von den Mestizen, die von Großgrundbesitzern unabhängige Bauern sind, sowie von den freien Indianern, die ebenfalls eigenes Land besitzen. In jeder dieser vier verschiedenen Bevölkerungsgruppen ist die Situation für den Gemeindeaufbau völlig unterschiedlich.

Volksbewußtsein

Eine homogene Einheit der Gesamtgesellschaft hat häufig ein eigenes Kasten-, Rassen- oder Klassenverständnis. Dieses Gruppenbewußtsein unterscheidet sie von anderen Völkern oder Volksgruppen. Orthodoxe Juden, Angehörige indischer Kasten, die Indianerstämme Ecuadors und viele andere Bevölkerungsgruppen haben ein ausgesprochen starkes Volksbewußtsein.

Das Maß dieses Volksbewußtseins ist ein wesentlicher Faktor in der Evangelisation der Angehörigen einer bestimmten Bevölkerung. Volksgruppen, Kasten oder Stämme mit hohem Selbstbewußtsein werden sich gegen das Evangelium oft schon deshalb sträuben, weil sie sich - wenn sie Christen würden - mit einem anderen Volk mischen müßten. Sie fürchten, ihre Identität zu verlieren. Sie weisen Christus damit nicht aus religiösen Gründen ab oder deshalb, weil sie hartnäckige Sünder sind, sondern ausgerechnet deshalb, weil sie ihren Nächsten lieben.

Die indischen Brahmanen, aber auch viele andere Volksgruppen mit hohem Kastenbewußtsein, achten sehr streng auf die Reinhaltung ihrer Klasse, und gehen rigoros gegen die Angehörigen ihrer Kaste vor, sollten diese sich nicht an die Regeln halten. Wenn beispielsweise ein Brahmane einen Nichtbrahmanen heiratet, so wird seinetwillen eine Begräbniszeremonie abgehalten. Er gilt für tot, und ist nicht mehr gesellschaftsfähig. Der Betreffende hat das Blut der Kaste verunreinigt und muß ausgeschlossen werden.

Grundsätzlich gilt die Regel: Je mehr das Christwerden als Abfall von der eigenen Volksgruppe anstatt als rein religiöse Entscheidung gewertet wird, desto langsamer wachsen die Gemeinden. Eine der Hauptschwierigkeiten in der Mission liegt deshalb darin, Christus so zu verkündigen, daß Nichtchristen ihm nachfolgen können, ohne deshalb gleichzeitig als Volksverräter zu gelten.

Der Widerstand von Hindus, Buddhisten und Moslems gegen das Christentum liegt in erster Linie nicht an unterschiedlichen theologischen Auffassungen.

Die meisten der Anhänger der genannten Religionen können weder lesen noch schreiben und wissen nur sehr dürftig über ihr eigenes Glaubenssystem Bescheid. Die meisten Hindus sind in Wirklichkeit eher Animisten als Hindus. Dasselbe gilt auch für die Anhänger des Buddhismus und des Islam. Ihr Widerstand gegen das Christentum hängt hauptsächlich damit zusammen, daß sie Angst haben, durch das Christwerden von ihren eigenen Leuten isoliert zu werden.

Man hört oft davon, daß primitive Völker und Angehörige niederer Kasten oder Gesellschaftsschichten sich sehr schnell dem Christentum anschließen, während die Angehörigen der Weltreligionen keinen Zugang zum Christentum finden konnten. Doch das gibt die Wirklichkeit nur sehr verzerrt wieder. In vielen Fällen widersetzen sich Volksstämme genauso heftig gegen das Christentum wie Angehörige hochzivilisierter Völker. Der Stamm der Egons aus Badagri im Südwesten von Nigeria hat sich über 150 Jahre lang gegen das Evangelium gewehrt, obwohl es ihnen kompetent durch methodistische Missionare verkündigt worden war. Als sich die Methodisten aus diesem Gebiet zurückzogen, traten römisch-katholische Missionare an ihre Stelle - mit demselben Erfolg. Ein wirklich primitiver Volksstamm, die Massai in Kenia, haben überhaupt kein Interesse am Christentum gezeigt, und viele der niederen Kasten Indiens verhielten sich genauso ablehnend gegenüber dem Evangelium wie die Angehörigen der höheren Kasten. Alle Menschen, ob Angehörige niederer oder höherer Klassen, Männer oder Frauen, zivilisiert oder primitiv, öffnen sich in der Regel nur dann in größerer Zahl für das Christentum, wenn sie Christen werden können, ohne dadurch gleichzeitig ihre Angehörigen und Verwandten zu verlieren und ein gesellschaftlicher Außenseiter zu werden.

Die größten Hindernisse für die Bekehrung von Menschen sind soziale Gründe, nicht theologische. Sobald wir Wege gefunden haben, wie Moslems und Hindus Christen werden können, ohne sich dadurch gleichzeitig von ihren Lieben trennen zu müssen, können wir wahre Wellen von Bekehrungen erwarten. Es muß für sie möglich sein, Christen zu werden, ohne als Volksverräter dazustehen.

Die Ereignisse in Indonesien in den Jahren 1966 und 1967 bestätigen diese These. Damals haben sich schätzungsweise 50.000 Moslems dem Christentum angeschlossen. Ganze Dörfer wurden christlich. In einem Bericht hieß es, daß an einem Ort die 25 islamischen Moscheen zu 25 Kirchen umfunktioniert wurden. Wir müssen diesen Sachverhalt nicht weiter ausführen. Der größte Segen liegt ganz offenkundig auf evangelistischen Methoden, die in Bevölkerungsschichten mit hohem Gruppenbewußtsein den einzelnen Menschen erlauben, Christen zu werden, ohne gleichzeitig mit ihren Angehörigen zu brechen. Nur dadurch können Gemeinden in solchen Volksgruppen echtes Wachstum erfahren.

Hochzeitsbräuche

Ein weiteres wichtiges Element einer Gesellschaft sind die Hochzeitsbräuche. Es ist zum Beispiel von großer Bedeutung für das Wachstum der Gemeinden, wo die heiratswilligen Männer ihre zukünftigen Ehefrauen finden. In den ländlichen Gebieten Mexikos suchen sich die Männer ihre Braut innerhalb des eigenen *rancho* (Dorfes), oder in einem Nachbardorf. Im Flußtal des indischen Ganges besteht jede Kaste aus vielen einzelnen *gotr* genannten Untergruppen. Ein *gotr* ist eine exogame Sippe. Jeder Mann muß sich seine Braut außerhalb seines eigenen *gotr*, jedoch innerhalb seiner eigenen Kaste suchen. Alle Mädchen seines *gotr* betrachtet er als seine Schwestern, selbst wenn über Generationen hinweg keine Blutsverwandtschaft bestand. Manche Kasten akzeptieren nur Schwiegertöchter aus östlichen Gebieten, und verheiraten ihre eigenen Töchter nur in Gebiete, die westlich von ihnen liegen. Der Ort, von dem die Braut stammt, wird für den zukünftigen Ehemann zweiter Lebensmittelpunkt werden, denn dort wohnen seine Onkel mütterlicherseits, sein Schwiegervater und seine Neffen. Der Herkunftsort der Braut ist damit aber auch der Ort, den ein Christ zukünftig besuchen wird, denn er wird natürlich häufig dorthin gehen, wo seine neuen Verwandten zu finden sind. Welche Folgen dies auf die Ausbreitung des Evangeliums hat, ist offenkundig.

Die Schlüsselpersonen

Ich spreche hier nicht von den Machthabern eines ganzen Landes oder einer Stadt, sondern von den Schlüsselpersonen einer bestimmten homogenen Einheit, einer beliebigen Gruppe. Sogar jede Universität und jede Gewerkschaft verfügt über eine Infrastruktur, in der die Positionen und Machtverhältnisse klar geregelt sind. Damit sind auch Kompetenzen und Befugnisse verteilt.

Jedes Segment der Bevölkerung hat eine solche Machtstruktur. Überall finden wir Leiter, Anführer, Machthaber, eine Aristokratie oder eine bestimmte Elite, die das Sagen hat. Zu meinem Erstaunen entdeckte ich, daß sogar innerhalb der Kaste im indischen Jubbulpore, die die Latrinen säuberten, einige Familien eine Elite innerhalb ihrer Kaste bildeten. Die *Dumars* dieser Stadt waren in 29 Gruppen aufgeteilt. Jede dieser Gruppen wurde von einem Anführer, dem *chaudhari*, und seinem Assistenten, dem *sakidar*, kontrolliert. Damit war erwiesen, daß auch die Straßenfegerkaste - die niedrigste der niedrigen Kasten - mit diesen 58 Familien und deren Verwandten eine eigene Aristokratie besaß.

Zu den Mächtigen einer bestimmten Volksgruppe sind in manchen Fällen ausschließlich diejenigen bestimmt, die in den richtigen Familien geboren wurden. Häufig hat diese Macht auch mit entsprechendem Reichtum zu tun. In vielen Volksgruppen sind Menschen mit heller Haut bereits privilegiert. Gewisse religiöse Fähigkeiten, die man Schamanen, Zauberern und Priestern zuschreibt, machen diese Menschen ebenfalls zu Elitemitgliedern ihrer Gesellschaft. In den indischen Dörfern, in denen ich gearbeitet habe, gehörte *jis ki baat nahin kut-thi*, der weise Mann, "dessen Entscheidung nicht rückgängig gemacht werden kann", ebenfalls zur Aristokratie seines Dorfes. Er kannte das Dorf- und Kastengesetz durch lange Erfahrung, war klug und verständig, hörte geduldig allen Diskussionen zu und erklärte dann, wenn er einen unausgesprochenen Konsens spürte, seine Entscheidung, die für alle verbindlich war.

Wenn Mitglieder der gesellschaftlichen Elite Christen werden, so ist es sehr wahrscheinlich, daß das Christentum auch innerhalb ihrer weitverzweigten Verwandtschaft Fuß fassen wird.

Landbesitz

Ein sehr wichtiger Aspekt im sozialen Gefüge einer Gesellschaft ist die Verteilung des Grundbesitzes. Oft sind die Besitzrechte von Grund und Boden sehr kompliziert geregelt. Im indischen Bundesstaat Madhya Pradesh haben die meisten Bauern nur Bebauungsrecht. Das Land gehört dem Feudalherrn des Dorfes. Sie selbst können Land weder selbst kaufen noch verkaufen. Wenn der Feudalherr ihnen dennoch erlaubt, ein Stück Land zu verkaufen, so tut er das nur, nachdem er "gnädig zugestimmt hat", ein Drittel des Verkaufspreises des Landes "als Geschenk" entgegenzunehmen. Wenn er die Person nicht mag, die das Land kaufen will, oder nicht möchte, daß jemand durch den Kauf von Land Dorfmitglied wird, dann weigert er sich einfach, "das Geschenk" entgegenzunehmen, und verhindert damit den Verkauf. Wenn der Feudalherr dem Christentum feindlich gesinnt ist, und die Christen nur Bebauungsrechte haben, dann ist es unmöglich, ein Stück Land zu bekommen, um eine Kirche darauf zu bauen.

In Puerto Rico gehören die fruchtbaren Niederungen an den Küsten den Zuckerbaronen. Im Inland ist es jedoch möglich, daß die Kaffeebauern jeweils ihr eigenes kleines Stück Land besitzen, auf dem sie Kaffee anpflanzen. Diese unabhängigen Bauern können jederzeit evangelikale Christen werden, wenn sie wollen. Die besitzlosen Arbeiter auf den Zuckerplantagen können jedoch einfach fortgeschickt werden, wenn sie den Großgrundbesitzer verärgern, zum Beispiel dadurch, daß sie evangelikale Christen werden.

Der physische Wohnort der Mitglieder einer Gesellschaft ist ebenfalls von großer Bedeutung für das Gemeindewachstum. Überall im hinduistischen Indien wurde zum Beispiel der niedersten Kaste eines Dorfes ein etwas abseits gelegenes Quartier zugewiesen, das durch eine gewisse räumliche Distanz - oft 100 Meter oder mehr - vom Rest des Dorfes getrennt war. Als nun die Menschen dieser geächteten kleinen Siedlungen Christen wurden und man Pastoren anstellte, die sie seelsorgerisch begleiten sollten, stand man vor einem Problem. Die Missionsgesellschaften hatten zu entscheiden, ob der Pastor, ein gebildeter und ehrbarer Christ, ebenfalls in dem Teil des Dorfes wohnen sollte, wo die Angehörigen der unberührbaren Kaste wohnten, oder eine Unterkunft in den Wohngebieten der höheren Kastenmitglieder suchen sollte. In dieser Frage mußte also entschieden werden, wie man die vorfindlichen sozialen Strukturen für die christliche Mission am besten nutzen konnte. In Nordindien entschieden sich viele Missionswerke dazu, den Pastor im vornehmeren Teil des Ortes unterzubringen, weil das den Christen insgesamt mehr helfen würde. In Südindien entschied man sich dafür, der Pastor sollte dort wohnen, wo seine Gemeindeglieder wohnen, und wies den Pastor an, im Bezirk der Unberührbaren zu leben. Pickett ist der Frage nachgegangen, welche Entscheidung mehr dazu beigetragen hat, gesunde christliche Gemeinden aufzubauen. Seine Beobachtung ist eindeutig: Das

Vorgehen in Südindien war für den Gemeindeaufbau weitaus wirkungsvoller (Christian Mass Movements, 228).

Sexuelle Moral

Man hat in den Ländern des westlichen Kulturkreises in der Regel kaum erkannt, wie stark die Moralvorstellungen einer Bevölkerung mit dem Wachstum der christlichen Gemeinden zusammenhängen. In den westlichen Ländern hat der Staat jahrhundertelang die kirchlichen Moralvorstellungen gesetzlich geschützt, und so hatten die Ideale der Monogamie und der ehelichen Treue bis vor kurzem einen festen Platz im Bewußtsein der westlichen Öffentlichkeit. Weil praktisch keine Scheidungen zugelassen wurden, war es die Regel, daß eine Ehe das ganze Leben andauerte. Unter ernsthaften Nachfolgern von Christus war es normal, in der Ehe treu zu sein. Es kam zwar - natürlich - auch vor, daß in christlichen Kreisen Ehebruch begangen wurde, Männer eine Geliebte hatten oder vorehelicher Geschlechtsverkehr praktiziert wurde, doch war man sich dabei stets im klaren, daß damit eine Sünde begangen wurde. Wer bekehrt war, kehrte sich damit auch von unnormalen und illegalen Verhaltensweisen ab und hielt sich an die christlichen Normen und gesetzlichen Regeln.

In einigen Ländern dominieren jedoch nichtchristliche Sexualvorstellungen das Bewußtsein der Öffentlichkeit und stehen echtem Gemeindewachstum sehr im Wege. In Jamaika stammt die breite Mehrheit der Bevölkerung von Sklaven ab, die im Jahre 1838 freigelassen wurden. Dort gibt es im wesentlichen zwei Möglichkeiten, wie das Zusammenleben von Mann und Frau geregelt ist. Das erste (christliche) Modell wird von der gesellschaftlichen Elite der reichen und gebildeten Bevölkerung von Jamaika bevorzugt. Die breite Mehrheit jedoch, die mehr als 85 Prozent der Bevölkerung ausmacht, praktiziert ein zweites Modell. Darin besteht das Zusammenleben von Männer und Frauen aus einer Reihe von eheähnlichen losen Verbindungen, die mit dem Erreichen der Pubertät beginnt. Einige dieser Beziehungen dauern nur Wochen, manche einige Monate, und einige halten sogar über Jahre hinweg. Jedem Partner steht es frei, den anderen zu verlassen, wenn er ihn überdrüssig geworden ist. Eine Folge von Bindungen auf Zeit ist daher die Regel.

Solange jedoch Mann und Frau nicht rechtmäßig verheiratet sind, wird keine christliche Gemeinde sie als Mitglieder aufnehmen. Ein solches Paar kann sich aber dennoch mehr oder weniger zu einer bestimmten Gemeinde zählen und darf auch seine Kinder zum Pastor bringen, damit sie getauft oder gesegnet werden. Wenn sich in einer Evangelisation 50 solcher Personen bekehren, lautet die erste Frage, die ihnen in der Nachveranstaltung gestellt wird: "Sind Sie verheiratet, oder sind Sie bereit, sich zu verheiraten?" Wenn die Antwort negativ ist, können diese Menschen nicht getauft oder als offizielle Mitglieder in die Gemeinde aufgenommen werden. Viele Pastoren ermutigen solche Bekehrte erst gar nicht, sich der Gemeinde anzuschließen, weil sie sicher sind, daß sie ja doch wieder rückfällig werden und von der Mitgliederliste wieder gestrichen werden müssen.

Wenn sie das Alter von 40 Jahren erreicht haben, entscheiden sich viele Frauen - und auch einige Männer - dazu, allein zu leben, auch wenn sie weiterhin sexuelle Kontakte pflegen. Von diesem Zeitpunkt an können sie auch Mitglieder in christlichen Gemeinden werden. Auch ältere Männer, die zu Reichtum gekommen sind und sich gesellschaftlich etablieren wollen, gehen nun eine Ehe ein. Ihre eigenen Kinder und Enkel nehmen dann an ihrer Hochzeit teil, die ein prunkvolles und aufwendiges Fest mit teuren Kleidern, Ringen, Hochzeitsmahl und ähnlichen Feierlichkeiten ist. Es ist ein Statussymbol, verheiratet zu sein, wodurch unüberhörbar verkündet wird, daß der betreffende Mann und seine Frau, die schon jahrelang zusammengelebt hatten, nun am Ziel angekommen sind. Damit ist auch der Zeitpunkt gekommen, an dem sie offiziell Mitglieder einer christlichen Gemeinde werden können.

Die Folge davon ist, daß sich die Gemeinden in Jamaika hauptsächlich aus Angehörigen der sozial gehobenen Klassen zusammensetzen, sowie aus einigen älteren Menschen aus der breiten Bevölkerung. Im Jahre 1957 kam ich bei einer Untersuchung, die ich dort durchführte, zu der Schlußfolgerung, daß 14 von 15 aller Erwachsenen im Alter zwischen 16 und 40 Jahren keine offiziellen Mitglieder christlicher Gemeinden werden konnten (Jamaica). Sie praktizierten das "zweite Modell" des Zusammenlebens von Mann und Frau, das sie "unseren Stil in Jamaika" nannten, und hatten auch nicht vor, daran etwas zu ändern. Das langsame Wachstum der Gemeinden in Jamaika hängt stark damit zusammen, daß das Bewußtsein der Öffentlichkeit von völlig unchristlichen Vorstellungen hinsichtlich der sexuellen Moral geprägt ist.

In Afrika herrschen ähnliche Verhältnisse. Das System der Polygamie hält sehr viele Menschen davon ab, Christen zu werden. Viele Männer haben im Rahmen ihrer Stammestraditionen zwei oder mehrere Frauen geheiratet. Wenn solche Männer nun Christen werden wollen, verlangen die christlichen Gemeinden, daß sie alle Frauen - bis auf eine - wegschicken müssen. Aber aus verschiedenen Gründen sind die Gemeinden nicht sehr glücklich über diese Regelung und fragen sich, ob ein solches Vorgehen wirklich christlich ist. Die meisten Gemeinden sind sich darüber einig, daß Polygamie nicht in der Gemeinde geduldet werden kann, wenn der Betreffende in der Gemeinde aufgewachsen ist oder nur eine Frau hatte, als er sich ihr angeschlossen hat. Aber darum geht es gar nicht. Es stellt sich jedoch die Frage, ob neubekehrte Männer mit zwei oder drei Frauen, die sie nach ihren heidnischen Stammesgesetzen geheiratet hatten, zusammen mit ihren Frauen getauft werden können und mit ihnen weiter zusammenleben können. Zwei Voraussetzungen sollten in diesem Fall erfüllt werden: a) Solche Familien können zwar vollwertige Gemeindeglieder werden, der Mann darf jedoch nicht Diakon oder Ältester einer Gemeinde werden; b) sie müssen sich von nun an strikt an die Monogamie als einzig gültige Eheform halten. Sie müssen sich verpflichten, keine neue Frau als Ersatz zu nehmen, wenn eine von mehreren Frauen stirbt, und dafür zu sorgen, daß ihre Söhne und Töchter monogam verheiratet werden.

Einige Missionskirchen haben sich entschlossen, unter diesen Voraussetzungen Menschen zu taufen. Viele andere Gemeindeverbände weigern sich jedoch, das zu tun. Die meisten unabhängigen Gemeindeverbände in Afrika tolerieren jedoch die Polygamie. Sie lassen nicht nur zu, daß Männer und alle ihre Frauen Christen werden können, sondern gestatten auch Christen, die in ihren Gemeinden aufgewachsen sind, polygam zu leben. Das starke Wachstum dieser Gemeinden hängt zumindest teilweise damit zusammen, daß sie die Polygamie gestatten.

Die Sprache

Viele hundert Millionen Menschen sind zweisprachig. Die erste Sprache ist ihre Muttersprache, die von größter Wichtigkeit für sie ist, denn in dieser Umgangssprache unterhalten sie sich mit ihren Freunden und Verwandten. Die zweite Sprache dagegen ist weniger wichtig: in dieser Handels- oder Verkehrssprache kommunizieren sie mit der Außenwelt. In der ersten Sprache ist man zuhause; es ist die Sprache des Herzens, in der echte Kommunikation stattfinden kann. Die Zweitsprache dient eher der Verwirrung als der Kommunikation. Diese Handels- oder Verkehrssprache ist zwar ausreichend, um zu verkaufen oder zu kaufen, Anweisungen entgegenzunehmen oder sich zurecht zu finden, erweist sich aber als völlig unzureichend, wenn man über wirklich wichtige Dinge sprechen will. Die Handelssprache bleibt deshalb eine fremde Welt. Wer streiten, Liebeserklärungen abgeben oder klagen will, tut das in seiner Muttersprache.

Vielvölkerstaaten oder Nationen, in denen viele verschiedene Sprachen oder Dialekte gesprochen werden, sind schwierig zu regieren. Die meisten modernen Staaten sind überzeugt, daß der einzig gangbare Weg deshalb darin besteht, eine einheitliche Sprache zu schaffen, die alle Bürger verbindet. Regierungsstellen und Erziehungsdepartements sind deshalb unermüdlich damit beschäftigt, eine einheitliche Sprache zu schaffen und die Dialekte auszumerzen. Nationen wie Kanada oder die Schweiz, in denen es mehrere Amtssprachen gibt, sind Ausnahmen dieser Regel. Die meisten Staaten halten jedoch eine einheitliche Sprache für die Grundlage nationaler Einheit.

Es ist jedoch gar nicht so einfach, die "Sprache des Herzens" einfach auszurotten. Man hat sie der Mutter von den Lippen abgelesen und ist darin aufgewachsen. Sie ist so etwas wie ein persönliches, geschütztes Heiligtum, in das die Außenwelt nicht vordringen kann. Die Muttersprache wird deshalb auch eifersüchtig bewahrt, denn sie repräsentiert ein gewisses Zusammengehörigkeitsgefühl einer Volksgruppe. In Mexiko haben sich 88 indianische Sprachen trotz 400jähriger Dominanz der spanischen Sprache erhalten. Für Hunderttausende sind diese Sprachen weiterhin die Muttersprachen.

Wenige hundert Meilen von meinem Schreibtisch entfernt bemühen sich die Missionare einer ganzen Reihe von Missionswerken darum, die Navaho-Indianer für Christus zu gewinnen - mit spärlichem Erfolg. In den amerikanischen Staaten Arizona und New Mexico ist Englisch Amtssprache, die Umgangssprache jedoch Navaho. Man hat mir aus informierten Kreisen mitgeteilt, daß von allen Missionaren im Navaholand nur einer fließend Navaho sprach. Aufgrund der völlig unhaltbaren Annahme, daß "alle Navahos Englisch sprechen", hatten die meisten Missionare es noch nicht einmal versucht, Navaho zu erlernen.

Viele gebildete Gemeindeleiter in Afrika, Asien und Lateinamerika sind in der Amtssprache ihrer Länder völlig zuhause. Sie halten die Amtssprache für die Sprache der Zukunft, schauen dabei jedoch auf die kleinen Dialekte einzelner Sprachgruppen herunter, die sie einfach für aussterbende Sprachformen oder "verdorbene und verunreinigte Formen der Landessprache" halten. Sie vertreten in der Regel die Meinung, daß das Wohlergehen einer Nation eng damit zusammenhängt, ob es gelingt, alle Dialekte auszurotten. Sie können sich oft auch nicht mit der These anfreunden, daß Menschen, denen das Evangelium in ihrer Muttersprache gesagt wird, dieses viel besser aufnehmen und ihm Gehorsam leisten können. Sie meinen tatsächlich, daß jedermann ja die Amtssprache beherrsche. Viele Leiter sind auch davon überzeugt, daß es für die Christen des Landes vorteilhafter ist, sich von den Dialekten abzuwenden. Sie setzen sich deshalb dafür ein, daß alle Christen möglichst fließend die offizielle Amtssprache beherrschen. Daher sollten ihrer Meinung nach auch die Gottesdienste in Spanisch, Hindi, Swahili, Ampharisch und anderen Staatsprachen gehalten werden. Sie sind sich vielleicht gar nicht der Tatsache bewußt, daß sie damit das Anliegen der Evangelisation einem kosmopolitischen Zivilisationsprozeß unterwerfen.

Dort, wo Missionswerke unter verschiedenen Dialektgruppen arbeiten, ist eine grundlegende Reform nötig. Man sollte damit aufhören, einem Team mehrere Sprachgruppen als Arbeitsgebiete zuzuteilen, und damit beginnen, jeweils nur einzelne Teams einer einzigen homogenen Einheit als Arbeitsfeld zuzuweisen. Wenn möglich, sollten das auch gleichzeitig die Bevölkerungsgruppen sein, die man im Augenblick für dem Evangelium gegenüber sehr aufgeschlossen hält. Jedes Mitglied des Missionsteams würde damit die Muttersprache der betreffenden Volksgruppe lernen und damit auch die "Sprache des Herzens" beherrschen. Man könnte den einzelnen Missionaren dann immer noch neue Arbeitsgebiete zuweisen, aber nur innerhalb eines einzigen Sprachgebietes, jenachdem, wie es zu der Situation der jungen Gemeinden paßt. Die Wycliff Bibelübersetzer haben bewiesen, daß ein solches Vorgehen durchaus für ein Missionswerk möglich ist.

Der Fall Jamaika

Im Jahre 1820 bestand die Bevölkerung Jamaikas aus drei verschiedenen homogenen Einheiten, den englischen und schottischen Großgrundbesitzern, den Mulatten und den schwarzen Sklaven. Die Großgrundbesitzer waren Mitglieder der Anglikanischen und Presbyterianischen Gemeinden. Die zahlenmäßig starke mulattische Bevölkerung, die durch Vermischung der Rassen in den Städten und Landgütern entstanden war, hatte bereits ein gewisses Maß an Zivilisation erreicht; einige Mulatten waren von ihren leiblichen Vätern unterrichtet worden, und einige waren freigelassene Sklaven. Die schwarzen Sklaven bildeten jedoch den bei weitem größten Teil der Bevölkerung.

Die Anglikaner und Presbyterianer befürchteten noch in den ersten Jahren des 19. Jahrhunderts, daß es zu Unruhen unter den Sklaven kommen würde, wenn sie ihnen erlaubten, Christen zu werden. Sie hatten deshalb kein Interesse an der Ausbreitung des Christentums in Jamaika. Einige unbeugsame konservative baptistische Gemeindegründer hatten nach der Amerikanischen Revolution Nordamerika allerdings bereits verlassen und schon vor dem Jahre 1800 einige Gemeinden unter den Sklaven Jamaikas ins Leben gerufen. Die "baptistischen Sektierer" standen bei den Plantagenbesitzern nicht gerade in gutem Ansehen, die öfter die "Sklavenkapellen" niederbrennen ließen. Dennoch konnten sie nicht verhindern, daß immer mehr baptistische Gemeinden innerhalb dieser dritten homogenen Einheit entstanden.

Als um das Jahr 1800 einige baptistische und methodistische Missionare mit großem evangelistischem Eifer aus England in Jamaika ankamen, kam es zu einer regelrechten Welle von Bekehrungen unter den schwarzen Sklaven. Eine Vielzahl von Baptistengemeinden konnte unter der schwarzen Bevölkerung ins Leben gerufen werden, während die Methodisten hauptsächlich unter den Mulatten arbeiteten. Es kam zwar durchaus auch vor, daß Mulatten sich Baptistengemeinden anschlossen oder daß die Methodisten Schwarze in ihre Gemeinden aufnahmen, aber diese Ausnahmen bestätigten nur die Regel, daß beide Gemeindeverbände im wesentlichen unter den unterschiedlichen Bevölkerungsgruppen arbeiteten.

Die Baptisten taten sich schwer, unter der mulattischen Bevölkerung Gemeinden zu gründen. Sie predigten zwar klares Evangelium, aber da ihre Gemeinden zum großen Teil aus Schwarzen bestanden, übten Baptistengemeinden auf Mulatten nur wenig Anziehungskraft aus. Die Mulatten meinten: "Unsere Freunde sind alle in den Mulattengemeinden. Wir wollen, daß unsere Kinder einen von uns heiraten. Und außerdem sind diese baptistischen Gottesdienste nicht das, was wir gewöhnt sind. Sie reichen in der Sprache und im Niveau an unseren Standard nicht heran." Die Methodisten hätten durchaus auch unter der schwarzen Bevölkerung Gemeinden gründen können, aber die methodistischen Mulatten wollten das nicht. Sie wollten nicht, daß zu viele Schwarze in ihre Gemeinden kamen. Sie wollten nicht schwarze Pastoren und Diakone haben. Die mulattische Bevölkerung hatte einen gewissen zivilisierten Lebens- und Bildungsstandard erreicht und befaßte sich nicht mit dem Voodoo-Kult. Damit hatte sich mit den christlichen Mulatten eine neue Subkultur gebildet. Darüber hinaus waren auch die Methodisten nicht daran interessiert, das soziale Niveau ihrer Gemeinden dadurch zu stark zu verringern, daß sie Menschen aus niederen Bevölkerungsschichten aufnahmen. Sie wollten weiterhin Gemeinden aufbauen, die Menschen anzogen wie die, die bereits in ihren Gemeinden waren. Neue Mitglieder sollten sich zuhause fühlen konnten.

Wenn wir erkennen, wie stark die Würde und das Selbstwertgefühl jedes Menschen oder einer ganzen Bevölkerungsgruppe mit der jeweiligen gesellschaftlichen Struktur zusammenenhängt, werden wir die Beschäftigung mit der Soziologie im Gemeindeaufbau nicht weiter als peinliches Ärgernis abtun können. Wir werden dann unverzüglich beginnen, die Erkenntnisse der Sozialwissenschaften für die Ausbreitung des Evangeliums positiv zu nutzen.

13

Ohne Mauern und Barrieren

Menschen werden gerne Christen, wenn sie dazu nicht Rassen-, Klassen- oder Sprachbarrieren überschreiten müssen.

Diesem Prinzip liegt eine Tatsache zugrunde, die nicht geleugnet werden kann. Alle Menschen bauen Mauern um ihre eigene gesellschaftliche Gruppe. Um noch präziser zu sein, können wir sagen, daß die Art und Weise, wie jede Bevölkerungsgruppe lebt und spricht, sich kleidet und arbeitet, sie zwangsläufig von anderen Gruppen der Gesellschaft unterscheidet. Die Weltbevölkerung ist mit einem riesigen Mosaik zu vergleichen. Jedes Teilstück hat eine eigene, unverwechselbare Kultur entwickelt, die von außen betrachtet oft unsympathisch oder fremdartig erscheinen mag.

Unvermischbare Volksgruppen

In seinem Buch The Rise of the Unmeltable Ethnics verteidigt Michael Novak in scharfsinniger Weise das Recht jeder ethnischen Gruppe auf Eigenständigkeit. Er bezeichnet es als vollkommen normal, daß jede Gruppe um sich selbst Mauern errichtet, und hält dieses Phänomen durchaus für vorteilhaft. In seinem Buch veröffentlicht er eine Liste der ethnischen Gruppen, die in Amerika leben, und erschüttert damit den Glauben an ein "einiges amerikanisches Volk".

"Wenn ich von ethnischen Gruppen spreche ... so meine ich damit hauptsächlich die Nachkommen der süd- und osteuropäischen Einwanderer: Polen, Italiener, Griechen und Slawen ... Armenier, Libanesen, Slowenen, Kroaten, Serben, Tschechen (böhmischen und mährischen Ursprungs), Slowaken, Litauer, Esten, Russen, Spanier und Portugiesen" (Unmeltable Ethics, 45).

Novak hat in dieser Liste noch gar nicht die Engländer, Schotten, Iren, Dänen, Norweger, Schweden, Deutsche, Franzosen, Chinesen, Japaner, Filipinos, Pakistanis, Inder, Araber, Afrikaner, Koreaner und Vietnamesen erwähnt!

Die meisten Staaten bestehen - genau wie die Vereinigten Staaten - aus vielen Bevölkerungsgruppen, die ihre eigene Identität haben und nicht miteinander zu vermengen sind. In Indien gibt es beispielsweise mehr als 3.000 ethnische Gruppen (Kasten und Stämme), in denen Endogamie vorgeschrieben ist. Hochzeiten sind also nur innerhalb derselben Gruppe möglich. Gebildete Inder in hohen politischen Positionen gehören zu eng geschlossenen Gruppen, die sich völlig von der Außenwelt isoliert haben. Man hat Afghanistan oft für ein in sich geschlossenes Land gehalten, in dem es nur ein Volk gibt: Die Afghanen. In Wirklichkeit gibt es in Afghanistan viele verschiedene Volksgruppen, die unterschiedliche Sprachen sprechen und andere Sitten und Gebräuche haben.

Wir haben die Weltbevölkerung bereits als ein großes Mosaik bezeichnet. Die Frage stellt sich nun: Wie pflanzt sich das Christentum von einem Mosaikstück auf das andere fort? Ruft das Christentum Menschen aller Teile des Bevölkerungsmosaiks auf, aus ihrem Kulturkreis herauszutreten und sich einem neuen Volk - dem Volk Gottes - anzuschließen? Oder bilden sich innerhalb eines jeden Mosaikteiles eigenständige Gemeinden, die in der betreffenden Volksgruppe Wurzeln schlagen?

Wenn wir die Weltbevölkerung mit einem Mosaik vergleichen, so ist das ein hilfreicher Bildvergleich, der jedoch - wie jeder Vergleich - hinkt. Ich möchte jedoch verhindern, daß ein falsches Bild entsteht. Die wunderschönen farbigen Mosaiksteine in den schönen Renaissancebauten Italiens haben in den letzten 400 Jahren weder ihre Größe noch ihre Farbe geändert. Beim Bevölkerungsmosaik ist das völlig anders: Seine Teile verändern sich ständig, vereinigen sich mit anderen Teilen, schlucken sie oder werden von ihnen geschluckt. Alles ist einer beständigen Veränderung unterworfen: Die Sprache und die Kleidung verändert sich; früher ging man zu Fuß, heute benutzt man ein Fahrrad oder fährt mit dem PKW; früher konnte keiner lesen und schreiben, während heute jeder über eine gute Schulbildung verfügt. Auch die Kultur ist radikalen Änderungen unterworfen. Alle Bevölkerungsgruppen sind in einem steten Wandel begriffen. Bedeutet das, daß die Verkündigung des Evangeliums dazu führen wird, daß alle Völker und Kulturen in einem steten Prozeß in eine neue und bessere christliche Kultur transformiert werden? Oder dringt der christliche Glaube in jede Kultur wie ein Sauerteig vor, um sie von innen her neu zu formen und zu verändern, während sie die eigene Identität beibehält? Damit würden auch weiterhin Unterschiede zu anderen Kulturen bestehen bleiben dürfen, die ihrerseits Christen geworden sind.

Die Bibel lehrt eindeutig, daß zwei getrennte Völker in Christus eins werden. Die Judenchristen und Heidenchristen wurden zu einem neuen Volk Gottes, und bildeten jeweils einen Teil des Leibes Jesu. Schon damals setzte sich der Leib Jesu aus zwei Teilen, aus Angehörigen zweier Kulturkreise, zusammen. Beide Teile sprachen weiterhin verschiedene Sprachen. Besteht nicht die Gefahr, beim Blick auf die Einheit die Tatsache zu übersehen, daß die verschiedenen Teile des einen Leibes weiterhin völlig voneinander verschieden sind und bleiben?

In diesem Kapitel wollen wir der bekannten Tatsache auf den Grund gehen, daß Menschen in tausenden von verschiedenen Bevölkerungsgruppen aufwachsen, die voneinander durch viele Mauern und Barrieren getrennt sind.

Wir wollen dabei besonders danach fragen, wie christliche Einheit in der kulturellen Verschiedenheit möglich ist. Beides ist wichtig: daß alle Christen in Jesus Christus eins werden und daß das Christentum über viele Barrieren und Gräben hinweg so kommuniziert wird, daß es in allen anderen Volksgruppen, Klassen, Kasten und Sprachgruppen Wurzeln schlagen kann.

'Homogeneous Units'

Der Einfachheit halber wollen wir ein einzelnes Teil des Mosaiks *homogene Einheit* nennen. Die einzelnen Gruppen unterscheiden sich sprachlich, ethnisch, wirtschaftlich oder im Hinblick auf die Bildung von anderen Gruppen oder Einheiten. Der Ausdruck *homogene Einheit* ist sehr weit faßbar und hängt vom Kontext ab, in dem er gebraucht wird. So können alle Amerikaner skandinavischer Abstammung als homogene Einheit bezeichnet werden; innerhalb dieser breit gefaßten Gruppe - es gibt ja mehrerer skandinavische Länder - gibt es jedoch wiederum verschiedene Untergruppen, die ebenfalls zu Recht als eigenständige homogene Einheit verstanden werden können. Ein weiteres Beispiel sind die indischen Brahmanen, die eine homogene Einheit bilden. Es gibt jedoch sehr viele verschiedene Brahmanenkasten, die jeweils als eigene homogene Einheit bezeichnet werden können.

James C. Smith ist der universellen Anwendbarkeit des Prinzips der homogenen Einheit in seiner Doktorarbeit *Without Crossing Barriers* nachgegangen. Er fand heraus, daß mich die Fragmentierung der menschlichen Gesellschaft schon sehr lange beschäftigt hatte. In meinem Buch The Bridges of God hatte ich bereits im Jahre 1955 geschrieben: "Volksgruppen schließen sich am schnellsten dem Christentum an, wenn ihre eigene Rasse und ihre Familienverhältnisse dabei so unberührt wie möglich bleiben" (Bridges, 23). In der Folge hatte ich sehr häufig darauf hingewiesen, daß das Volkstum ein gewichtiger Faktor bei der Ausbreitung des Evangeliums ist, der für die Evangelisation sowohl förderlich als auch hinderlich sein kann.

In den letzten Jahrzehnten hat die Theologie des Gemeindeaufbaus sehr von den Beiträgen von Lyle E. Schaller profitiert. Schaller hat sehr sorgfältig die Frage untersucht, wie das quantitative Wachsen und Schrumpfen von scheinbar homogenen Gemeinden mit der Existenz von verschiedenen innergemeindlichen Gruppierungen zusammenhängt.

Schaller hat sich wie kein anderer darauf spezialisiert, die Bedeutung von verschiedenen Personengruppen in den einzelnen christlichen Gemeinden und Denominationen zu untersuchen. Im Rahmen seiner Forschungsarbeit hat er mit tausenden von Christen persönlich gesprochen und umfangreiche Erhebungen anhand von Fragebogen ausgewertet. Er ging dabei unter anderem Fragen wie dieser nach: Warum haben sich diejenigen, die innerhalb der letzten zehn Jahre Mitglied der Gemeinde geworden sind, zu diesem Schritt entschlossen? Seine Befragungen ergaben folgendes Bild:

3 bis 8% kamen aus eigener Initiative

4 bis 10% kamen, weil sie das Programm der Gemeinde gut fanden

10 bis 20% kamen, weil ihnen der Pastor gefiel

10 bis 25% kamen, weil sie in evangelistischen Hausbesuchen eingeladen worden waren

3 bis 6% kamen wegen der Sonntagsschule

60 bis 90% kamen auf Initiative von Freunden oder Verwandten

Schaller hat untersucht, welche Untergruppen innerhalb von scheinbar homogenen Einheiten zu finden sind. Eine seiner interessantesten Illustrationen folgt hier: Jungverheiratete Ehepaare sind in gewisser Hinsicht eine einzige Gruppe, die sich stark von Rentnern oder Schülern unterscheidet. Doch aus der Nähe betrachtet teilen sich jungverheiratete Paare wiederum in verschiedene Untergruppen. Die älteren Gemeindeglieder würden sie insgesamt einfach als "junge Eheleute" bezeichnen; doch es bestehen bedeutende Unterschiede innerhalb dieser scheinbar uniformen Gruppe. Jede der nachstehend aufgeführten Untergruppen hat besondere Bedürfnisse und einen eigenen Lebenszyklus. a) Viele 22 Jahre alten Ehepaare, die noch keine Kinder haben, fühlen sich fast eine Generation jünger als ein 28jähriger Ehemann mit seiner 26jährigen Frau und zwei Kindern; b) Ehepaare, in denen beide Partner außer Haus berufstätig sind, und Ehepaare, in denen nur der Mann berufstätig ist; c) Ehepaare, die am Ort der Gemeinde geboren und aufgewachsen sind, und Ehepaare, die "von weit her" zugezogen sind.

Bitte beachten Sie, daß keine dieser homogenen Gruppen, auf die uns Schaller hier aufmerksam macht, sich ethnisch oder sprachlich voneinander unterscheiden. Und doch ist es sehr wichtig, diese Gruppen im Gemeindeaufbau zu berücksichtigen. Das Vorhandensein innergemeindlicher Gruppierungen ist nicht nur ein nordamerikanisches Phänomen, sondern betrifft die Gemeinden aller Kontinente. In vielen afrikanischen Ländern waren es vor allem die älteren Schuljungen, die zum Wachstum der Gemeinden beigetragen haben. Ein bedeutender Durchbruch im Gemeindeaufbau geschah jedoch erst dann, als Erwachsene in Gruppen, die ähnliche Interessen oder Lebenssituationen teilten, Christen wurden.

Ich möchte es nochmals unterstreichen: Männer und Frauen werden gerne Christen, wenn von ihnen nicht gleichzeitig verlangt wird, gesellschaftliche Barrieren zu überschreiten.

Sprach- und Klassenbarrieren

Wenn wir an die Sprachbarrieren denken, über die wir im letzten Kapitel gesprochen haben, werden wir sofort verstehen, daß dieses Prinzip überall Gültigkeit hat. Es ist sehr unwahrscheinlich, daß sich englischsprachige Anglo-Amerikaner in Los Angeles oder San Francisco in spanisch- oder japanischsprachigen Gemeinden bekehren werden. In der Regel schließen sich Menschen aus dieser Bevölkerungsgruppe christlichen Gemeinden an, in denen Englisch gesprochen wird. Protestantische Christen aus den Vereinigten Staaten besuchen bei kürzeren Auslandsaufenthalten sehr selten die Gottesdienste der dortigen protestantischen Gemeinden, was natürlich zum Teil daran liegt, daß sie die Gottesdienste in Urdu, Mandarin oder Portugiesisch nicht verstehen. Um wieviel schwieriger ist es dann, seiner angestammten Religion den Rücken zu kehren und sich einer fremdsprachigen Gemeinde anzuschließen!

Im Jahre 1870 verbrannten Hunderte von Pepohwanern auf Taiwan ihre Ahnentafeln und Fetische und schlossen sich dem Christentum an. Sie bauten Kapellen und erhielten von den Missionaren - englischen Presbyterianern - Taufunterricht. Wer die Prüfung bestand, konnte getauft werden. Die Katecheten sprachen jedoch ausschließlich Chinesisch. Einige Männer verstanden zwar etwas Chinesisch, aber für die Frauen und Kinder der Pepohwaner war Chinesisch eine völlige Fremdsprache. Sie verstanden so gut wie nichts. Das Ergebnis war dann, daß aus einem Dorf, das sich gesamthaft entschieden hatte, Christus nachzufolgen, nur ganz wenige Personen zur Taufe zugelassen wurden. Die Bewegung unter den Pepohwanern kam ins Stocken und versandete. Es war sehr schwer für die Pepohwaner, Christen zu werden, denn es bedeutete für sie auch gleichzeitig, eine Sprachbarriere zu meistern.

Dieses Prinzip wird auch sehr schnell einsichtig, wenn wir es mit ausgeprägten Klassen-und Rassenunterschieden zu tun haben. Man braucht nicht besonders viel Scharfsinn zu haben, um zu erkennen, daß bei der Evangelisation auch Faktoren wie die Hautfarbe, die Körpergröße, das Einkommen, die Vorstellungen von Hygiene und der Ausbildungsstand der Christen, die andere für Christus gewinnen wollen, eine große Rolle spielen. Nichtchristen werden das Evangelium viel besser verstehen, wenn es ihnen von ihresgleichen gesagt wird. Äußerliche Unterschiede sind in der Evangelisation echte Kommunikationsbarrieren. Wenn Menschen sich bekehren, so bevorzugen sie es natürlich, Gemeinden zu besuchen, deren Mitglieder so sind wie sie selbst. Die Apartheidgesetze in der Republik Südafrika gelten für die indische Bevölkerungsgruppe genauso wie für die Afrikaans sprechenden Südafrikaner. Die kulturellen Unterschiede zwischen den dunkelhäutigen Indern und den hellhäutigen Südafrikanern waren aber auch unabhängig von den Apartheidgesetzen so groß, daß es Indern sehr schwer gefallen ist, sich "weißen" Gemeinden anzuschließen. Nur wenige Inder sind in dieser Zeit Christen geworden. Diese Situation änderte sich schlagartig, als eine Denomination damit begann, unter der indischen Bevölkerung Südafrikas gezielt Gemeinden zu gründen. Tausende von Indern haben sich in relativ kurzer Zeit diesen neuentstandenen Gemeinden angeschlossen, denn es war für sie nun möglich geworden, Christen zu werden, ohne damit auch eine Rassenschranke überwinden zu müssen.

In Denver im amerikanischen Bundesstaat Colorado hatte eine presbyterianische Stadtgemeinde zahlenmäßigen Rückgang zu verzeichnen, weil ihre Mitglieder aus der Innenstadt in die besseren Wohngebiete der Vorstädte zogen. Angezogen von den billigen Mieten zogen viele der weniger begüterten weißen Familien in die Innenstadt, aber nur sehr wenige schlossen sich dieser Gemeinde an. Obwohl die Gemeinde wohl unter keinen Umständen zugegeben hätte, daß dies am sozialen Klassenunterschied liegt, war doch genau das der Grund. Die sozialen Unterschiede zwischen den Gemeindegliedern und den Neuzugezogenen waren zwar nicht groß, aber dennoch vorhanden. Diese Klassenbarriere wurde zwar kaum bemerkt, war aber dennoch wirkungsvoll genug, Menschen von dieser Gemeinde fernzuhalten.

Im 19. Jahrhundert gab es auf dem kühlen Hochplateau Mexikos viele Haziendas. Sie waren im 16. Jahrhundert entstanden, als der König von Spanien als Bevollmächtigter des Papstes Landgüter verteilte. Auf dem Gebiet jeder Hazienda waren *ranchos* entstanden, kleine Dörfer, in deren Nähe es Wasser und bebaubares Land für die Arbeiter gab. Die spanischsprechende

Bevölkerung war zumindest dem Namen nach römisch-katholisch und teilte sich in sozialer Hinsicht in die ausgebeuteten Massen und die reiche Bevölkerungsschicht. Die Reichen profitierten von den Umständen, lebten hauptsächlich in den Städten und standen in enger Verbindung mit der katholischen Kirche (Mexico, 38).

Am Anfang des 20. Jahrhunderts kam es in Mexiko zu einer Revolution. Einer der Höhepunkte war das Jahr 1927, als die Regierung die Haziendas enteignete, das Land aufteilte und es den Bauern gab. Doch die Bauern spalteten sich in zwei Lager: Die *agraristas*, die bereit waren, für die Landreform zu kämpfen, und die *cristeros*, die man überzeugt hatte, daß das Land den Besitzern der Haziendas vom Papst selbst zugeteilt worden war. Wer ihnen das Land wegnahm, würde von Gott bestraft werden. Die *cristeros* kämpften also dafür, daß die jetzigen Feudalherren ihre Besitzungen behalten sollten.

Die Bauern gehörten zwar verfeindeten Lagern an, glichen sich jedoch äußerlich fast völlig. Die Bauern sprachen alle Spanisch, bezeichneten sich als Katholiken, hatten dieselbe Kultur, bebauten dasselbe Land und trugen alle dieselbe Kleidung. Für die Evangelisation war jedoch die Aufteilung der Bauern in zwei Lager von entscheidender Bedeutung. Die Ranchos der *agraristas* waren sehr offen für das Evangelium; dort konnten deshalb neue evangelikale Gemeinden gegründet werden. Die Dörfer der *cristeros* waren jedoch völlig für das Evangelium verschlossen. Es stimmt zwar, daß die *agraristas* nicht gerade in Scharen den evangelikalen Gemeinden beitraten, aber zum ersten Mal hatten sie eine echte Chance, evangelikale Christen zu werden. Sie waren von der Kontrolle der Feudalherren befreit worden, sahen in der katholischen Kirche Verbündete ihrer Unterdrücker und erlebten mit, daß die Landreform durchgeführt wurde, obwohl die Haziendas den Feudalherren vom Papst zugeteilt worden war. Das hatte sie natürlich gegenüber dem Evangelium hellhörig gemacht.

Die meisten evangelikalen Pastoren und Missionare, die in diesem trockenen Hochland im Herzen Mexikos arbeiteten, hatten jedoch diesen kleinen Unterschied gar nicht bemerkt. In ihren Augen waren alle Bewohner der Ranchos gleich: Alle waren Mexikaner, die auf dem Land wohnten, arm waren, weder lesen noch schreiben konnten und kein Interesse am Evangelium zeigten. Die evangelikalen Leiter konzentrierten sich keineswegs darauf, in den revolutionären Ranchos Gemeinen zu gründen. Stattdessen beargwöhnten sie die revolutionären Vorgänge und legten großen Wert darauf, mit den politischen Machthabern und der sozialen Oberschicht in den Städten freundliche Beziehungen zu pflegen. Trotzdem entstanden in einigen Ranchos der *agraristas* Gemeinden. Die Existenz dieser Gemeinden spricht Bände darüber, wie wichtig es gewesen wäre, diesen kleinen Unterschied in der politischen Haltung für die Evangelisation zu berücksichtigen. Wenn sich die Missionare bemüht hätten, der Landreform eine biblische Basis zu geben, wäre es für die *agraristas* möglich geworden, evangelikale Christen zu werden und dennoch glühende *agraristas* zu bleiben. Eine solche Bewegung hätte sich wie ein Lauffeuer in den revolutionären Ranchos auf dem gesamten Hochland ausbreiten können.

Biblische Voraussetzungen

Das Prinzip der homogenen Einheit ist sehr entscheidend, wenn neue Gemeinden gegründet werden. Wer dabei Nichtchristen ein Christwerden ermöglicht, ohne daß sie dabei kulturelle, sprachliche oder soziale Barrieren überwinden müssen, tut einen effektiveren Dienst als Christen, die den Menschen solche zusätzlichen Hindernisse in den Weg legen. Doch wir dürfen auf keinen Fall versuchen, die Hürden aus dem Weg zu räumen, die nach biblischem Zeugnis zwischen Gott und dem Menschen stehen.

Jeder Mensch, der Christ werden möchte, steht vor mehrerer Hürden. Die erste davon ist das Ärgernis des Kreuzes. Die biblische Wahrheit ist, daß wir Sünder sind, deren Erlösung ganz davon abhängt, was Jesus Christus am Kreuz getan hat. Wir selbst können nichts durch unsere Taten zur Erlösung beitragen. Diese Wahrheit geht unserem Ego völlig gegen den Strich. Wer Jesus nachfolgen möchte, steht sofort vor einer zweiten Hürde: Es wird von ihm erwartet, daß er über seinen Sünden Buße tut und sich von seinem bisherigen sündigen Leben abwendet. Eine dritte Hürde besteht darin, Christus vor anderen Menschen offen zu bezeugen, sich taufen zu lassen und sich einer Gemeinde anzuschließen. Wer die Autorität der Heiligen Schrift akzeptiert, kann auf keinen Fall zulassen, daß eine dieser Hürden unterschlagen wird. Sie erfüllen einen wichtigen Zweck: Sie dienen dazu, den Gehorsam eines Menschen zu prüfen, der sich den Bedingungen Gottes stellen möchte. Sie sind ein Bestandteil davon, wie Gott die Ernsthaftigkeit eines Menschen prüft, und sollen daher nicht umgangen, sondern überwunden werden.

Die Christenheit einschließlich aller christlichen Missionare steht jedoch ständig vor der Versuchung, diesen biblischen Hürden weitere Barrieren hinzuzufügen. In den meisten Fällen, in denen das Wachstum von Gemeinden zum Erliegen gekommen ist, werden die Menschen jedoch nicht so sehr vom Ärgernis des Kreuzes abgehalten, Christen zu werden, sondern von völlig unbiblischen Ärgernissen. An keiner Stelle werden wir in der Bibel finden, daß eine Vorbedingung für das Christwerden darin besteht, sprachliche, kulturelle und soziale Barrieren zu überwinden. Wer dies von Menschen verlangt, tut dies auf Kosten der biblischen Prioritäten. Dabei wird jedoch der Schwerpunkt der Bekehrung von den drei biblischen Aufforderungen, das Kreuz auf sich zu nehmen, Buße zu tun und sich einer Gemeinde verbindlich anzuschließen, auf andere Gesichtspunkte verlagert, die rein menschlichen Forderungen entsprechen. Die Bibel spricht davon, daß es in Christus "weder Jude noch Grieche, weder Sklave noch Freier, weder Mann noch Frau" gibt (Gal 3,28). Das gilt aber nur für Menschen, die in den Tod Christi getauft und wahrhaft wiedergeboren sind. Diese Gleichheit ist eine Frucht des Geistes; wir dürfen sie auf keinen Fall als künstliche Vorbedingung dem Erlösungsgeschehen vorordenen.

In den ersten 15 Jahren der Kirchengeschichte blieben fast alle Menschen, die Christen geworden waren, weiterhin Mitglieder des jüdischen Volkes. Wir dürfen jedoch nicht so kurzschlüssig sein zu sagen, die Christen der Urgemeinde seien keine wirklichen Christen gewesen, weil sie Galater 3,28 offenbar nicht berücksichtigten. Heißt es nicht in Apg 11,19: "Sie predigten das Evangelium zu niemandem außer zu Juden"? Haben die Judenchristen nicht alle ihre jüdischen Vorurteile gegen die Heiden weitgehend beibehalten? Wir müssen bei diesem Thema berücksichtigen, daß jede Frucht genügend Zeit braucht, um zu reifen. Darüberhinaus dürfen wir auch den letzten Satz dieser Textstelle nicht übersehen: "In Christus gilt weder Mann noch Frau". Das bedeutet aber keineswegs, daß neubekehrte Menschen so leben müßten, als seien die Unterschiede zwischen den Geschlechtern hinfällig geworden, oder daß Denominationen, die keine Frauenordination zulassen, deshalb nicht zur universalen Gemeinde Jesu gehören. Aus demselben Grund dürfen wir aber auch dem ersten Teil dieser Stelle auf keinen Fall die Bedeutung aufzwingen, neubekehrte Christen müßten so tun, als ob es keine sozialen und kulturellen Unterschiede mehr gäbe.

Die Gemeinden des Neuen Testamentes

Es ist nicht neu für die christlichen Gemeinden, mit kulturellen Barrieren zu leben. Schon vor 19 Jahrhunderten war es für die Juden sehr wichtig, daß sie Christen werden konnten, ohne dabei ihrem Volk untreu zu werden. Das jüdische Volk war fest in sich geschlossen und war straff organisiert. Das Gesetz gebot es, daß Juden nur Juden heiraten konnten. Frauen, die sich mit Männern anderer Völker eingelassen hatten, wurden in den Bann getan. Die Juden nahmen den biblischen Befehl sehr ernst, keine nichtjüdischen Frauen zu heiraten.

Die Juden hatten auch keinerlei Beziehungen zu den Samaritern, die ein Mischvolk waren. Im Ausland lebten die Juden jeweils in ihrem eigenen Stadtviertel. Manchmal verheirateten sich Juden in der Diaspora mit Jerusalemer Familien, was für die jüdische Gemeinschaft im Ausland enorme Handelsvorteile brachte. Immer mehr Juden spezialisierten sich auf den Handel mit Geld. Durch Briefe und ein System der doppelten Buchhaltung waren erste bargeldlose finanzielle Transaktionen möglich.

Diese Situation war natürlich ein hervorragender Nährboden für die *jüdischen* Gemeinden. Solange Juden Christen werden konnten, dabei aber weiterhin dem Judentum treu bleiben konnten, hatten die christlichen Gemeinden unter dem jüdischen Volk ein verblüffendes Wachstum zu verzeichnen. Überall in Jerusalem, Judäa und Galiläa wurden Gemeinden gegründet. Es besteht auch kein Grund anzunehmen, daß die jüdischen Christen sich deshalb mit den Samaritern - die ja immer noch eine Mischrasse waren - von nun an an einen Tisch setzten oder sich mit ihnen verheirateten, als das Evangelium in Samaria Fuß zu fassen begann. Als sich das Christentum in den Synagogengemeinden über den ganzen Mittelmeerraum verbreitete, waren es vor allem die frommen hellenistischen Juden, die sehr auf das Kommen des Messias gehofft hatten, die sich dem Christentum anschlossen. Sie konnten im geschützten Rahmen der Synagogengemeinden Christen werden, ohne dabei kulturelle oder soziale Schranken zu übertreten.

Als aber immer mehr Heiden Christen geworden waren, ergab sich für die Judenchristen ein Problem. Für sie wurde das Christsein mehr und mehr gleichbedeutend damit, das jüdischen Volk zu verlassen und sich einer gemischtrassigen Bewegung von Menschen anzuschließen. Dadurch, daß immer mehr Heiden zum Christentum übertraten, entstand für die Juden eine Rassenschranke, die das Christwerden sehr erschwerte. Von jüdischen Christen konnte erwartet werden, daß sie in einer Hausgemeinde zusammen mit Heidenchristen an Liebesmahlen teilnahmen, an denen manchmal sogar Schweinefleisch gegessen wurde. Es ist durchaus denkbar, daß am Christentum interessierte Juden davon abgeschreckt wurden, weil sie damit gegen ihren kulturellen Sittenkodex verstoßen hätten. Weil ihnen jedoch dieser Preis zu hoch war, wandten sie sich enttäuscht wieder vom Christentum ab. Bis heute sind die Juden zum großen Teil gegenüber dem Evangelium verschlossen geblieben.

Die Bekehrung Europas

Es ist kaum zu begreifen, weshalb es tausend Jahre gedauert hat, die Völker Europas für das Christentum zu gewinnen. Zweihundert Jahre lang war es möglich, daß das christliche Irland keinerlei Anstrengungen machte, das heidnische England für das Christentum zu gewinnen. Und es dauerte weitere hundert Jahre, nachdem sich England für das Evangelium geöffnet hatte, daß Bonifazius, der gewaltige Missionar, die Völker im Norden des heutigen Deutschlands dazu aufrief, ihren heidnischen Göttern den Rücken zu kehren. Frankreich hatte sich wenigstens 600 Jahre lang dem Christentum geöffnet, bevor Schweden zum ersten Mal evangelisiert wurde. Während dieser langen Zeit hörten die Einwohner der heidnischen Nachbarländer durchaus ab und zu vom Christentum. Immer wieder kamen reisende Händler durch die Ortschaften, oder manchmal betrat sogar ein einzelner Missionar das Land. Einige Söldner aus dem Norden, die in ihrem Dienst in südeuropäischen Armeen Christen geworden waren, kehrten nach Hause zurück und berichteten von der neuen Religion. Oft kam es auch vor, daß christliche Frauen von heidnischen Plünderern geraubt wurden und in die Familien oder Harems ihres neuen Herrn kamen. Doch mehr geschah nicht. Die heidnischen Nachbarvölker blieben weitere 200 oder über 500 Jahre Heiden, obwohl sie christliche Nachbarn hatten. Sie sträubten sich sogar mit allen Mitteln gegen das Christentum. Ihr Widerstand lag jedoch in erster Linie an den großen sprachlichen und kulturellen Barrieren, die eine echte Kommunikation sehr schwierig machten.

Doch immer wieder änderte sich die Situation, entweder durch einen Wechsel in der militärischen Lage, durch politischen Wandel, durch Eroberungen oder auch durch den Dienst eines genialen, geisterfüllten Missionars. Nur durch besondere Anstrengungen oder Umstände konnte es dazu kommen, daß die Heiden eines bestimmten Gebietes Christen werden konnten, ohne bestehende kulturelle Barrieren überwinden zu müssen. Wenn dieses Hindernis nicht mehr existierte, kam es in den heidnischen Völkern zu wahren Bekehrungswellen. Da die Kirche sich mit dem Staat verbunden hatte, wurde das Gesetz der Kirche damit auch zugleich Staatsgesetz. In diesem nunmehr "christlichen" Land wurden sodann die Klosterschulen eingeführt, man hielt sich äußerlich an die christlichen Formen und baute Kirchen.

In den neugebildeten christlichen Gemeinden bestand man darauf, daß nur Menschen, die sich willentlich und ausdrücklich dem Willen des Herrn Jesus unterworfen hatten und sich entschlossen im Wort Gottes schulen lassen wollten, Christen genannt werden durften. Diese starke Betonung auf der willentlichen und absoluten Hingabe an Christus führte jedoch auch dazu, daß man dem ersten Schritt der Umkehr vom Heidentum zum Christentum häufig keinen großen Wert beilegte. Dabei übersah man jedoch, daß es ohne diesen ersten Schritt erst gar nicht zum Entstehen der christlichen Gemeinden hätte kommen können.

An der Bekehrung der nordischen Völker Europas können wir erneut erkennen, wie entscheidend das Prinzip der homogenen Einheit in der Evangelisation war: Menschen werden ohne weiteres Christen, wenn man ihnen keine zusätzlichen Hürden in den Weg legt. Weil dies jedoch völlig übersehen wurde, konnten ganze Länder jahrhundertelang vom ewigen Leben in Christus isoliert bleiben. Hatte sich aber ein Weg dafür geöffnet, innerhalb der bestehenden kulturellen und gesellschaftlichen Formen das Christentum anzunehmen, erfaßte der christliche Glaube oft wie ein Lauffeuer das ganze Land.

Indien

Ein weiteres Beispiel für die Gültigkeit dieses Prinzips finden wir in der Entwicklung der Baptistengemeinden unter den Völkern der Panos und Kuingas in den indischen Kond Hills. Englische Baptisten hatten in den Jahren 1918 bis 1957 in Udaigiri, einer Stadt in dem Hügelgebiet, gearbeitet. Zwei Drittel der Bewohner in diesem Hügelgebiet waren Kuingas, die Ureinwohner des Landes, das restliche Drittel waren Panos, die einer niederen Kaste angehörten. Die Kuingas hielten sich für den Panos überlegen.

Das Ziel der Mission bestand darin, die Kuingas, denen auch das Land gehörte, zu bekehren. Bald nach dem Jahre 1918 begannen sich jedoch die Panos für das Christentum zu öffnen, und je mehr sich bekehrten, desto mehr wurde das Interesse anderer Panos geweckt, ebenfalls Christen zu werden. Im Jahre 1956 waren bereits 1.700 Panos aktive Gemeindeglieder geworden. Sie reagierten positiv auf die Möglichkeit, Christen werden zu können, ohne dabei kulturelle Grenzen - den Graben zwischen den Kasten - überspringen zu müssen. Die christlichen Panos pflegten weiterhin gute Beziehungen mit ihren nichtchristlichen Verwandten, aßen mit ihnen, gingen Ehen mit ihnen ein und lebten auch weiterhin in den Wohngebieten der Panos.

Das eigentliche Ziel der Missionsgesellschaft war es jedoch, die Kuingas für Christus zu gewinnen. Es hatten sich jedoch nur vereinzelte Kuingas - insgesamt etwa hundert - im näheren Umkreis der großen Missionsstation in Udaigiri bekehrt, wo auch die Schulen und das Missionshospital waren und die Missionare lebten. Viele der bekehrten Kuingas hatten christliche Frauen von den Panos geheiratet. Für die Kuingas sah es zunehmend so aus, als ob das Christentum nur etwas für Panos sei. Sie hatten den Eindruck, wenn Kuingas Christen werden wollten, so mußten sie auch gleichzeitig Panos werden. Für die Kuingas gab es keine Möglichkeit, sich für Christus zu entscheiden, ohne damit auch den Schritt über eine kulturelle Grenze zu tun. Nur wenige wurden daher auch Christen.

Im Jahre 1955 kam es jedoch in einer von der Mission ziemlich vernachlässigten Gegend - etwa 30 Meilen von Udaigiri - zu einer Reihe von Gruppenbekehrungen unter Kuingas, wodurch Hunderte von Kuingas Christen wurden, aufgrund ihrer Zahl aber ihrem Volk treu bleiben konnten. Die Bekehrungen gingen weiter, und so war es bald für die jugendlichen Kuingas möglich, auch innerhalb der eigenen Rasse einen Ehepartner zu finden. Die Kuingas trafen sich in den Dorfgemeinden zu Gottesdiensten, und wenn größere Regionaltreffen veranstaltet wurden, sahen sie, wie Tausende von anderen Kuingas ebenfalls Christen geworden waren. In den Jahren 1955 und 1961 wurden jedes Jahr zehn neue Gemeinden gegründet, im Jahre 1962 sogar zwanzig (Kond Hills, 67).

Brasilien

Um die Jahrhundertwende kamen große Scharen von italienischen Einwanderern nach Brasilien. Es zog sie "in bestimmte Wohngebiete und Vorstädte Sao Paulos, wo sich ihre Vorgänger bereits niedergelassen hatten. Zusammen mit ihren Landsleuten begannen sie sich schnell an das Leben in Brasilien zu gewöhnen und sich kulturell den neuen Gegebenheiten anzupassen. Ein ganzes Stadtviertel Sao Paulos war damit zu einer großen italienischen Kolonie geworden. Die Erwachsenen sprachen ausschließlich Italienisch, ihre Kinder konnten aber sehr schnell Portugiesisch sprechen ... Dieser Anpassungsprozeß dauerte etwa zwei oder drei Generationen lang. Louis Francescon, ein italienischer Einwanderer, der sich in Chicago bekehrt hatte und daraufhin als Missionar nach Brasilien kam, kam zur rechten Zeit. Er konnte sofort damit beginnen, innerhalb der Volksgruppe der italienischen Einwanderer zu leben und zu arbeiten, die mitten im Prozeß der Sozialisierung standen und sich an die brasilianische Kultur anpassten. Ständig kamen neue Einwanderer aus Italien hinzu" (Read, Brazil, 23f.).

Louis Francescon gründete unter den italienischen Einwanderern eine Vielzahl von Gemeinden. Weil er - und auch die ersten Bekehrten - jedoch ausschließlich Italienisch sprachen, war die Wirkung dieser Bewegung zunächst nur auf die Volksgruppe der italienischen Einwanderer beschränkt. Im Jahre 1910 fing die damit entstehende Denomination - sie trug den Namen *Congregacao Crista* - mit Null an, und wuchs bis zum Jahre 1962 auf 260.000 Mitglieder an. Es ist in jedem Fall sehr ungewöhnlich für einen Gemeindeverband, von Null auf über eine Viertelmillion Mitglieder in nur 52 Jahren zu wachsen. Die meisten Italiener haben sich längst etabliert und sind zum Teil einflußreiche und reiche Bürger geworden. Als ich die Muttergemeinde der *Congregacao Crista* im Jahre 1965 besuchte, waren die ganzen Straßen um das Kirchenzentrum mit Autos zugeparkt, in denen die Mitglieder zum Gottesdienst gekommen waren. Niemand kann sich heute vorstellen, daß die *Congregacao* unter armen Einwanderern begonnen hatte. Aber auch hier ist das Prinzip der homogenen Einheit - daß Menschen gerne Christen werden, wenn sie dabei keine sozialen und sprachlichen Barrieren überschreiten müssen - ein Faktor, der deutlich zu dem erstaunlichen Wachstum der Gemeinden beigetragen hat. Wir sollten vielleicht noch hinzufügen, daß in den Jahren zwischen 1910 und 1962 die Methodisten, Baptisten, Lutheraner und Presbyterianer in Sao Paulo ebenfalls recht zahlreich geworden sind. Obwohl diese Gemeindeverbände sehr gute Missionsschulen und Colleges unterhielten, schlossen sich nur sehr wenige Italiener diesen evangelikalen, gutsituierten und portugiesischsprechenden Gemeinden an. Das mag verschiedene Gründe gehabt haben. In jedem der vier Gemeindeverbände hätten die italienischen Einwanderer jedoch deutliche sprachliche und kulturelle Gräben überspringen müssen, wollten sie sich einer dieser evangelikalen Gemeinden anschliessen. Damit hätten sie aber auch gleichzeitig ihre eigene Volksgruppe verlassen. Ohne Frage war dies einer der Gründe, weshalb sie sich einem anderen Gemeindeverband angeschlossen haben, der diesen Preis nicht von ihnen verlangte.

Andere wichtige Faktoren

Es ist sehr *wünschenswert, daß einer Volksgruppe keine sprachlichen, kulturellen und sozialen Barrieren in den Weg gelegt werden*, sich dem Christentum anzuschließen. Das heißt jedoch noch lange nicht, daß sich die Menschen beim Fehlen jeglicher kultureller Schranken automatisch dem Christentum zuwenden würden. Das allein reicht noch nicht aus, um Menschen für Christus zu gewinnen. Dazu braucht man nur einen Blick auf die Universitäten der Vereinigten Staaten zu werfen. Die weißen Amerikaner der bürgerlichen Mittelklasse könnten dort jederzeit ohne gesellschaftliche Nachteile Christus annehmen; und doch bleiben viele von ihnen den Gemeinden fern. Damit wird deutlich, daß es noch weitere Faktoren geben muß, die für das Wachstum der Gemeinden entscheidend sind. Zu diesen Faktoren gehören biblische Unterweisung (oft muß die Bibel sogar erst in die betreffenden Sprache übersetzt werden), klare biblische Verkündigung und persönliche Evangelisation, in der die Christen - getrieben von der Liebe Gottes - ihren Freunden und Verwandten überzeugend sagen, daß es etwas Wunderbares ist, dem Herrn des Lebens zu folgen.

Der richtige Start

In einer missionarischen Pioniersituation könnte es so aussehen, als ob das hier beschriebene Prinzip der homogenen Einheit jedes Entstehen einer Gemeinde verhindern würde. Wenn noch kein einziger Mensch eines ganzen Volkes Christ ist und es daher natürlich auch keine christliche Gemeinde in dieser Bevölkerungsgruppe gibt, so existiert damit ja auch keine Gemeinde, der sich jemand anschließen könnte, selbst wenn er wollte. Die Frage muß daher lauten: Wie kann eine inkulturierte Gemeinde in einer unerreichten Volksgruppe entstehen, ohne sofort vom betreffenden Volk als Fremdkörper abgestoßen zu werden? Wenn wir den Eindruck erwecken, daß Christwerden gleichbedeutend damit ist, seinem Volk den Rücken zu kehren, wie kann es dann zur Entstehung einer Gruppe von Christen kommen, die groß genug ist, um anderen Menschen derselben Bevölkerungsgruppe eine Basis zu bieten, Christen zu werden, ohne dabei sprachliche oder soziale Barrieren zu überspringen?

Die Tatsachen sprechen eine deutliche Sprache: Die meisten größeren christlichen Volksbewegungen begannen dadurch, daß sich einzelne Personen - oder höchstens einige Familien - bekehrt haben. Wie kann nun diese einzelne Person - oder die Gruppe - vermeiden, von ihrem Volk ausgestoßen zu werden? Wie kann man den Eindruck verhindern, daß die neubekehrten Christen nun in ihrem eigenen Volk zum Fremdkörper geworden sind und sich einer fremden Bewegung angeschlossen haben? Die Antwort darauf besteht darin, sich von Anfang an um keinen Preis zu isolieren. Die wenigen Bekehrten sollten weiterhin entschlossen Teil ihres Volkes oder ihrer Bevölkerungsgruppe bleiben und sich entschieden dagegen wehren, im Bewußtsein der Öffentlichkeit aus der Gemeinschaft ausgeschlossen zu werden. Dies ist möglich, indem sie ihren eigenen Leuten weiterhin viel Liebe entgegenbringen, sich mit ihnen identifizieren, ihnen helfen und soviel Zeit wie möglich mit ihnen verbringen, um ihnen zu zeigen, daß sie als Christen noch immer gute Glieder der Gesellschaft sind, vielleicht bessere, als sie es jemals gewesen sind.

Versöhnung zwischen den Völkern

In Amerika wird das Element des Volkstums, die Existenz sprachlicher und kultureller Schranken und ihre Bedeutung für den Gemeindeaufbau, sehr häufig auch deshalb von den Christen ignoriert, weil sich die Kirchen und Gemeinden Amerikas stark für die Versöhnung zwischen den Völkern und Rassen einsetzen. Viele Christen halten es für das höchste Ziel der Christenheit, Verständigung und Versöhnung zwischen den Völkern der Welt zu stiften. Deshalb sind sie erbitterte Gegner jeder Form der Rassentrennung und zweifeln prinzipiell jedes Gemeindeaufbau-Konzept an, in dem Christen einer einzelnen Klasse oder Rasse ermutigt werden, separate Gottesdienste abzuhalten oder Gemeinden zu gründen, in denen sie "unter sich" sind. Im Jahre 1976 hatte ein bekannter christlicher Leiter den Satz, der am Anfang dieses Kapitels steht, zum ersten Mal gelesen. Er schrieb mir einen entrüsteten Brief: "Natürlich werden Menschen gerne Christen, ohne dabei Barrieren zu überschreiten. Und genau das darf ihnen auf keinen Fall erlaubt werden." Wir wollen diese Meinung etwas näher betrachten.

Zuerst möchte ich eine Beobachtung zu bedenken geben: Entschiedene Christen in Ländern, die bereits seit längerer Zeit mit dem Evangelium vertraut sind und in denen sich die meisten Menschen in gewisser Weise als Christen bezeichnen würden, haben sehr häufig in erster Linie ein ethisches, nicht ein evangelistisches Anliegen. Die wichtigste Frage lautet ihrer Meinung nach nicht: "Wie können nichtchristliche Segmente der Bevölkerung für Christus gewonnen werden?", sondern: "Welches ist der authentische christliche Lebensstil?" Ganz besonders kritisch sehen sie Entwicklungen, bei denen sich christliche Angebote nur an einzelne Segmente der Bevölkerung oder einzelne Subkulturen richten und zur Entstehung von "Spezialkirchen" führen könnten. Völlig zu Unrecht sprechen sie in solchen Fällen von Rassentrennung und meinen, daß die christliche Mission so etwas niemals fördern oder gar übersehen sollte. Man habe, so bekommt man zu hören, lieber langsame oder gar nicht wachsende Gemeinden, in denen wirklich brüderliche Versöhnung geschieht und die somit "wahrhaftes Christentum" leben, als schnellwachsende homogene Spezialgemeinden.

Diese Position wäre typisch für moderne Christen, die sich für die Völkerverständigung einsetzen möchten. Man kann amerikanischen Christen solche Aussagen nicht verdenken, wenn man weiß, wieviel Unrecht die schwarze Bevölkerung Amerikas zu erleiden hat. Wir sollten sogar in dem Chor der Stimmen der Unterdrückten auch die vielen ethnischen Minderheiten in zahlreichen Ländern der Welt hören, die hier einstimmen könnten. Von daher kann man amerikanischen Christen solche Aussagen durchaus nicht übelnehmen. Welche Position sollten sie denn sonst einnehmen? Schwarze Christen aus der Dritten Welt, die sich gegen den Imperialismus der weißen Rasse sträuben, erheben hier ebenfalls ihre Stimme und verlangen, daß die amerikanischen Christen auf keinen Fall die Diskriminierung schwarzer Bürger billigen dürfen.

Wir müssen uns selbstverständlich diesen Aussagen von ganzem Herzen anschließen. Das Prinzip, von dem ich in diesem Kapitel spreche, das für den Gemeindeaufbau eine so entscheidende Rolle spielt, sollte jedoch nicht mißverstanden werden. Es geht überhaupt nicht darum, den Stolz der weißen Rasse zu billigen. Nichts von dem, was ich gesagt habe, soll der Ungerechtigkeit und Intoleranz das Wort reden. Ich bin keineswegs dafür, schwache Minderheiten zu unterdrücken. Ich bin fest davon überzeugt, daß sich jede amerikanische Gemeinde versündigt, sollte sie sich weigern, schwarze Christen als Mitglieder in ihre Gemeinde aufzunehmen. Die Christenheit steht meiner Meinung nach völlig zu Recht - und in Übereinstimmung mit dem Willen Gottes - in einem Kampf für die Verständigung und Versöhnung der Völker, der sich scharf gegen jedes unchristliche, rassistische Verhalten wendet.

Ein Teil des Kampfes besteht allerdings darin, Nichtchristen für Christus zu gewinnen. Wenn wir ein Anliegen für die Verständigung der Völker und für die Brüderlichkeit aller Menschen haben, so müssen wir erkennen, daß der bei weitem größte Schritt dort getan wird, wo Menschen Christen werden. Wir werden in allen Ländern der Welt finden, daß die Bevölkerung in Klassen aufgeteilt ist. Es gibt keine homogene Nation. Es liegt in der Natur des Menschen, exklusive Gruppen zu bilden. In vielen Religionen wird den Anhängern der Eindruck vermittelt, sie allein seien die Krone der Schöpfung, das auserwählte Volk. Der indische Hinduismus begründet sich ja nicht nur durch das Gesetz des Staates, sondern vor allem durch die Religion. Wenn Nichtchristen sich dem Christentum anschließen, öffnet sich ihnen eine neue Welt: Sie hören zum ersten Mal von der Vaterschaft Gottes und von der universalen Einheit aller Menschen. Sie sind damit einer Religion beigetreten, deren heilige Schrift der Brüderlichkeit einen sehr hohen Stellenwert einräumt. Wenn weiterhin Klassenunterschiede bestehen, so geschieht dies nicht als *Folge* des christlichen Glaubens, sondern im *Widerspruch* zu allem, was das Christentum lehrt. Wir unterstreichen also nochmals, daß das Bekenntnis zur Brüderlichkeit der Menschen zu den theologischen Grundlagen der christlichen Gemeinden gehören muß.

Jeder Mensch, in dem Christus lebt, hat ein Anliegen für die Versöhnung der Völker und für die Gleichwertigkeit aller Rassen. Das ist so natürlich wie die

Tatsache, daß Wasser talabwärts fließt. Wir müssen dennoch erkennen, daß Satan manchmal große Dämme zu errichten versucht, die dieses Wasser aufhalten wollen. Ein solcher Damm war beispielsweise die grausame Versklavung des Menschen durch den Menschen, die durch die Stammesfehden in Afrika und die Verschleppung von Sklaven auf die Plantagen Amerikas ausgelöst worden war. In solchen Fällen muß die Christenheit mehr tun als nur natürliche Sympathien mit den Benachteiligten zu äußern; hier sind die Christen zu besonderen Taten aufgefordert. Dieses gesellschaftliche Engagement gehört mit zu den Aufgaben der Gemeinden. Wir sollten jedoch niemals meinen, damit sei bereits alles getan. Christus ruft die Menschen zur Versöhnung mit Gott und miteinander. Was er tut, kann durch nichts anderes ersetzt werden, unabhängig davon, wie stark wir uns sozial engagieren. Die Hauptaufgabe der Gemeinde ist die Verkündigung des Evangeliums. Christen sind jedoch ebenfalls dazu aufgefordert, mit ganzem Herzen das Gebot der Nächstenliebe zu befolgen und leidenschaftlich Gott anzubeten. In der Gemeinde sollten unbedingt alle drei Aufgaben ernstgenommen werden.

Es ist richtig, wenn Christen sich für Versöhnung einsetzen. Doch sollte dabei nie vergessen werden, daß Versöhnung der Menschen untereinander und Evangelisation zwei verschiedene Dinge sind. Wer sich für die Versöhnung von Völkern einsetzt, sollte nie den Fehler begehen, seine Erfahrungen in diesem Dienst auf die Dynamiken einer missionarischen Pioniersituation zu übertragen. Damit würde der evangelistische Dienst, Männer und Frauen aus verschiedenen Subkulturen, Minderheiten, Sprachgruppen und ethnischen Gruppen in die Nachfolge von Christus zu rufen, unzulässig überfrachtet. Erst die Evangelisation macht es möglich, Menschen auch miteinander zu versöhnen, denn nur durch die Evangelisation (den ersten Schritt) kommen Menschen in die Gemeinden, die in einem zweiten Schritt miteinander versöhnt werden können. "Christus ist unser Friede, der aus beiden eins gemacht hat und den Zaun, der dazwischen war, abgebrochen hat, indem er durch sein Fleisch die Feindschaft wegnahm, nämlich das Gesetz, das in Satzungen gefaßt war, auf daß er aus zweien einen neuen Menschen in ihm selber schüfe und Frieden machte." (Eph 2, 14f.). Wir dürfen nicht darüber hinweglesen, daß Christus diesen neuen Menschen "in ihm selber" erschuf. Juden und Heiden - oder andere Klassen oder Rassen, die sich verachten und hassen - müssen erst zu Christus finden, bevor sie wirklich eins werden können.

Das Prinzip der homogenen Einheit hat in Amerika eine heiße Debatte ausgelöst. In dieser Zeit entschloß sich C. Peter Wagner, seine Doktorarbeit an der *University of Southern California* über dieses Thema zu schreiben. Er kam zu dem Schluß, daß dieses Prinzip, wenn es richtig verstanden und angewendet wird, ethisch vollkommen untadelig ist und außerordentlich dabei helfen kann, den biblischen Missionsbefehl auszuführen. Seine Dissertation wurde unter dem Titel *Our Kind of People* veröffentlicht und ist zu einem Meilenstein in der Diskussion um das Prinzip der homogenen Einheit geworden. Für jeden, der das radikale Umdenken in der Evangelistik und Missionstheorie verstehen möchte, das durch dieses Konzept ausgelöst wurde, ist dieses Buch Pflichtlektüre.

Einwanderer aus Puerto Rico und die Yakima Indianer

Vor einigen Jahren sind einige Puertoricaner nach Bridgeport im amerikanischen Bundesstaat Connecticut eingewandert, um dort Arbeit zu suchen. Unter ihnen befand sich auch eine große Zahl von protestantischen Christen. Die christlichen Gemeinden in Bridgeport sagten sich: "Wir werden deshalb keine speziellen Gemeinden für Puertoricaner eröffnen. Das wäre falsch. Wir werden unsere englischsprachigen Gottesdienste für diese Brüder und Schwestern öffnen, sie willkommen heißen und uns glücklich schätzen, daß unsere Gemeinden durch ihr Kommen bereichert und unser Horizont erweitert wird." Die Puertoricaner wurden eingeladen und kamen auch einige Male zu den Gottesdiensten, wo man sie sehr herzlich aufnahm. Aber so richtig zuhause fühlten sie sich eher in ihren eigenen spanischen Gottesdiensten. Viel wichtiger war ihnen jedoch, daß unbekehrte Verwandte und Freunde sich viel eher in diese spanischen Versammlungen einladen ließen als in die würdevollen Kirchen Neuenglands, in denen die Gottesdienste so geregelt abliefen, daß niemand laut *"Amen"* oder *"Gloria a Dios!"* rief, wenn er seine Zustimmung zu einem Gebet oder einem Teil der Predigt hören lassen wollte. Die puertoricanischen Protestanten gründeten also ihre eigenen Gemeinden, die sich in gemieteten Sälen und freien Ladenlokalen trafen und auch prompt zahlenmässigen Zuwachs erhielten. Sie waren weise genug gewesen, sich nicht vorschnell in andere Gemeinden einbinden zu lassen, denn dort wäre es nicht dazu gekommen, daß sich viele Puertoricaner den christlichen Gemeinden angeschlossen hätten.

Im Yakima Tal des amerikanischen Bundesstaates Washington liegt ein Indianerreservat. Viele Yakima Indianer waren in den Jahren zwischen 1860 und 1880 Christen geworden und hatten sich der Methodistenkirche in White Swan angeschlossen. 1890 erlaubte die Regierung, daß die Indianer ihr Land verkaufen konnten. Weiße Siedler kauften das Land und gründeten überall im ganzen Reservat ihre Farmen. Um die Indianer zu schützen, nahm die Regierung daraufhin diesen Beschluß zurück und untersagte den Indianern, ihr Land zu verkaufen. Doch es blieben eine ganze Reihe weißer Siedler in der Gegend wohnen, die zum Sonntagsgottesdienst ebenfalls zur Methodistenkirche kamen und sich ihr als Mitglieder anschlossen. Damit hatte diese Gemeinde eine gemischtrassige Mitgliederschaft. Es dauerte nicht lange, bis die Leitung der Gemeinde in weiße Hände übergegangen war. Die weißen Siedler sangen einfach besser als die Indianer, lasen mehr in der Bibel, kamen regelmässiger zum Gottesdienst, spendeten mehr und wußten auch mehr darüber, wie Gemeinden geleitet werden. Die Indianer waren plötzlich nicht mehr Leiter, sondern schlichte Glieder einer Gemeinde, die von Weißen geleitet wurde.

Gerade zu dieser Zeit begann sich eine christliche Bewegung unter den Yakima auszubreiten, der es um die Wiederbelebung der indianischen Kultur ging. Man nannte sie die *Shaker*. Viele indianische Methodisten, die sich nach einer Gemeinde sehnten, in der sie unter sich sein konnten, schlossen sich den *Shakers* an. Die Methodistengemeinde hatte zwar zweifellos eine gesündere theologische und christliche Grundlage als die wachsende Bewegung der *Shaker*, aber sie verlor immer mehr ihrer indianischen Mitglieder. Der Grund dafür: Die Yakimas konnten sich den Shakers anschließen, ohne dabei kulturelle Grenzen überschreiten müssen. Wenn Gruppen miteinander verschmolzen werden sollen, bevor sie dazu reif und bereit sind, kommt sehr häufig die schwächere Gruppe dabei unter die Räder. Das hat nichts mit Theologie zu tun, sondern liegt daran, daß ein einfacher sozialer Faktor nicht berücksichtigt worden ist.

Bis es der Letzte gehört hat

Wie soll man nun vorgehen, wenn man in einer Pioniersituation des Gemeindeaufbaus steht und es mehrere Bevölkerungsgruppen gibt, die ein stark ausgeprägtes Wir-Gefühl haben und sich für etwas Besonderes halten? In diesem Fall ist es angebracht, in jeder homogenen Einheit separat zu evangelisieren, bis sie mit dem Evangelium durchdrungen ist und es der Letzte in der betreffenden Gruppe gehört hat. Es ist eine Sackgasse, in mehreren homogenen Einheiten gleichzeitig Gemeinden gründen zu wollen, verschiedene Menschengruppen von Anfang an integrieren und miteinander versöhnen zu wollen und sich dabei auf die christliche Ethik zu berufen. Wer Integration um jeden Preis will - ob die Gemeinde wächst oder nicht - kämpft nicht nur gegen Windmühlen, sondern steht auch - außer in sehr seltenen Ausnahmefällen - dem Willen Gottes im Wege.

Wenn mehrere homogene Gruppen eines Landes sich zur selben Zeit für das Evangelium öffnen, sollte zuerst jede einzelne Gruppe separat evangelisiert werden, bis der Letzte von Christus gehört hat. Es ist sehr wichtig, daß Christus in einer Weise gepredigt wird, daß die Gruppe merkt, daß sie sich selbst und ihrer Kultur treu bleiben kann, wenn sie sich dem Christentum öffnet. Nur so wird Christus das Leben von Menschen wirklich anrühren können. Wenn mehrere Volksgruppen mit dem Evangelium durchdrungen und erreicht sind, ist es völlig natürlich, daß Gott ihnen auch Wege zueinander öffnet und Versöhnung und gegenseitige Annahme geschehen kann. Dieser Prozeß darf aber nicht zu früh eingeleitet werden, denn damit würde er vorschnell zum Erliegen gebracht werden. Wenn Missionsgesellschaften und Gemeinden alle ihre Kräfte dafür einsetzen, eine verbindliche Gemeinschaft aus Christen verschiedener Bevölkerungsgruppen zu bilden, bevor noch zwei Prozent der Angehörigen einer homogenen Einheit Christen geworden sind, so stehen sie damit ihrer eigenen Mission im Wege. Sie erzwingen damit nämlich, daß die noch verbleibenden Nichtchristen einer Volksgruppe (98 Prozent, um genau zu sein) zusätzlich zu der Entscheidung, Christen zu werden, auch noch den Schritt aus der eigenen Volksgruppe und Kultur heraus wagen müssen. Wo Menschen ein solcher Knüppel zwischen die Beine geworfen wird, kommt eine entstehende christliche Bewegung in der Regel schnell zum Erliegen und schläft ein. Versöhnung zwischen Christen verschiedener Rassen und Klassen ist eine *Folge* des Wirkens des Heiligen Geistes. Sie darf auf keinen Fall zur Vorbedingung für die christliche Taufe gemacht werden.

Kühlen Kopf bewahren

In der Anwendung des Prinzips der homogenen Einheit müssen wir kühlen Kopf bewahren. Es kann niemals darum gehen, enge und selbstsüchtige

Gemeinden ins Leben zu rufen, die sich in einer Art Heilsegoismus nur um die Errettung der eigenen Rasse und Gruppe kümmern und sich somit um sich selbst drehen. Es scheint zur menschlichen Natur zu gehören, daß jede Gruppe die Eigenheit besitzt, einen gewissen Gruppenstolz zu entwickeln, der das Zusammenleben mit anderen Gruppen erschwert. Das Christentum sollte niemals in den Verdacht geraten, Zwistigkeiten zwischen Gruppen und kollektive Überheblichkeit zu unterstützen oder zu fördern. Wo Menschen aus verschiedenen Klassen, Stämmen oder Bevölkerungsgruppen Christen werden, wird die christliche Gemeinde gerade das Gegenteil zu erreichen suchen: Sie wird sich darum bemühen, einem Ethnozentrismus so weit wie nur möglich entgegenzuwirken. Die neubekehrten Christen müssen lernen, daß Menschen aus anderen Teilen der Bevölkerung ebenfalls Gottes Kinder sind. Die Bibel sagt: "So sehr hat Gott die Welt geliebt, daß er seinen eingeborenen Sohn gab, auf daß alle, die an ihn glauben, ewiges Leben haben." Die Gemeinde wird die Menschen zu lehren haben, daß Christen die Vorkämpfer der Versöhnung und Brüderlichkeit untereinander sein sollen. Nur einen Fehler werden die Christen auf keinen Fall begehen: Das Evangelium durch reine Freundlichkeit und Herzlichkeit zu ersetzen. Durch bloße Menschenfreundlichkeit würde die Gemeindeaufbauarbeit zugrunde gerichtet werden. Kirche Jesus Christi weiß, daß die Bruderschaft die Frucht ist und das Evangelium die Wurzel, die sie trägt. Nicht andersherum.

Ich bin sicher, daß das Prinzip der homogenen Einheit nicht überbewertet oder gar kanonisiert werden wird. Es ist nichts anderes als ein missionarisches Konzept, durch das Menschen zum lebendigen Glauben finden oder auch nicht. Gemeindewachstum ist ein komplexes Phänomen. Wer dies verstanden hat, wird demütig die vielen Wege anerkennen, die Gott benutzt, um seine Gemeinde zu bauen. Wir müssen uns davor hüten zu meinen, Gott würde immer diesem einen Prinzip folgen. Er kennt viele Wege, die wir noch gar nicht erfaßt haben und die es noch für uns zu entdecken gilt. Wenn in einer bestimmten Situation Gemeinden durch das Nichtbefolgen des Prinzips der homogenen Einheit stärkeres Wachstum erleben als Gemeinden, die es befolgen, so werden hoffentlich nicht die blinden Prinzipienreiter siegen, sondern Gemeindeleiter, die sich vom Heiligen Geist führen lassen.

Wir sollten immer vor Augen haben, daß es viele Faktoren sind, die zum Wachstum einer Gemeinde beitragen. Das günstige Zusammenwirken verschiedener Faktoren ist immer wichtiger als irgendein einzelner Faktor. Man sollte daher auch das Prinzip der homogenen Einheit nicht auf Kosten anderer Wachstumsfaktoren überbetonen. Es wird für dieses Thema entscheidend sein, daß wir erkennen, daß wir nur in der demütigen Abhängigkeit von Gott wirklich urteilsfähig sind. Gott allein ist es, der Wachstum schenkt.

Das Prinzip der homogenen Einheit ist sicherlich nicht das Herz der Gemeindewachstums-Theologie. Trotzdem sollten wir seine gewaltige Bedeutung für den Gemeindeaufbau in aller Welt erkennen und in der Praxis berücksichtigen. Doch nur unter der Voraussetzung, daß wir uns dabei einen kühlen Kopf bewahren.

14

Evangelisation und Rezeptivität

Unser Herr hat von Feldern gesprochen, die gerade eben erst besät worden sind (Mt 13,3ff.), und von solchen, die für die Ernte reif sind (Mt 9,37f.). Manchmal reagieren die Menschen, die das Wort Gottes gehört haben, überhaupt nicht. Man sieht dem Feld nicht an, daß es nach dem Aussäen dem Zeitpunkt der Ernte nähergekommen ist als es bisher war. Manchmal jedoch machen die Menschen Luftsprünge aus Begeisterung über das Wort Gottes. Sie hören es mit großer Freude, lassen sich taufen und beginnen, ein vom Geist geleitetes Leben zu führen und Mitglied einer Gemeinde zu sein.

Unser Herr hat der unterschiedlichen Fähigkeit von Einzelpersonen und Gruppen von Menschen, das Evangelium zu hören und zu befolgen, Rechnung getragen. Wenn wir die menschliche Natur und die Beschaffenheit von gesellschaftlichen Gruppen näher betrachten, so sticht uns die Tatsache ins Auge, daß die Aufgeschlossenheit von Menschen für das Evangelium stark variiert. Dies Phänomen finden wir in städtischen und ländlichen Gebieten, in fortschrittlichen und primitiven Kulturen, unter Menschen mit hoher Ausbildung sowie bei Menschen, die weder lesen noch schreiben können. Dieser Faktor ist im Hinblick auf jeden Aspekt der weltweiten missionarischen Aufgabe bedeutsam und muß ausgiebig betrachtet und untersucht werden, wenn wir Gemeindewachstum verstehen möchten. Wenden wir uns also dem Thema der Aufnahmebereitschaft zu, was die Gründe dafür sind und welche Bedeutsamkeit dies für das weltweite Gemeindewachstum hat. Arthur F. Glasser führt aus: "Es gibt eine Zeit, in der der Geist Gottes in besonderer Weise in den Herzen der Menschen zu wirken scheint. Sie werden reif zur Ernte... Wenn dieser empirische Faktor unsere strategischen Unternehmungen bestimmt hat, hat Gott ein solches Unterfangen durch reiche Ernten im Übermaß bestätigt ... Wenn wir uns bemühen, die Menschen zu gewinnen, die sich gewinnen lassen, weil Gott an ihnen gewirkt hat, haben wir dadurch noch lange keine ungebührliche Einsicht in die Tatsache bekommen, was es heißt, ein Mitarbeiter Gottes im Aufbau Seiner Gemeinde zu sein." (Introduction, 38). Die Empfänglichkeit oder Aufgeschlossenheit von Menschen befindet sich in einem ständigen Auf und Ab. Kein Mensch ist zu allen Zeiten in gleicher Weise bereit, Christus zu folgen. Der junge Mensch, der in einem christlichen Zuhause aufwächst, ist in der Regel im Alter von 12 Jahren eher bereit, Jesus Christus anzunehmen als mit 20 Jahren.

Der Zweifler ist nach einer ernsthaften Krankheit oder einem Verlust oft eher bereit, ein Jünger zu werden. Diese Wechselhaftigkeit von Personen ist uns jedoch so gut bekannt, daß wir hierüber nicht weiter zu sprechen brauchen.

Gemeindewachstum kennt Unterschiede

Auch Völker und Gruppen von Menschen sind in unterschiedlichem Maß offen für das Evangelium. Ganze Segmente der Bevölkerung widerstehen dem Evangelium längere Zeit - oft sehr lange - und werden dann reif für das Evangelium. In verschlossenen Bevölkerungen können nur kleine, einzelne Gemeinden ins Leben gerufen und am Leben erhalten werden. Im Kontext offener Gesellschaften können ohne weiteres viele Gemeinden gegründet werden, die sich ungehindert multiplizieren.

Die Gemeinde kennt das Phänomen des ungleichen Wachstums schon von Anfang an. Die Evangelien berichten uns, daß das schlichte Volk die Botschaft unseres Herrn bereitwilliger annahm als die Pharisäer und Sadduzäer. In den ersten drei Jahrzehnten der christlichen Geschichte waren es die Juden, die viel deutlicher auf die Botschaft reagierten als die Heiden. Als Judäa bereits 100 Jahre lang christlich geprägt war, waren das Land der Philister auf der einen und Arabien auf der anderen Seite noch ungebrochen heidnisch.

In westlichen Nationen kann man die Tatsache beobachten, daß unterschiedliche Bevölkerungssegmente zu verschiedenen Zeiten sich dem Evangelium öffnen. Nach dem Revolutionskrieg in den USA, als immer mehr Einwanderer in die Vereinigten Staaten kamen, war die Bevölkerung ausgesprochen empfänglich. Die Episkopalkirche hat das nicht bemerkt und hätte diese Tatsache auch geleugnet. Schwer behindert durch die Verbindung mit der Anglikanischen Kirche nahm ihre Mitgliederzahl ab. Das System ihrer Priesterausbildung paßte nicht zu den verstreuten Siedlungen überall im Land. Die Gemeinden der Baptisten und Methodisten jedoch vermehrten sich über alle Maßen. Die eingewanderte Bevölkerung reagierte ausgesprochen offen, wenn man in richtiger Weise mit dem Evangelium auf sie zuging.

Die Arbeit von Missionsgesellschaften in Asien, Afrika und Lateinamerika bietet ebenfalls eine Fülle von Beispielen dafür, daß manche Bevölkerungsgruppen zu unterschiedlichen Zeiten reif für das Evangelium sind. In den hundert Jahren zwischen 1850 und 1950 wurden im Gebiet Chota Nagpurs in Indien mindestens 500.000 Menschen Christen, während im benachbarten Mirzapur am Ende dieser hundert Jahre weniger als 300 Gottesdienstbesucher zu finden waren. Die einheimischen Volksstämme des erstgenannten Gebietes waren weitaus aufgeschlossener für das Evangelium als die Kasten des zweiten Gebietes. Die *Southern Baptists* hatten in den Jahren zwischen 1950 und 1960 größere Gruppen von Missionaren in Thailand und Hongkong. 1960 hatten sie 42 missionarische Mitarbeiter in Thailand und 38 in Hongkong. Das Ergebnis im Hinblick auf Menschen, die "zur Gemeinde hinzugefügt wurden", um die Ausdrucksweise des Lukas in der Apostelgeschichte zu gebrauchen, war sehr unterschiedlich. Am Ende des Jahrzehntes belief sich die Anzahl der Mitglieder in den von den *Southern Baptists* in Thailand gegründeten Gemeinden auf 355; in Hongkong waren es 12.527.

Im Jahre 1949 war die Provinz Apayao im äußersten Norden der philippinischen Hauptinsel Luzon zum großen Teil von Isnegs bewohnt, einem heidnischen Volksstamm. Die Gegend ist äußerst gebirgig. Man praktizierte grundsätzlich Brandrodung. Einige wenige waren in der kleinen und schwer zugänglichen Provinzhauptstadt Christen geworden. Die *United Christian Missionary Society* sandte einen landwirtschaftlich ausgebildeten Missionar und seine Frau, um dieser einen Gemeinde von Isnegs den Anbau von bewässerten Reisfeldern beizubringen. Gerade zu dem Zeitpunkt, als das kinderlose Missionsehepaar ankam, begannen die heidnischen Isnegs überall in der Provinz sich für das Evangelium zu öffnen. Sie waren nicht daran interessiert, mehr Reis anzubauen. Sie wollten getauft werden. Der Missionar wurde überall in der gebirgigen Gegend in Dörfer gerufen, deren Einwohner sich entschlossen hatten Christen zu werden und Anleitung wünschten. In dieser Zeit kletterte er etwa einen 600 Meter hohen Bergkamm hinauf, auf der anderen Seite wieder hinab, patschte 8 km einem Bachlauf entlang und unterrichtete eine Gruppe zwei Wochen lang. Während seiner Abwesenheit kam oft aus einem anderen Dörfchen eine weitere Anfrage, und seine Frau machte sich sodann auf den Weg in die andere Richtung, um die dortigen Bewohner zu unterweisen. In nur vier Jahren wurden mehrere tausend Menschen Christen und Mitglieder der United Church of Christ.

Als die Römisch-Katholische Kirche von dieser großen Offenheit hörte, sandte sie ihrerseits Missionare aus und gewann mehrere tausend Menschen für sich. Der evangelikale Missionar sagte mir, daß Apayao zur ersten (und einzigen) mehrheitlich protestantischen Provinz der Philippinen hätte werden können, wenn die United Church im Jahre 1952 drei weitere Missionsehepaare geschickt hätte.

Daß sich in einer Situation die Menschen plötzlich für das Evangelium öffnen, ist durchaus nicht unüblich, sondern eher die Regel. Niemand weiß oder hat in den letzten Jahrzehnten zumindest gezählt, wie oft es zu solchen Umständen gekommen ist. Ohne Zweifel jedoch gab es Hunderte, wenn nicht Tausende solcher Vorkommnisse. Und dennoch sind solche Situationen, in denen die Gelegenheit zur Ernte spürbar wahrgenommen worden sind, zahlenmäßig leider geringer als die von Gott geschenkten Gelegenheiten. Man mag sich fragen, weshalb auch nur eine einzige solcher Gelegenheiten verpasst worden ist.

Wie lange hält Offenheit in diesem Sinne an? Das kann man unmöglich vorhersagen. Eines ist jedoch klar: Die Aufgeschlossenheit ändert sich ständig und kennt ein stetes Auf und Ab. Es verhält sich wie bei Ebbe und Flut; sie kommt und geht. Im Gegensatz zur Flut läßt es sich hier jedoch nicht garantieren, daß auf ein Abebben ein baldiges Ansteigen folgen wird.

Gründe für Aufgeschlossenheit

Es gibt so viele unterschiedliche Gründe für Aufgeschlossenheit, daß es unmöglich ist, sie alle aufzuzählen. Einige jedoch kommen so häufig vor und sind so wichtig, daß sie bekannt sein sollten.

Neue Wohnniederlassungen

Als mich Bischof Rodriguez von der *United Church of Christ* (Philippinen) während meiner Gemeindewachstumsuntersuchung im Jahre 1956 durch Mindanao geleitete, gelangten wir zu einer gut bewässerten Ebene, die durch staubige Straßen unterteilt war. Überall konnte man 2-3 Meter große Palmen sehen.

"Sehen Sie diese kleinen Palmen?". sagte er und zeigte auf sie. "Hier können Gemeinden Wachstum erleben."

Ich antwortete: "Ich sehe zwar die Palmen, aber was haben die mit dem Wachstum von Gemeinden zu tun?"

"Alles", antwortete er. "Diese jungen Palmen sagen mir, daß hier erst vor kurzem Menschen hergezogen sind, die sich von alten Verbindungen gelöst haben und deren Gesellschaft sich noch nicht zu neuen Strukturen verhärtet hat. Diese Siedler schließen neue Freundschaften, beschäftigen sich mit neuen Vorstellungen und sind unbelastet von den sozialen und religiösen Bindungen ihrer früheren Wohngebiete. Sie können bekennende Christen werden."

Ein Methodistenpfarrer in Lima, Peru, sagte etwas ähnliches. Er meinte, daß die Landbevölkerung, die sich in den Elendsquartieren der Großstadt niederließ, für etwa ein Jahrzehnt offen für das Evangelium sei. Wenn sie jedoch begannen gut zu verdienen, sich ein Haus aus Ziegeln gebaut und ihren Söhnen und Töchtern eine Ausbildung ermöglicht hatten, werde ihr Herz hart und sie würden schwerhörig für das Evangelium. Der Kern der Sache ist, daß Umsiedler und Zugezogene von den neuen Umständen so geprägt sind, daß sie für alle Arten von Neuerungen offen sind, unter anderem für das Evangelium. Sie befinden sich in einer Phase der Unsicherheit, und sind fähig, sich nach Dingen auszustrecken, die Stabilität verheißen und Aufstieg versprechen. Es ist kein Zufall, daß das außergewöhnliche Wachstum der Pfingstgemeinden in Brasilien in der Anfangszeit hauptsächlich unter den Umsiedlern stattgefunden hat, die aus dem Nordosten des Landes in die Großstädte des Südens strömten.

Zurückgekehrte Reisende

Reisen bewirken manchmal, daß Menschen offen werden. Afrikanische Soldaten, die am Zweiten Weltkrieg teilgenommen und die Welt gesehen hatten, kehrten nach Hause in abgeschlossene Volksgruppen Afrikas zurück und lösten ganze Bewegungen von Menschen aus, die sich dem christlichen Glauben anschlossen. Die trostlose Leere des heidnischen Lebens stieß sie ab. Da sie nun angesehene Leute waren und "zu unseren Leuten" gehörten, machte ihre Auflehnung gegen das Heidentum Schule. Als sie erzählten, wie die Welt da draußen aussieht, glaubte man ihnen. Das gesellschaftliche Klima wurde viel aufgeschlossener für Veränderungen. Christ zu werden wurde für viele zu einer echten Alternative.

Mexikanische Arbeiter strömten in den Jahren 1940-64 für jeweils sechs Monate in die USA, arbeiteten dort auf protestantischen Farmen und wurden häufig von ihren Arbeitgebern zur Kirche eingeladen. Manchmal hat man ihnen sogar - jedoch nicht sehr oft - spanische Bibeln und Neue Testamente gegeben, die sie dann zu ihren *ranchos* mit nach Mexiko nahmen. Jahre später entdeckten protestantische Missionare, daß in aller Regel *braceros* (zurückgekehrte Arbeiter) bemerkenswert offen für das Evangelium waren. Das Entstehen zahlreicher Gemeinden kann auf die *bracero*-Bewegung zurückgeführt werden. In wenigstens einem der Fälle (die Otomi-Gemeinde) gründete ein Mann, der sich in den Vereinigten Staaten bekehrt hatte, eine ganze Denomination. Hätten die protestantischen Missionsgesellschaften im Jahre 1944 die Wichtigkeit der *braceros* erkannt, hätte die jährliche Anwesenheit von 300.000 Mexikanern auf den protestantischen Farmen der Vereinigten Staaten zu einem bemerkenswerten Ausbreiten des biblischen Glaubens führen können. Unglücklicherweise wurde die Bedeutsamkeit der *braceros* als Vermittler des Evangeliums erst im Jahre 1962 und danach entdeckt - just zu dem Zeitpunkt, als die Vereinbarungen zwischen der amerikanischen und der mexikanischen Regierung, die die *bracero*-Bewegung ermöglicht hatten, aufgekündigt wurden (Taylor, Bracheros).

Der Einfluß von militärischer Unterwerfung auf die Aufgeschlossenheit

Engländer und Amerikaner haben kein Gespür für das erschütternde Erlebnis, unterworfen zu werden, weil sie keine Invasion und vernichtende Niederlage aus eigener Erfahrung kennen. Eine Niederlage bedeutet nicht nur Todesfälle, Gewaltakte und feindliche Armeen, die in das Vaterland einmarschieren, sondern auch einen ungeheueren Schock für die gesamte Kultur, die unterworfen wird. Ihr Stolz wird gedemütigt, ihre Werte werden mit Füßen getreten, ihre Einrichtungen vernichtet und ihre Götter entthront. Vor 500 Jahren, als Moslems hinduistische Länder eroberten, köpften sie die Statuen der Hindugötter, und schlugen den Götzen und Darstellungen von Göttinnen Nasen und Brüste ab. Obschon heute solche physische Gewaltanwendung mißbilligt wird, bewirkt eine militärische Eroberung zumindest dasselbe: der Nationalstolz wird gebrochen. Gewaltanwendung gibt es in jedem Krieg. Auch wenn Vergewaltigung, Plünderung, Brandstiftung und Mord unter der Zivilbevölkerung nicht länger automatisch Begleiterscheinungen der Siegermächte sind, so ist die Erfahrung, besiegt zu werden, dennoch ein traumatisches Erlebnis, das für das Wachstum der Gemeinde große Bedeutsamkeit besitzt.

Manchmal sind die Besiegten erbittert über die Sieger, und jede evangelistische Bemühung stößt nur auf unerbittlichen Widerstand. Ganz besonders wird dies so sein, wenn die herrschende Klasse besiegt worden ist. Der dauernde Widerstand der gebildeten Schicht Indiens gegen den christlichen Glauben kann teilweise auf diese Ursache zurückgeführt werden.

Er kommt jedoch auch vor, daß die Besiegten den Siegern gegenüber wohlgesinnt sind und ihnen Evangelisationen herzlich willkommen sind. Dies wird wahrscheinlich die Reaktion der Beherrschten sein. Sie haben nun neue Herren, und es wird von ihnen erwartet, daß sie von diesen lernen werden. Manchmal tragen die Bedingungen, unter denen die Niederlage zustande gekommen ist, zu einer Annahme des Evangeliums bei. Die Niederlage Japans im Jahre 1945 zum Beispiel, verbunden mit der Bewunderung der Japaner, wie anständig und menschlich die Besatzung verlief, führte zu einer sieben Jahre andauernden wunderbaren Empfänglichkeit für das Christentum.

Manchmal wird eine Bevölkerung nicht erobert, sondern gerät unter den Einfluß einer sich ausdehnenden Macht und wird plötzlich empfänglich. Ein Beispiel dafür sind eine Gruppe von 900.000 Katholiken (sie halten die Messe auf Latein) in der südwestindischen Provinz Kerala, die hauptsächlich zu den Fischerkasten entlang der Küste gehören. Ihre Bekehrung geht zurück bis in die Zeit, als die Portugiesen das 800 km nördlich gelegene Goa regierten und die beherrschende Seemacht in diesem Teil der Welt darstellten. Ein bedeutender indischer Christ namens De Cruz setzte sich gegen die Unterdrückung durch arabische moslemische Händler ein, und etwa 20.000 wurden innerhalb weniger Jahre Katholiken. Diese Kirche ist durch weitere Bekehrungen aus den Reihen der Fischerkasten sowie durch den Geburtenüberschuß auf ihre gegenwärtige Größe angewachsen (Gamaliel, Kerala, 9).

Nationalismus

Der Nationalismus übt einen nicht zu unterschätzenden Einfluß aus, sowohl für als auch gegen das Wachstum der Gemeinde. In Korea folgten auf neun Jahre geringen Wachstums in den meisten Provinzen (1910-18) fünf Jahre großer Aufgeschlossenheit (1919-24). Die Umstände waren folgendermaßen. Nach dem Ersten Weltkrieg und der Erklärung von Wilson, daß kleine Nationen über sich selbst bestimmen sollten, starteten koreanische Patrioten im Jahre 1919 eine Bewegung zum gewaltlosen Widerstand gegen die Japaner mit dem Ziel, Japan dazu zu zwingen, Korea eine eigenständige Regierung zu gewähren. "Von den 33 koreanischen Unterzeichnern der Unabhängigkeitserklärung waren 15 Christen, manche von ihnen bekannte protestantische Prediger" (Shearer, Wildfire, 64). Die Kirchen wurde zum Versammlungsort für das unterdrückte koreanische Volk. Evangelisation, die auf der pronationalen Einstellung der Kirche aufbaute, führte zu einer bedeutenden Woge des Wachstums in den meisten Provinzen. Nationalismus begünstigte hier das Wachstum der Gemeinde.

Im Jahre 1857 in Mexiko, auf dem Höhepunkt der Revolution in Juarez, trat eine große Zahl von Priestern aus der katholischen Kirche aus. Sich selbst überlassen und ohne Verbündete, heirateten einige und wandten sich einer säkularen Beschäftigung zu, andere baten um Vergebung und kehrten in die Kirche zurück, und einige wenige wurden Protestanten. Wären die protestantischen Missionsgesellschaften in Nordamerika auf Draht gewesen, damit der biblische Glaube sich in Südamerika ausbreitet, so hätte die mexikanische Revolution eine gesunde neutestamentliche Basis erhalten können. Die Folgen wären unausdenkbar. Zu dieser Zeit begannen die Missionsgesellschaften jedoch erst, aktiv zu werden und vertraten die Ansicht, die südamerikanischen Länder seien völlig verschlossen. In den amerikanischen Gemeinden gab es wenig Spanisch sprechende Pastoren. Man hatte überhaupt keine Ahnung, wie schnell Nationalismus dazu führen konnte, daß die Bevölkerung aufgeschlossen wird.

Religiöser Wandel

Fast unbemerkt ist ein außergewöhnliches Ereignis an der Welt der Mission vorübergegangen. Eine der vier großen nicht-christlichen Religionen ist im letzten halben Jahrhundert ausgestorben. Im Jahre 1920 hatte der Konfuzianismus, die Religion von vierhundert Millionen Chinesen, eine sehr starke Kraft. Die kommunistische Eroberung Chinas hat diese Situation radikal verändert. Das ganze Familiensystem, das für den Konfuzianismus so grundlegend ist, ist ausgerottet worden. Im chinesischen Inland hat der Konfuzianismus seine Kraft verloren. Es stimmt, daß einige Chinesen hier und da noch diese Religion praktizieren und daß dies noch in verschiedenen übriggebliebenen Formen einige Jahrzehnte oder Jahrhunderte so weitergehen wird; als große Religion jedoch ist die Zeit des Konfuzianismus zu Ende. Der Einfluß des Buddhismus ist in China gleichfalls sehr stark geschwunden.

In einer Zeit, in der sich China einem freieren Gedankenaustausch öffnet, steht die Gemeinde nun einer Bevölkerung von mindestens 900 Millionen Menschen gegenüber, die in einem Glaubensvakuum leben. Manche davon sind natürlich überzeugte Marxisten, und viele werden diese Welt lieben, aber weit mehr Menschen werden nach einem verläßlichen Glauben hungern.

Selbstverständlich kann jede kommunistische Regierung die Christen schwer behindern und verfolgen. Die Gemeinde wird jedoch immer innerhalb der Grenzen des Möglichen evangelisieren. Die weltweite Christenheit sollte jedoch eine neue und bemerkenswerte Aufgeschlossenheit der Chinesen für Christus erwarten. Etwa 50 Millionen haben ihre Antwort bereits gegeben. In China besteht ein fast unglaubliches Interesse daran, Englisch zu lernen. Hier scheint es beträchtliche Möglichkeiten für taktvolle und behutsame Evangelisation zu geben.

Was wird geschehen, wenn islamische Gelehrte den Koran derselben intensiven Prüfung unterziehen, wie dies christliche Gelehrte mit der Bibel bereits getan haben? Und wenn islamische Archäologen den allgemein anerkannten Forschungsergebnissen der jüdischen und christlichen Archäologen zustimmen? Wenn die koranischen Versionen biblischer Begebenheiten als - das wird zweifellos so geschehen - entstellte Wiedergaben alt- und neutestamentlicher Berichte erkannt werden, was werden Moslems dann tun? Der islamische Glaube hängt in einzigartiger Weise von der Behauptung ab, daß der Koran wahr ist und die Bibel eine verfälschte Version darstellt. Wenn die Säuren der Moderne die Schutzschicht der Ignoranz wegfrißt und das Licht der Gelehrsamkeit den Irrtum dieser Behauptung zur Schau stellt, wird der Glaube des Islam ins Wanken geraten. Nachdem Moslems in verschiedener Weise nach einem Ersatz gesucht haben, werden sie sich öffnen - für den Kommunismus oder für das Christentum - und zwar in sehr großer Zahl. Sie sind ebenfalls Menschen und vermögen nicht in einem Glaubensvakuum zu leben.

Freiheit von Kontrolle

Staatliche Repressionen und Kontrolle verhindern die Offenheit für das biblische Evangelium. Wo die Repressionen jedoch nachlassen, wird die Aufgeschlossenheit jedoch begünstigt. Die meisten der weit über drei Milliarden Menschen, die Jesus Christus nicht nachfolgen, leben unter Herrschaftssystemen mit strikter Kontrolle. Wenn sich diese Kontrolle auflöst, erhalten die Menschen die Freiheit, die Ansprüche von Christus in Betracht zu ziehen.

Es gibt verschiedene Formen der Kontrolle. Die direkteste Form wird von der Familie und den nächsten Verwandten ausgeübt. Es gibt keine Menschen, die als unabhängige Einzelpersonen, d. h. völlig auf sich selbst gestellt, Entscheidungen treffen, sondern nur als Teil eines gesellschaftlichen Ganzen. Ihre Gedanken und Gefühle werden in sehr hohem Maße von der beherrschenden Stellung der Familie geprägt und bestimmt. Das ausgefeilte Klagesystem, wobei laut gejammert und der Tote wiederholt angerufen wird, wie es in indischen Dörfern üblich ist, hat seine Bedeutung nicht nur darin, Ausdruck der Klage des Trauernden selbst zu sein, sondern ist auch für den Zuschauer bestimmt. Die Dorfbewohner sind sich der Kontrolle nicht bewußt, die ihre Form der Totenklage darstellt, dennoch ist sie sehr real. "Was werden die anderen über meine Verhalten denken?" Eine solche Frage ist sehr ernstzunehmender Bestandteil aller Kulturen, in denen jedes Glied in fast jeder Hinsicht des alltäglichen Lebens von der Familie abhängt.

Die Herrschaft des Dorfes, des Ranchos, des Stammes und der Kaste ist objektives Faktum im Leben vieler Menschen. Das Wohlergehen des Dorfes erfordert es, daß alle Bewohner dem Gott Opfer bringen, der eine Seuche unter dem Vieh verursacht hat. Wer dieses Opfer nicht bringt, zieht den Zorn des ganzen Dorfes auf sich.

"Aha", rufen sie aus, "du bist also nicht länger einer von uns. Du willst wohl, daß unser Vieh stirbt. Du weigerst dich, dem Gott zu opfern, der die Maul- und Klauenseuche verursacht hat? Warte, wir werden dir helfen."

Der Stamm glaubt, daß diejenigen, die Christen geworden sind, den Zorn ihrer Götter erregen und somit die Fruchtbarkeit der Felder des ganzen Dorfes gefährden. Der Stamm verfügt über alle Stufen der Herrschaft: Die Neuerer können verprügelt werden, man läßt ihre Felder abgrasen, oder man verflucht sie gar.

Die Form der Gemeinde, die christliche Hierarchie, übt ebenso Herrschaft aus. Wenn Pastoren und Missionare, die sich auf Heimaturlaub befinden, an der *School of World Mission* am *Fuller Seminary* ihre Unterlagen vergleichen, stellen sie fest, daß die kirchliche Maschinerie, unabhängig davon, welche Religion sie repräsentiert, in der Praxis kaum voneinander abweicht. In manchen Gebieten wird ein des Lesens unkundiger, heidnischer, religiöser Führer einige Dörfer besuchen, die sich dem Christentum zuwenden wollen, und sie davon abbringen oder ihnen gar drohen wollen. In einer anderen Gegend wird ein bestens ausgebildeter Priester auftauchen und exakt dasselbe tun. Wenn aus irgend einem Grunde diese Form der Beherrschung nachläßt, kann die Aufgeschlossenheit rapide anwachsen.

Die Beziehung zwischen Aufgeschlossenheit und missionarischem Einsatz

Ich habe die Aufgeschlossenheitsfaktoren nicht zu dem Zwecke analysiert, um eine intellektuelle Übung zu absolvieren, sondern um einen Einblick in den komplexen Prozeß des Gemeindewachstums zu erhalten. Die korrekte Reaktion auf dieses Kapitel besteht nicht darin, sich der geistigen Genugtuung hinzugeben, nun verstanden zu haben, nach welchen Regeln sich die Aufgeschlossenheit ändert, sondern sie besteht in Freude darüber, daß wir durch unsere Kenntnis dieser Bedingungen nun verantwortungsbewußter unserer Haushalterschaft und Beauftragung entsprechen können.

Pastoren und Missionare stellen oft die Frage, ob die Faktoren, die zur Aufgeschlossenheit führen, meßbar sind, sodaß man bei richtiger Einschätzung der Lage wissen kann, ob eine bestimmte Bevölkerung reif für das Evangelium ist oder zumindest auf dem besten Wege, es zu werden. Ein eifriger Pastor fragte gar: "Könnten meßbare Beobachtungen nicht in einen Computer eingespeist werden, sodaß die Gemeinde den exakten Grad der Offenheit wissen könnte sowie die Tendenz, ob sie wächst oder schwindet?" Die Antwort auf diese Fragen ist ein vorsichtiges Ja. Eines Tages wird dies möglich sein können. Schon heute wird ein ausgebildeter Beobachter in der Lage sein, mit einem gewissen Grad an Genauigkeit anzugeben, ob eine gegebene homogene Gruppe sich in einem Stadium befindet, in der seine Glieder für Veränderungen offen sind. In der Praxis jedoch steht der Gemeinde eine schnellere und verläßlichere Methode als ein ausgeklügeltes Bewertungsprogramm zur Verfügung, um Offenheit festzustellen.

Gibt es Gruppen von Menschen, die Christen werden? Da dieser Bevölkerungsgruppe Jesus Christus verkündigt wird und seine gehorsamen Diener Zeugnis von ihm ablegen, beginnen Einzelpersonen, Familien und Ketten von Familien an ihn zu glauben? Sind Gemeinden am Entstehen? Gelingt es einer Denomination, die unter einer ähnlichen Bevölkerungsgruppe arbeitet, sich selbst multiplizierende Gemeinden zu gründen? Wenn die Antwort positiv ausfällt, dann besteht in der betreffenden homogenen Gruppe Offenheit.

Wenn einmal festgestellt worden ist, daß ein bestimmtes Segment der Bevölkerung aufgeschlossen ist, ist es vernünftig anzunehmen, daß auch andere vergleichbare Bevölkerungssegmente offen sein werden. Evangelisation kann und sollte sich an die aufnahmebereiten Personen, Gruppen und Segmente der Bevölkerung wenden.

Zwei kreative Denker haben in einflußreicher Weise über die Bedeutsamkeit der Aufgeschlossenheit für das Vorgehen in Gemeinde und Mission geschrieben. George G. Hunter hat beschrieben, wie die Aufgeschlossenheit das evangelistische Engagement der nordamerikanischen Gemeinden und Denominationen lenken sollte. C.Peter Wagner spricht darüber, wie dieser Faktor die Arbeit von Missionsgesellschaften und Gemeinden in der Dritten Welt bestimmen sollte.

In *Frontiers of Missionary Strategy* erklärt Wagner: "Missionarische Strategie muß sich zum Teil auf Prognosen oder zumindest auf sorgfältige Einschätzung der Zukunft stützen" (Frontiers, 106). Hier stellt sich natürlich sofort die Frage, ob in christlicher Mission überhaupt Voraussagen gemacht werden sollten. Gibt es dafür eine biblische Rechtfertigung? Nachdem Wagner die Bibel zu Rate zieht, kommt er zu dem Schluß, daß Vorhersagen zwar menschlicher Weisheit entsprechen und mit Vorsicht genossen werden sollten, diese aber dennoch von einem Menschen erwartet werden, der ein guter Haushalter der Gnade Gottes sein möchte. Nachdem er diese Frage beantwortet hat, versucht Wagner zu erfahren, wie zuverlässige Vorhersagen von

Gemeindewachstum überhaupt gemacht werden dürfen. Er weist darauf hin, daß "es genauso wichtig ist, Nichtwachstum zu entdecken wie Wachstum. Wenn in einem bestimmten Gebiet keine Gemeinden wachsen, kann eine vorausdenkende Strategie sich möglicherweise einem anderen, vielversprechenderen Gebiet zuwenden" (Frontiers, 111).

Die entscheidende Frage ist: "Wo wird die Gemeinde aller Wahrscheinlichkeit nach wachsen? Welche Länder haben das größte Potential und welche bestimmten Volksgruppen innerhalb dieser Länder zeigen Zeichen von Aufgeschlossenheit für das Evangelium? ... Durch sorgfältige Bodenanalyse sollten Missionsstrategen in der Lage sein, die Säeleute zu beraten, wo sie zuerst den Samen ausstreuen sollten" (Frontiers, 115).

Wagner war jahrelang Felddirektor der Andes Evangelical Mission. Er hat dabei natürlich intensiv darüber nachgedacht, die richtigen Mittel an die richtigen Stellen zu bringen. Empfänglichkeit verlangt danach, daß wir strategisch handeln und Prioritäten setzen. "Welche Mittel sind die Voraussetzungen für effektives Wirken? Wenn die Universitätsstudenten eines sozialistischen Landes reif werden, dann wird eine besondere Art von Missionar benötigt. Wenn eine Gruppe animistischer Bauern sich dem Evangelium zu öffnen beginnt, braucht es jemand mit anderen Qualitäten. Es ist Teil einer guten Führung, nach vorne zu schauen und ... festzustellen, wo der Bedarf sein wird und welche Art von Missionar dafür eingesetzt oder von einer anderen Stelle versetzt werden sollte" (Frontiers, 116).

George Hunter spricht in seinem Kapitel "Die Großstrategie" über die Aufgeschlossenheit in den nordamerikanischen Verhältnissen. Er hält diesen Gesichtspunkt für außerordentlich wichtig und betrachtet es "als größten Beitrag der Gemeindewachstumsbewegung an die Weltmission dieser Generation" (Finding, 104). Viele Einsichten sind in diesem Kapitel zusammengetragen, die nicht nur auf amerikanische Gemeinden, sondern, mit kleinen Änderungen, auch auf Gemeinden in anderen Kontinenten angewandt werden könnten.

Ein besonders hilfreicher Abschnitt behandelt Richtlinien dafür, wie die Aufgeschlossenheit von Amerikanern festgestellt werden kann, die in den traditionellen Großkirchen beheimatet sind. Hunter führt eine Liste von Hinweisen für die Aufgeschlossenheit an und drängt darauf, daß kirchliche Politik sich hieran orientieren sollte. In der Beachtung dieser Hinweise liegt, wie er sagt, "ein besonderes Potential für die Evangelisation Amerikas." In seinem Kapitel weist er darauf hin, daß die örtlichen Gemeinden sich in ihrem evangelistischen Engagement besonders an die wenden sollten, die 1) Besucher ihrer Gemeinde sind, 2) diejenigen, die sich ihrer Gemeinde anschließen möchten, 3) die Menschen, die vor kurzem den Glauben (an etwas Bestimmtes) verloren haben, 4) die Menschen, unter denen Gemeinden oder religiöse Bewegungen Wachstum verzeichnen, 5) die zur selben homogenen Gruppe gehören wie die Mitglieder ihrer Gemeinde, 6) Menschen, denen eine Not bewußt ist, der sie durch den Dienst der Gemeinde begegnen können, 7) Menschen, die sich in einer Übergangsphase (Umzug) befinden.

Das *Church Growth Bulletin* hat viele Jahre lang über die Aufgeschlossenheit der unterschiedlichen Bevölkerungsgruppen auf allen sechs Kontinenten berichtet. Eine riesige Menschengruppe, die den Christen sehr am Herzen liegen, sind die 900 Millionen Moslems. Diese Gruppe besteht aus Tausenden von verschiedenen Untergruppen, die sich alle im Maß ihrer Aufgeschlossenheit von der nächsten Gruppe unterscheiden. Die oft gehörte Meinung, daß alle Moslems für das Evangelium verschlossen sind, entspricht nicht der Wahrheit. Große kommunistische Blöcke, die in moslemischen Ländern entstanden sind, zeugen dafür, daß Moslems sich in beträchtlicher Anzahl von einer Anbetung Allahs zu einem atheistischen Verständnis der Realität zuwenden. Wenn sie dazu fähig sind, so ist es auch möglich, daß sie sich dem christlichen Glauben zuwenden.

Don McCurry schreibt in einem hervorragenden Artikel im *Church Growth Bulletin* über die Bedeutsamkeit der Aufgeschlossenheit für die Evangelisation des gewaltigen moslemischen Mosaiks. "Wir müssen alle Register ziehen, die uns im Denken in den Kategorien des Gemeindewachstums zur Verfügung stehen, um die aufgeschlossenen moslemischen Gruppen zu finden, die in der ganzen Welt verstreut sind, um sodann vorbereitet zu ihnen zu gehen und sie in die Nachfolge zu rufen" (Church Growth Bulletin 1978, S. 220).

Wer ist aufgeschlossen?

Wenn Gemeindeleiter über die Bevölkerung nachdenken, unter der sie arbeiten, stellt sich ihnen oft die Frage: In welchem Maße ist es für die Glieder dieser homogenen Gruppe eine echte Alternative, Christ zu werden? Wie empfänglich sind sie? Bei der Beantwortung dieser Fragen und in der Erforschung der Aufgeschlossenheit einer beliebigen Gruppe ist es hilfreich, sich einer Skala (Verschlossenheit-Aufgeschlossenheit) zu bedienen und darauf einen entsprechenden Wert zu finden.

Das genaue Vorbild für eine solche Verschlossenheit-Aufgeschlossenheitsskala wurde in den vergangenen Jahren einiger Veränderung unterzogen. Es scheint sich jedoch heute das von Edward R. Dayton vorgestellte Modell als das nützlichste herauskristallisiert zu haben, das weite Verbreitung gefunden hat.

Verschlossenheit / Aufgeschlossenheitsskala

Völlig verschlossen für das Evangelium ⇦ ⇨ Äußerst offen für das Evangelium

-5	-4	-3	-2	-1	0	+1	+2	+3	+4	+5

Starker Wiederstand · Leichter Widerstand · Neutral · Aufgeschlossen · Sehr Aufgeschlossen

Angenommen, daß die Situation verschiedener homogener Gruppen durch die unterschiedlichen Zahlenwerte auf der obigen Skala dargestellt werden könnte. Bevölkerungen mit einem Wert von -5 auf der Skala könnten dann das Ziel einer Vorevangelisation sein, wie es im Fall von äußerst verschlossenen Gruppen angebracht ist. In Gruppen mit einem Wert von +5 könnte direkt geerntet werden. Bei einer -5-Situation besteht die hauptsächliche Aufgabe der Gemeinde darin, abzuwarten, den Samen zu säen und eine liebevolle christliche Präsenz aufrecht zu erhalten. In Bevölkerungen, auf die der Wert +5 zutrifft, wäre ein solches Verhalten kriminell. Wenn der Heilige Geist die Herzen einer Bevölkerung so sehr bewegt hat, daß sie, entschieden Christen zu werden, sich fast mit Gewalt ins Reich Gottes drängen wollen, ist es der Gipfel des Unglaubens, wenn der Missionar nur einfach da ist und eine nette, christliche Präsenz aufrecht erhält. An dieser Stelle ist bloßes Zeugnis von der Liebe Gottes nicht gefragt. Bei +5 muß der gehorsame Mitarbeiter Gottes ganze Menschenmengen im Namen des Vaters, des Sohnes und des Heiligen Geistes taufen.

Zwei Beispiele aus den Vereinigten Staaten werden uns dabei helfen, diese Sachlage zu verstehen. In der großen Zahl der neu entstehenden Vorstadtgebiete - die sicherlich eher beim +5-Ende der Skala eingeordnet werden müssen - entspricht der zügige Aufbau einer entsprechenden Zahl an Gemeinden mit Sicherheit dem Willen Gottes. Ebenso entspricht es sicherlich dem Befehl Gottes, sich in weitaus größerem Maß um die erste Generation von Einwanderern zu kümmern. Diese wunderbaren Menschen sind sehr daran interessiert, Amerikaner zu werden, und wir sollten sicherstellen, daß sie nicht heidnische Amerikaner werden.

Die meisten Bevölkerungen werden heute weder bei -5 oder +5 einzuordnen sein, sondern bei einem Zwischenwert. Sie sind zu einem gewissen Grade bereit, das Evangelium anzunehmen, aber sie stürmen nicht gerade die Tore Zions. Im Mittelteil der Skala kommt der Art unseres Vorgehens höchste Bedeutung zu. Menschen, die bereit sind, das Evangelium anzunehmen, können - auf die eine Weise angesprochen - verloren gehen oder aber, unter Verwendung einer anderen Methode, gewonnen werden. Im Afrika südlich der Sahara ermöglicht es beispielsweise der Aufbau von christlichen Schulen, daß 1 bis 5 Prozent von Bevölkerungen, die auf unserer Skala eher links einzuordnen sind, für das Christentum gewonnen werden. Im Falle von erhöhter Aufgeschlossenheit, wenn sich der Skalenwert nach rechts bewegt, verdammt ein ausschließlicher Verlaß auf die Schulmethode die Gemeinde dazu, nur sehr geringe Fortschritte zu machen. Ausschließlich Einzelpersonen Christus zu verkündigen und sie aus der Gesellschaft herauszureissen und in christliche Kolonien einzugliedern mag die einzige Form der Mission sein, durch die in Bevölkerungen um den Wert -4 auf der Verschlossenheit-Aufgeschlossenheitsskala Menschen für Christus gewonnen werden können; wenn solche Bevölkerungen jedoch durch gestiegene Aufgeschlossenheit beim Wert von +3 oder +4 angekommen sind oder einem anderen Wert weiter rechts auf der Skala, wäre es fatal, wenn weiterhin nach der evangelistischen Knopflochmethode "einer nach dem anderen, auch gegen den Willen des Restes der Gesellschaft" vorgegangen wird.

Das "Besetzen" von verschlossenen Gebieten

Manchen Missionswissenschaftlern behagt es gar nicht, anzuerkennen, daß es Unterschiede in der Aufgeschlossenheit gibt, weil sie befürchten, daß sie im Fall eines Anerkennens dieser Tatsache gezwungen sein könnten, verschlossene Missionsgebiete aufzugeben. Kein Mensch ruft nach einem Aufgeben von Missionsgebieten. Felder müssen besät werden. Steinige Felder müssen gepflügt werden, bevor sie besät werden. Keiner sollte bei der Schlußfolgerung angelangen, die Gemeinde sollte evangelistische Bemühungen unterlassen, wenn die Aufgeschlossenheit gering ist.

Am besten ist es, Gebiete mit geringer Aufgeschlossenheit mit möglichst wenig Aufwand zu halten. Eines Tages wird die Ernte reif sein. Bevölkerungen solcher Gebiete bestehen aus Menschen, für die Christus gestorben ist. Auch während sie weiterhin in ihrem rebellischen und verschlossenen Zustand verharren, sollte ihnen so höflich wie irgend möglich die Gelegenheit gegeben werden, das Evangelium zu hören. Solche Gebiete sollten jedoch nicht mit großem Aufwand bearbeitet werden, um nicht Gefahr zu laufen, die Verschlossenheit noch zu verstärken, weil die Menschen den Eindruck erhalten, im Übermaß von Christen bedrängt zu werden.

Sie sollten nicht beunruhigt oder gereizt werden. Man sollte keine Generationen von Menschen in Schulen heranziehen, wo sie das Evangelium in kleinen Dosen verabreicht bekommen, die klein genug sind, um sie erfolgreich abzulehnen. In solchen Fällen würde die Bevölkerung regelrecht gegen das Christentum geimpft werden.

Während solche Gebiete mit einem Minimalaufwand versorgt werden, sollten christliche Leiter daran arbeiten, die Strukturen von Organisationen darauf abzustimmen, daß im Falle einer Öffnung des Landes für das Evangelium missionarische Kräfte schnell eingesetzt werden können. Schon seit einiger Zeit haben wir nun viel über die plötzliche neue Offenheit der Moslems in Indonesien gehört. Wir wollen aufrichtig hoffen, daß Missionare, die unter Moslems arbeiten können, in großer Zahl in diesen Teil der Welt transferiert werden. Einige sind schon gekommen, aber noch lange nicht genug. Sich verstärkt auf die Arbeit in empfänglichen Gebieten zu konzentrieren, ist der einzige Weg für die Mission, wie wir uns darauf vorbereiten können, Menschen in jetzt verschlossenen Gebieten, die sich öffnen, zu verbindlicher Gemeindemitgliedschaft in lebendigen Gemeinden zu führen.

Die Möglichkeiten, wie unter sehr offenen Bevölkerungen eine Vielzahl von christlichen Gemeinden gegründet werden kann, sollten innerhalb des Lehrplans jeder Bibelschule und theologischen Ausbildungsstätte unterrichtet werden. Es ist natürlich so, daß nicht jeder Pastor unter einer sehr offenen Bevölkerung arbeiten wird, aber für einige wird es Wirklichkeit werden. Jeder zukünftige Pastor in Nordamerika sollte darin ausgebildet sein, wie Gemeinden unter den zahlenmäßig starken, empfänglichen Bevölkerungen Kanadas und der Vereinigten Staaten *multipliziert* werden können. Dasselbe gilt in noch höherem Maße für die theologischen Ausbildungsstätten in Asien, Afrika und Lateinamerika.

In Europa jedoch mit der festverwurzelten landeskirchlichen Struktur scheint es noch nicht klar zu sein, was Gemeindewachstum bedeutet. Die Landeskirchen scheinen zu glauben, daß es nicht mehr braucht als Erneuerung. Die Bevölkerung ist ja bereits "christlich" im Sinne von getauft. Ich neige jedoch mehr zu der Auffassung, daß Erneuerung nicht ausreicht. Nur wenn eine Vielzahl von neuen lebendigen Gemeinden (entweder innerhalb oder außerhalb der bestehenden Denominationen) ins Leben gerufen wird, werden die Massen europäischer, "christlicher Heiden" re-evangelisiert werden können. Das darf auf keinen Fall übersehen werden.

Die passende Methode

Es liegt auf der Hand, daß es der Faktor der Aufgeschlossenheit ist, der unsere evangelistischen Unternehmungen bestimmen sollte. Es ist jedoch schwierig und kommt selten vor, daß das gesamte Programm einer amerikanischen Gemeinde oder einer Missionsgesellschaft in Afrika wegen einer stark angestiegenen Aufgeschlossenheit umgestellt und den neuen Verhältnissen angepaßt wird. Es gibt zudem wenige Bevölkerungsgruppen, die sich in ihrer Gesamtheit ändern. Wenn eine Bevölkerungsgruppe von 100.000 Menschen eine mäßige Öffnung im Hinblick auf ihre Aufgeschlossenheit erlebt und sich etwa auf der Verschlossenheits-Aufgeschlossenheitsskala von -4 auf den Wert +3 hinaufbewegt hat, bedeutet das niemals, daß nun alle 100.000 Personen sich für das Christentum gewinnen lassen werden, sondern daß *einige wenige Tausende*, die zu einer Anzahl von homogenen Gruppen gehören, sich dem Evangelium gegenüber öffnen, aber auch *nur dann, wenn in der richtigen Weise auf sie zugegangen wird.* Wenn sie das Evangelium beispielsweise von Menschen aus ihrem eigenen Volk hören, werden sie sich öffnen; Fremden gegenüber sind sie jedoch so verschlossen wie je zuvor. Wenn sie den christlichen Boten als "jemanden, der auf unserer Seite steht", anerkennen können, werden sie sich öffnen; wenn sie jedoch den Eindruck haben, daß es sich bei denen, die ihnen Christus verkündigen, um desinteressierte Professionelle handelt, werden sie verschlossen bleiben. Wenn die Personen, die Christen werden, sich wirklich verändern, werden sich die wenigen Tausend öffnen; wenn die neubekehrten Christen jedoch so mißmutig wie zuvor sind, werden die Nichtchristen sich dem Evangelium gegenüber unentschlossen verhalten.

Solange christliche Leiter auf allen sechs Kontinenten nicht beginnen, nach Änderungen in der Aufgeschlossenheit von homogenen Gruppen innerhalb der allgemeinen Bevölkerung Ausschau zu halten und sich darauf vorbereiten, Personen und Gruppen, die zu diesen Bevölkerungsgruppen gehören, aufzusuchen und sie zu Mitgliedern der Gemeinden zu machen, werden sie noch nicht einmal ausmachen können, was überhaupt getan werden sollte. Sie werden weiterhin ganz allgemein kirchliche und missionarische Arbeit im Nebel der Verwirrung um das eigentliche Ziel missionarischer Arbeit fortführen, wobei es jedoch nicht gelingt, evangelistisches Engagement mit dem Vorkommen erhöhter Aufgeschlossenheit zusammenzubringen. Es ist außerordentlich wichtig, sich ein klares Bild von der Aufgeschlossenheit zu machen und - wenn das erreicht ist - Methoden, Institutionen und personellen Aufwand so der Situation anzupassen, bis die Menschen, die offen sind, beginnen Christen zu werden und sich ihrerseits bemühen, ihre Kollegen für ein ewiges Leben zu gewinnen. Was gefragt ist, ist *effektive Evangelisation.* Effektive Evangelisation findet die Verlorenen, umarmt die, die sich haben finden lassen, unterrichtet sie mit dem Wort Gottes und gliedert sie in eine Vielzahl alter und neuer Gemeinden ein. Das ist der Grund, warum solche Evangelisation effektiv genannt wird.

Teil V - BESONDERE FORMEN VON GEMEINDEWACHSTUM

15

Die Massen und die Klassen

Mehr als in jedem vorhergegangenen Jahrhundert ist man sich heute der Massen und ihrer Forderung nach Gerechtigkeit und Gleichberechtigung bewußt. Die Unterprivilegierten haben schon immer einen Großteil der Bevölkerung ausgemacht; im zwanzigsten Jahrhundert jedoch haben sie mehr und mehr soziale und politische Macht erhalten. Der Industrialismus hat zur Entstehung eines gewaltigen Proletariats in unseren ständig wachsenden Städten geführt. Gewerkschaften haben eine beträchtliche Stärke erlangt. Die Kirchen und Gemeinden haben nach sozialer Gerechtigkeit gerufen. Ein erwachtes Bewußtsein unter den nationalen Führungspersönlichkeiten hat dazu geführt, daß unsere Steuerstrukturen sich dahingehend verändert haben, daß es eine gerechtere Verteilung des Reichtums gibt. Der Kommunismus hat in vielen Nationen zu einer Diktatur des Proletariats geführt und diese Situation als notwendigen Schritt in Richtung auf eine gerechte Gesellschaft verteidigt.

Viele Millionen von Menschen haben durch Lesen, Studium, Vorlesungen, die Massenmedien und Indoktrination gelernt, was die Nöte der Massen sind, aber auch welche Macht sie haben können, wenn sie organisiert und bewaffnet sind. Vielleicht noch erfolgreicher als Bücher und Reden haben organisierte Veranstaltungen wie Wahlen, Siege bei den Olympischen Spielen, Erkundungen des Weltalls, Gipfeltreffen, Aufruhr und Kriege sehr wirkungsvoll den Blick auf die Massen und ihr Recht auf Ausbildung, Gesundheit, Freiheit und Macht gelenkt. Es erscheint den nachdenkenden Menschen nicht mehr länger gerechtfertigt, daß die Menschheit in Begünstigte und Opfer des sozialen Gefüges aufgeteilt werden sollte.

Was bedeutet dieses radikal neue Element im menschlichen Denken, das die Weltszenerie so sehr beherrscht wie der Himalaya die Ebenen Nordindiens, im

Hinblick darauf, Nationen zum Glauben an Jesus Christus und zum Gehorsam des Evangeliums zu führen?

Eine Beschreibung der Massen- und Klassengesellschaft

Die meisten Amerikaner werden mit dem ersten Absatz, wie er oben steht, einverstanden sein, jedoch werden sie eher mit dem Kopf und nicht mit dem Herzen verstehen. Obwohl es in Amerika Arme, Ausgebeutete und Unterprivilegierte gibt, haben sich die meisten Amerikaner an eine einheitliche Gesellschaft gewöhnt und mögen es nicht so sehr, in den Kategorien von Massen und Klassen zu denken. Der Zimmermann verdient soviel wie der Lehrer am College, und der Müllmann fährt ein besseres Auto als der Pastor. Die Vorstellung einer privilegierten Aristokratie liegt unserem Nationalethos fern. Wenn viele Amerikaner auch bisweilen über die unterprivilegierten Massen sprechen, wissen die meisten von ihnen nicht, was es heißt, ein Leben als Opfer der sozialen Ordnung zu führen. Für sie ist es schwer, sich Länder vorzustellen, in denen 75 Prozent der Bevölkerung oder mehr unter unserer Armutsgrenze leben.

In anderen Teilen der Welt beherrschen die privilegierten Klassen im Gegensatz zu den Massen das Bild. Wirtschaft, Machtstrukturen und die Religionen sind so gestaltet, daß die Reichen hoch über der breiten Masse der Bevölkerung erhaben bleiben. Die Distanz kann in vielen Bereichen des Lebens gemessen werden. Das Einkommen in der höhergestellten Klasse ist sehr viel größer; die Privilegierten sprechen die Staatssprache fließend und korrekt. Die Massen sprechen viele Dialekte und können sich nur schwerfällig in den internationalen Sprachen ausdrücken. Im Hinblick auf Wohnungen leben die besser Gestellten in bequemen und dauerhaften Häusern, mit allem modernen Komfort. Die Massen leben in Hütten mit Strohdach und aus Flechtwerk, nackten luftgetrockneten Ziegeln, mit allem möglichen Gerümpel und Blechdosen. Wenn es um die Gesundheit geht, steht den Privilegierten kompetente medizinische Versorgung offen, und sie können genügend gesunde Nahrungsmittel kaufen, ihre Kinder groß zu ziehen und das Alter zu genießen. Die Massen verlassen sich auf Kräuterdoktoren und Medizinmänner jeder Art, essen hauptsächlich Mais, Maniok oder Reis, Mahlzeit um Mahlzeit, Tag um Tag, Jahr um Jahr. Es stimmt, ab und zu wird der Speisezettel durch ein paar Bohnen, Saisongemüse und, sehr selten, durch Fleisch oder Fisch bereichert. Die Massen sind mager. Sie zählen nicht die Kalorien, die Kindersterblichkeit ist bei ihnen hoch, und sie erleben es selten, so alt zu werden um graue Haare zu bekommen. Wenn es um Politik geht, so haben die Privilegierten persönliche Beziehungen zu denen , die das Land regieren. Die Massen haben wenig mit denen zu tun, die sie beherrschen, und kümmern sich auch wenig darum. Im Bereich der Religion wird der wohlhabenden Schicht versichert, daß sie zu Gottes ganz besonderer Schöpfung gehört; man denke z. B. an die hinduistische Kastendoktrin. Den Massen sagt man eigentlich dadurch, Gott habe sie als "kleine Leute" erschaffen, um für immer Arbeiter zu sein. Das gilt für die Shudras oder Unberührbaren in Indien, die Indianer in Bolivien und Peru, und die Schwarzen in Nordamerika.

In Indien zählen nicht nur 99 Prozent der unberührbaren Shudras zu den Massen, sondern auch die meisten Berührbaren, wozu auch große Teile der höheren Kastenmitglieder zählen. In Industriestädten und Dörfern kann man Hungrige in allen Kasten finden, obwohl die Proportionen hier abnehmen, je mehr man die Spitze der Kastenpyramide erreicht. Wenn man in China, den Philippinen, Indonesien, Afrika und allen Ländern Lateinamerikas die Enterbten, Verelendeten, Pachtpflichtigen, die Arbeiter ohne Landbesitz und die Analphabeten zusammen betrachtet, ergibt sich ein lebendiges Bild der riesigen Massen, und wir können uns eine Vorstellung von der Schwere ihrer Misere machen.

Wir sind Eugene Nida zu Dank verpflichtet, daß er diese Struktur des sozialen Gefüges in einem Diagramm festgehalten hat. Diese birnenförmige Zeichnung soll die Proportionen und Klassen veranschaulichen:

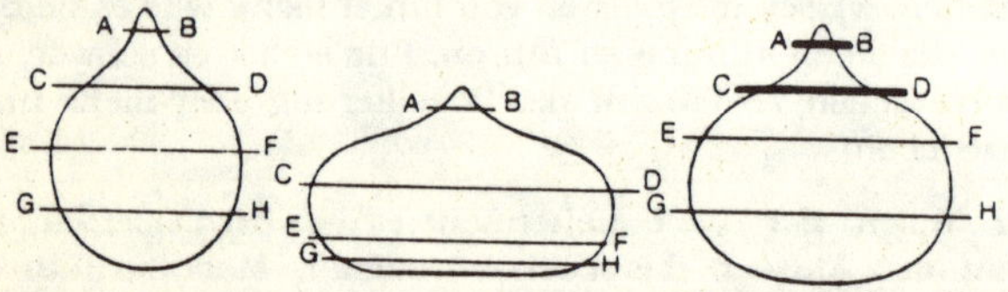

Jede Analyse, die wirkungsvoll sein möchte, muß die verwendeten Begriffe genau definieren. Aus welchen Menschen setzen sich genau die privilegierten Klassen und die Massen zusammen? *Solange wir keine genaue Definition eines jeden Segmentes einer bestimmten Gesellschaft gemacht haben, ist es unmöglich, präzise über die Situation nachzudenken.* Die Gesellschaft in jedem Land unterscheidet sich nun einmal von der in anderen Ländern, und selbst die Definitionen, die vor 30 Jahren benutzt wurden, reichen nicht mehr aus, um die heutige Gesellschaft zutreffend zu beschreiben. Ich werde nicht den Versuch unternehmen, exakte Definitionen vorzunehmen. Die Begriffe, die wir für Mexiko verwenden, würden in Korea schon nichts mehr nützen, und die aus Kanada passen nicht für eine Beschreibung Englands.

Stattdessen werde ich, um die Verhältnisse besser illustrieren zu können, die Aristokratie mit Bodenbesitz als die Oberschicht bezeichnen (das Bevölkerungssegment über der Linie AB in dem birnenförmigen Diagramm), die Geschäftswelt und Selbständige als Mittelklasse (über CD), Handwerker, Mechaniker, Vorarbeiter und LKW-Fahrer als obere Unterschicht (über EF), Bauern und ungelernte Arbeiter als mittlere Unterschicht (über GH), und die Arbeitslosen, die für geregelte Arbeit nicht Vermittelbaren, Leibeigenen, Vagabunde und Krüppel als untere Unterschicht (unter GH). Beachten Sie die äußerst kleine Schicht, die die Oberschicht im Verhältnis zum Ganzen ausmacht - vielleicht 1 Prozent der Gesamtbevölkerung. Beachten Sie auch, wie vergleichsweise klein die Mittelschicht ist, sie macht möglicherweise 6 Prozent der Bevölkerung aus. Die Stelle, wo die Linie CD angesetzt werden muß, wird je nach dem Land, das betrachtet wird, und je nach dem untersuchten Jahrzehnt unterschiedlich sein. Nehmen Sie auch bitte zur Kenntnis, wie der Gebrauch von Worten irreführend ist. Die Mittelklassen haben in Wirklichkeit mit der "Mitte" überhaupt nichts zu tun. Es wäre viel realistischer, die "Mittelklasse" und die Oberschicht zusammen als die Klasse der Privilegierten zu beschreiben. Sie sind die eigentlichen Nutznießer des sozialen Gefüges. An vielen Orten sind sie auch gleichzeitig die Ausbeuter, und so könnten die unteren Schichten der Gesellschaft durchaus zutreffend als die Ausgebeuteten bezeichnet werden. Um hier konsequent zu sein, möchte ich in diesem Kapitel hauptsächlich den Unterschied zwischen den Massen und den Privilegierten hervorheben. Wo immer wir uns ein genaues Bild von der Bevölkerung der Dritten Welt machen, müssen wir die geringe Zahl der Menschen an der Spitze und die große Anzahl der Menschen im Bauch der birnenförmigen Figur (alles, was unterhalb der Linie CD liegt) berücksichtigen und beim Namen nennen. *Die Bevölkerungen der meisten Länder der heutigen Welt sind zusammengesetzt aus einer winzigen Schicht privilegierter Menschen und den zahlenmäßig riesigen Massen.*

Gesellschaften, die vom Vorhandensein von Volksstämmen geprägt sind, in denen jedes Mitglied des Stammes ein gleiches Recht am Grund und Boden hat, stellen eine Ausnahme zu der Massen- und Klassengesellschaft dar. Diese Ausnahme wird aber nicht lange überleben. Im Zuge des Zusammenbruchs der Stammesgesellschaften und ihrer Anpassung an den bürgerlichen Alltag sowie im Zuge der Landflucht in die Städte werden die Angehörigen der Volksstämme zunehmend ein Teil der Massen.

Dort, wo die Industrialisierung und die Ausbildung fortgeschritten sind, ganz besonders in den entwickelten Ländern, vergrößert sich die Mittelklasse. Wir müssen jedoch festhalten, daß das Wachstum der Mittelklasse nicht mit einem zahlenmäßigen Abnehmen der Massen einhergeht. Viele Länder veröffentlichen Berichte über dramatische Fortschritte, die sie im Hinblick auf soziale Gerechtigkeit gemacht haben. Es ist aber unmöglich zu übersehen, daß die erlangten Veränderungen im Vergleich zur Größe der Gesamtproblematik eher geringfügig sind. Christliche Leiterpersönlichkeiten dürfen sich nicht der Vorstellung hingeben, daß die Entwicklung zu mehr Gerechtigkeit, über die sie sich freuen, in spürbarer Weise den Prozeß beeinflußt, die Völker in die Nachfolge zu rufen. Die Massen starren uns immer noch an. Jedes Jahr vergrößert sich die Zahl der Menschen, die zu den Massen zu zählen sind. Die Mittelklassen sind immer noch klein und werden auch klein bleiben, wenn sie nicht sogar vergleichsweise abnehmen. Christen sollten sich heute diesem Problem stellen.

In der Vergangenheit hatten die Massen resigniert. Sie dachten, daß das Leben, das sie führten, für sie die einzige Möglichkeit darstellte. Diese Resignation oder das, was man auch Zufriedenheit genannt hatte, ist im Schwinden begriffen. Man sollte die Schnelligkeit dieser Entwicklung zwar nicht überschätzen, aber dennoch festhalten, daß *dieser Zustand der Resignation abnimmt.* Die Massen beginnen zu verstehen, daß sie nicht notwendigerweise ihr Leben lang in beständiger Armut zu leben haben. Diejenigen unter ihnen, die eine höhere Ausbildung genossen haben, klären darüber auf, daß jeder ein Recht auf Wohlstand habe. Darüberhinaus werden sie organisiert und mit Waffen versehen, um den Privilegierten eine große Portion der Güter dieser Welt abzuringen. Genau dies ist die Revolution, die in vielen Ländern gärt.

Die Marxisten haben sich vorgenommen, diese Revolution um die Weltherrschaft anzuführen. Sie glauben, daß der Kommunismus den einzigen Weg anbietet, wie die Massen durch den Klassenkampf den widerstrebenden Privilegierten Gerechtigkeit abringen und eine Diktatur des Proletariats ausrufen können. Die Idealisten unter den Studenten, die empört auf die krasse Unterdrückung hinweisen, mit der das gegenwärtige System die Massen beherrscht, rufen nach Veränderungen. Patrioten, die erkennen, daß Nationen schwach sind, in denen Elitegruppen, die durch Erbfolge entstanden sind, sich auf Kosten der vielen bäuerlichen Analphabeten mästen, versuchen die Bauern zu ihren Rechten zu verhelfen, damit ihre Länder an Stärke gewinnen. Wer immer am Ruder ist - die Marxisten, die Idealisten oder die Patrioten - die Situation für die Massen ist gleich: sie werden angestachelt, organisiert und in die Schlacht um mehr von den guten Dingen des Lebens geschickt.

Die Massen in der Bibel

Die Bibel zeigt stets ein besonderes Anliegen für die Armen. Das fängt damit an, daß erklärt wird, daß alle Menschen von Adam abstammen und daher gleich sind. Diese Schau endet damit, daß festgehalten wird, daß alle, groß und klein, vor Gottes Thron stehen werden und gerichtet werden. Reichtum, Wissen, blaues Blut, Macht und Regierungsgewalt werden nicht zählen, wenn die Völker gerichtet werden. Das einzige Kriterium, das gleichermaßen für die Massen und die Privilegierten zählen wird, ist: Haben sie ihre Kleider gewaschen? Stehen ihre Namen im Buch des Lebens? Haben sie Christus vor der Welt bezeugt, sich von aller Sünde und anderen Bindungen losgesagt und sind sie getreu bis in den Tod gewesen?

Die Christen der Massen Indiens wissen den biblischen Bericht, daß Gott einen Mann und eine Frau geschaffen hat und alle Menschen von diesen beiden abstammen, besonders zu schätzen. Dies steht in scharfem Widerspruch zu der hinduistischen Erzählung, daß der große Gott Brahma die Brahmanen aus seinem Kopf erschuf, die Kriegerkasten aus seinen Schultern, die Händlerkasten aus seinen Schenkeln und die Massen aus seinen Füßen.

Als sich Gott ein Volk aus Ägypten erwählte und mit ihnen einen Bund schloß, da erwählte er nicht Gebildete, nicht Prinzen, nicht Aristokraten und nicht Studenten - sondern Sklaven. Als die Hebräer sich später in Kanaan niedergelassen hatten und einen König haben wollten, berichtet die Bibel, daß es Gott nicht gefiel, daß sie nach einer wirkungsvolleren, aristokratischen Struktur ihrer Gesellschaft dürsteten. In einer bemerkenswerten Passage sagte er ihnen die Unterdrückungen voraus, mit denen die Privilegierten schon immer die Massen gängelten. Die Formen sind je nach Zeit und Land verschieden, die Tatsache der Unterdrückung bleibt.

"Das wird des Königs Recht sein, der über euch herrschen wird: Eure Söhne wird er nehmen zu seinem Wagen und zu Reitern, und daß sie vor seinem Wagen herlaufen, und zu Hauptleuten über tausend und über fünfzig und zu Ackerleuten, die ihm seine Äcker bauen, und zu Schnittern in seiner Ernte, und daß sie seine Kriegswaffen und was zu seinen Wagen gehört machen.

Eure Töchter aber wird er nehmen, daß sie Salbenbereiterinnen, Köchinnen und Bäckerinnen seien. Eure besten Äcker und Weinberge und Ölgärten wird er nehmen und seinen Knechten geben." (1. Samuel 8, 11-14)

Als die aristokratische Ordnung zur Blüte kam und erste Früchte trug, und diese Prophetien und andere Voraussagen eintrafen, sandte Gott seine Propheten, um sich der Armen anzunehmen und Gerechtigkeit für das einfache Volk zu verlangen. Jesaja sagt: "Weh den Schriftgelehrten, die unrechte Gesetze machen und die unrechtes Urteil schreiben, auf daß sie die Sache der Armen beugen und Gewalt üben am Recht der Elenden unter meinem Volk, daß die Witwen ihr Raub und die Waisen ihre Beute sein müssen!" (Jesaja 10, 1f.)

Micha sagt: "Und ihr Fürsten im Hause Israel! Ihr solltet es sein, die das Recht wüßten. Aber ihr hasset das Gute und liebet das Arge; ihr schindet ihnen die Haut ab und das Fleisch von ihren Gebeinen ... Was ist es, das der Herr von dir fordert? Recht üben, Güte zu lieben und demütig zu wandeln vor deinem Gott!" (Micha 3,1f,; 6,8)

Nathan, Jeremia, Amos und andere Propheten erheben ebenfalls zusammen mit Jesaja und Micha ihre Stimmen, wenn wir unsere Aufmerksamkeit auf die Rechte der Massen richten und das Maß der Unterdrückung, mit dem sie von der Oberschicht bedacht werden. Es ist kein Zufall, daß der Kommunismus im christlichen Abendland entstanden ist! Die ethische Passion des Kommunisten, die durch den eigenen metaphysischen Rahmen so merkwürdig verzerrt worden ist, entspringt direkt der biblischen Betonung, daß Gott ein Gott der Gerechtigkeit ist, der nicht wünscht, daß die Armen unterdrückt werden.

Der Blickwinkel des Neuen Testaments

Das Neue Testament sagt uns, daß Jesus, als es Gott gefiel, daß das Wort Fleisch werden und unter uns wohnen sollte, von einem Bauernmädchens aus Nazareth geboren wurde und im Hause eines Zimmermanns aufwuchs. Der Sohn Gottes lernte zu zimmern und trug schwere Bretter und Balken auf seinem Kopf und seinen Schultern. Genau wie die Massen aß er sein Brot im Schweiße seines Angesichts.

Als unser Herr in Nazareth den Grund seines Kommens verkündigte, sagte er: "Der Geist des Herrn ist auf mir, darum daß er mich gesalbt hat den Armen das Evangelium zu verkündigen, die zerstoßenen Herzen zu heilen, den Gefangenen zu predigen, daß sie los sein sollen, den Blinden, daß sie sehend werden und den Zerschlagenen, daß sie frei und ledig sein sollen, und zu verkündigen das angenehme Jahr des Herrn." (Lk 4, 18f.).

Es ist unmöglich zu übersehen, wie Jesus den Willen Gottes für die Massen betonte, ein Schwerpunkt, der zu einem späteren Zeitpunkt noch besonders hervorgehoben wurde, als er zu den Zeichen des angebrochenen Reiches Gottes zählte, "daß den Armen das Evangelium verkündigt wird" (Mt 11,5).

Von den zwölf Aposteln waren elf Galiläer - Leute vom Lande, die Dialekt sprachen. Die Herrscher, Ältesten, Schriftgelehrten und Hohepriester verachteten sie als "ungebildete, gemeine Männer". Die Apostelgeschichte berichtet uns, daß das Christentum sich unter den Massen in Jerusalem und Judäa ausbreitete. Das Volk hörte die Apostel gerne. Die Herrscher der Juden hatten Angst, etwas gegen die Apostel zu unternehmen, weil sie sich vor dem Volk fürchteten. Das Volk, so wird uns mitgeteilt, hielt die Apostel in hohem Ansehen, und als der Hauptmann zusammen mit den Offizieren kam und sie die Apostel vor den Hohepriester brachten, wandten sie keine Gewalt an, weil sie Angst hatten, vom Volk gesteinigt zu werden (Apg 5,26). Es mag nicht verwundern, daß die Massen geschlossen hinter der Urgemeinde standen. Nur wenige der Intellektuellen wurden Teil der Gemeinde, und die große Zahl der Priester, die später dem Evangelium gehorsam wurden, bestand möglicherweise aus denen, die ohnehin von den Massen abhängig waren, die nun Christen geworden waren.

Als sich die Gemeinde in den Synagogen des Römischen Reiches ausbreitete, wurden große Zahlen von Unterprivilegierten hinzugewonnen, wie es ausführlich in jener berühmten Passage im 1. Korintherbrief beschrieben steht - der einzigen Aufzählung des sozialen Status der Gemeindemitglieder, die wir im Neuen Testament finden:

"Sehet an, liebe Brüder, eure Berufung. Nicht viele Weise nach dem Fleisch, nicht viele Gewaltige, nicht viele Edle sind berufen; sondern was töricht ist vor der Welt, das hat Gott erwählt, daß er zu Schanden mache, was stark ist..." (1. Kor 1, 26f.).

Die Massen liegen Gott am Herzen

Diese Textstellen dürfen nicht so mißdeutet werden, daß Gott nur die Armen, nicht aber die Reichen lieb habe. Vor Gott gibt es kein Ansehen der Person, und der arme Sünder ist genauso verloren wie der reiche. Auch wenn die Propheten des Alten Testaments auf die Reichen schimpfen, die den Bedürftigen für ein Paar Schuhe verkaufen, so fällt die Hauptlast ihres Gerichtes nicht auf den Reichen, sondern auf diejenigen, Reiche und Arme, die Gott um der Götzen willen verlassen. Zu den Jüngern unseres Herrn zählten reiche Frauen, und Nikodemus und Zachäus waren ebenfalls alles andere als arm. Wir müssen dies in unserem Blickfeld behalten. Und dennoch bleibt es wahr, daß das gemeine Volk Gott besonders am Herzen liegt. Im Herzen der Offenbarung Gottes finden wir deutlich, daß den Massen eine besondere Wertschätzung entgegengebracht werden muß.

Im Anblick der Klassen und Massen wäre es angebracht, wenn die Gemeinden und ihre Gesandten das folgende Missionsgebet sprechen würden:

"*Allmächtiger Gott, unser himmlischer Vater, der alle Menschen, die auf der Erde leben, aus einer Familie abstammen läßt, wir beten Dich an, wir loben Dich und beugen uns vor Dir in Ehrerbietung. Wir stellen uns selbst Dir zur Verfügung und flehen Dich an, daß Du in uns geboren wirst, die Herrschaft über unseren Willen übernimmst und uns wahrhaftig zu Deinem Eigentum machst.*

Herr Jesus Christus, wir erinnern uns daß Du von einem Bauernmädchen in die Familie eines armen Zimmermanns hinein geboren wurdest und Dich mit Jüngern und Aposteln umgeben hast, die von den Gebildeten der damaligen

Zeit ungelehrte und naive Leute genannt wurden. Du hast der Welt gesagt, daß es zu den Zeichen Deines angebrochenen Königreiches gehörte, daß den Armen das Evangelium verkündigt wird.

Das Volk hörte Dich gerne, Herr. Deine gesegnete Mutter hat gesungen: Meine Seele erhebt den Herrn, und mein Geist freut sich Gottes, meines Heilandes, der die zerstreut, die in ihrem Herzen stolz sind, der die Gewaltigen vom Stuhl stößt und die Niedrigen erhebt. Die Hungrigen füllt er mit Gütern, und schickt die Reichen leer davon. Hast nicht Du, Herr, alle die eingeladen, die mühselig und beladen sind, zu Dir zu kommen und Ruhe zu finden?

Heiliger Christus, wir bringen vor Dich die Armen dieser Welt, die Massen der Menschheit, die Mengen der Dorfbewohner, deren Rücken unter der schweren Last gebeugt sind, die Massen der Stadtbewohner, die in Mietwohnungen, Hütten, Favelas, Barrios und Elendsquartieren leben. Wir bringen vor Dich die Analphabeten, die Unterdrückten, die Enterbten, die Fischer und Zimmerleute, diejenigen, die keinen Grundstückbesitz haben, die ungelernten Arbeiter, die Behinderten. Wir bringen vor Dich die Armen, Herr, die Armen für die Du Dein teures Blut vergossen hast und auf die Du mit bewegtem Herzen geschaut hast, weil sie wie Schafe ohne Hirten waren. Gib uns, Herr, Deine Barmherzigkeit, daß auch wir die großen Massen als Deine verlorenen Kinder sehen können und uns, wie Du selbst, für sie verwenden. In Deinem heiligen Namen, Amen."

Die Missionsgesellschaften begünstigen die Privilegierten

Missionsgesellschaften aus dem reichen Westen übersehen gewöhnlich das gerade ausgeführte. Missionare, ganz besonders nicht-pfingstliche Missionare, zeichnen sich üblicherweise durch große Hochachtung vor den Ausgebildeten, den Reichen, den kulturell Hochstehenden (mit einem Wort: der Mittel- und Oberschicht) aus. Diese Haltung entspringt allerdings nicht der Bibel, sondern (unbewußt!) zweifellos der außergewöhnlichen Überflußgesellschaft, zu der die meisten Missionare gehören. Aus diesem Grunde entschließen sie sich auch dazu, mit den führenden Geschäftsleuten und dem Topkader herzliche Beziehungen zu pflegen und zu versuchen, die Anführer der zukünftigen Generation zu gewinnen, weil sie glauben, daß ein bekehrter Brahmane 1000 Christen aus der Kaste der Unberührbaren aufwiegt. In einer beliebigen Gemeinde mit 200 Mitgliedern stammen vielleicht 10 aus der Mittelklasse und 190 aus der Unterschicht. Wenn ein Pastor gefragt werden würde, "welche Klassen erreichen Sie?", würde eine typische Antwort lauten: "Die Mittel- und Oberschicht, und, natürlich, einige aus der Unterschicht." Ein Teil der Vorwürfe, die man in der Vergangenheit den Pfingstlern Lateinamerikas gemacht hat, ist darauf zurückzuführen, daß die Pfingstler einfach Gemeinden der Massen sind.

Von einem verstandesmäßigen Gesichtspunkt aus betrachtet ist es außerordentlich einleuchtend, sich bevorzugt mit den Mittel- und Oberschichten zu beschäftigen. Die Massen bringen, wie Moses und Paulus bezeugt haben, Probleme mit sich, wenn sie zum Volk Gottes werden. Die Reichen können einen bezahlten Dienst viel leichter unterstützen als die Armen. Da sie damit aufgewachsen sind, den Überblick über viele Dingen zu bewahren, haben sie auch viel mehr Erfahrung damit, den Ablauf von Vorgängen im Griff zu behalten.

Die Anglikaner, Lutheraner, Presbyterianer und Katholiken Europas haben im wesentlichen die Arbeiterklassen verloren. Ein anglikanischer Priester bemerkte einmal mir gegenüber: "Nach dem Beginn der industriellen Revolution hatten wir niemals die Arbeiterklassen, und die Methodisten haben auch nur einen kleinen Teil von ihnen erreicht."

Die meisten Missionare stammen aus der Mittelschicht. Sie sind mit sauber verlegten sanitären Anlagen, elektrischem Licht und vielen Büchern aufgewachsen. Sie fahren Autos und reisen in Jets in die Länder, in denen sie arbeiten. Im Vergleich zu den Massen vieler Länder, in die sie gehen, werden sie in Wirklichkeit nicht als Bürger der Mittelklasse, sondern wie Menschen aus der Oberschicht angesehen.

Naturgemäß tendieren sie dazu, Mittelklassegemeinden zu gründen. Das sollte uns in keiner Weise überraschen, denn die Mittelklassegemeinden, in denen sie selbst aufgewachsen sind, haben ihre Maßstäbe geformt. Was hat man sich als ehrfürchtige Anbetung vorzustellen, was unter gutem Singen, christlicher Behandlung der Frauen, Normen der Pünktlichkeit und rechtem Gebrauch der Freizeit? Wie sollte man die kirchlichen Belange regeln und wie seine Kinder erziehen? Die Antworten auf diese Fragen, wie sie von Missionaren und einheimischen Pastoren gegeben werden, die von den Missionaren ausgebildet wurden, sind das, was wir erwarten: Meinungen von Menschen der bürgerlichen Mittelklasse. Daran wird sich solange nichts ändern, bis die Leiter dies als Teil ihrer kulturellen Fremdprägung erkennen und sich dagegen auflehnen.

Missionare neigen dazu, sich mit den Leitern junger Gemeinden zu identifizieren, die Dank ihrer Ausbildung zur Mittelschicht gehören und von daher das Bild der Gemeinde als einer Institution der Mittelschicht verstärken. Sie versuchen häufig, Gemeinden, die aus Angehörigen der Massen bestehen, die äußere Form einer Mittelklassegemeinde zu verleihen. In einem solchen Fall hört das Wachstum auf.

Erst die Oberschicht?

Eine der Schlüsselfragen, von denen die Vorgehensweise in der Mission abhängt, ist: Sollten wir zuerst versuchen, die Oberschichten zu gewinnen, im Vertrauen darauf, daß diese sodann die Unterschichten gewinnen werden? Viele Missionare und Einheimische, die in Städten leben, unter Studenten arbeiten und Schulen aufrechterhalten, glauben, daß diese Frage nur bejaht werden könne. Ihre Antwort wird ihnen zum Teil von ihrem eigenen Mittelklassestatus diktiert, teilweise jedoch beruht sie auf der scheinbar vernünftigen Annahme, daß die Mittelklasse die Anführer sind und die Massen aus Nachfolgern bestehen. Sie glauben damit an eine längst widerlegte missionswissenschaftliche Theorie.

Es ist möglich, schlagende Beispiele dafür zu finden, daß Angehörige der Unterschichten den Oberschichten in ihrem Weg in die Gemeinde folgten. Die Sklaven in den Vereinigten Staaten wurden hauptsächlich deswegen Christen, weil Ihre Herren Christen waren - sie wären auch Moslems geworden, wenn ihre Herren Moslems gewesen wären. In den Philippinen wurden die Feudalherren eines großen Landbesitzes im Gebiet *Negros Oriental* bekennende Christen, und die meisten ihrer Tagelöhner taten es ihnen nach. Das Ergebnis war, daß eine Gemeinde entstand, die aus vielen kleinen Versammlungen bestand, die über den gewaltigen Besitz verteilt waren.

In aller Regel jedoch hat die Strategie, zuerst die Oberschicht zu gewinnen, versagt. Die Mitglieder dieser Schicht werden sich nicht für das Christentum gewinnen lassen. Der Ober- und Mittelklasse geht es zu gut. Warum sollten sie riskieren, alles zu verlieren, wenn sie Christen werden? Wenn sie das nämlich tun, werden sie oft enterbt und verlieren ihre Führungspositionen. Keiner hat dieses Thema genauer untersucht als Waskom Pickett. Die Ergebnisse, zu denen er gekommen ist, sollten sorgfältig erwogen werden, bevor auf diese Frage geantwortet wird.

Er sagt, daß größere Bewegungen zu Christus hin "in aller Regel nicht dort entstanden sind, wo die Missionare den engsten Kontakt zur Regierung pflegten" und somit zu den Beherrschern des Volkes, noch "in Gebieten, wo sich der westliche Einfluß am deutlichsten" durch Schulen und Colleges, in denen die Mitglieder der Mittel- und Oberschicht ihre Ausbildung genoß, "besonders bemerkbar gemacht hat." "Es ist auch nicht so, daß gerade dort solche Bewegungen entstanden sind, wo Missionare in großer Zahl aktiv waren oder besonders lang gearbeitet hatten...". Die Bewegungen, die entstanden sind, lebten fast trotz der Gegenwart der Missionare auf, denn "die Missionare arbeiteten in fast allen Gebieten unter den höheren Kasten in der Hoffnung, daß diese zuerst gewonnen würden und dann die Aufgabe übernähmen, die unteren Kasten zu gewinnen."

"Die Befürchtung, daß die Aufnahme einer großen Anzahl von Angehörigen der unteren Klassen in die christlichen Gemeinden sich nicht damit vertragen würde, die oberen Kasten zu gewinnen, scheint zumindest einen Teil der Missionare in jedem Gebiet beeinflußt zu haben, wenn es nicht zu den Bekehrungswellen unter den oberen Kasten gekommen ist, und damit auch nicht zu den dadurch ausgelösten Bekehrungen derjenigen, die sich weiter unten auf der sozialen Leiter befanden" (Christian Mass Movements, 55f.).

Die Ergebnisse, zu denen Pickett 1933 in Indien gekommen ist, können im heutigen Brasilien und Chile ebenfalls beobachtet werden. Eine weitaus größere Anzahl von Angehörigen der Mittelklassen werden in diesen beiden Ländern für Christus gewonnen, wo Hunderttausende von Armen bekennende Christen und Mitglieder in Baptisten- oder Pfingstgemeinden geworden sind, als in Kolumbien, Costa Rica und anderen Ländern, wo man sich hauptsächlich darum bemüht hat, die Mittelklassen für Christus zu gewinnen.

Arnold Toynbee hat darauf hingewiesen, daß eine neue Religion in der Regel zuerst vom Proletariat angenommen wird, ganz im Gegensatz zu der Auffassung, daß die Reihenfolge umgekehrt sei, daß nämlich zuerst die Privilegierten, und dann die Massen dies tun würden. Später hätten dann die Privilegierten, wie im Falle der Annahme des Christentums im Römischen Reich, nachgezogen. Er sagt: "Hochreligionen finden ihren Zugang in die Gesellschaft von unten nach oben. Die dominierende Minderheit (die Privilegierten) sind sich der neuen religiösen Bewegungen entweder nicht bewußt, oder sie stehen ihnen feindselig gegenüber ... (Im Römischen Reich) sprachen die Philosophien die Mittelklasse an ... das Christentum jedoch die Massen (Historians's Approach, 37.99).

Die Massen sind in zunehmenden Maße offen

Die Massen, die unter der jahrhundertelangen Unterdrückung durch die Privilegierten seufzen, betrachten oft ihre alte Religion als Instrument ihrer Versklavung. Ambedkar rief öfters aus: "Wenn ich das Neue Testament lese, so finde ich das genaue Gegenstück, das mein Volk braucht, nachdem es das Gift des Hinduismus dreitausend Jahre lang getrunken hat." Es ist sicher, daß die Massen in den kommenden fünfzig oder hundert Jahren dem "ständig wachsenden Bedürfnis" erliegen, die guten Dinge des Lebens genießen zu wollen, und, wenn es nötig ist, dazu auch die traditionelle soziale Ordnung auf den Kopf stellen.

Die christliche Gemeinde hat eine gute Botschaft für die erwachenden Massen - einmal, daß Gott, der allmächtige Vater, gerecht ist, und zum zweiten, daß er denen, die ihn lieben und ihm gehorchen, die Kraft geben wird, andere gerecht zu behandeln. Wir wollen einmal beide Teile dieses Evangeliums betrachten.

Wir sollten erfassen, wie revolutionär diese einfache Wahrheit ist: Gott ist gerecht. Es bedeutet, daß die Struktur, nach der das Universum aufgebaut ist, das einfache Volk begünstigt. Dieses Evangelium besagt, daß die unfaßbare, unbegreifliche Macht, die wir Gott, den allmächtigen Vater nennen, eine Gesellschaftsordnung will, in der jede Person Gerechtigkeit erfahren kann und wird. Betrachten wir diese endgültige Tatsache im Licht der Bedürfnisse der Massen. Ganz im Gegensatz zu weitverbreitetem, oberflächlichem Denken bestehen die größten Bedürfnisse der Massen und ihrer Anführer weder in Hilfeleistungen noch in Höflichkeitsbezeugungen. Ihr größtes Bedürfnis sind nicht etwa Almosen, sondern eine Weltanschauung, eine Religion, die ihnen einen sicheren Standpunkt für ihren Kampf um Gerechtigkeit bietet.

Die unbezahlbaren Geschenke des Christentums sind: Gott der allmächtige Vater, der Ungerechtigkeit haßt; Gott der Sohn, der für jede einzelne Person in der Masse gestorben ist; die Bibel, sowie eine ethische Perspektive, die Gerechtigkeit für alle fordert, und somit jedem Menschen unermeßlichen Wert zukommen läßt. Menschen zu Christen zu machen, bedeutet neben vielem anderen auch, ihnen einen Bezugsrahmen zu geben, der unvermeidlich, wenn auch oft nur langsam, gleiche Möglichkeiten für alle schafft und dem Kampf gegen festverwurzelte Privilegien eine Basis bietet. Mit diesem Reichtum in ihrer Hand können die Mitglieder der Massen in allen weiteren Notlagen siegreich bestehen.

Der zweite Aspekt des Evangeliums ist: Gott gibt denen, die ihn lieben und ihm gehorchen, die Kraft, andere gerecht zu behandeln. Diejenigen, die Jesus Christus als Gott und Heiland annehmen, empfangen den Heiligen Geist und seine Frucht: Liebe , Freude, Friede, Geduld, Güte, Treue, Sanftmut und Selbstbeherrschung. Sie erhalten Kraft, ein gutes Leben zu führen. Sie werden somit fähig sein, ein gerechtes Leben zu führen, unabhängig von dem äußeren und jeweils unterschiedlichen Rahmen der Gesellschaft, in der sie leben.

Das Evangelium hat eine kraftvolle Begleiterscheinung, die die heutigen Massen in ihren Bann zu ziehen vermag: Gerechte Menschen können eine gerechte

Gesellschaft aufbauen. Mit der gerechten Gesellschaft, von der ich spreche, meine ich die freundlichere, menschlichere Atmosphäre, die durch die Gnade Gottes innerhalb der Familie, der Nachbarschaft, der Stadt oder dem Staat entsteht, wenn die Anzahl der Christen zunimmt. Es ist notwendig, eine gerechte Gesellschaft aufzubauen. Gefragt sind Menschen, die ein tiefes Interesse am Wohlergehen anderer haben. Sie sollen hier nicht nur Mittel zum Zweck sein, sondern aus ihnen selbst wird sich eine solche Gesellschaft formen. In dem Maße, in dem die Zahl solcher Männer und Frauen und ihrer Gemeinden zunimmt, wird die Struktur der Gesellschaft mehr und mehr gerecht werden. Weil Gott gerecht ist, ist es Teil seiner Sendung, daß er an jedem Schritt auf die Gerechtigkeit zu Wohlgefallen hat. Das bedeutet auch eine Versicherung für die Menschen, die für Gerechtigkeit kämpfen, daß Gott auf ihrer Seite ist. Es würde noch mehr der Wahrheit entsprechen, wenn wir sagen, daß sie darin, daß sie sich für Gerechtigkeit und Brüderlichkeit einsetzen, auf der Seite Gottes befinden. Gott wird als Sieger hervorgehen. Es ist eine Botschaft von unvergleichlicher Hoffnung.

Wie sollen wir uns gegenüber den Massen verhalten

Angesichts der Tatsache, daß sich die Gemeinde einer Anzahl von weit über drei Milliarden Menschen gegenübersieht, die wenig oder nichts über Jesus Christus wissen, stellt sich die Frage, wie man sich dann gegenüber den Privilegierten und den Massen verhalten sollte.

Die Menschen gewinnen, die sich gewinnen lassen

Unser Verhalten sollte sich an zwei Annahmen ausrichten: 1) Die Massen werden sich zunehmend öffnen und auch weiterhin ein Ohr für das Evangelium haben, schon allein aus dem Grunde, weil alles, was um sie herum geschieht und für ihr Leben bedeutsam ist, sie in zunehmendem Maße mit ihrer gegenwärtigen Situation unzufrieden werden läßt; und 2) Bei bestimmten Massen von Menschen in bestimmten Ländern und Landesteilen wird sich die Aufgeschlossenheit als Reaktion daraufhin ständig verändern, daß sie militärischen Zufällen, Wirtschaftsmächten, Siegen und Niederlagen ausgesetzt sind. An einigen Orten werden sie eine Zeit lang äußerst verschlossen sein, an anderen Orten äußerst offen. Man wird damit rechnen können, daß nichtchristliche Privilegierte auf der anderen Seite in aller Regel dem Evangelium gegenüber eher verschlossen bleiben, auch wenn sich ihre Haltung ebenfalls verändern wird. Manche Gruppen mögen sich für kurze Zeit ziemlich aufgeschlossen verhalten und sollten dann wirkungsvoll evangelisiert werden.

Das Evangelium soll der ganzen Kreatur gepredigt werden. Daher wird es kein Christ bezweifeln, daß sowohl die empfänglichen als auch die verschlossenen Menschengruppen das Evangelium hören sollten. Da diejenigen, die das Evangelium bereitwillig annehmen, aus der Natur der Sache heraus mehr im Brennpunkt des Interesses stehen, als solche, die das Evangelium zurückweisen, sollte niemand bezweifeln, daß dann, wenn man die Wahl hat zwischen dem Abernten eines reifen Feldes und dem Besäen eines anderen, die erste Wahl dem Befehl Gottes entspricht.

Es hört sich nach einer gesunden Vorgehensweise an, diejenigen zu gewinnen, die sich gewinnen lassen, solange sie sich gewinnen lassen. Das ist auch die strategische Bedeutung der Worte unseres Herrn, "in Jerusalem zu beginnen." (Apg 1,8). Solange die Juden in Palästina offen waren, führte der Heilige Geist die Gemeinde dazu, sich auf sie zu konzentrieren. In den ersten fünfzehn Jahren erlebte Jerusalem eine kraftvolle Gemeinde, die aus einer einzigen Nationalität bestand, da sie sich aus den Bewohnern von Jerusalem und Judäa zusammensetzte. Wenn sowohl die Massen als auch die Privilegierten sich für das Evangelium gewinnen lassen, sollten sie das Evangelium hören, getauft werden und so zügig in die Gemeinden eingegliedert werden, daß sie, bevor sie sich zur Ruhe setzen, sich aufmachen und ihre noch immer offenen Mitmenschen zu gewinnen suchen.

Wenn sich in einem bestimmten Teil der Massenbevölkerung abzeichnen sollte, daß die Menschen sich unbeeindruckt oder feindselig zu verhalten beginnen, dann sollte man das Bemühen darum, Menschen zu gewinnen, auf andere Teile der Bevölkerung konzentrieren, in denen Ungläubige bereit sind zu hören und zu gehorchen. Als unser Herr den zwölf Aposteln Anweisungen gab, sagte er: "Wer immer euch nicht aufnehmen will, da gehet aus von dieser Stadt und schüttelt sogar den Staub von euren Füßen ab zu einem Zeugnis gegen sie" (Lk 9,5). Als er zu den Siebzig sprach (Lk 10,10f.), gab er ihnen exakt dieselbe Anweisung. Auch die Menschen der großen Masse haben nicht mehr Recht darauf, durch ständiges Bezeugen gehätschelt zu werden als andere. Diejenigen, die mit ausgestreckten Armen dastehen, ob sie nun zu den Privilegierten oder zu den Massen gehören, haben ein größeres Recht zu hören als diejenigen, die nicht mehr zuhören wollen und sich abwenden.

Die Zeit drängt

Wir befinden uns nicht nur im Zeitalter der Massen: die Zukunft wird ihnen gehören. Evangelistische Strategien sollten sich nicht länger an der aristokratischen Feudalgesellschaft orientieren, die die Welt noch vor einigen Jahren beherrschte. Das, was Gott von seiner Gemeinde erwartet, gründet sich darauf, welche Formen die Gesellschaft in der Zukunft annehmen wird, nicht auf diejenigen, die vor hundert Jahren Blütezeit hatten. Die christliche Mission steht an einem der entscheidenden Punkte der Geschichte. Eine neue Gesellschaftsordnung ist am Entstehen. Ihre genaue Form ist uns noch verborgen. Die Kräfte, die sich verbünden werden, um diese neue Welt zu gestalten, sind viel zu komplex, als daß jemand genau wissen könnte, wie das Ergebnis aussehen wird. Und doch scheint es ziemlich sicher zu sein, daß die Massen weitaus mehr die Zukunft bestimmen als dies in der Vergangenheit der Fall war.

Es kann durchaus sein, daß der wichtigste Auftrag der christlichen Mission darin besteht, die fortschrittlichen Kräfte der Massen in die Nachfolge von Christus zu rufen - die Volksbewegungen in Indien, die Stammesbewegungen in Indonesien, die über einhundertfünfzig Millionen Menschen Afrikas, die Christen geworden sind, sowie die Pfingstgemeinden Lateinamerikas. Es ist äußerst wichtig, daß wir diejenigen gewinnen, die sich gewinnen lassen, solange sie sich gewinnen. Evangelisation und Eingliederung der offenen Bevölkerungsteile der Massen in die christlichen Gemeinden ist das beste Geschenk, das wir ihnen zu machen haben.

16

Wohlstand und Gemeindewachstum

Aus der Situation der Klassen und Massen erhebt sich die entscheidende Frage: Wie kann in der weltmissionarischen Aufgabe das Stocken des Wachstums vermieden werden, das hauptsächlich dann zu beobachten ist, wenn zur christlichen Erlösung noch etwas hinzugefügt wird? Häufig engagiert sich die christliche Mission ja auch darin, die sozialen Lebensumstände der Menschen durch ein Ausbildungsprogramm, medizinische oder auch landwirtschaftliche Unterstützung zu verbessern. Das läßt sich immer wieder besonders dort beobachten, wo es zu christlichen Massenbewegungen zu kommen schien, diese jedoch ins Stocken kamen und schließlich einschliefen. Eine baptistische Denomination mit 3.000 Mitgliedern behielt 30 Jahre lang diesen Mitgliederstand bei. Eine Gruppe von Lutheranern mit 1.000 Mitgliedern ist über einen Zeitraum von 14 Jahren mit einer Wachstumsrate von nur 1 Prozent gewachsen. Eine evangelikale Denomination, die aus sieben Gemeinden besteht, die von einer überdenominationellen Missionsgesellschaft gegründet worden sind, wuchs innerhalb von 12 Jahren von einem Mitgliederbestand von 400 auf 500 an.

Durch den wirtschaftlichen Wohlstand als Folge der christlichen Sozialisierung ist das Wachstum vieler Gemeinden ins Stocken geraten. Die vielen stagnierenden Denominationen in Amerika und Europa sind dafür geradezu klassische Beispiele. Sie haben so sehr materiell davon profitiert, Christus gehorsam zu sein und zu erleben, wie ihnen "solches alles hinzugefügt" (Mt 6,33) worden ist, daß ihnen dieser materielle Segen buchstäblich dabei im Wege steht, das Evangelium ihren Mitmenschen weiterzusagen. Deshalb sind die respektabelsten Denominationen in Amerika und anderen Ländern häufig auch diejenigen, die am wenigsten Wachstum zu verzeichnen haben. Auch wenn viele Illustrationen in diesem Kapitel aus Ländern der Dritten Welt sein werden, ist dennoch das Problem, über das wir hier sprechen, weltweit verbreitet. Im Westen ist es bestens bekannt.

In der Dritten Welt gibt es so viele Gemeinden, deren Wachstum zum Erliegen gekommen ist, daß viele Gemeindeleiter häufig denken, Mission sei eine immerwährende Unterstützungsleistung für kleine, stagnierende Denominationen auf der anderen Seite der Welt. Ein großer Prozentsatz der missionarischen Unterstützung kommt der Gruppe nichtwachsender Gemeinden zugute.

Sie sind die Nutznießer der reichlichen Versorgung durch ständig anwesende Missionare sowie einem großen Budget finanzieller Hilfe. Und doch bleiben sie nichts anderes als umzingelte christliche Enklaven mit einigen hundert oder tausend Mitgliedern.

Um ein Beispiel zu nennen: Eine Missionsgesellschaft, die ein College, eine höhere Schule, ein Krankenhaus und zehn Missionare mit einem Budget von 200.000 US-Dollar und sieben Gemeinden unterhält, deren gemeinsame Mitgliederzahlen Jahr für Jahr unter 1.000 bleibt, ist keine Seltenheit. Man beabsichtigt oder erwartet gar nicht, zu einer Denomination mit etwa 20.000 Mitglieder heranzuwachsen. Die geringe Größe und stagnierende Situation wird in manchen Fällen von der Tatsache verdeckt, daß die Denomination Teil einer "großen, vereinigten Kirche" geworden ist; hinter dieser Fassade kann jedoch nicht verborgen bleiben, daß diese Gruppe von Gemeinden zwar beständig weiter unterstützt wird, jedoch - genauso beständig - keinerlei Wachstum zu verzeichnen hat. Es ist von entscheidender Bedeutung, hier ganz klar zu sehen. Ich bitte also den Leser erneut um Geduld, wenn er den Eindruck hat, ihm begegnen hier abgedroschene oder ständig wiederholte Schlagworte. Eine Missionsgesellschaft wie soeben beschrieben ist durchaus typisch für hunderte von weiteren Fällen. Ihr Problem - stockendes Gemeindewachstum aufgrund der Tatsache, daß dort, wo der soziale Aufstieg zur Begleiterscheinung der Erlösung geworden ist, es zur Abkapselung von der Welt gekommen ist - ist eines der Hauptprobleme in der heutigen Welt. Wir wollen einmal sehen, wie es dazu gekommen ist, und einige Lösungsvorschläge genauer betrachten.

Erlösung durch Christus

In jeder wahren Gemeinde kann beobachtet werden, wie unter den Mitgliedern Erlösung praktisch erfahren wird, und zwar durch das erlösende Handeln von Christus am menschlichen Herz. Wenn Christus in ein Leben kommt, werden Menschen zu neuen Kreaturen. Sie tun Buße und kehren sich von ihren Sünden ab. Sie erlangen Sieg über Stolz, Gier, Faulheit, Trunksucht, Haß und Neid. Sie hören damit auf, sich mit ihren Nachbarn zu streiten und Frauen nachzujagen. Sie hören damit auf, nur ständig auf ihr Recht zu pochen, und tun etwas Konstruktives. Sie erziehen ihre Kinder. Sie erfahren, was Gott von ihnen möchte, und kommen regelmäßig zu Gottesdiensten zusammen. Sie werden zu nützlicheren Mitmenschen.

Die Gemeinschaft in den christlichen Gemeinden macht ihnen Mut. Brüder und Schwestern in Christus sitzen neben ihrem Bett und beten für sie, wenn sie krank sind. Sie hören, wie ihnen die Bibel vorgelesen wird, oder lesen sie selbst, und erkennen, daß Gott für sie ist und ihnen zugänglich ist. Sie haben die Gewißheit, daß sie Kinder Gottes sind, und beginnen auch, sich als solche zu verhalten. Sie leben für andere. Der Ort, an dem sie wohnen und wo viele andere ebenfalls Christus angenommen haben, wird eine immer bessere Wohngegend. Alle diese Aspekte der Erlösung können zwar durchaus in unvollkommenem Maße beobachtet werden, aber eines ist sicher: sie sind eine Tatsache.

Sozialer Aufstieg als Folge missionarischer Aktivität

Ein weiterer Bereich der Verbesserungen, die ich "Aufstieg" nenne, ist eine Folge der Arbeit der Missionsgesellschaften und der Gemeinden. Die Gemeinden und ihre Mitglieder haben den großen Vorteil, von medizinischer Versorgung, schulischer Ausbildung, liebevoller Freundschaft und Schutz zu profitieren. Die Gründungsmission oder Gemeinde errichtet Schulen, Krankenhäuser, landwirtschaftliche Zentren und viele andere Institutionen, um der Öffentlichkeit und ganz besonders ihren Brüdern und Schwestern zu helfen. Wenn diese nicht lesen können, so wird ihnen beigebracht zu lesen. Ihre Kinder, die auf die Missionsschulen oder gemeindeeigenen Schulen gehen, die immer mehr auch vom Staat steuerlich unterstützt werden, kommen mit Fachschul- und Hochschulabschlüssen nach Hause. Vielleicht gehen sie auf eine christliche Berufsschule und werden Mechaniker, Radiotechniker oder Handwerker. Die Mädchen, die man zur Ausbildung als Krankenschwester oder Lehrerin geschickt hatte, werden bei den sich rapide ausdehnenden staatlichen Gesundheits- und Ausbildungsprogrammen gebraucht und beziehen nun gute Löhne. Begabte Männer und Frauen kommen zu international anerkannten Stellungen innerhalb der Gemeinden. Einige wenige oder auch viele, je nach der nationalen Situation, treten in den Dienst der Regierung ein und nehmen einflußreiche Positionen ein. Der Wohlstand der Christen steigt an. Sie werden zur Mittelklasse. Mitglieder der christlichen Gemeinschaft, die es persönlich nicht zu etwas gebracht haben, haben dennoch im allgemeinen Sinn einen Anteil am Wohlstand der Gesellschaft. Dieses alles nenne ich "Aufstieg".

Wenn finanzielle Unterstützung aus dem Ausland kommt, hat der soziale Aufstieg, der dadurch bewirkt wird, seine Grenzen: Das Missionsbudget und die Anzahl der missionarischen Mitarbeiter setzen hier das Limit. Die Hauptlast vieler kirchlicher Institutionen in den Missionsgebieten wird immer noch stark von westlicher Hilfe getragen. Es stimmt, dort wo christliche Institutionen staatliche Subvention bekommen können, besteht die Möglichkeit für eine einheimische Gemeinde, daß sich auch geringfügige Unterstützungsbeiträge aus dem Ausland zu einer größeren Summe anhäufen lassen können. Ausgestattet mit guten Gebäuden kann eine erstklassige Schule in Indien genug Gebühren verlangen und mit staatlicher Unterstützung rechnen, sodaß sie mit sehr geringfügiger Unterstützung durch ausländische Mittel weitergeführt werden kann. Viele Missionskrankenhäuser erhalten Tausende von Dollars aus dem Ausland, dazu noch Hunderttausend aus Zahlungen aus dem Inland und betreiben eine medizinische Arbeit von ansehnlicher Größe. Trotz alledem ist der Aufbau eines solchen institutionellen Komplexes und der damit verbundene soziale Aufstieg nicht unendlich reproduzierbar.

Zu der Unterstützung aus dem Ausland (ausländischer Schwesterkirchen und Missionsgesellschaften) kann noch die Unterstützungsleistung der einheimischen Denomination gezählt werden, an deren institutionellem Aufbau jahrzehnte- oder jahrhundertelang von anderen Christen vergangener Zeiten gearbeitet wurde. Die Schulen, Seminare, Waisenhäuser und Altersheime müssen ebenfalls als Unterstützung aus dem Ausland gezählt werden. Dies gilt auch für Verlagshäuser, Bibelgesellschaften und eine große Anzahl parakirchlicher Gruppen. Kein einzelner Christ und keine einzelne Gemeinde könnte so etwas zustande bringen. Das gute Leben, das durch diese Entwicklung möglich wird, die soziale Reform, die entstanden ist, die durchdachtere, freundlichere und gerechtere Sozialordnung, die dadurch begünstigt wird: alles das ist immer noch als Unterstützung aus dem Ausland zu betrachten. Dies alles führt zu sozialem Aufstieg, nicht zu ewiger Erlösung. Die Trennungslinie zwischen Wohlstand und Heil ist natürlich sehr dünn. Daher sollte man es vermeiden, diese Unterscheidung überzubetonen.

Die Abkapselung der Christen

Immer mehr beginnt sich nun eine Trennung zwischen den nunmehr auch "sozial aufgestiegenen Erlösten" und ihren Mitmenschen bemerkbar zu machen. Diese Schuld liegt aber häufig, besonders in Missionsländern, nicht bei ihnen. Man hat sie hinausgeworfen, geächtet, enterbt und vernachlässigt. Man hat ihnen gesagt, sie sollten sich nie wieder zuhause blicken lassen. Sie suchen eine Beschäftigung bei der Gemeinde oder Missionsgesellschaft, weil ihnen nichts anderes übrig bleibt.

Dieser Prozeß wird häufig an vielen Orten noch dadurch begünstigt, daß die Gemeinden darauf bestehen, daß die Christen sich von der Welt absondern müssen. Manchmal steht den Bekehrten wirklich kein anderer Weg offen, wenn sie überleben wollen. Durch bittere Erfahrungen haben wir gelernt, daß für diejenigen, die die früheren Verbindungen versuchen dadurch aufrecht zu erhalten, daß sie weiterhin mit den damaligen Freunden zusammenleben, der Druck oft zu stark wird und sie wieder zu ihrer früheren Religion zurückkehren. Dort, wo die Verschlossenheit und Feindschaft gegen das Christentum groß ist, sieht sich der einsame Christ fürchterlich als Außenseiter gebrandmarkt. Darüberhinaus betonen die meisten Gemeinden und Missionsgesellschaften den Wert einer guten Ausbildung und ermutigen die Christen, ihre Kinder zur Schule zu schicken. Dadurch wird der Abkapselungsprozeß nur noch mehr unterstützt. Selbst wenn die christlichen jungen Leute, die christliche Schulen besucht haben, innerhalb der christlichen Gemeinschaft heiraten, wozu sie ja von den Gemeinden angehalten werden, noch in der ersten Generation mit der nichtchristlichen Bevölkerung zusammenleben, so beginnt doch die zweite Generation schon damit, zwischen sich und den ungläubigen Verwandten einen Unterschied zu machen.

Von ihren eigenen Leuten hinausgeworfen und von den Gemeinden hinausgezogen und verändert, beginnen schulisch ausgebildete und erlöste Christen eine separate Gemeinschaft zu bilden. Sie fangen damit an, sich in neuen Kreisen zu bewegen. Sie hören auf, den einheimischen Dialekt zu sprechen und beginnen, die Staatssprache zu benutzen. Schmutzige und obszöne Redensarten stoßen sie ab; sie wollen nicht, daß sich ihre Kinder das anhören müssen. Sie haben für das frühere Leben nicht länger etwas übrig. Sie verdienen mehr und können mehr Geld zur Seite legen; sie können sich einen höheren Lebensstandard leisten. Unter einer primitiven Bevölkerung stechen sie durch persönliche Sauberkeit hervor. Sie schauen von medizinischem

Personal eine neue Einstellung zu Bakterien und Schmutz, Fliegen und Abfallbeseitigung ab. Der Graben zwischen ihnen und ihren früheren Kollegen wird jedes Jahr tiefer.

Wegen dieser Trennung sind sie oft nicht mehr fähig, effektive Botschafter unter ihren früheren Freunden zu sein, und verfügen über keine verwandtschaftlichen Beziehungen mit Nichtchristen auf dem neuen sozialen Niveau. Die Gemeinde lebt sozusagen in der besseren Form eines Ghettos. Physische Trennung kann dabei mehr oder weniger ausschlaggebend sein, der soziale Unterschied jedoch ist nicht zu übersehen. Die Christen haben einen eigenen Heiratsmarkt. Sie beginnen, ein völlig anderes Beziehungsnetz aufzubauen. Sie haben wenig mit kommunalen Angelegenheiten oder dem Handel mit den Volksstämmen zu tun. Sie gehen zu ihren Gottesdiensten in Kirchen, nicht in Tempel. Sie halten sich nicht an die nichtchristlichen Feiern. Die soziale Trennung wird manchmal dadurch überdeckt, daß sie mit nichtchristlichen Geschäftspartnern zusammenarbeiten, sich im Kollegenkreis mit nichtchristlichen Lehrern in der Schule bewegen oder in den Stadtrat gewählt werden. Doch unter der oberflächlichen Einheit besteht die Trennung weiter fort. Die Nichtchristen sind sich der Tatsache sehr wohl bewußt, daß "die Christen anders sind als unsereins."

Wie kann denn dann die Gemeinde beides tun, zur Erlösung von Menschen und zum sozialen Aufstieg der Christen beitragen und trotzdem einen wirkungsvollen Kontakt mit offenen Teilen der Bevölkerung aufrecht erhalten? Wie können wir vermeiden, daß gute Lebensführung und ein Ausbildungsvorsprung dazu führen, daß eine Trennung entsteht? Wie kann sich die Gemeinde mit der Welt solidarisch erklären und trotzdem weiterhin Gemeinde bleiben? Wie können wir wachsende Gemeinden unter der breiten Bevölkerung ins Leben rufen, die sich selbst multiplizieren, ohne dabei zuviel Unterstützung von Seiten der Mutterkirche oder Missionsgesellschaft zu investieren? Kurz gesagt: Wie kann es die Gemeinde verhindern, daß das Gemeindewachstum auf diese Weise zum Erliegen kommt? Hier liegt das Problem.

Einige falsche Ansätze

Eine der Lösungen könnte so aussehen, zum Schein große Mengen der breiten Bevölkerung zu Namenschristen zu machen. Bei einem solchen Vorgehen ist es sichergestellt, weiterhin "treue Solidarität mit der Welt" zu pflegen. Die Christen unterscheiden sich aber dann nur sehr geringfügig von den Nichtchristen. Da es in diesem Fall aber nicht zu umfassender Erlösung und erlösungsbedingtem sozialen Aufstieg kommen wird, wird auch keine große Trennung entstehen. Die Nichtchristen fühlen sich mit den Christen auf sozialem, kulturellem und religiösem Gebiet durchaus einig. Die Verbindungen bleiben ausgezeichnet. Die Beziehungsgeflechte bleiben intakt. Der Glaube kann sich ungehindert über diese Geflechte hinweg ausbreiten.

Und doch können wir diesen Ansatz nicht gutheißen. Wir würden so nur große Zahlen von Pseudochristen heranziehen. Auf diese Weise lassen wir es zu, daß eine Vielzahl von unwissenden und ungeistlichen Menschen zu einem dauerhaften Bestandteil der Gemeinden werden. Dadurch, daß wir Männer und Frauen für eine menschliche Organisation gewinnen, zerstören wir die Gemeinde, die Braut Christi. Die Menschen werden nur durch eine äußere religiöse Form in kirchliche Kreise integriert, aber dadurch noch lange nicht zu Christus geführt. Die breite Bevölkerung zu gewinnen, sie aber nicht der Erlösung und dem damit zusammenhängenden Aufstieg zuzuführen, ist die Methode, die die römisch-katholische Kirche in bestimmten Gebieten der Philippinen und Lateinamerikas verwendet hat. Dort finden wir viele christliche Heiden. Heute sagen selbst nachdenklich gewordene Katholiken, daß solche christlichen Heiden nicht wirklich Christen sind. Bestimmte protestantische Bewegungen haben ebenfalls zur Folge gehabt, daß es zum Entstehen von solch nominellen christlichen Bewegungen kommen konnte, daß auch hier der Ausdruck "christliche Heiden" durchaus angebracht ist.

Ein weiterer falscher Ansatz besteht darin, kleine Gruppen von nichtwachsenden Gemeinden ins Leben zu rufen, die sich um einen Mittelklassestatus bemühen und kleine Enklaven in großen Bevölkerungsblöcken bilden. Diese Lösung verhindert das Nullwachstum nicht nur, sondern zwingt es regelrecht herbei. Eine Ghettogemeinde mit viertausend Mitgliedern in einer Bevölkerung von einer halben Million löst das Problem nicht dadurch, daß sie es ignoriert. Wo nur eine kleine isolierte Gruppe von Menschen zu Christus gerufen werden sollen, wird durch den damit verbundenen wirtschaftlichen Segen der Wenigen die effektive Evangelisation unter den Vielen regelrecht verhindert: Man baut damit nur eine wirtschaftliche Mauer zwischen der Gemeinde und dem Rest der Bevölkerung. Nach der ersten (falschen) Methode arbeitete hauptsächlich die römisch-katholischen Kirche, die zweite Methode war bei den Protestanten häufiger zu beobachten. Aber auch dieser Ansatz ist keine Lösung. Er umgeht die breite Bevölkerung dadurch, indem man sich visionslos mit der Entstehung einer kleinen christlichen Arbeit zufriedengibt, anstelle ganze Völker zum Gehorsam und zum Glauben zu rufen. Die Gemeinde wird zur isolierten Gruppe, die die Fahne des Christentums im gesellschaftlichen Abseits hochhält. Wer sich damit zufrieden gibt, evangelisiert an der breiten Bevölkerung vorbei. Man hat zwar tatsächlich eine kleine Gemeinde gegründet, aber den Anspruch Christi auf alle Menschen geleugnet. Damit wird aber den Menschen, die gerne Jünger Jesu werden würden, wenn sie nur könnten, wirkungsvoll der Zutritt verwehrt.

Da diese protestantische Methode viele Mittel für die Mission verschlingt und das Engagement von Tausenden von Missionaren beansprucht, sollten wir uns mit ihr sorgfältig beschäftigen. Die dadurch entstandenen Gemeinden sind nicht nur introvertiert, sondern auch an Geldmittel und an personelle Unterstützung aus dem Ausland gebunden. Was sie unbewußt verkündigen ist nicht die Erlösung von Christus, sondern die Vorteile kultureller Fortschritte. Wenn in diesen Gemeinden versucht wird, eine Beziehung des Christentums zu allen Belangen des Lebens herzustellen, so geschieht dies durch den Einsatz von ausländischem Kapital, das zu Kirchenmitteln wurde, und durch ebenfalls aus dem Ausland gestützte Institutionen.

Alles hier Gesagte widerspricht und bemängelt jedoch überhaupt nicht den grundsoliden christlichen Charakter von Gemeinden mit geringem Zuwachs, die das Banner von Christus unter schwierigen Bedingungen hochhalten. Auch in den besagten Gemeinden gibt es einen guten Teil von ernsthaften Christen, die ein heiliges Leben führen und das Evangelium auf der Straße und auf den Marktplätzen verkündigen. Manche von ihnen haben mutig Verfolgungen ertragen. Trotzdem:

a) Das Bild, das sich Nichtchristen bietet, wenn sie diese zum Stillstand gekommenen Gemeinden betrachten, sind Gemeinschaften, die die Vorteile genießen, die es mit sich bringt, Verbindungen mit dem Ausland zu haben; und

b) Diese Gruppen von Gemeinden wachsen so langsam, daß sie ihrerseits keinerlei Erwartungen hegen, ihre Völker in die Nachfolge zu rufen. Sie haben keine Lösung für folgendes Problem: Wie können erlöste und dadurch sozial bessergestellte Gemeinden eine so gut funktionierende Solidarität mit den Teilen der Bevölkerung pflegen, aus der sie selbst stammen, daß eine Gruppe nach der anderen christliche Freiheit erlebt und sich überall lebendige Zellen von erlösten Menschen multiplizieren? Die meisten dieser Gemeinden können dieses Problem noch nicht einmal erkennen.

Es wird unserem Verständnis von Gemeindewachstum zugute kommen, wenn wir dieses gesamte Bild auf dem Hintergrund der wirtschaftlichen Realität sehen, die durch die Christianisierung der Massen entstanden ist. Wenn die Menschen der breiten Bevölkerung zu Christen werden, so verdienen sie deshalb nicht plötzlich viermal so viel Geld. Die christlichen Bauern verdienen nicht gleich nach der Taufe zehnmal soviel wie ihre buddhistischen Verwandten. Nachdem Menschen aus der breiten Bevölkerung Christen geworden sind, werden sie auch weiterhin 80 Prozent ihres Einkommens von, sagen wir 1 DM pro Tag, für Getreide zu ihrem täglichen Unterhalt ausgeben. Ihre Gewinnspanne wird auch weiterhin nur 20 Prozent ihres Tageseinkommens betragen, das heißt, daß etwa 20 Pfennig pro Tag für Kleider, Steuern, Ausbildung der Kinder und Unterstützung der christlichen Gemeinde ausreichen müssen! Diese schmale Grundlage ist alles, was den Gemeinden zur Verfügung steht, wenn Menschen aus der breiten Bevölkerung Christen werden. Unter den Armen dieser Erde kann dadurch nur eine sehr schlichte Form des Christentums aufrechterhalten werden, die dazu noch von reicheren Gemeinden hartnäckig als unzureichend betrachtet wird. Man wird sogar aus ihrem Munde hören können, daß so etwas mit Christentum nichts zu tun habe. Sicher ist nur eines: sie selbst könnten es sich nicht leisten, eine solche Form des Christentums zu leben.

Die entscheidende Frage in dieser verzwickten Lage ist: Was gefällt Gott mehr: Die für das Evangelium offenen Massen werden Christen, und zwar in einer Form, sodaß die breite Bevölkerung auch weiterhin die breite Bevölkerung bleiben kann die sie war, oder: Die Mittelklassegemeinden bestimmen - wie unbewußt sie das auch immer tun mögen - daß die Massen dann, wenn sie nicht wohlhabend genug werden, um eine Form des Christentums finanzieren zu können, die der Mittelklasse entspricht, eben nicht Christen werden sollen?

Die richtige Lösung

Die richtige Lösung auf das Problem des ins Stocken gekommenen Wachstums aufgrund der Verbindung von Erlösung mit sozialem Aufschwung liegt in einer Kombination der folgenden beiden Schwerpunkte.

Erstens: Die Mitglieder stagnierender Gemeinden sollten Erlösung als die höchste Form des Segens erkennen lernen, den das Christentum bietet. Erlösung wird definiert als alles das, was Gott den Menschen zur Verfügung stellt, die in nicht aus dem Ausland unterstützten Gemeinden leben, einfach deswegen, weil sie ernsthaft an Jesus Christus glauben und sich ihm beständig zur Verfügung stellen. Von dieser Art der Erlösung lesen wir im Neuen Testament. Das enorme Potential, das hier vor uns liegt, sollte eindeutig als solches erkannt und ständig betont werden. Wir wollen einige Schwerpunkte besonders betrachten.

Jedem Christen sollte als wichtiger Teil der Erlösung, die er erlebt hat, der Zugang zur Bibel geebnet werden. Da so viele Menschen der breiten Bevölkerung nicht lesen können - genau wie im Europa und Amerika des 17. Jahrhunderts und zuvor - bedeutet das, daß den Christen gezeigt wird, die Bibel als unentbehrlichen Bestandteil des Lebens einer Gemeinde anzusehen und sie als Teil ihrer Verpflichtung als Christ zu lesen. Alphabetisierungsklassen sollten in Kirchengebäuden stattfinden, eng verknüpft mit sonstigen Gemeindeaktivitäten.

Man sollte lehren, daß die Gegenwart des lebendigen Christus, die Bevollmächtigung durch den Heiligen Geist, die Führung und die schützende Fürsorge Gottes jedem gewöhnlichen Christen offen stehen. Dies macht das Neue Testament sehr klar, was allerdings im Zeitalter des modernen Denkens schwierig zu erkennen ist. Den ersten Gemeinden standen weder gedruckte Bibelausgaben noch Manuskripte der Evangelien zur Verfügung. Sie hatten zwar Schriftrollen des Alten Testaments, verließen sich jedoch stark auf die mündliche Tradition der Lehren von Jesus, ihrem Herrn und auf die Führung des Heiligen Geistes. Sie wußten, daß der direkte Zugang zu einem liebenden himmlischen Vater jedem Gläubigen offenstand. Sie lehrten, daß die Kraft von Christus böse Geister vertrieb, daß das Wort Gottes im Herzen wohnt, die mächtige Hand Gottes Unglück abwendet und die Hand des Herrn Krankheit heilt.

Diese Macht steht Gemeinden zur Verfügung, die aus den Ärmsten der Armen bestehen. Unser Herr verlangt nicht, daß jeder lesen und schreiben kann. Er verlangt nicht Wohlstand oder ein kosmopolitisches Äußeres, bevor er beginnt, uns zu segnen. Alles, was er erwartet, ist brennender Glaube. Es ist schlicht unmöglich, die Bedeutsamkeit dieses ersten Schwerpunktes zu übertreiben.

Zweitens: Der soziale Aufstieg, der durch die moderne Schulbildung, Medizin und Technologie ermöglicht wurde, sollte von solchen Gemeinden, die aufgehört haben zu wachsen, als Folgeerscheinung der christlichen Erlösung erkannt werden, die dann besonders wertvoll ist, wenn sich dieser soziale Aufstieg als Folge der nicht von außen unterstützten Gemeindeaktivitäten ergibt. Ein Leben im materiellen Wohlstand sollte als Teil des Segens von Christus verkündigt werden - als zweitrangiger Teil des Segens, wir wollen das sehr betonen, aber immerhin als ein Teil von ihm.

Missionare und Pastoren, die im Dienst stehen, müssen an die Allgenügsamkeit von Christus und der Bibel zu glauben beginnen. Damit meine ich, daß eine Gemeinde, die nicht von außen unterstützt wird, dennoch alles hat, was sie braucht, um die tiefsten Nöte des Lebens zu befriedigen. An dieser Stelle bekommt das Wirken von Pastoren, die ihr Leben für das Gebet, für Erweckung und für die Erfüllung mit dem Heiligen Geist einsetzen, besonders große Bedeutung. Ein Pastor mag sich jahrelang bemüht haben, an einer Gemeinde zu arbeiten, sie zu schulen, für sie zu sorgen, Seelsorge zu tun, ihr das Wort Gottes zu predigen, den Jugendlichen und den Erwachsenen Bibelunterricht zu geben, und hat doch viel Versagen, Sünden, Spannungen und Tränen gesehen. Wenn es jedoch zur Erweckung kommt, so verschwinden die scheußlichen Manifestationen des alten Adam. Männer und Frauen, Jungen und Mädchen werden verändert - bei manchen mag das eine Woche anhalten, bei manchen das ganze Leben - und zwar in einer Weise verändert, wie es der Pastor niemals hätte selbst bewirken können.

Sieben Prinzipien, die für eine Lösung wichtig sind

1. Wirkliche Erlösung äußert sich in dem großen Bemühen darum, als Gemeinde zu wachsen. Diese Tatsache ist ziemlich einfach. Wenn wir wirklich das Anliegen von Christus teilen, dann wird es uns damit ungeheuer ernst sein, andere Menschen in die Nachfolge zu rufen. Am Abendmahlstisch hören wir den Erlöser sprechen: "Ich bin an das Kreuz gegangen zur Errettung aller Menschen. Wie weit bist du gegangen?" Ein Mensch, der ein Leben der Nachfolge von Christus führt, wird sich selbst der Aufgabe widmen, das Evangelium zu verbreiten. Es ist kein Zufall, wie J. Edwin Orr beschreibt, daß Erweckungen bei denen die Erlösung in ganz besonders deutlicher Weise erfahren wird, zu besonderen missionarischen Vorstößen geführt haben.

2. Wirkliches Wachstum äußert sich in dem großen Bemühen um eine Verbesserung der Lebensumstände. Wachstum ist nicht einfach soziologische Zunahme. Gemeindewachstum, die Bekehrung von Ungläubigen und die Multiplikation von Gemeinden, ist das Werk Gottes. So etwas wie rein zahlenmäßige Zunahme gibt es bei der Thematik des Gemeindewachstums überhaupt gar nicht. Was hinzugefügt wird sind immer getaufte Gläubige, neue Mitglieder im Hause Gottes und in neuen Gemeinden. Menschen, die in Jesus Christus neue Kreaturen geworden sind, werden sich nach dem Guten ausrichten und auf den Weg machen - sie mögen dabei Umwege gehen, aber das wird im wesentlichen ihre Marschrichtung sein. Da der Heilige Geist in ihnen wohnt, werden sie Fortschritte in Richtung auf Liebe, Frieden und Gerechtigkeit gutheißen. Sie sind hungrig danach, den Willen Gottes zu erfahren. Im Westen von Neuguinea haben Missionare beobachtet, daß "solange die Menschen nicht ihre Amulette verbrannt hatten, sie - als schlichte Tatsache - am Wort Gottes nicht interessiert waren. Sie kümmerten sich nicht darum, es zu hören oder zu befolgen. Nachdem sie jedoch ihre Amulette verbrannt hatten, waren sie eifrig und hungrig danach, das Evangelium zu hören und ihm zu gehorchen. Die Gläubigen aus dem Stamm der Dani hatten den starken Eindruck, daß das Verbrennen der Amulette ein notwendiger Schritt dazu war, das Evangelium zu verstehen" (West New Guinea, 30).

Einige Monate später entschlossen sich diese neugewordenen Menschen, bei ihrem Bemühen um das Gute die meisten ihrer Waffen als Zeichen für alle zu verbrennen, daß sie genug vom Kämpfen und Töten hatten.

3. Wenn der soziale Aufstieg so schnell geschieht, daß die sozialen Kontakte zwischen Christen und ihren nicht-christlichen Verwandten zerbrechen, dann ist dieser Vorgang nicht mehr länger etwas, was man bedingungslos gutheißen könnte. Ein Wechsel der Sprache, des Lebensstils, der Kleidung und des Berufes mag als durchaus wünschenswert erscheinen. Führerpersönlichkeiten würden sagen, daß diese Christen wirklich große Fortschritte machen. Wenn jedoch genau diese Veränderungen die Christen von ihren Volksgenossen trennen, dann haben wir es mit einem zweifelhaften Segen zu tun.

Natürlich müssen Christen jeden Kontakt mit götzendienerischen Zeremonien abbrechen und solche Bindungen aufkündigen, die sie an eine nichtchristliche Religion binden, sei es an den atheistischen Kommunismus, den Animismus oder ein sonstiges System. Diejenigen, die die Christen anleiten, würden gut daran tun, wenn sie darauf bestehen würden, daß die restlichen Kontakte ganz besonders stark gepflegt werden. Ihre Gemeinden sollten sich, anstatt sich ausschließlich mit Aktivitäten zu beschäftigen, die nicht gemeinsam mit Ungläubigen getan werden können, nach Dingen umsehen, die man gemeinsam mit Ungläubigen tun könnte. Es darf nicht ein Teil ihres ersten Schrittes im Christentum sein, das tiefe Empfinden für gewachsene brüderliche Beziehungen zurückzuweisen. Geschulte Christen sollten ständig betonen: "Wir sind immer noch ein Teil von euch. Ihr seid unser Volk, Fleisch von unserem Fleisch. Die Unterschiede, die durch Ausbildung und andere Faktoren entstanden sind, können unsere tiefe Einheit mit euch nicht auslöschen."

Ich möchte klarstellen: Die Bibel befiehlt uns, uns abzusondern und eine Trennung zu vollziehen. Unser Herr rief Jakobus und Johannes, als sie ihre Netze flickten, und sie "verließen sofort ihren Vater Zebedäus im Boot mit den Tagelöhnern und folgten ihm nach" (Markus 1, 20). Wenn es um die Ehe geht, so wird den Christen gesagt, sich nicht in ein Joch mit Ungläubigen einspannen zu lassen. Es ist jedoch wichtig, wenn wir festhalten, daß die Apostel zwar ihren Vater und ihre Mutter verließen und Jesus nachfolgten, sie dies aber innerhalb der jüdischen Kultur taten. Es war so Sitte, daß Jünger ihren Lehrern nachfolgten und dabei gute Juden blieben. Wenn sie das taten, so verließen sie damit nicht das jüdische Volk. Zusammen mit diesen Worten unseres Herrn müssen wir das beachten, was der Apostel Paulus sagte, als er Christen zu der heiklen Frage anleitete, ob man Fleisch essen könne, das Götzen geweiht worden ist: "Wenn euch jemand von den Ungläubigen zum Essen einlädt und ihr hingehen wollt, so esst alles, was euch aufgetragen wird und stellt keine Fragen, damit ihr das Gewissen nicht belastet. Wenn aber jemand zu euch sagt: "Das ist Götzenopfer", dann eßt es nicht..." (1. Korinther

10, 27ff.) Paulus wies die Christen dazu an, mit ihren nichtchristlichen Kameraden soweit wie möglich Gemeinschaft zu pflegen.

4. Um das Maß des sozialen Anstiegs beurteilen zu können, ist es absolut notwendig, einen beherzten Schritt über das eigene kulturelle Erbe oder Übergewicht hinaus zu tun. Vieles, was wir als sozialen Aufstieg bezeichnen, hat wenig mit echtem Christentum zu tun. Vieles hängt damit zusammen, daß Menschen aus dem Westen anderen Völkern dabei helfen, Fortschritte im Hinblick auf die weltweite Zivilisation zu machen, und hat somit eher (wie wir bereits gesehen haben) etwas mit dem Bemühen um Zivilisation als mit Evangelisation zu tun. Sozialer Fortschritt möchte die Volksstämme abschaffen anstatt Gemeinden aufzubauen. Man ist stolz darauf, die Landbevölkerung darauf vorzubereiten, in den Städten gut zu verdienen. Man tut sich mit der Regierung zusammen, um die Ausbildung von Sekretären, Buchhaltern, Polizisten, Maschinisten, Ingenieuren, Krankenschwestern und Lehrer zu fördern - die alle eine wichtige Rolle im Aufbau der neuentstehenden Staaten spielen. Das alles sind gute Aktivitäten, und die Missionsgesellschaften und Gemeinden sollten sie unterstützen. Es ist eine Tatsache, daß das Vorhandensein von christlichen Missionsgesellschaften - auch einmal ganz abgesehen von dem Wachstum der Gemeinde - von Vorteil für einen Staat ist.

Dennoch sollten sich die Gemeindeleiter darüber Gedanken machen, welcher Teil des betriebenen Aufwandes sich auf die Zivilisierung konzentriert, und welcher Teil sich mit der Evangelisation beschäftigt. Gute Fragen, die man sich hierbei stellen könnte, wären: Haben die Christen der Anfangszeit, die in den Hügeln Judäas wohnten, dieses Maß an sozialem Status gehabt? Wie war das mit meinen eigenen christlichen Vorfahren? Bleiben die Bemühungen um Ausbildung und andere westliche Vorteile respektvoll hinter den Bemühungen zurück, Gemeinden zu vervielfältigen?

5. Stagnation kann dadurch vermieden werden, daß modellhaft Gemeindeaufbau getan wird. Dieses Modell muß sich unbegrenzt oft wiederholen lassen. Man darf nur damit arbeiten, was tatsächlich an Ressourcen in einer beliebigen Gemeinde vorhanden ist. Das folgende Beispiel aus der Dritten Welt zeigt auf, wie dieses Prinzip verletzt wurde. Als Folge davon war das Wachstum der Gemeinde ins Stocken geraten:

a) Jede Gemeinde ist mit einer vollen missionarischen Besatzung ausgerüstet; alles ist vorhanden: Missionare, eine Schule, ein Krankenhaus, ein landwirtschaftliches Zentrum und eine evangelistische Abteilung. Dieses Modell eignet sich gut für eine Missionsstation oder das Zentrum einer kirchlichen Verwaltung, weniger jedoch für eine Gemeinde, von der man erwartet, daß sie überall im ganzen Land auf den Dörfern Ableger bildet und aufblüht. Ein solches Modell läßt sich nicht beliebig oft auf der Grundlage der Ressourcen anwenden, die in den Dörfern zu finden sind.

b) Jede Gemeinde verfügt über einen ordinierten Pfarrer, der hauptsächlich durch das Geld einer Missionsgesellschaft oder die Unterstützungsleistungen von Angestellten der Missionsgesellschaft oder Missionaren finanziert wird. Der Pastor kann ein abgeschlossenes Studium vorweisen und ist mit einer

Frau verheiratet, die über vergleichbare Begabungen auf dem Gebiet der Ausbildung verfügt. Diese Form des Dienstes ist, so wünschenswert sie auf den ersten Blick erscheinen mag, überhaupt nicht erstrebenswert, weil wiederum ein solches Vorgehen nicht beliebig oft mit den Mitteln der kleinen Gemeinden wiederholbar ist, die so typisch dafür sind, wenn das Reich Gottes neues Territorium einnimmt.

c) Jedes Kirchengebäude wird hauptsächlich aus Missionsgeldern finanziert. Kleinere Gemeinden erhalten dadurch dauerhafte und passende Gottesdienstgebäude. Da das Erstellen dieser Gebäude jedoch der Unterstützung von außen bedarf, ist auch das nicht der beliebig oft gangbare Weg dazu, eine Gemeinde mit einem eigenen Gebäude zu versorgen. Ein solches Vorgehen führt Christen und Nichtchristen nur dazu, Kirchengebäude zu erwarten, die über das Maß dessen hinausgehen, was von den Ortsgemeinden für Gebäude aufgebracht werden kann.

Im nun folgenden Beispiel wird durch das Vorgehen das oben erwähnte Prinzip jedoch beachtet:

1) Die Gemeinde kennt es in der Regel nicht, daß ein Missionar direkt bei ihr wohnt oder daß eine Institution der Missionsgesellschaft dort ansässig ist. Jede schulische Ausbildung findet im Gemeindehaus statt.

2) Die Gemeinde wird entweder von unbezahlten oder nur teilzeitlich aktiven Leitern geführt oder beschäftigt einen Pastor, den sie auch bezahlen kann.

3) Das Gemeindehaus ist so konstruiert, daß die Gemeinde es selbst errichten kann und Reparaturen selbst durchzuführen vermag. Die Pfingstler in Brasilien treffen sich beispielsweise in Hausgemeinden, gemieteten Sälen und billigen kleinen Kapellen in ihrer Umgebung. Wenn sie genügend groß geworden sind, legen sie alle ihre Mittel zusammen und bauen ein großes zentrales Gebäude. Das Ergebnis ist eine Gemeinde von etwa 1.000 bis 5.000 Mitgliedern mit bis zu 200 Tochtergemeinden. Keinerlei Zahlungen kommen von außen. Dieses Modell kann beliebig oft wiederholt werden.

Kurz gesagt sollte eine Gemeinde so aufgebaut sein und nach einem Modell geführt werden, daß ganz normale Leute sie führen können und sie sich beliebig oft unter der breiten Bevölkerung zu multiplizieren vermag.

Zusammenfassung

Manche mögen gegen diese ganze Argumentation (daß der soziale Aufstieg dem Erlösungsgeschehen untergeordnet wird), einwenden, daß es Aufgabe der Gemeinde sei, die Lage von Menschen zu verbessern. Die Gemeinde dürfe nicht lehren, daß man mit ungerechter Armut zufrieden sein soll. Es sei Teil der Aufgabe der Gemeinde, eine heilige Unzufriedenheit mit seelenvernichtender und unnötiger Armut zu schüren.

Die Antwort auf diesen Einwand ist einfach. Aus nichts, was in diesem Kapitel gesagt wurde, sollte gefolgert werden, daß Christen dazu angehalten würden, sich mit Armut zufrieden zu stellen. Ich bin ganz und gar der Meinung, daß die Gemeinde dazu beitragen muß, daß die Lebensumstände der Menschen verbessert werden. Ich würde es gerne sehen, wenn die Gemeinden diese Aufgabe noch in weitaus größerem Maße wahrnehmen würden als sie dies heute tun. Es ist mein Wunsch, daß in jedem Stadtteil jeder Stadt und in jedem Dorf und Weiler auf der ganzen Erde eine Gemeinde ins Leben gerufen wird, denn nur dann wird die Leidenschaft Gottes für Recht und Gerechtigkeit, verwirklicht durch Menschen, die sich seinem Willen verpflichtet haben und von seinem Wort abhängig sind, jeden Ort, an dem Menschen wohnen, erreichen.

Die bereits bestehenden Gemeinden benötigen großes Wachstum. Sie sollten es wie eine lähmende Seuche scheuen, sich mit der permanenten Lage einer kaum wachsenden Mittelklassegemeinde zufrieden zu geben. Sie sollten sich selbst als Pilotprojekte Gottes zu verstehen lernen, die der Aufgabe verpflichtet sind, die breiten Bevölkerungen ihrer Länder zu befreien. Die bestehenden Gemeinden haben es nötig, Gemeindewachstum zu verstehen. Unter den vielen Faktoren des Wachstums sollten sie denjenigen zur Kenntnis nehmen, über den wir in diesem Kapitel gesprochen haben: den Unterschied zwischen der Erlösung, die durch das Ausleben wahrhaftigen Christentums geschieht, und dem sozialen Fortschritt, der von den kulturell in der Mittelklasse beheimateten Mitläufern des Christentums geboten wird. Gemeinden, die es zu sozialem Aufstieg gebracht haben und in der Folge davon eine Stagnation des Wachstums erleben, müssen jetzt aus ihrer Einkapselung in der Mittelklasse ausbrechen, die für das Evangelium empfänglichen Gruppen von Menschen in ihrer Nachbarschaft suchen und Gruppen von lebendigen Gemeinden unter der breiten Bevölkerung aufbauen. Diese Gemeinden werden sich von ihnen selbst unterscheiden und dennoch wahrhaft christlich sein, denn sie werden die Bibel haben, und Christus.

17

Volksbewegungen

Die nächsten beiden Kapitel über Volksbewegungen behandeln in erster Linie das erstmalige Durchdringung von homogenen Gruppen mit hohem Zusammengehörigkeitsgefühl mit dem Evangelium. Wie wir sehen werden, kennen einige Kulturen wenig oder überhaupt nichts davon, daß Entscheidungen als einzelnes Individuum getroffen werden, wie das im Westen ja üblich ist. Wichtige Entscheidungen werden nur in der Gruppe gefällt.

Aber auch diejenigen, die dazu berufen sind, in eher individualistischen Gesellschaften oder traditionell christlichen Gebieten - die jedoch nur dem Namen nach noch christlich sind - zu evangelisieren, sollten sich sorgfältig mit der allgemeinen Theorie der Volksbewegungen befassen und mit dem, was wir als Beziehungsbewegungen bezeichnen und worauf wir später eingehen werden. Sogar dann, wenn man unter einem Zielpublikum wie den stark wachsenden amerikanischen Vorstädten evangelistisch arbeitet, wird es einem sehr zu Hilfe kommen, die Dynamiken der Beziehungsbewegung zu verstehen, wenn man in einer Gemeinde Wachstum erleben möchte. Wenn Denominationen beginnen, unter neuen ethnischen und sozialen Gruppen das Evangelium zu verkündigen und Gemeinden zu vervielfältigen, so werden sie ihr Ziel weit eher erreichen, wenn sie sich dabei an den Prinzipien der Volksbewegungen orientieren. Das Ziel sollte sein, eine wie auch immer geartete Volksbewegung auf Christus hin auszulösen. Jede Gemeinde, die aus Einzelpersonen besteht, die nacheinander und einzeln zu Christus fanden und aus unterschiedlichen sozialen Schichten stammen, wird unweigerlich zu einer organisierten Sammel-Gemeinschaft, die die Tendenz hat, nur langsam zu wachsen. Es ist leicht möglich, daß eine solche Gemeinde zur abgekapselten Enklave wird.

Die Definition von Volksbewegungen

Trotz seiner Bedeutung ist das Konzept der Volksbewegungen relativ neu, und somit brauchen wir eine präzise Definition. Einige Einwände gegen diese Theorie hat ihren Hintergrund darin, daß der Ausdruck mißverstanden und mit einigen weniger wünschenswerten Methoden frei assoziiert wurde. Lassen Sie uns nun zunächst fragen, was ist ein "Volk"? Das Wort hat zwei Bedeutungsmöglichkeiten. Es kann die Öffentlichkeit, die Massen oder das gemeine Volk bezeichnen, wie in der Bezeichnung "Volksrepublik" oder in der Phrase "der Volkswille". Der Ausdruck kann jedoch auch einen Stamm, eine Kaste oder eine beliebige homogene Gruppe bezeichnen, in der man nur untereinander heiratet und tiefe Beziehungen im wesentlichen auf die Mitglieder der eigenen Gruppe beschränkt. Der Ausdruck "Volksbewegung" versteht das Wort ausschließlich im letzteren Sinne als ethnische Gruppe. *Unter einem Volk verstehen wir einen Stamm, eine Kaste, einen Klan oder eine Sippschaft oder einen eng miteinander verbundenen Teil einer beliebigen menschlichen Gesellschaft.*

Eine Stammesbewegung ist immer auch eine Volksbewegung, weil es bedeutet, daß damit eine Bewegung beschrieben wird, die in einem einzelnen Volk stattfindet. Der Ausdruck "Stammesbewegung" wird hier nicht verwendet, weil ein Stamm nur eine der vielen verschiedenen Formen einer ethnischen Gruppe darstellt, unter der eine größere christliche Bewegung entstehen kann. Die Gruppe von Menschen, in die Bewegung geraten ist, kann eine Kaste, ein Klan, eine erweiterte Großfamilie oder eine Sprachgruppe sein, die sich weigern würde, wenn man sie einen Stamm oder eine Kaste nennen würde. Der Ausdruck "Volk" beschreibt diese verschiedenen Formen menschlicher Gesellschaften, die sich gemeinsam auf den Weg in die christliche Gemeinde machen können, am treffendsten.

Die Juden in den Vereinigten Staaten sind ein solches Volk. Es könnte zum Entstehen einer christlichen Volksbewegung unter den Juden kommen. Sie würden in einem solchen Fall Christen werden und weiterhin ihr Tabu gegen Schweinefleisch aufrechterhalten sowie die starke Tradition weiterhin pflegen, nur innerhalb ihrer eigenen Gemeinschaft zu heiraten. Die erste größere christliche Bewegung in Japan (1882-87) war möglicherweise eine Volksbewegung unter den japanischen Kriegern, den Samurais. In Orissa, Indien, kam es zu einer kleineren christlichen Volksbewegung unter den Brahmanen. Es ist nicht notwendig, daß das entsprechende Volk primitiv ist, wenn auch aus verständlichen Gründen die meisten erfolgreichen Volksbewegungen unter der breiten, unterprivilegierten Masse stattgefunden haben.

Es ist hilfreich, wenn wir beachten, was eine Volksbewegung *nicht* ist. Damit ist nicht gemeint, daß eine große Zahl von Menschen Christen werden, auch wenn das einmal der Fall sein kann. Viele Volksbewegungen setzen sich aus einer Reihe kleiner Gruppen zusammen, die sich gemeinsam entscheiden. Zu einem gegebenen Zeitpunkt entscheidet sich nur immer eine einzelne Gruppe dafür, Christen zu werden, und wird dann unterwiesen und getauft. Eine Volksbewegung hat nichts mit sorglosen Aufnahmen in die Gemeinden und übereilten Taufen zu tun.

"Es ist ein Fehler anzunehmen, daß Christen aus Volksbewegungen, nur deshalb, weil sie sich dem christlichen Glauben als eine Reihe von Familien angeschlossen haben, mit Notwendigkeit Namenschristen sein müssen. Eine solche Annahme basiert auf einem Vorurteil, nicht auf Tatsachen ... Volksbewegungen als solches bringen keine Namenschristen hervor" (Bridges, 74).

Eine Volksbewegung hat auch nichts mit Vernachlässigung der christlichen Qualität oder einem Mangel an christlicher Unterweisung nach der Taufe zu tun. Eine solche Vernachlässigung wird selbstverständlich die Garantie dafür sein, daß jede beliebige Volksbewegung scheitert. Volksbewegungen werden auch nicht ausgelöst durch den Hunger des Missionars nach großen Zahlen oder überhasteten Tauferfolgen, sodaß sie ihrem Unterstützerkreis Erfolgsberichte von großen Zuwachszahlen übermitteln können. Viele Bewegungen beginnen damit, daß der Missionar eher seine Zweifel hegt, ob denn hier überhaupt etwas Gutes stattfindet.

Eine Volksbewegung ist nicht eine Massenbewegung. Dieser unglückliche Ausdruck, der überhaupt nie verwendet werden sollte, verwirrt dadurch, daß er die völlig irrtümliche Vorstellung nahelegt, daß große, diffuse Menschenmassen auf einen Schlag Christen werden. Was ganz im Gegenteil dazu häufig in Volksbewegungen geschieht ist, daß relativ kleine und gut unterrichtete Gruppen - eine diesen Monat und eine andere einige Monate später - Christen werden. Natürlich geht es auch um eine größere Zahl von Menschen, aber üblicherweise benötigt dieser Prozeß einen längeren Zeitraum.

Nachdem wir dies alles gesagt haben, können wir daran gehen, diese Art von Bewegung zu definieren.

Eine Volksbewegung ist das Ergebnis der gemeinschaftlichen Entscheidung einer Anzahl von Einzelpersonen aus derselben ethnischen Gruppe, die es ihnen ermöglicht, ohne soziale Entfremdung Christen zu werden und weiterhin den vollen Kontakt zu ihren nichtchristlichen Verwandten aufrechtzuerhalten.

Somit wird es anderen Segmenten derselben ethnischen Gruppe über Jahre hinweg möglich, nach sorgsamer Unterweisung eine ähnliche Entscheidung zu treffen und christliche Gemeinden zu bilden, die sich ausschließlich aus Mitgliedern dieser ethnischen Gruppe zusammensetzen. Jeder Teil dieser Beschreibung fügt der Definition eine notwendige Dimension hinzu. Die vollständige Definition hilft uns, Formen des Gemeindewachstums zu verstehen, die als Volksbewegung auftreten.

Waskom Pickett sagt über Volksbewegungen: "Sie stellen für die meisten Menschen den natürlichsten Weg dar, zu Christus zu kommen. Der eher individualistische Weg, der im Westen bevorzugt wird, findet bei Menschen, die von frühester Kindheit an zum Gruppenverhalten erzogen wurden, keinen Anklang. Sich gegen Volksbewegungen zu sperren bedeutet, Menschen Hindernissen in genau den Weg zu legen, den gerade die überwältigende Mehrzahl der indischen Christen auf ihrem Weg zum Bekenntnis ihres Glaubens an Jesus Christus beschritten haben. Wir sehen keinen Anhaltspunkt dazu zu glauben, daß eine nennenswerte Zahl von Menschen, die sich in Volksbewegungen bekehrt haben, auf irgendeinem anderen Weg zu Christus hätten geführt werden können. Es ist für uns auch nicht einzusehen, warum wir uns wünschen sollten, sie wären einen anderen Weg als diesen geführt worden (Christian Mass Movements, 330).

K. S. Latourette sprach ebenfalls über Volksbewegungen, als er schrieb: "Wir müssen mehr und mehr davon zu träumen beginnen, ganze Gruppen, nicht nur Einzelpersonen zu gewinnen. Mit unserem protestantischen Individualismus aus dem 19. Jahrhundert haben wir zu oft Männer und Frauen, einzeln und nacheinander, aus der Familie, der Dorfgemeinschaft oder dem Klan gerissen, mit dem Ergebnis, daß sie auf Dauer entwurzelt und ausgegrenzt wurden. Natürlich muß Bekehrung letztlich dazu führen, daß der Einzelne zu einem neuen Verhältnis mit seinem Schöpfer findet, was zu einem veränderten Leben mit Ausstrahlung führt. Die Erfahrung zeigt jedoch, daß es weitaus besser ist, wenn eine ganze natürliche Gruppe - eine Familie, ein Dorf, eine Kaste oder ein Stamm - sich auf einmal dem christlichen Glauben anschließt. Dem einzelnen Christen ist dies eine besondere Bestärkung, und es vereinfacht auch die Christianisierung des gesamten Lebens der Gesellschaft" (Mission Tomorrow, 159).

Die quantitative Bedeutung der Volksbewegungen

Mindestens zwei Drittel aller Bekehrten in Asien, Afrika und Ozeanien haben sich infolge von Volksbewegungen dem christlichen Glauben angeschlossen. In manchen Gebieten war das Verhältnis derer, die sich in erster Generation aus einer nichtchristlichen Religion im Zuge von Volksbewegungen dem Christentum zuwandten, 9:1. Die meisten der heutigen Christen in Asien und Afrika sind Nachkommen von Menschen, die im Verlauf von Volksbewegungen Christen geworden sind. Hätte es keine Volksbewegungen gegeben, so wäre die Situation der Gemeinden dieser Kontinente völlig anders; die Gemeinden wären weitaus schwächer als sie es heute sind. In Lateinamerika kann ein gewichtiger Teil des Wachstums der Gemeinden ebenfalls auf Volksbewegungen zurückgeführt werden.

Wir dürfen auch nicht vergessen, daß es in Europa, Kleinasien und Nordafrika die breiten christlichen Bewegungen waren, innerhalb deren sich die Völker dem Christentum zuerst anschlossen. Der reformatorische Glaube verbreitete sich auch in Deutschland, der Schweiz, Schottland, England, Skandinavien und anderen Ländern in einer besonderen Form von Volksbewegungen, die sich sehr stark von der heutigen Form des Wachstums der Gemeinden unterschied.

Aber wir können noch viel weiter gehen. Das große Wachstum, das wir in der Zukunft erwarten, wird aller Wahrscheinlichkeit nach durch Volksbewegungen zustande kommen. Es ist einfach nicht vorstellbar, daß auf irgend eine andere Weise unerreichte Volksgruppen zum Glauben und zum christlichen Gehorsam finden werden. Die große Zahl von Bekehrungen aus dem Islam zum Beispiel wird in der Form von Volksbewegungen stattfinden. Daß dies möglich ist, wurde uns durch die Vorgänge in Indonesien zur Genüge vor Augen geführt. Dort sind seit dem Jahre 1966 Zehntausende von Moslems Christen geworden. Diese große Anzahl von Menschen ist nicht tröpfchenweise zur Gemeinde gestoßen. Die Menschen kamen in Gruppen und ganze Familienverbände, kleinere Stämme und ganze Dörfer haben sich gemeinsam dem Christentum angeschlossen. Es ist wirklich so, wie ich bereits zuvor gesagt habe: Der Hauptwiderstand des Islam und anderer Religionen hat nicht theologische, sondern soziale Gründe. Wenn die sozialen Barrieren überwunden werden können, wird auch das Evangelium zur Geltung kommen können. Die Volksbewegung ist ein von Gott geschenkter Weg, wie sozial begründete Widerstände gegen das Evangelium überwunden werden können.

Die qualitative Bedeutung von Volksbewegungen

Durch Volksbewegungen erhält die christliche Gemeinde eine innere Qualität, wie sie selten dort zu beobachten ist, wo man durch Einzelaktionen wirkt. Wenn wir über Qualität sprechen, so dürfen wir Volksbewegungen, die in heidnischen Gebieten auftreten, nicht mit der Art und Weise vergleichen, wie Gemeinden in westlichen Städten wachsen. Bei Letzteren handelt es sich um Versammlungen von Menschen, die zu einem gewissen Maß aus christlichem Hintergrund stammen. Wir haben es hier jedenfalls nicht mit Moslems, Hindus, Buddhisten oder Animisten zu tun. Die meisten Menschen in westlichen Städten sind in christlichen Familien und innerhalb eines Beziehungsnetzes aufgewachsen, das aus Getauften besteht. Wer sich bekehrt, schließt sich einer der wohlhabenden Gemeinden an, die sich in soliden Gebäuden versammeln, und kommt unter die Obhut einer ganzen Reihe von Laienmitarbeitern sowie bestens ausgebildeten, hauptamtlichen, entlohnten Leitern.

Wenn wir die Bedeutsamkeit von Volksbewegungen richtig verstehen wollen, müssen wir sie vor einem anderen Hintergrund sehen, nämlich vor der Methode, Gemeindewachstum dadurch zu erzielen, daß versucht wird, Einzelne gegen die allgemeine öffentliche Haltung zu gewinnen. Diese Form des Gemeindewachstums ist oft dort zu beobachten, wo Gemeinden auf bislang unerreichtem Gebiet entstehen. Sobald man den Vergleich aus dieser Perspektive anstellt, wird deutlich, daß Volksbewegungen dazu führen, daß dadurch einfach qualitativ bessere Gemeinden entstehen.

Ganze Gruppen von Menschen können so ohne soziale Entfremdung Christen werden, und zwar ohne daß es zu Entzweiungen zwischen Familienmitgliedern kommt. Die normalen zwischenmenschlichen Beziehungen können aufrechterhalten werden. Die so entstehenden Gemeinden verfügen bereits über eine ausgeprägte soziale Struktur, wobei die Leiterschafts- und Familienverhältnisse gewahrt bleiben. Anstelle einer bunten Mischung von Bekehrten aus den verschiedensten Hintergründen, die zuerst lernen müssen, miteinander auszukommen, setzen sich die Gemeinden, die aus Volksbewegungen entstehen, aus Menschen derselben Bevölkerungsgruppe zusammen, die daran gewöhnt sind, miteinander zu leben und zu arbeiten. Aus diesem Grunde sind Gemeinden, die als Folge von Volksbewegungen entstehen, stabiler, weniger vom Pastor oder Missionar abhängig und besser gerüstet, eventuellen Verfolgungen begegnen zu können. Die Glaubensüberzeugung wird somit von dem sozialen Gefüge gestützt. Wenn alle meine Verwandten Christen sind und eine Abkehr vom christlichen Glauben gleichzeitig bedeuten würde, sich auch von denen zu trennen, die mir sehr nahestehen, erhält meine Liebe zum Herrn durch die Liebe zu meinen Brüdern durchaus Auftrieb.

Auch Korrektur und Gemeindezucht kann in einem solchen Fall wirkungsvoller und der einheimischen Situation angepaßter gehandhabt werden. Welcher Pastor einer Gemeinde, die sich als Kolonie um eine Missionsstation gebildet hat, weiß nicht von der Schwierigkeit, in der Ausübung von Gemeindezucht das Mißfallen der einheimischen Gemeinde korrekt zum Ausdruck zu bringen, und nicht das des Ausländers? Eine Gemeinde, die aus einer Volksbewegung entstanden ist, weiß wie ihre Glieder bei der Stange zu halten sind. Sie wird Wege und Möglichkeiten finden, das auch durchzusetzen, woran sie glaubt.

Wenn Menschen sich als ganze Gruppen dem Christentum zuwenden, können auch kommunale Sünden und Unarten überwunden werden. Wenn die neue christliche Leiterschaft beschließt, daß es bei ihren Hochzeiten keinen Alkohol mehr geben wird, so werden sie keine Schwierigkeiten haben, dieses Verbot durchzusetzen. Als in Neuguinea einige Sippen, die Christen geworden waren, beschlossen, Stammeszwistigkeiten aufzugeben, beschlossen sie auch, daß die Hälfte ihrer Waffen verbrannt werden sollte, trotz der Tatsache, daß die nichtchristlichen Sippen noch immer voll bewaffnet waren. Alle Christen verbrannten die Hälfte ihrer Waffenausrüstung - nicht weil es die Missionare ihnen gesagt hatten, sondern weil diese Menschen - bekehrte Dorfbewohner - dachten, daß dies doch eine gute Sache sei.

Verglichen mit der individuellen Methode

Um die Volksbewegung wirklich zu verstehen, sollte sie im Vergleich zu der verbreiteten individuellen, evangelistischen Methode (Menschen werden einer nach dem anderen - individuell - zu Christus geführt) gesehen werden. Dieses Vorgehen kann auch Christianisierung in Form christlicher Absonderung genannt werden. Dieses Vorgehen steht an zweiter Stelle, wenn es darum geht zu beobachten, auf welche Weise die Gemeinde Wachstum erfahren hat. Die Volksbewegungen stehen hier an erster Stelle.

Beim individuellen Vorgehen *erwarten* die Leiter ausschließlich die Bekehrung von Einzelpersonen. Auf diese Weise wurde ja jeder von ihnen für Christus gewonnen. Es ist ihre jahrelange Erfahrung, daß das der Weg ist, wie man Christ wird. Auf diese Weise sind auch die wenigen Menschen, die sich im Laufe ihrer Erfahrung bekehrt haben, zum Glauben gekommen.

Wenn das Evangelium gepredigt, Bibelunterricht in den Schulen gegeben wird und die Menschen mit den Auswirkungen des Christentums in Berührung kommen, wird hier und da jemand vom Christentum angezogen werden. Es mag sein, daß jemand durch die Geduld seines christlichen Lehrers neugierig wurde, wie im Fall des jungen Rodrigues aus den Philippinen, der viele Jahre später ein Bischof der *United Church of Christ* wurde. Es mag sein, daß jemand aufgrund von Gebet geheilt worden ist oder ihm in einer schwierigen Situation geholfen worden ist. Es mag sein, daß jemand die direkte Verkündigung des Evangeliums angesprochen hat. Von nun an gehen diese Personen zu christlichen Versammlungen, lesen die Bibel, und - aus Furcht vor dem Einspruch ihrer Familie - werden zu geheimen Gläubigen. Wenn sie genug Mut gefaßt haben, stellen sie sich zu ihrem Glauben und lassen sich, auch gegen den Willen und die Drohungen der Familie, taufen. Sie werden in der Folge geächtet und verfolgt, bleiben jedoch dem Herrn und seiner Gemeinde treu.

Pastoren, Mitarbeiter und Missionare glauben oft, daß dies der neutestamentliche Weg ist. "Wenn ein Menschen Vater oder Mutter mehr liebt als mich ...", so wird häufig zitiert. Viele ähnliche Textstellen lassen sich ebenfalls anführen. Die Gemeindeleiter ziehen die Schlußfolgerung, daß die individuelle Methode - Bekehrungen finden gegen die gesellschaftlich vorherrschende Haltung statt - nicht nur die übliche Form der Bekehrung darstellt, wie sie in den USA zu beobachten ist, sondern daß dies auch der richtige, biblische Weg ist, wie Bekehrungen zu geschehen haben. Christen müssen darauf gefaßt sein, für ihren Herrn zu leiden.

Wenn christliche Leiter das Evangelium predigen und mit fragend gewordenen Menschen sprechen, so ist das Leitbild, dem sie unbewußt folgen, die individuelle Methode. Daß einzelne Menschen sich für das Christentum interessieren, wird für sie zum normalen und korrekten Weg, Christ zu werden. Dies entspricht genau ihrer Erwartung. Wenn solche fragend gewordenen Einzelpersonen dann Christen werden, so erwarten auch sie wiederum nichts anderes als dieses Vorgehen; es fließt unbewußt auch in ihre Verkündigung mit ein.

Für die nichtchristliche Bevölkerung ergibt sich ebenfalls folgendes Bild: Sie sehen, daß einige Personen gegen den Willen ihrer Familien und gegen die vorherrschende Haltung der Gesellschaft Christen werden. Daraus schließen sie, daß Christen ständig gegen die Gemeinschaft rebellieren. Der schulische Vorsprung, den die Christen in der Folge haben, bestärkt sie nur in ihrem Eindruck. In der öffentlichen Meinung beginnt sich das Bild festzusetzen, daß es antisozial ist, Christ zu werden. Wenn diese Überzeugung erst einmal im Denken der Gemeindeleiter, der Christen und der Öffentlichkeit verwurzelt ist, ist es sehr unwahrscheinlich, daß es zu einer Volksbewegung kommen wird, selbst unter Umständen, wo dies eigentlich normalerweise zu erwarten sein könnte.

Multi-individuelle Bekehrung

Manche Gemeindeleiter scheuen vor Volksbewegungen aus theologischen Gründen zurück. Sie haben den Eindruck, daß das Konzept der Gruppenbekehrung im Widerspruch zum Glauben des Einzelnen steht, der zur Errettung führt. Die Apostel begannen, Jesus einzeln und nacheinander nachzufolgen. Er hat sie jeden einzeln aus der Menge herausgerufen. Reines Mitschwimmen mit der Masse, so wird argumentiert, hat nichts mit Bekehrung zu tun und kann niemanden retten. Da dieses Verständnis für manche zum Problem geworden ist, wollen wir uns ihm offen und ehrlich stellen.

Die Wurzel der Schwierigkeiten hängt mit dem Bekehrungsverständnis zusammen, das den Volksbewegungen zugrunde liegt. Die entscheidende Frage ist: Beruhen Volksbewegungen auf Gruppenbekehrungen? Die Antwort ist nein. So etwas wie eine Gruppenbekehrung gibt es überhaupt nicht. Eine Gruppe verfügt weder über einen Körper noch über einen Verstand. Sie ist als solches überhaupt nicht fähig, Entscheidungen zu treffen. Der Ausdruck "Gruppenbekehrung" ist einfach ungeeignet, um das zu beschreiben, was wirklich vor sich geht.

In Wirklichkeit kommt es zu *multi-individuellen Bekehrungen*. Das ist etwas völlig anderes als Gruppenbekehrung. Es ist wichtig, daß wir hier die richtigen

Ausdrücke verwenden. Wir sollten es lernen, mit diesem Ausdruck korrekt umzugehen und ihn mühelos zu beherrschen. Genauso wie es in der Atomphysik wichtig ist, die Ausdrücke Kernverschmelzung und Kernspaltung auseinanderzuhalten, oder wie in der Elektronik Gleichstrom und Wechselstrom Begriffe sind, die für eine präzise Beschreibung entscheidend wichtig sind, so ist in der Missionswissenschaft der Ausdruck "multi-individuell" für ein korrektes Verstehen unablässig.

Was ich jedoch unterstreichen möchte, ist, daß Bekehrung durchaus nicht die Entscheidung eines einsamen Individuums sein muß, das sich gegen den Willen der Familie durchsetzt. Im Gegenteil, die Bedingungen für eine Bekehrung sind dann günstiger, wenn mehrere Einzelpersonen sich aufeinander abgestimmt haben und gemeinsam eine harmonische Entscheidung treffen. *Multi-individuell* bedeutet, daß diejenigen, die sich gemeinsam entscheiden, gut miteinander bekannt sind und *die Entscheidung im Bewußtsein dessen treffen, was der Nächste tun wird. Die Entscheidung wird als Konsens getroffen.* Dies ist nicht nur ein natürliches Verhalten, es ist auch moralisch. Es ist doch in der Regel unmoralisch, eine Entscheidung unabhängig davon zu treffen, was andere tun. Gemeindeleiter sollten denjenigen, die sich für den christlichen Glauben interessieren, häufig entgegnen: "Da Jesus Christus der Retter ist, die kostbare Perle, die Sie nun gefunden haben, und da sie ein treues Glied ihrer Familie sind, wollen Sie sicherlich nicht die Errettung geheim und ganz für sich allein genießen. Das erste, was Sie tun möchten, ist doch, Ihren neugefundenen Schatz mit denen zu teilen, die Ihnen nahe stehen. Der Mensch, der den Herrn am meisten liebt, wird sich am meisten darum bemühen, seine Verwandten zu ihm zu führen. Andreas ging hin und fand seinen Bruder Simon. Tun Sie dasselbe."

Im Falle einer Volksbewegung - ob nun in Berlin oder Bombay - versuchen die Mitglieder einer eng miteinander verbundenen Gruppe die ihnen Nahestehenden von den großen Vorzügen davon zu überzeugen, an Jesus Christus zu glauben und Christen zu werden. Sie werden sogar häufig ihre eigene Entscheidung zeitlich verschieben, um gemeinsam die Taufe erleben zu können. Ein Ehemann wartet sechs Monate auf seine ungläubige Frau. Ein Bruder bemüht sich zwei Jahre darum, daß seine anderen drei Brüder und deren Ehefrauen sich gemeinsam zu Christus bekennen. Eine Bekehrung ist in einem solchen Falle noch schöner, wenn der Betreffende seine Entscheidung gemeinsam mit denjenigen treffen kann, die ihm ganz besonders am Herzen liegen. Ein weiser Mensch, der sich entschlossen hat, Christ zu werden, wird viele Personen aus seinem Umfeld dazu bringen, ihm zu versprechen, an dem Tage, an dem er sich für Christus entscheiden wird, dasselbe zu tun.

Bekehrung meint die Teilnahme an einer echten Entscheidung für Christus, eine ernsthafte Abkehr von den alten Göttern und bösen Geistern, mit dem festen Entschluß, so zu leben, wie Christus es gerne bei einem seiner Nachfolger sehen würde. Die Entscheidung einer Einzelperson innerhalb einer Volksbewegung weist alle diese Kennzeichen auf. Bei einer Volksbewegung handelt es sich also um eine *Serie von multi-individuellen Bekehrungen.*

In der Nähe der südindischen Stadt Raichur entschlossen sich 120 Madigas, Christus nachzufolgen. Sie hatten über diesen Schritt jahrelang beraten. Viele ihrer Verwandten waren Christen. Sie hatten den Eindruck gewonnen, daß es gut ist, ein Nachfolger von Christus zu werden. Im Jahr ihrer Entscheidung stellte sich ihnen die Frage, was sie denn nun mit ihrem Tempel, einem kleinen dunklen Raum mit einem Götzen darin, der auf einem zylindrischen Stein stand, tun sollten. Nach wochenlanger Diskussion kamen sie alle gemeinsam zu dem Entschluß, daß sie am Tage ihrer Taufe den Götzen in den Dorfteich werfen und den zylindrischen Stein zur Kanzel erklären wollten. Der Stein sollte der Ort sein, worauf sie die Bibel legen würden und wo sie hören wollten, was Gott ihnen wirklich zu sagen hatte. Dies war eine multi-individuelle Entscheidung, die durch Konsens getroffen wurde, und die einen Teil ihrer Bekehrung ausmachte. Hätte sich jemand von ihnen entschlossen, ein Götzenanbeter zu bleiben, so hätten alle anderen den Tempel nicht als einen Ort für christliche Gottesdienste benutzen können. Als die Gruppe sich jedoch einstimmig verhielt, bereitete der Wechsel keinerlei Probleme.

Als sich die 8.000 Danis in Irian Jaya gemeinsam für Christus entschieden haben, beschlossen sie, an einem bestimmten Tag ihre Fetische zu verbrennen. Dieser symbolische Akt machte ihre früheren Ängste und Bindungen zunichte und öffnete ihnen den Weg dazu, die biblische Wahrheit zu erfassen. Als sich vor einiger Zeit auf einer indonesischen Insel zwanzig islamische Gruppen entschieden, Christus anzunehmen und ihre Moscheen in Kirchen umzuwandeln, war es nötig, daß sich jede einzelne Person an dieser folgenschweren Entscheidung beteiligte. Jeder einzelne wurde errettet, nicht dadurch, daß er mit der Masse mitschwamm, sondern dadurch, *daß er sich an der Entscheidung beteiligte.* Multi-individuelle Bekehrung ist nicht eine einfache Sache. Sie kann ebenfalls Verfolgung oder den Tod nach sich ziehen. Es ist möglich, daß böse Geister, die in die Schranken gewiesen wurden, oder auch solche Menschen, die - im islamischen Kontext - weiterhin Moslems blieben, sich fürchterlich rächen wollen. Wer an einer solchen Entscheidung teilnimmt, muß schon echten persönlichen Glauben aufbringen.

Es gibt in der Regel auch die Möglichkeit, sich der Entscheidung der Gruppe nicht anzuschliessen. Innerhalb der meisten Gruppen finden sich Parteiungen. Sie bestehen aus einer ganzen Reihe von Untergruppen. Wenn eine Person nicht glauben möchte, dann kann sie ganz einfach weiterhin zusammen mit denjenigen, die ebenfalls nicht Christus nachfolgen wollen, den christlichen Versammlungen fernbleiben. Dies hilft auch dabei, sicherzustellen, daß die Entscheidung derjenigen, die beschliessen Christus nachzufolgen, auch wirklich eine echte Entscheidung ist.

Multi-individuelle Entscheidungen setzen eine große Dynamik frei. Einzelpersonen haben so die Möglichkeit, gemeinsam Dinge zu tun, die sie niemals allein hätten tun können. Einzelne Körnchen Schießpulver, die man eines nach dem anderen anzündet, haben keine Sprengkraft. Wenn man sie jedoch alle zusammen an einem Ort anhäuft und Lunte an sie legt, können sie einen Granitblock in Stücke sprengen. Wenn es also vergleichsweise für eine einzelne Frau schwierig ist, ganz auf sich allein gestellt Vater und Mutter zu verlassen, so kann man nicht selten beobachten, wie zehn Frauen sich gemeinsam taufen lassen, ein einschneidendes Ereignis, das sie von ihren zwanzig Elternteilen isoliert. Diese Frauen haben gemeinsam Teil an einer multi-individuellen Bekehrung. Sie glauben, daß ihre Eltern es ihnen eines Tages gleichtun werden. Weil sie sich zu einer gemeinsamen Aktion zusammengetan haben, haben diese Frauen die Möglichkeit erhalten, etwas zu tun, was einer einzigen von ihnen unmöglich gewesen wäre.

Biblische Unterweisung einer Volksbewegung

Den Volksbewegungen gehen in der Regel ausführliche Perioden biblischer Unterweisung voraus. Hin und wieder entsteht eine solche Bewegung, bei der die Menschen zuvor wenig Kenntnis des Evangeliums gehabt haben. Man denkt dabei sofort an die von Harris ausgelöste Bewegung in der Elfenbeinküste und Apolonia. Tatsache ist jedoch, daß auch in der Elfenbeinküste und Apolonia schon beträchtliches an Vorarbeit und Unterweisung geleistet worden war. Ohne vorherige Anleitung ist es einfach unmöglich, daß es unter einer Bevölkerung zu einer Bewegung kommt.

Im Jahre 1950 entschloß sich Andrew Mellor, ein ausgezeichneter Missionar der Methodisten, daß er sich in den letzten Jahren seiner Tätigkeit im Südwesten Nigerias darum bemühen wollte, daß die Egons sich bekehrten. Die Egons waren ein äußerst verschlossener Stamm, dessen wichtigste Stadt Badgari war, eine Küstenstadt, die während dem 18. und frühen 19. Jahrhundert ein bedeutender Hafen für den Sklavenhandel war. Im Jahre 1954 hatte sich dieses Zentrum des fanatischen Widerstandes dem Evangelium geöffnet und etwa 2.000 Menschen waren Christen geworden. Zwar war es Andrew Mellor, der diese Entscheidungswelle auslöste; dem waren aber 110 Jahre christlicher Vorarbeit vorausgegangen, wie etwa die großen Bekehrungsbewegungen unter den Yorubas im Norden des Landes, der Einfluß gebildeter nigerianischer Christen, die in Badgari als Regierungsbeamte arbeiteten, sowie viele andere Faktoren, die die Egons vorbereitet hatten.

Überall können wir sehen, wie die breite Öffentlichkeit einem beständigen christlichen Einfluß unterliegt. Deshalb ist auch unsere heutige Zeit sehr verheissungsvoll für die Ausbreitung des Evangeliums. Niemals zuvor in der Geschichte haben so viele Nichtchristen christliche Gottesdienste beobachtet und sind so mächtig zu ihnen hingezogen worden. Niemals hat man mehr über diese neue Religion gesprochen als heute. Natürlich ist einiges von dem, was man allgemein über das Christentum hört, nicht gerade schmeichelhaft, manches sogar direkt feindselig. Aber in vielem ist man sich einig, daß das Christentum eine gute Sache ist, daß Jesus wirklich der Erlöser ist und "daß wir alle eines Tages Christen sein werden".

Viele Vorstellungen der breiten Bevölkerung von dem, was es bedeutet, Christ zu sein, sind weit von der Wahrheit entfernt. Die Bilder, die sich die Öffentlichkeit über das Christentum macht, enthalten manche Elemente, die für den christlichen Leiter kaum Bedeutung haben mögen, und manche Elemente, die für ihn entscheidend sind, fehlen völlig. Dennoch sind diese Vorstellungen davon, was es heißt ein Christ zu sein, weiterhin vorhanden.

Und häufig sind diese Bilder durchaus positiv. Christen sind demütige Leute, beten Gott häufiger an, betrinken sich nicht, haben vor den Geistern keine Angst mehr und arbeiten Sonntags nicht. Sie sind zuverlässiger und sehen dem Tod gelassen ins Gesicht. Sie behandeln ihre Frauen besser und wissen über die Gebote Gottes besser Bescheid. In einem Straßenrestaurant in der Nähe der brasilianischen Stadt Campinas fragte ich den Ober, was er von den *crentes* (den Christen) hält.

"Oh", antwortete er, "das sind gute Leute. Meine Schwester ist auch so eine. Dauernd beten sie zu Gott und sparen ihr Geld. Eines Tages werde ich selber ein *crente* werden."

Von denen, die dem Christentum eher feindselig gegenüberstehen, bekommt man etwas anderes zu hören. Christen sind Volksverräter, die mit Geldmitteln abgeworben wurden. Sie essen Fleisch und sind nicht besser als wir. Wenn jemand ein Waise ist, so ist es möglicherweise von Vorteil, wenn er Christ wird, nicht aber für jemanden, der in der Bevölkerung hochangesehen ist.

In vielen Gebieten ziehen sich die Debatten zwischen denjenigen, die denken, es wäre gut, Christen zu werden, und denen, die das Gegenteil denken, endlos lange hin. Der erstaunlichen Bekehrung von Moslems in Indonesien, über die ich oben gesprochen habe, ging genau diese Art der Debatte voraus. Sie dauerte Monate, möglicherweise sogar Jahre. Nichtchristen hören viel christliche Lehre und hören viele Predigten. Manche lesen die Evangelien und Traktate. Zurückgekehrte Reisende berichten von Ländern, in denen die Christen zahlreich sind und in denen es vorteilhaft war, Christ zu sein. Dies alles dient der Vorbereitung für das Evangelium. Es ist Unterweisung als Vorbereitung der Bekehrung.

Dabei ist es häufig so, daß es zu einer tieferen theologischen Schulung überhaupt nicht gekommen ist. In einer Gruppe von Menschen, die sich kurz vor dem Beginn einer Volksbewegung in großer Erregung befindet, mögen Tausende fest davon überzeugt sein, daß das Christentum eine gute Sache ist, ohne in der Lage zu sein, eine einzige Begebenheit aus dem Leben und Sterben von Jesus Christus nennen zu können. Wir sollten diesen Zustand nicht vorschnell kritisieren. In Apostelgeschichte 9 lesen wir, daß nachdem Aeneas, der acht Jahre lang bettlägerig war, durch Petrus geheilt worden war, "sich alle Bewohner von Lydda und Saron ... zum Herrn bekehrten." Wenn es auch an diesen Orten schon vor dem Besuch des Petrus einige Christen gab, so würden wir sicher zu weit gehen, wenn wir annähmen, daß alle Einwohner dieser zwei Dörfer über exakte theologische Erkenntnis über den Herrn Jesus Christus verfügten. Und doch hatten sie sicherlich schon einiges von der allgemeinen Information zu hören bekommen, von der ich soeben sprach. Wie erlebten sie ihre Bekehrung? Es war eine multi-individuelle, im gemeinsamen Konsens getroffene Entscheidung zur Bekehrung.

Sofort anschliessend an eine solche Bekehrung sollte viel wortorientierte theologische Anleitung geboten werden, in Schulungskursen vor und nach der Taufe. Die bereits getroffene Entscheidung erhält durch bewußte biblische Unterweisung noch mehr an Bedeutung. Dies wird in der Regel von allen

Gemeinden und Missionsgesellschaften auch so gehandhabt. Hunderttausende von Bekehrten, die jedes Jahr im Rahmen von multi-individuellen Bekehrungen zu Christus finden, belegen Konfirmandenkurse (oder Kurse für Interessierte, fragend gewordene oder Kandidaten), werden geschult, getauft und weiterhin geschult.

Diakonie und Volksbewegungen

Dort, wo sich überall im Lande die Anzahl der Gemeinden vervielfachen, ergeben sich für Christen viele Gelegenheiten zu praktischer Hilfe. Begegnungen, in denen ein Menschen nur deshalb spontan vor Freundlichkeit überströmt, weil er ein Christ ist, lassen sich kaum vermeiden. Genau wie es ihr Herr getan hat, tun auch sie Gutes. Können sie überhaupt anders, wenn der Heilige Geist in ihrem Herz wohnt? Am Anfang einer Volksbewegung, wenn die Zahl der Christen noch gering ist, hört man nichts als Lob für Gott, ausgelöst durch diesen hingabevollen, diakonischen Dienst am Nächsten.

Wenn die Bewegung jedoch weitergeht und Tausende in weit zerstreuten Dörfern oder in Städten Christen geworden sind, dann verbietet es sich für eine Gemeinde oder Missionsgesellschaft aus Kostengründen von selbst, allen dort lebenden Menschen in irgendeiner praktikablen Form Gutes zu tun; dies ist auch gar nicht mehr nötig. Wenn Gruppen von Einheimischen Christen werden, dann finden sich in der daraus entstehenden Gemeinschaft auch gestandene Persönlichkeiten und Menschen, die daran gewöhnt sind, für die dort lebenden Armen Verantwortung zu ergreifen und sich um sie zu kümmern. In schweren Zeiten sind die Armen daran gewöhnt, hart zu arbeiten oder sich den Gürtel etwas enger zu schnallen und die Durststrecke durchzustehen. In dem Moment jedoch, wo Hilfsgüter verteilt werden, ergibt sich eine völlig neue Situation, in der es für eine außenstehende Organisation überaus schwierig ist, Geld, Kleidung oder Nahrungsmittel gerecht zu verteilen. Es ist eine Sache, einigen wenigen Menschen persönlich zu helfen; es ist jedoch etwas völlig anderes, für eine ganze Gegend, in der die Menschen kurz davor stehen, Christen zu werden, Unterstützungsleistungen zu erbringen.

Die guten Taten eines Einzelnen wachsen sich so schnell in organisierte Wohltätigkeit aus, deren Aktionen auf wenige Zentren beschränkt ist: Schulen, Krankenhäuser, Ausbildungsstätten für Lehrer und ähnliches. Diese Dinge sind nützliche Unternehmungen im Rahmen der Arbeit einer jeden Gemeinde. So wird einem viel größeren Personenkreis gedient. Es ist möglich, in weitaus größerem Umfang zu helfen. In diesen Dienstleistungsbetrieben finden viele Einheimische eine Anstellung. Jedoch kommt es hier und da am Rande schon zu negativen Erscheinungen. Die große Schar der Angestellten betrachten ihr diakonisches Engagement einfach als Mittel, ihren Lebensunterhalt zu verdienen - und genau zu dem ist es auch geworden. Die Unterstützungszahlungen, die sie weiterhin erhalten, wird für sie zum Grund, die Institution weiterhin aufrechtzuerhalten - und dies ist hierfür überhaupt kein Grund. Man erhält den Eindruck, die Gemeinde sei ein großes, komplexes Gebilde in zentraler Lage, anstatt daß man dabei an die Vielzahl der Gemeinden denkt, die sich in den Ortschaften dieser Gegend befinden. Hier geht der Blick für die durchdringende Evangelisation der Bevölkerung verloren und richtet sich vielmehr darauf, den Betrieb von ausgezeichneten Institutionen aufrechtzuerhalten.

Wenn sich Gemeindeleiter, die einer christlichen Bewegung vorstehen und deren Wunsch es ist, daß das ganze Volk zum Glauben kommt und dem Evangelium gehorsam wird, sich darüber Gedanken machen, wie man das Gleichgewicht zwischen gut organisierter Diakonie und dem maximalen Wachstum der Gemeinden aufrechterhalten kann, von welchen Prinzipien sollten sie sich leiten lassen? Ich möchte drei empfehlen.

1. Diakonische Dienste, die jedem in einer aufgeschlossenen Bevölkerung zugute kommen, sind für die christliche Bewegung von größerer Wichtigkeit. Im Jahre 1966 wurden im Stamm der Triv in Nigeria Kurse in biblischer Unterweisung in sehr schlichten Dorfschulgebäuden abgehalten, und das durch Christen, die keine sehr hohe Ausbildung genossen hatten. Diese Personen konnten keineswegs Gehaltsansprüche stellen, die mit denen von ausgebildeten Lehrern, die in von der Regierung anerkannten und unterstützten Grundschulen arbeiteten, verglichen werden konnten. Diese Form der biblischen Unterweisung konnte also beliebig oft bis in die Dörfer des Randgebietes des Stammes hinein stattfinden und multipliziert werden. Bei Grundschulen, bei denen vorgeschriebene Gebäudeanforderungen und standardisierte Gehaltszahlungen für Lehrer vorschrieben waren, war dies nicht möglich. Für die Ausbreitung der Gemeinde hatten die Kurse in biblischer Unterweisung weitaus größere unmittelbare Bedeutung als das Betreiben von zentral gelegenen Grundschulen. Dies will keinesfalls den Wert von Grund- und Hauptschulen im Rahmen der Ausbildung einer missionarischen Arbeit schmälern, sondern nur davor warnen, diesen Schulen nicht zu großen Wert beizulegen, wenn man in den Anfängen der gewaltigen Aufgabe steht, einen Stamm mit einer Million Menschen wie dem der Tiv in die Nachfolge zu rufen.

2. Die Dienste der jeweiligen Einrichtungen sollten der Gemeinde zugute kommen. Reine Wohltätigkeit, die hauptsächlich dem Staat, kommerziellen Interessen oder in sich geschlossenen Segmenten der nichtchristlichen Öffentlichkeit dient, ist ein Luxus, den sich die christliche Mission nicht erlauben kann. Auf diese Weise werden Christen davon abgelenkt, Nichtchristen mit Gott zu versöhnen. Solche Aktivitäten haben mit Zivilisierung, nicht mit Christianisierung zu tun und tragen nicht zum Gemeindewachstum bei. Vorausgesetzt, daß man Liebe zu den Brüdern nicht zu eng interpretiert, fordert die Bibel dazu auf, allen Menschen Gutes zu tun, *besonders jedoch den Gläubigen.*

3. Diakonie sollte der örtlichen Situation angepasst sein. Ist es möglich, daß die Gemeinden diese Aufgabe bald übernehmen können? Wird dadurch einer besonderen örtlichen Notsituation Rechnung getragen? Werden Einheimische selbst beginnen, auf diesem Gebiet etwas zu unternehmen, wenn nichts getan wird? Wird damit einer aktuellen Notsituation entsprochen, oder hat sogar die Regierung bereits begonnen, auf diesem Gebiet aktiv zu werden und die

Gemeinde dadurch sozusagen entlastet, weitere, dringlichere Aufgaben anzugehen?

Das Hauptziel der Diakonie sollte es sein, die Gemeinde dabei zu unterstützen, für das Evangelium offene Völker in die Nachfolge zu rufen - nicht nur, den bereits existierenden Gemeinden einfach dabei zu helfen, in Ballungszentren Schaufenster zu errichten.

Sind Volksbewegungen wirklich christlich?

Wer Gemeindewachstum studiert, wird sich fragen, ob Volksbewegungen eigentlich christlich sind. Verbreiten wir hier nicht etwas Unbiblisches? Besteht denn nicht die große Gefahr, daß wir bei Volksbewegungen an den hohen Maßstäben, die unsere Denomination aufgestellt hat, als sie sich vom Namenschristentum distanziert hat, Verrat begehen?

Diese Fragen haben ihre Berechtigung. Um eine Antwort zu finden, sollten wir uns direkt an die Bibel wenden und uns ihrer Autorität in dem unterstellen, was sie über die Evangelisation von ganzen Stämmen zu sagen hat. Gleich zu Beginn sehen wir, daß das ganze Alte Testament die Geschichte von Gottes Handeln mit Völkern darstellt. Gott rief das *Volk* der Hebräer, die Kinder Israel, die zwölf Stämme, aus Ägypten heraus. Immer wieder züchtigte er sie gesamthaft, als *Gruppe von Volksstämmen*. Immer wieder trafen sie gemeinsame Entscheidungen, taten Buße über ihre Sünden und schlossen mit Gott einen Bund, ihm nachzufolgen.

Wenn wir das Neue Testament betrachten, sehen wir, daß Christen in Matthäus 28, 19 dazu aufgefordert werden, Völker (ethne) in die Nachfolge zu rufen. In Hindi, der Nationalsprache Indiens, lautet dieser Text so: *Sab jatiyan ko chela karo*, das bedeutet "machet die Kasten zu Jüngern". Dies ist eine viel genauere Wiedergabe des griechischen Ausdrucks wie das gebräuchliche "macht zu Jüngern alle Nationen". Was unser Herr sagte, war genaugenommen das: "Ruft die Volksstämme" zum Glauben, die Kasten und die Familien der Erde. Genauso wie die jüdischen Stämme das Volk Gottes ausmachten, so sollten die vielen heidnischen Volksstämme zum Volk Gottes werden.

In den ersten zehn Kapiteln der Apostelgeschichte lesen wir zahlreiche Berichte darüber, wie Menschen in großer Zahl Christen wurden. Im Neuen Testament stoßen wir wiederholt auf Fälle, wie sich ganze Familien - griechisch *oikos* - bekehren. Wenn wir einmal das *oikos*-Modell als solches betrachten, stellen wir fest, daß es eine wichtige Form ist, wie im Neuen Testament das Wachstum der Gemeinde beschrieben wird. Christen aus den Reihen der Baptisten haben dies eher zögernd anerkannt, weil dies ihre Überzeugung gefährden könnte, daß nur Gläubige durch Untertauchen getauft werden sollten. Das *oikos*-Modell hat jedoch gar nichts damit zu tun, wer getauft wird. Was wir lesen ist dies: Ungläubige wurden zu Christen, und zwar Familie nach Familie. Wann sie dann genau getauft wurden, ist eine andere Frage. Je mehr wir uns dem Neuen Testament stellen, desto eher werden wir uns über oikos- und multi-individuelle Bekehrungen freuen.

Die gewaltige Volksbewegung im Neuen Testament

Die meisten Menschen aus der westlichen Welt lesen das Neue Testament durch die Brille von stark individualistisch geprägten Gemeinden und Bibelauslegern. Die Vorstellung, die sie sich von Bekehrung und christlicher Entscheidung gemacht haben, ähnelt sehr stark der Erfahrung, die sie selbst in Chicago, Toronto oder Berlin gemacht haben. Es ist jedoch äußerst unwahrscheinlich, daß sich die Art, wie die Gemeinde in der so verschiedenartigen Gesellschaft des römischen Reiches gewachsen ist, sich mit dem Gemeindewachstum im heutigen Europa oder Nordamerika vergleichen läßt. Einmal deshalb, weil diejenigen, die sich damals bekehrten, in der Hauptsache Analphabeten waren, während heute die meisten Menschen in der westlichen Welt eine gute Schulbildung genossen haben. Diejenigen, die sich damals dem christlichen Glauben anschlossen, haben vorher rein nichts von Christus gewußt. Die meisten von denjenigen, die sich heute in der westlichen Welt den dortigen Gemeinden anschliessen, sind die Kinder von christlichen Familien. Es ist fraglich, ob jemals während der Zeit, zu der das Neue Testament verfaßt wurde, eine Gemeinde ein Versammlungslokal erbaute. Heute finden sich Sakralbauten - genannt Kirchen - überall. In der damaligen Zeit hatten die Frauen nur sehr wenige Rechte. Familienangelegenheiten wurden von den Vätern entschieden. Heute sind die Frauen in der westlichen Welt gleichberechtigt, und die Kinder tun, was sie wollen. Damals betrachtete sich jede Volksgruppe als eine besondere Rasse und sprach ihre eigene Sprache oder ihren eigenen Dialekt. Timotheus sprach zweifellos fließend den örtlichen Dialekt in Galatien. Er beherrschte diesen Dialekt besser als das Koine-Griechisch. Es ist fraglich, ob er überhaupt Aramäisch beherrschte. Heute spricht jedermann in Deutschland Deutsch, in England Englisch, und in Amerika Amerikanisch (wie die Engländer sagen).

In *The Bridges of God* beschrieb ich im 3. Kapitel die Volksbewegung, die im Neuen Testament erwähnt wird. Ich schrieb dieses Kapitel nicht deshalb, um mit der Bibel zu belegen, daß das Konzept der Volksbewegungen seine Berechtigung hat, sondern einfach darum, weil das Neue Testament uns ein gutes Beispiel einer Volksbewegung nennt. Dieser Bericht ist jedermann frei zugänglich und kann nach Belieben studiert werden. Wenn wir einmal die eng verflochtene soziale Struktur der jüdischen Gesellschaft zur Zeit von Jesus verstanden haben, so können wir unmöglich daran vorbeigehen, daß das neutestamentliche Gemeindewachstum in der Form von Volksbewegungen stattfand. Die Missionsreisen von Paulus - ganz anders als diejenigen von heutigen Missionaren -, sind typisch dafür, wie eine Bewegung sich innerhalb einer städtischen Bevölkerungsgruppe oder einem Volksstamm in ländlichen Gebieten ausbreitet, wobei das natürliche Beziehungsnetz und die verwandtschaftlichen Verflechtungen der einzelnen Familien miteinander eine große Rolle spielen.

Wenn wir darüber nachdenken, ob Volksbewegungen ihre Berechtigung haben oder nicht, so gewinnt die Tatsache, daß das Neue Testament eine solche Volksbewegung beschreibt, besonderes Gewicht. Wenn es beispielsweise für die Synagoge in Beröa möglich war, sich für Christus zu entscheiden und sich innerhalb weniger Tage zu einer Gemeinde zu formieren, dann ist das Handeln einer ganzen Gemeinschaft mit Sicherheit ein rechtmäßiger Weg, sich der christlichen Gemeinde anzuschließen. Der Bericht dieser schnellen Entscheidung einer beträchtlichen Anzahl von Familien, sich dem christlichen Glauben anzuschließen (Apg 17, 10-14), erinnert trotz seiner Knappheit verblüffend stark an eine multi-individuelle, im Konsens beschlossene Bekehrung. Sie akzeptierten nicht nur, daß Jesus der Messias war, sondern auch, daß Griechen Christen werden konnten, ohne sich beschneiden zu lassen. Trotz der fanatischen Juden aus Thessalonich, die zu ihnen gekommen waren, entschlossen sie sich, eine christliche Gemeinde zu bilden. Und dies alles geschah in den wenigen Tagen, die eine mündlich übersandte Mitteilung brauchte, um von Beröa nach Thessalonich zu gelangen, und für die Zeitspanne, die die Juden benötigten, um ihre Gesandten herbei zu schicken.

Eingegangene und gut flankierte Volksbewegungen

Die meisten Einwände gegen Volksbewegungen kommen aus den Reihen derjenigen, die erlebt haben, wie solche Bewegungen wieder zum Stillstand gekommen und vernachlässigt worden sind. Es ist leicht, solche von Gott gegebenen Bewegungen falsch zu behandeln - ganz besonders dann, wenn man aus stark individualistisch geprägten Ländern kommt. Dies führt dann dazu, daß es zu einer Karikatur der christlichen Gemeinde kommt.

Gott gewährt es manchmal seinen Dienern, in der missionarischen Pionierphase den faszinierenden Beginn einer Volksbewegung mitzuerleben. Wenn sie die ersten Anzeichen einer solchen Bewegung übersehen, so besteht die Gefahr, daß die entstehenden Gemeinden in Unwissenheit und Namenchristentum stecken bleiben und nicht im Glauben gegründet werden. Der Fehler liegt dabei nicht so sehr an der Art und Weise, wie Nichtchristen zum Glauben gekommen sind, sondern eher an dem Versagen der Hirten. Christliche Volksbewegungen erfordern besondere Fürsorge. Je größer die soziale und intellektuelle Distanz zwischen den Missionaren und der Bevölkerung, der sie dienen, ist, desto größer ist die Gefahr, mit diesem Geschenk Gottes falsch umzugehen.

Dies unterstreicht jedoch nur die wichtige und erfreuliche Tatsache, daß eine kompetent und mit Sachkenntnis flankierte Volksbewegung einen durch und durch christlichen Charakter hat. Wir möchten nun vier Kennzeichen einer gut angeleiteten christlichen Volksbewegung betrachten.

Vier Kennzeichen

Erstens: Gleich zu Beginn sagen sich die Bekehrten gemeinsam von anderen Göttern los, von ihrem Götzendienst, ihren Tempeln, ihren Priestern und ihren Ritualen. Dieses Lossagen beinhaltet in der Regel das Zerstören der religiösen Geräte und Symbole. Fetische werden verbrannt. Götzenstatuen werden in den Dorfteich geworfen. Heilige Tauben werden geschlachtet und verspeist. Amulette und magische Schnüre werden abgelegt und weggeworfen. In einem Aufeinanderprallen der Mächte erweist sich der Öffentlichkeit, daß Jesus der Herr der Herren ist. Auf diese Weise werden die Bindungen der Gläubigen gebrochen und sie werden dazu befreit, ihrem Gewissen zu folgen.

George Vicedom beschreibt sehr lebendig einen formellen Akt einer solchen Lossagung. Die folgenden Zeilen vermitteln einen Eindruck, wie tief der Einschnitt einer gemeinschaftlichen Umkehr ist:

"Die verschiedenen Volksstämme waren durch die jeweiligen Häuptlinge vertreten. ..Jeder hatte einige kleine Stücke Holz in der Hand und sagte: 'Der Name dieses Holzstückes ist Krieg. Früher haben wir Kriege gegeneinander geführt ... und uns umgebracht. Seit wir das Wort Gottes haben, ist der Frieden zu uns gekommen ... Was wollt ihr also? Sollen wir weiterhin Kriege führen ... oder in Frieden leben?' Das Volk antwortete: 'Wir wählen den Frieden.' Der Häuptling fuhr fort: 'Seht her, genauso wie ich dieses Stück Holz wegwerfe, werfen wir alle den Krieg weg.' Das Volk antwortete: 'Wir werden nicht mehr töten.'

Auf dieselbe Weise trennte man sich nacheinander für immer von Zauberei, Kindermord, Diebstahl, Ehebruch, dem Gebet zu den Vorfahren und so weiter (Church and People, 19).

Zweitens: Die Bekehrten nehmen gemeinsam Christus als ihren Herrn und Erlöser an, schließen sich seinem Volk an und halten sich von nun an zur Gemeinde. In Volksbewegungen, die gut versorgt sind, errichten die neuen Christen ein Versammlungslokal und verpflichten sich, sich dort zu versammeln, von der Bibel zu hören und zu lernen, ihre Kinder dorthin zur regelmäßigen Unterweisung zu schicken, Lieder und Bibeltexte auswendig zu lernen und sich finanziell am Leben der Gemeinde zu beteiligen.

Drittens: Aus den Reihen der frisch Bekehrten werden Leiter herangebildet, so daß die neuentstandenen Gemeinden zum frühestmöglichen Zeitpunkt von eigenen Pastoren, Diakonen, Ältesten und Lehrern geleitet werden kann. J.T. Seamands schreibt die gesunde Entwicklung der methodistischen Kirche in Südindien (von 95.000 Mitgliedern wuchsen sie auf 190.000 in zwanzig Jahren) der gründlichen Ausbildung von Leitern aus den Reihen der Laien zu.

Viertens: Es wird dazu angehalten, daß regelmäßige Gottesdienste nicht nur am Sonntag, sondern auch während der Woche - sooft wie möglich - stattfinden. Es ist zu beobachten, daß diejenigen Volksbewegungen in Indien, wo täglich Gottesdienste stattfanden, weitaus schneller geistlich reiften wie diejenigen, wo sich die Christen nur jeweils am Sonntag zum Gottesdienst trafen. In Gemeinden, in denen am Sonntag zwei Gottesdienst stattfanden - am Morgen und am Abend - war mehr christliche Dynamik zu finden wie in Gemeinden, in denen nur ein Abendgottesdienst stattfand. In Gottesdiensten, die stark liturgisch geprägt sind, wird besonderer Wert auf die Schriftlesungen gelegt. Aus diesem Grunde eignet sich diese Gottesdienstform besonders für Gemeinden, in denen viele Mitglieder weder lesen noch schreiben können. Hier lernen alle Christen als Teil ihrer katechetischen Unterweisung ganze Textpassagen auswendig. Je mehr diese Texte wiederholt im Gottesdienst vorkommen, desto tiefer prägen sie sich ihnen ein. Ihr Charakter beginnt sich mehr und mehr von christlichen Tugenden prägen zu lassen. Auf diese Weise ist es auch möglich der Gemeinde beizubringen, sich regelmäßig finanziell am Gemeindeleben zu beteiligen. Dies alles gehört zu diesem vierten Kennzeichen.

Eine Volksbewegung führt zum Entstehen eifriger Gemeinden. Daher gewinnen diese vier genannten Kennzeichen sofort an praktischer Bedeutung. Während der ersten Monate nach ihrer Bekehrung sind Christen in der Regel in hohem Maße bereit, Unterweisung anzunehmen. Sie sind begierig zu lernen, wie man als Christ lebt. Wenn sie natürlich während der ersten Jahre ihres Christseins vernachlässigt werden, beginnen sie sich an ein oberflächliches Namenschristentum zu gewöhnen. In einem solchen Fall ist es umso schwieriger, daß ihnen solche außerordentlich wichtigen Gewohnheiten wie regelmäßiger Gottesdienstbesuch, beständige Lernbereitschaft, Anbetung und finanzielle Opferbereitschaft in Fleisch und Blut übergehen.

Die erste Hingabe und moralische Veränderung

Es ist möglich, gleich zu Beginn des Lebens als Christ sich von Trunksucht, Rassenstolz, Drogenmißbrauch, Kindermord, Polygamie und Spielsucht loszusagen. In manchen Fällen geschieht das nicht. Dort, wo dies jedoch geschieht, sollten solche Handlungen als Wirken des Geistes betrachtet werden. Damit sind keine gesetzlich verengten Anforderungen gemeint, die ein Ungläubiger zuerst erfüllen muß, bevor er Christ werden darf. Das Evangelium ist die gute Nachricht von der sich frei schenkenden Gnade Gottes. Es gibt keinerlei Gesetzesvorschriften oder moralische Schranken, die jemand zuerst überwinden müßte, bevor er sich in die Gegenwart des Erlösers wagen darf.

Einer der Fehler, den Gemeindeleiter begehen, denen die Reinheit der Christen sehr am Herzen liegt, ist es, von denjenigen, die aus heidnischem Hintergrund kommen und gerne Christen werden möchten, mehr zu verlangen als nötig. Wer erwartet, daß diese Menschen, bevor sie den Heiligen Geist empfangen haben oder getauft wurden, einen Lebenswandel an den Tag legen, der noch nicht einmal im Leben von guten Christen der westlichen Welt zu beobachten ist, die jedoch schon seit 20 Generationen zur Kirche gehören, verlangt zuviel. Um sicher zu gehen: Es ist kein Fehler, moralische Reinheit zu wünschen. Davon kann es gar nicht genug geben. Der Heilige Geist wird Menschen reinigen, wenn er in ihnen wohnt. Der Fehler liegt darin, nach Erweisen von Früchten des Geistes zu verlangen, bevor die Menschen überhaupt Nachfolger von Christus geworden sind.

Wir sollten jedoch nicht zögern hinzuzufügen, daß jede neue Gruppe innerhalb einer Volksbewegung unter einem für das Evangelium offenen Volk außerordentlich dafür offen ist, sich neue Formen der Lebensführung anzueignen. Wenn die neuentstandenen Gemeinden es wünschen - oder dazu angehalten werden können -, daß Alkohol verboten wird, man sich neu verbrüdert, die Spielsucht aufgegeben wird, ihre Sklaven befreit werden, Tabak geächtet wird, den Frauen Gleichberechtigung verliehen oder die Waffen verbrannt werden, während sich die Bewegung in vollem Gange befindet, würde es sündhaft und dumm sein, diese guten Aktionen nicht zu unterstützen. Genauso sündhaft und dumm würde es jedoch sein, Gruppen, die bereit sind, alle vier oben beschriebenen Dinge zu befolgen, die Taufe zu verwehren, weil sie weiterhin am Biertrinken und Rauchen festhalten wollen. Die Faustregel sollte es sein, alle moralischen Reformen, die irgend möglich sind, zu unterstützen. Wir wollen uns jedoch daran erinnern, daß es sich hier nicht um unerläßliche Voraussetzungen handelt, ein Leben als Christ zu beginnen, und so sollten wir niemals eine gesunde Bewegung mit gesetzlich engen Forderungen zum Erliegen bringen. Wir müssen dem Heiligen Geist mehr Vertrauen entgegenbringen, mehr als die meisten von uns dies bisher getan haben.

18

Verschiedene Volksbewegungen und der Umgang mit ihnen

Für gewöhnlich wird der Fehler begangen, daß man annimmt, Volksbewegungen seien sich alle ihrem Wesen nach gleich und würden ausschließlich unter primitiven Völkern auftreten. Unter Volksbewegung stellt man sich dann in etwa vor, daß damit die Art und Weise gemeint ist, wie die südindischen Parias, die äthiopischen Wallamos oder die mexikanischen Tseltals Christen geworden sind. Wenn erst einmal dieses Klischee das Denken geprägt hat, kann man leichtfertig argumentieren, daß die Bewegung, die wir im Neuen Testament beschrieben sehen, gar keine Volksbewegung war. Und, so fährt man dann fort, da es ja nur eine geringe Anzahl von primitiven Völkern auf der Welt gibt, ist das Prinzip der Volksbewegung in der weltweiten Mission auf allen sechs Kontinenten von untergeordneter Bedeutung.

Wenn wir jedoch das Prinzip der Volksbewegungen verstehen möchten, müssen wir zur Kenntnis nehmen, daß es viele verschiedene Formen von Volksbewegungen gibt, die jeweils in ihrer Art der Bevölkerung, in der sie auftreten, angepaßt und von ihr geprägt sind. Wir haben schon betont, daß Menschen gerne Christen werden, ohne dabei Stammesgrenzen, Rassen-, Klassen- oder Sprachbarrieren überschreiten zu müssen. Der Mensch liebt es, in der Gruppe, in der er sich zuhause und geborgen fühlt, Christ zu werden. In Bevölkerungen, die für das Evangelium offen sind, kommt es leicht zu Volksbewegungen, wenn dieser prinzipiellen Tatsache Rechnung getragen wird und man sich darum bemüht, daß die Menschen auf multi-individuelle Weise Zugang zur Gemeinde finden können. Es ist eine Tatsache, daß Männer und Frauen aus jeder Gesellschaftsschicht, ob aus der Stadt oder vom Land, hochzivilisiert oder primitiv, gebildet oder ungebildet, im Rahmen von Volksbewegungen zum Christentum finden können. Die Form, wie eine Volksbewegung innerhalb einer bestimmten Gesellschaft auftreten wird, kann allerdings von Fall zu Fall verschieden sein.

Eine Volksbewegung, die unter einer eher stolzen, selbstbewußten Bevölkerung entsteht, wird sich schlecht mit einer Bewegung vergleichen lassen, die aller

Wahrscheinlichkeit nach in einer Bevölkerungsgruppe auftritt, deren Verhalten eher von Demut und Unterwürfigkeit geprägt ist. Eine Volksgruppe, die in ständigem Kontakt mit der modernen hochzivilisierten Welt steht, wird den Zugang zum christlichen Glauben auf andere Weise finden als die Volksstämme in Papua Neuguinea. Man könnte es sich durchaus vorstellen, daß die US-amerikanischen Juden - sicherlich eine der modernsten und aufgeschlossensten Kulturgruppen - sich dem Christentum öffnen würden und dabei ihre kulturelle jüdische Identität bewahren würden. Um dies jedoch zu erreichen, würde diese Volksbewegung sicherlich Formen annehmen müssen, die sich nicht mit denen von nicht-jüdischen, heidnischen Volksbewegungen vergleichen liessen. Eine solche Bewegung würde sich sehr stark von solchen unter den Malas und Madigas im indischen Bundesstaat Andhra Pradesh unterscheiden und dabei dennoch eine gültige Form einer christlichen Volksbewegung bleiben.

Widerstand hat hauptsächlich soziale Ursachen

Ich möchte hier nochmals meine These wiederholen: Die meiste Gegnerschaft gegen das Christentum beruht nicht auf theologischen, sondern auf sozialen Gründen. Jeder Mensch hat Mühe, sich von seinen eigenen Leuten zu lösen und sich einer anderen Gruppierung anzuschliessen. Hier spielen die Gefühle eine große Rolle: Sie verspüren Angst und Abneigung. Um diese Gefühle mit handfesten Gründen zu untermauern verkünden sie, sie würden das Christentum deshalb ablehnen, weil sie darin eine oder mehrere theologische Schwächen entdeckt hätten. Moslems sagen beispielsweise, daß es gotteslästerlich sei zu behaupten, Gott habe einen Sohn. Dieser theologische Einwand war jedoch für Zehntausende von indonesischen Moslems wie weggeblasen, als sie herausfanden, daß sie Christen werden konnten, ohne dabei ihr Volk zu verraten. Man sollte nun aber nicht meinen, theologische Einwände seien reine Vernünfteleien. Es kann jedoch kaum bezweifelt werden, daß theologische Einwände viel zu stark überbewertet worden sind. Wenn es für Juden möglich wäre, Christen zu werden, ohne dabei ihre jüdische Identität zu verlieren, so würden damit viele ihrer theologischen Schwierigkeiten - um es vorsichtig auszudrücken - auf ein Minimum reduziert werden. Petrus, Jakobus und Johannes waren sich dieser Tatsache sehr wohl bewußt.

Äussere Bedingungen wie das Maß an Enttäuschung, Entfremdung, Unterdrückung und gesellschaftlichen Spannungen bestimmen ebenfalls eine christliche Volksbewegung, die in einer Volksgruppe möglicherweise entsteht. Eine Kulturgruppe, die sich zum Beispiel in den letzten Stadien der Auflösung befindet, könnte sich auf keinen Fall so verhalten wie die Isländer, deren Begegnung mit Christus im ersten Kapitel dieses Buches berichtet wurde. Die Angehörigen eines unterdrückten Stammes wie etwa der Chamars in Indien werden vom Christentum mächtig angezogen, ihre extreme wirtschaftliche und soziale Abhängigkeit von den höhergestellten Kasten behindert sie jedoch darin, etwas zu unternehmen. Die Bewegungen unter den nordindischen Chamars hatten eine andere Prägung als diejenigen, die unter den animistischen Stämmen im Bundesstaat Assam auftraten. Eine Volksgruppe, die nur 5 Prozent der Gesamtbevölkerung ausmacht, kann sich nicht genau so verhalten wie eine Volksgruppe, die 95 Prozent der Gesamtbevölkerung stellt.

Wenn eine für das Evangelium empfängliche Kaste in größeren Siedlungen (zwischen 40 und 100 Häusern pro Dorf) lebt, fällt es den Angehörigen dieser Kaste offenbar leichter, sich dem Christentum anzuschliessen und Gemeinden zu bilden als dann, wenn die Siedlungsgröße der Kaste geringer ist. Eine solche Volksgruppe hat weniger Angst vor Bevormundung durch Großgrundbesitzer, und es entstehen unter ihnen auch leichter zahlenmäßig größere Gemeinden, die sich leichter anleiten lassen und einen ausschließlich einheimischen Dienst besser unterstützen können als winzige Gemeinden von jeweils drei oder vier Familien pro Dorf.

Die Zufriedenheit der unterschiedlichen Bevölkerungsgruppen Nordamerikas mit ihrer eigenen Situation variiert stark. Jede Bevölkerungsgruppe ist mehr oder weniger leicht für das Evangelium zu gewinnen. Einwanderer der ersten Generation sind in aller Regel viel leichter zu gewinnen als die der dritten oder vierten Generation. Jedes Bevölkerungssegment (einschließlich der vielen unterschiedlichen Bevölkerungssegmente unter der länger ansässigen weißen Bevölkerung) muß im Hinblick auf Probleme und Chancen für multi-individuelle Bekehrungen gesondert betrachtet werden. Bewegungen, die innerhalb von homogenen Gruppen nach dem Muster der Kettenreaktion ablaufen, lassen sich kaum vergleichen.

Die bedeutenden Hinwendungen großer Bevölkerungsteile Asiens, Afrikas und Südamerikas zum christlichen Glauben, die wir noch zu erwarten haben, werden die Form von Volksbewegungen annehmen. Es ist unvorstellbar, daß irgendeine Form individualistischer Evangelisation nach dem Muster "Einer gegen alle" stark genug sein könnte, die Kasten Indiens und die Millionenstädte Chinas und Japans mit dem Segen der Versöhnung mit Gott in Christus in Berührung zu bringen. In den kommenden Jahren werden ganze Familien, ganze Gruppen von Familien Christen werden, und zwar ohne soziale Entfremdung und innerhalb ihrer angestammten Kultur, in der sie ihren gewohnten Lebensstil beibehalten können. Sie werden ausreichend geschult sein und den christlichen Glauben an andere weitervermitteln. Mit anderen Worten: Sie werden innerhalb von Volksbewegungen zu Christus und zum Glaubensgehorsam finden. Hierin liegen die großen Stärken der Volksbewegungen. Die Volksbewegungen der Zukunft werden sich allerdings, um es nochmals zu unterstreichen, von denen Volksbewegungen unter den Uraons und Mundas in der Nähe Kalkuttas oder der Bewegung unter den Massai Kenias, die im Jahre 1980 ihren Anfang nahm, unterscheiden.

Ein großer Durchbruch in der Evangelisation hochzivilisierter Völker - im Westen wie im Osten - wird dadurch erwartet, daß praktikable und annehmbare Wege und Möglichkeiten für Menschen dieser Kulturen gefunden werden, Nachfolger Christi zu werden. Canjanam Gamaliel, ein lutherischer Pfarrer der dritten Generation im indischen Bundesstaat Kerala, vertritt die Meinung, daß die Kasten Indiens als "Gottes vorsorgliche Bewahrungsordnung" gesehen werden sollten. Er ist ein Verfechter der Auffassung, daß es nicht notwendig ist, dieses soziale Gefüge, diese vorsorgliche Bewahrungsordnung, zu durchbrechen, wenn jemand Christ werden möchte. Er schlägt vor, daß Gemeinden und Missionsgesellschaften ohne Zögern Gemeinden innerhalb von allen Kasten gründen sollten. Diese entstehenden Gemeinden würden für eine gewisse Zeit dann nur aus Mitgliedern einer einzigen Kaste oder einem einzigen Segment der weltweiten Gemeinde bestehen (Kerala).

Sein Vorschlag deckt sich mit der missionarischen Praxis in Indien während den Jahren 1705 und 1820. Seit 1820 jedoch bis heute wird genau das Gegenteil gemacht. Dieser Vorschlag würde es möglich machen, daß große christliche Volksbewegungen innerhalb der indischen Kasten entstehen. Gamaliel ist überzeugt, daß dadurch, daß Menschen Christen werden und die Bibel als einzige Heilige Schrift anerkennen, die religiösen Sanktionen unwirksam werden, auf die sich das hinduistische Kastensystem stützt. Wenn aber erst einmal die religiösen Sanktionen abgeschafft sind, würden sich die Kastenunterschiede und die gegenseitige Entfremdung der Volksgruppen voneinander allmählich auflösen, während die reiche indische Kultur aufrechterhalten bleiben könnte. Wenn der Vorschlag von Gamaliel in die Praxis umgesetzt würde, würde das dazu führen, daß neue und interessante Volksbewegungen entstehen. Unabhängig davon, ob bestehende Gemeinden und Missionsgesellschaften sich seinem Vorschlag anschließen oder nicht, ist es sehr wahrscheinlich, daß sich auf diese Weise vollständig einheimische Gemeinden innerhalb der indischen Kasten herausbilden werden, vergleichbar mit dem Entstehen der unabhängigen Gemeinden in Afrika.

Verschiedene Arten von Volksbewegungen

Die Kunst, Volksbewegungen zu klassifizieren, steckt noch immer in den Kinderschuhen. Man muß deutlich vor Augen haben, daß es Hunderte von verschiedenen Formen von Volksbewegungen gibt. Schon allein die Tatsache, daß wir die verschiedenen Formen von Volksbewegungen mit einer entsprechenden Bezeichnung benennen, wird uns dabei helfen, unsere Aufgabe klarer zu sehen und die Schwierigkeiten und Chancen besser einschätzen zu können. Unterscheidungen haben nur dann einen Sinn, wenn sie uns dabei helfen, unsere Aufgabe - Menschen in die Nachfolge von Christus zu rufen - besser zu erfüllen. Als Einstieg in die Thematik will ich einmal vier verschiedene Formen der Volksbewegungen beschreiben, die voneinander unterscheidbar sind. Die Verschiedenartigkeiten ergeben sich hauptsächlich dadurch, daß wir die dadurch entstandenen Gemeinden - die jeweils unterschiedlicher Natur sind - zum Ausgangspunkt unserer Unterscheidung machen. Zum Abschluß werde ich noch auf eine fünfte Form eingehen, die Familienbewegungen. Ich tue dies im Bewußtsein, daß diese Liste nicht vollständig ist. Ich kann nicht sagen, wieviele verschiedene Formen von Volksbewegungen existieren. Es können - statt der beschriebenen fünf- auch fünfzig oder einhundertfünf sein.

1. Das "Lydda-Modell"

"Und es sahen ihn alle, die in Lydda und Saron wohnten, und bekehrten sich zum Herrn." (Apg 9,35)

In einer Lydda-Bewegung schließt sich eine ganze Volksgruppe vollständig dem Christentum an. Die Denomination der *United Presbyterians* haben im indischen Bundesstaat Punjab eine solche Lydda-Bewegung unter den Chudras erlebt. Innerhalb von fünfzig Jahren wurden Hunderte von Chudra-Dörfern christlich, wobei die Dorfstrukturen erhalten blieben. James Sunda beschreibt eine Bewegung, die auf der anderen Seite der Welt, in Irian Jaya, aufgetreten war, als "Klanbewegung". Unter dieser Bezeichnung berichtet er von einer Bewegung unter dem Stamm der Uhundunis: "In Ilaga leben 1.400 Uhundunis, 3.100 leben im Beoga Tal. Fast alle Erwachsenen in beiden Tälern sind getauft worden" (West New Guinea, 18).

2. Das "Lystra-Modell"

"Und es kamen Juden aus Antiochien und Ikonion [nach Lystra] und überredeten das Volk und steinigten Paulus und schleiften ihn zur Stadt hinaus, weil sie meinten, er wäre gestorben. Als sich aber seine Jünger um ihn ringten, stand er auf und ging in die Stadt. Und am nächsten Tag ging er mit Barnabas nach Derbe." (Apg 14,19f.)

In einer Bewegung nach dem Modell von Lystra wird ein Teil der Menschen Christen, der Rest der Bevölkerung wendet sich jedoch feindselig gegen das Christentum. Die Volksbewegung führt hier durch Verschlossenheit, aufkommenden Widerstand oder auch durch Fehlverhalten des Evangelisten zu einer Spaltung der Volksgruppe. Bewegungen nach dem "Lystra-Modell" sind weitaus häufiger als Bewegungen nach dem "Lydda-Modell". Wenn eine Bewegung nach dem "Lystra-Modell" jedoch richtig geführt wird, so kann daraus durchaus eine Bewegung nach dem "Lydda-Modell" werden.

3. Das "Laodizea-Modell"

"Und dem Engel der Gemeinde in Laodizea schreibe: . . . Ich weiß deine Werke, daß du weder kalt noch warm bist. Ach daß du kalt oder warm wärst! Weil du aber lau bist und weder kalt noch warm, werde ich dich ausspeien aus meinem Mund." (Offb 3,14-16)

Eine Bewegung nach dem "Laodizea-Modell" verlangsamt sich und stagniert. Namenschristentum bestimmt die Prägung. Die erste Liebe geht verloren, und es entsteht die Karikatur einer christlichen Gemeinde. In der Regel ist dies die Folge eines Versagens, die neugewonnenen Christen pastoral zu begleiten oder mit ihnen Schritte in der Nachfolge von Christus zu gehen. Das entscheidende Moment, eine Volksbewegung zu motivieren und zu stärken, ist es, größten Wert auf die persönliche Betreuung und Begleitung der Christen nach der Taufe zu legen. Ohne diese Fürsorge kann eine solche Bewegung verhungern, stagnieren und letztlich Laodizea ähneln.

4. Das "Ephesus-Modell"

". . . Paulus . . . kam nach Ephesus und fand einige Jünger. Er fragte sie: Habt ihr den Heiligen Geist empfangen, als ihr gläubig wurdet? Sie antworteten ihm: Wir haben noch nicht einmal davon gehört, daß es einen Heiligen Geist gibt. Er fragte sie: Worauf seid ihr denn getauft? Sie antworteten: Auf die Taufe des Johannes. . . . Da sie das hörten, ließen sie sich taufen auf den Namen des Herrn Jesus." (Apg 19,1-7)

Eine Bewegung nach dem "Ephesus-Modell" stellt eine unregelmäßige Erscheinungsform einer christlichen Gemeinde dar, die unter Menschen entsteht, die tatsächlich vom Heiligen Geist dazu hingezogen werden, Jesus nachzufolgen, die dies jedoch auf einer unvollständigen oder manchmal sogar etwas verdrehten Lehrgrundlage über das Christentum tun. Diese unüblichen Gemeindeformen entstehen oft als Vorläufer von herkömmlichen Gemeinden. Aus dem Blickwinkel gesunder Gemeinden scheinen diese autonomen Gemeindebewegungen mit schwerwiegenden Mängeln behaftet zu sein. Wir können sicher sein, daß noch viele solcher Bewegungen in Zukunft entstehen werden. Wir denken hier etwa an die 8.000 verschiedenen Denominationen von unabhängigen Gemeinden in Afrika, an die *Congregacao Crista* und andere einheimische Gemeinden Brasiliens, an die *Spirit of Jesus Church* in Japan und viele andere. Ob diese Bewegungen nun eher orthodox oder eher häretisch geprägt sind, so sind sie doch Formen von Volksbewegungen, die für die christliche Mission Problem und Herausforderung zugleich darstellen.

Familienbewegungen

Eine fünfte, sehr wichtige Form von Volksbewegungen sind die Familienbewegungen. In den Vereinigten Staaten und Kanada ist es überall zu beachtlichen Bewegungen gekommen, wobei sich der christliche Glaube über die Verwandtschaftsbeziehungen von Christen ausbreitete. Diese Bewegung blieb selten ausschließlich auf die nächsten Verwandten beschränkt. Die Gemeinschaften der Einwanderer aus Schottland, Irland, Schweden, Deutschland und Wales bildeten jedoch häufig den Nährboden für die Entstehung ganzer Denomination. Eine wertvolle Beschreibung und Anwendung der Theorie von der Familienbewegung ist von Win Arn und seinem Sohn, Charles geschrieben worden. Dieses Buch, *The Master's Plan for Making Disciples*, sollte im Zusammenhang mit diesem Kapitel gelesen werden.

Unter den portugiesisch- und spanischsprechenden Volksgruppen in Lateinamerika existieren keine Kasten oder Stämme, die Bevölkerung ist jedoch sehr eng durch Verwandtschaftsbeziehungen verbunden. Überall existieren Großfamilien. Das Stammesleben ist überall auf der Welt im Abnehmen begriffen. Es wird jedoch nicht durch den individualistischen Lebensstil ersetzt, sondern durch Gemeinschaften mit einem intensiven Familienleben. Auch wenn das Kasten- und Stammeswesen längst der Vergangenheit angehören, so können wir hier überall ein gesellschaftliches Netzwerk, das über Blutsverwandschaften und Heiratsbeziehungen miteinander verknüpft ist, beobachten.

In manchen Familien der westlichen Welt werden die Familienbeziehungen sehr ernst genommen. Die meisten Menschen in der westlichen Welt kennen jedoch schon ihren eigenen Cousin zweiten oder dritten Grades nicht mehr. Von Zeit zu Zeit kommt es vor, daß man seine Nichten, Neffen und unmittelbaren Verwandten einmal besucht, aber man kümmert sich eigentlich wenig darum, was diese Verwandten eigentlich tun. In individualistisch geprägten Gesellschaften von hoher Mobilität sind diejenigen, mit denen die engsten Verbindungen bestehen, kaum die eigenen Verwandten. Familienbeziehungen werden in den wenigsten Fällen gepflegt.

In den meisten Teilen der Welt nehmen die familiären Beziehungen eine ungeheuer hohen Stellenwert ein. Jeder kennt nicht nur die eigenen Brüder, Schwestern, Eltern und Großeltern und pflegt engen Umgang mit ihnen, sondern auch die Cousins, Onkel, Tanten, Großonkel und Großtanten, Schwägerinnen, Schwiegermütter, Paten, Großnichten, Großneffen und viele andere. In der Welt, in der sie leben, sind das die Menschen, die zählen. Sie können erwarten, zu jeder Zeit in ihren Wohnungen übernachten zu können. Sie gehören ja zusammen. Die Verwandten werden sie vor Ungerechtigkeiten schützen, ihnen zu einer Arbeit verhelfen oder sie dabei unterstützen, eine Ehefrau oder einen Ochsen auszusuchen, gesetzt den Fall ihnen mangelt eines von beiden. Neuigkeiten über Geburten und Heiraten innerhalb der eigenen Großfamilie pflanzen sich über die Familienbande in blitzartiger Geschwindigkeit fort, und die Verwandten lassen alles stehen und liegen, um bei Beerdigungen oder Hochzeiten dabei zu sein. Die Angehörigen anderer Familien oder Klans können jederzeit Christen werden, ohne daß sie das überhaupt berührt; aber wenn "einer von uns" Christ wird, so herrscht höchste Aufregung.

Bekehrungen nach dem Schema "einer gegen alle" lösen einen einzelnen Menschen aus seinem sozialen Gefüge heraus und führen sie so dem Christentum zu. Die Menschen werden dabei dazu bewegt, sich von ihrer eigenen Gruppe loszusagen. Es wird - oft sogar mit guten Gründen - davon ausgegangen, daß sich der Stamm oder die Familie gegen das Christentum verwehren werden. Die Familie versammelt sich am zehnten Tag, um ein Begräbnismahl abzuhalten und den verstorbenen Angehörigen Essen darzubringen. Da ein solches Verhalten für einen Christen nicht möglich ist, macht er sich durch seine Abwesenheit verdächtig. Es geschieht häufig, daß diejenigen, die seinem Zeugnis nicht zuhören wollen, ausgerechnet seine eigenen Familienangehörigen sind. Sie betrachten den Frischbekehrten als Verräter und den Evangelisten als jemanden, der umhergeht und einzelne Personen ihren Familien entreißt. Wenn sich dieses Bild erst einmal im Bewußtsein einer Bevölkerung festgesetzt hat, wird die Gemeinde nur sehr langsam wachsen können. Wir müssen - in der Gegenüberstellung mit Bekehrungen nach dem Modell "einer gegen alle" - die Familienbewegungen ins Auge fassen, die wir als eine etwas losgelöste oder eigenständige Form einer Volksbewegung betrachten können. Das nachfolgende Diagramm wird diese Aussage illustrieren. Auch wenn das Diagramm bewußt schlicht, vielleicht zu schlicht, gehalten wurde, so wird uns doch darin die Situation vor Augen geführt, die wir in vielen Gemeinschaften in den meisten Ländern der Erde erleben.

In jedem mexikanischen *rancho*, jedem philippinischen *barrio*, jedem indischen *gaon* oder afrikanischen *Kral* sollte der Evangelist nicht nur einfach Mexikaner, Filipinos, Inder oder Afrikaner sehen, sondern ein funktionierendes Netz von Beziehungen, lebende gesellschaftliche Organismen, die aus Menschen bestehen, die enge und dauerhafte Beziehungen zueinander pflegen. Evangelisten sollten die zwanzig oder dreißig Begriffe auswendig lernen, mit denen die Beziehungen der Menschen zueinander beschrieben werden. Dann können sie die Namen derjenigen Verwandten einer jeden Gruppe von neugewonnenen Christen memorieren, die noch gewonnen werden sollen. Auf diese Weise wird ihnen die Weitläufigkeit dieses familiären Beziehungsnetzes bewußt werden, und sie werden die wirkliche Dimension ihrer Aufgabe klar erfassen können. Sie werden dann bald verstehen, daß der christliche Glaube sich über diese verwandtschaftlichen Verbindungen ausbreiten kann, aus denen dieses Beziehungsnetz besteht, oder, wo diese Tatsache nicht berücksichtigt wird, wirkungsvoll aufgehalten werden kann.

In unserem Schaubild deuten die Zahlen an, in welcher Reihenfolge die Personen Christen geworden sind. Innerhalb der gestrichelten Linien werden die Menschen zusammengefaßt, die sich gemeinsam zum gleichen Zeitpunkt entschlossen haben, Christen zu werden.

Familienbewegung

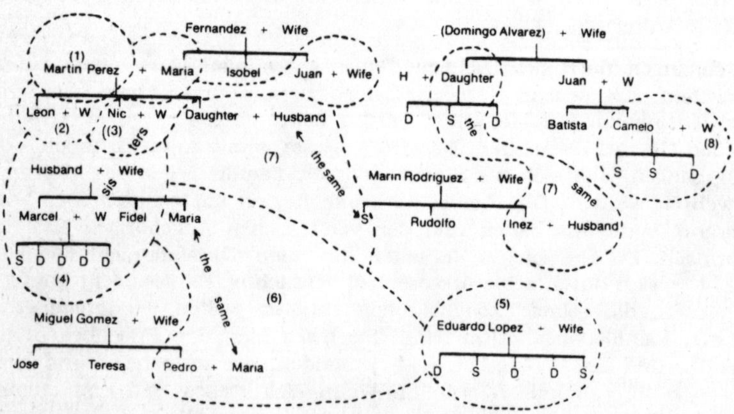

Der erste, der evangelischer Christ wurde, war Martin Perez (1). Was er tat, hat jedermann im (streng katholischen) *rancho* erschreckt. Seine Frau und seine Kinder zogen sich ängstlich und enttäuscht zurück. Sein Schwiegervater, der alte Fernandez, war erzürnt über die Untreue seines Schwiegersohns gegenüber der Jungfrau Maria. Einige Monate beobachteten ihn seine Frau Maria und sein Sohn Leon sowie dessen junge Frau (2). Sie sahen, was es hieß, evangelisch zu sein. Sie bekamen Teile der Bibel mit und wurden durch Martins Zeugnis beeindruckt. So entschlossen sie sich, ebenfalls evangelische Christen zu werden. Sie wurden biblisch unterwiesen und getauft. Die vier versammelten sich zum Bibelstudium und Gebet, gingen gemeinsam in eine kleine, naheliegende evangelische Gemeinde zum Gottesdienst und benahmen sich wie gute Christen. Leons Bruder Nic und seine Frau sowie Marias jüngerer Bruder Juan mit dessen Ehefrau (3) kamen auch zu ihren Treffen und kamen noch im selben Jahr ebenfalls zum Glauben.

Doch dies geschah keineswegs im Verborgenen. Jedermann im *rancho* war in höchster Aufregung. Manche verfluchten die Evangelischen. Manche kamen vorbei und beobachteten sie, wie sie ihre Gottesdienste hielten oder beteten. Nics Ehefrau hatte eine Schwester, deren Ehemann Marcel ein guter Freund von Leon und Nic war. Sie arbeiteten oft zusammen. Marcel sagte zu seiner Frau: "Warum werden wir eigentlich nicht auch evangelisch? Mein Vater und meine Mutter und auch Fidel wollen das auch (4). Die Evangelischen sind gute Leute. Sie tun das, was in der Bibel steht. Und mir gefallen ihre Gottesdienste." Als sich so viele Menschen entschlossen, evangelisch zu werden, zog sich Isobel verhärtet von den Beziehungen mit ihren Brüdern zurück und lebte wieder mehr bei ihren alten Eltern.

Eduardo Lopez und seine Frau (5) waren neu im *rancho*. Sie hatten hier keine engsten Verwandten, obwohl sie mit fast jedermann entfernt verwandt waren. Nachdem sie gelegentlich an einigen Treffen über einen Zeitraum von zwei Jahren teilgenommen hatten, entschlossen sie sich, Jesus als ihren Herrn anzunehmen. Kurz darauf überzeugte Maria (Schwester von Fidel und Marcel) ihren Ehemann, ebenfalls Jesus nachzufolgen (6). Sie liebte es zu singen und ließ keinen Gottesdienst ausfallen.

Die einzige Tochter von Martin und Maria schloß sich ebenfalls an, zusammen mit ihrem Ehemann. Der Pastor hatte sie besucht, und Maria und Martin hatten ebenfalls mit ihr gesprochen. Zur selben Zeit schlossen sich Inez, die Tochter von Martin Rodriguez, und ihr Ehemann ihrem größeren Bruder an und ließen sich taufen (7). Marin hatte nichts dagegen. Er kam sogar öfters zu den Gottesdiensten, aber man konnte ihn auf keinen Fall als Christen bezeichnen. Inez und ihr Ehemann kümmerten sich um seine verwitwete Großmutter (die Tochter von Domingo Alvarez, der zwar längst verstorben war, jedoch in hohem Ansehen gestanden hatte). Carmelo, ein angeheirateter Cousin von Inez, war einer der ersten, die gegen die Evangelischen waren, und lachte laut, als er hörte, daß sein Cousin und Inez für ihn beteten. Er wurde krank, und die beiden beteten an seinem Bett mit ihm. Er wurde daraufhin gesund, kaufte sich ein Neues Testament und las es sorgfältig durch. Als er kein einziges Gebet zur Jungfrau Maria im Neuen Testament fand und auch nicht eine einzige Stelle über das Fegefeuer, schloß er daraus, daß das evangelische Christentum der wahre Glauben sei. Zusammen mit seiner Frau und seinen drei Kindern nahm er Christus an.

Dieser stark vereinfachte Bericht will nur darauf hinweisen, welche Rolle das Beziehungsnetz beim Wachstum der Gemeinde zu spielen vermag. Es ist aufschlußreich, wenn wir alle acht Bekehrungen etwas näher betrachten und darauf achten, welche Verwandten den einzelnen Personen im Anschluß an die Baptistengemeinde vorangingen. Leon hätte zum Zeitpunkt seiner Taufe sagen können: "Ich schließe mich meinem Vater an,. dem wahren Glauben zu folgen." Juan hätte sagen können: "Ich schließe mich meiner Schwester Maria, meinem Schwager und meinem Neffen Leon an." Als sich schließlich Inez taufen ließ, würde der Rest dieser Seite wohl kaum ausreichen, alle Verwandten aufzuzählen, denen sie durch ihren Entschluß, sich taufen zu lassen, anschloß.

Das Diagramm läßt ebenfalls diejenigen erkennen, für die innerhalb dieses Beziehungsnetzes viele ihrer Angehörigen aller Wahrscheinlichkeit nach gebetet hatten. Nachdem sich die achte Gruppe hatte taufen lassen, wäre im Leben von Marin Rodriguez und Isobel sicherlich durch die Gebete aller ihrer Verwandten etwas geschehen, ebenso im Leben des alt gewordenen Fernandez und seiner Frau, besonders wenn seine nun evangelikal gewordenen Kinder und Enkel ihm Liebe und Zuneigung entgegenbringen würden.

Niemand sollte voreilig den Schluß ziehen, Familienbewegungen, die über die Beziehungsnetze verlaufen, würden eine evangelistische Methode darstellen, die ohne Ausnahme ganze Dorfgemeinschaften vereinnahmen werden. Menschen können nicht "vereinnahmt" werden. Sie werden hellhörig und schöpfen Verdacht, wenn sie zum erklärten Ziel einer Verkaufskampagne gemacht werden. Der Evangelist sollte lieber sagen: "Ich muß im Auge behalten, daß Menschen, die innerhalb intakter Familien Christen werden, bessere und treuere Christen sein werden als solche, die sich als einsame Rebellen bekehren. Gemeinden, die aus eng miteinander verbundenen Personen bestehen, sind belastungsfähiger und haben einen besseren Draht untereinander und zur Außenwelt als Gemeinden versprengter Einzelgänger. Aus diesem Grunde werde ich versuchen, die Beziehungsnetze innerhalb der Gemeinde enger zu knüpfen. Aber, da es "besser ist, lahm zum Leben einzugehen als mit zwei Beinen in die Hölle geworfen zu werden" (Mk 9,45), werde ich auch einzelne Personen in die Gemeinde aufnehmen, die ihre Verwandten nicht haben überzeugen können. Ich werde auch einzelne Familien aufnehmen, deren Verwandten sich weigern, sich ihnen anzuschließen, auch nachdem sie alles versucht haben, sie zum Mitkommen zu bewegen. Ich werde ständig auf der Suche nach verlorenen Männern und Frauen sein. Ich werde die Beziehungsnetze in jeder Gemeinschaft von Menschen kennenlernen, so daß ich weiß, wer zu wem gehört. Ich werde Gutes von einer Gruppe zur anderen tragen und beständig davon sprechen, daß Familienbande in Christus stärker werden und die Freuden einer christlichen Familie größer sind als in der Welt." Evangelisten, die so denken, öffnen sich selbst für die Führungen des Heiligen Geistes, der natürliche Gruppen - Familien, größere und kleinere Kreise von Verwandten und Klans - dazu bewegt, den Erlöser anzunehmen.

Nun können wir über einen weiteren Schritt sprechen. Die soeben beschriebene Kettenreaktion von Taufen ereignete sich in einer Denomination, die ganz vom nordamerikanischen individualistischen Stil geprägt ist, ebenso wie auch das ganze Land. Es dauerte mehr als vier Jahre, bis acht kleine Gruppen sich entschlossen, evangelische Christen zu werden. Jede Gruppe setzte sich mit ihrem Entschluß gegen die große Allgemeinheit um sie herum durch. Als die Anzahl der evangelischen Christen jedoch immer größer wurde, bedeutete dieser Schritt auch immer mehr, sich "meinen Leuten anzuschließen, die nun evangelische Christen geworden sind."

Nehmen wir einmal an, daß die vorherrschende Art und Weise, wie Entscheidungen getroffen werden, die multi-individuelle Form gewesen wäre: Die Gemeinschaft entscheidet, nicht der Einzelne. Nehmen wir an, daß Martin seine Taufe absichtlich verschoben hätte, so daß er, während seine Beziehungen zu seinen Verwandten noch völlig intakt waren, seinen neugefundenen Glauben mit ihnen teilen konnte. Nehmen wir an, er hätte allen seinen Verwandten vorgeschlagen - denen, die sich später langsam dem Glauben öffneten, und auch denen, die sich später entschieden abwandten - daß sie alle bibelorientierte Christen würden, ein Versammlungslokal bauten und ihren neuen Glauben innerhalb eines intakten Beziehungsnetzes auslebten. Wäre nicht die Einheit der Gruppe bewahrt und sogar gestärkt worden, statt daß eine Reihe von Entscheidungen gegen die ganze Gruppe durchgesetzt worden wären? Innerhalb dieser Einheit hätte über einen längeren Zeitraum hinweg die Sache besprochen werden können und man sich von gemeinsamen Sünden lösen können. Man hätte viel Zeit damit verbracht, sich mit der biblischen Lehre auseinanderzusetzen, und dabei hätte sogar schon viel Unterweisung stattgefunden. Und es hätte sein können, daß dann eine multi-individuelle, aufeinander abgestimmte Entscheidung gefällt worden wäre. Wäre es in dem ganzen Land üblich gewesen, daß Gemeinden auf diese Weise wachsen, wäre das Resultat möglicherweise eine größere und bessere Gemeinde gewesen als diejenige, die entstanden ist.

Betreuung nach der Taufe

Die Qualität einer Volksbewegung hängt in ganz außerordentlichem Maße davon ab, wie die Menschen nach der Taufe betreut werden. In solchen Bewegungen bilden sich aus relativ großen Gruppen von Bekehrten neue Gemeinden. Wenn diese vernachlässigt werden, oder wenn der Missionar annimmt, daß derselbe Betreuungsaufwand oder dieselbe Art der Betreuung wie in seinem Herkunftsland auch in seinem Einsatzland angemessen ist, kann man darauf warten, daß die Sache einschläft und am Ende allenfalls dem Namen nach christliche Kirchgänger da sein werden. Wenn aber im Gegensatz dazu neue Gemeinden mit Phantasie und Hingabe betreut werden, sodaß die Mitglieder der Gemeinden wirklich Fortschritte im Leben als Christ machen können, so wird das dazu führen, daß gesunde Gemeinden und gut gegründete Christen heranwachsen. Wenn Volksbewegungen im Sande verlaufen, so wird dies oft zu Unrecht der multi-individuellen Art der Bekehrung als Grund für die Misere in die Schuhe geschoben. Man sollte in diesem Zusammenhang vielmehr deutlich auf die Mängel in der pastoralen Betreuung der Christen hinweisen, die sie sowohl vor als auch nach der Taufe erhalten haben.

Die Studie, die Pickett im Jahre 1933 veröffentlicht hat, zeigt eindeutig, daß die Motive, mit denen sich Ungläubige dem Christentum zuwenden, nicht so entscheidend für die Entwicklung einer christlichen Persönlichkeit sind wie gute pastorale Betreuung nach der Taufe. Bekehrte, die aus eher weltlichen oder sozialen Gründen sich dem Christentum anschlossen, wurden zu hingegebenen Christen, wenn sie Mitglied von Gemeinden wurden, die treu Gott anbeteten. Bekehrte, die sich aus geistlichen Motiven dem Christentum anschlossen und Mitglieder von kaum geführten und skandalös vernachlässigten Gemeinden wurden, blieben in ihrer christlichen Entwicklung stecken.

Zur pastoralen Betreuung gehören viele Dinge. Besonders wichtig sind regelmäßige Gottesdienste und ein fest verabredeter Treffpunkt. Gemeinden, die lange Zeit ohne festen Versammlungsort auskommen müssen, werden Probleme haben. Häuser als Versammlungslokale, gemietete Räumlichkeiten oder andere Treffpunkte für Gemeinden, die in Städten entstehen, sind, genauso wie schnell errichtete Gebäude für Gemeinden auf dem Lande, von Anfang an notwendig. Genauso entscheidend ist ein geregelter Gottesdienst. Für Christen, die lesen und schreiben können, ist es wertvoll, sich regelmäßig zuhause zum Bibelstudium und Sonntags zu christlicher Lehre zu treffen. Für Menschen, die nicht lesen und schreiben können, ist es sehr gut, sich täglich nach dem Abendessen zu versammeln. Der in westlichen Ländern vorherrschende Stil, das Gemeindeleben zu gestalten, wirkt sich nirgendwo negativer auf neuentstehende Bewegungen aus als dann, wenn man meint, daß deshalb, weil sich gute Christen in Amerika oder Europa um 10 Uhr vormittags zum Gottesdienst versammeln, neuentstandene Gemeinden in Peru oder Pakistan sich besser nicht abends versammeln sollten. Ganz im Gegenteil: Regelmäßiger Abendgottesdienst für die ganze neuentstandene, christliche Gemeinschaft ist nicht nur empfehlenswert, sondern wird schnell zu einer Erfahrung werden, die sehr wichtig dabei ist, in Menschen einen wahrhaft christlichen Charakter zu formen.

Für völlige Analphabeten und solche, die nur schlecht lesen und schreiben können, ist ein geregelter, liturgischer Gottesdienstablauf sehr wichtig, in dem auswendiggelernte Passagen wie das Vaterunser, die Zehn Gebote, der 23. Psalm, Römer 12, 9-16, das apostolische Glaubensbekenntnis und einige Lieder oder Chorusse einen festen Platz haben. Wenn man sich dazu entschließt, einen Bibeltext auswendig zu lernen, dann sollte das Zitieren dieses Textes im Gottesdienst immer wieder seinen Platz haben. Biblische Texte auswendig zu lernen und dann nicht regelmäßig auf diese Kenntnis zurückzugreifen ist Zeitverschwendung, denn dann wird der Text bald wieder vergessen werden. Was einem jedoch 100 Mal im Jahr begegnet, wird bald zur geistlichen Ausrüstung der Christen. Sie können es zu jeder Tages- und Nachtzeit zitieren. Sie können sich auf ein solches Bibelwort in Notzeiten stützen und es Neubekehrten beibringen. Liturgischer Gottesdienst ist, ganz im Gegensatz zu den Erwartungen von Missionaren, die aus Denominationen stammen, in denen die Liturgie keinen festen Platz hat, in keiner Weise langweilig für Christen, die auf dem Dorf großgeworden sind. Sie sind begeistert, weil sie auf diese Weise ein großes Maß von Vertrautheit, Trost und Geborgenheit erfahren.

Die Schulung der Laien hat in der pastoralen Betreuung nach der Taufe einen großen Stellenwert. Jüngere Christen sind sehr erfreut darüber, ausgebildet zu werden. In allen Gemeinden sind unbezahlte Leiter eine Notwendigkeit. Sobald sie etwas gelernt haben, sollten sie es an Neubekehrte und andere weitervermitteln. Wenn dafür gesorgt wird, daß die wichtigsten christlichen Lehren verstanden wurden und allen in der Denomination oder dem Gemeindeverband gemeinsam bekannt sind, so wird damit sehr unterstrichen, wie wichtig es ist, dazuzulernen. Dadurch werden die Beziehungen in der neuentstandenen Gemeinde nur umso mehr gestärkt. In jungen Gemeinden sollte sehr viel Wert darauf gelegt werden, Laien, Männern und Frauen, den Heilsweg - "wie wird man Christ" - zu lehren, denn dieses Wissen ist nötig, um allgemeinen Argumenten gegen die christliche Wahrheit zu begegnen und andere vom Wert des Christentums zu überzeugen.

Teil VI- GEMEINDEWACHSTUM FÖRDERN

19

Brücken benutzen

Jede Bevölkerung ist mit einer Stadt zu vergleichen, die an einem Flußufer liegt. An geeigneten Stellen sind Brücken gebaut worden. Die Bewohner der Stadt können den Fluß zwar an jeder beliebigen Stelle überqueren, aber es ist natürlich viel einfacher, die Brücken zu benutzen. Menschen, die in der Nähe der Brücken sind, haben einen bessern Anschluß an die Außenwelt als diejenigen, die weit davon entfernt wohnen. Über die Brücken hinweg herrscht ein ständiges Kommen und Gehen: Ideen, Nahrungsmittel und Überzeugungen werden ausgetauscht und Prozessionen veranstaltet.

Wer sich heute in der Weltmission für das Wachstum von Gemeinden engagieren möchte, sollte die existierenden Brücken zu unerreichten Völkern entdecken und benutzen. Gute Haushalter der Gnade Gottes sollten immer offene Augen für Brücken haben und nicht davor zurückschrecken, sie zu überqueren. Eine hervorragende Strategie für alle, die vom Heiligen Geist bewegt werden, das Evangelium weiterzuvermitteln, könnte so formuliert werden: "Finde die Brücken und mache von ihnen Gebrauch."

Während den jahrelangen Untersuchungen vor der Abfassung des Buches *The Bridges of God* hat es mich tief beeindruckt, welche entscheidende Rolle bei der Ausbreitung des Christentums jeweils die Verwandten der Christen spielten. Wieder und wieder machte ich die Beobachtung, daß selbst dann, wenn Christen von Tausenden von Mitbürgern umgeben sind, der christliche Glaube sich am allerbesten über intakte Verwandtschaftsbeziehungen oder Freundschaftsbeziehungen verbreitete. Diese Beobachtung war in allen Ländern und Sprachgruppen gleich. Sie wurde durch Untersuchungen im Herzen Amerikas wie auch in Uganda oder den Hochanden gleichermaßen bestätigt.

Im Jahre 1955 schrieb ich: "Jede Nation besteht aus verschiedenen Bevölkerungsschichten, vergleichbar den Gesteinsschichten der Erde. In vielen Nationen sind diese Bevölkerungsschichten eindeutig von allen anderen abgegrenzt. Die Angehörigen der verschiedenen Bevölkerungsschichten heiraten hauptsächlich - wenn nicht sogar ausschließlich - Angehörige derselben Gruppe. Ihr Leben spielt sich aus diesem Grunde innerhalb der eigenen Bevölkerungsschicht, der eigenen Volksgruppe ab. Es kommt vor, daß sie mit Angehörigen anderer Schichten zusammen arbeiten oder etwas von ihnen kaufen oder ihnen verkaufen, aber dort, wo ihr Leben wirklich pulsiert, ist der Ort, wo sie zuhause sind, bei ihren eigenen Leuten. . . Wenn von ihren eigenen Leuten einige Christen werden, sind sie persönlich davon berührt" (Bridges, 1).

Im Jahre 1979 schrieb George Hunter: "Eine christliche Gemeinde in Amerika, die strategisch denkt, wird ständig bemüht sein, in Kontakt mit Menschen zu kommen, die gesellschaftlich einen ähnlichen Status haben wie sie selbst. Dabei wird sie besonderen Wert darauf legen, die persönlichen Freunde von aktiven Christen und Neubekehrten zu erreichen. Die Gemeinde wird ihre Mitglieder ermutigen, ständig neue Freundschaften innerhalb des eigenen Wohnbezirkes zu schließen. Die Menschen stehen dem Evangelium viel offener gegenüber, wenn es ihnen durch echte Christen innerhalb ihres sozialen Bezugrahmens vermittelt wird (Contagious Congregation, 126).

Brücken waren immer wichtig

Die Urgemeinde hat es gut verstanden, Brücken wirkungsvoll zu benutzen. Die Bewegung begann unter der breiten Bevölkerung Jerusalems. Diese hatten Brücken: Zu ihren Verwandten und engen Freunden. Es wurden zwar auch einige Schriftgelehrte und Pharisäer Christen (Nikodemus, Joseph von Arimathia oder Saulus), jedoch gehörten die meisten Christen nicht zur sozialen Elite der Gesellschaft. Als die Christen durch die Verfolgung aus der Stadt vertrieben wurden, mußten sie notgedrungen bei ihren Verwandten in den Dörfern Judäas Unterschlupf finden. Dort predigten sie das Evangelium, indem sie ihren Verwandten vom Herrn, Jesus Christus, erzählten und von dem Weg zur Errettung, der allen offen steht, die bereit sind, daran zu glauben. In der Folge erlebte die Gemeinde ein starkes Wachstum unter den Bauern Judäas.

Barnabas war ein Levit aus Zypern. Es ist völlig natürlich, daß ihn deshalb seine erste Missionsreise nach Zypern führte, dorthin, wo seine Familie lebte. Aus diesem Grunde war es auch normal, daß Paulus auf seiner ersten Missionsreise die Städte Derbe, Ikonion und Antiochien besuchte. Diese Städte befanden sich nur jeweils 190, 230 und 320 km westlich von Tarsus auf der vielbenutzten Römerstrasse. Es ist stark anzunehmen, daß der Vater von Saulus mit vielen der Juden, die in diesen Städten wohnten, Handelsbeziehungen pflegte. Diese Händler kannten Saulus möglicherweise als brillanten jungen Rabbi aus Tarsus, der unter Gamaliel in Jerusalem studiert hatte. Dauernd erhielt er Einladungen, in ihren Synagogen zu sprechen.

Das letzte Kapitel des Römerbriefs gibt uns ein lebendiges Beispiel davon, wie Paulus existierenden Brücken nutzte. Er führt dort 26 römische Christen namentlich auf, und er wußte ebenfalls den Namen von einigen anderen Personen, obwohl er niemals in Rom gewesen war. Einige der Personen waren mit ihm verwandt. Eine Person - die Mutter von Rufus - könnte seine eigene Mutter gewesen sein, obwohl es wahrscheinlicher ist, daß Paulus meinte, "sie hat sich mir gegenüber wie eine Mutter verhalten". Alle diese 26 Personen hatten Verwandte und Freunde innerhalb der jüdischen Bevölkerung Roms. Paulus betrachtete sich selbst zwar als besonderen Botschafter Christi an die Heiden, er benutzte jedoch seine Verbindungen innerhalb der jüdischen Gemeinschaft - und deren Verbindungen außerhalb der Gemeinschaft - um sie zu erreichen. Es ist eine erfreuliche Tatsache, daß die römischen Christen einen Brückenkopf bis hinein in den Königshof von Zäsar hatten (Phil 4, 22). Diese Verbindung aber kann auch erst nach der Ankunft von Paulus in Rom zustande gekommen sein.

Durch die Jahrhunderte hindurch waren es in erster Linie die Verwandtschaftsbeziehungen, über die sich das Christentum hinweg ausbreitete. Latourette berichtet von der Bekehrung der Angelsachsen in England um das Jahr 600 n.Chr. Diese Bewegung begann durch Verwandtschaftsbeziehungen und pflanzte sich auch auf diese Weise fort. Gregor der Große hatte den Missionar Augustin aus Rom nach England gesandt. Die Gesandtschaft landete auf der Insel Thanet in der Mündung der Themse. Von dort machte sie sich auf den Weg, um Ethelbert, den König von Kent - das südöstlichste Königreich Englands, zu besuchen, welches "bereits durch das, was auf dem Kontinent geschah, beeinflußt worden war. Ethelbert, der damalige Herrscher, hatte Bertha, eine christliche Prinzessin aus Frankreich, zur Frau genommen. Als eine Bedingung für die Eheschließung hatte Ethelbert eingewilligt, daß sie ihre Religion ausüben durfte, und daß Luidhard, ein Bischof, sie begleiten dürfe. In Canterbury, der Hauptstadt Kents (72 km südöstlich des heutigen London) besuchte sie den Gottesdienst. Die dortige Kirche war dem Heiligen Martin gewidmet, die angeblich schon zu den Zeiten der römischen Besetzung gebaut worden war. Augustin und seine Gefolgschaft konnten sich in Canterbury niederlassen. Bald darauf ließ sich Ethelbert selbst taufen . . . , worauf die Zahl derer, die sich dem Christentum anschlossen, stark anstieg. Ein Brief Gregors ohne Datum berichtet, daß zehntausend Menschen sich von Augustin am Weihnachtstag hatten taufen lassen" (Thousand years, 66).

Im 19. Jahrhundert kam es zu gewaltigen christlichen Volksbewegungen in Burma. Wieder waren es die Verwandtschaftslinien, die hierbei die Gleise für die Ausbreitung des Christentums waren. Einer der ersten Bekehrten des Missionars Adoniram Judson war Ko Tha Byu vom Stamm der Karen. Judson ging davon aus, daß seine Hauptaufgabe darin bestand, die Buddhisten Burmas zu erreichen. Ko Tha Byu ging jedoch zu seinen Verwandten unter den Karen und die Menschen begannen in ganzen Gruppen, Christen zu werden. Die Volksbewegung unter den Karen hatte ihren Anfang genommen. Die Bewegung pflanzte sich fast ausschließlich durch persönliche Kontakte und Verwandtschaftsbeziehungen fort. Heute sind mehr wie eine halbe Million Karen Christen, und die Gemeinde der Karen ist eine der stärksten christlichen Bewegungen ganz Asiens.

Eine Untersuchung von Lyle Schaller und Win Arn, die sie in den Vereinigten Staaten gemacht haben, hat gezeigt, daß die meisten Menschen, die sich in den späten 70er Jahren des 20. Jahrhunderts einer Gemeinde angeschlossen haben, durch das Engagement von Freunden und Verwandten hinzugewonnen wurden. Viele Gemeinden hatten sich entschlossen, die Verwandten und engen Freunde von Familien näher kennenzulernen und freundschaftliche Beziehungen zu knüpfen, in denen eines der Familienmitglieder aktiver Christ war. Manchmal war es der Ehemann oder die Frau, manchmal ein Sohn oder eine Tochter, manchmal ein Bruder oder eine Schwester. Auf jeden Fall war die Aufmerksamkeit der Gemeinde nicht nur auf das eigene Gemeindemitglied gerichtet, sondern auf dessen persönlichen Verwandten- und engen Bekanntenkreis zwischen einer und zehn Personen. Freundschaftliche Beziehungen zu knüpfen meinte viel mehr wie sie nur zu den Gottesdiensten einzuladen. Es konnte bedeuten, sie zum Beispiel zum Essen oder zu einer Gartenparty mit den Nachbarn einzuladen. Es konnte auch bedeuten, ihnen einen Rasenmäher auszuleihen oder sich Fahrgemeinschaften mit dem PKW anzuschließen. Manchmal spielte man zusammen Golf.

Zu einer Gemeinde gehörte eine Gruppe von begeisterten Football-Fans. Sie kauften sich Dauerkarten für die ganze Football-Saison und luden die (nichtchristlichen) Ehemännern der Frauen aus der eigenen Gemeinde ein, mit ihnen zusammen die Spiele zu besuchen. Auf dem Hin- und Rückweg zu den Spielen und in den Spielpausen ergaben sich viele natürliche Gelegenheiten, über die Gemeinde und über Christus zu sprechen. Die Ehemänner, die erst nichts mit dem Christentum zu tun haben wollen, entdeckten bald, daß christliche Männer tatsächliche normale menschliche Wesen waren, die für die richtige Mannschaft schrieen und die Namen der richtigen Spieler wußten. Mit ihren neugewonnenen Freunden (und ihren langjährigen Ehefrauen) begannen sie die Gottesdienste zu besuchen und wurden selber zu aktiven Christen.

Brücken benutzen

Solche Brücken zu benutzen funktioniert auch dann, wenn unerreichte Stämme erreicht werden sollen. James Sunda berichtet von den Anfängen der außergewöhnlichen Umstände, unter denen die Danis des Baliem Tals in Irian Jaya Christen wurden. Ich habe bereits über dieses bemerkenswerte Ereignis gesprochen. Es ist jedoch angebracht, sich nochmals an die entscheidenden Schlüsselrolle zu erinnern, die dabei die Verwandtschaftsbeziehungen zu Beginn der Bewegung spielten. Bis zum Jahre 1954 waren die West-Danis Steinzeitmenschen, die kaum Kontakt zur Außenwelt hatten. Im April 1954 flogen einige Missionare in dieses Hochtal und landeten auf dem Baliemfluß. Es kam zur Gründung einiger Dutzend Missionsstationen, die Missionare lernten die Sprache, gaben medizinische Hilfe und evangelisierten. Doch niemand wollte Christ werden. Die Danis, deren Dörfer überall im ganzen Tal verstreut lagen, verhielten sich gleichgültig und zeigten sogar Widerstand. Es schien so, als ob noch jahrzehntelang der Samen des Evangeliums gesät werden müßte.

Zwischen dem November 1958 und dem Februar 1959 zogen 2.000 Danis in einem viertägigen Marsch über eine 3.300 Meter hohe kalte Hochebene nach Westen in das Ilaga Tal, verbrannten ihre Fetische und wurden Christen. Sie erhielten gute Unterweisung durch den Missionar Donald Gibbons in einer Schule für Evangelisation, wohin die besonders intelligenten Ehepaare gesandt worden waren. Diese erinnerten sich an das Tal, das vier Tagesmärsche weit entfernt war, in dem der Großteil des Stammes lebte, der noch immer nichts von Christus wußte, obwohl viele Missionare unter ihnen lebten. Die Danis, die sich im Illaga Tal niedergelassen hatten entschlossen sich, ihre besten Leute ins Baliem Tal zu schicken. Da sie dabei durch feindliches Gebiet marschieren mußten, nahmen sie ihren weißen Missionar mit sich. Seine Anwesenheit garantierte ihnen eine sichere Durchreise auf diesem historischen Marsch im Februar 1960.

Als sie bei ihren Verwandten angekommen waren, sagten sie zu ihnen: "Werdet doch auch Christen, so wie wir. Ruft das ganze Dorf zu einer Versammlung herbei und trefft eine Entscheidung, alle zusammen eure Fetische zu verbrennen. Bringt alle Fetische, die ihr habt, tragt Holz zusammen und macht einen langen Scheiterhaufen, so als ob ihr jemand bestatten wollt, und verbrennt sie alle. Dann entscheidet euch für Christus. Sucht euch Männer aus, die eure Lehrer und Hirten sein sollen. Die Missionare werden sie anleiten. Gebt ihnen zu essen, damit sie genug Zeit haben euch zu unterrichten. Gott wird euch segnen. So könnt ihr Christen werden."

Innerhalb von sehr kurzer Zeit entschlossen sich 8.000 Danis im Baliem Tal gemeinsam dazu, Christen zu werden und standen plötzlich vor den Missionsstationen. Die dortigen Missionare hatten nicht damit gerechnet, daß Menschen auf diesem völlig neuen Weg Christen werden wollten, und sie wußten kaum, was sie nun tun sollten. Manche widersetzten sich einer solchen Entscheidung für Christus, aber die meisten akzeptierten es als einen ersten Schritt. Im Jahre 1967 hatten sich die meisten der 8.000 Danis taufen lassen.

Im Jahre 1980 hatten sich über 30.000 Danis und Tausende von Männern und Frauen, Angehörige anderer Stämme, taufen lassen. Die Bewohner der Hochebenen von Irian Jaya sind nur mehrheitlich Christen geworden, wenn auch noch einige abseits liegende Stämme immer noch evangelisiert werden, wo bis heute Taufen durchgeführt werden und Gemeinden entstehen.

Die Danis verhielten sich solange unbeeindruckt und feindselig, bis sie von ihren eigenen Leuten, ihren Verwandten und Freunden aufgesucht wurden. Als sie die Botschaft des Evangeliums von denen hörten, die sich innerhalb ihres sozialen Netzes befanden, zeigten sie sich außerordentlich aufgeschlossen.

Ein weiteres Beispiel unterstreicht das soeben gesagte auf wunderbare Weise. In Kanada entstanden überall in den späten 70er Jahren Gemeinden der chinesischen Allianz. Es gab eine Zeit, da war das Christwerden für die Chinesen gleichbedeutend damit, ihre Gemeinschaft zu verlassen und sich einer Gemeinde von Kaukasiern anzuschließen. Nur sehr wenige wurden damals Christen. Als jedoch einige Chinesen aus Hongkong nach Kanada einwanderten, die in Allianzgemeinden zum Glauben gekommen waren, und die Siedlungen Kantonesisch sprechender Chinesen von Pastoren der Hongkonger Allianzgemeinden evangelisiert wurden, kam es in vielen Städten zur Entstehung von neuen chinesischen Gemeinden.

Die großen ethnischen Minderheiten Nordamerikas, von denen sich einige den ernsthaften Bemühungen protestantischer Denominationen verschlossen hatten, sind mit den West-Danis und den Chinesen in Kanada zu vergleichen. Jede Gruppe wartet darauf, daß ein apostolisches Team, bestehend aus ihren eigenen Verwandten und Freunden, zu ihnen kommt.

Nicht nur Verwandte

Es ist nicht so, daß die Brücken Gottes immer aus Verwandten bestehen. Gute Freundschaften bieten für Christen ganz natürliche Möglichkeiten, miteinander zu sprechen. *Campus für Christus* rechnet beim Aufbau ihrer großen Organisation damit, daß Universitätsstudenten ganz natürlich und wirkungsvoll mit anderen Mitstudenten sprechen können.

Es ist in diesem Zusammenhang interessant sich daran zu erinnern, daß Patrick, auf den die Bekehrung der Iren zuückgeführt wird, gar kein Ire war. Er war mit niemandem in Irland verwandt. Als junger Knabe wurde er in England von einer Bande irischer Räuber mitgenommen und nach Irland gebracht, wo er viele Jahre lang als Sklave lebte. Er konnte aus Irland fliehen und ging nach Frankreich. Als er immer mehr von der Wahrheit des Christentums überzeugt wurde, glaubte er, daß ihn Gott dazu aufrief, nach Irland zurück zu gehen und das Evangelium seinen Räubern zu bringen, sowie den vielen anderen Menschen Irlands. Die meisten Missionare sind per Definition nicht Angehörige von dem Volk, unter denen sie arbeiten. Missionare sind Menschen, die Brücken finden (oder sie herstellen), um darüber hinweg das Evangelium von einer Kultur in eine andere hineinzutragen.

Ein sehr schönes Beispiel dafür, wie solche Brücken hergestellt werden können, ereignete sich in England in den Jahren 1975 und 1976. Von einer sterbenden Gemeinde, die einst 300 Gottesdienstbesucher in ihre damals volle Kirche gezogen hatte, waren nur noch 27 übrig geblieben, davon waren alle über 50 Jahre alt. Ein junges amerikanisches Missionarsehepaar entschloß sich, sich für diese Gemeinde einzusetzen. Sie begannen damit, sich so anzuziehen wie die jungen Leute, die in der örtlichen Fabrik arbeiteten, sie besuchten ihre Treffpunkte, interessierten sich für ihre Sportarten, für die Art und Weise wie sie sich ihre Zeit vertrieben, und so stellten sie eine Brücke her. Innerhalb der nächsten zwei Jahre stieg der Gottesdienstbesuch der Gemeinde auf 230 und die Zahl der getauften Mitglieder auf 119. Dies ging jedoch nicht, ohne daß der Gottesdienststil den Bedürfnissen der Neuankömmlinge angepaßt wurde und viele andere Dinge unternommen wurden. Wenn jedoch niemand diese neue Brücke gebaut hätte, so hätte keiner der darauffolgenden Schritte zum Wachstum der Gemeinde geführt, und wäre vielleicht ganz unmöglich gewesen.

Brücken innerhalb einer festgefügten Gesellschaft

In eng miteinander verwachsenen Gesellschaften, in der die Menschen ein hohes Zugehörigkeitsgefühl zueinander haben und alle Hochzeiten innerhalb der eigenen Volksgruppe stattfinden, sind die Beziehungsnetze besonders stark geknüpft. Wenn das Christentum dort erst einmal Wurzeln geschlagen hat und einige Tausend Menschen Christen geworden sind, so werden dadurch Zehntausende von evangelistischen Möglichkeiten, "Brücken", erschlossen. Wegen den evangelistischen Möglichkeiten, die eine Vielzahl solcher Brücken bietet, besteht die Möglichkeit, daß Gemeinden fast explosionsartig wachsen. In Zeiten von Erweckung, wenn sich viele Christen der Kraft Gottes in ihrem Leben in ganz besonderem Maße bewußt sind, hat dies seine Auswirkungen, und zwar über die vielen bereits existierenden Beziehungsbrücken hinweg.

In eher locker miteinander verbundenen Gesellschaften, wo Menschen aus vielen unterschiedlichen Bevölkerungsgruppen zusammenleben, existieren zwar ebenfalls solche Brücken, sie sind jedoch nicht von so entscheidender Bedeutung. Um genauer zu sein: Dort existieren zwar viele Brücken, aber nur im Sinne von wenig belastungsfähigen und eingeschränkten Kontakten. Sie erweisen sich nicht als besonders tragfähig für die Wahrheiten des Christentums. Wenn das Evangelium sich über solche Brücken fortpflanzt, so geschieht dies nicht mit einer Dynamik, wie sie in einer eher geschlossenen Gesellschaft auftreten wird. Es werden zwar einzelne Menschen gewonnen, aber keine Gruppen. Und es ist nicht selbstverständlich, daß diejenigen, die gewonnen wurden, sich mobilisieren lassen und wieder andere dazugewinnen.

Aber auch dann, wenn mehr und mehr Menschen innerhalb von offenen und locker miteinander verbundenen Beziehungsnetzen leben, sollten Christen die dort vorhandenen Brücken wahrnehmen und sie benutzen, auch dann, wenn sie schwach und eng sind. Sie sind Brücken Gottes. Und er möchte, daß wir sie benutzen.

Brücken werden häufig vernachlässigt

In einer pluralistischen Gesellschaft ist die Überzeugung weit verbreitet, daß der Glauben eines Menschen Privatsache sei. Andere sollten sich da nicht einmischen. Wir sollten die Menschen so annehmen, wie sie sind und anerkennen, daß es verschiedene Möglichkeiten gibt, sein Leben zu führen und viele verschiedene Werte, nach denen man sich ausrichten kann. Alle Menschen sind gleichberechtigte Staatsbürger. Vorausgesetzt daß man keinen anderen Menschen verletzt, sollte es den Menschen freistehen, was sie glauben oder was sie für richtig halten. Verstehen Sie mich nicht falsch, ich empfehle diese Anschauung hier nicht, ich möchte nur bemerken, daß viele Menschen so denken.

Dort, wo ein Großteil der Bevölkerung diese Überzeugung teilt, verhalten sich viele Gemeinden - vielleicht unbewußt - so als sei ihre Pflicht damit getan, ein christliches Leben zu führen, Gott anzubeten, sein Wort zu lesen und zu denen freundlich zu sein, die uns aufsuchen. "Unsere Tür ist immer für Sie geöffnet. Sie sind herzlich zum Gottesdienst bei uns eingeladen. Wir sind sehr lieb und herzlich. Aber wir halten es ehrlich gesagt nicht für unsere Pflicht, mit anderen Menschen über unseren Glauben zu sprechen - vielleicht ganz besonders nicht mit denen, die uns besonders nahe stehen. Sie können durchaus etwas anderes glauben, was sie dann natürlich von uns trennt." Das ist ein Originalzitat des Ältesten einer großen Gemeinde - die seit Jahren kein Wachstum mehr zu verzeichnen hatte. Die Gemeinde hat nicht nur die bestehenden Brücken zu anderen Menschen vernachlässigt, sie hat sogar eine Lebensphilosophie daraus gemacht, diese Brücken zu mißachten.

Viele Gemeinden bemühen sich nie ernsthaft, evangelistische Brücken zu suchen oder ihre Mitglieder darin zu unterweisen, wie sie solche Brücken finden und benutzen können. Ihre evangelistischen Aktivitäten bestehen einfach darin, die Attraktivität ihrer Gemeinde herauszustellen. Sie versuchen, ein Versammlungslokal an einer frequentierten Straße zu finden und Entscheidungshilfen für die Besucher anzubieten, die längst auf der Suche nach einer geeigneten Gemeinde sind, aber selbst schon lange Christen sind.

Es sollte zum ganz normalen Verhalten von Gemeinden und Christen auf der ganzen Welt gehören, Brücken zu benutzen, bevor es zu spät dafür ist. In der Januarausgabe (1977) des *Church Growth Bulletin* habe ich einige Gründe dafür aufgezählt, weshalb die Pfingstgemeinden Wachstum zu verzeichnen haben. Ich schrieb damals folgenden Absatz:

"Jeder Mensch hat, gleich nachdem er sich entschlossen hat, ein Nachfolger von Jesus zu werden, viele gute Kontakte zu Freunden und Verwandten, seien es Buddhisten, Hindus, Juden, Materialisten, Agnostiker oder anderen Nichtchristen. Entlang dieser guten Kontakte - diesen Brücken Gottes - wird sich das Evangelium ausbreiten. Diejenigen, die schon seit Jahren Christen sind, oder die in einem christlichen Elternhaus aufgewachsen sind und einen christlichen Ehepartner geheiratet haben, haben wenig persönliche Freunde in der nichtchristlichen Außenwelt: Sie haben keine Brücken. Sie haben wenig nichtchristliche Freunde und verfügen somit über weniger evangelistisches Potential als es für sie möglich wäre. Ältere Pfingstgemeinden beobachten dasselbe auch in ihren Reihen. Es sind die neugegründeten Gemeinden, die evangelistisches Potential haben. Die Pfingstgemeinden verfügen über eine größere Anzahl an neugegründeten Gemeinden wie die meisten anderen Denominationen - und, sie trauen ihnen mehr zu."

Gefahr der Spaltung?

Führt das aber nicht zu auseinanderdriftenden Spezialgemeinden, wenn enge Beziehungen als evangelistische Brücken benutzt werden? Werden solche Gemeinden denn nicht rassistisch oder zumindest introvertiert sein, da sie sich ja hauptsächlich mit sich selbst beschäftigen? Ist es ein gefährlicher Rat, Gemeinden zu ermutigen, sich zunächst an die eigenen Angehörigen und engen Freunde zu wenden? Diese Fragen verdienen wohlüberlegte Antworten.

Beziehungsevangelisation unter Menschen der gleichen sozialen Schicht wird zu Gemeinden führen, deren Mitglieder nur aus einem Segment der Bevölkerung stammen. Daran besteht gar kein Zweifel. Wenn Universitätsprofessoren ihre Kollegen evangelisieren, mit denen sie ganz natürliche Kontakte haben, so besteht die Gemeinde, die daraus entstehen wird, wahrscheinlich zum großen Teil aus Menschen, die an Universitäten arbeiten oder studieren. Als Pastor Argos Zodiates Amerikaner mit griechischer Abstammung in Boston zu evangelisieren begann, entstand dadurch ein evangelikale Gemeinde mit 300 Mitgliedern, fast ausschließlich Griechen, die sich in Neuengland niedergelassen haben.

In der Zweidrittelwelt kommt es natürlich ebenfalls zu Gemeinden und Gemeindeverbände, die aus Mitgliedern einer einzigen Volksgruppe bestehen. In den Lushai Hügeln im Nordosten Indiens begannen die ersten Bekehrten des Volkes der Mizo nach evangelistischen Möglichkeiten zu suchen. Folglich gingen sie zu Angehörigen ihres eigenen Volkes. Als Folge davon waren im Jahre 1980 mehr wie 90% der 400.000 Christen im neuentstandenen indischen Bundesstaat Mizoram Mizos. Die inzwischen herangereifte Denomination sendet Mizo-Missionare zu anderen Völkern in Tripura, Korkuland und Arunachal.

Als sich im ersten Jahrzehnt des 20. Jahrhunderts die Stämme der Mono in der Äquatorialprovinz Zaires Christus zuwandten, gingen sie ausschließlich zu ihren eigenen Stammesangehörigen. Über Jahrhunderte hinweg hatten sie zusammen mit anderen Stämmen um sie her gearbeitet und gehandelt. Für sie war es jedoch offenbar die nächstliegende Pflicht, ihre eigenen Verwandten mit dem Evangelium bekannt zu machen. Im Jahre 1969 verzeichneten die offiziellen Statistiken 229.856 getaufte Christen. Fast alle davon gehörten zu den Stämmen der Mono (Zaire, 113). Wenn diese Gemeinden andere Völker evangelisieren wollen, so müssen Mono-Missionare ausgesandt werden, die dazu angehalten werden, das Evangelium über kulturelle Grenzen hinweg zu tragen.

Müssen wir aus diesem Grunde schließen, daß es ein Rückschritt ist, Gemeinden zu gründen, die hauptsächlich aus einem einzigen Bevölkerungssegment bestehen, sei es in Boston, auf einem Universitätsgelände oder in Burma? Ist es wirklich notwendig, daß wir uns dagegen verwehren und erklären, daß wir echte Christen wollen, Christen die in brüderlicher Eintracht mit allen Völkern leben und die bis in die Gemeindestrukturen und den Gottesdienstablauf hinein demonstrieren, daß aus zwei unterschiedlichen Völkern nun tatsächlich in Jesus Christus eins geworden ist? Die Antwort auf diese Fragen muß eindeutig und wohlüberlegt "Nein" heißen. Es ist kein Rückschritt, Gemeinden zu gründen, die sich hauptsächlich aus einer einzigen Volksschicht zusammensetzen. Es ist ein wichtiger Fortschritt. Es gibt gar keinen anderen Weg wie die vielgestaltigen Teile des menschlichen Mosaiks Christen werden können. Solche Gemeinden sind Wege, wie Christus das Herz der Völker erreichen will. Wenn wir von Bekehrten erwarten, sich Gemeinden unterschiedlichster Bevölkerungsschichten anzuschließen, behindern wir die Gemeinden dabei, *panta ta ethne* zu erreichen.

Wir haben folgende Wahl:

(A) Wir gründen Gemeinden mit gemischter Zusammensetzung von Anfang an; Männer und Frauen aus vielen verschiedenen Volks- und Sprachgruppen und mit unterschiedlicher Bildung finden sich zu einer neuen Familie Gottes zusammen; oder

(B) wir gründen rasch Gemeinden, die nur aus einem einzigen Bevölkerungssegment bestehen.

In vielen Ländern ist (A) keine gute Lösung. Nur in wirklichen kulturellen Schmelztiegeln bietet sich diese Lösung ernsthaft an. Die alten Gesellschaftstrukturen verschwinden ja immer mehr. Es kommt zu vielen kulturübergreifenden Heiraten. Kinder wachsen heutzutage in gemischten Schulen auf und betrachten sich dennoch als Teil eines Volkes. An solch einem Ort sind gemischte Gemeinden eine gute und erstrebenswerte Wahl. In kosmopolitischen Gebieten mag es wirklich zutreffen, daß die besten Möglichkeiten für das Wachstum der Gemeinden darin bestehen, Menschen aus der neuen entstehenden Mischbevölkerung der Gemeinde zuzuführen. An allen anderen Orten sollten jedoch die Christen weiter daran arbeiten, Gemeinden zu gründen, die aus Menschen einer einzigen Bevölkerungsschicht bestehen. Die Leiterschaft und die Diakone dieser Gemeinden werden ebenfalls aus dieser Gruppe von Menschen stammen, und auch die Pastoren werden keine Ausnahme sein.

Vier Vorteile

Ich sagte bereits, daß die Antwort auf die bereits gestellten Fragen ein klares, wohlüberlegtes "Nein" sein muß. Wir möchten nun vier Aspekte und Tatsachen der gruppenbezogenene Evangelisation und des spezifischen Gemeindebaus betrachten.

Tatsache Nr. 1 ist, daß die meisten Segmente der Bevölkerung selbst wie ein Mosaik beschaffen sind. Zu jedem Segment gehören Menschen, die gleichzeitig auch Teil eines weiteren Segments sind. Manche, die an einer Universität arbeiten oder studieren, kommen vom Land, und sind neben ihrem akademischen Beruf gleichzeitig noch Gärtner oder Kleinbauern. Viele Gemeinden mit Mitgliedern weißer Hautfarbe haben auch schwarze Mitglieder, die sich wegen ihrem Wohnort, ihrer Ausbildung oder ihrem Einkommen in solchen Gemeinden zuhause fühlen. Zu Amerikanern spanischer Abstammung zählen sich Bürger der 4. Generation, die gar kein Spanisch mehr können, und auch Einwanderer aus Argentinien, die erst vor 6 Monaten angekommen sind, sowie jede Nuance dazwischen. Jede Gemeinde hat aus diesem Grunde sehr verschiedenartige Mitglieder. Wenn diese nun ihre Verwandten und Freunde aufsuchen, so heißt es nicht, daß sie sich damit auf ein immer enger werdendes Segment der Bevölkerung konzentrieren. Freunde stammen häufig aus anderen Bevölkerungsschichten, und mit den Verwandtschaftsbeziehungen ist es ähnlich. Ein Thorwaldson heiratet eine Rodriguez, ein Chen heiratet eine McDonald, ein Kowalski heiratet eine Vanderveld. Wenn also jede Gemeinde die eigenen Verwandten und Freunde in die Jüngerschaft ruft, so werden in der Folge viele verschiedene Volksgruppen erreicht.

Tatsache Nr. 2 ist, daß jede große Gemeinde aus vielen kleinen Interessengruppen besteht, die sich jeweils untereinander treffen. Der Chor zieht diejenigen an, die musikalisch sind, und wird sich über einen reichen Tenor oder einen lyrischen Sopran freuen, unabhängig davon, aus welcher Klasse oder welchem ethnischen Hintergrund die betreffende Person stammt. Die

Leiter der Pfadfindergruppen und der Strickklassen halten eifrig Ausschau nach denjenigen, die an ihren Aktivitäten interessiert sind. Wenn wir die bestehenden Beziehungsnetze evangelistisch nutzen, so muß das noch lange nicht so mißverstanden werden, daß damit der Wirkungskreis der Gemeinde auf die Verwandten der jeweils stärksten Gruppe in der Gemeinde beschränkt bleibt. Das vorhandene Forschungsmaterial weist darauf hin, daß selbst dann, wenn in einer Stadtbevölkerung die Beziehungsnetze evangelistisch genutzt werden, dadurch viele kleine Gruppen von vielen verschiedenen Bevölkerungssegmenten erreicht werden.

Tatsache Nr. 3 besteht darin, daß viele Gemeinden ja längst die meisten Kontakte innerhalb ihres eng gefaßten Beziehungsfeldes gewonnen haben. Eine Episkopalkirche in einer typischen Stadt wird bereits längst diejenigen angezogen haben, die dort großgeworden sind oder sich zu den Gottesdiensten der Kirche hingezogen fühlen. Eine Mennonitengemeinde wird alle Mennoniten der dortigen Gegend schnell auf sich vereinigt haben. Wenn eine Gemeinde ihre Beziehungsnetze evangelistisch nutzt, so bedeutet das damit noch lange nicht, sich selbst in der Wirksamkeit auf kleine gesellschaftliche Enklaven zu beschränken.

Benutzen wir einmal unseren gesunden Menschenverstand. Christen - schon allein deshalb, weil sie eins sind in Christus - freuen sich über jede Gelegenheit, in einer offenen Gesellschaft neue Beziehungen zu knüpfen. Sie sorgen dafür, daß sich Fremde schnell in der Gemeinde wohlfühlen. Sie zeigen ihnen, daß sie dazugehören. Gleichzeitig sollten Christen neue Gemeinden in Bevölkerungsschichten aufbauen, die noch nicht von christlichen Gemeinden erreicht sind. Die Anglikaner in England werden feststellen, daß neugegründete Arbeitergemeinden, in denen die Leiter der Gewerkschaften die Ältesten - oder jedenfalls einflußreiche Mitglieder der Kirche - sind, dieses wichtige Segment der britischen Bevölkerung wirkungsvoller mit dem Evangelium erreichen, als wenn die existierenden Mittelklassegemeinden oder Hochkirchen einige Arbeiter als Mitglieder aufnehmen würden. Das letztere sollte natürlich dennoch getan werden, und es geschieht auch, aber es wäre nicht weise, sich ausschließlich darauf zu verlassen.

Wo freundschaftliche und verwandtschaftliche Beziehungen evangelistisch genutzt werden, wird dies normalerweise nicht zu Rassentrennung führen. Wenn eine Tendenz in dieser Richtung zu beobachten ist, so handelt es sich um einen Mißbrauch des Prinzips.

Tatsache Nr. 4 besteht darin, daß die Gemeinden und Denominationen, die aus Mitgliedern derselben Bevölkerungsschicht bestehen, erkennen sollten, daß sie in der Gefahr stehen, exklusiv zu werden und nur unter sich zu sein. Die bloße Tatsache, daß die meisten Mitglieder aus einer einzigen Bevölkerungsschicht stammen - man ja unter sich ist- , macht es in der Regel leicht, sich über Apartheid in fernen Ländern zu empören und von Bruderschaft zu sprechen, auch wenn man sie selbst gar nicht praktiziert. Es ist sehr leicht, die Heiden und Samariter in der Nachbarschaft zu übersehen. Jede Gemeinde und Denomination, die hauptsächlich aus einer einzigen sozialen Klasse besteht, sollte einen besonders hohen Stellenwert darauf legen, daß alle

Christen eins sind. Alle sind ein Volk in Christus. Es ist die missionarische Verpflichtung jeder Gemeinde, das Evangelium über die Barrieren der Sprachen, der Rassen und Klassen hinweg zu tragen, die es um sie her gibt. Diese Tatsache sollte kräftig unterstrichen werden. Die schwarzen Gemeinden und Denominationen der Vereinigten Staaten sollten zum Beispiel viele Missionare zu unevangelisierten unerreichten Völker in Asien, Afrika, Europa und anderen Ländern senden. Die Mizokirche tut gut daran, große Scharen von Missionaren zu anderen Kasten und Stämmen Indiens zu senden. Jeder Christ ist erlöst, um zu dienen.

Wir sollten konkret planen, Brücken zu benutzen

In den Gemeinden besteht die starke Tendenz, sich lieber der Erhaltung des Status Quo zu verpflichten wie der Evangelisation. Wasser fließt talabwärts. Bloße intellektuelle Zustimmung zu der Tatsache, daß wir die existierenden Brücken benutzen sollten, würde uns zwar schon weiterhelfen, das allein würde aber noch nicht dazu führen, daß die Gemeinden wachsen würden. Damit dies geschehen kann, werden die Leiter von Gemeinden einplanen müssen, die bestehenden Brücken beständig zu nutzen. Met Castillo von der Philippinischen Allianzkirche schreibt in einem an mich gerichteten Brief:

"Wenn wir den Auftrag des Herrn der Gemeinde erfüllen wollen, in ländlichen und städtischen Bevölkerungen eine Vielzahl von Gemeinden zu gründen, so benötigen wir dafür dringend angemessene Pläne. . . Gute Planung vermag Verschwendung von Zeit, Mittel und Personal auf ein Minimum zu begrenzen. Dadurch wird beständiges Wachstum ermöglicht."

Seine Stellungnahme beeindruckt um so mehr, wenn wir bedenken, daß seine Denomination in den fünf Jahren nach dem Jahr 1975 339 neue Gemeinden gegründet hat und die Gemeindemitgliedschaft von 26.830 auf 51.629 angestiegen, was einer zehnjährlichen Wachstumsrate (ZWR) von 270 Prozent entspricht.

Einer der wirkungsvollsten Pläne, die mir unter die Augen gekommen sind, die in jeder Gemeinde weltweit Anwendung finden könnte war, das Gebet eines jeden Gemeindemitgliedes auf besonders sorgfältig ausgewählte außenstehende Menschen zu lenken. Die Geschichte war folgendermaßen: In 23 Kleinstadtgemeinden derselben Denomination stagnierten alle, bis auf eine Gemeinde. Die Gemeinden hatte fast alle bei 40 Mitgliedern aufgehört zu wachsen. Sie glaubten, daß sie unter den gegebenen Verhältnissen nicht weiter wachsen konnten. Eine Gemeinde jedoch war weit über die typische Größe von 40 Mitgliedern auf 220 hinausgewachsen! Was hatte zu diesem phänomenalen Wachstum geführt? Es gab viele Gründe für das Wachstum der Gemeinde, die Mitglieder selbst jedoch bezeichneten eine Sache als den Hauptgrund. Jedes Jahr hat die wachsende Gemeinde jedes Mitglied dazu angehalten, von seinen Verwandten und Freunden diejenige Person zu benennen, die wohl am ehesten für Christus zu gewinnen war. Jedes Mitglied der Gemeinde verpflichtete sich sodann, täglich namentlich für die Errettung dieser Person zu beten. Im Verlauf der Wochen betete der Pastor oft öffentlich für "unsere Freunde, für die wir alle beten." Die ganze Gemeinde war sich dessen stark bewußt, selbst das Instrument Gottes zur Errettung von vielen der eigenen besten Freunde und Angehörigen zu sein. Die Folge davon wurde von einer der leitenden Frauen so formuliert: "Wir beten, und Gott schenkt uns jedes Jahr die Menschen, für die wir beten - in manchen Jahren sind es zehn, in manchen Jahren zwanzig, und in einem Jahr sechzig neue Mitglieder." Die empirische Beziehung zwischen Gebet und dem Wachstum von Gemeinden ist ein weites Arbeitsfeld, auf das wir dringend von neuem unsere Forschungen richten sollten um diesen Zusammenhang besser zu verstehen.

Schlußfolgerung

Von allen Faktoren, die das Wachstum von Gemeinden beeinflussen, steht kein anderer allen Christen zur sofortigen Verfügung wie der, das natürliche Umfeld der bestehenden Gemeinde zu evangelisieren. Dort geschieht am ehesten das Wachstum von Gemeinden. Diese Felder sind die nächsten Felder, die "weiß zur Ernte sind". Diese Menschen haben bereits eine gewisse Vorstellung davon, wer Christus ist und was es heißt, ein Leben als Christ zu führen. Es ist immer ein gesunder Weg, jedes Beziehungsnetz evangelistisch zu nutzen. Dieses Vorgehen muß allerdings immer davon ergänzt werden, daß entschlossen versucht wird, die Samariter zu erreichen, unter denen die Juden keine Verwandten oder Freunde haben. Die große Zahl der unerreichten Völker der Welt warnt uns davor, Evangelisation nur auf unseren eigenen Freundeskreis zu beschränken. Es ist ein unabdingbarer Bestandteil unserer Strategie, neue Gemeinden in jedem *ethnos* der Erde zu gründen, wenn wir als Christen dem Missionsbefehl gehorchen wollen. Wenn es jedoch dann zum Entstehen einer neuen Gemeinde gekommen ist, so bietet das Beziehungsnetz von Verwandten und Freunden aller Wahrscheinlichkeit nach die besten Möglichkeiten für die Gemeinde, zu wachsen. Machen Sie von diesen Brücken Gebrauch.

20

Ziele setzen

Durch nichts anderes als durch das Setzen eines Zieles werden unsere Anstrengungen in die richtige Richtung gelenkt. Dort, wo Christen daran interessiert sind, effektiv zu evangelisieren, ist es notwendig, sich im Hinblick auf die Zahl der Gemeindemitglieder Ziele zu setzen. So werden die Bemühungen auf das Wesentliche der Aufgabe konzentriert.

Wir können keine Ziele setzen, wenn wir die dazu nötigen Fakten nicht kennen. Durch das Setzen von Zielen werden Pastoren und Missionare an ihre wichtigste Verantwortung erinnert und an die Möglichkeiten, die ihnen zur Verfügung stehen. Sie werden gezwungen, die richtigen Prioritäten zu setzen und die Richtung nicht aus dem Auge zu verlieren.

Es ist unbedingt notwendig, daß christliche Leiter ihr grundsätzliches Anliegen mit dem ewigen Willen Gottes in Übereinstimmung bringen, Ungläubige durch den Glauben an Jesus Christus zu erretten. Das ist der erste Schritt, wenn wir konsequent das Wachstum und die Entfaltung der Gemeinde wollen. Wenn wir uns Ziele setzen, so wird uns das helfen, unsere Übereinstimmung mit dem Willen Gottes in die Praxis umzusetzen.

Die Aufgabe der Weltmission ist ein sehr weitgefächertes Unternehmen. Sie fängt bei der Vorevangelisation an und beinhaltet ebenso die Verkündigung, den Ruf zur Entscheidung, die Taufe oder Eingliederung in die Gemeinde und auch das Hinführen zum Wachstum in der Gnade und Erkenntnis des Herrn, damit Männer und Frauen zu reifen Menschen in Christus werden können. Mission berührt unweigerlich viele Aspekte des gesellschaftlichen Lebens. Auch die sozialen Strukturen müssen mehr und mehr vom Evangelium geprägt werden. Mission als wissenschaftliches Studiengebiet umfaßt sowohl die Evangelisation in der eigenen als auch Mission in anderen Kulturen. Dabei müssen viele Studienfächer und Wissenschaftsgebiete für das eine Ziel nutzbar gemacht werden, *panta ta ethne* in die Nachfolge zu rufen. Fach- und Arbeitsgebiete wie die Soziologie, Kommunikationswissenschaft, Religionswissenschaft, Anthropologie, Theorie und Praxis des Unterrichts, weltweite Zusammenarbeit der Gemeinden, die Geschichte der Evangelisation und Mission sowie die Dogmatik haben hierzu alle einen wichtigen Beitrag zu leisten.

Diese sehr breit angelegte Unternehmung, die wir "Weltmission" nennen, muß sich immer im klaren darüber sein, was das Herzstück der Aufgabe ist: Der unveränderliche Plan Gottes, daß sich jedes Knie vor ihm beugen soll. Wenn wir Ziele setzen, so unterstützen wir dabei die Mission, diesen Plan Gottes zu erfüllen. Missionswissenschaft ist keine bunte Mischung aus beliebig vielen verschiedenen Zutaten. Es ist die wissenschaftliche Disziplin, deren beständiges Ziel es ist, die Mission auf allen sechs Kontinenten zu fördern. Die Person des Erlösers selbst ist Zentrum und Triebkraft dieser Disziplin. Evangelisation und Mission sind keineswegs Sammelbegriffe für Hunderte von guten Unternehmungen, die alle gleichviel Bedeutung und Wert besitzen. Der Mission kann es nicht gleichgültig sein, welche Aufgaben erfüllt werden und welche nicht. Die Weltmission muß unter der Ausrichtung auf das ausdrückliche Ziel hin und in Übereinstimmung mit dem eindeutigen und unmißverständlichen Befehl des Herrn getan werden, alle Völker in die Nachfolge zu rufen. Tausende von unerreichten Völkern, die weit über 3 Milliarden Menschen, die noch zum Glauben gerufen werden müssen, stehen vor jedem Menschen, der über Evangelisation und Mission spricht und lehrt, als Mahnung und Herausforderung.

Auf Löwen treten

Es ist noch gar nicht lange her, daß es üblich geworden ist, sich Ziele für die Mitgliederzahlen der Gemeinden zu setzen. Es war, als ob sich Löwen diesem Ansinnen in den Weg gestellt hatten. Über lange Jahre hinweg hatte man es unterlassen, sich solche Ziele zu setzen, ja es wurde sogar als unangemessen betrachtet, sich Wachstumsziele zu setzen. Auf diesem Hintergrund müssen wir auch den Beitrag von C. Peter Wagner, Paul Yonggi Cho und anderen sehen, die sich in bemerkenswerter Weise dafür eingesetzt haben, daß dieses Prinzip auf die Evangelisation und das Gemeindewachstum angewandt wird.

Nordamerikanische Gemeinden

Gemeinden in Nordamerika und Kanada haben sich nur selten Ziele im Hinblick auf die Gemeindemitgliedschaft gesetzt. Die meisten haben sogar noch nie eine Wachstumskurve ihrer Entwicklung in der Vergangenheit gesehen oder eine graphische Darstellung eines möglichen Glaubenszieles für die Zukunft. Würde man nach der Wachstumsrate der Gemeinde fragen, so würde ein durchschnittlicher Pastor das nicht wissen.

Amerikanische Gemeinden haben sich weder Ziele im Hinblick auf die Gesamtmitgliedschaft gesetzt noch Ziele über die Jugendarbeit, die Seniorenarbeit, die Arbeit unter dem "Mittelalter" oder die Studentenarbeit. Auf die Frage: "Halten Sie es für wahrscheinlich, daß die Anzahl der festen, hier ansässigen Gemeindemitglieder sich innerhalb der nächsten fünf Jahre erhöht?" würde man normalerweise keine eindeutige Antwort zu hören bekommen.

Es ist für das Denken der meisten Christen völlig abwegig, sich Gedanken über Wachstumsziele zu machen. Man setzt sich Ziele für das Geschäftsleben, die Zahl der Autos, die man verkaufen will, die Menge Stahl, die man produzieren will, oder die Anzahl der Gebäude, die man errichten will - nur nicht über die Anzahl der Bekehrten, die die Gemeinde gewinnen möchte.

Man veranstaltet zwar evangelistische Kampagnen, und die Pastoren besuchen interessierte Menschen, die in die Gemeinde hereinschauen oder neu zugezogen sind. Es war jedoch schwierig, vor dem Jahre 1972 eine Gemeinde oder Denomination zu finden, die die eigene Entwicklung in der Vergangenheit untersucht hatte und sich im Glauben Ziele für die Zukunft gesetzt hatte.

Mission in der Zweidrittelwelt

Auch die Weltmission in den "Missionsländern" hat sich in der Vergangenheit keine Ziele für die Mitgliedschaft der Gemeinden gesetzt. Wenn die Missionare in einem neuen Land ankamen, so mußten sie erst einmal jahrelang Pionierarbeit leisten. Sie mußten die Sprache lernen, einen Wohnort finden, die Gleichgültigkeit und Feindseligkeit überwinden, in schwierigen Umständen gesund bleiben und so weiter und so fort. Es dauerte oft lange Jahre, bis der erste Bekehrte gewonnen wurde. Manchmal wurde systematisches Arbeiten durch Hungersnot, Epidemien, Revolutionen und ähnliches verhindert. Die Bevölkerung hatte noch nie vom Christentum oder von Christus gehört. Die Bibel war in ihrer Sprache nicht erhältlich. Es wäre töricht gewesen, sich unter solchen Umständen Wachstumsziele vorzunehmen. Manche Missionare waren genug damit beschäftigt, einfach durchzuhalten.

Aber auch dann, wenn man einen gewissen Arbeitsrhytmus gefunden hatte und eine sichere Ausgangsbasis für die missionarische Arbeit geschaffen worden war, war die Zahl derer, die sich bekehrten, äußerst gering, und so schien es nicht mehr wie gerechtfertigt, das eigentliche Ziel "Missionsarbeit" zu nennen, nicht etwa "Mitgliederzuwachs". Viel Widerstand gegen die Gemeindewachstumstheorie rührt daher, daß Missionsgesellschaften, die bis heute unter solchen Umständen arbeiten, meinen, es sei riskant, sich auf das Wachstum der Gemeinden zu konzentrieren. Die eigentliche Aufgabe sei es doch, den Menschen das Evangelium zu verkündigen und der Bevölkerung zu dienen. Sie sträuben sich gegen die bloße Vorstellung, das Wachstum der Gemeindemitgliedschaft als Kriterium für die eigene Arbeit zu benutzen. Es würde als unweise betrachtet werden, sich ein Ziel zu setzen - etwa eine Verdoppelung der Mitgliedschaft innerhalb der nächsten zehn Jahre.

In Bevölkerungen und Volksgruppen, in denen sich die Mission in den ersten Anfängen befindet, besteht die Aufgabe darin, das Evangelium durch gute Werke zu empfehlen, aber auch andere Mittel zu gebrauchen, wie etwa die, daß man die Sprache lernt, die Bibel übersetzt, christliche Literatur produziert und verbreitet und der Bevölkerung in der medizinischen Versorgung, in der Landwirtschaft, der schulischen Ausbildung und der Dorfentwicklung hilft.

Missionare sagen gern: "Was die Gemeindemitglieder angeht, so wollen wir die Menschen aufnehmen, die Gott uns anvertraut, sie lieben und sie zu guten Christen ausbilden. Wir wollen ihnen Bibelunterricht geben, ihnen beibringen, wöchentlich den Gottesdienst zu besuchen, und einheimische Leiterschaft für sie ausbilden. Man muß ihnen beibringen, den Zehnten zu geben, die Gemeinden müssen Strukturen bekommen, die Startschwierigkeiten neuer Gemeinden müssen behoben werden, und man muß dafür sorgen, daß aus Christen gute Christen werden. Wir müssen zum Entstehen einer Form des

Christentums beitragen, die den örtlichen wirtschaftlichen Bedingungen und der vorherrschenden Kultur angepaßt ist. Wenn auch die Kultur von einigen schlechten Einflüssen (zum Beispiel dem Götzendienst) gereinigt werden muß, so können doch die meisten Elemente in das Leben der Gemeinde einfließen, die dadurch mehr und mehr einen völlig einheimischen Charakter bekommt. Das Ziel besteht nicht darin, Mitgliedschaftsziele anzustreben, sondern fleißig und liebevoll eine christliche Gemeinde zu gestalten, die ganz und gar christlich ist und die sich in der eigenen Kultur völlig zuhause fühlt."

Darüberhinaus lasten die Sorgen um richtige Öffentlichkeitsarbeit und finanzielle Werbung schwer auf den Missionaren und den Leitern von Unterstützungskomissionen. Wenn es schon schwierig zu sein scheint, daß die Gemeinde wachsen wird, was würde geschehen, wenn wir uns zwar große Ziele setzen, dann aber nur wenige Menschen taufen könnten? Werden dadurch nicht diejenigen, die die Mission unterstützen, entmutigt werden? Der Vertreter einer Missionsgesellschaft sagte einmal zu mir: "Das gefährlichste, was ich tun könnte, wäre es, den Unterstützern unserer Missionsarbeit in Pakistan nahezulegen, daß die dortige Gemeinde wachsen könnte oder gar sollte. Wenn sie dann erfahren würden, daß sie nicht gewachsen ist, so würden sich ihre Unterstützungsleistungen drastisch verringern."

Das sind die Löwen, die dem Bemühen im Wege standen, sich weltweit Wachstumsziele zu setzen.

Doch noch bedrohlicher brüllen die theologischen Löwen. Weil langsames Wachstum oder Nullwachstum die Regel gewesen ist, schien die Aufgabe darin zu bestehen, die jetzigen Gemeindemitglieder und deren Kinder zu betreuen. Die meisten Gemeinden und Denominationen waren von einer Versorgungsmentalität gekennzeichnet, die sogar mit dem Verweis auf die Bibel begründet wurde. Wer die Gemeindeglieder pastoral versorgte, wurde nahezu heiliggesprochen, während diejenigen, die nach verlorenen Schafen suchten, verunglimpft wurden. Manche sind sogar so weit gegangen und haben behauptet, Evangelisation sei ein imperialistischer Akt, wobei anderen Menschen die eigene religiöse Meinung aufgezwungen wird. Manche haben alles, was mit Evangelisation zu tun hatte, "Selbstüberheblichkeit" genannt. Man hat gemeint, wer sich Ziele setzt, tue in den Augen Gottes etwas abscheuliches und handle völlig im Gegensatz christlicher Nächstenliebe.

Man ist überrascht, wenn man sieht, wie die Bibel unter dieser Maxime gelesen worden ist. Aus der Sicht von abgekapselten und schrumpfenden Denominationen schien die Bibel anscheinend nur zu Christen zu sprechen. Beispielsweise sehen wir, wie Paulus im Epheserbrief auf den Knien betet und Gott bittet, den Christen in Ephesus Verständnis dafür zu schenken, "was die Breite und die Länge und die Höhe und die Tiefe ist, nämlich die Liebe Christi zu erkennen . . ." (Eph 3,18). Wenn wir an die Tatsache denken, daß das Gebet von Paulus damit beginnt, seine Leser daran zu erinnern, daß jede Familie auf der ganzen Welt sich auf den himmlischen Vater zurückführt, und mit den Worten schließt: "durch alle Zeiten hindurch, von Ewigkeit zu Ewigkeit," so wird uns klar, daß sich dieses inspirierte Wort hier auf eine Liebe bezieht, die sich auf alle Menschen aller Generationen erstreckt. Paulus betet, daß Christus so in den Herzen der Christen wohne, daß sie - indem sie ihren Provinzialismus und die Tendenz, nur an sich selbst zu denken, überwinden - fähig werden zu begreifen, was Christus will, nämlich daß das Evangelium allen Völkern gepredigt werden soll. Was die Liebe von Christus anbelangt, so sollten sie ihre Länge kennen (bis zu den Enden der Erde), ihre Breite (die Myriaden von Volksgruppen weltweit einschließend), ihre Höhe (bis hin zu den Fürsten und Mächtigen) und ihre Tiefe (bis hin zur verzweifelten Not der Ungeretteten). Anstatt dieser missionarischen Interpretation des Textes verkürzen die Christen statischer Gemeinden diese vier Worte und schreiben ihnen eine Bedeutung zu, als würden sie nur von den Tugenden der Liebe Christi für Christen und die Gemeinde sprechen.

Die richtige Auslegung beinhaltet beide Auslegungen. Es ist falsch, wenn wir behaupten, diese Schriftstelle beziehe sich ausschließlich auf die Ungläubigen in weitentfernten Ländern oder ausschließlich auf errettete Christen. Wir müssen nicht nur beide Schwerpunkte in diesen Worten erkennen, sondern daß die Bedeutung für die Außenwelt genauso wichtig ist wie für die christliche Gemeinde. Gemeinden und Denominationen, die eher von einer Versorgungsmentalität gekennzeichnet sind, haben hierfür kaum einen Blick. Das hört sich dann etwa so an:

"Wir bekehren niemanden. Das tut der Heilige Geist. Aus diesem Grunde würde es uns schlecht anstehen Ziele zu setzen oder uns vorzunehmen, eine genau festgelegte Zahl von Menschen für Christus zu gewinnen."

"Wir sind beauftragt, das Evangelium der ganzen Schöpfung zu predigen (Mk 16; Apg 1). Die sollen dafür sorgen, daß die Welt seine Stimme hört. Wir sollen jedoch nicht dafür sorgen, daß die Bevölkerung eines ganzen Landes sich Gemeinden anschließt. Gott schenkt das Wachstum in dem Maße, wie er es für richtig hält.

"Wir können nur erwarten, daß wenige Menschen Christen werden. Die Tür ist eng. Es werden nicht viele Menschen errettet werden" (Mt 22,14; Lk 18,8).

"Es ist unsere Aufgabe, christusähnliche Nachfolger Jesu heranzubilden. Wir müssen um jeden Preis vermeiden, dabei die Gnade Gottes zu verschleudern. Gottes Gnade ist nicht billig. Wir dürfen deshalb nicht mit Scheuklappen versehen nur ein quantitatives Ziel vor Augen haben und die Anzahl der Mitglieder unserer Gemeinden erhöhen wollen. Es ist nicht unser Ziel, eine große Zahl getaufter Heiden zu produzieren. Wir lesen überall in der Bibel, daß wir uns um die Herde zu kümmern haben, wir finden jedoch nirgends die Stellen, wo wir leidenschaftlich dazu aufgerufen werden, uns in evangelistischen Aktivitäten zu verströmen.

Leslie Newbigin schrieb "In den Briefen von Paulus finden wir keine einzige Stelle, in der er seine Leser dazu auffordert, sich mehr evangelistisch zu betätigen. Im Neuen Testament findet sich absolut kein Rückhalt für die fast krampfhaften Missionsaufrufe, wie sie in der protestantischen Missionspraxis üblich waren" (in: *International Review of Mission* [Juli] 1979, S. 308).

Die Löwen sind an der Kette

In seinem berühmten Buch *Die Pilgerreise* sagt Bunyan, daß die Löwen nur den Zaghaften erschrecken können. Wenn mutige Christen den Willen Gottes tun wollen, so werden sie feststellen, daß diese soeben beschriebenen Löwen alle sicher an der Kette liegen.

Wir müssen mit der Bibel sauber umgehen. Wenn wir das ganze inspirierte Wort Gottes betrachten, werden wir feststellen, daß dann, wenn der Heilige Geist Menschen zur Bekehrung führt, er dies in den meisten Fällen dadurch tut, daß er Christen dazu benutzt. Der Heilige Geist sagte: "Sondert mir aus Barnabas und Saulus." Der Herr sagte: "Geht und macht zu Jüngern panta ta ethne." Paulus sagte: "Seid meine Nachfolger in meinem grossen Bemühen, mit allen Mitteln einige zu gewinnen."

Im Licht der Tatsache, daß der Herr zu seinen Jüngern sagte: "Was immer ihr auf Erden binden werdet, soll auch im Himmel gebunden sein, und was immer ihr auf Erden lösen werdet, soll auch im Himmel los sein", ist es schwer zu behaupten, mit Evangelisation sei bloße Verkündigung gemeint. Der Herr befahl seinen Nachfolgern, daß sie Ungläubige überzeugen sollten zu glauben und dann zielorientiert an die grosse Aufgabe gehen sollten, Gläubige in sichtbare, zählbare Gemeinden und Denominationen zu integrieren. Dies alles war sicherlich Werk und Aufgabe des Heiligen Geistes, der jedoch durch Männer und Frauen wirkte, die mit dem Heiligen Geist erfüllt waren.

Wir lesen in der Apostelgeschichte: "Paulus lehrte in der Synagoge jeden Sabbat und überzeugte Juden und Griechen. Als aber Silas und Timotheus aus Mazedonien kamen, richtete sich Paulus ganz auf die Verkündigung des Wortes und bezeugte den Juden, daß Jesus der Christus sei. . . Der Herr sprach zu Paulus in der Nacht durch eine Vision: Fürchte dich nicht, sondern rede und schweige nicht!" (Apg 18,4f.9)

Als die Juden Paulus vor den Prokonsul Gallio schleiften, beschuldigten sie ihn: "Er überredet Menschen." Wenn wir solche Passagen hören, fällt es schwer zu behaupten, es hätte in irgend einer Form etwas mit Anmaßung zu tun, wenn wir Männer und Frauen überzeugen wollen, Nachfolger von Jesus zu sein, und sie in Gemeinden integrieren wollen und wenn wir dies planvoll und mit Kalkül tun. Es steht in ganzer Übereinstimmung mit dem ewigen Willen Gottes, sich Wachstumsziele für die Gemeindemitgliedschaft zu setzen. Im Dienst der Mission gefällt es Gott sogar, wenn wir uns Ziele setzen. Die Löwen können ruhig knurren. Sie liegen an der Leine. Die Bibel steht voll und ganz auf der Seite derer, die sorgfältig und planmäßig das Wachstum von Gemeinden anstreben.

Zur Geschichte des zielorientierten Gemeindeaufbaus

Es war nicht immer so, daß man sich beim Gemeindeaufbau Ziele gesetzt hat. Es waren insbesondere drei Faktoren, die dazu beigetragen haben und auf die wir nun einen kurzen Blick werfen wollen.

Die Grundlagen geschaffen

In einer Zeit, in der sich die Mission an vielen Orten auf dem Rückzug befand, trat ich in The Bridges of God weiterhin dafür ein, daß es der Wunsch Gottes war, daß die Gemeinden starkes Wachstum verzeichnen. In dem Buch werden zwei Möglichkeiten miteinander verglichen, wie Gemeinden gewachsen sind, und zwar durch die Arbeit der Missionsstationen und durch Volksbewegungen. Beide Wege hat Gott gesegnet. Mit einem Satz wie dem folgenden kann das Gesagte treffend wiedergegeben werden: "Die Zeit ist gekommen, in der die christlichen Gemeinden ihre bedeutendsten Siege gewinnen können. Vor der drohenden Katastrophe können sie die einzige sichere Basis für das nationale Wohlergehen beitragen: Eine große Zahl von lebendigen Gemeinden, die den wahren und ewigen Gott fürchten, lieben und anbeten" (Bridges, 155).

"Die Völker, die wir heute zur Jüngerschaft rufen können, setzen sich aus Millionen von einzelnen Menschen zusammen, deren Errettung Gottes Wille ist" (Bridges, 156).

"George Fox hatte am Anfang der großen Volksbewegung Englands, die in kurzer Zeit einen von Hundert Engländern zum Mitglied der *Society of Friends (Quäker)* hat werden lassen, die Vision "einer unzählbaren Schar, wie der Staub, der im Sonnenlicht sichtbar wird, die sich dem einen wahren Hirten und der einen Herde anschließen werden." Es steht uns allen frei, von derselben Sicht ergriffen zu sein" (Bridges, 157).

Die erste Ausgabe von *Understanding Church Growth* (1970) faßte in einem einzigen Buch zusammen, was in den 15 Jahren davor auf Gemeindewachstumsseminaren, Vorlesungen, Schulungen und Artikeln erarbeitet worden war. Von Anfang bis Ende wurde die Auffassung vertreten, daß das quantitative Wachstum der Gemeinde der Wille Gottes war und daher der Gegenstand von Zählungen, Untersuchungen und Diskussionen sein sollte, die dann als Arbeitsgrundlagen für evangelistische und missionarische Bemühungen verwendet werden.

Zwischen den Jahren 1955 und 1965 kamen neben diesem noch andere Gemeindewachstumskonzepte zum Vorschein. Manche Gemeinden und Missionsgesellschaften begrüßten dies und fanden darin neue Ermutigung und neue Ausrichtung. Manche widersetzten sich auch. In beiden Fällen jedoch bereiteten die Gemeindewachstumstheorien den Boden vor für das spätere zielorientierte Arbeiten im Gemeindeaufbau. Wenn diese Konzepte und Theorien nicht den Boden für mehr als ein Jahrzehnt kräftig umgepflügt hätten, wäre es wohl überall auf der Welt schwierig, wenn nicht sogar unmöglich gewesen, sich Wachstumsziele zu setzen.

Am *Institut of Church Growth* in Oregon (1961-65) und der *School of World Mission* in Kalifornien (von 1965 an) studierten eine ganze Reihe von erfahrenen Missionaren das Fachgebiet Missionswissenschaft, das sich um ein explosives Thema drehte: Den Missionsbefehl selbst. Zur Missionswissenschaft gehörte allerdings mehr als nur der Befehl von Christus, alle Nationen in die Nachfolge zu rufen. Dazu gehörten auch Religionswissenschaft,

Soziologie und Anthropologie, Missionsmethodik, Dogmatik, Missionstheologie, Geschichte, Leiterschaftsprinzipien und ökumenische Zusammenarbeit, doch nahm keines dieser Fachgebiete einen zentralen Stellenwert ein. Kein einziges Fachgebiet hätte zur Formulierung der weltmissionarischen Verantwortung der Gemeinden beitragen können. Weltmission liegt vollständig im ewigen Willen Gottes begründet, Menschen durch den Glauben an den Erlöser Jesus Christus zu erretten. Wenn es Gottes Wille ist, eine zahlenmäßig faßbare Anzahl von Menschen zu erretten, so ergeben sich daraus mit zwingender Notwendigkeit die komplexen Aufgaben der Mission und auch die grundlegenden Prinzipien des Gemeindewachstums.

Diejenigen, die am *Fuller Seminary* studiert hatten, gingen zurück in ihre Einsatzländer, entschlossen, Theologie und Mission in der klaren Ausrichtung an der biblischen Vorgabe zu treiben, das Evangelium auszubreiten und den Glauben weiterzuvermitteln.

Im Jahre 1963, ich war inzwischen Direktor des *Institute of Church Growth* in Eugene, Oregon, wandte ich mich an viele Organisationen, um Unterstützung für eine Untersuchung des Wachstums von Gemeinden zu erhalten, die sich auf den ganzen lateinamerikanischen Kontinent erstrecken sollte. Im Januar 1965 erhielt ich eine Gabe in Höhe von 54.000 US-$ von Lilly Endowment, und es gelang mir bis zum Mai, William R. Read, Victor Monteroso und Harmon A. Johnson als Forscher zu gewinnen. In der Zwischenzeit hatten wir die Schule nach Pasadena, Kalifornien verlegt, da ich dort die *School of World Mission* gegründet hatte. Pasadena war dann auch der Ausgangspunkt der Forschungen. Innerhalb der nächsten drei Jahre untersuchten diese Männer das Wachstum der Gemeinden in 17 Nationen. Wenn eine solche Untersuchung gemacht wird, ergeben sich dadurch unzählige Möglichkeiten, den beteiligten Denominationen, Gemeinden, Missionsgesellschaften und einzelnen Missionaren den Eindruck zu vermitteln, daß die Aufgabe, an der sie standen, gemessen und graphisch dargestellt werden konnte und sogar sollte.

Im Jahre 1969 wurde dann das Ergebnis, *Latin American Church Growth* veröffentlicht. Die Ergebnisse schlugen wie eine Bombe bei den Missionsgesellschaften ein, die in Lateinamerika arbeiteten, besonders unter den konservativen, evangelikalen Gruppen, die sich unter den Dachorganisationen *EFMA/IFMA* zusammengeschlossen hatten. Die Arbeit dieser Missionsgesellschaften hatte damals nämlich recht wenig Wachstum bewirkt. Man hielt sich theologisch für ausgewogen und gesund und wußte, daß man hart arbeitete. Und doch kam es als Resultat der Arbeit dieser Missionare zu geringfügigerem Gemeindewachstum als bei den Missionaren der Großkirchen und der Pfingstgemeinden. Man begann, sich ernsthaft Gedanken zu machen.

Aus diesem Grunde veranstalteten sie im Jahre 1970 eine Konsultation in Elburn, Illinois. Die beiden Vorsitzenden waren C. Peter Wagner aus Bolivien, der sich im darauffolgenden Jahr unserer Fakultät am *Fuller Seminary* anschloß, und Vergil Gerber, der Direktor des *Evangelical Missions Information Service* in Wheaton, Illinois. Bei dieser Konsultation trafen sich mehr als 50 Missionsfachleute und verbrachten zwei Tage damit, darüber nachzudenken, wie sie ihrer Hauptaufgabe nachkommen können. Sie hatten noch niemals zuvor eine definitive, quantitative Analyse ihrer Arbeit zu Gesicht bekommen. Sie hatten gedacht, ihre Arbeit sei großartig, und sie hatten ihr Gewissen anhand von zufrieden klingenden Werbebroschüren beruhigt. Das wegweisende Buch *Latin American Church Growth*, bestehend aus 174 Seiten von graphischen Darstellungen und 209 weiteren Seiten von überzeugenden Analysen der Faktoren, die das Wachstum von Gemeinden bestimmten, brachte sie zum Umdenken. Sie begannen nun einen Weg zu suchen, auf dem sie das, was ihnen so außerordentlich zur Hilfe geworden war - die Theorie des Gemeindewachstums - auch ihrerseits weiter vermitteln könnten. Sie stellten die Frage: "Wie können wir unsere Missionare und die Pastoren von Gemeinden in Lateinamerika dazu bringen, daß sie erkennen, daß ihre Hauptaufgabe im wesentlichen darin besteht, das Evangelium einer immer größeren Zahl von Menschen zu vermitteln?" Die ganze Unternehmung begann, von den Dynamiken des Gemeindewachstums durchdrungen zu werden.

Je mehr weitere Forschungsberichte über Gemeindewachstum erschienen, desto mehr wurden die Leiter in vielen Ländern wachgerüttelt. Die Bücher von William R. Read, *New Patterns of Church Growth in Brazil* und Roy E. Shearer, *Wildfire: Church Growth in Korea* hatten ebenfalls einen großen Einfluß. In vielen Ländern wurden den Leitern von Missionsgesellschaften durch Bücher wie John B. Grimley und Gordon E. Robinson, *Church Growth in Central and Southern Nigeria*, J.C. Wold, *God's Impatience in Liberia*, Jim Montgomery, *Fire in the Philippines*, meinem eigenen Buch *Church Growth in Jamaica*, und Keith E. Hamilton, *Church Growth in the High Andes* die Augen für den wahren Zustand der Gemeinden geöffnet. Wenn wir es für wichtig halten zu wissen, ob eine Gemeinde christlich gesund ist oder aus Namenschristen besteht, dann ist es auch wichtig zu wissen, ob die Christen ein Zehntelprozent der Bevölkerung ausmachen oder die Hälfte und ob die Gemeinde lebendig wächst oder abnimmt.

Die Gemeindewachstumsbewegung wurde von allen Seiten angegriffen. Alan Tippett gelangte zur Überzeugung, daß die Anschuldigungen jedoch auf keinen Fall auf biblisch sauberer Ebene geführt wurden. Dem mußte ein Ende gesetzt werden. Aus diesem Grunde schrieb er ein außerordentlich einflußreiches Buch, *Church Growth and the Word of God*. Die biblische Grundlegung, die hier und auch in anderen Büchern dargelegt wurde, befreite Pastoren und christliche Leiter von einer Bürde von Schuld, die auf ihnen lastete - nämlich der Vorstellung, wer Wachstum wolle, versündige sich auf irgend eine Weise gegen Gott. Hier wurde überzeugend dargelegt, daß das Wort Gottes Gemeindewachstum gutheißt und rechtfertigt.

Im Jahre 1970 war es dann soweit: Man konnte nun daran gehen, sich innerhalb missionarischer Strategien systematische Ziele zu setzen. Der Boden war inzwischen gepflügt und besät worden. Die Grundmauern für das spätere Gebäude standen bereits.

Ein weiterer wichtiger Schritt zur Grundsteinlegung erfolgte durch Leonad Tuggy. Es lohnt sich, diesen Vorfall kurz zu schildern. Tuggy hatte von 1967 bis 1968 am *Fuller Seminary* studiert und wurde von der *Conservative Baptist*

Foreign Mission Society dann eingesetzt, um in einem Team von Forschern zu arbeiten, die eine landesweite Untersuchung in den Philippinen durchführten. Zusammen mit Ralph Toliver verbrachte er mehr als zwei Jahre damit, die Entwicklungen der verschiedenen evangelikalen Denominationen auf den Philippinen graphisch darzustellen. Ihr Forschungsergebnis wurde 1972 unter dem Titel *Seeing the Church in the Philippines* veröffentlicht. Sie waren feurige Verfechter des Gemeindewachstums, und nachdem sie mit eigenen Augen gesehen hatten, daß es tatsächlich möglich war, daß Gemeinden starkes Wachstum erlebten, machte Tuggy 1971 seinen baptistischen Kollegen den Vorschlag, sich für das Jahr 1981 ein Ziel zu setzen, nämlich 200 Gemeinden und 10.000 getaufte Gemeindeglieder anzustreben. Damals hatten sie etwa 30 Gemeinden und 2.000 Gemeindeglieder. Das war die Geburtsstunde der "Operation 200".

Es gab zwar bereits viele Absolventen der *Fuller School of World Mission*, die sich für das Wachstum von Gemeinden einsetzten, und viele Missionare und Pastoren wurden durch Untersuchungen, Diagramme und revolutionäre Konzepte dazu ermuntert, das Evangelium noch effektiver zu verkündigen; Tuggy war jedoch der erste, der wohlüberlegt das erste Ziel formulierte. Er lieferte dazu gleich noch einen gut durchdachten Plan, der jedes Jahr überprüft wurde. Die verfügbaren Mittel wurden so eingeteilt, daß dort, wo Gott das meiste Wachstum schenkte, auch die meisten Mittel eingesetzt wurden. Das Wachstumsziel wurde für die Baptistengemeinden zur großen Herausforderung, der man sich stellte, und auch die Heimatmission begann, sich von diesem Ziel leiten zu lassen. Und: Sie erreichten das Ziel! Nun war die Grundlage komplett. Bald sollte es üblich werden, sich Wachstumsziele zu setzen. Die Missionsstrategie würde nun sehr bald durch eines der wirkungsvollsten Mittel gestärkt werden.

Auf der Grundlage aufbauen: Zielsetzung wird zu weltweiten Praxis

Auf den theoretischen und theologischen Grundlagen sollten nun erste Mauern hochgezogen werden. Grundlage für diesen Mauerbau war es, offen anzuerkennen, daß die Legitimation einer verantwortlich durchgeführten Missionstätigkeit durchaus darin bestand, einen Blick auf die Ergebnisse dieser Arbeit zu werfen: Kamen Menschen zum Glauben, Menschen, die man zählen konnte? C. Peter Wagner und Vergil Gerber waren die entscheidenden Personen beim Aufbau dieser Mauern. Nochmals: Mit "Mauern" meine ich die praktische Umsetzung der Theorie, daß das Setzen von Wachstumszielen eine notwendige Strategie in der Evangelisation ist. Wagner und Gerber zeigten, wie das in der Praxis aussehen kann.

In seinem einflußreichen Buch *Frontiers of Missionary Strategy* hatte Wagner darauf hingewiesen, wie dringlich es nun ist, strategisch vorzugehen. Er hat deutlich herausgestrichen: "Man kann keine Strategie sorgfältig planen oder bewerten, die keine messbaren Ziele verfolgt." (S. 145). Er erklärte weiterhin, daß das letzte Ziel jeder evangelistischen Bemühung darin bestehen muß, die Anzahl der treuen Nachfolge von Jesus Christus zu mehren. "Es sollte das unbestechliche Ziele eines jeden evangelistischen Programms sein, Menschen in die Nachfolge zu rufen" (Frontiers, 145).

Ende des Jahres 1971 beauftragte das *Evangelical Committee on Latin Amerika* (ECLA) Wagner sowie Vergil Gerber und Edward Murphy als fähige Berater damit, in Venezuela drei Arbeitstreffen durchzuführen, die Pilotfunktion haben sollten. Ziel dieser Arbeitstreffen war, es den teilnehmenden Pastoren schwer ans Herz zu legen, daß es notwendiges und messbares Ziel ihrer Arbeit zu sein hatte, Menschen in die Nachfolge zu rufen. Das erste Arbeitstreffen fand im Juni 1972 statt. 47 Pastoren nahmen daran teil. In der Juliausgabe (1972) der Zeitschrift *Church Growth Bulletin* berichtete Wagner dann über dieses historische Treffen.

Im November 1973 veröffentlichte das *Church Growth Bulletin* die nachfolgende Zusammenfassung der Arbeitstreffen, die in Venezuela stattgefunden haben. Inzwischen war diese Form von Arbeitstreffen in vielen anderen Ländern bereits zum Standard geworden.

"Die spanischsprechenden Pastoren ganz normaler Gemeinden brachten zu diesem Treffen Angaben über den Mitgliederbestand in den letzten 10 Jahren mit (einige davon waren allerdings jämmerlich ungenau). In kleinen Gruppen wurden sie sodann angeleitet, wie sie das Wachstum der Vergangenheit und der Gegenwart analysieren, graphisch darstellen und verstehen konnten. Damit war sichergestellt, daß für alle weiteren Gespräche die Fakten die Arbeitsgrundlage bildeten. Die Pastoren begannen damit, über ihre eigenen Probleme, Aufgaben und Chancen zu sprechen. Es wurden ihnen hier nicht irgendwelche neuen nordamerikanischen Erfindungen übergestülpt! Bei diesen Treffen war es dann sehr fruchtbar, Prinzipien des Gemeindewachstums vorzustellen, denn die Pastoren merkten, daß es hier um etwas ging, was ihnen selbst weiterhalf. In einem dritten Arbeitsschritt wurden die Teilnehmer gebeten, auf der Grundlage ihrer früheren Erfahrungen und nach Gebet im Glauben ein Ziel zu formulieren: Worauf wollte Gott mit ihnen hinaus, welches Ziel hatte er selbst vor Augen und wollte, daß sie es nun verfolgen sollten? In einem vierten Schritt wurden die durchschnittlichen Wachstumsraten der vergangenen zehn Jahre errechnet und auf die nächsten fünf Jahre hochgerechnet. Der letzte Schritt war, ein weiteres Arbeitstreffen nach einem Jahr anzuberaumen, wo dieselben Männer nochmals zusammenkommen sollten, um zu sehen, was tatsächlich geschehen war."

Die Erfahrungen in Venezuela brachten die Evangelisationsbemühungen und das Anliegen für Gemeindeneugründungen einen weiteren wichtigen Schritt nach vorne. Gerber verfaßte das Büchlein *A Manual For Evangelism/Church Growth*, worin er Anleitung gab, wie ein Arbeitstreffen über Gemeindewachstum gestalten werden konnte.

Überall auf der Welt begannen christliche Leiter, die die Prinzipien des Gemeindewachstums in sich aufgesogen hatten und die davon erfaßt waren, daß es die erste Pflicht der Gemeinde war, Männer und Frauen zu Christus zu führen, nach Hilfsmitteln Ausschau zu halten, um Pastoren auf die vielen Gelegenheiten aufmerksam zu machen, die sich für die Evangelisation ergeben. Das von Gerber veröffentlichte Arbeitsbüchlein *Handbuch für Evangelisation und Gemeindeaufbau* kam ihnen gerade hier zu Hilfe. Sobald das Material von christlichen Leitern entdeckt worden war, begannen sie damit, ähnliche Arbeitstreffen durchzuführen und für andere zu planen. Vergil Gerber wurde mit Einladungen aus aller Welt überschwemmt, überall ein erstes solches Arbeitstreffen durchzuführen. Im August 1973 ging er mit einem Team nach Kenia, Nigeria und die Elfenbeinküste und führte dann ähnliche Reisen in viele weitere Länder durch. Bis zum Jahre 1978 hatte er 48 verschiedene Länder besucht. Das *Handbuch für Evangelisation und Gemeindeaufbau* war bereits in 32 Sprachen veröffentlicht worden und in mehrere andere Sprachen übersetzt. Ende der 70er Jahre mußte er sich aus gesundheitlichen Gründen zur Ruhe setzen. Er hatte sich weltweit für die Gemeindewachstumsbewegung eingesetzt und sie positiv beeinflußt.

Eines der Grundprinzipien der Gemeindewachstumsbewegung ist, daß Methoden von der Warte aus bewertet werden sollen, ob sie tatsächlich zum Wachstum von Gemeinden führen. Es gibt leider überall Methoden, die irgendwo auf der Welt einmal nützlich waren und "die eigentlich auch hier funktionieren sollten", durch die aber kaum jemand der Gemeinde hinzugefügt wird. Der positive Einfluß von Wagner und Gerber ist weltweit darin zu sehen, daß in vielen Gebieten, in denen Zielfindungsseminare und Arbeitstreffen durchgeführt worden waren, die Gemeinden und Denominationen ein beachtliches Wachstum zu verzeichnen hatten. Hierzu ein Beispiel aus den Philippinen: In den Jahren 1964-74 wuchs die Zahl der Gemeinden der vier Denominationen *Conservative Baptist, Christian and Missionary Alliance, Southern Baptist* und *Forsquare* von 1.148 auf 1.331 an, ein Wachstum um 183 Gemeinden. Im Jahre 1974 wurde von James Montgomery ein Arbeitstreffen einberufen und organisiert, das Vergil Gerber und ich selbst leiteten. Die gleichen vier Denominationen wuchsen in den folgenden 4 Jahren um die Zahl von 879 neue Gemeinden. Die zehnjährliche Wachstumsrate (ZWR) für den vorangegangenen Zeitraum von zehn Jahren betrug 16 Prozent, für den darauffolgenden Zeitraum von vier Jahren jedoch 255 Prozent. Die Zahl der Gemeindemitglieder nahm natürlich ebenfalls beträchtlich zu.

Wir dürfen nicht davon ausgehen, daß überall dort, wo Ziele gesetzt werden, die Gemeinden explosionsartig wachsen werden. Wo keine Grundlagen gelegt werden und wenig Begleitung erfolgt, führt das Setzen von Zielen oft nur zu einem kurzen Wachstumsschub. In einer Bevölkerung, die dem Evangelium gegenüber sehr verschlossen ist, oder dadurch, daß ineffektive Methoden benutzt werden, kann es geschehen, daß überhaupt kein Wachstum stattfindet.

Und doch müssen wir festhalten, daß die Auswirkungen davon, daß man weltweit damit begann, sich Ziele zu setzen, sehr erfreulich sind. Es ist eine feststehende Tatsache: Dort, wo Gemeinden sich Wachstumsziele gesetzt haben, sind die meisten Gemeinden auch tatsächlich gewachsen. Für die, die daran interessiert sind, den Missionsbefehl zu erfüllen, macht es sich mehr als bezahlt, sich Wachstumsziele zu stecken.

Wachstumsziele in Amerika

Im Jahre 1971 herrschte in den USA und in Kanada ein enormes Bedürfnis nach Gemeindewachstumstheorien. Von den etwa 221 Millionen Gesamtbevölkerung der beiden Staaten waren, bei großzügiger Schätzung, nur etwa 65 Millionen Nachfolger Jesu Christi. Etwa 90 Millionen waren nur dem Namen nach Christen, und ca. 66 Millionen waren entweder ehemalige Christen oder Männer und Frauen, die bewußt keine Christen waren. Die meisten Denominationen (sowohl die Protestanten als auch die römisch-katholische Kirche) stagnierten oder schrumpften. Viele christliche Leiter sprachen davon, sie seien an Qualität interessiert, nicht an Quantität. Es sah alles danach aus, daß das Christentum der Entwicklung in Europa folgen würde und eine nachchristliche Zeit eingeläutet würde. Die Aufmerksamkeit der Gemeinden war ganz anderen Dingen zugewandt. Man hatte sogar begonnen, sich aktiv gegen die Vorstellung auszusprechen, Gemeindewachstum sei überhaupt erstrebenswert. Auch als die Gemeindewachstumsbewegung bereits beträchtliches Ansehen in aller Welt gewonnen hatte, entlockte es vielen Amerikanern selbst im Jahre 1971 noch immer ein herablassendes Lächeln, wenn man von Gemeindewachstum sprach.

Es geht besonders auf das Konto zweier Männer, Amerika für Gemeindewachstum aufgerüttelt zu haben: C. Peter Wagner und Winfield Arn. Wagner war völlig überzeugt, daß Amerika Gemeindewachstum brauchte. Im Jahre 1972 begann er daher, bekannte Pastoren und Nichttheologen, die in und um Pasadena wohnten, zu regelmäßigen Seminaren über Gemeindewachstum einzuladen. Er bat mich, mit ihm zusammen gemeinsam den Unterricht zu übernehmen. Und so trafen wir uns jeden Dienstagmorgen von sieben bis zehn Uhr in der *Lake Avenue Congregational Church*. Es wurde eine Seminargebühr erhoben und das Studium durch Vergabe von Scheinen anerkannt.

Nachdem die verschiedenen Erklärungsmodelle für Versagen, die überall in Pfarrerkreisen anzutreffen waren, näher untersucht worden waren und man sie einmal gegen das Licht gehalten hatte, fing man an, verhalten darüber zu lachen und diese Vorstellungen beiseite zu legen. Von dem Moment an begannen die Pastoren, die Theorien vom Gemeindewachstum zu verschlingen. Sie merkten plötzlich, wie sehr das Denken der Gemeindewachstumsbewegung eigentlich ihren tiefsten Überzeugungen entsprach. Sie begannen, die Entwicklungen ihrer Gemeinden in der Vergangenheit in Diagrammen darzustellen und zukünftiges Wachstum zu projektieren. Natürlich waren sie daran interessiert, daß mehr Menschen zum Glauben kamen! Damit hatten sie unbewußt schon den Weg vorgezeichnet, den viele Pastoren und Mitarbeiter auf Tausenden von Gemeindewachstumstreffen in den 70er und 80er Jahren beschreiten würden.

Winfield Arn gehörte ebenfalls zu der Sorte von Leuten, die völlig für die Sache des Gemeindewachstums brannten. Zu der damaligen Zeit war er Direktor für christliche Erziehung der *Pacific Southwest Conference*, dem Regionalverband einer evangelikalen Denomination, der *Evangelical Covenant Church in America*. Als er sah, wie sehr die Gemeinden Wachstum bitter nötig hatten, und die Möglichkeiten erkannte, die in der Gemeindewachstumsbewegung steckten, entschloß er sich, seinen Posten als Direktor aufzugeben und das *Institute for American Church Growth* zu gründen. Er lud Pfarrer zu Seminaren ein, unterrichtete sie in Intensivkursen über Gemeindewachstum, ließ sie

Wachstumsziele formulieren und schickte sie wieder zurück in ihre Gemeinden, um diese auf den Kopf zu stellen. Er gab ein Magazin mit dem Namen *Church Growth: America* heraus und stellte Farbfilme her, in denen er über Gemeindewachstum predigte. Sein ganzes Einkommen bestritt er aus den Gebühren, die die Seminarteilnehmer entrichteten, und aus dem Erlös von Schulungsmaterial. Im Jahre 1972 hatte er bei Null angefangen. Ende der 80er Jahre besuchten 20.000 Pastoren und leitende Mitarbeiter seine Seminare, bei einem finanziellen Aufwand von über 300.000 $ im Jahr. Seine Filme *How to Grow a Church, Reach Out and Grow, They Said it Couldn't Be Done, Planned Parenthood* und viele andere wurden in Zehntausenden von Gemeinden vorgeführt. Durch alle diese Aktivitäten wurde es mehr und mehr akzeptabel, dem biblischen Befehl nachzukommen, Menschen "zu Jüngern zu machen", Wachstumskurven über die Entwicklung der Vergangenheit zu erstellen und ernsthaft realistische Wachstumsziele zu erstellen.

C. Peter Wagner war, neben seiner Tätigkeit als Lehrer an der *Fuller School of World Mission*, leitender Vorsitzender der *Fuller Evangelistic Association* in den 70er Jahren. Während dieser Zeit gründete er auch das *Charles E. Fuller Institute for Evangelism and Church Growth*, das in den Jahren 1975 bis 1977 von John Wimber, ab 1978 von Carl F. George geleitet wurde. Bis zum Jahre 1989 hatten sich über 12.000 Pastoren und Leiter aus Gemeindeverbänden in Seminaren wie "Wie man eine Gemeinde gründet", "Wie man eine Ortsgemeinde leitet und die Übersicht behält" oder "Wie man die 200er-Grenze durchbricht" ausbilden lassen. Selbstverständlich betonte Wagner, der sich hauptsächlich auf evangelistische Strategien spezialisiert hatte, wie wichtig es war, sich Ziele zu setzen. Seine abschließende Abhandlung über dieses Thema legte er in seinem Buch *Strategies for Church Growth* 1987 vor.

Dann begannen die Denominationen, Feuer zu fangen. Ein Beispiel: In den 20 Jahren von 1965 bis 1985 hatte die *United Methodist Church* 2 Millionen Mitglieder verloren. Die Schwerpunkte ihrer Arbeit lagen in der Sozialarbeit, und sie betonten Themen wie Brüderlichkeit, Frieden und ähnliche Themen. Evangelisation und Gemeindegründung standen ganz unten auf der Beliebtheitsskala. Es wurde jedoch immer klarer, daß die Denomination mehr und mehr an Einfluß verlieren würde, wenn die absteigende Tendenz nicht in ihr Gegenteil verkehrt werden konnte. Die Methodisten beriefen George G. Hunter, III, Professor für Evangelisation an der *Perkins School of Theology* in Texas, zum Ressortleiter für Evangelisation an der *United Methodist Board of Discipleship*, stellten ihm ein Budget von 250.000 $ pro Jahr zur Verfügung und beauftragten ihn, den Abwärtstrend umzukehren. Er studierte ausführlich alle Aspekte des Aufwärts- und Abwärtstrends methodistischer Gemeinden. Bald darauf begannen die Methodisten, unter seiner Leitung die quantitativen Dimensionen ihrer Denomination ernst zu nehmen. Und auch sie fingen an, sich Wachstumsziele zu setzen.

Die Kirche des Nazareners, die im Jahre 1906 gegründet worden war, war in den frühen Jahren sehr lebendig gewachsen. In den 50er Jahren verlangsamte sich jedoch das Wachstum. Um das Jahr 1970 - die Gesamtmitgliedschaft betrug inzwischen 600.000 - zeigte die Denomination Anzeichen von Stagnation. 1974 entschloß man sich, etwas zur Genesung der Denomination zu unternehmen, um wieder Wachstum zu erleben. Die Landesleitung rief alle Pastoren zu Treffen zusammen. Raymond Hurn, Vorsitzender der Inneren Mission und jetziger Superintendent, verpflichtete sich mit seinem ganzen Stab dem Ziel, viele neue Gemeinden zu gründen, und stellte Geld und Personal zur Verfügung, um dieses Ziel zu erreichen. Man rief eine Abteilung für Gemeindewachstum ins Leben und ernannte Bill Sullivan zum Direktor.

Viele andere Denominationen sowie Tausende von einzelnen Gemeinden begannen über quantitatives Gemeindewachstum nachzudenken, die einen mehr, die anderen weniger.

Das bedeutet nun nicht, daß sich die Denominationen plötzlich vom qualitativen Wachstum abwandten und nur noch quantitatives Wachstum anstreben wollten. Aber sie sahen, daß jedes qualitative Wachstum notwendigerweise dazu führen mußte, daß man sich um die Verlorenen kümmerte, die gefunden und in die Gemeinden eingegliedert werden sollten. Sie erkannten, daß Qualität, der die Errettung vieler Menschen gar nicht wichtig war, kaum christliche Qualität genannt werden konnte.

Durch alles, was im Leben der Denominationen und Gemeinden geschah, kam die Wahrheit über Wachstum und Abnehmen der Gemeinden ans Licht. Auch die Gemeindeleiter sperrten sich nicht länger. Alle zusammen hielten es von nun an für unabdingbar, statistische Erhebungen über die Mitgliedschaft der Gemeinden zu machen und sich Wachstumsziele zu stecken. Im Jahre 1980 war es in Tausenden von Gemeinden völlig normal geworden, den komplexen Prozeß des Wachstums von Gemeinde wissenschaftlich unter die Lupe zu nehmen. Die verschiedensten Arten des Gemeindewachstums waren nun dokumentiert, analysiert, graphisch dargestellt und diskutiert worden, und man verglich das Wachstum in verschiedenen Zeitabschnitten miteinander. In Amerika war die Zeit gekommen, in der es völlig normal wurde, sich Wachstumsziele zu stecken.

Und doch blieb noch viel zu tun. Von den über 300.000 amerikanischen Gemeinden, die es gab, konnte nur ein Bruchteil für Gemeindewachstum gewonnen werden. Große Teile der Christenheit schliefen weiter. Und sogar einige derer, die sich Wachstumsziele gesteckt hatten, es jedoch versäumt hatten, die richtigen Mittel für das Wachstum einzusetzen, machten enttäuscht die traurige Feststellung, daß dieser neueste Modetrend nicht funktioniert habe. Im Verlauf der 80er Jahre war eine Wende in den amerikanischen und kanadischen Großkirchen noch immer nicht auszumachen. Das Setzen von Wachstumszielen hatte jedoch den Gemeinden geholfen, beurteilen zu können, was sie erreicht hatten, und klar zu formulieren, was sie in Zukunft erreichen wollten.

Drei entscheidende Schritte bei der Zielsetzung

Wenn wir Ziele setzen wollen, so müssen wir zunächst als **ersten Schritt** unterstreichen, daß Evangelisation ihren völligen Rückhalt in biblischen Aussagen hat. Bei den Hunderten von guten Taten, die wir tun könnten, müssen Christen sich klar vor Augen führen, daß es immer Hauptaufgabe christlicher Mission ist, Nichtchristen zum rettenden Glauben an Christus zu führen und sie zu verantwortlicher Mitgliedschaft in seiner Gemeinde anzuleiten. Diese Aufgabe ist durch nichts zu ersetzen. Es ist einer der Schwerpunkt des Neuen Testaments - wenn nicht sogar der entscheidende Schwerpunkt - daß Verlorene gefunden und zurück zur Herde geführt werden, daß sie die ganze Fülle des Evangeliums hören und dann ausgesandt werden, um wiederum andere zu finden. Wenn wir Ziele setzen wollen, so müssen wir schon damit beginnen, indem wir von Anfang an klarstellen, daß meßbares Gemeindewachstum eine biblische Notwendigkeit ist.

Der zweite Schritt besteht darin, das Wachstum der Vergangenheit graphisch darzustellen. In manchen Fällen wird sich die Untersuchung auf über 50 Jahre hinweg erstrecken, viel häufiger jedoch wird ein Zeitraum von zehn Jahren genügen. Diese Zeitdauer ist auch viel einfacher zu erfassen.

Dabei sollte die Gesamtmitgliedschaft der Gemeinde oder des betreffenden Gemeindeverbands in jedem Jahr so genau wie möglich festgehalten werden. Aus diesen Angaben läßt sich dann leicht eine einfache Wachstumskurve erstellen, die Wachstum, Stagnation und abnehmende Tendenz veranschaulichen wird.

Ich habe schon darauf hingewiesen, daß es wünschenswert ist, wenn wir wissen, woher die Gemeindemitglieder kommen. Sind sie die Kinder von Eltern, die bereits Gemeindemitglieder sind? Oder sind es Christen, die zugezogen sind und von einer anderen Gemeinde übergewechselt sind? Oder sind es Bekehrte aus der Welt? Nur wenn wir eine klare Vorstellung des jeweiligen Anteils von biologischem Wachstum, Übertragungswachstum und Bekehrungswachstum haben, können wir realistische Ziele setzen.

Wenn wir eine Wachstumskurve erstellen, so müssen wir hierzu auch Wachstumsraten ausrechnen. Im Falle einer Gemeinde, die mit einer Wachstumsrate von 15 Prozent ZWR (Zehnjährliche Wachstumsrate) gewachsen ist, ohne ein besonderes Schwergewicht auf Evangelisation zu legen, läßt es sich durchaus sagen, daß eine weitaus höhere Wachstumsrate möglich sein wird, sobald die Gemeinde es lernt, der Evangelisation einen hohen Stellenwert zu geben.

Der dritte Schritt besteht darin, sich konkrete Glaubensziele zu setzen. Dabei handelt es sich um überlegte Schätzungen dessen, was Gottes Willen unter den gegebenen Umständen, in Anbetracht der Situation der Gemeindeglieder für diese Gemeinde oder Denomination sein wird. Es ist ein mutiger, aber nötiger Schritt, den prinzipiellen Glauben, daß Gott Wachstum schenken möchte, konkret und in Zahlen faßbar zu formulieren. Man stellt sich dann etwa folgende Fragen: Werden wir aller Wahrscheinlichkeit nach mehr durch hinzukommende Fabrikarbeiter aus den Appalachen oder durch Menschen aus der Geschäftswelt wachsen? Werden sich eher Universitätsstudenten oder Familien, die sich durch einen Hauskauf in dieser Vorstadt niederlassen, der Gemeinde anschließen? Wenn wir in der Stadt Madras wohnten, würden wir uns zu fragen haben: Werden bestimmte Gemeinden eher durch Zuwachs aus den Kasten der Malas oder der Madigas wachsen? In Mindanao würde die Frage etwa lauten: Wird unsere Denomination schneller durch christliche Einwanderer oder durch Angehörige der Stammesbevölkerung wachsen? In Guatemala: Sollen wir mehr Wachstum von Seiten der Quiches oder der Mams erwarten? Wir sollten diese Fragen ruhig und besonnen auf der Basis der Beobachtungen der Entwicklung in der Vergangenheit und anderer entsprechender Faktoren stellen.

Wenn wir uns Glaubensziele für die Zukunft stecken, so können wir zuversichtlich sein, daß die gegenwärtige, biologische Wachstumsrate anhalten wird. Man braucht für diese Annahme nur wenig Glauben. Ein Glaubensziel sollte also über den sowieso zu erwartenden biologischen Zuwachs hinausgehen. Wenn in den letzten zehn Jahren 75% des gesamten Wachstums dadurch zustande kam, daß Christen vom Land wegen den besseren Arbeitsmöglichkeiten in der Fabrik in die Stadt gezogen sind, dann sollte ein Glaubensziel über das hinausgehen, was an Wachstum durch Zuzug zu erwarten ist. Wenn man mitten in einer Volksbewegung steht, so wird das Glaubensziel viel höher anzusetzen sein, als wenn die Gemeinde weiterhin die evangelistische Methode "Einer gegen alle" anwendet und entsprechendes Wachstum verzeichnen wird.

Glaubensziele werden im Gebet gefaßt in der vertrauensvollen Zuversicht, daß der Heilige Geist seine Gegenwart zugesagt hat. Wenn wir glauben, daß Gott etwas bestimmtes durch uns tun möchte, so bringen Glaubensziele dies konkret zum Ausdruck. Als verantwortliche Haushalter seiner Gnade werden wir nur das von Gott erbitten können, wovon wir glauben, daß es seinem Willen entspricht.

Sich an besondere Situationen anpassen

Unsere Welt ist geprägt von einem raschen sozialen Wandel. Mitten in dieser Welt sollen wir nun *panta ta ethne* in die Nachfolge rufen. Die Verstädterung verändert die Verhaltensweisen ganzer Bevölkerungsgruppen. Weil die Menschen alle lesen und schreiben können, ist es möglich, daß völlig neue Ideen durch die Printmedien, Radio und Fernsehen in Windeseile verbreitet werden. Die Erwartungen nehmen zu. Die Forderungen werden größer. Die Marxisten behaupten, daß die kapitalistischen Nationen die Blutsauger der Entwicklungsländer sind. Kubanische Truppen befreien afrikanische Länder. Die Hälfte der Bevölkerung Kampucheas ist umgebracht worden. Zwei Millionen Chinesen sind aus Vietnam gejagt worden. In riesigen Teilen amerikanischer Innenstädte wächst eine Bevölkerungsschicht heran, die keine moralischen Werte mehr zu kennen scheint. Der Säkularismus und Materialismus ist für viele Hundert Millionen von Menschen zur Religion geworden. Ein Land öffnet sich für Missionare, ein anderes verschließt sich.

Und mitten in dieser Welt nimmt die Weltmission ihren Fortgang. Das ist das Umfeld, in dem Gemeinden und Denominationen wachsen und abnehmen. Aus diesem Grunde muß jeder Wachstumsziele setzen, die der eigenen speziellen Situation angemessen sind. Alle diese genannten Faktoren - und viele mehr - haben die Entwicklungen der Vergangenheit beeinflußt und werden sich auch auf zukünftiges Wachstum auswirken.

Das Errechnen von Wachstumsraten

Wachstumskurven zeigen uns sehr viel über die Dynamiken der Entwicklung einer Gemeinde oder einer Denomination. Wenn wir aber die Wachstumsraten selbst kennen, so läßt sich noch viel mehr aussagen. Wir machen ein Beispiel: Wenn eine Gemeinde von 100 innerhalb von fünf Jahren auf 200 anwächst, eine andere Gemeinde in denselben fünf Jahren aber von 600 auf 700 wächst, so haben beide Gemeinden zwar dieselbe Anzahl von Mitgliedern hinzugewonnen, aber die erstgenannte Gemeinde ist mit einer viel höheren Wachstumsrate gewachsen. Die ZWR (zehnjährliche Wachstumsrate) der ersten Gemeinde beträgt 300 Prozent, also beinahe zehnmal so viel wie die 36 Prozent ZWR der größeren Gemeinde.

Ralph Winter ist ehemaliger Ingenieur. Von ihm stammt die Formel, die Wachstumsraten zu errechnen. Diesen Vorgang kann man vergleichen mit dem Berechnen des jährlich anfallenden Zins auf einem Konto. Genauso wie der Zins eines Sparguthabens zum Guthaben hinzukommt und so ebenfalls Zinsen trägt, so können die neugewonnenen Christen einer Gemeinde zu effektiver Evangelisation angeleitet werden, wodurch die Gemeinde neue Mitglieder erhält. Gemeinden, die eine beständige und gleichbleibend hohe Wachstumsrate (jährliche oder zehnjährliche Wachstumsrate) zeigen, scheinen dem Missionsbefehl wirkungsvoller nachzukommen als andere.

Man braucht keine komplizierten Berechnungen anzustellen, wenn man die Wachstumsraten für ein Jahr oder für zehn Jahre errechnen will, wenn die Mitgliedschaft am Anfang und am Ende des beobachteten Zeitraumes bekannt ist. Die meisten Schüler können das ausrechnen. Wenn der beobachtete Zeitraum jedoch länger als ein Jahr ist und auch nicht exakt zehn Jahre beträgt, so brauchen wir eine spezielle Vorgehensweise, um Wachstumsraten zu berechnen. Nehmen wir einmal an, wir möchten das Wachstum innerhalb eines Zeitraumes von sieben Jahren untersuchen. Es ist im Vorgehen der Gemeindewachstumsuntersuchungen inzwischen Standard geworden, diese sieben Jahre auf sieben einzelne Jahre aufzuteilen und die JWR (Jährliche Wachstumsrate) dafür anzugeben, oder den Zeitraum auf zehn Jahre umzurechnen und die Angaben in ZWR (Zehnjährliche Wachstumsrate) zu machen. Die Ergebnisse sind jeweils beide exakt. Manche ziehen die eine Angabe vor, manche die andere. Für viele ist die ZWR leichter zu handhaben. Daher geben einige Missionsgesellschaften das Wachstum der Gemeinden in ihren Arbeitsgebieten inzwischen in ZWR an.

Bob Waymire, ebenfalls Ingenieur und Missionswissenschaftler, hat gemeinsam mit C. Peter Wagner das *Handbuch für Gemeindeanalyse* herausgegeben. Es ist ein sehr praktisches, vereinfachtes und hilfreiches Arbeitsbuch, wenn man Gemeindewachstum berechnen, graphisch darstellen und analysieren möchte. Damit bietet sich jedem, der eine entsprechende Untersuchung machen möchte, ein billiges Arbeitsmittel an. Jeder kann sich für den Eigengebrauch aus diesem Handbuch die Seiten kopieren, die er benötigt. Es ist sehr zu empfehlen, daß jeder, der sich mit einer Untersuchung einer örtlichen Gemeinde, einer Denomination oder den Gemeinden eines ganzen geographischen Gebietes befaßt, sich dieses Handbuch besorgt und der dort beschriebenen Methodik folgt. Damit stellen Sie nicht nur sicher, daß das Ergebnis der Untersuchung wertvoll und sauber ist, sondern auch, daß damit ihre Untersuchung vergleichbar wird: Viele christliche Leiter sind bereits nach der dort beschriebenen Methodik vorgegangen.

Wagner und Waymire überschrieben den Abschnitt zum Thema Zielsetzung mit dem Titel "Glaubensziele". Dort heißt es:

"Ohne Glauben ist es unmöglich, Gott zu gefallen", lesen wir in Hebräer 11,6. Wenn Sie Glaubensziele formulieren, so ist das etwas, was Gott gefällt. Dadurch werden Dynamiken für das Wachstum der Gemeinde freigesetzt, die sonst unwirksam blieben" (Handbuch, 33).

21

Planen Sie realistisch und mutig

Viele missionarische Bemühungen gehen davon aus, daß Gemeindewachstum stattfinden wird, ohne daß dies extra geplant werden muß, und daß das Gründen neuer Gemeinden einfach eine Selbstverständlichkeit sein wird. Viele glauben, daß Evangelisation viel Vorbereitung braucht, viele begleitende Maßnahmen erfordert, viele Jahre vorbereitendes Säen des Samens voraussetzt, viele Jahrzehnte guter pastoraler Begleitung, Ausbildung und Entwicklung einiger weniger Gemeinden bedarf und viele Mühe kostet, den Gemeinden dabei zu helfen, das Christentum auf das ganze Spektrum des Lebens anzuwenden. Wenn man alle diese vielfältigen Bemühungen treu erfüllt, so meint man, daß die Folge davon das Wachstum von Gemeinden sein wird, ganz so wie es Gott gefällt und wie es in seinen Terminkalender paßt.

In den letzten Jahren konnte man von einer immer größer werdenden Zahl von Pastoren und Missionaren, vielleicht sogar von der Mehrheit derer, die konservativen Missionsgesellschaften vorstehen, hören: "Es ist die Aufgabe der Gemeinde, das ganze Programm Gottes in dieser Welt auszuführen. Dazu gehört zwar zweifellos, daß Frauen und Männer für das Christentum gewonnen werden, aber das ist keinesfalls die Hauptaufgabe der Gemeinde. An manchen Orten muß sogar einer Evangelisationstätigkeit, die neue Gemeinden zu gründen beabsichtigt, ein Dämpfer verpaßt werden, damit die anderen Instrumente in dem großem Orchester mehr zu Gehör kommen. Sich für die Einheit der Christen, Harmonie zwischen den Rassen, wirtschaftliche Gerechtigkeit, Dienst an den Armen und Unwissenden, Ausbildung der bestehenden Gemeinden und viele andere Schwerpunkte zu kümmern, dies alles gehört zur großen Aufgabe der Mission." Dort, wo Menschen diese Überzeugungen vertreten, geht man in der Regel davon aus, daß es im Rahmen des großen Auftrages, den es voranzutreiben gilt, durchaus zum Wachstum von Gemeinden kommen kann - oder eben auch nicht. Da man aber in allem der eigentlichen Mission treu bleibt, spielt es keine große Rolle, ob Gemeinden wachsen oder nicht.

Dort wo diese Überzeugungen vorherrschen, erfüllen die Pastoren, Mitarbeiter und sogar manche Missionare ihren ihnen aufgetragenen Dienst, unabhängig ob dies zum Wachstum von Gemeinden führt oder nicht. Dieser Dienst wird ihnen von der Missionsgesellschaft und manchmal auch von der Gemeinde zugeteilt. Ein Pastor konzentriert sich beispielsweise darauf, exegetisch gut ausgearbeitete Predigten zu halten, ein anderer wieder auf die pastorale Begleitung der Gemeinde. Dieser Missionar gibt Unterricht in einer theologischen Ausbildungsstätte, ein anderer leitet ein Krankenhaus, und der dritte macht Studentenarbeit oder ist unterwegs und hält evangelistische Predigten. Jeder führt seinen Dienst aus in der unausgesprochenen Annahme, daß durch die Arbeit, die er tut, Menschen durch Jesus Christus wieder mit Gott versöhnt werden, soweit dies eben möglich ist.

Der Versuch, diese Auffassung theologisch zu begründen, ist weit verbreitet. Manche stützen sich hierbei stark auf Texte wie Markus 16,15, wo uns befohlen wird, das Evangelium aller Kreatur zu predigen. Sie glauben, daß man sich der Aufgabe entledigt hat, wenn das Evangelium durch Literatur, Radio, Worte oder einfach nur durch gute Taten verkündigt wird - ob dadurch Menschen zum Glauben kommen oder nicht, ob es dadurch zum Entstehen von Gemeinden kommt oder nicht. Andere sagen - ohne sich hierbei allerdings auf die Bibel berufen zu können -, daß die Zeit der Gemeindegründungen vorbei ist, und wieder andere meinen, es sei auf gar keinen Fall Schwerpunkt missionarischer Arbeit, neue Gemeinden zu gründen.

Es klingt für viele Pfarrer und Gemeindeleiter unangebracht, konkrete und zielorientierte Evangelisation planen zu wollen und bewußt lebendige Zellen von gläubigen, getauften Christen gründen zu wollen, die aufgeschlossen sind für die Erleuchtung des Heiligen Geistes und ein offenes Ohr für die schreienden Nöte der Menschen haben. Dabei spielen die Angst vor kirchlichem Imperialismus, die schwachen Nerven eines kriegsgeschädigten Europas, der Verlust von kirchlichen Machtbereichen, der Streit für die Kirche statt für die Person von Christus, das Verteidigungsdenken, das durch einen Mangel an Erfahrung mit neugegründeten Gemeinden aufkam, und viele andere Faktoren eine bedeutende Rolle.

Diese Vorstellung ist verfehlt

Wenn wir die Prinzipien des Gemeindewachstums verstehen wollen, so sollten wir deutlich erkennen, daß dieser soeben beschriebene Standpunkt, der ja häufig vertreten wird, gründlich verfehlt ist. Es ist eine Beobachtung, daß Gemeinden kaum wachsen werden, wenn man es nicht mutig geplant hatte. Nur diejenigen, die sich über die gewonnenen Erkenntnisse lieber hinwegsetzen wollen, können weiter behaupten, daß das Wachstum von Gemeinde ein Nebenprodukt des vielgestaltigen, christlichen Dienstes ist. Diese Behauptung steht im Gegensatz zur neutestamentlichen Praxis. Wir finden an keiner Stelle, daß die Apostel sich im Einsatz für ein geniales und ausgewogenes Programm von Gemeinschaft (*koinonia*), Dienst (*diakonia*) und Verkündigung (*kerygma*) engagieren und dabei die Gemeinden hier und da lustig hervorsprießen wie Löwenzahn auf einem gut bewässerten Rasen. Ganz im Gegenteil, wir sehen, wie Paulus und Barnabas sich voll und ganz für ein immenses Gemeindegründungsprojekt verwenden, dabei sogar ihr Leben aufs Spiel setzen und ein Rennen gegen die Zeit laufen, um so viele wie möglich mit der Botschaft der Erlösung zu erreichen, bevor der Herr wiederkommt. Paulus wird uns beschrieben, wie er in Korinth jeden Sabbat in der Synagoge verbringt, diskutiert und dabei Juden und Griechen zu überzeugen vermag. Der Bericht unterstreicht sorgfältig, daß das Leben von Paulus völlig ausgefüllt war mit Predigen und Lehren, und wie er den Juden mit einer Fülle von Belegen aus dem Gesetz, den Psalmen und Propheten vor Augen führte, daß Jesus der Messias war. Als sich die Juden ihm widersetzten und ihn schmähten, schüttelte er seine Kleider aus und sagte zu ihnen: "Euer Blut komme auf euer Haupt. Ich bin rein. Von nun an gehe ich zu den Heiden." (Apg 18,4-11).

Aber er ging nicht mit leeren Händen. Er nahm Krispus, den Vorsteher der Synagoge mit dessen ganzer Familie, der gottesfürchtig die Synagogenversammlungen besucht hatte, sowie Justus und dessen ganze Familie mit in die neue Gemeinde, die er gegründet hatte, sowie viele andere.

Bevor Paulus überhaupt in Korinth angekommen war, hatte er schon seinen klaren und eindeutigen Plan gefaßt, dort Gemeinden zu gründen. Er hatte sogar schon Erfahrungen damit gemacht. Und nachdem er von dort weiterzog, verfolgte er dieses Ziel - planvoll Gemeinden zu gründen - auch weiterhin, denn es hatte sich in der Praxis bewährt. Ihn hätte die Vorstellung, Gemeinden würden als ungeplantes Nebenprodukt eines ganzheitlichen christlichen Lebens entstehen, in helles Erstaunen versetzt, wie auch die Meinung, das Ziel christlicher Mission sei die Aufrichtung einer gerechten Gesellschaft, wobei die Gemeinde selbst nur Mittel zum Zweck sei.

Die einzige Möglichkeit, die riesige Bevölkerung der Welt mit dem Evangelium von Jesus Christus zu erreichen, besteht darin, unablässig und völlig unbeirrt neue Gemeinden zu gründen. Wenn wir wollen, daß christliche Werte, soziale Gerechtigkeit, Rassengleichheit, soziale Verbesserungen oder die Demokratie gefördert werden und Gestalt annehmen, so gibt es dahin nur einen Weg: Wir müssen eine Vielzahl von lebendigen Zellen getaufter Nachfolger von Christus gründen, in denen das Wort Gottes verkündigt wird und die Sakramente ausgeteilt werden. Es ist unvorstellbar, daß der Geist Gottes in diesen aufregenden und revolutionären Zeiten so auf Menschen einwirken wird, daß eine neue Religionsform, die von Jesus Christus oder der Bibel nichts wissen will, entsteht und die Menschen in sich aufsaugen wird. Es wäre der Gipfel der Unvernunft, sich eine solche Religion herbeizuwünschen, noch ehe sie überhaupt in Sicht ist.

Was wir uns aber sehr wohl vorstellen können ist, daß unter der Führung des Heiligen Geistes und dem Wort Gottes Christen aus allen Bereichen des Christentums weltweit neue Gemeindeformen entwickeln werden, die ihrem Herrn Jesus Christus als ihrem Gott und Erlöser treu verpflichtet sind und sich zur Bibel als einziger Regel für Glaube und Leben bekennen. Wenn jedoch solche neue Gemeindeformen entstehen, so wird das nicht von selbst geschehen. Solche Gemeindeformen werden das Ergebnis von sorgfältiger Planung sein. Geplant von wem? Von Gott hingegebenen Christen.

Jede große christliche Bewegung war geplant

Wenn wir über den Stellenwert der Planung im Gemeindeaufbau nachdenken, so müssen wir uns an das gewaltige Wachstum der Methodisten überall auf der

Welt erinnern. Die Klassen, kleine Seelsorgegruppen von ca. 12-18 Personen, die Wesley ins Leben gerufen hatte, entstanden nicht per Zufall, weil Wesley so ein frommes christliches Leben führte. Er hat sie erdacht. Er hat sie zu einer Norm gemacht. Er erwartete von den hinzugewonnenen Christen, sich verbindlich einer solchen Klasse anzuschliessen. Er hat diese Klassen genau beobachtet. Solange er noch hoffte, durch diese Klassen könnte die Anglikanische Kirche erneuert werden, nannte er diese Versammlungen Klassen. Als sich diese Hoffnung jedoch zerschlug, wurden aus diesen Klassen methodistische Gemeinden, die weiterhin überall planmässig gegründet wurden. Dasselbe geschah auch von Anfang an in Ländern, in denen die Anglikanische Kirche nur eine unter vielen anderen Denominationen bildete. Es wurden überall Erweckungsveranstaltungen gehalten, damit Menschen errettet werden konnten. Die Bekehrung der Menschen fand jedoch erst darin ihren Abschluß, wenn die neugewonnenen Christen verbindliche Mitglieder methodistischer Gemeinden geworden waren. Männer wie Wesley, Asbury, Coke und andere hätten laut gelacht, wenn jemand gesagt hätte, Gemeinden würden einfach von ganz allein wachsen, ohne Planung.

Der Platz würde mir zu knapp werden, wenn ich die mutigen Pläne aufzählen würde, die der Entstehung der großen christlichen Bewegungen auf allen sechs Kontinenten voraus gingen. Selbst die rasante Entwicklung im Wachstum der Pfingstgemeinden Brasiliens von Null im Jahre 1916 auf buchstäblich Tausende von Gemeinden im Jahre 1990 war längst nicht ein unbeabsichtigtes Nebenprodukt ganzheitlicher Mission, die das ganze Leben berühren wollte, auch wenn diese Entwicklung so unkontrolliert wie nur irgend denkbar verlaufen ist. Manche berühmte Leiter der Assemblies of God Brasiliens haben zehn-, zwanzig- oder sogar dreißigtausend Menschen getauft. Die Taufen geschahen nicht rein zufällig. Sie waren geplant. Das gewaltige Wachstum der Assemblies of God in Brasilien war die Frucht von mutigen Plänen, wo man sich Wachstumsziele gesteckt hatte, die tatsächlich von allen in die Praxis umgesetzt wurden. Wesentlicher Bestandteil dieser Pläne war die felsenfeste Überzeugung, daß es die Pflicht eines jeden Gläubigen war, überall, wo er ging und stand, seine Kollegen und Freunde ebenfalls für die Nachfolge von Christus zu gewinnen und sie zu verbindlichen Mitgliedern einer betenden, lobenden und evangelisierenden Gemeinde zu machen, die sich regelmäßig zu Gottesdiensten traf.

Die beinahe sentimentale Auffassung, die einige vertreten, daß "christliche Präsenz", "das Bemühen um Säkularisierung", "das Bezeugen des Evangeliums durch gute Werke", "durch Industrieevangelisation, die die Arbeitsbedingungen verbessern soll" oder sogar die Erkenntnis, die "Gott in den Revolutionen dieser Welt am Wirken sieht und sich ihm anschließt" durch irgend einen mysteriösen Prozeß dazu führen wird, daß sie das Evangelium in der Weise weitervermitteln, wie sie es eigentlich sollten, ist völlig aus der Luft gegriffen und entbehrt jeder biblischen oder sogar auch nur vernünftigen Grundlage. Die Weltmission hat diejenigen knapp 4 Milliarden Menschen im Blick, die noch vollkommen unerreicht sind und keinerlei Kontakt zu irgend einer christlichen Gemeinde haben, und Menschen, die vollkommen unter der Dominanz einer pseudochristlichen oder antichristlichen Ideologie stehen und die in einem falschen Wertesystem oder einer nichtchristlichen Religion eingebunden sind. Es wird niemals purer Zufall sein oder bloßes Nebenprodukt von netten, menschenfreundlichen, christlichen Programmen, daß diese knapp 4 Milliarden Menschen die Gelegenheit erhalten, eine christliche Gemeinde in ihrer Nähe besuchen zu können.

Wir müssen hier jedoch ganz klar hinzufügen, daß es nur der halbe Missionsauftrag ist, wenn wir nur neue Gemeinden gründen. Die zweite Hälfte besteht aus dem "lehret sie halten alles, was ich euch befohlen habe." Dort, wo man sich darum bemüht, diejenigen zu christlicher Reife zu führen, die sich entschlossen haben, Christus nachzufolgen, sodaß diese Christen dann die Prinzipien Christi auf die sozialen, wirtschaftlichen und politischen Gegebenheiten und Strukturen in ihrer unmittelbaren Nachbarschaft und ihrer Nation anwenden, muß man der Gemeinde wirklich ein Lob aussprechen. Das Vorhaben, diejenigen Menschen aus der Milliardenbevölkerung der Welt, die Christus nachfolgen wollen, zu christlicher Reife zu führen, verdient in vollem Umfang großen Beifall. Es ist in jeder Hinsicht lobenswert, wenn Menschen dazu angeleitet werden, dem Wesen von Christus ähnlicher zu werden, sich der Fülle des Geistes mehr und mehr zu öffnen und ethische und ästhetische Fortschritte zu machen. Die meisten Christen sind sich über diesen Punkt einig.

Wenn wir jedoch den Stellenwert der Gemeinde in der Wirklichkeit verstehen möchten, die uns umgibt, so müssen wir erkennen, daß wir keine großen ethischen Ziele anstreben können, ohne daß es zuerst zum Entstehen vieler christlicher Gemeinden gekommen ist. Nur solche Gemeinden können zu christlicher Reife geführt werden, die überhaupt existieren. Nur solche Babys, die bereits geboren sind, können auch erzogen werden. Nur dort, wo aktive Nachfolger von Christus sich zu einer gewissen Minorität in ihrer Bevölkerung zusammenfinden, können sie erwarten, daß ihre Gegenwart die sozialen, wirtschaftlichen und politischen Verhältnisse beeinflussen wird. Natürlich stimmt es, daß die Gemeinden "sie alles lehren muß", aber das ist unmöglich, wo es noch gar keine Gemeinden oder einige wenige Christen gibt. Was die Gemeinden völlig zurückweisen müssen, ist die naive Vorstellung, daß Gott in und durch diejenigen handeln wird, die seinen Sohn und seine Offenbarung zurückweisen, ja, daß Gott sogar noch weitaus eher durch solche Menschen handelt als durch die, die seinen Sohn und seine Offenbarung annehmen. Diese Vorstellung verlangt, daß man sofort damit aufhören solle, planvoll Gemeinden zu gründen, und lieber alles versuchen soll, eine undefinierbare Gemeinschaft von Menschen ins Leben zu rufen, die Gerechtigkeit wollen und die "guten Willens" sind.

Mutige Pläne zur Gemeindegründung: Was bedeutet das?

Zunächst sagen wir einmal, was wir nicht damit meinen: Sorgfältige und mutige Planung meint nicht, sich in allgemeiner christlicher Aktivität zu verströmen und den Schwerpunkt von der Evangelisation auf die Heranbildung eines christlichen Charakters zu verlegen. Nichts dergleichen wird Menschen von der Bindung an das Böse befreien oder gar "den Geruch seiner

Erkenntnis" verströmen (2. Korinther 2,14). Mit mutiger Planung meinen wir etwas weitaus Besseres. Wenn wir das Wachstum von Gemeinden verstehen wollen, so reicht es nicht aus, nur verstanden zu haben, welche Auffassungen und Einstellungen einer schnellstmöglichen Vervielfältigung gesunder Gemeinden im Wege stehen. Wir müssen einen Schritt weiter gehen und sorgfältig durchdachte und angemessene Pläne ausarbeiten und in die Praxis umsetzen, um in ganzen Bevölkerungsgebieten überall Gemeinden zu gründen.

Wenn wir nur ein oder zwei Bücher über die Dynamiken der Mission und des Wachstums der Gemeinden von Christus lesen, so ist das nur ein kurzer Blick in die richtige Richtung. Wenn wir nur ein Konzept für missionarischen Gemeindebau vorstellen, so reicht das noch lange nicht aus. Wenn wir nur eine Absichtserklärung unterschreiben, in Zukunft Gemeinden zu gründen, so ist auch das nicht genug. Auch wenn wir einen Plan kopieren, den der Herr gebraucht hat, um eine Vielzahl von Gemeinden an einem anderen Ort der Welt ins Leben zu rufen, so befinden wir uns noch immer erst im vorläufigen Stadium der Erforschung der Möglichkeiten. Wenn wir ein Teilstückchen des Mosaiks der menschlichen Gesellschaft so gut zu kennen glauben, um eine erste Schätzung wagen zu können, was wohl dieses Bevölkerungssegment für Christus und seine Gemeinde gewinnen könnte, so ist das nur ein kleiner Teil der Grundsteinlegung, nichts weiter. Wer wirklich Gott gehorsam sein möchte und ihm dienen will, sollte sich ja nicht betrügen lassen und meinen, irgend eine dieser vorbereitenden Aktivitäten sei schon das eigentliche Ziel.

Das Ziel besteht darin, einen durchdachten Plan zur Gründung neuer Gemeinden auszuarbeiten. Dieser Plan muß der Bevölkerung angemessen sein und sollte Plänen ähneln, die benutzt wurden, als Gemeinden in ähnlichen Bevölkerungsschichten bereits gegründet worden sind. Diese Pläne sollten sodann mit den Mitteln in die Praxis umgesetzt werden, die Gott zur Verfügung gestellt hat. Der Plan sollte angemessen sein. Wenn das betreffende Mosaikstück der Bevölkerung aus 50.000 Menschen besteht, so sollte der Plan groß genug sein, um die ganze Bevölkerung wirklich in die Nachfolge von Christus rufen zu können. Niemand erwartet, daß alle 50.000 hingegebene Christen werden und bleiben; weil jedoch der barmherzige Herr selbst jedem die Tür aufhält und ein treuer Botschafter an Christi statt jedem Menschen eine echte Gelegenheit geben wird, mit Gott versöhnt zu werden, sollte ein realistischer Plan dafür sorgen, daß es für jeden einzelnen der 50.000 Menschen zu einer echte Alternative wird, Christus nachzufolgen. Es ist auf keinen Fall angemessen, wenn wir planen, eine kleine Enklave, ein kleines Ghetto von 200 Menschen zu bilden, die durch die Erlösung und den dadurch folgenden Prozeß des sozialen Aufstiegs auf ein so hohes soziales Niveau gehoben wird, daß die Mitglieder dieser Gruppe die Fähigkeit verlieren, ihren Leuten Christus wirklich näherzubringen. Gemeindeleiter sollten sich davor hüten, Schmalspurpläne zu entwickeln. Nochmals: Wenn wir Pläne machen wollen, um befreite und befreiende Menschen und Gemeinden in starken Zentren zusammenzufassen, so müssen diese Pläne sowohl gut durchdacht als auch der Situation angepaßt sein.

Das wahre Ziel unserer Bemühungen ist es, solche Pläne in die Praxis umzusetzen. Ein guter Plan, der nur auf dem Papier steht, nützt nichts. Nur dann, wenn der Plan in die Realität umgesetzt wird, kann etwas bewirkt werden. Solche Pläne können in der Vorstellungskraft oder sogar in den Träumen von Christen entstehen, aber solange wir darüber nicht Blut und Wasser geschwitzt haben, bedeutet ein solcher Plan nicht mehr als das im Boden vergrabene Talent. Es ist immer noch besser, einen unvollständigen Plan in die Praxis umzusetzen als weiterhin unreflektierte Gemeinde- und Missionsarbeit zu betreiben und zu warten, daß plötzlich der perfekte Plan auftaucht.

Es ist ein gesundes Prinzip, daß die Christen eines Landes jeweils ihre eigene Umgebung evangelisieren. Die Missionare, die sich ebenfalls im Land aufhalten, sollten den Christen des Landes dabei helfen, diese Aufgabe zu erfüllen. Wenn aber die Christen eines Landes tatenlos sind und die Gelegenheiten nicht nutzen, die sich ihnen bieten würden, eine von Gott vorbereitete homogene Gruppe mit dem Evangelium zu erreichen, so wird Gott auch eine Missionsgesellschaft nicht freisprechen, die ebenso tatenlos daneben saß und die sich bietenden Gelegenheiten verstreichen ließ. Wenn die Missionsgesellschaft die Christen nicht zur Evangelisation mobilisieren kann, so sollte sie um eine solche sterbende Gemeinde einen Kreis ziehen und sorgfältig einen Plan erarbeiten und in die Praxis umsetzen, wie in dem weiten Feld außerhalb dieses Kreises eine Vielzahl von Gemeinden gegründet werden kann. Die Aufgabe ist von höchster Dringlichkeit, der Tag neigt sich schon seinem Ende zu, und es ist noch immer der Wille Gottes, daß seine verlorenen Kinder gefunden werden. Keine Gemeinde hat das Recht, Bevölkerungen, die hungrig nach dem Wort Gottes sind, abzuweisen, ihnen nicht das zu geben, was sie brauchen, oder sogar andere Gemeinden daran zu hindern, dies zu tun. Neid und Mißgunst können Gott nicht gefallen. Trotz der Selbständigkeit einer jeden Gemeinde sollte sich keine Gemeinde und keine Denomination dazu versteigen zu meinen, die eigene Gleichgültigkeit für die Errettung der Menschen des eigenen Landes würde in irgend einer Weise die Hände anderer Christen binden können. Paulus wurde vom Heiligen Geist nach Rom gesandt. Gesetzt den Fall, er wäre dort angekommen und hätte erlebt, wie die dortige Gemeinde aus fanatischen Judenchristen bestand, die sich seiner Botschaft widersetzten, so hätte er mit Sicherheit nicht die Schlußfolgerung gezogen, alle Missionare müßten sich nun den "wunderbaren, einheimischen Gemeinden Italiens" unterordnen und ihre Überzeugungen entsprechen anpassen.

Die *Christian and Missionary Alliance*, eine evangelikale Denomination, die allein in Nordamerika im Jahre 1977 192.000 Mitglieder zählte, hat hier anderen Denominationen ein gutes Vorbild gegeben. Sie entschlossen sich dazu, ein Wachstumsziel anzustreben: Verdoppelung der Mitgliedschaft auf 384.000 bis zum Jahre 1987. Sie prüften dann nach, wieviele Mitglieder ihre Denomination weltweit hat. Es waren 952.000. Sie entschlossen sich, auch diese Anzahl bis zum Jahre 1987 auf 1.904.000 verdoppelt zu sehen. Luis K. King, der Vorsitzende der ganzen Denomination, prägte sodann diese Worte:

"Wir rufen die ganze Denomination dazu auf, erneut sich intensiv in der Evangelisation zu engagieren, mit allem Eifer verbindlich an allen Gemeindeaktivitäten teilzunehmen, alle Programme sorgfältig zu planen, Menschen für die Evangelisation zu unterweisen und zu lehren, opferbereit zu geben und ernsthaft in der Fürbitte zu stehen, damit wir diese Ziele erreichen können."

In der Septemberausgabe (1979) des *Church Growth Bulletin* wird der ganze Zusammenhang wiedergegeben. Ich kenne kein besseres Beispiel dafür, wie man mutige und sorgfältige Pläne machen kann, und ich weiß auch kaum ein dramatischeres Beispiel für einen positiven Ausgang dieser Planung. Im Jahr 1987, dem 100. Jubiläumsjahr der *Christian and Missionary Alliance*, haben sie das für die ganze Welt gesteckte Ziel erreicht.

Es ist dringend notwendig, bei der Ausführung eines sorgfältig ausgearbeiteten und der Situation angepassten Planes, wie innerhalb eines ganzen Gebiets neue Gemeinden gegründet werden sollen, diesen an den beobachteten Resultaten zu korrigieren. Manche Teilaspekte des Planes können nicht durchgeführt werden, andere Teile des Plans sind weitaus wirkungsvoller als man angenommen hatte, und wieder andere Teile lassen vermuten, daß sich bei entsprechender Modifizierung und Anpassung weitaus bessere Resultate erzielen lassen. Anpassung, Modifizierung und Korrektur sind zwar keine neutestamentlichen Begriffe; dennoch wird mit diesen Begriffen eine Realität beschrieben, die wir im Neuen Testament beobachten können. In dem Bericht des Lukas über die ersten dreißig Jahre der Gemeindegründung zeigt er immer wieder auf, daß die Pläne modifiziert wurden, um sich den gegebenen Umständen anzupassen. Als zur *ecclesia* nicht nur gebürtige Juden zählten, sondern auch unbeschnittene Gottesfürchtige, suchte sich der Apostel Paulus einen veränderten Ansatzpunkt für das *kerygma*. Als es nicht länger möglich war, in den Synagogen zu diskutieren, zu bezeugen und zu beweisen, daß in Übereinstimmung mit dem Gesetz, den Psalmen und den Propheten Jesus von Nazareth der Messias war, mußten neue Zentren der Evangelisation und des Gottesdienstes gefunden werden. Als die Armen unter den hellenistischen Christen vernachlässigt wurden, mußten Diakone eingesetzt werden, um die Nahrungsversorgung sicher zu stellen. Als sich die spontane Ausbreitung des Christentums durch diejenigen, die aus Jerusalem vertrieben worden waren, immer mehr verlangsamte, mußte eine neue Form der Evangelisation gefunden und legitimiert werden: Repräsentanten der Gemeinden, die durch ihre jeweilige Gemeinde ausgesandt wurden.

Dem Stand der Mission angepaßt

Weltmission kann als der Prozeß bezeichnet werden, durch den Gott allen Menschen seinen Plan der Erlösung mitteilt und sie vom Tod zum Leben und zur verbindlichen Mitgliedschaft in seiner Gemeinde ruft.

Wenn wir diesen ganzen Prozeß um der besseren Überschaubarkeit willen einteilen und dabei das Ziel der Vervielfältigung im Blick haben, so kann man sagen, daß die Mission in den meisten Gebieten der Welt vier verschieden Stadien durchläuft: Die Erkundungsphase, die Pionierphase, die Phase des begrenzten Erfolgs, und die Phase der massiven Christianisierung. Die Pläne, die gemacht werden, müssen diesen Phasen angepaßt sein. Wir können damit auch sagen, daß die Christenheit eines Landes ebenfalls diese vier Stadien durchläuft. Die *Erkundungsphase* würde dann bedeuten: "Der Entschluß der

Missionare steht fest, eine neue Bevölkerungsgruppe zu evangelisieren." Die *Pionierphase:* "Gut unterstützte Aussenposten der Gemeinde" sind entstanden. Die *Phase des begrenzten Erfolgs:* "Starke Gemeindeverbände haben sich zu Denominationen, Zusammenkünften, Konferenzen und Diözesen geformt, die ihren Rückhalt in einer Minderheit der Bevölkerung hat." Die *Phase der massiven Christianisierung* bedeutet dann: "Die Christen haben sich in dauerhaften Verbänden, Konferenzen, Zusammenkünften, Gemeindeverbänden, Diözesen und Synoden organisiert und haben einen guten Rückhalt in weiten Teilen der heterogenen Bevölkerung, aus der die Einwohnerschaft eines Landes besteht."

Angemessene Pläne zur Evangelisation müssen diese Phasen ernst nehmen und sich anpassen. Die Evangelisation in Nordamerika ist, um ein Beispiel zu geben, in einem Gebiet der Phase vier. Die Pläne, die sich dieser Situation angepaßt haben, unterscheiden sich stark von denjenigen, die amerikanische Gemeinden verfolgen, die in Palästina oder Kalimantan missionarisch engagiert sind.

Wir wollen jedoch realistisch sein: Nordamerika ist weit davon entfernt, aus einer homogenen Bevölkerung zu bestehen. Kanada ist anders als Florida. Die Gemeinden in British Columbia bilden zusammen ein Fünftel der Wohnbevölkerung. Die Christen sind in ihrem Staat fest verwurzelt. Sie können also gleichzeitig die Einwanderer aus Hongkong und Uganda evangelisieren (Phase eins) und auch diejenigen Kanadier, die seit vielen Generationen im Lande wohnen (Phase vier). Dasselbe beobachten wir auch in Java. Dort sehen sich die Christen durch den Heiligen Geist geführt, sich für das Wachstum der Gemeinden zu engagieren. Sie betreiben dort zur selben Zeit unter einigen Teilen der Bevölkerung Evangelisation der Phase vier, unter anderen Evangelisation der Phase drei, und in wieder anderen Bevölkerungssegmenten Evangelisation der Phasen zwei oder eins. Die *Convention of Baptist Churches* im südindischen Bundesstaat Andhra Pradesh betreiben unter ungläubigen Madigas und Malas Evangelisation der Phase vier, unter den Kastenangehörigen der Brahmanen und Shatriyas jedoch Evangelisation der Phase eins.

Die vier Phasen

Wir haben uns nun einen kurzen Überblick über die vier Phasen der Mission im weltweiten Kontext verschafft. Wir müssen nun daran gehen, jede dieser Phasen ein wenig näher zu beleuchten.

1. Zuerst die *Erkundungsphase.* Die Gemeinde (oder, um genauer zu sein, ein mit der Gemeinde verbundenes Missionsteam oder eine Lokalgemeinde selbst) hat sich entschlossen, eine unerreichte Volksgruppe zu evangelisieren. Der richtige Weg hierbei ist, alles nur denkbare über diese homogene Gruppe in Erfahrung zu bringen. Die betreffende Gruppe kann aus entschiedenen Rationalisten mit Universitätsbildung, den französischsprechenden Kanadiern im oberen Teil des Bundesstaates New York, den sechzigtausend koreanischen Bergarbeitern in Deutschland, den Nishis im Nordosten Indiens oder einem Stamm im Süden Zaires bestehen. Es werden nun natürlich nicht nur Erkundigungen über dieses Segment der Bevölkerung eingezogen, sondern auch darüber nachgedacht, wie diese Gruppe evangelisiert werden kann und wie die Evangelisation weitergehen kann, wenn bereits erste Gemeinden in dieser Volksgruppe entstanden sind.

Missionare, die aus dem Ausland kommen, müssen in einer solchen Situation erst einmal einen Ort finden, an dem sie wohnen können, und die Sprache lernen. Es kann sein daß sie mißverstanden, verfolgt, verbannt oder sogar getötet werden, oder auch daß sie wie auch immer geartete evangelistische Brückenköpfe errichten, sich selbst durch gute Werke und ein heiliges Leben empfehlen, die ersten Bekehrten gewinnen und die ersten Gemeinden gründen.

Weil die ersten Gemeinden von Außenseitern der Gesellschaft gegründet werden, wird ihnen unweigerlich ein ausländischer Zug anhaften. Man kann zur Verteidigung sagen, was man will: Die Bevölkerung, die evangelisiert wird, wird den Eindruck haben, Christ zu werden sei gleichbedeutend damit, die angestammte Gemeinschaft zu verlassen. Wenn sich die missionarische Arbeit auf einem neuen Sprachgebiet bewegt, so werden die ersten Übersetzungen der Evangelien oder anderer Bibelteile möglicherweise noch unbeholfen und holprig sein. Die ersten Gemeinden, unabhängig davon, wo dies geschieht, werden normalerweise immer diejenigen anziehen, die auch vor ihrer Bekehrung schon eine gewisse Außenseiterposition in ihrer eigenen Gesellschaft hatten. Und doch sind diese ersten Gemeinden ein großartiger Triumph. Hunderte von Menschen dieser Kultur oder kulturellen Untergruppe sind nun Christen geworden. Christus lebt in ihnen. Sie glauben an ihn und sind durch ihn zu neuen Menschen geworden. Sie lesen beständig in seinem Wort und werden immer mehr in sein Bild verändert. Solche Menschen werden einen heilenden Einfluß auf ihre Gesellschaft haben.

2. Eine zweite Phase der Mission ist die der gut unterstützten *Außenposten*. Die ganze Bevölkerung wurde in einer gewissen Weise systematisch mit dem Evangelium konfrontiert, und es kam zur Entstehung einiger Außenposten. Wenn es sich bei der Bevölkerung etwa um Amerikaner mexikanischer Abstammung im Bundesstaat Texas handelt, und bei denjenigen, die unter ihnen evangelisieren, um Southern Baptists, dann werden die Missionsstrategen der Baptisten, nachdem sie herausgefunden haben, wo zahlreiche Amerikaner mexikanischer Abstammung leben und wie empfänglich einzelne Segmente dieser Volksgruppe sind, ein ganzes Netz von Baptistengemeinden in jedem Bezirk des Bundesstaates gegründet haben. Die Gemeinden sind besonders dort zahlreich vertreten, wo auch der Prozentsatz der Amerikaner mit spanischsprachigem Hintergrund hoch ist. Man wird auch den neu Angekommenen besondere Aufmerksamkeit widmen, weil diese Menschen normalerweise für das Evangelium sehr empfänglich sind.

In dieser zweiten Phase der Mission haben die Gemeinden noch immer etwas Ausländisches und Fremdes an sich. Die große Mehrheit der Bevölkerung empfindet noch immer, daß es einem Verlassen der eigenen Leute gleichkommt, wenn jemand Christ wird und sich diesen neuentstandenen Gemeinden anschließt. Es kommt also eher einer sozialen als einer religiösen Veränderung gleich, wenn jemand Christ wird. Wenn beispielsweise der Sohn einer streng lutherischen Familie zum römischen Katholizismus konvertiert, so fühlen sich seine Eltern von ihm verraten. Wenn ein Moslem Christ wird, so fühlen sich alle Mitglieder seiner Familie von ihm verlassen. In einer solchen Situation ist es sehr unwahrscheinlich, daß es zu einer rasch wachsenden Bewegung kommen wird. In dieser zweiten Phase wachsen die Gemeinden, die gut unterstützten Außenposten, nur langsam. Aber wenn die Heimatgemeinde oder die Missionsgesellschaft weiterhin diese Außenposten unterstützt und stärkt, so werden diese dadurch immer mehr Wachstum zu verzeichnen haben. Nur wenn es zu diesen Außenposten gekommen ist, kann es zur dritten Phase kommen.

3. In der *dritten Phase* kommt es an verschiedenen Orten zum Entstehen von *starken Gemeindeverbänden.* Wenn sich innerhalb der Zielgruppe verschiedene Gruppen von Menschen aus kulturellen Nöten und durch das Wirken des Heiligen Geistes beginnen, sich in einer multi-individuellen Bekehrung Christus zuwenden, kommt es zur Phase drei. Es werden so viele Menschen zu Nachfolgern von Christus, daß die Christen großen Zuwachs bekommen. Die Bekehrten haben nicht den Eindruck, "ihre Landsleute zu verlassen." Sie denken vielmehr: "Wir bahnen ja nur den Weg für die anderen, die uns früher oder später folgen werden." Die Gemeinden verstehen sich selbst als Avantgarde und Begleitschutz auf dem gemeinsamen Weg in die Zukunft ihres Volkes. In dieser Phase verzeichnen die Gemeinden starkes Wachstum. Die Denominationen haben sehr schnell 50.000, 100.000 oder eine halbe Million verbindlicher Mitglieder. Die zukünftigen Leiter werden in Schulen und Seminaren ausgebildet. Man druckt Gesangbücher, Gebetsbücher und gute Bibelübersetzungen. Man geht in aller Regel Sonntags in den Gottesdienst, der in schönen Kirchengebäuden stattfindet. Christliche Bestattungen, Hochzeiten und Feste werden eingeführt und bilden einen wichtigen Bestandteil des Lebens der Christen. Man bildet Pastoren, Älteste, Diakone, Lehrer, Superintendenten, Evangelisten und Universitätsprofessoren so aus, daß sie einen Dienst tun können, der den Landesverhältnissen kulturell angepaßt ist. Das Christentum erhält einen völlig einheimischen, nationalen Charakter und bleibt dabei dennoch Gott und der Bibel weiterhin verpflichtet.

Die gute Lebensführung der Christen, ihre guten Taten, ihr Einstehen für Gerechtigkeit und ihr Engagement für die öffentliche Wohlfahrt bleiben den Nachbarn nicht verborgen. Dort, wo Menschen durch Christus erneuert werden, macht sich dies durchaus bemerkbar. Die Verfolgungen und Ächtungen, unter denen die Gemeinden in den ersten Phasen der Entwicklung zu leiden hatten, gehören der Vergangenheit an. Die Gemeinden blühen auf und haben alle Chancen zu überleben. Die christliche Gemeinschaft wächst im ganzen Lande und wird durch jede neu hinzugefügte Gemeinde stärker.

Während der Phase drei ist der Vorgang der Übertragung der Führung der Gemeinden an die nationalen Leiter zum großen Teil abgeschlossen. Die bislang ausländische Leitung, wie sie für die Phasen eins und zwei charakteristisch ist, wurde nun in die Hände der Einheimischen abgegeben. In der Phase drei sollten die Missionare jedoch noch nicht nach Hause gehen, sondern ihre bisherige Leiterschaft abgeben und sich aufmachen, unter weiteren Bevölkerungsgruppen zu arbeiten, die sich noch nicht dem Evangelium geöffnet haben. Viele glauben immer, die Missionare seien nur da, um den jungen Gemeinden zu helfen, doch das Gegenteil ist richtig: Sie sollen dafür sorgen, daß Gemeinden auch unter noch unberührten Teilen der Bevölkerung gegründet werden.

In der Phase vier hat eine massive Christianisierung der Bevölkerung stattgefunden. Ein Drittel, die Hälfte oder 90 Prozent der Bevölkerung sind Christen geworden.

Wir müssen uns ins Bewußtsein rufen, daß eine Gemeinde bei der Evangelisation einer bestimmten homogenen Gruppe gemäß Phase vier zu arbeiten hat, in Bezug auf eine andere Gruppe kennzeichnet Phase eins die Situation. Die Urgemeinde Jerusalems im Jahre 45 n.Chr. befand sich in Bezug auf die breite jüdische Bevölkerung in Evangelisationsphase vier, in Bezug auf die römische Besatzungsmacht in Phase eins. Die Reformierten Kirchen Amerikas befinden sich im Hinblick auf die gutbürgerliche weiße Bevölkerung in den vielen Vorstadtgebieten in Phase vier, aber der erste Schritt in die Phase eins steht noch aus, wenn wir an die vielen Einwanderer aus Puerto Rico denken, die in New York, Buffalo, Cleveland, Detroit und Chicago leben.

Was bedeutet nun das Gesagte, wenn wir von gründlichen und mutigen Plänen im Hinblick auf das Gemeindewachstum sprechen? Es bedeutet, daß es eine der ersten Pflichten einer jeden Gemeinde und Denomination ist, herauszufinden, in welcher Phase der Evangelisation sie sich selbst befindet, um sodann entsprechende Pläne entwickeln zu können, die auf diese Situation abgestimmt sind. Darüber hinaus wird eine solche missionsbewußte Gemeinde ohne Zweifel verstehen, daß sie auch weiterhin noch eine wichtige Aufgabe in der weltweiten Mission hat. Das bedeutet, daß möglicherweise zusätzliche Pläne für die Evangelisation benachbarter Bevölkerungsgruppen erarbeitet werden müssen, wo wiederum die Situation der Evangelisation durch Phase eins, zwei oder drei gekennzeichnet sein kann.

2 Geleise

4. Ganz besonders in der Phase vier sollte sich die Gemeinde permanent und brennend evangelistisch engagieren. Diese Evangelisation sollte auf zwei Ebenen geschehen, mit zwei verschiedenen Ergebnissen, die dabei angestrebt werden. Auf der ersten Ebene wird die Gemeinde Evangelisation betreiben, sich dabei jedoch nicht auf besondere, homogene Gruppen oder verschiedene, bestimmte Volksgruppen beschränken. Wenn etwa ein syro-phönizisches Kind Heilung braucht, wird alles getan, um dieses Kind zu heilen. Eine solche, generelle Form der Evangelisation wird alle Sünder dazu auffordern, Buße zu tun und Mitglieder einer christlichen Gemeinde zu werden, in der alle Christen vor Gott gleich sind, sich gegenseitig annehmen und alle gleichermaßen freien Zugang zum Thron Gottes haben. Auf diese Weise werden Gemeinden entstehen, in der es nicht wichtig ist, "Jude oder Grieche, Knecht oder Freier, Mann oder Frau" zu sein (Gal 3,28).

Auf einer zweiten Ebene wird Evangelisation darauf abzielen, Christen in Gemeinden zusammenzufassen, die aus ihren eigenen Verwandten und

Freunden, ihren eigenen Leuten bestehen. Das mag für Christen, die aus sehr gemischten Gemeinden kommen, in der die Menschen nur tröpfchenweise aus den verschiedensten gesellschaftlichen Hintergründen kamen, als sie sich bekehrt haben, schlechtweg unmöglich scheinen. Für manche, die sich für allgemeine Brüderlichkeit einsetzen, riecht die ganze Sache von einer zweiten Ebene der Evangelisation, die Menschen gleicher Herkunft in besonderen Gemeinden zusammenfaßt, möglicherweise gleich nach Rassentrennung. Ein solches Vorgehen wird auch theologisch in Frage gestellt. Gemeindeleiter äußern Zweifel daran, ob diese zweite Ebene wirklich christlich ist. Wenn wir uns jedoch daran erinnern, daß die Verbreitung des Christentums innerhalb einer homogenen Gruppe, eines Segments der Gesellschaft eine Möglichkeit für das Wachstum der Gemeinde war, die Gott über alle Maßen gesegnet hat, so werden sich unsere Zweifel legen können. Die ganzen Jahrhunderte hindurch sind die meisten Männer und Frauen, die aus nichtchristlichem Hintergrund kamen und sich Christus zuwandten, über Ebene zwei gekommen. Gott segnet Evangelisation der ersten Ebene. Er segnet auch Evangelisation der Ebene zwei. Unsere Aufgabe ist nicht, eine dieser beiden Ebenen anzufechten, auf der Menschen zu Christus finden, sondern sie zu verstehen und Evangelisation auf beiden Ebenen zu betreiben.

Werden alle Menschen Christen werden?

Hier stellt sich eine Frage. Sagt denn die Bibel nicht, daß viele berufen sind, aber nur wenige auserwählt? Gibt es in der Bibel irgend einen deutlichen Hinweis darauf, daß alle Menschen das Evangelium hören werden, glauben und errettet werden? Sollten wir uns bemühen, jedes Segment der Weltbevölkerung zu Jüngern zu machen, in jedem Stück des wunderbaren Mosaiks "Menschheit" alle zu Christen zu machen? Diese Fragen sind berechtigt und müssen eine Antwort finden.

Die Bibel lehrt, daß Christus Herr eines jeden Segments der Menschheit sein wird. Dies ist auch der Grund, weshalb Christen dies glauben sollten (siehe Mt 28,19; Lk 24,47; Joh 1,29; 3,16; Röm 16,26; 2. Kor 4,15; Phil 2, 9-11; Offb 5,9; 7,9; und viele weitere Passagen). Der Zeitpunkt wird kommen, an dem Jesus von jedem Bevölkerungssegment als Herr anerkannt werden wird, zur Ehre Gottes, des Vaters. Jeder Stamm, jede Sprachgruppe, jedes Volk, jede Nation, jede Klasse und jede soziale Schicht, jeder Wohnbezirk einer Stadt und jedes Dorf wird in ihm erst wahre Erfüllung und Bedeutung erhalten.

Die Bibel unterstützt jedoch nicht eine Auffassung, die annimmt, dies alles würde sich bereits vor der Wiederkunft des Herrn ereignen. Ganz im Gegenteil, vor seinem zweiten Kommen ist zu erwarten, daß das Evangelium auf großen Widerstand stoßen wird und die Menschheit gegen Gott rebelliert. Wir können es ruhig in der Hand des gerechten Richters lassen, welcher Prozentsatz einer jeden Volksgruppe wirklich zum Glauben kommen wird. In der Zwischenzeit ist es die Pflicht eines jeden Christen, aktiv und engagiert das Evangelium von Jesus Christus, Gott und Erlöser zugleich, zu verkündigen, und Männer und Frauen zu überzeugen, seine Nachfolger und verbindliche Mitglieder seiner Gemeinde zu werden. Wir sollten zuversichtlich sein: Zu dem Zeitpunkt, den

Gott bestimmt hat, werden sich alle Knie beugen und jede Zunge bekennen, daß Jesus der Herr ist.

Wir freuen uns über die vorübergehenden Triumphe der Technologie, der Wissenschaft, der Raumfahrt, der Wohlfahrt, und über das Verständnis der verschiedenen Rassen. Ganz besonders freuen wir uns jedoch über die ewigen Triumphe des Evangeliums. Wir schämen uns nicht, Triumphalisten zu sein. Wir sind sicher, daß eines Tages die Lüge der Wahrheit weichen wird. Grausamkeit wird der Sanftmut zu weichen haben. Falsche Gottesbilder und unzutreffende Vorstellungen von Gott werden der Offenbarung Platz zu machen haben, die Gott selbst allen Menschen gegeben hat und die in der Bibel sowie in Jesus, seinen Sohn, unseren Erlöser, konkret und faßbar geworden ist.

In allen sechs Kontinenten hat die Weltmission erst richtig begonnen. *Die Christenheit steht keineswegs am Ende ihrer Mission. Ganz im Gegenteil: Die Weltmission hat erst richtig begonnen.* Die Zeiten der größten missionarische Durchbrüche liegen noch vor uns. Ein mächtiger Strom von Zeugen und Laienevangelisten ist bereits unterwegs, unterwegs über die Brücken Gottes zu den Hunderten von Millionen Menschen, die noch in der Dunkelheit leben. Einige dieser Menschen sind unsere Nachbarn und Verwandten. Es gibt noch immer viele unerreichte Menschen in unserem eigenen und in anderen Ländern. Gott möchte, daß alle von ihm hören.

Im Schlußwort des Römerbriefes erklärt Paulus, daß das Evangelium durch den Befehl des ewigen Gottes offenbart wurde, und zwar genau aus dem Grunde, alle Völker (ethnische Gruppen) zum Gehorsam des Glaubens zu rufen. Christus befiehlt seinen Nachfolgern, in alle Welt zu gehen und *panta ta ethne* in die Jüngerschaft zu rufen: Menschen aus allen Klassen, Kasten und anderen Volksgruppen, auf allen sechs Kontinenten.

Die Not der Stunde besteht darin, daß wir gründliche und mutige Pläne erarbeiten, diesem unwideruflichen Befehl Gottes Folge zu leisten. Der Heilige Geist drängt die Gemeinden, sich dieser zentralen Aufgabe zu stellen und zeigt, welche Pläne und Mittel bereitzustellen sind und mit welchen Bitten sich das Volk Gottes an Gott wenden darf und soll. Wenn wir Gemeindewachstum verstehen wollen, so müssen wir uns gehorsam in die Gruppe derjenigen einreihen lassen, die sich dem Anliegen Gottes völlig verpflichtet haben. Das ist der richtige Ausgangspunkt. Der zweite Schritt ist das intellektuelle Verstehen der vielen Faktoren, die das Wachstum von Gemeinden bedingen. Und die dritte und höchste Freude besteht darin, daß Christen eines Tages zusammen kommen werden, mit einer reichen Ernte vor Gott erscheinen werden und die Worte ihres Herrn hören werden: "Wohl getan, du guter und treuer Knecht."

Buchhinweise

*(Im Text zitierte Bücher, die dort mit einem Kurztitel angegeben wurden, sind unter dem **fett** gedruckten Titel in dieser Liste vollständig dokumentiert.)*

Win & Charles Arn, *The* ***Master's Plan*** *for Making Disciples*, Pasadena, Church Growth Press, 1986.

Barbara M. Boals, *The Church in the* ***Kond Hills:*** An Encounter with Animism, Nagpur, National Christian Council of India, 1961.

John E. Clough, ***Social Christianity*** *in the Orient:* The Story of a Man, a Mission, and a Movement, Philadelphia, American Baptist Publication Society, 1915.

H. Wakelin Coxill und Kenneth Grubb, Hrsg., ***World Christian Handbook,*** London, Lutterworth, 1962 und 1968.

G. W. Dasent, ***The Story*** *of Burnt Nyal*, London, Dent& Sons, 1961.

J.D. Douglas, Hrsg., Let the Earth Hear His Voice, Minneapolis, World Wide Publications, 1975.

James Canjanam Gamaliel, *The Church in* ***Kerala:*** A People Movement Study, Master of Arts Thesis an der School of World Mission, Pasadena, 1967.

Vergil Gerber, *Handbuch für Evangelisation und Gemeindeaufbau*, Liebenzell, Verlag der Liebenzeller Mission, 1979.

Arthur F. Glasser, "An **Introduction** to the Church Growth Perspective of Donald Anderson McGavran", in *Theological Perspectives on Church Growth*, hrsg. von Harvey M. Conn, Nutley NJ, Presbyterian and Reformed, 1983.

Jonathan Goforth, *When* ***the Spirit's Fire*** *Swept Korea*, Grand Rapids, MI, Zondervan, 1943.

John B. Grimley und Gordon E. Robinson, *Church Growth in Central and Southern* ***Nigeria,*** Grand Rapids, Eerdmans, 1966.

Keith Hamilton, *Church Growth in the* ***High Andes,*** Lucknow, Lucknow Publishing House, 1963.

Harvey Hoekstra, *The World Council of Churches and the Demise of Evangelism*, Wheaton, Tyndale House, 1979.

George G. Hunter, III, *The* ***Contagious Congregation,*** Nashville, Abingdon, 1979.

ders. ***Finding*** *the way Foreward*, Nashville, Abingdon, 1979.

Constant H. Jaquet, ***Yearbook*** *of American Churches*, New York, National Council of Churches, 1967.

J.B.A. Kessler, ***A Study*** *of the Older Protestant Missions and Churches in Peru and Chile*, with Special Reference to the Problems of Division, Nationalism and Native Ministry, Goes, Netherlands, Oosterbaan & Le Cointre, N.V., 1967.

Kenneth S. Latourette, *The **Thousand Years** of Uncertainty*, New York, Harper, 1938.

Don M. McCurry, "Is Muslim Evangelism Possible?", in *Church Growth Bulletin*, September 1978, S. 220.

Donald A. McGavran, *The **Bridges** of God*, A Study in the Strategy of Missions, New York, Friendship Press, 1955 und 1981.

ders. "A Study of the Life and Growth of the Disciples of Christ in **Puerto Rico**", unveröffentlichtes Manuskript, 1956.

ders. "Church Growth in **West Utkul**, Orissa, India", Indianapolis, United Christian Missionary Society, kopiertes Manuskript.

ders. *Church Growth in **Jamaica***, Lucknow, India, Lucknow Publishing House, 1962.

Donald A. McGavran, Hrsg., *Church Growth Bulletin*, South Pasadena, William Carey Library, 1964 - 1979.

ders. Hrsg., ***Crucial Issues** in Christian Mission*, Chicago, IL, Moody, 1972.

Donald A. McGavran, John Huegel und Jack Taylor, *Church Growth in **Mexico***, Grand Rapids, MI, Eerdmans, 1963.

Donald A. McGavran und Norman Riddle, ***Zaire**: Midday in Mission*, Valley Forge, PA, Judson Press, 1979.

Jim Montgomery, *Fire in the Philippines*, Carol Stream, IL, Creation House, (1971) 1975.

Loren E. Noren, *Urban Church Growth in **Hong Kong** 1958 - 1962*, Third Hong Kong Study, 3 Lancashire Rd, Kowloon, Hong Kong, im Selbstverlag.

Michael Novak, *The Rise of the **Unmeltable Ethics***, New York, Macmillan, 1971.

Edwin J. Orr, *The Second Evangelical **Awakening***, An Account of the Second Worldwide Evangelical Revival Beginning in the Mid-Nineteenth Century, Fort Washington, Christian Literature Crusade, 1964.

ders. ***The Light** of the Nations*, Evangelical Renewal and Advance in the Nineteenth Century, Grand Rapids, MI, Eerdmanns, 1965.

Waskom J. Pickett, ***Christian Mass Movements** in India*, Lucknow, India, Lucknow Publishing House, 1933.

ders. *Church Growth and **Group Conversion***, Lucknow, India, Lucknow Publishing House, 1956.

William R. Read, *New Patterns of Church Growth in **Brazil***, Grand Rapids, Mi, Eerdmans, 1965.

J.T. Seamands, ***Growth of the Methodist Church** in South India*, unveröffentlichte Dissertation, Ashbury Theological Seminary, Wilmore, KY, 1968.

Roy E. Shearer, ***Wildfire:*** *Church Growth in Korea,* Grand Rapids, MI, Eerdmans, 1966.

James C. Smith, ***Without Crossing Barriers,*** The Homogeneous Unit Principle in the Writings of Donald McGavran, unveröffentlichte Dissertation an der *School of World Mission, Fuller Theological Seminary,* Pasadena, 1976.

James Sunda, *Church Growth in* ***West New Guinea,*** Lucknow, India, Lucknow Publishing House, 1963.

Jack E. Taylor, *God's Messenger to Mexico's Masses,* A Study in the Religious Significance of the **Braceros,** im Selbstverlag, Eugene, OR, 1962.

Winburn Thomas, ***Protestant Beginnings*** *in Japan,* Rutland, VT, Tuttly and Company, 1959.

Alan R. Tippett, "**Numbering:** Right or Wrong", in: *Church Growth Bulletin,* Bd. 1, Nr. 3.

ders. ***Solomon Island*** *Christianity,* A Study in Growth and Obstruction, New York, NY, Friendship Press, 1967.

Ders: *Church Growth and the* ***Word of God,*** Grand Rapis, MI, Eerdmans, 1970.

Arnold Toynbee, *An* ***Historian's Approach*** *to Religion,* London, New York, Oxford University, 1956.

G.F. Vicedom, ***Church and People*** *in New Guinea,* London, Lutterworth, World Christian Books, Nr. 38, 1962.

C. Peter Wagner, ***Frontiers*** *in Mission Strategy,* Chicago, IL, Moody Press, 1971.

ders. *Our Kind of People,* The Ethical Dimension of Church Growth in America, Atlanta, CA, John Knox Press, 1979.

ders. *On the* ***Crest of the Wave,*** Ventura, CA, Regal Books, 1983.

ders. *The Third Wave of the Holy Spirit,* Ann Arbor, MI, Servant Books, 1988; eine popularisierte Kurzfassung von *How to Have a Healing Ministry without Making Your Church Sick,* Ventura, CA, Regal Books, 1988 (letzteres in Deutsch: *Der gesunde Aufbruch,* Lörrach, Wolfgang Simson Verlag, 1989).

ders. "Church Growth", ***Dictionary*** *of Pentecostal and Charismatic Movements,* Stanley M. Burgess und Gary B NcGee, hrsg., Grand Rapids, MI, Zondervan Publishing House, 1988.

C. Peter Wagner und Ed Dayton, *Unreached Peoples,* Elgin, IL, David C. Cook, 1979 - 1984.

Deaville F. Walker, ***A Hundred*** *Years in Nigeria,* London, Cargate Press, 1942.

Alfred A. Wasson, *Church Growth in Korea,* New York, NY, International Missionary Council, 1934.

Bob Waymire und C. Peter Wagner, ***Handbuch** für Gemeindeanalyse*, Lörrach, Wolfgang Simson Verlag, 1989.

J.L. Willcuts, *Friends in the Soaring Seventies*, Newberg, OR, Oregon Yearly Meeting of Friends, 1979.

Ralph D. Winter, "Gimmickitis", in *Church Growth Bulletin*, Januar 1966.

ders. **"Who Are the Three Billion?"**, *Church Growth Bulletin*, Bd. XIII, Nr. 5, Mai 1977, Seiten 123 - 126.

Ray Bakke: **Gott in der City**

"In unseren Städten wächst eine junge Generation von Menschen heran, die keine Geschichte haben und keinen Skrupel mehr kennen. Sie sind entwurzelt, ständig unterwegs, medienhörig und launisch. Der Höhepunkt menschlicher Gewalt steht uns noch bevor. Die Kulisse dafür wird die Stadt ein."

Die Städte unserer Tage bieten für die christlichen Kirchen und Gemeinden eine Herausforderung besonderen Art. Doch diese scheinen keinesfalls darauf vorbereitet zu sein. Ihnen fehlt eine gesunde Perspektive, eine Theologie und schlichtes Know-how für ein wirksames christliches Zeugnis in der Stadt. Gerade hier setzt Bakke ein. Seine These: Das Christentum bietet alle Antworten auf die vielfältigen Probleme einer Stadt! Nur: Viele Christen wagen das kaum zu glauben. Sie fliehen innerlich oder äußerlich vor der "bösen" Stadt ins Ghetto der Kirchen und Gemeinden, während sich die Missionsfelder des Urwalds längst in die Betondschungel der modernen City verlagert haben. Doch damit verkaufen sie sich unter Wert! Das Christentum kann die Stadt nicht nur überleben, es kann sie sogar gewinnen!

Dr. Bakke stellt seine Erfahrungen aus der Städteforschung den Ängsten der christlichen Kirchen gegenüber und entwickelt eine biblische Perspektive der Stadt. Aus seinen reichen Erfahrungen als Familienvater und Pastor einer Innenstadtgemeinde zeigt er die faszinierenden Möglichkeiten der Stadtmission auf, die nur darauf warten, ausgeschöpft zu werden.

Ein leicht lesbares Buch für Christen, die die Stadt von Morgen nicht mit den Mitteln von Gestern erreichen wollen.

Dr. Raymond Bakke lebt seit 25 Jahren mit seiner Familie in der Chicagoer Innenstadt. Neben seiner internationalen Forschungstätigkeit ist er gegenwärtig Professor für Praktische Theologie am Northern Baptist Theological Seminary, Illinois und Berater für Städteforschung des Lausanner Komitees für Weltevangelisation.

Jim Montgomery: **Eine ganze Nation gewinnen**

Aus dem Vorwort: "Die DAWN-Bewegung (Discipling a whole Nation, deutsch: Eine ganze Nation zu Jüngern machen) sieht die beste Strategie, ein Land mit dem Evangelium zu erreichen, in der Zusammenarbeit von Gemeinden und Freien Werken mit dem Ziel der koordinierten Gründung von lebendigen, missionarischen Gemeinschaften (Gemeinden und Zellen) im unmittelbaren geographischen und kulturellen Umfeld jeden Einwohners. Ich begrüsse diese Initiative,

- weil durch den vorrangigen Platz der örtlichen Gemeinden in der missionarischen Durchdringung eines Landes Evangelisation und Weiterführung der Gläubiggewordenen eine Einheit bilden;

- weil die Freien Werke ihre Dienstfunktion zugunsten der örtlichen Gemeinden voll wahrnehmen können;

- weil die Erfahrung zeigt, daß im gemeinsamen Setzen von Glaubenszielen eine enorme geistliche Dynamik freigesetzt wird;

- weil durch die Zusammenarbeit aller missionarisch gesinnten Glieder des Leibes Christi dem biblischen Gedanken der Koinonia (Gemeinschaft, Liebe, Offenheit) Nachdruck verliehen wird;

- weil gleichzeitig jede Gemeinde und jedes Werk ihre eigene Identität bewahren können;

weil die internationale Gemeindewachstumsforschung und die Erfahrung der Aktion Neues Leben in der Schweiz mit über 3'000 entstandenen Bibel-Gesprächskreisen die Gründung von lebendigen Zellen als zentrales Element der Evangelisation und des Gemeindeaufbaus bestätigen;

- und nicht zuletzt, weil die DAWN-Bewegung in biblischer Nüchternheit der Fürbitte und der geistlichen Kampfführung einen vorrangigen Platz einräumt.

Das vorliegende Werk von Jim Montgomery, das die DAWN-Strategie und die damit gemachten Erfahrungen beschreibt, wird jede an Evangelisation und Gemeindebau interessierte Person mit großem Gewinn lesen. Auch wenn noch manche Umsetzungsarbeit in die spezielle (volkskirchliche) Situation in Europa zu leisten sein wird, so ist die Bedeutung der in diesem Buch dargelegten Grundsätze für den Bau des Reiches Gottes in unserer Zeit nicht hoch genug einzuschätzen."

Hanspeter Nüesch, Schweiz, Leiter von EXPLO 91, Mitglied des europäischen Leitungsteams von *Campus für Christus*.

(176 Seiten, 17,80.-)

Wolfgang Simson Verlag, Goethestr. 11, D-7850 Lörrach